古典学译丛

阮　炜◎主编

爱欲与古希腊竞技

Eros and Greek Athletics

【美】托马斯·F·斯坎伦◎著
肖　洒◎译

华东师范大学出版社

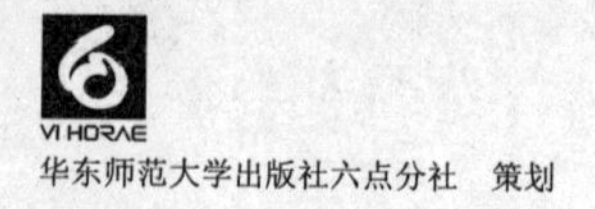

华东师范大学出版社六点分社　策划

深圳大学学术著作出版基金资助
Subsidized by Shenzhen University Foundation for the Production of Scholarly Monographs

总　序

我国接触西方古典文明，始于明末清初。耶稣会士来华传教，为了吸引儒生士大夫入基督教，也向他们推销一些希腊罗马学问。但这种学问像“天学”一样，也并没有真正打动中国的读书人。他们中大多数人并不觉得“泰西之学”比中土之学高明。及至清末，中国读书人才开始认真看待“西学”，这当然包括有关希腊罗马的学问。及至新文化运动时期，中国人才如饥似渴地学习西方的一切，激情澎湃地引进一切西方思想。正是在这一过程中，我们对希腊罗马文明才有了初步的认识。

回头看去，在相当长一段时间里，我们对西方古典学的引进是热情有余，思考不足，而且主要集中在希腊神话和文学（以周作人为代表），后来虽扩展到哲学，再后来又扩大到希腊罗马历史，但对古代西方宗教、政治、社会、经济、艺术、体育、战争等方方面面的关注却滞后，对作为整体的古代西方文明的认知同样滞后。在抗日战争和解放战争期间，我们对希腊罗马文明的认知几乎完全陷于停滞。但从五十年代起，商务印书馆按统一制订的选题计划，推出了“汉译世界学术名著丛书”，其中便有希罗多德的《历史》（王以铸译，1958 年、1978 年）和修昔底德的《伯罗奔尼撒战争史》（上下卷，谢德风译，1960 年、1977 年）。1990 年代以来，该丛书继续推出西方古典学名著。与此同时，中国人民大学出版社出版了《亚里士多德全集》(10卷本，苗力田主编，1990-1997年)，人民出版社出版了《柏拉图全集》(4卷本，王晓朝译，2002-2003年)。至此，我们对古代西方的认识似乎进入了快车道。但很显然，这离形成中国视角的古典学仍十分遥远。

近年来，华夏出版社和华东师大出版社又推出了“西方传统：经典与解释”，其中有不少首次进入汉语世界的希腊原典，如色诺芬《远征记》、《斯巴达政制》等。这套丛书很有规模，很有影响，但也有一特点：有意识地使用带注疏的源语文本，重点翻译有“解经学”特色的古典学著作。在特殊的国情下，这种翻译介绍工作自然有其价值，但是对于包括古希腊罗马(以及埃及、西亚、拜占廷)宗教、神话、哲学、历史、文学、艺术、教育等方面的研究在内的主流古典学来说，毕竟只是一小部分。一两百年来，古典学在西方已然演变为一个庞大的学科领域，西方的大学只要稍稍像样一点，便一定有一个古典学系，但是有“解经学”特色的古典学仅仅只是其一个分支。

因市场追捧，其他出版社也翻译出版了一些古典学著作，但总的说来，这种引进多停留在近乎通俗读物的层次，并非系统、深入，对西方各国近三四十年来较有影响的古典学成果的引介更是十分有限。与此同时，进入新世纪后中华大地每天都发生着令人目眩的变化，而这种变化最终必将导致全球权力格局发生深刻变化。事实上，在国际经济和政治事务上，中国已经是一个大玩家。据一些机构预测，以购买力平价计算，中国经济总量在2020年以前便将超越美国，成为世界第一大经济体。这一不可逃避的态势必将到来，可是中国学术是否也会有相应的建树呢？必须承认，三十几年来中国经济建设日新月异，天翻地覆，但学术建设却未能取得相应的进步，而未来中国不仅应是头号经济强国，也应该是一个学术强国。因此，一如晚清和五四时代那样，融汇古今中外的学术成果,开启一种中国视角的西方古典学研究,一种中国视角的古代西方研究,仍是摆在人文学者面前的一个大课题。

要对古代西方作深入的研究,就有必要把西方古典学的最新成果介绍到中文世界来。可是学界目前所做的工作还远远不够。因学术积累有限,更因市场经济和学术体制官僚化条件下的人心浮躁,如今潜心做学问的人太少,这就是为什么我们对希腊罗马文明的认识仍缺乏深度和广度,久久停留在肤浅的介绍层次。虽然近年来我们对西方古典学表现出不小的兴趣,但仍然远未摆脱只知其一不知其二、浅尝辄止、不能深入的状态。甚至一些学术明星对希腊罗马了解也很不准确,会犯下一些不可原谅的常识性错误。

西方古典学界每年都有大量研究成果问世,而且有日益细化的趋势——如某时期某地区妇女的服饰;如西元前 4 世纪中叶以降的雇佣兵情况;再如练身馆、情公-情伴(lover-the loved)结对关系对教育的影响等。相比之下,我国学界对希腊罗马文明虽有不小的兴趣,但对文明细节的认知仍处在初级阶段。基于为藁考虑,拟推出“古典学译丛”,系统引入西方古典学成果,尤其是近二三十年来较有影响的成果。本译丛将包括以下方面的内容:希腊文明的东方渊源、希腊罗马政治、经济、法律、宗教、哲学(十几年来我国对希腊罗马哲学的译介可谓不遗余力,成果丰硕,故宜选择专题性较强的新近研究成果和明显被忽略的古代著作)、习俗、体育、教育、雄辩术、城市、艺术、建筑、战争,以及妇女、儿童、医学和“蛮族”等。

只有系统地引入西方古典学成果,尤其是新近出版的有较大影响的成果,才有可能带着问题意识去消化这些成果。只有在带着问题意识去消化西方成果的过程中,才有可能开启一种真正中国视角的西方古代研究。

阮炜

2013 年 6 月 29 日

目　录

概述：古代体育运动的重构

上个世纪最后几十年中,许多国家都见证了身体奥秘的全方位揭示。人们对体育运动的巨大热情不仅因为它可以强身健体,也因为它是一个利润丰厚、商机无限的产业。与此同时,体育运动还提供了一个可以公开讨论性和性别的平台,并且颠覆了传统的宗教制度。一直关注古希腊和古罗马文明的学者们受到这些文化动力的驱使,对过去的研究提出了新的疑问。因此,在现代类比现象中关于性、性别、体育及宗教的传统观念可能会扩展出新的观点。文化的相对性为个人行为和社会制度提供了一些其他的思考模式。古文明是欧洲文化的根基之所在,通过意识到与其相似和相异的特性,以及认识到文化构建通常发生的途径,我们发现与过去展开对话对当代研究仍然具有启示意义。此书将不会涉及到和当代类似现象的详细比较及对比。因为在当代社会环境下,通过自己的个人经历,读者能够比较容易地观察到它们的不同。

此项研究旨在探讨希腊体育和身体文化在与宗教、性及成人仪式的联系中所表现出来的特征。最初的探讨始于我数年前对于一篇论文的研究。这篇论文是有关在奥林匹亚举行的赫拉运动节上的(译注:赫拉是古希腊神话中的天后,宙斯的妻子)女子赛跑。从对论文的关注,又引起了我对于宗教仪式背景下在斯巴达和阿提卡举行的女子运动赛事的研究。后来,我在参观位于加利福利亚州马里布市的盖蒂博物馆时,碰巧看到一个希腊花瓶。花瓶一侧描绘的是两个运动员正在投掷标枪,另一侧则印的是长着一对翅膀的厄洛斯正拿着一个刮身板对准其中一个标枪运动员(图 8-Ia 和 8-Ib)。我发现厄洛斯和运动员的图案多次出现在不同的瓶画上,并且和希腊的性、性别及宗教崇拜有着广泛的联系。通过对公元前 8 世纪荷马时期到公元 4 世纪后期古奥运会艺术来源和文学来源的研究后,我在本书中对这些联系进行了探讨。本章首先 3 将概述我要探讨的主题,并对希腊体育运动显著区别于现代体育运动的特征和意识形态进行基础观察。

宗教、成人礼和厄洛斯

当我们试图理解种种我们现在称之为“体育”的活动时,会遇到许许多多的问题。在古希腊人眼中,什么是“体育”呢?它和我们现在的“体育”有什么相似之处?它是怎样被确立为一项公共活动的?它是怎样和其它的社会制度譬如宗教和军事训练相联系的呢?它又怎样将社会价值,特别是男女在社会中的角色,传递给希腊的年轻男女呢?为什么爱欲之神厄洛斯会被敬奉为竞技馆的主神呢?神话和传说中的形象如何才能帮助阐释关于这个题目的历史研究呢?不同地区存在着什么样的区别?从第一次奥林匹克运动会到罗马帝国开始统治希腊的前几个世纪,古希腊体育的概念发生了什么样的改变?若要不带任何偏见的理解古希腊竞技运动,我们必须要尽可能地忘记我们现在所理解的体育是由什么构成以及它在社会中所起的作用。

这项研究力图更加清楚地了解古希腊竞技运动,总体上参考了公民价值和文化价值的组成和传递。它们加强并改变了社会秩序。当然,研究对象会有所选择。这项研究不会将整个古希腊时期所有竞技运动项目全部社会因素纳入考量。关于竞技经济学和竞技政治学，已经有很多较权威和详细的著作。① 在本书中虽然也会对其进行探讨但却属于次要的讨论范畴，主要用来阐述和说明特定文化现象出现的更为广泛的社会背景。本书关注的焦点在于文化历史问题。因此，只有与之相关、有趣、具备讨论价值且更为关键的体育历史问题才会在本书中有所涉及。比如说，一个竞技项目为什么会进行？又是怎样进行的？为什么一个城市或者地区的人们会沉醉于其中？②

---

① 最值得注意的是 H.W.Pleket 的系列研究："Zur Soziologie des antiken Sports", *Mededelingen Nederlands Historisch Instituut te Rome* 36(1974)57-87；同上，"Games, Prizes, Athletes and Ideology: Some Aspects of the History of Sport in the Greco-Roman World", *Arena*(= Stadion)1(1975)49-89；同上，"Some As pects of the History of Athletic Guilds", *ZPE* 10(1973)197-227；同上，"Olympic Bene factors", *ZPE* 20(1976)1-20；以及 M.I.Finley and H.W.Pleket, *The Olympic Games: The First Thousand Years*(New York: Viking Press, 1976)。另参见 I. Weiler 关于希腊语罗马运动史学问的平衡问卷调查，*Der Sport bei den Völkern der alten Welt. Eine Einführung*, rev.ed.(Darmstadt: Wissenschaftliche Buchgesellschaft, 1988)。

② 参见以下学者的优秀研究，如 M.Poliako, *Combat Sports in the Ancient World: Competition, Violence, and Culture*(New Haven: Yale University Press, 1987)，以及 D. Kyle, *Athletics in Ancient Athens*(Leiden: E.J.Brill, 1987)。关于竞技实践的其他技术研究可循迹于 E.N.Gardiner 更早但仍有参考价值的广泛文献，*Greek Athletic Sports and Festivals*(London: Macmillan, 1910)，同上，*Athletics of the Ancient World*(Oxford: Clarendon, 1930; reprint Chicago: Ares, 1980)；H.A.Harris, *Greek Athletes and Athletics*(London: Hutchinson, 1964)以及同上，*Sport in Greece and Rome*(Ithaca, N.Y.: Cornell University Press, 1972)；J.Jüthner, *Die athletischen Leibesübungen der Griechen*, ed. F.Brein, 2vols.(Graz: Hermann Böhlaus, 1965 and 1968)。地方性竞技节日的研究有：Irene C.Ringwood Arnold, *Agonistic Features of Local Greek Festivals Chiefly from Inscriptional Evidence*(Ph.D.diss., Columbia University, 1927)及同上，"Agonistic Festivals in Italy and Sicily", *AJA* 64(1960)245-51；同上，"Festivals of Ephesus", *AJA* 69(1965)17-22；同上，"Festivals of Rhodes", AJA 40(1936)432-36；同上，"Local Festivals at Delos", *AJA* 37(1933)452-58；同上，"Local Festivals at Euboea, Chiefly from Inscriptional Evidence", AJA 33(1929)385-92；同上，"The Shield of Argos", *AJA* 41(1937)436-40; Onno Van Nijf, "Athletics, Festivals, and Greek Identity in the Roman East", *PCPS* 45(1999)176-200。希腊语罗马运动多层面的具体研究可参见 N. Crowther, "Studies in Greek Athletics", （转下页）

本书将要探讨三个广泛且互相联系的主题。第一个是竞技运动的宗教和仪式背景。他们赋予了竞技项目更广阔的文化意义,以及从古希腊人的视角来说,更广阔的普世意义(第一—二章)。第二个主题是竞技比赛,同时也是一种成人仪式(第三—七章);第三个则是,"运动的厄洛斯",在其最普遍的意义上来说,这一建构强化了个人之间,群体之间,甚至独立的政治区域之间的纽带(第八章)。[①] 这种厄洛斯的观念最终被当成一种更为广泛的现象——渴望胜利,同时也要冒着死亡和其他危险——来探讨(第九章)。对古希腊人来说,与其说竞技场是一个梦想之地,不如说是一个欲望之都更为贴切。竞技运动的这些方面相互关联:宗教背景反映了人类与神的联系并且赋予了竞技比赛权威性;不同时期和地点举行的竞技比赛都与神话和成人仪式有关;某些神祇,包括厄洛斯,通过他们和竞技运动盛事及竞技场馆的联系,培养了不同性别和性各自的角色。简言之,古希腊人认为竞技运动现象,就像他们社会中许多其他事情一样,是神与人类在宇宙体系内的相互作用。通过宗教崇拜和仪式,人们可以接近并感知神祇,神的举动也可以符合或者反映人类的行为。盛大比赛中或之前举行的公共祭祀,竞技赛事的参与者或竞技馆内的观众举行的个人祭祀,甚至神圣的庆典中举行的竞技比赛都说明了希腊竞技和宗教始终重叠在一起。通过一场成功的赛事或者盛会,获胜的运动员和比赛的组织者可以赢得社会荣誉甚至是权力。运动会得到社会支持,

(上接注②)*CW* 78(1984)497-558 and 79(1985)73-135,以及本书,*Greek and Roman Athletics: A Bibliography* (Chicago: Ares, 1984)70-73;另可参见 *Nikephoros* 期刊关于文献的定期审查。

① 此处所用"社会功能"既包括其"机体论"层面意义,其中一个机构在社会集合中具有一个功能或者角色,又包括其"逻辑上"或"象征性"意义,比如神话就被看作具有社会关系构建中的象征性意义。参见 P. Vidal-Naquet, *The Black Hunter: Forms of Thought and Forms of Society in the Greek World*, trans. A. Szegedy-Maszak (Baltimore: Johns Hopkins University Press, 1986)135-36。

部分原因是由于它的圆满举行反映出神对人们的恩宠和眷顾。正如经常争论的那样，我们不应该假设所有宗教力量的表现都是实际的、世俗的、政治的或者是社会力量的产物。“力量不是一种制度，一种结构或者特定的人被赋予的特定权利；它是一个特定社会里复杂战略态势的代名词”，福柯（Faucault）如此说道。在社会各阶层中，政治力量并非凌驾于宗教活动的影响力之上。[①] 竞技比赛，简单来说，并不只是与政治或者经济力量相关联。同时，正如古希腊人理解的那样，它还是宗教力量的一个真实体现。从某个特定的观点来看，所有这些不同形式的力量，都是由文化建构的，并且是由社会成员所操控的，尽管宗教，政治等方面的传统本身具备权威性，即，即便是这些操控者本身也必须尊重他们在此构建中的代表。很显然，竞技运动、宗教和性都是这场文化游戏中的“棋子”。但是它们却承载了传统的价值。对每一个文化元素的仔细解读有助于阐释他们之间如何相互关联，以及他们作为一个整体与古希腊社会的关联。比赛的仪式和象征意义以及古希腊人对于他们自身作为一个活跃主体的关注使体育竞技成为一个特别强有力的传递社会习俗的载体，其中包括了个人和神祇之间的联系，性别角色的确立，以及性关系的特征。

阿特纳奥斯（Athenaeus）解释了三位天神的存在。他们的神龛经常被摆放在古希腊的竞技馆内。他认为赫耳墨斯掌管雄辩与口才，赫拉克勒斯掌管力量，厄洛斯则掌管友谊。[②] 这种最近的研究准确地提醒我们自，至少是，古典时期以来在竞技馆里进行的这些宗教崇拜的历史存在。对这三位天神的崇拜也具有社会功能。

---

① 参见 S.R.F.Price 关于此问题的深入讨论，*Rituals and Power: The Roman Imperial Cult in Asia Minor*（Cambridge: Cambridge University Press, 1984）234-48。

② 参见 H.Siska, *De Mercurio ceterisque deis ad artem gymnicam pertinentibus*（Ph.D.diss., University of Halle, 1933）关于这些及其他与希腊竞技有关的祭仪碑文及文献资源目录。

它丰富了关于身体强健、人体之美、沟通或者转变的理念。前两个为赫拉克勒斯和厄洛斯掌管的领域，也是我们这里主要考虑的领域：竞技精神和爱欲。第三位天神赫耳墨斯则代表的是和竞技有关的第三个主题：沟通和进行成人仪式的媒介。赫耳墨斯，从狭义 5 角度来说，掌管在竞技馆里进行的修辞学和哲学教育（在本书中并未进行直接探讨）。他是一位重要的神祇，掌管着社会价值的传承和“教育”。“教育”，从广义的角度来讲，古希腊人称之为派代亚（paideia）。与其说训练，更贴切的说法可能是“培养”和“抚育”。①

从最早的历史阶段起，竞技运动与古希腊宗教盛会以及崇拜活动的关系，大多是受到在奥林匹亚举行的运动集会的影响。这会在第一章进行讨论。第二章研究了那些试图将以后数个世纪里古罗马和古希腊对于奥运会后的不同兴趣揉合到一起的学说，并说明了竞技运动是如何促进文化一体的。第三章讲的是竞技运动，同性恋和标志男孩成年的宗教仪式之间的联系。第四章到第六章重点研究了最初的女子比赛，尤其是那些在希腊大陆的奥林匹亚，斯巴达和布劳隆举行的女子比赛。通过研究“边缘”竞技项目，尤其是在那些规模较小且设有女子项目的地区竞技赛会中进行的，我们开始理解古希腊竞技比赛普遍具有且独一无二的特点，特别是在他们怎样反映性别角色和传承文化理想这一层面上。在

---

① 关于竞技馆修辞学及哲学教育，参见 H.Marrou，*A History of Education in Antiquity*，trans.G.Lamb（London：Sheed and Ward，1956）；L.Grasberger，*Erziehung und Unterricht im klassischen Altertum*，3 vols.（Aalen：Scientia，1971 reprint of Würzburg，1864-81）；R.E.Wycherley，“Peripatos：The Athenian Philosophical Scene-II”，*G&R* 9（1962）2-21。关于派代亚的文化与政治观点，参见 P.Schmitt-Pantel，“Collective Activities and The Political in the Greek City”，in *The Greek City: From Homer to Alexander*，ed. O.Murray and S.Price（Oxford：Oxford University Press，1990）199-213，esp.206；R.Sallares，*The Ecology of the Ancient Greek World*（London：Duckworth，1991）265。关于赫耳墨斯作为青年和启蒙保护神的观点，参见 G.Costa，“Hermes dio delle iniziazioni”，*Civiltà classica e cristiana* 3（1982）277-95。

这点上，田径女英雄阿塔兰忒的神话表明了其与希腊竞技运动中男性美德规范的差别（第七章）。第八章中，厄洛斯既是古希腊神话中出现的神，在涉及到竞技运动时，它同时也是“欲望”的代名词。关于厄洛斯和古希腊竞技运动之间有何联系的研究，揭示了他与赛会本质的、动态的联系，后者体现了“竞争”的精神和内涵。竞争理想不仅突出了厄洛斯在古希腊文化中作为“斗争”的这一涵义，并且通过它与欲望的联系，赛会中的冲突对抗气氛也得以缓和或化解。运动员在承载了观众的渴望同时，他们自身也渴求胜利；运动员崇拜厄洛斯；而厄洛斯却沉迷于竞技运动中，不惜与其终极对手安忒洛斯（他代表的是“回报的愿望”）开战。第九章讨论了古希腊竞技运动可以怎样被理解为一种表现。在这种表现当中，并在将竞争看作积极乐观的驱动力（卢西恩，《卡西斯》36，稍后会引用）这一背景下，欲望的元素，平衡了竞赛活动中受伤及死亡的危险。结论部分按时间顺序研究了竞技运动和宗教、性别及性的联系；研究了古希腊社会围绕其文化的基本理想来组织竞技活动的方式，将社会背景和祭祀仪式与竞技活动相结合，同时又将竞技活动与社会制度结合起来。

结合古希腊竞技运动的社会背景，本篇概述讨论了我们对古希腊竞技运动及其历史的定义，勾勒了古希腊社会作为一个“竞赛系统”的框架，并且回顾了对此系统具有影响力的价值观。我还特别概述了不同时期两位古希腊作家品达和卢西恩的观点来举例证明这种价值观是如何被应用的。接下来，我会研究一位杰出的女性奥运会冠军，西尼斯卡（Cynisca），这可以反映出体育竞技中及社会中普遍存在的男女价值观差异。 6

体育的定义

当人们讨论到世界“体育历史”时，可能会产生误解。由于体育活动在不同的社会重现并且可以从历史上追本溯源,因此人们可能会误认为类似体育活动在本质上都具有相同的功能。① 相似体育活动的身体动作可能会相似,但是其动作的涵义却是其社会组成的一部份,具有唯一性。只有当我们认为一个社会里被称为“体育”的活动是由另外一个社会的该类活动演变进化而来或者受到了另外一个社会体育活动的影响时,对这些活动的“历史”的讨论才具有意义。通常这种历史因果关系很难甚至不可能被发现。在历史上常见的情况是,一个社会意图采用或改编另外一个社会的“体育”活动,这种转换最终导致这些体育活动与他们的“祖先”只是在名称上相同而已。以现代奥林匹克运动为例,它是效仿古希腊奥运会所设立,不过却已经与之有了本质的区别。② 所以当古罗马人将一些古希腊竞技项目与自己的某些公共比赛相结合时,他们也将希腊人的竞技项目彻底转变成了一种娱乐表演,其意义也已经发生了本质的改变。③ 举例来说,一个人当然可以试着追溯摔跤的“历史”,他只需要在历史长河中挑选出不同时期和不同区域为人熟知的例子,然后就各种证据所指向的直接跨文化影响进行论证。然而,事实上,摔跤的功能却发生了根本上的改变。比如说,吉尔伽美什(Gilgamesh)和安克朵(Enkidu)之间的较量,埃及人在法老面前进行的决斗,大力士赫拉克勒斯与巨人安泰(Antaeus)的比武,古希腊节日里进行的五项全能的最后一个项目(译注:古希腊的五项全能包括跳远、铁饼、标枪、赛跑和摔跤)以

---

① 参见 D.Halperin, *One Hundred Years of Homosexuality*(New York: Routledge, 1990) 15-53, 与本书类似讨论, 否认了可能有性行为历史, 因为性行为作为一种文化构建在每个社会中的定义都是不同的。对于不同文化中运动的不同哲学较好的综述, 参见 E.Segal, “To Win or Die of Shame, A Taxonomy of Sporting Attitudes”, *Journal of Sport History 11*(1984)25-31。

② Bernd Wirkus, “‘Werden wie die Griechen’: Implikationen, Intentionen und Widersprüche im Olympismus Pierre de Coubertins”, *Stadion* 16.1(1990)103-28.

③ E.Mähl, *Gymnastik und Athletik im Denken der Römer*, Heuremata 2(Amsterdam: B.R. Grüner, 1974).

及我们可以看到的在美国电视节目中由世界摔角联盟举办的那些夸张的比赛。虽然在上述比试或比赛中都会用到相同的打斗技巧和擒拿手法，但是他们的文化功能却有着千差万别。因此，我们有必要先来探究体育运动的普遍定义并且说明在本项研究中所采用的基本方法。

"体育"在英语中最初意为"娱乐；消遣；休闲"。直到一百多年前其意义才逐渐演变为现在这种狭义的版本，即"一种具体的娱乐，常常包含有身体操练并有其固定格式和一整套的规则"。①正如许多人类行为一样，现在这一术语中所包含的活动范围事实上是一种社会的构建，而这些活动都能在这一社会中找到踪迹。几乎每一个社会都沿用或创造了大量的休闲活动、娱乐性的竞赛，也即我们现在普遍指定的"体育"这一名称所代表的内容，当然在其它语言中这一名称可能会有相应的语言学变体。② 然而，在其各自的文化语境中，跨文化术语掩盖或消除了这些活动的许多重要功能。不同文化中，精确的比赛项目和规则会发生改变；甚至彼此表面肖似的现象，其功能也可能完全不同。简而言之，每个社会都对体育运动赋予了某种特定的文化价值，通过实践保存并流传

---

① 定义引自 *The American Heritage Dictionary of the English Language*, New College Edition(Boston: Houghton Mifflin, 1979)。*The Compact Edition of The Oxford English Dictionary*(Oxford: Oxford University Press, 1971)中认为"运动"最早出现在1594年，其涵义在于"一系列竞技比赛"这一层面上，而不是关于古希腊体育比赛；在1892年它才被用于指代当代竞技赛事。

② 关于当代体育术语的讨论，参见 D.Sansone, *Greek Athletics and the Genesis of Sport* (Berkeley and Los Angeles: University of California Press, 1988)3–6；关于运动、赛会、比赛以及竞争各术语差异的探讨，参见 A.Guttmann, *From Ritual to Record: The Nature of Modern Sports*(New York: Columbia University Press, 1978)1–16；关于Guttmann有影响力的论文的讨论，参见 J.Marshall Carter and A.Krüger, *Ritual and Record: Sports Records and Quantification in Pre-Modern Societies*(New York: Greenwood Press, 1990)。本书中时而使用的复数形式术语"sports"与"sport"概念相同，只是复数术语意味着多种独特的活动组成一个一般概念；在其它时候，本书中根据语境使用复数形式术语"sports"来指定一些具体比赛。

开来。当“体育”这一现代术语在对某些活动的固定分类给予一种错误感知的同时,它也使人们更深入地理解这些活动的意义,从而使那些认为其过时的偏见销声匿迹。人们对任何一个社会里的
7 “体育”的理解只能到达某种程度,即这种活动的价值,不管是隐性的或是显性的,只能在其本身固有的某种恰当且全面的历史和社会背景中得到充分的理解。

众所周知,体育是一种普遍的人类活动,在几乎所有社会和时代中都能发现存在对其必要的变通;诚然,它们已被认为是人类社会的本质且独特的特点。① 哈乔·伯奈特(Hajo Bernett)将运动大致定义为“娱乐性的冲动引发的自然机动式活动,意在可衡量的表现及受规定的比赛”。② 这一定义与较早前字典定义不同之处在于,它并没有要求这一活动具备“规定的程式”,并且删除了对“体育锻炼”的参照,同时还在于某些品质,这些品质可以更准确地描述对“体育”的通俗理解,但也许并不能足够广泛的包含所有时期和文化。艾伦·加特曼(Allen Guttmann)提出了一种对“体育”的有效分类,将其描述为多样化的“比赛”,反过来也是“游戏”

① 参见 J.Huizinga, Homo Ludens: *A Study of the Play Element in Culture*, strans. R.F.C. Hull(Boston: Beacon, 1955),译自 *Homo ludens: Proeve eener bepaling van het spel-element der cultuur*(Haarlem: H.D.Tjeenk Willink, 1940)。

② 参见“Spontane motorische Aktivität aus spielerischem Antrieb, die nach messbarer Leistung und geregeltem Wettkampf strebt”; *Lexikon der Pädagogik* (Freiburg: Herder, 1971) 4.144, 由 Weiler(1988)xi 引用。如果用“可测量的”来意指产生的表现必须被量化,那么它在此处也许会令人误解,因为比赛并非近期举行的。“可测量的”,我认为在 Bernett 的定义里,指的是一个比赛选手(或者团队)相对其他选手而言,可以被“测量”或者评价为胜利者。另一个关于“运动”的现行定义是由 Guttmann 提出的,参见 Guttmann(1978)7:“‘playful’ physical contests ... non-utilitarian contests which include an important measure of physical as well as intellectual skill”,尽管这一定义省略了评价胜利者以及规范比赛选手的重要方面。在我看来,Guttmann 还犯了一个错误,就是否认了运动的一个重要功能——交际功能(11-13)。虽然大多数以术语“运动”所指代的活动并不总是需要“寓意的”或者象征性的阐释,但不可避免的是,在某种程度上,这些现象也表达了一定的教训或者价值,如果只是隐含的话。

的一种有组织的形式。[①] 在人类社会，体育活动分布广泛，并且至少在形式上是可类比的，但严格说来对于人类生存却并不是必要的，就这一意义而言，体育可以类似于其它某种形式化的行为，比如宗教仪式，季节性节日的庆祝，以及纪念出生、死亡和婚姻的风俗习惯。

学者们对“体育”的来源和发展的研究已有一个多世纪的历史。加特曼也列出了“当代体育的七大特点”，即世俗主义、参与和条件机会平等、角色世俗化、合理化、官僚组织、定量化、以及对记录的挑战等。[②] 他认为在上个世纪左右，这其中任一个特点都广泛存在于“体育”中，但在古代或原始文化中却不流行。这种一般的合成有效且发人深思，但它对这些活动在其特有的社会背景中的具体功能却是有失偏颇的。诸如是否有记录、规则是否合理、以及官僚机制的存在等明显的、形式上的相同，被用来描绘“古代”（或“原始”）和“现代”社会这些大类里的各种现象的特点。然而，早在荷马所描述的比赛中，古希腊和古罗马确实在某种形式上或多或少展示出了所有这些应当是“现代”的特性。[③] 正是特性描述的范畴本身也是千变万化的并且有很多的条件限制。另一位

---

① Guttmann（1978）11-13.

② 同上，16-55。参见 Richard Mandell 关于当代体育发展的分析 Richard Mandell, Sport：*A Cultural History*（New York：Columbia University Press，1984）。

③ Guttmann（1978）承认除了量化和记录以外，所有现代特征都在古希腊有所体现。纯粹‘非宗教’竞技比赛在 *Odyssey* 8.97-384 中有迹可循；在奥林匹亚以及其它运动赛会上，所有的参赛选手都被赋予作为竞争者和竞争条件的平等入场许可；事实上，随着时间推移，希腊运动员变得更加专业；根据古代正义与公平的概念，希腊竞技极为“合理化”；在其竞技行会以及赞助机制中，希腊人有一种“运动官僚的初步形式”。无可否认的是，成就并非由皮尺和计时工具所“量化”，而是根据速度、距离以及力量有进行区分的；希腊和罗马体育共有的一个方面就是用赛事中成绩的记录，尤其是定性地来指定“第一名”和“独一无二”。参见 M.N.Tod，“Greek Record-Keeping and Record-Breaking”，CO 43（1949）106－12；D.Young，“First with the Most：Greek Athletic Records and ‘Specialization’”，*Nikephoros* 9（1996）175-97。

作者，大卫·桑索内（David Sansone），从"认为现代体育和其它的早期社会中的体育并没有本质上的差异"这一观点出发，主张体育是"生理能量的仪式牺牲"，是一种本质上的人类行为学现象，同时还是旧石器时代狩猎文化的遗产。[①] 形式方面的历时研究，比如桑索内的研究，试图证明被称为"体育"的某种事情作为人类行为的一种本质现象而存在，不同文化之间的差异只是附带现象，各种文化借此对这种本质冲动给予不同的侧重。

本研究中，笔者并非要证明"体育"是一种普遍现象。它可能是，也可能不是普遍或人类独有的。知觉知识认为，如果它是普遍

8 且人类独有的，那么一个将所有时代、文化以及各种各样的行为都纳入考量的综合定义，将是亦或复杂亦或还原，以致于其本身也是荒谬非常或毫无意义的。笔者也不是像桑索内或其他学者那样要论证人类体育可以被单一解释所证明。[②] 在笔者看来，这样做不亚于拉丁语所说的"对不明白的东西要用更不明白的话来解释"，同时也犯了夸张的单一机缘主义的错误。[③] 合理的说法只能是人类生理以及心理驱动的局限产生了普遍活动的一种类似模式，这些普遍活动包括了各种人类行为习惯，比如饮食、穿衣、性行为、睡眠、工作、还有娱乐，包括"体育"这一术语当前所囊括的各种娱乐形式。即便是某个单一的起源，比如宗教祭仪或者原始狩猎仪式，可以被孤立来看，但也不是说起源是所有文化理解的关键。关于

---

① Sansone (1988) 6. 参见 I.Weiler in *Gnomon* 62(1990)218-22 and by D.Kyle and A. Guttmann(separately) in *Journal of Sport History* 15(1988)356-61 and 361-63 对该书的谨慎批评。

② Sansone (1988)15-24 提供了关于其他"单一因果"理论的有用评论，包括前东德学者的马克思主义观点以及 Carl Meuli 将所有体育与葬礼上表演的决斗相联系的独特尝试。参见 Poliakoff(1987)149-57 对后者的批评和极好探讨.

③ 对运动起源的学识问卷调查，参见 I.Weiler，"Langzeitperspektiven zur Genese des Sports"，*Nikephoros* 2(1989)7-26；C.Ulf，"Die Frage nach dem Ursprung des Sports, oder: weshalb und wie menschliches Verhalten anfängt, Sport zu sein"，*Nikephoros* 4 (1991)13-30。

起源的单一机缘理论并不是解释不同文化中的相似点所必须的；然而，在特定文化背景中关于体育的社会及历史的精心研究却能阐释重要的跨文化差异。

本研究中的方法便是，认可在“体育”这一极度简单的术语之下所囊括的各种人类文化活动现象，对每种表现形式在其尽可能广泛的历时和共时维度及特定的历史文化背景下进行充分地研究。我们因此便能清楚地判断对于该段历史时期的个体来说那些活动到底意味着什么。差异所揭示的是人类经验的多样性和单一政体的复杂性。

本研究的着重点仅限于希腊人的竞技，包括关于从青铜器时代到古罗马时代所有时期的精选主题。笔者在本文中一贯使用“竞技”这一术语，而非“体育”，是因为从希腊文字面意义来看，“竞技”包含了在意为“为了奖赏而比赛”这一相关术语中希腊人想要表达的所有内涵，包括“竞技馆内的”和“马术”赛事，即田径比赛，拳击和摔跤比赛，还有战车和赛马比赛。某些意义上来说，相较于其他社会，这一现象在希腊具有更加广泛的兴趣，有一部分是因为文化在形成竞技比赛的现代西方观念过程中所起到的重要作用，最明显的就是奥林匹克运动会，还有一部分是因为大量的文学和考古学资料，使得我们能对一种与我们21世纪本身的文化在许多方面都相异的外国文化进行广泛的历史研究。现代奥林匹克的建立将许多人导向一个误区，认为就像在文化的许多其他方面一样，我们的体育运动，“我们都是希腊人”，但是在体育文化背后的当代现实却与古代完全不同。①

① 古代与现代对比研究的一个极好例子，参见 D.Young，*The Olympic Myth of Greek Amateur Athletics*(Chicago：Ares，1984)，有关对19世纪后期组建国际奥委会的许多历史误解的研究。M.I.Finley 和 H.W.Pleket (1976)也概述了古代与现代奥林匹克运动会相区别的许多方面。

“身体文化”和希腊竞赛机制

从某种角度来说，竞技馆三神赫拉克勒斯—厄洛斯—赫耳墨斯，代表竞赛机制所培养出的个人在生理、精神以及智力的各个方面。锦标赛或者“竞赛”是这项活动主题后的一个统一概念。了解其社会背景是相当重要的。雅各布·布克哈特（Jacob Burckhardt）具有影响力的论点，即认为希腊锦标赛是我们对于古代社会理解的唯一和关键，这一论点正受到详尽地批评和质疑，但是其主要论点仍是正确的。① 美国社会学家古尔德纳（A. Gouldner）对“希腊竞赛体制”进行了非常有用的详尽阐述，从竞赛精神中引申出许多希腊文化主题。② 古尔德纳注意到希腊人珍视年轻，健康和美，及所有具有“曲线”的物体，与其说这些物品的所有权还不如说是声望本身，更加稳定和长久，构成了在当时社会至高无上的荣耀。尤其是运动员的意识形态认为具有人体的美和力量是出名的原因，对于这一点希腊文学和荣誉法令已给出了很多证明。③ 古朴时期希腊青年男子（*kouroi*）雕像扩展到大约两万座，比真人尺寸要大并且具有理想形象的裸体青年（或者年轻的神祇），表明了当时对健康男性形象偶像化崇拜的

---

① 参见 Poliakoff（1987）178–79，注释 49 对 Burckhardt 关于后期赞助的观点给出了公平的评论。

② A.W. Gouldner, Enter Plato: *Classical Greece and the Origins of Social Theory*（New York: Basic Books, 1965）41–77. 关于竞赛系统的重述，参见 D.Cohen, *Law, Violence and Community in Classical Athens*（Cambridge: Cambridge University Press, 1995）61–70。关于“竞赛系统”中社会矛盾更为广泛的经济学与历史回顾，参见 C.G.Starr, *The Cambridge Ancient History*, vol.3, pt.3, 431–41, eds. J.Boardman and N.G.L.Hammond（Cambridge: Cambridge University Press, 1982）。

③ Pleket（1975）75 进一步区分了两种形式的理想美，一种是苗条、高贵及无须的“青年”类型，一种是粗颈有须的“赫拉克勒斯”（希腊神话里的大力英雄）类型。

普遍性。[1] 当然，“名望”（希腊语为 *kleos*，*timē*，*eukleia* 等）是一个广义的概念。根据古尔德纳的理论，对那些培养出名望的以身体为中心的物体，我们会加入更多其他比如“好的人生”，“快乐”，以及根据事实本身，希腊观念中的名誉。稍后引用的卢西恩笔下的梭伦（《阿那卡尔西斯》（*Anacharisis*）I5）提出竞技运动的产物不仅仅是身体健康，还包括个人自由和公民自由，古老节日带来的乐趣，以及家庭的安全甚至财富。

这些由名望所带来的一切在关于身外之物（“财富”）的价值，个人和公民的对立，以及个人和社会的联系等方面提出了新的问题。在希腊人的思维中，财富本质上无所谓好或坏，很多人，比如希罗多德（希腊的历史学家）笔下的梭伦，认为（I.32），它也不是得到幸福和名声的必要条件。[2] 因此，古尔德纳强调低附加对象或者缺乏对外在物质和暂时性物质的联系，并且领会他们“涉身自我的安全的基本轨迹”，他这样做是正确的。身外之物虽然具有其自身的价值，但却被看作是个人荣誉的体现。欧里庇得斯（Euripides）所著《奥托吕科斯》（*Autolycus*）中的“竞技比赛”以及阿里斯托芬（Aristophane）创造的喜剧人物体现了的运动员出于私利的贪婪和暴食，证明了这是社会行为中的一种非常普遍但却主要用

---

① 对 *kouroi* 的评价，参见 A.Snodgrass, in *Trade in the Ancient Economy*, ed.P.Garnsey et al.（Berkeley：University of California Press，1983）21；对 *kouroi* 作为“强调”年轻男性裸体的证据，参见 J.Bremmer，“Adolescents，Symposion，and Pederasty”，*Sympotica: A Symposium on the Symposium*，ed.O.Murray（Oxford：Oxford University Press，1990）143；A.Stewart，*Art, Desire, and the Body in Ancient Greece*（Cambridge：Cambridge University Press，1997）63–70 也探讨了青年雕像的年轻市民意识形态，成功挑战了 C.Sourvinou-Inwood，‘Reading’ *Greek Death*（Oxford：Oxford University Press，1995）147–97 认为他们代表运动员的观点。

② D.Konstan，“Greeks，Persians，and Empire”，*Arethusa* 20.1–2（1987）59–73 指出了希罗多德的叙述中非希腊人与量化的财富之间的一致关联，以及希腊人与定性的卓越之间的一致关联。

来作反面例子的卑劣行径。① 理想的低附加对象也可以由缺乏贵重奖品的泛希腊竞技比赛所证实。与此同时,影响力较小的地方性比赛提供的丰富奖品以及泛希腊比赛中取得胜利的运动员由本国给予其价值不菲的奖金满足了人类贪婪的现实。

希腊语中与“人”或者“个人”相对应的常用术语叫作 *sōma*,其字面和最初的意思仅仅是指“躯体”。② “自我实现”中的焦点并不是暗指个体是完全自给自足的,而是指他或她必须通过取得个人成就获取荣耀,同时保持其在社会群体中的成员身份。事实上,希罗多德版的梭伦(Herodotean Solon)用到这个特有的词,并断言在个人为了幸福和荣耀奋斗的过程中没有个人/个体(*sōma*)是自给自足的。③ 很明显,一个城邦中个体的名望,特别是对那些

---

① 参见 Euripides, *Autolycus* fr. 282(Nauck TGF 441) *ap*.Ath.10.413c-f(ca.420 b.c.), S. Miller, *Aretē*: *Greek Sports from Ancient Sources* (Berkeley: University of California Press, 1991)185, number 168 是一个较好的翻译版本。欧里庇得斯,色诺芬尼,阿里斯托芬,the “Old Oligarch”以及其它作品中对运动员过度自我放纵的评论可能是反映了多种偏见而非事实的夸大叙述;总的来说,关于对运动员的评论,参见 Kyle(1987)124-54; Stefan Müller, *Das Volk der Athleten: Untersuchungen zur Ideologie und Kritik des Sports in der griechisch-römischen Antike* (Trier: Wissenschaftlicher Verlag Trier, 1995)72-82, 88-108, and115-23; H.W.Pleket, “Sport and Ideology in the Greco-Roman World”, *Klio* 80(1998)315-24。关于对自我满足的普遍气馁,参见 G.W.Most, “Self-Disclosure and Self-Suffciency in Greek Culture”, JHS109 (1989) 114-33; AJ.Festugiè re, “Autarky and Community in Ancient Greece”, in *Freedom and Civilization among the Greeks*, trans. P.T.Brannan(Allison Park, Pa.: Pickwick, 1987, 原始版本为, *Liberté et civilisation chez les Grecs* (Paris: Revue des jeunes, 1947)。

② 将身体用作“人”,参见 R.Hirzel, Die Person: *Begriff und Name Derselben im Altertum* (Munich: Verlag der Königlich Bayerischen Akademie der Wissenschaften, 1914; reprint, New York: Arno, 1976); H.Pelliccia, *Mind, Body, and Speech in Pindar and Homer*。Hypomnemata, 107(Goettingen: Vandenhoeck & Ruprecht, 1995)研究了诗歌传统,其中身体器官可以作用或存在于“自我”之外。因此,身体的整体就是一个综合体,并且与其个体部分几乎是 schizo- phrenic 的关系。

③ 参见 Thucydides 2.41.1,其中伯里克利回应了希罗多德关于梭伦的描述,并声称雅典人已取得很大程度上的个人自我满足,也是与公民义务相一致的终极满足。另可参见 Thuc.2.51.3,其中 *sōma*(身体)指的是雅典瘟疫受害者的躯体,(转下页)

参加公共节日庆祝的运动员来说，会带给家庭和社区带来好处。10
正如我们在此讨论的，"身体核心"与"身体文化"都是指希腊语言和文化中对拥有"躯体"的"人"的识别，以及由个体的"身体"在其公民背景下取得的实际成就对名望的评估。

古尔德纳对比赛体系的特点作了如下进一步描述。名望必须要经由个人自己的，积极的努力取得，通常是"优秀"或者"杰出"。通过社会竞争取得名声是"零和"竞赛，即一个人取得的荣耀必然会导致其他人所获荣耀的减少。[1] 荣耀的总量是有限的，在任何时候，它不可能过于分散地由大多数公民所获得。在一个公共比赛中，只有少数人被宣布为胜利者，绝大多数只能作为无名的"失败者"离开赛场。为了荣耀而奋斗常常引发嫉妒并要求有羞耻感来防止过度的努力。[2] 正如我们所见，品达举例说明了这些与运

（上接注③）在面对流行病的时候没有自我满足；参见 T.Scanlon, "Echoes of Herodotus in Thucydides: Self-suffciency, Admiration, and Law", *Historia* 43.2(1994)143-76。

① 我们应仔细看待荣誉的"零和博弈"方面，不能将其看成一个固定的完全的竞赛系统，而是一个总的来说正确但仍具有灵活特点的竞赛系统；参见 D. Cohen, "Sexuality, Violence, and the Athenian Law of Hybris", *GRBS* 38(1991)183，注释 30；id.(1995)63，注释 6；以及 *id.*, *Law, Sexuality, and Society. The Enforcement of Morals in Classical Athens*(Cambridge: Cambridge University Press, 1991)183-86。

② 关于这些概念的两个优秀的研究，参见 D.L.Cairns, *Aidos: The Psychology and Ethics of Honour and Shame in Ancient Greek Literature*(Oxford: Oxford University Press, 1993)以及 N.R.E.Fisher, Hybris: *A Study in the Values of Honour and Shame in Ancient Greece*(Warminster, England: Aris & Phillips, 1992)。Cairns, p. 94，注释 141 正确地提出"零和博弈的观点……可以有许多分歧，……让他人蒙羞并不总是要求他自己的荣誉……"。关于 *hybris* 另见 Cohen(1995)143-50 以及同上，(1991a)176-80。关于运动员的荣誉(*kudos*)，参见 L.Kurke, "The Economy of *kudos*", in Carole Dougherty and Leslie Kurke, *Cultural Poetics in Archaic Greece: Cult, Performance, Politics*(Cambridge: Cambridge University Press, 1993)，他将 *kudos*(荣誉)定义为"上层社会与普通大众关于魅力权利形式的一种积极协商"(155)；也就是说，荣誉是一种由社会赋予运动员、勇士或者杰出公民的近乎守护的属性。另见 D.Steiner, "Moving Images: Fifth-Century Victory Monuments and the Athlete's Allure", *Classical Antiquity* 17(1998)133-34 关于运动员荣誉(*kudos*)的权利以及羞耻心带来的羞怯的讨论，认为这可以是一种性诱惑。

动员相关的价值。在希腊和许多其他社会，性都是一个常见的竞技台，荣耀在这里获得、失去、或者展示。古尔德纳认为，比赛体系导致了替代选择的建立，使希腊市民能够克服在比赛上追逐名利的动力而取得一致性，尤其是理性主义和同性恋。这一点将会在第八章详细阐述。我们还认为异性恋关系也是比赛体系的一个因素。借由强调个人成就而不是附加的财富，或者你是谁而不是你有什么，比赛体系鼓励对于个人卓越的追求。它特别推进了对那些可以自由获得的概念的高度重视，比如，“智慧”和其他一些由柏拉图和亚里士多德解释的理想主义的示范。虽然“健全的心灵寓于健全的身体”（*mens sana in corpore sano*）是一句罗马格言，但它却很好地表达了柏拉图在其《理想国》中所宣扬的精神。柏拉图学派，亚里士多德学派以及犬儒派毕竟都是建立在竞技馆的背景之上。

比赛体系最根本的准则是赢得比别人更多的名声。这种等级示范的形式可以通过不同的方式获得，包括战场上的胜利、崇拜仪式的规定、言语劝说，以及在公正的裁判前举行的竞技比赛。取得名声的大小决定于奖金的多少，冒险的程度，对手的地位，以及过去所取得的荣誉等级。对于运动员而言，比赛受关注的程度，奖品本身或者其象征价值，比赛的激烈程度，以及胜利者过去的战绩都决定了其所得名声的资质。因此，希腊运动员，特别是在希腊化时期和罗马时期，都很乐意在其胜利题词上列出他们所获胜利的特别之处，即称之为“轻易获胜”（*akoniti*），没有轮空比赛，没有认输，作为国家参赛的第一人，在一天之内获得不同体育项目上的多个冠军，诸如此类。①

“花冠或者死亡”更多是一种夸张的吹嘘。一位古希腊搏击（一种混合了拳击，摔跤和自由搏击，场面激烈的比赛）教练员在

---

① Pleket (1975) 79.

给运动员母亲的信中称赞道："如果你听到儿子战死赛场的消息，请相信那是真的，但是如果你听到儿子被击败了，请不要相信。"① 一些主流的现代理想——健康，运动精神或者娱乐——都很重要，但是很明显，在古希腊竞技运动这个层次，他们都要让位于荣誉。② 历史上，希腊竞技运动几乎总是作为宗教庆典的一部分出现，并且个人的表现被作为一个衡量其地位和荣耀的标尺。同样地，人们一方面认真追寻竞技精神，另一方面关注人类与神圣宇宙的关系；获胜是至关重要的；几乎所有的竞赛都是个体之间的竞争；并且从早期开始，所有社会阶层的人都可以参加比赛。③

11

派代亚和竞赛体系

日常生活和竞技中的竞赛体系自有其重要的必然法则，但同时也将为了荣誉的竞争投入到更广范的文化及历史背景中。在希腊文化中所有历史阶段，所有城市的人们都认真看待竞赛，竞技运动及其他相关方面时，荣誉的资格和获得荣誉的手段却不尽相同。竞赛本身的竞争性也能够通过不同的重要途径得以避免或者缓和。如果说从体系中完全脱离是非常少见或者几乎不可能的话，根据个体的偏见，自给自足的程度还是可能得以支持。在竞技赛场上，个人为了维护名誉可以选择不参加比赛。据说，公元前5世纪后期的亚西比德（Alcibiades）就由于低微、乡野的出身，及其竞

---

① Philostratus, *Gymn.*23; cf. M.Poliakff(1987)63.

② 关于现代理想，参见，比如 J.A.Michener, *Sports in America*(Green- wich, Conn.: Fawcett, 1976)15-32，他提出健康、娱乐以及"乐趣"作为现代体育的三个引导性标准。尽管 Michener 批评了诸如"运动员精神"等性格塑造的理念的减少，事实上，他例述了这种力量作为一种理想，但远低于它的是美国文化在现实中的没落。

③ 关于其中一些特征的阐释，参见 Poliakoff(1987)105-7; E.Segal, "To Win or Die of Shame, A Taxonomy of Values", *Journal of Sport History* 11(1984)25-31; Young (1984)171-76; Pleket (1975); Finley and Pleket (1976)14-25。

争对手没有受过良好教育而使比赛蒙羞。① 生活于公元前525年左右的色诺芬尼(Xenophanes)批评了当时人们崇尚竞技力量更胜于哲学家智慧的这一习俗。②

竞技比赛越来越正当化合法化,由于人们对公共比赛日益良好的社会效力的呼吁,其"非赢既死"的残暴理念也得到了减轻。稍后我们会讨论卢西恩和品达对这一原理贡献颇多,竞技馆内对赫拉克勒斯、厄洛斯和赫尔墨斯祭仪暗示了社会效益的不同方面。有学者已经证明了包括那些来自于宗教协会、非正式政治团体、由朋友组成的小团体,以及运动员的聚会等在内的各种集体活动或者"欢乐的祭仪"以不同的方式对城邦作出了贡献。③ 正如施密特-潘泰尔(Schmitt-Pantel)所说,这些集体活动能够使政治生活社会化,将学徒关系带入市民价值观中,并为表达社会秩序提供场所——"财富的差距,权利的等级"。每一种活动都是派代亚和社会形态的一种方式。④ 有人争论说这些团体的重要性随着时间而

---

① 参见 Isocrates, *De Biga* 16.33; Kyle(1987)136; M. Golden, *Sport and Society in Ancient Greece*(Cambridge: Cambridge University Press, 1998)123, 170。Golden 认为马术比赛是精英阶层可以大体上避免被下层阶级战胜的羞辱的一种方式。因此,据说亚历山大大帝也避免了参加比赛,因为皇帝的对手应该只能是皇帝,参见 Plutarch, *Alexander* 4.5; Xenophon, *Hiero* 4.6; Harris(1964)40, 以及 Golden(1998)160-61。

② Xenophanes, fr.2(Diels) *apud* Ath.10.413f-414c; C.M.Bowra, "Xenophanes and the Olympic Games", *AJP* 59(1938)257-79; Müller(1995)88-99.

③ 参见 Schmitt-Pantel(this ch., note 6, 1990)205-6. L.Burckhardt, "Von Agōn' zur 'Nullsummenkonkurrenz': Bemerkungen zu einigen Versuchen, die kompetitive Mentalitä t der Griechen zu erfassen", *Nikephoros* 12(1999)71-93 和 309, 也认为不应该夸大零和博弈的濒死文化,但是"痛苦……被多种结构和机制弱化"(309)。关于对古典时期和希腊化时代的体育的总体功能的探讨,是稳定社会的安全阀还是教导社会竞争的工具,参见 Pleket(1998)321-22, 对 Müller(1995)126-41 的讨论。正如 Pleket 提出的,体育的这两种功能都存在。'安全阀'并不能彻底平复社会内部矛盾,也不能消除城际对抗。

④ 参见 Plato *Leges* 1.643e-644a: [派代亚是]"自孩童时期开始的优秀品质(*aretē* 德性)训练,它让一个人成为完美市民的信徒与爱好者(*erastes* 爱者),并且了解怎样根据正义来统治和服从……然而,还有另一种教育,目的在于金钱 (转下页)

改变。因此，当它们更为广泛地履行了其古朴时期公民机构的作用，直到公元前4世纪，集体活动都属于公共大众领域而不只是精英政治阶层的财产。发展到后期，相较于在较早期的社会机构中来说，政治集会越来越鲜由贵族直接操控了。

很明显，古希腊的竞赛，公共比赛是这一文化中比赛体系的缩影，既是个人为了名誉而奋争，也对“祭仪的欢宴”有积极的作用。竞赛也贯穿了许多其他的重要集体活动，即宗教祭祀、情色联系、政治经济互助会、专题讨论会以及唱诗班等。① 举例来说，当阿特

12

（上接注④）或者体力亦或其它某种非理性和正义的聪明。这种教育是工兵型的，盲从的，并且完全不值得称其为派代亚”。

柏拉图对财富或者身体美其本身即目的的批判与比赛系统大体是一致的，相较大多数雅典人而言，他在别处更强烈地批判了当代竞技训练。H.Hutter, *Politics as Friendship. The Origins of the Classical Notions of Politics in the Theory and Practice of Friendship*(Waterloo, Ontario, Canada: Wilfrid Laurier University Press, 1978)82–90，在许多方面效仿 Gouldner 的观点，将爱欲看作是友谊或冲突的一种模糊力量，这种力量也是柏拉图所建议的最有效的克制。另见 Kyle(1987)137–40。Steiner(1988)144–46 指出了观众，尤其是在艺术形象中对“胜利的身体”模糊回应的观点；这种身体可能会被当作爱人而受到嫉妒或渴望，而胜利者形象则具有超自然的能力。

① 此处要提的是以下关于座谈会与合唱作为群组活动形式的重要研究：O.Murray(this ch., note 24, 1990); id., “The Symposium as Social Organisation”, in *The Greek Renaissance of the Eighth Century B.C.: Tradition and Innovation*, ed.R.Hägg(Stockholm: Svenska institutet i Athen, 1983)195–99; F.Lissarrague, *The Aesthetics of the Greek Banquet*, trans. A.Szegedy-Maszak(Princeton: Princeton University Press, 1990 from the original *Un flot d'images: Une ésthetique du banquet grec*(Paris: A.Biro, 1987); Steven H. Lonsdale, *Dance and Ritual Play in Greek Religion*(Baltimore: Johns Hopkins University Press, 1993); C.Calame, *Choruses of Young Women in Ancient Greece: Their Morphology, Religious Role, and Social Functions*, trans. D.Collins and J.Orion(Lanham, Md.: Rowman & Littlefield, 1997, 原始文献为 *Les choeurs de jeunes filles en Grèce archaïque, vol. I: Morphologie, fonction religieuse et sociale* [Rome: Ateneo & Bizzarri, 1977])。然而，这些活动中，比赛系统，虽显然有迹可循，但在竞技中并没有很明显的例证。L. Foxhall, “Pandora Unbound: A Feminist Critique of Foucault's *History of Sexuality*”, in *Rethinking Sexuality: Foucault and Classical Antiquity*, ed.D.H.J.Larmour, P.A.Miller, and C.Platter(Princeton: Princeton University Press, 1998)136，写道：“总的来说，竞技馆，正如其他男性社会再生产机构一样，使年轻男性脱离他们家庭的领土，并因此鼓励他们作为性和政治的个人而发展……正是这些社会再生产的男性机构在艺术和文学中得到纪念和赞美，并在社会再生产中几乎排除了女性角色。”

那奥斯(Athenaeus)(I4.629b)提出“古代”(古典或更早期)舞蹈活动影响了古代雕塑的造型时,他就阐明了这些集体活动的复杂性。这些雕塑的姿势(轮廓)反过来又首先蔓延到唱诗班舞蹈继而又影响在体育场进行的竞技活动:“借由音乐和对身体的关注,他们获得勇气,在音乐伴随下他们全副武装地操练。”然而,不管这个公元前3世纪的作者这么说的原因多么华而不实,它还是证明了几种集体活动:舞蹈、雕塑、合唱、音乐、歌曲和竞技运动练习,与社会实体之间传统的联系。① 尤其是,人们认为这些以身体为中心的现象培育了英雄战士的勇气。斯巴达教育体系以将竞争融入到青春期生活的各个方面而著名。正如色诺芬对具有传奇色彩的的改革者来库古(Lycurgus)进行了如此描述:“因为看到那些有着最强烈的竞争精神的人们带来了最具欣赏性的合唱;和最具观赏性的竞技比赛,他就想如果他可以加入到年轻人追求卓越的活动中,他们会通过这个方式最大限度地达到更加高贵的程度。《斯巴达共和国》4.1-2)”除了关于来库古和其声称的改革的历史真实性这一恼人的问题以外,本文还再次对关于比赛体系的希腊传统观念进行了思考,这一体系可由集体活动,比如合唱和竞技活动,来验证和调节。本研究探讨了希腊比赛体系更为广泛的文化联系。这些联系最终聚焦于通过团体活动体现的自我和其派代亚。

竞技意识形态的历史化

正如城邦里其他团体活动的社会和政治功能一样,竞技的社会和政治功能也随着时间而变化。马术比赛一直是那些有权有钱人的领域,他们可以独自负担比赛经费。但是所谓的竞技馆的赛

① 荷马史诗中对运动会上舞蹈的存在的讨论,参见 Lonsdale(1993)250-52;关于自古朴时期以来用音乐伴随运动和比赛的相关讨论,参见 W.Raschke,“Aulos and Athlete: The Function of the Flute Player in Greek Athletics”, *Aretē* 2(1985)177-200。

事，如今被称为竞技运动更为合适，一般来说赛跑、格斗、铁饼和标枪等通常作为五项全能的其中一部分，可能在公元前5世纪之前都是社会精英的舞台，其后却见证了各阶层市民的广泛参与。① 在公元前5世纪竞技社会背景的改变与古朴时期之后传统贵族逐渐丧失对集体活动的控制这一总体转变大约一致。正如竞技场馆和青春期少年群体中社会纽带功能的重要性所清楚证实的那样，13 这不是说竞技运动在公元前5和前4世纪失去其非正式的政治影响，但是像其他团体活动一样，竞技运动的政治关系很可能就没有那么必要和直接了。在这个意义上，由于在公元前5世纪越来越多的非精英阶层参与竞技活动及他们分享贵族意识形态的能力也表明了在该时期不那么严格且更加民主的社会等级制度。无论如何，也是对我们现在讨论的主题至关重要的，普里克特(Pleket)认为纵观整个历史，精英意识形态都支配着体育赛事，并且这种意识形态在文学作品中得以流传，从荷马，希腊的"圣经"，到品达，以及到卢西恩和菲洛斯特拉托斯(Philostratus)之类的后期作者。"竞技运动男子气概和军事价值"的展示被贴上了德性(*aretē*)的标签，但是还包括了勇气、劳累、忍耐等在内的其它标签，它们都附加到运动员的荣誉当中。当普里克特精确地指出价值及其传播路

① H.W.Pleket, "The Participants in the Ancient Olympic Games: Social Background and Mentality", in *Proceedings of an International Symposium on the Olympic Games, 5-7 September 1988*, ed.W.Coulson and H. Kyrieleis(Athens: Luci Braggiotti Publications for the Deutsches Archäologisches Institut Athen, 1992)147-52;参见 Pleket (1974 and 1975)。D.Young(1984)主张在公元前5世纪以前，非贵族可能经常参与到竞技当中。尽管还有尚未确定的可能性以及非贵族可能参与竞技的少数案例，但似乎很可能还是贵族控制着公元前6世纪以及更早前的竞技赛场；参见 M. B. Poliakoff in *AJP* 110(1989)166-71 以及 D.G.Kyle in *Echos du Monde Classique. Classical Views 29*(=N.S.4)134-44 对 Young 论著的综述。Golden (1998)141-45 基本上延续了 Pleket 的观点，尽管他承认证据的稀缺意味着我们可能永远无法确切地得知任何年代运动员阶层的划分。另可参见 Leslie Kurke, *The Traffic in Praise: Pindar and the Poetics of Social Economy*(Ithaca, N.Y.: Cornell University Press, 1991)1-12 关于在公元前5世纪范围贵族意识形态延续性的讨论。

线时,优秀战士意识形态比贵族精英的必要性更为准确。

起初,荷马时代的“德性”是最好的战士所具备的素质,并且仅仅适用于贵族,因为他们在公元前8世纪以前其恰好就是战士阶层。公元前7和前6世纪战场上重装备步兵系统的出现(大规模的战斗队形中手持盾牌和长矛全副武装的士兵)取代了贵族作为城市的战士的特权地位,“剥夺其在军事领域这一以运动为中心的竞赛中的重要意义”。[①] 当重装步兵由贵族和其他买得起装备的中产阶级市民组成时,运动员队伍也可能包含类似的社会成员搭配,他们拥有足够的时间和资金来为竞赛做训练。这并不是说竞技运动训练就是军事训练。提尔泰奥斯(Tyrtaeus),公元前7世纪斯巴达战歌诗人,将竞技技能与格斗技能进行了不利的对比(12.1-2,10-14,西方)。而欧里庇得斯对这种批评也持有相似的看法(《奥托吕科斯》282)。[②] 竞技训练所带来的军事方面的好处是间接的。然而,这种追求卓越的精神却是共同的;它贯穿了步兵军衔的所有阶层和整个体育界,因而将古风时期的不同社会阶层团结起来。到公元前5世纪时,步兵的使用逐渐减少,但是对格斗

---

① O.Murray, *Early Greece*, 2nd ed.(Cambridge, Mass.: Harvard University Press, 1993)202; cf. 329-30; D.Young, *Pindar Isthmian 7: Myth and Exempla*(Leiden: E.J.Brill, 1971)43; N.G.L.Hammond, in Boardman and Hammond(本章,第14页注释②, 1982)340-41。关于战争和希腊体育,参见 Golden(1998)23-28。关于装甲步兵的社会地位的研究,参见 P.A.L.Greenhalgh, *Early Greek Warfare: Horsemen and Chariots in the Homeric and Archaic Ages*(Cambridge: Cambridge University Press, 1973)150-55; V.Davis Hanson, *The Western Way of War: Infantry Battle in Classical Greece*(Oxford: Oxford University Press, 1989)27-39。关于这一论题更广泛的研究,参见,同上, ed., *Hoplites: The Classical Greek Battle Experience*(London: Routledge, 1991)。

② Kyle(1987)127-29; Poliakoff(1987)94-103; Golden(1998)26-27 主张精英推动了新的竞技馆和运动会,尽管在我看来这一运动唯一的或者主要由精英阶层所带来的推动并不十分清楚。参见 Tyrtaeus 对运动员的精英主义批判(fr. 12 West)以及 Pleket(1998)319-20。如果精英资助了竞技,这也并不能阻止其他阶层参与竞争甚至比精英表现得更好。

技巧的肯定和坚持却保留了下来。

这样，尽管参与者因社会变革而不同，由竞技运动所传达出一系列的伦理德性和公民义务意识却相当稳定地保留了下来。然而，对某些德性的精确阐释也可能变得带有政治意味。在古风时期后期，“对于成功和杰出人士的羡慕”这一主题，就像，比如说在品达的作品中所阐明的那样，当它被看作是一个更加民主的社会所指导的对贵族阶层的反抗时，就变得更加紧迫了。① 柏拉图批评被强加于像斯巴达那样荣誉至上社会的教育系统中的羞愧的类型注重的是竞技和身体的教育，而不是他的理想社会中一个将音乐和知识的追求与竞技技能结合到一起的更为均衡的教育(《共和国》547d-548b)。② 14

卢西恩、品达以及竞技社会思潮

要探究人们如何认为竞技传达了社会价值，从而缓和了比赛系统的公然对抗并为其辩护，古文献对我们来说是最好的来源。基于年代顺序的多样性及叙述的丰富性这两个理由，我选择了卢西恩的《阿那卡西斯》及品达《颂诗》的节选章节来例述所传递的是何种价值以及它们是通过何种方式被传达的。卢西恩的《阿那卡西斯》，是一部虚构的喜剧散文对白，撰写于约公元 170 年，但设定的场景却是公元前 6 世纪的雅典，写的是雅典立法者梭伦和一个来访的塞西亚人同时也是著名哲人阿纳卡西斯(该书也是以此命名)之间幽默的文字对白。这也是希腊人自己面向其他文化时对竞技的一种辩护；卢西恩是土生土长的叙利亚人，对于局外者

---

① Murray(1993)218；Müller(1995)133-34，137-41 记录了品达的手法，将精英的荷马式价值观念归因于运动员，他提议说，在公元前 5 世纪，这些价值观念，尤其是对荣誉的热爱(*philotimia*)，是由个体为了城邦，而不是为了其自身所实践而来。

② Cairns(本书第 17 页，注释②，1993)389-91；Müller(1995)141-61。

关于希腊风俗的困惑,他无疑是敏感的。场景设定在吕克昂,亚里士多德创办的著名竞技馆。在这里,文中的外国访客,即阿卡纳西斯,质疑了希腊的竞技实践以及他们的社会价值。卢西恩以不同文化造成误解的方式幽默地阐述了这一思想,同时令梭伦对于希腊对抗性文化的辩护显得文邹邹且又陈词滥调。① 然而,卢西恩虚构于公元2世纪的这一著作精确地反映了某些被广泛认同的价值,这些价值在荷马史诗、品达颂诗以及其它文学作品和碑文中也端倪尽显。

卢西恩将其对话式长篇的背景设立于希腊竞技成为地中海东部地区的公共文化财产之前的某个时期。他这样做并非偶然,而是因为这一时期也就是卢西恩自己所处的时期。这同时也赋予作者以机会来表达一种脱离时代(不合时宜)及非希腊式的观点,类似于希罗多德关于非希腊传统的猜想,或者和某个现代文化人类学家的观点也是相似的,该学者思考的是在其本土没有类似情况出现的行为。就这一点而言,卢西恩的著作对于我们而言是有用处的;就像对最初的读者们所做的那样,它将我们同熟悉的希腊竞技比赛拉开距离。在对话(6)中,梭伦向来访者保证,竞技也许看上去像是"混乱失序(疯狂)"或是"过分暴力"的展示,但它确实有一种"令人愉悦的能力"并且让人们的身体"健康成长"。这种类型"愉悦"即希腊语中的 terpsis,自荷马时期就与希腊竞赛联系在一起的一种愉快情绪,竞争带来的"快乐",以及竞赛中参与的"乐趣",尽管这种快乐同时还伴有

① 参见 Lucian's Syrian perspective: Poliakoff(1987)175, 注释 15。琉善的 *Anacharsis* 一书中的方言式幽默: R.Bracht Branham, *Unruly Eloquence: Lucian and the Comedy of Traditions*(Cambridge, Mass.: Harvard University Press, 1989) 81-104, 据此, 这些特性代表"隐形假设以及理想自我的陈化意识形态", 该书有助于"诙谐地创造非正统观点, 并以此质疑[意识形态的] 传统意义"(102)。

身体的疼痛以及努力。① 身体的"盛开"和"全盛"是美的极致的洋溢，它是希腊爱情诗歌中性吸引力的一种本质。

与卢西恩同时代的名医伽林(Galen)坚决反对竞技带来的对于健康和美的所谓好处(*Adhortatio ad artes* 11-12)。伽林主张健康因为努力过度和暴饮暴食等过量行为而受到损害，美则因过度肥胖和竞赛中致残等而遭到破坏。伽林的控诉反映了其他精英评论家关于古代遗物的夸大陈词，不管这种控诉具有何种效力，他的评论事实上就体现了卢西恩《阿纳卡西斯》中所表达的观点，即健康与美都被认为是竞技生活带来的副产品。 15

这些都是个人利益。沿着柏拉图在理想社会中将竞技包含于教育的观点，卢西恩笔下的梭伦也就年轻人进行体育比赛所带来的社会利益作了辩护(《共和国》3,403c-404e,410b-412b,441e-442a)。由于只有极少数人可以获胜，所以奖品并不是举行比赛的主要原因；更主要的原因是整个城邦都可以获得利益。

> 某个其他比赛的建立是为了所有好市民的共同利益，胜利的花冠不仅仅是由松柏枝、月桂树枝或者苦草编织而成，还包括了人类的幸福，譬如个人和城邦的共同自

---

① 参见 *Iliad* 2.774-75；*Odyssey* 8.131，17.168，17.174，18.37；比较 Il. 1.747 和 9.186；*Od.*1.107，*terpomai* 的同根词使用于音乐表演和骰子游戏；品达，*Olympian* 13.115 谈及在没有歌曲纪念的竞技中获胜者的"短暂的喜悦"，以及同上 Pythian 10.19 谈及获胜者用奔跑来"表示喜悦"。关于 terpsis 和竞技，另见 J.Puhvel，"Hittite Athletics as Prefigurations of Ancient Greek Games"，in *The Archaeology of the Olympics: The Olympics and Other Festivals in Antiquity*，ed.W.J.Raschke，(Madison：University of Wisconsin Press，1988)30；J.Latacz，Zum Wortfeld "Freude" in der Sprache Homers(Heidelberg：Carl Winter，1966) 174-219；S.Laser，*Sport und Spiel, Archaeologia Homerica*，vol.3，ch.T(Göttingen：Vandenhoeck & Ruprecht，1987)5-6。Prodicus *test.* 19 DK *ap.* Aristot. Top. B 6. 112b 22 将 *terpsis* 定义为"听觉欢愉"，是一种更为普遍的术语 *hedone*，"欢愉"；在竞技享受的语境中，它可能指的是通过任何感官感知的更为普遍的欢愉体验。参见 *Homeric Hymn to Apollo* 146-50，本书第一章，第 49 页注释①关于竞技"喜悦"的讨论。

> 由，财富，名誉，传统节日的欢乐，一家人的平安，以及总的来说，一个人祈祷能从上帝那里得到的最好的利益。所有的这一切都与我所提及的花冠紧密联系在一起，并且他们是由因运动和劳作引导而成的比赛所引起的。
>
> (《阿拉卡西斯》15)

卢西恩在此处用的是精神上的“竞赛”和那些参与竞技运动的人们赢得的自由与幸福的“花冠”的比喻义。他利用佩里克利斯对于古雅典的自由民主精神的著名描述的意象(Thuc. 2.38, 46)，但又重新诠释了这个形象来暗指国家自由和幸福在某种程度上是体育竞技的产物。值得注意的是，这些通向名誉的积极正面的态度最终被归因于诸神。在对话的最后，卢西恩笔下的梭伦进一步指出了竞技比赛如何促进了公民的和个人的幸福。

> [在体育竞技盛会上，观众]对于竞技赛事的热心因此得以增加，如果在聚集起来的希腊人当中，他们看到竞赛选手中最优秀的那些获得胜利并被宣布为胜利者的话……奖品……并不小，即来自于观众的赞扬，是最有价值的，并且被指明是人们所认为的同等奖赏中最好的。因此，观众中许多仍处于可以参与竞技比赛年龄的人会因为对于卓越和繁重工作的过度要求而远离这种经历。
>
> (《阿拉卡西斯》36)

至此，等级排名的吸引力就变得明晰起来。梭伦因而将公共比赛看作引起“过度爱欲”的直接因素，甚至说是诱因，并借此激发观众和参赛者的渴望在生活的方方面面都要胜过他人及竭尽全力。简言之，比赛不仅赋予参与者强健的身体，给运动员和观众带来快乐，还通过激励人们获取真正的成就而使整个社会更加崇高。

在卢西恩的对话和其它希腊文学中，运动员因而将这一活动视为具有象征性的一种儿童教育核心课程，能够直接影响人们在非体育领域努力的行为。①　16

尽管卢西恩在《阿拉卡西斯》中作了幽默的、跨文化的论证，我们可以观察到关于希腊竞技运动以及"人类自由"的传统辩护，认为他们提供了一个术语，这一术语概括了诸如健康以及比赛中的快乐在内的所有特别的好处。另外一个可以用来帮助我们理解体育竞技的象征价值的文献，很明显当属品达的作品。品达的胜利颂歌"期望，或者扮演，比赛归来的运动员重返社区；伴随的是对其所获成就的称赞，及其与更伟大但是更加矛盾的神话中的英雄所作的比较"。② 因而诗歌及其歌颂的美德，在字面和比喻的形象里，同时包含着了个人为了获得荣誉而做出的奋斗以及从集体活动中获取的公民权益。

竞技的主要美德，像英雄的勇士所具备的美德一样，就是"德性"，希腊语为 *aretē*——一个无法翻译的词，包括"男性的优秀特质"、"功绩"、"成就"、以及"业绩"等的概念。③ *aretē* 这个概念在希腊文化各个层面和时代非常普及，但这点并没有削弱其在体育竞技领域的重要地位。它同时也说明运动员的优秀和普遍意义上

---

① Graham Anderson, *Lucian: Theme and Variation in the Second Sophistic*（Leiden: E.J. Brill, 1976）115 谈及琉善在他处，诸如 *Rhetorum praeceptor and Peregrinus* 等作品中谴责"人群和公众认识的青睐"为傲慢的高度。然而，梭伦的观点则意识到一个观众学习的实际现象。这一观点本身是有效的，但是某种程度上与犬儒学派蔑视俗常的观点不同，参见 Müller（1995）137 以及 Pleket（1998）321 关于观众"追求成就"（*Leistungsmotiv*）的理论。

② Cairns（1993）217-18. 荷马，对我们理解希腊生活中竞技的重要性贡献颇多，这也将在本书第一章简要探讨。品达则在当前概括方面更为有用，因为他的胜利赞歌是竞技文化的直接产物，并且是在古典时期的高峰期，大约公元前 500-前 446 年，所创作的。对品达作品的综合性研究，并以此作为冠军和竞赛历史信息的来源，可参见 K.Kramer, *Studien zur griechischen Agonistik nach den Epinikien Pindars*（博士论文，University of Cologne，1970）。

③ H.Lee, "Athletic Aretē in Pindar", *AncW* 7.1-2（1983）31-37.

的德性有着共同的本质,因此才能使其象征意义的重要性流传开来。在品达的传统观点中,优秀是先天获得,通过后天实践提高,并且在神祇的帮助下成功,就像这首歌颂少年男子拳击比赛胜利者的颂诗所表达的那样:

> 使天生就优秀的人更加优秀。一个优秀的人[作为训练者],在神灵的指引下,能使其得到无尚荣耀。
>
> (*Ol*.10.20-21)①

社会比赛体系内的德性,其主要目的是"赢取声望",获得永恒的标准,并与家族乃至整个社团的繁荣昌盛一致。② 拉俄达玛斯在邀请奥德修斯参加比赛时对他说的格言是这一看法的观点中最具权威的章句:

> 对一个人而言,在其有生之年,没有比靠自己的双手和双脚取得胜利更大的荣耀了。
>
> (《荷马》, *Od*.8. 147-48)

这种情感在品达这里得到了响应。在品达的著作中,一个曾经是奥林匹克冠军的父亲亲眼见证自己的儿子赢得皮西安竞技会

17 的比赛。这位前冠军的声望由于儿子的胜利而再次加倍:

> ……但是受到神灵祝福且值得诗歌颂扬的是这位父

① 关于此段的讨论以及对品达德性(*aretē*)观点的综述参见 W.K.C.Guthrie, *The Sophists*(Cambridge: Cambridge University Press, 1971)251-52。

② Laser(1987)13-16; T. Irwin, *Classical Thought*(Oxford: Oxford University Press, 1989)6-19; A.W.H.Adkins, *Moral Values and Political Behaviour in Ancient Greece*(London: Chatto and Windus, 1972); K.J.Dover, *Greek Popular Morality in the Time of Plato and Aristotle*(Oxford: Blackwell, 1974).

亲靠其双手之力量，双脚之速度，凭借其身体的强健和敢于挑战的勇气取得了最高荣誉。并且，在他有生之年，亲眼得见其子戴上皮西安竞技会冠军的花冠。

(P.10.22-26)

重要的不仅是胜利者获得的荣誉，还有这种代代相传的追求卓越的精神。① 因此，正如品达在其颂歌的结尾用其他词语所表达的那样，竞技运动的主要价值是卓越的成就和良好的口碑，它同时也适用于生活的各个方面：

享受胜利是第一个奖品；
被众人赞扬是第二个奖品；
能够获得这两者的人
得到象征最高荣誉的花冠。

(P.1.99-199b)

除了上面提到的竞技运动的主要价值之外，在品达作品里，人们还发现了竞技运动的一系列其他价值，其中值得注意的是获得胜利的积极前提，即工作、消费、冒险、尊重的态度、以及神灵的帮助：②

工作和消费总是伴随着卓越的成就，在风险中为了功绩而奋斗。

(*Ol.*5.16-17)

---

① Pleket (1975).

② 参见 E.N.Gardiner(1930)68-71 对"品达的竞技理想(The Athletic Ideal in Pindar)"的讨论，但他在对品达作品的引用中错误地加入了某些取自神话语境但却未必描绘竞技价值的文献。此处所讨论的例子仅仅取自竞技语境。关于品达作品中对 *aidos* 值得注意的使用，参见 Cairns（本书第 17 页，注释②，1993）176-77。

> 没有经历危险而取得的卓越成就既不为人们所尊敬,也不为战船上的军士们所认可;大多数人记得的是那些历经努力而获得的成就。
>
> (*Ol*. 6.9-11)

因而,精力和财力的投入,以及与生俱来的优异品质,是取得胜利和赢得声望的必要条件。同时必要的一点是,活动的一个特征就是用风险来提升这一赛事的地位。取得的成就如果不具备这些要素就不会为人所记得和尊敬。因此珀罗普斯,奥林匹克的传奇创始者,在著名的战车比赛之前向波塞冬祈祷希望赢得比赛成为希波达弥亚的新郎,这便解释清楚了人们为了出名而选择挑战风险的动机了。他还阐述了要圆满完成比赛,人类和神灵之间合作的必要性。很明显,总的来讲,这种竞技的策略在社会比赛机制上拥有更加广泛的含义:

> 高风险只会伴随那些身体强健的人。……既然人终归难逃一死,为什么要坐在黑暗中,傻呆呆活到一把年纪却毫无半点建树?因此,比赛是我的命运,反过来希望您能允许公平竞争。
>
> (*Ol*.1.81-85)

18

"谦逊质朴",希腊语为 *aidōs*,这一竞技价值含有包括"节制"、"约束"、"羞愧"、以及"尊重"等在内的一系列意思,这些都表明鉴于现实社会的势力、权威或习俗,运动员所取得的成就需要回火或检验。另外,"谦逊质朴"可以从神灵处获得或可由神灵培育出来。品达在其颂歌中列出一长串令人印象深刻的竞技胜利后,祈祷道"宙斯,成就之神,赐予我们约束和快乐的幸运吧"(*Ol*.

13.115-115b)。[1]

在回火成就带来自豪时需要得体的谦虚，这样才能避免引发神灵或者他人的嫉妒。品达指出“谦逊质朴”，以及伴随着它的一个人的声望，可能会由于不恰当的对胜利奖品的展示而被损害甚至抹杀：“带来声望的谦逊质朴会被对奖品的渴望悄然偷走”(N. 9.33-34)。[2] 虽然希腊的意识形态赞成“低价值奖品”，可事实是参赛者有时(经常?)是被贵重的奖品吸引而来。我们可以回顾近年来，至少有一起奥运会运动员为高额奖金而参加地方比赛导致迟到从而被取消资格，因为比赛迟到被认为是不尊重奥林匹克的行为。[3] 已有证据显示，在品达所处时代以及更早期时代对于参赛选手的物质奖励是非常丰厚的。[4]

运动价值复杂性的另一方面是狂妄自大——与“谦逊质朴”相对立的一个缺点：一个人有意使他人蒙羞从而提升自己的地位。[5] 狂妄自大是希腊比赛体制一个恶劣的“地方病”，为所有的公民意

---

① 关于竞技与“喜悦”之间的联系，参见本书第 27 页，注释①。

② 尽管这一论述最明显适用于品达诗歌(N.9)28-33 行提及的埃特纳市民，但是它也适用于 34-35 行提及的冠军或者胜利者 Kromios 本身。

③ 参见 Paus. 5.21.12-14。Paus. 5.21.2-17 讲述了自公元前 4 世纪始多个运动员的事例，他们由于在奥林匹亚试图以贿赂的方式获得胜利而受到罚款。这也许也是“贪婪”的证据，因为奥林匹克冠军通常会获得其家乡赋予的丰厚奖赏(见 Young [1984] 128-33)。

④ Young(1984)134-62 例述了多个实例，证实了公元前 5 世纪或更早期，积累巨额财富的可能性是运动员加入竞技的原因之一。关于因贪婪而获得利益的讨论，参见 Pindar, P.1.92, 2.78, 3.54, 4.140; N.7.18; I.2.6;但是要注意的是，利益本身，如果是从自愿给予的某人处获得，则是不应受到谴责的(P. 8.13)。关于古代雇佣劳工的负面观点，以及后期竞赛中的价值奖品的探讨，参见 Golden(1998)146-66。

⑤ Fisher(本书第 17 页，注释②，1992)242-43 根据其对品达和巴库里德斯作品中术语 *hybris* 的分析断定，该术语表示“有意行为，可造成沉湎于该行为的羞耻或性情……它主要表示那些不公正地、有意地侵犯对他人的 *xenia*[友谊]，*charis* [青睐]，以及 *aidos*[义务]的人，并且危及团体内部和谐社会关系的和平与稳定，或者威胁到独立国家自由……因此，在悼词中，它将会适用于观察 honourand 及其家庭或城市规避的或者谴责的 *hybris*，且将持续如此。”

识形态所不齿。狂妄自大的个人会表现出试图挑战神灵,或者动物一样野蛮甚至卑劣的举止。事实上,品达将狂妄自大与动物般的残忍行为联系起来(P.10.36; N.1.50)。诗人在描写戴亚哥拉斯(公元前464年曾赢得全希腊拳击赛冠军)—罗德斯岛拳击手的诗歌中,将对狂妄自大的厌恶与德性,谦逊以及对神灵帮助的需要等几个主题结合到一起:

> 荣耀,我神宙斯,……
> 此人用他的双拳追求卓越,赐予他受市民和陌生人尊敬的声望吧。当他走在小道上,心怀对粗鲁暴行的敌意,你照亮了他前进的道路。此路正是他正直的先辈所走过的。
>
> (*Ol*.7.87-92)

戴亚哥拉斯证明了他的德性,宙斯被请求授予他作为一个拳击手良好声誉的特征——克制。这一谦逊美德在运动员对暴行的19 厌恶反感中进一步表现出来,这与其祖先特征相吻合,[①]也是自然德性的一个标志。如果诗人虔诚的请求得以满足,那么运动员转而将会受到他的伙伴和陌生人尊敬,也就是说,他将完全再次融入到他的社区及至整个社会当中,并拥有更高的地位。

卢西恩笔下的梭伦迅速指出运动员拳打脚踢的野蛮行径并不是出于狂妄自大或者神经错乱,而是为了达到某种社会效用(《阿拉卡西斯》6)。其后在卢西恩的同一作品中,梭伦指出竞技训练通过转移年轻人精力中的暴力倾向从而服务于社会。我们在卢西恩作品的两段话中可以看到古希腊人的对于暴力行为的态度中明

---

① 关于Diagoras家族,参见M. Poliakoff(1987)119-21。本处引用的段落参见D. Young, Three Odes of Pindar: A Literary Study of Pythian 11, Pythian 3, and Olympian 7(Leiden: E.J.Brill, 1968)94; Fisher(本书第17页,注释②,1992)218-19。

显的悖论。体力,在希腊语中通常被表达为 *bia*(“身体的强壮”,“力量”,“暴力”),在竞技馆这种可控环境下是允许的,在这一环境中没有获胜希望的人可能错误地称其为狂妄自大,我们则称其为“粗鲁的暴力”,即被过度使用的力量。但是类似的在公共场所粗暴羞辱他人的行为却为人谴责。根据其定义,狂妄自大暗指的是这些行为并非在可接受的辩护下为人们所认可。[①] 行为施动者的背景及其明显意图决定着对这一行为的社会接受度。

尽管品达和卢西恩生活的年代相隔6个半世纪,他们本质上却有着同样的竞技思想,这一思想以躯体自我的“德性”为中心,依靠守护神的帮助,要求对狂妄自大的谦逊约束,以及稳定这一社会思潮对整个社区的贡献。结合英勇战士精神,也许还有更早期的精英精神的竞技运动集体活动,通过使运动员和观众能够重演英勇的比赛而有争议地超越了其他所有“欢乐的仪式”。竞技的“德性”因而不仅包含于古代比赛体制的精神中,它还提供了一种方式,借由竞技盛会谦逊质朴的集体精神来解决比赛中产生的不和与裂隙。非竞技谦逊质朴的宗教仪式,派代亚和成人仪式的其他形式,以及或多或少性关系的形式束缚都缓解了在追求个人名望时对他人的敌意。然而,竞技谦逊质朴常常与这些社会互动领域相重叠并因而形成了看待希腊社会的一种独特且重要的观点。

妇女和比赛体系

在古希腊社会,几乎所有的公共事业都由男人来承担,妇女的

---

① 关于悖论以及反对暴力的雅典律法,参见 M.Poliakoff(1987)92,175 注释 14,181-82 注释 80。参与者态度的重要性在 *hybris* 的一个定义中标记为 Poliakoff (92)所引用的“自我放纵的唯我主义”。另可参见 Cohen(1991a)171-88。

职责和影响范围仅限于家庭。[①] 总的来说,希腊竞技运动和比赛体系,并不令人惊讶,也是男人领域的一个独有部分,它形成了一个非常强大的男性类英雄主义思想,并加固了家族宗教和社会阶层。在早期希腊仅有极少的重要例外发生,即为了向那些在妇女
20 生活中有着重要地位的神灵致敬而举行的一些仅有妇女参加的独立竞技比赛。这一点,我们将会稍后讨论。围绕妇女竞赛的竞技价值与男性的几乎完全不同。因此,在进一步阐述之前,我们需要清楚女性在社会体系中的地位。总的来说,在古典希腊,女性德性和名声有着非常不同的定义。最著名的莫过于修昔底德笔下伯里克利的一段格言。他说:"名望是为了使你不至于辜负自己的本质,就像,对于女性而言,名声是为了使卓越或者过失最少限度地为男性所知"(2.45.2)。[②] 换句话说,妇女的名望和卓越只能以她们在私人领域,即在家庭中的表现来评定,具体说来即,是否是一个好女儿,一个好妻子,以及一个好母亲。[③]

相应来说,女性的"谦逊质朴"通常指的是作为女儿或者妻子以及母亲的角色中,特别是在性观念上的一种与得体和忠贞有关的羞耻感及礼仪。[④] 尽管女性比赛场上的规则与男性赛场不一样,她们的身体美仍然可能给她们带来名望,并且,就像男性那样,她们的外貌必须要展现诸如"谦逊质朴"等的美德,从而赢取好的声誉。因此,正如一个希腊哲学家所说的那样:

---

① J.Gould, "Law, Custom, and Myth: Aspects of the Social Position of Women in Classical Athens", *JHS* 100(1980)38-59; R.Just, *Women in Athenian Law and Life*(London: Routledge, 1989).

② 关于这一说法及其所有歧义的敏感阐释,参见 J.S.Rusten, *Thucydides, The Peloponnesian War Book II*(Cambridge: Cambridge University Press, 1989)175-76。

③ Xen., *Oeconomicus* 7.26-27;关于女性美德这一复杂主题的综合讨论,参见 E.Cantarella, *Pandora's Daughters: The Role and Status of Women in Greek and Roman Antiquity*, trans.M.B.Fant(Baltimore: Johns Hopkins University Press, 1987)55-57。

④ Cairns(本书第 17 页,注释②,1993)305-40, esp.305-7。

美丽的外貌既不为男孩或赢得金牌的少女所有，也不为成熟的妇女所有，除非他们天生丽质。因为谦逊才是青春的养料。

(Clearchus, *FGH* 2.314[4-3 C.B.C.], *ap*. Ath. 13.564b)

也许引用“赢得金牌的少女”指的是那些住在奥林匹亚附近阿尔斐俄斯河旁的城市里的女孩。她们在一次选美比赛中获奖，并由此获得该称号(Ath.13.609f)。由于她们在社会中都附属于男性，因此就像对于男孩一样，谦逊对于任何年龄段的女性都尤为重要。除了在极少的选美比赛中，女孩在公共场合展现自己谦逊或其它美德的机会远远少于男孩。

一个证明这条法则也适用于体育王国的例外是来自斯巴达的西尼斯卡，一个著名的女冠军，事实上也是一个奥林匹克冠军的故事。[①] 妇女被排除在除了两轮战车比赛和赛马比赛之外的奥林匹克竞技场，并且就像如今一样，胜利的荣誉属于马匹的拥有者，而不是骑师或者驾驭者。公元前390年，第一位女性冠军西尼斯卡在奥林匹亚赢得了四马战车比赛。幸运的是，我们可以在王官选集中色诺芬(古希腊雅典城邦的军人、历史学家、随笔作家)、普鲁塔克(希腊历史家)、鲍桑尼亚(公元2世纪的希腊旅行家，著有《希腊志》)的文献和西尼斯卡的获胜感言以及奥林匹亚发现的铭文中找到当时人们对她赢得冠军这一事实的态度： 21

① L.Moretti, *Olympionikai, I Vincitori negli Antichi Agoni Olimpici, MemLinc ser.* 8.8.2 (Rome: Accademia Nazionale dei Lincei, 1957) 114-15; id., *Iscrizioni Agonistiche Greche*(Rome: Angelo Signorelli, 1953)40-44; G.Arrigoni, “Donne esport nel mondo greco: Religione e società”, 55-201, esp.100-101, in *Le donne in Grecia*, ed.G.Arrigoni(Rome: Laterza, 1985). K.Mantas, “Women and Athletics in the Roman East”, *Nikephoros* 8(1995)128-29 列出了战车比赛的全部15个女性冠军，从公元前4世纪的Cynisca开始，持续到公元前1世纪；另可参见Golden(1998)133-34。

> 我的父兄曾为斯巴达之王。
> 我，西尼斯卡，带着我那四蹄生风的骏马赢得比赛，
> 为家族增添了荣耀。我断定我是整个希腊唯一获此
> 冠军花冠的女性。①

胜利的夸耀通常是记载那些“首开纪录者”或者“唯一者”，如下：“第一个在同一天赢得 X 和 Y 比赛”，或者是“第一个在 Y 比赛中获胜的来自于 X 城的运动员”等等。② 这警句表现的是至今为止我发现的唯一一个声称区分性别的体育胜利的文献了。其他一些继西尼斯卡之后在马车比赛中获胜的女选手大都来自家庭富裕的贵族或统治者阶层。③ 诚然，这些妇女参赛为祖国赢得了政治资本，但吸引她们的还有那些榜样者获得的荣耀，正如西尼斯卡骄傲的胜利宣言所表明的那样。

然而，色诺芬和普鲁塔克讲过一件关于西尼斯卡进入奥林匹克名人馆的趣闻，这则趣闻似乎让西尼斯卡在其性别上的骄傲黯然失色：“（阿格西劳斯国王）说服了其妹西尼斯卡自己饲养比赛用马。比赛的胜利告诉了他这些获胜之马不是勇猛之马，而是金

---

① Xen., *Agesilaus* 9.6-7; Plut., *Agesilaus* 20.1 and *Apophthegmata Laconica* 212B; Paus. 3.8.1-2, 3.15.1, 15.12.5, 6.1.6-7; *Anth.Pal.*13.16= W.Dittenberger and K.Purgold, *Die Inschriften von Olympia* [hereafter cited as *I.Ol.*], ed.E.Curtius and F.Adler, *Olympia*, vol.5(Berlin, 1896; reprint Amsterdam: Hakkert, 1966)no.160=*IG* V.1564 a.

② Tod (1949); Young (1996).

③ Moretti(1953 and 1957); M.R.Lefkowitz and M.B.Fant, *Women's Life in Greece and Rome. A Sourcebook in Translation*(Baltimore: Johns Hopkins University Press, 1982) 23-24. 关于其他希腊节日里的女性战车冠军，参见 Arrigoni(1985)108(Eleutheria at Larisa); 108-9(Amphiaraia at Oropus); Mantas(1995)131-32 援引了 Xanthos 的 Romaia 中的女性战车冠军，参见 Lycia(L.Robert, “Catalogue Agonistique des Romaia de Xanthos”, *Rev. Archéol.* [1978] 277-79, lines 42-44)以及在奥林匹克运动会中的女性战车冠军(I.*Ol.* no.233, 340, 2-3 c.a.d.)。另可参见 Athenaeus(阿忒那奥斯)关于斯巴达年度节日 Hyakinthia 中由斯巴达少女驱使的战车比赛的报告：Ath.4.139f; cf. Xen., *Ages.* 8.7; Plut., *Ages.*19.5; IG4.586 and 587。

钱之马”(*Xen.*,*Ages*,9.6)。[①] 这个推论是说,如果一个妇女获胜,胜利反映出的不是她的“优秀”,而是某种其它特质,比如,在这里就是富有。[②] 这个说法无疑是真实的,事实上,在如今,任何个人,不论男女,都能饲养自己的获奖马匹,因为只需要有足够的金钱来饲养马匹,提供马厩,雇佣训师以及拥有自己的马场等等。阿格西劳斯用妇女提出的这个问题证明了我的观点,即公共竞赛中的“杰出成就”被认为是一项男性特权,并且当一位妇女取得了通常被认为是男人才能取得的成就时,此成就的权威性就会立刻受到质疑。如前所述,这则趣闻与西尼斯卡的获胜感言并不那么一致。

纪念西尼斯卡的铭文刻写于一个非常令人印象深刻的。这一雕像是阿佩利斯(公元前 4 世纪希腊宫廷画师)雕刻而成,包括一组几乎与实物一般大小的马匹,骑师以及西尼斯卡本人。这样一个令人印象深刻的纪念碑当然不会是阿格西劳斯用来说明其杰出与财富关系理论的场所。否则这将不仅是对他妹妹西尼斯卡的杰出,也是对所有在奥林匹亚赛马场上取得胜利的选手的责难！然而,正如这则趣闻所叙述的那样,阿格西劳斯必曾尝试在“告希腊

---

① 普鲁塔克更明确地阐述了阿格西劳斯(Agesilaus)劝说其妹的动机以及胜利的时机：

> 当[国王阿格西劳斯]看到一些市民因养马方面的成就而自视甚高并且过度自傲时,他劝说其妹茜尼斯卡准备一组战车队,并在奥林匹克运动会上参与其中,因为他希望向希腊人展示她的胜利并不是因为卓越[*aretēs*],而是因为财富和花费。(Plut., *Ages*.20.1)

要注意的是色诺芬,他的版本可能更加准确,因其是阿格西劳斯的一个密友。他用了一个术语 *andragathia* 表达卓越之意“男子气概的英勇(manly valor)”,其特点,相较于普鲁塔克的卓越来说,更多是性别的内涵。关于阿格西劳斯对战车比赛毫无缘由的蔑视,可参见 Xen., *Ages*.9.7 以及 P. Cartledge, *Agesilaos and the Crisis of Sparta*(London: Duckworth, 1987)149-50。

② 战车(或马术)比赛是一个尤其有问题的比赛,因为分配胜利信用方面存在一个固有歧义。应该是给其拥有者/培育者,还是给驾驶者/骑师？古代的回答在某种程度上与现代相似,是分配给驾驶者或骑师。现代实践与古希腊显然不同的是将更多的信用给予了赛马本身。

人民书”中彻底阐述他的观点。讽刺的是,西尼斯卡本人成为一位空前著名的女性奥林匹克冠军,她的获胜宣言及其在奥林匹亚的纪念碑毫无疑问对她的声名鹊起推波助澜。甚至现今的一个关于古时妇女的资料文献中也只记录了她的获胜宣言,关于阿格西劳斯的这段趣闻却只字未提。①

22

因此,西尼斯卡处于对男性和女性的体育价值含糊不清的中间带,是否取得“德性”和名望则是为男性所保留的特权。或许,西尼斯卡这充满疑问的体育名望可以因其另一较少被宣扬的纪念碑而得到平衡,该纪念碑表现的是她对明显的女性角色的虔诚奉献。一个刻有她名字的陶立克式柱头(古典建筑的三种柱式中出现最早的一种。在希腊,陶利克柱式一般都建在阶座之上,特点是柱头是个倒圆锥台,没有柱础,柱身有20条凹槽,柱头没有装饰)被发现于斯巴达。很明显,这个柱头是为海伦所建建筑的一个基部。② 因此,西尼斯卡是海伦这位女英雄/女神的虔诚信徒。海伦受到聚集于赛车课程上的斯巴达女孩敬仰,还“引导斯巴达少女从青春期至完全的性成熟”。③ 我们可以将西尼斯卡与公元前1世纪的另外一位女性,小亚细亚塞姆的达摩迪卡(Damodica)相比较,其墓志铭上陈述的是她“带着荣誉而死,不仅生下一个儿子,还赢得了四马战车比赛的胜利”。④ 就像西尼斯卡一样,达摩迪卡获得了传统意义上属于女性和男性的名望。

公共范围的普遍排斥不仅阻止女性在公共竞技盛会中与男性

---

① Lefkowitz and Fant (1982)23-24.

② *IG* V(i)235.

③ 关于女孩子“在跑步赛中……渴望海伦”, 参见 Theocritus *Idyll* 18.39-42 以及第五章;关于海伦作为斯巴达的一个启蒙的神灵, 参见 G.Charachidzé, “The Cult of Helen and the Tribal Initiation of Women in Greece”, in *Mythologies*, vol.1, ed. Y.Bonnefoy and W.Doniger(Chicago: University of Chicago Press, 1991)174-78。

④ Arrigoni (1985)115 and 199 n.232; L.Robert, “Sur des inscriptions de Chios”, BCH 59(1935)462 = *Opera Minora Selecta*, vol.1(Amsterdam: A.M.Hakkert, 1969)521; *Die Inscriften von Kyme*(Bonn, 1976)113 no.46; Mantas(1995)133.

竞争,正如基于男女身体力量差别的基础上人们能够预期的;它也在大多数情况下阻止了在盛会中女性之间的彼此竞争或者组织女性自己的竞技盛会;我们稍后将针对那些极少的贵族妇女的竞技盛会为例作出详细论述。① 那些极少数比赛的参赛者仅限于未婚女子,比赛项目也只是为我们所了解的赛跑比赛。这就是说,女性的比赛并不意味着对那些固守家中的成年女性卓越品质的展示,②而是少女对她们婚前身份的庆祝,这种身份是处于过去青春期的"野性"和婚后的"顺从"这两种状态之间的一个过渡。将比赛仅限于赛跑这一个项目一方面表明这种比赛项目最不具有暴力性,也因而远离"风险",不需要避免像男性比赛那般身体对抗的狂妄等因素。但是,赛跑同时还表明,正如我们所见,女性比赛,字面上来看重现了希腊文化中对于某个"目标"的过渡与热切取向的抽象状态、以及妻子和母亲的自然终极目的。③ 正如我们将在

① 参见第四、五、六章。关于此话题的综合处理，参见 K. Mantas(1995)125-44；P. Angeli Bernardini，"Aspects ludiques，rituels et sportifs de la course feminine dans la Grèce antique"，*Stadion* 12-13(1986-87)17-26；G. Arrigoni(1985)；M Lämmer，"Women and Sport in Ancient Greece. A Plea for a Critical and Objective Approach"，in *Women and Sport. An Historical，Biological，Physiological and Sportsmedical Approach*，*Sports Medicine* vol. 14，ed. J. Borms，M. Hebbelinck，and A. Venerando Basel (New York：S. Karger，1981)17-24。Golden(1998)131-32 讨论了在现代奥林匹克和古代赫拉亚运动会及奥林匹克中一个可能的"男性话语霸权(有意或无意的)"，据此,女性若想得以参加比赛就必须表现得次于男性;这也巩固了女性不能够达到男性标准的原型。

② 从 Paus. 5.6.7-8 我们可以得知,已婚女性甚至不能作为观众参与奥林匹亚的奥林匹克运动会，违者将被处以死刑投入某些当地山崖之下。另一方面，未婚女孩参加运动则不受限制(出处同上，6.20.9)。此处对已婚女性的偏见似乎反映了一般性的、保守的观点，认为已婚女性不可以在公共场合抛头露面。这一禁令只在奥林匹亚出现，并且，鉴于保守主义者的避难所，在他处,它可能并无效力。公元前5世纪(Pindar，P.9.98-103，dated 478 b.c.)在北非塞隆古利奈人的殖民地举办的纪念雅典娜的运动会上，已婚女性和未婚少女都可以参加。还有学者认为在雅典,女性确实有参与到某些戏剧表演中：参见 A. Podlecki，"Could Women Attend the Theater in Ancient Athens? A Collection of Testimonia"，*AncW* 21(1990)27-43。

③ 关于将赛跑视为过渡的类比、象征的理解，参见 Philostratus，*Gymn*. 4-8。

接下来的章节中讨论的,男性和女性比赛的宗教崇拜和仪式背景不仅支持了对以上所述体育价值的阐释,并且还在这种阐释中增加了个人表现的动态因素,这种动态因素展示了那些运动员和观众都认可的体育价值。

女性,按照惯例被排除在竞技节之外,正如她们不会参加狩猎、战争、或者其它任何一种为男性所保留的公共活动一样。直到在稍后的罗马帝国,公元1世纪期间才有证据证明年青妇女也参加了传统意义上属于男性的竞技节中像战车比赛或赛跑等的项目。但即便是这样,比赛也仅限于女性之间。① 女性参加已确立的竞技节中竞技比赛,这种现象出现得比较晚也非常少见,证明了例外的社会环境,还有可能是罗马政治体系的压力,这一体系准许出身富裕的女孩参加男性竞技节。②

23

---

① H.Lee,"SIG 802: Did Women Compete against Men in Greek Athletic Festi- vals?" *Nikephoros* 1(1988)103–17 回顾了公元45年的一个铭文的证据,该铭文记录了泛希腊节庆上女子竞技夺冠的事迹,并作出推断,认为该场地可能是局限于特定赛事(短跑比赛和战车比赛)的女子比赛。关于公元25年柯林斯铭文,上面提及公元23(?)年伊斯米亚 the Tiberea Caesarea Sebastea 的 *virginum certamen* 的创建,另可见:J.H.Kent, *The Inscriptions 1926–1950. Corinth*, *Results of the Excavations*, vol.8, pt.3, *The Inscriptions*(Princeton: Princeton University Press, 1966), no.153, pp.28–29 及 70–73;大约公元154年的一个意大利铭文里纪念了为意大利 Pithicussa 某议员的女儿们举办的跑步赛上的一个女子夺冠事迹(H.W.Pleket, *Epigraphica II: Texts in the Social History of the Greek World* [Leiden: E.J.Brill, 1969] no.17; G. Buchner, "Epigrapfe da Ischia. 154 d.C.", *Parola del Pasato* 7 [1952] 408)。

② 参见 *SIG*[3] 802 = *IGRom*.IV 257,在 H.A.Harris(1964)41 中有所讨论;Moretti(1953)168–69,以及 Lefkowitz and Fant(1982)160 对公元47年特拉勒斯的 Hermesianax 的3个女儿的纪念碑的讨论,记录了她们在 Isthmian, Pythian 和 Nemean 运动会上跑步比赛和战车比赛中共取得9次冠军的事迹,尽管并不确定跑步比赛是混合赛还是女子比赛;M.Lämmer(1981)16–23 振振有辞地断定这位父亲设法让他的女儿们得以参加男子比赛,就因为他自己没有儿子。另见 J.Kent(1966)no.153 关于伊斯米亚(Isthmia)女子跑步赛的讨论;*IG XIV*.755, Add.G (p.691)也提到帝国时期那不勒斯的塞巴斯蒂亚节日上地方法官的女儿们参加的跑步赛;Suetonius, *Domitian* 4.4 以及 Dio Cassius 67.8.1 都提到公元86年罗马卡皮托尔山运动会上由图密善组织的女子跑步赛;以及 Malalas, *Chronographia* 12, p.288.10–11, (转下页)

希腊社会依照性别而设立的竞赛体系不仅反映在体育竞技本身当中；竞技本身也是当时社会的一个内在方面，宗教、成人礼以及性别相关的事物也为其所解释。女性比赛的冠军，就像品达颂歌中的男性冠军一样，带着更高的地位重新融入到社会当中。为了演绎卢西恩笔下的梭伦，男性和女性青年都为个体的自由做出贡献，并在公共场所宣称对他们各自理想的追求。如果说赫拉克勒斯、赫尔墨斯和厄洛斯是男性竞技场馆内的主守护神并代表了男性德性，那么赫拉、阿尔忒弥斯、狄俄尼索斯以及其他的神就在这种展现女性卓越的仪式上守护着那些女性参赛选手。至少对西方文化而言，希腊文化中竞技节和竞技场馆生活的中心地位是独一无二的。以竞技的方式解决对抗，个人与神通过竞赛仪式的联系，男性和女性的角色，以及奸情等问题是希腊人独有的成就。阿拉斯，一个比赛体系的构建对当今社会的影响更主要是通过对希腊竞技特别是奥林匹克的精神和实际理想化的误解，而不是通过对其文化方面的鉴赏。我们的研究将目标设定为后者。 24

(上接注②)Dindorf 提及大约公元前 180-前 92 年间奥林匹克运动会上的女子跑步、摔跤，以及哲学文化竞赛、歌唱和悲剧演出。Mantas(1995)对于证据作出了综合调查，尤其是增加了一个 26 名女子的名单，她们在罗马时代小亚细亚以及爱琴海地区充当 agonothetai 或者“运动会制造者”之职。这一职位不仅仅是巨大的荣誉，它还承载了严肃的组织责任。Mantas 还援引了下述罗马时代的铭文或文本，它们记录了妇女或女孩们参与竞技馆相关活动的事例：CIG 3185.15-20 re 关于竞技馆里的女子监事；Menander Rhetor，III.364(3 c.a.d.)关于女子教育培训的规章的探讨；Caria Stratonikeia 的一系列铭文，关于石油再分配以及竞技馆内对女性的监督参见 I.Stratonikeia II.2，Bonn，1990，nos.1325A，1325B.18-20，698，760.4-8，181 201.30-31，120.18-20，245.5-248.7-8，256.8，311.20-21；IGRom.IV 522 佛里吉亚的多利留姆地区的女子运动会监督。Mantas 注释(131)Stratonikeia 文献，认为其并不意味着较年长的女性在竞技中竞争或训练，亦或享受公共教育，而是仅仅意味着她们在竞技馆得到石油，而竞技馆似乎成了家用商品的分配中心。铭文里的用词证实了这一阐释，即他们一直指的是“妇女(*gunaikes*)”而不是“少女(*parthenoi*)”得到石油。在罗马时代的这些城市里，尽管不再是为他们所独有，但竞技馆仍是男性公民的领域：女孩偶尔可以在较年长的女性的监督下使用公共设施来进行社交、休闲活动，或者也可能进行体育或文化教育。

第一章　希腊竞技运动与宗教

尽管“体育”这个当代词汇(来源于拉丁语的 deportare,具有“分离”的意思)与古代表示“竞赛”的词汇之间内涵大不相同,但我们却与为竞技设置了特别节日的希腊人分享着相同的概念,即经由竞赛而“分离”。我们与古希腊人最明显的区别或许在于,在他们的意识里,至少公元前 7 世纪以前,比赛与为神祇举行的祭祀节日紧密联系在一起。在伯里克利规模宏大的葬礼演说词里,修昔底德告诉了我们雅典人的态度:

> 通过采用贯穿整年的自创比赛和献祭,并且开始习惯享受个人财产与所有物的美,我们找到了很多途径从劳作中解放我们的思想。这些日常的快乐消除了我们的痛苦。
>
> (Thuc. 2.38.1)

历史学家自然而然地把竞赛和祭祀划归一起,而希腊人或许一直都认为这两者相互关联。这并不是说还像古典时期那样每一次竞赛都伴随着其特有的庆典活动,而是说给神祇的动物祭品与同时举办的奠酒和盛宴,是葬礼、婚礼、宴会等场合的常见活动。

同样值得注意的是，“快乐”(*terpsis*)来源于从日常操劳和奔波中的解脱，在荷马和品达看来，它是竞技运动的一个特征。在此其来源被扩展到公共宗教祭祀，甚至到对个人财产审美上的享受。

下面将提到一段历史，简单概述宗教，即对神祇和英雄崇拜的共同表达，与希腊早期竞技运动的关系，以便于了解这种关系是怎样开始并且随着时间的过去而发生根本性的改变。[①] 本章和第二章将会提供一些宗教背景下竞技运动会演变的必要总体背景。后面的章节会讨论竞技项目的几个宗教相关的功能，特别是年轻男女的成人仪式，以及对性爱的培养。由于古希腊竞技运动会的宗教因素与成人仪式和情欲紧密相连，同时也由于这一因素一直被近代研究所忽视，本文将为当今研究提供一个叙述的“核心”。笔 25 者概述了希腊诗歌和历史记载中为竞技比赛而进行的几种宗教节日，并以此为开头，然后重点讨论最古老也是最具影响力的泛希腊盛会，即献给宙斯的奥林匹克运动会的祭祀历史。

早期诗歌中的众神与比赛

古希腊的竞技比赛是当地居民渴望竞争的一种自发性表达。

---

① 关于对“体育”一词的词源探讨，参见 J.Sofer，“Kurze Bemerkungen zur Vorgeschichte des Worte ‘Sport’”，Leibesübungen-Leibeserziehung 14(1960)13－14；E.Mehl，“‘Sport’ kommt nicht von dis-portare，sondern von de-portare”，Die Leibeserziehung 15(1966)232－33。关于古代竞技和宗教的讨论，参见 M. Golden，Sport and Society in Ancient Greece(Cambridge：Cambridge University Press，1998)10－23；参见 S.Laser，Sport und Spiel，Archaeologia Homerica，vol.3，ch.T(Göttingen：Vanden-hoeck & Ruprecht，1987)86－88 对早期史诗文献中的神与竞技的讨论；参见 E.Reisch，“Agones”，RE1.1 coll.836－66 对竞技节日及其历史的综合讨论，以及 J.Sakellarakis，“Games and Religion”，in N.Yalouris，The Eternal Olympics：The Art and History of Sport(New Rochelle，N.Y.：Caratzas，1979)36－37；参见 H.Siska，*De Mercurio ceterisque deis ad artem gymnicam pertinentibus*(Ph.D.diss.，University of Halle，1933)，为与希腊竞技与竞技馆相关的祭仪提供了一个尽管并不详尽，但是便捷、广泛的碑文和文献资源目录。

"一直努力,超越他人"(Il.6.208)就是英雄主义,希腊文化的一种理想。① 史诗中的英雄在搏击、赛跑或铁饼运动中找到快乐并且看重在这些活动中表现出的超凡技术;显示这些能力与即兴表现相差无几。无论是在古希腊神话中,还是在现实生活中,竞技消遣都被视为精彩的表演,当得起在死去英雄的葬礼上对其致意。②因此,在公元前8世纪的荷马史诗中,有三章详尽描述了比赛场面,并且都提到了人们自发举行的比赛,包括最著名的在葬礼上的比赛:③费埃克斯人(荷马史诗《奥德赛》中的一个民族)为向其尊贵的客人奥德修斯致敬而举行的餐后即兴比赛(《奥德赛》8.97-384),奥德修斯与乞丐伊罗斯的搏击比赛则是一时冲动之下临时安排的(《奥德赛》18.66-101),还有阿喀琉斯在帕特罗克洛斯的葬礼上匆忙安排的比赛(《伊利亚特》23.256-897)。这些比赛并非特定"祭仪"场景下的神圣节日,但在所有场合下,神祇不仅出现,并且还积极加入到比赛中来。在荷马以及其后的时代,神的介入(比赛)这一神话主题为希腊人解释了神祇怎样直接却无形地参与竞赛。我们可以推断这种史诗中关于神祇参与比赛的思想即使不是直接导致,至少也是培养了后来历史上将竞赛融合到祭祀这一更为正式背景中的这种现象。荷马史诗中的雅典娜充当了比赛结果裁决者的角色,宣布了投石比赛的胜利者为奥德修斯(《奥德赛》8.193-98),并且在其与伊罗斯的拳击赛中她将力量传至这

---

① I.Weiler, "AIEN ARICTEUEIN: Ideologiekritische Bemerkungen zu einem vielzitierten Homerwort", tadion 1(1976)199-227.

② 关于举办竞技节日来庆祝为纪念传奇与历史人物而举办的葬礼竞技的讨论,参见 L.Roller, "Funeral Games in Greek Art", *AJA* 85(1981a)107-19;同上,"Funeral Games for Historical Persons", *Stadion* 7(1981b)1-18;同上,*Funeral Games in Greek Literature, Art, and Life*(博士论文,University of Pennsylvania,1977)。

③ 当然,*Iliad* 23 记录的运动会包含现存希腊文献中对竞技最早以及最广泛的描述。在该叙述中,我们找到了涅斯托耳回忆录,其中涉及他在早期某时的葬礼竞技上获胜的记录(*Il.*23.630-42)。参见 Golden(1998)88-95 对希腊文化中的荷马运动会的综合讨论。

位英雄的手臂上(《奥德赛》18.69-71,13-34)。在葬礼竞技场上的二轮战车比赛中,阿波罗使狄俄墨得斯失去他的马鞭,但雅典娜又迅速将马鞭还给他(《伊利亚特》23.383-400);在赛跑比赛中,雅典娜使埃阿斯滑倒并使奥德修斯身轻如燕而赢得比赛(《伊利亚特》23.770-76);在射箭比赛中阿波罗帮助墨里俄涅斯射中靶心而赢得比赛(《伊利亚特》23.872-73)。[①] 这并不是说比赛的胜负完全由神祇决定或者完全不由人类所控制,而是说,在荷马的世界观中,神常常与供奉他的人类一起合作,并且,只有愚蠢的人才会忽略神对其努力的影响。

正如希腊人认为的那样,另外一个关于竞赛和神祇关系的清楚表达存在于品达所写的第 10 篇《皮同颂诗》中,这是品达现存于世最早的作品,撰写于公元前 498 年。在诗中,诗人将赢得皮西安运动会上双程赛跑比赛(双城赛跑比赛是跑两圈,赛程为 400 米)的希波克利阿斯的成功归功于比赛守护神阿波罗的帮助: 26

> 哦,阿波罗,甜蜜是您赋予人们劳作的报酬。一方面是您的指点使他获得胜利……
>
> (《皮同颂诗》10.10-12)

神祇"驱使"运动员,意味"鼓励"或者"振奋"他。比赛过程中竞争者自始至终的所有努力"变为甜蜜",其涵义来源于希腊的一个动词,意味他的表现,由于阿波罗的原因,得到"巩固"或"增强"。获得的荣誉与神的"指点"有关,在这里字面意思为"建议"或"计划"。在荷马的古希腊史诗《伊利亚特》场景中,神的帮助是建立在神对竞争者的喜好之上。神会提升胜利者的能力而不是让

① 同样关于纪念普特洛克勒斯的运动会的讨论,参见本书第九章,第 503 页注释②和第 518 页注释①。

其对手的能力消失,而比赛的结果也会与神的计划相一致。神帮助胜利者的具体原因并未交代清楚,虽然可以推测原因之一是因为希波克利阿斯的父亲曾是奥林匹亚的赛跑比赛冠军,这使得神更愿意帮他再次赢得比赛(ibid.,lines13-15)。因此,即使在公元前5世纪,荷马的神祇介入比赛这一理念也是伴随于那时已固定下来的将竞技运动比赛与周期性祭祀节日相融合这一传统中。①

有关为向神祇表示敬意而举办的运动会最早的文献是《荷马史诗》中有关阿波罗的部分(146以下),可追溯到公元前7世纪:②

> 正是在提洛岛,噢,福玻斯,你的心灵得到了至高的愉悦,
> 因为穿着拖尾长袍的爱奥尼亚人
> 以你之名,与他们的孩子和谦逊的妻子聚集在那里。
> 无论于何时举行比赛,
> 他们都会用拳击比赛与欢歌乐舞,

---

① James F.McGlew, *Tyranny and Political Culture in Ancient Greece*(Ithaca: Cornell University Press, 1993)35-51探讨了修辞手段,品达和巴库利德斯的胜利曲诗歌通过这种修辞主张运动员获胜的神祇来源:“胜利,诗人断言,是赞美的来源,而赞美又是荣誉的来源,公众承认胜利来自神灵”(47)。关于胜利曲体裁的市民背景的综合探讨,另参见L.Kurke, *The Traffic in Praise: Pindar and the Poetics of Social Economy*(Ithaca: Cornell University Press, 1991)。关于神祇介入比赛理念的另一个明显例证,参见C.Faraone,“The Agonistic Context of Greek Binding Spells”, in *Magika Hiera: Ancient Greek Magic and Religion*, ed. C.A.Faraone and D.Obbink(New York: Oxford University Press, 1991)3-32中所讨论的使用魔法咒语唤醒神灵庇佑来阻止某个运动员在竞赛中获胜。最早提及这一惯例的文献,记录于大量后来雕刻的对运动员和战车御者的咒符上,是品达*Olympian* 1.75-78中所提的针对俄诺玛俄斯的珀罗普斯诅咒。更多例子可参见D.Jordan,“Inscribed Lead Tablets from the Games in the Sanctuary of Poseidon”, *Hesperia* 63.1(1994)111-26。

② R.Janko, *Homer, Hesiod, and the Hymns: Diachronic Development in Epic Diction*(Cambridge: Cambridge University Press, 1982)200, table 4似乎可信地论证了大约公元前675-前660年这一日期;比较W.Burkert,“Kynaithos, Polykrates, and the Homeric Hymn to Apollo”, in *Arktouros: Hellenic Studies Presented to Bernard M.W. Knox on the Occasion of his 65th Birthday*, ed. G.W.Bowersock et al.(Berlin and New York: Walter de Gruyter, 1979)53-62。

取悦你，纪念你。

(*Homeric Hymn to Apollo*, 146-50, A. Athanassakis, trans.)

此处，神祇与人类活动的关联就是其中的一种"快乐"，是由同词根"*terp-*"①的两个希腊词语表达的：神的心灵带来欢乐，德利安人给予他快乐。值得注意的是，构成包括妇女儿童在内整个团体的不仅是比赛选手，还有比赛的组织者和观众，他们为表示对神祇的敬意聚集一堂从而取悦了神祇。运动会，是竞争的节日，从观众和参与者的聚集当中，也从他们所有的行为中呈现出其神圣的特点。

另一个关于竞技运动与某个特殊祭仪相互关联的早期实例可以从赫西俄德（希腊诗人）的劝告中找到踪迹，他建议运动员对强大的女神赫卡特（Hecate：司夜和冥界的女神）表现忠诚：　27

人类进行各种比赛时，她（赫卡忒）也是有益的。因为她也会来到他们中间帮助他们。于是，凭能力赢得胜利的人将轻而易举高高兴兴地获得贵重的物品，并给父母带来光荣。

（《神谱》435-38）

也许是赫卡特拥有的神奇的力量让她成为了竞赛者的守护神。因为他们的胜利与否很大程度上依赖于他们的命运。更重要的是，她证明了一个在公元前8世纪晚期的希腊赛场上守护神和竞赛者之间关系的原则。运动员展示出的强壮和能力似乎是一个赢得胜利的必要条件，赫卡特则对胜利起着决定性因素。她将胜利的天平倾向于对其虔诚的竞赛者。赫卡特通道也说明了人们希

① 参见本书概述部分，第27页注释①对涉及竞技喜悦的 *terpsis* 的探讨。

望通过对神祇表示虔诚而得到回报,即价值不菲的奖品和家族荣耀。这种观念完全符合荷马史诗中关于神在竞赛中所扮演角色的描述。

回到荷马史诗中的竞技活动,胜利者得到的不仅是来自于神的荣耀,往往还有比赛主办者提供的物质奖励,用来象征其优秀,正如像在西蒂斯举办的葬礼比赛上阿喀琉斯获得极其丰厚的奖品从而得到的荣耀一样(《奥德赛》24.80-94)。神话故事是否准确地反应了荷马所生活的公元前 8 世纪或者青铜时代希腊社会的现实和思想,这是一个有争议的问题,在这里我们不做论述,尽管在普特洛克勒斯比赛上成熟的竞赛形式是当时社会惯例的一个反映,但也可能包含一些起源于青铜时代的竞赛。① 荷马将一些早期的传统主题与公元前 8 世纪赛事的复杂性相结合,这些主题部分是作为青铜时代传统的准确映像,部分又经过了人为改编。

尽管荷马史诗中并没有将比赛描述成是英雄葬礼上一种必需的伴随物,但葬礼比赛确实在神话和历史惯例中变成了一种既定传统。根据相同的传统,赫拉克勒斯(大力英雄)为向英雄珀罗普斯致敬,或者说珀罗普斯为向国王奥诺茂斯致敬而创建了奥林匹克运动会。其它 3 个伟大的泛希腊运动会也具有传奇的葬礼比赛渊源。神话学家希吉努斯(Hyginus, *Fabulae* 273)的残卷显示出 11 个古代著名运动会中的 9 个都是葬礼比赛。在史前希腊人的概念世界中,对逝者的祭仪与比赛之间显然寻在着某种联系,但在

---

① 参见 M.Golden(1998)93; I.Weiler, *Der Sport bei den Völkern der alten Welt: Eine Einführung*, 2nd ed.(Darmstadt: Wissenschaftliche Buchgesellschaft, 1988)77-80 的讨论和参考文献部分。比较 J.Sakellarakis, in Yalouris(1972)24-25, 认为战车比赛、摔跤、拳击以及赛跑可能都反映了迈锡尼文明的惯例, 而射箭、标枪以及跳远则属于稍晚时期。T.B.L.Webster, *From Mycenae to Homer: A Study in Early Greek Literature and Art*(London: Methuen, 1964)174 援引了几何壶表达也属于普特洛克勒斯运动会的下列赛事的例子: 驷马战车赛、拳击、摔跤、赛跑以及械斗。另可参见本书第九章,第 473-474 页注释对葬礼竞技的讨论。

荷马时期，这种关联则是含混不清的。[①] 事实上，参与者的活动被描述成为一种英雄日常生活的表现和庆典——对于名望、荣誉以及物质奖励的追求。显然，奖品的等级和比赛的辉煌旨在促进逝者的荣耀和不朽的名望(《奥德赛》24.85–94)，但是据荷马所述，在英雄时代葬礼比赛与守护神之间并没有固定的祭仪联系。

另一场合的比赛提供了希腊神话中的一种流行主题，婚姻竞争，与神祇祭仪之间也几乎没有直接联系，尽管比赛可能是为事后感谢神恩而举办。[②] 为争夺新娘而举行比赛的神话传统，在历史时期并没有太多的实践，它包括了阿塔兰忒的赛跑比赛，珀罗普斯与奥诺茂斯的二轮战车比赛，以及珀琉斯与忒提斯之间的摔跤比赛。同样地，为争夺王权的比赛本身，在本质上也不是神圣的，但是胜利者也许会为了向其守护神致谢而举行比赛，正如在历史时期战争胜利方为庆祝获胜而举行比赛一样。[③] 28

竞技运动会的传播

历史上，人们所熟知的众多希腊竞技运动会并没有一个全面的清单以及对与每个节日相关联的神祇和英雄的完整陈述。[④] 然而，我们可以发现，自从公元前 776 年奥林匹克运动会的传统得以

---

① Roller(1981a)，(1981b). Thomas Yiannakis, "The Relationship between the Underground-Chthonian World and the Sacred Panhellenic Games", *Nikephoros* 3(1990)23–30，强调了泛希腊运动会的葬礼因素，并主张这种运动会充当生者与亡灵或者神祇之间的沟通媒介。

② 参见第四章以及 Paus. 5.16 关于纪念赫拉以感谢其为珀罗普斯赐予婚姻的 Hippodameia 运动会；I.Weiler, *Der Agōn im Mythos: Zur Einstellung der Griechen zum Wettkampf*, Impulse der Forschung, vol.16(Darmstadt: Wissenschaftliche Buchgesellschaft, 1974)256–58。

③ Weiler(1974)247–53.

④ 关于不同时期变体的虽过时但某种程度上仍有用的综述，参见 P.J.Meier, "Agōnes", *RE* 1.1, cols. 852–62。

建立,以及公元前586年到公元前573年之间其它3个泛希腊运动会的确立,即皮西安、伊斯米亚与尼米亚运动会,整个希腊社会兴起了一种很流行的传统,在预设祭仪的主要地方节日中包含竞赛的元素。在品达(公元前518—前438年)的胜利颂歌中提到,除了4个泛希腊运动会之外,还有至少20个被推测定期举办的运动会。① 在一项针对希腊本土(除雅典外)和爱琴群岛(除优卑亚岛外)运动会碑文证据的综合研究中,有学者列举了大约140个不同的运动会,其中约三分之一经证实仅出现在罗马时期。② 另一看法认为,到罗马帝国时期,竞赛市场获得如此流行以致于它为运动员提供了至少270个竞技运动会,并且那时运动员可经由专业工会很好地组织参赛。③

---

① 关于泛希腊运动会, 参见 Golden(1998)10-11;*Games in Pindar: K.Kramer, Studien zur griechischen Agonistik nach den Epinikien Pindars*(博士论文, University of Cologne, 1970)。

② 参见本书概述部分,第3页注释②中列出的 Irene C.Ringwood Arnold 的研究。关于罗马时代运动会的近期研究, 参见 O.Van Nijf, "Athletics, Festivals, and Greek Identity in the Roman East", *PCPS* 45(1999)176-200(尤其是关于利西亚奥内达家人的比赛);W.Orth, "Kaiserliche Agonistik und althistoriche Forschung", Stadion 24. 1(1998)1-12; A. Farrington, "Olympic Victors and the Popularity of the Olympic Games in the Imperial Period", *Tyche* 12(1997)15-46; *A.J.S.*Spawforth, "Agonistic Festivals in Roman Greece", in *The Greek Renaissance in the Roman Empire. Papers from the Tenth British Museum Classical Colloquium*, ed.S.Walker and A. Cameron (London: University of London, Institute of Classical Studies, 1989)193-97 (关于运动会类型及其社会重要性的探讨)。其它关于希腊和罗马体育多方面的专门研究, 可参见参考文献里 N.Crowther, "Studies in Greek Athletics", *CW* 78(1984)497-558 and 79 (1985a)73-135 和我本人的 *Greek and Roman Athletics: A Bibliography*(Chicago: Ares, 1984)70-73。

③ H.A.Harris, *Greek Athletes and Athletics*(London: Hutchinson, 1964)44-47; 226-27, 地图4列出了城邦及各城邦中多个著名竞技节日。M.I.Finley and H.W.Pleket, *The Olympic Games: The First Thousand Years*(New York: Viking, 1976)24 估计终将有超过300个竞技节日。鉴于这些数字是由希腊竞技超过千年的历史累计而来, 并且没有同时将任何其他时期计算在内, 因此这些数据可能略微偏高。保守估计, 在公元前两个世纪罗马帝国经济更加繁荣的时期里, 每隔一年、两年或者四年, 至少曾举办过200种竞技节日。当地节日证据的仔细编目应该是古代竞技研究的首要事件。

奥林匹克代表着竞技运动比赛与定期祭仪节日的结合这一最具影响力的早期传统,也是成为了其它泛希腊与地方运动会典范的一种惯例。泛希腊运动和一般竞技的随后流行,结果是造成了为个人地位与利益所举行的运动会的成倍增加。这种增加又导致了以下几种运动会之间的形式区分,即所谓带冠的或“花冠”运动会,4 个神圣或泛希腊运动会(其中花冠是唯一奖品),以及“主题运动会”,它也被称为“奖品”或“当地”运动会,有时在花冠运动会的节目中得以模仿,但总是会赋予有价值的奖品。然而,两种阶层都可参加的所有运动会都是在宗教节日的背景下举办,因此很自然地与竞赛场上最流行的祭仪联系起来。除了供奉宙斯的奥林匹克运动会,所有花冠比赛中,有在德尔菲举办供奉阿波罗的皮西安运动会,在科林斯地峡举办供奉波塞冬的伊斯米安运动会,以及在伯罗奔尼撒(希腊南部的摩里亚半岛)东北地区尼米亚举办供奉宙斯的尼米亚运动会。奖品运动会中最为著名的当数在雅典举行供奉雅典娜的泛雅典娜节,在埃皮达鲁斯举办供奉阿斯克列皮亚斯(医术之神)的阿斯克列皮亚运动会,在埃勒夫西斯举行拜祭得墨忒耳的埃勒夫西斯运动会以及在阿哥斯举行供奉赫拉的赫拉亚运动会。运动会有时会以祭坛所在地命名,比如,伊斯米安运动会(伊斯米安运动会);有时会以一个神话传说来命名,比如,皮西安运动会来自于“皮同”——其实是阿波罗在德尔菲杀死的一条巨蟒;有时会以祭祀的一个活动来命名,比如,在阿格斯举行的大献祭运动会指的就是一次献祭活动,通常是 100 头牛。在罗马时代,向神圣罗马皇帝及其继承者致敬的众多命名为凯撒利亚、奥古斯都亚、尼禄尼亚等等的运动会纷纷涌现。

29

在罗马共和国晚期和罗马帝国早期,运动会的宗教部分得以保留,但是运动项目却逐渐增多。除了对神圣的泛希腊运动会上赛事的普遍模仿外,竞技的比重越来越大。祭祀活动虽然有所减少,但仍然构成运动会重要的仪式框架。包括宗教政治以及文化的变化等在内的众多外在因素，以及比赛的大量增加，导致运动会上竞技运动项目的增加和宗教仪式活动的减少。然而，每一个运动会还是保留了其神圣的特性和神圣的“核心”。

尽管这种变化使得运动会开始从宗教中脱离向世俗化转变，但由于奥林匹克运动会的主办者伊利斯人保守的意识形态，奥林匹克运动会还是得以保持其宗教上的神圣性。皮西安、尼米亚以及伊斯米安运动会也在很大程度上保留了他们的宗教特征，部份原因是由四大泛希腊运动会之间为了获得更高的地位从而吸引更多观众的竞争所致。① 但伊斯米安运动会，也许是由于地处重要的商业位置，成为花冠赛中政治意味最浓的运动会。弗拉米尼努斯（古罗马将领和政治家，公元前198年被选为执政官）以及后来的尼禄都曾以伊斯米安运动会为舞台，宣布所有的希腊城邦都可以获得完全的独立。在李维（意大利历史学家）对此事件的描述中，特别提到了伊斯米安运动会的影响力和声望：

> 哪怕是在其它场合，伊斯米安运动会也总是参加人数众多，这不仅仅是因为希腊人天生喜欢可以有个场合能亲眼目睹兼具力量和灵活的技巧展示，也是因为比赛地点的便利性。作为商业中心，伊斯米亚是亚洲和希腊的连接地，长期以来为两个地区的人们提供货品。
>
> (Livy 33.32)

---

① J.Fontenrose, “The Cult of Apollo and the Games at Delphi”, and Stella Miller, “Excavations at the Panhellenic Site of Nemea: Cults, Politics, and Games”, in *The Archaeology of the Olympics: the Olympics and Other Festivals in Antiquity,* ed. W.Raschke (Madison: University of Wisconsin Press, 1988) 121-40 and 141-51, respectively; Stephen G.Miller, ed., *Nemea: A Guide to the Site and Museum* (Berkeley: University of California Press, 1990) 1-8. 关于“竞赛协会”成员之间的竞争的讨论，参见 C. Morgan, *Athletes and Oracles: The Transformation of Olympia and Delphi in the Eighth Century B.C.* (Cambridge: Cambridge University Press, 1990)。

伊斯米安运动会也将比赛项目加以调整改变以适应大众的口味。到罗马帝国时期，唱歌、作诗、表演，甚至绘画都被加入到竞技项目当中。①迪奥·克瑞索托生动描绘了哲学家、诗人、魔术师、预言家、律师以及小贩因为各自的原因聚集在伊斯米安运动会上的场景：

> 那也是一个令人厌恶的诡辩者们聚集在波塞冬神殿周围互相咆哮和辱骂，他各自所谓的门生们也向老师那样相互攻击，众多历史学家高声朗读着他们所写的无聊历史故事，一群群的诗人背诵着自己的作品还不忘互相吹捧，众多的魔术师们表演着魔术把戏，许多预言家们在预言未来，数不尽的律师在颠倒是非，还有不少小贩叫卖手里正巧在卖的货品。
>
> （《神谕》7.9）

30

竞技和成人礼

除了更为著名的四大泛希腊运动会以及当地竞技运动会以外，还有大量规模小一些的区域性祭祀节日，主要是宗教性质的，但也包含竞技运动元素在内，经常是用来确认城邦及其人民繁荣昌盛，和/或标志社会地位的变迁，比如，从青年到成年的成人礼也是当地仪式的一部份。此处提到的这些小规模祭祀节日只是那些更为普遍的竞技运动会的替代品；具体情况我们将在本书的第三—六章作更为详尽的阐述。比如斯巴达人祭拜阿波罗的卡尔尼亚节运动会（Carneia）上（译注：每年举行一次，从

---

① O.Broneer, “Isthmia and the Sanctuary of Poseidon”, *Greek Heritage* 4 (1964) 42–49; W.R.Biers and D.J.Geagan, “A New List of Victors in the Caesarea at Isthmia”, *Hesperia* 39(1970)79–93; D.J.Geagan, “Notes on the Agonistic Institutions of Roman Corinth”, *GRBS* 9(1968)69–80; K.Schneider, “Isthmia”, in *RE* 9.2 cols.2251–53.

Carneius 月,大致相当于公历 8-9 月的 7 号一直进行到 15 号月圆时结束。所有多利斯族城邦都参加这个运动会。和奥林匹亚运动会一样,比赛举行期间各城邦要保证不参与战争。)就有"葡萄群赛跑者"(译注:从每一个斯巴达部落,5 名单身男子被选出来作为举行献祭的祭司的管理者。作为管理者,他们的任期为 4 年。在任期间不允许结婚。在运动会上他们作为"葡萄群赛跑者"追逐一个头戴花环的男子。捉到该男子就意味着来年的丰收和好运。)的赛跑比赛和成人礼仪式。卡尔尼亚节使城市蓬勃发展。① 很显然,它也是一个丰收节。在这个节日中,"葡萄群赛跑者"会追逐一个男孩,捉到他就意味着他们为城邦捉到了好运。相似的,雅典人也有着类似的运动会,在奥斯考弗里亚节(Oschophoria)或"手握葡萄枝节"上,男孩们从雅典的狄俄尼索斯(译注:希腊神话中的酒神)神庙出发,跑 7 公里到比雷埃夫斯的雅典娜神殿。② 运动会的冠军得到品尝到特制美酒的特权。阿卡尼亚人在布劳隆和缪尼基昂举办的供奉阿尔忒弥斯的阿提卡节很可能设有女子赛跑比赛,并要求年轻女子若要取得结婚资格就必须参加这项比赛以及其他的祭祀活动。还有一项女子赛跑,是为供奉酒神狄俄尼索斯及一位佚名斯巴达英雄而举办的,其参赛选手也仅限于未婚女性,或许具有成人礼性质。这些祭祀节日以及其他类似的当地节日都是定期举行,要么是再次演绎当地的一些神话传说和举行成人礼仪式的舞台,要么就是

① M.P. Nilsson, *Grieschische Feste von religiöser Bedeutung mit Ausschluss der Attischen* (Leipzig: B. G. Teubner, 1906; Darmstadt: Wissenschaftliche Buchgesellschaft, 1957) 123, 重印版。

② E.Kadletz, "The Race and Procession of the Athenian Oschophoroi", *GRBS* 21 (1980) 363-71; L.Deubner, *Attische Feste*(Berlin: Heinrich Keller, 1932; reprint, Darmstadt: Wissenschaftliche Buchgesellschaft, 1956) 142-47; H.W.Parke, *Festivals of the Athenians*(London: Thames and Hudson, 1977;重印版, Ithaca: Cornell University Press, 1986) 77-80。

庆祝季节的更替。

祭祀上的仪式性竞赛与通常的竞技对抗运动会最大的区别就是没有成熟的比赛项目。学者们争论已久,却没有答案。仪式竞赛是后来更加纯粹的运动会比如泛希腊运动会和其他地方性运动会的原型,还是说仪式竞赛独自按照自己的轨迹发展。后者的可能性更大一些。正如我们在后面的章节将要讨论的,"最初"的竞赛大多发展于公元前7世纪或稍晚些的年代。除了没有竞赛的宗教祭祀活动外,荷马史诗描述的运动会或许已经存在了数个世纪,远早于公元前8世纪才开始的起源于奥林匹亚的运动会。证明竞赛和祭祀盛会之间具有联系最有影响力的例子是,在奥林匹亚运动会上,宗教元素与竞赛一开始就紧密联系在一起。 31

奥林匹亚祭祀和比赛

奥林匹亚早期祭祀和竞赛的历史可以粗略分为三个阶段:公元前2000–前1100年,包括青铜器时代中期和迈锡尼时代;公元前1100–前800年,包括所谓的"多利安人迁徙"时期和几何陶时期;以及公元前800–前476年,古风时期早期和古典时期。由于在第一个时期,第二个时期以及第三个时期的部分年代存在大量彼此矛盾的传说,并且关于这几个时期的考古发现非常分散,而且绝大多数都与竞技运动没有关系,种种原因导致这几个时期最难于了解。导致传说出现矛盾的原因也许是伊利斯和皮萨两个城邦都想成为运动会主办人,从而对于神话都有着利于自己的解释。①

① E.N.Gardiner, *Olympia: Its History and Remains*(Oxford: The Clarendon Press, 1925; 重印版, Washington, D.C.: McGrath, 1973)59–63, 79–103。参见 C.Ulf and I. Weiler, "Der Ursprung der antiken Olympischen Spiele in der Forschung", *Stadion* 6 (1981)1–38 对有关奥林匹克运动会起源的无数学术理论的系统回顾,他认为从文本证明的不可靠性以及考古证据的非决定性这两个角度来看,没有理(转下页)

但是相对于这些矛盾来说,我们考虑更多的是常见的神话和考古遗迹的共通点。参考神秘年代学,我们至少对故事在传说中,当然,不是在历史时间上的相对顺序有一个了解。

品达(公元前518-前446年)的作品是关于第一个时期奥林匹克运动会我们可以查到的最早线索。在13世纪考古出土的一篇卓越而简洁的文章里,[1]品达记录了关于赫拉克勒斯战胜伊利斯国王奥革阿斯,为了向宙斯表达谢意而举办竞技比赛的神话(*Ol*.10.29-92)。运动会上的5个竞技项目分别为田径、格斗、拳击、标枪以及投石。比赛在距离珀罗普斯墓地不远处进行,据说赫拉克斯在那里还建立了一个宙斯神殿,称之为"阿尔提斯"。斯特拉波(公元前63年-公元21年)认为是第一个举行运动会的赫拉克斯的后人创立了奥运会(古代年代学,约公元前1150年;*Geog*.8.3.30)。[2] 弗勒干(约公元138年,FGH 2B 257,1160F)讲述了一个传统,认为在赫拉克斯(在古代认为是大约公元前1270年)之前,英雄珀罗普斯在皮萨国王俄诺玛俄斯的葬礼比赛上就开了竞技比赛的先河。[3]虽然在其它关键文献上,例如在斯特拉波、鲍桑尼亚(5.1.7)以及品达的作品中,珀罗普斯未被提及是奥运会的创始人之一,但对他的崇拜,他的神话故事以及他的神殿都与奥运史有关。大量的文献记载和考古学发现都提及珀罗普斯在战车比赛中战胜国王俄诺玛俄斯并赢娶国王的女儿希波达弥亚为妻的故

(上接注①)论能最后胜出。Golden(1998)12-14, 21-23调查了关于奥林匹克起源的某些证据,得出的大多是否定结果。

① 此处提及古代年表仅是为提供曾在传说中所表达的一系列相关庆祝的感觉。

② R. S. Robinson, *Sources for the History of Greek Athletics*(Cincinnati: Robinson, 1955;重印版, Chicago: Ares, 1979),第35-39页。

③ 同上,第39-43页。

事。[①] 公元前5世纪前期，雅典奥林匹亚宙斯神庙东山上的群像上雕绘的是战车比赛的守护神宙斯身处群像中间位置，珀罗普斯和他的新娘则站其一旁。关于迈锡尼时代战车赛的猜想与历史画卷相吻合。画上迈锡尼贵族战争中人们依靠战车来进行战斗，偶尔也举行战车比赛。[②] 位于宙斯神庙北面的山丘据说就是英雄珀罗普斯的埋葬之地，“珀罗普斯之墓”或被称为珀罗普斯纪念处。墓地的位置与公元前2世纪鲍桑尼亚的描述相吻合，但仍然存有争议。作为一个神殿，珀罗普斯纪念处也许可以追溯到公元前1500年左右，与公元前13世纪一个具有神话色彩的日期相吻合，但其作为古风时期及其后的一个重要祭仪场所的重要性却是更为确定的。[③] 至少直到公元2世纪时，珀罗普斯纪念物是作为一个祭仪点而存在的。尽管现代历史学家一直对起源的时间存有争议，所有这些相矛盾的传说与他们不朽的提醒之间所共有的却是早于公元前8世纪的传统重组的奥林匹克运动会传统中的信仰。人们在这一点上达成的共识为以下推测提出了强有力的证据，也就是说，正如休·李认为的那样，竞技比赛在泛希腊运动会之前就已经存在，虽然其规模小得多，并且也不是定期举行。[④] 只是这些比赛和对宙斯的祭祀存在于公元前8世纪以前具体的哪个时间，以及举行的形式都还不确定。

32

① L.Lacroix, “La Légende de Pélops et son Iconographie”, *BCH* 100(1976)327-41; Weiler(1974)209-17.

② 参见纳夫普利翁艺术博物馆里展示的后希腊 III C 提林斯双耳瓶上描绘的战车竞赛，如 Laser(1987)图2所示；同时也可参见塔纳戈拉无釉赤陶棺(陶制棺材)上所描绘的葬礼竞技背景下的武装决斗中出现的战车：W.Decker, “Die mykenische Herkunft des griechischen Totenagons”, *Stadion* 8-9(1982-83)6-15 以及 flgs.1-2；参见本书第九章，第507页注释①。

③ 参见 A.Mallwitz, “Cult and Competition Locations at Olympia”, 在 Raschke(1988) 79-109关于较早日期的争论，但本书第四章，第203页注释④中作者对此的讨论，以及关于 A.Hönle 的争论，不同于 *Gnomon* 62(1990)223 中 Mallwitz 的日期。

④ H.Lee, “The ‘First’ Olympic Games of 776 B.C.”, in Raschke (1988)110-18.

为了领会对这一较早时期的其它考古发现，我们有必要做一些地形定向。奥林匹亚曾经是(现在也仍然是)宏伟的运动场也是远离世俗的世外桃园，宏伟的是其环境，远离的是各式各样大大小小的政治团体。奥林匹亚北起克洛诺斯丘，南接阿尔甫斯河(Alpheus)，西邻克拉窦斯河(Cladeus)。奥林匹亚相对中立和“偏远”的战略位置吸引了德尔菲和尼米亚的政治团体并且为整个希腊所有的政治团体都提供了一个理想的互相交流的平台。① 在公元前2000-前1500年，在稍后时期成为神殿的地域有几座半圆形屋，其中的三座指向克洛诺斯山，这或许就是他们用于祭仪的建筑。② 这种最早期的建筑式样现存的仅仅在这个地区有迹可循，它们修建于奥林匹亚的第二个时期，也就是几何陶时期(公元前1100-前800年)，即紧靠普罗休斯纪念物的一所房子并可能是其用于祭仪的处所。这座几何时代的建筑是迈锡尼时代的半圆形屋和建于公元前6世纪，也就是奥林匹亚第三个时期的半圆形议事会厅这两者之间的唯一联系。议事会厅或议事院是流传于世的最早的奥林匹克建筑。它是比赛期间裁判们的住所，也是奥运会比赛开始之前，运动员和教练宣誓的地方。③

第二个时期是传说中最为模糊的时期。斯特拉波(*Geog*.8.3.30)写到“多利安人的迁徙”以奥克叙洛斯和赫拉克勒斯後裔之名清洗了整个地区，并且是他们最先为供奉宙斯而举办奥林匹克运动会。人们关于多利安人是谁以及他们到达日期是何时的争论已久，但大多数的假定都认为他们可能到达于大约公元

---

① Morgan (1990) 1-25, 223-34.

② H.-V.Herrmann, “Zur ältesten Geschichte von Olympia”, *MDAI*(A) 77(1962): 3-34; id., “Olympia und seine Spiele im Wandel der Zeiten”, *Gymnasium* 80(1973) 172-205; id., “Prähistorisches Olympia”, in *Ägaische Bronzezeit*, ed. H.G.Von Buchholz (Darmstadt: Wissenschaftliche Buchgesellschaft, 1987) 426-36.

③ A.Mallwitz, *Olympia und seine Bauten*(Athens: S.Kasas, 1981) 235-40.

前1200年。[①] 当然，从线形文字B我们可以知道在迈锡尼青铜时代，希腊人就已经开始祭拜宙斯和其他许多奥林匹亚神祇了，但是也有可能在伯罗奔尼撒半岛，也就是后来的奥林匹亚，随着多利安人的到来，奥林匹亚上的人们才开始祭祀赫拉、阿尔忒弥斯、盖亚等诸神。但是我们仍然不清楚这些后来的祭祀在多大程度上取代了以前的祭祀，或在多大程度上融入其中。我们也不清楚竞技比赛是否就是如品达和弗勒干认为的那样由珀罗普斯和赫拉克斯创立，在多利安人到来之前就已经存在。由于没有相应的考古发现，　33
如果竞技比赛存在的时间还要早一些的话，那我们只能认为这些竞技比赛并不重要而且在神殿周围任何一个地方都可以举行。[②] 学者们有一种假设认为为奥克叙洛斯和其他伊利斯英雄举行的英雄祭祀活动是在现在的伊利斯剧院中心或者靠近伊利斯剧院的地方进行。在这里，也发掘出了一些墓地，其历史可追溯到公元前11世纪。舞蹈和竞技比赛很可能是祭祖活动的一部份。[③] 不管怎样，公元前1100-前800年在奥林匹克历史上仍然是黑暗时代。鲍桑尼亚写道(5.8.8)：

在奥克叙洛斯的统治下，人们仍然举行奥运会。在

---

① 参见V.R.d'A.Desborough, *The Last Mycenaeans and Their Successors; An Archaeological Survey, c.1200-c.1000B.C.*(Oxford: Clarendon Press, 1964); V.Desborough and M.Hammond, in *The Cambridge Ancient History*, 2nd ed., vol.2, part.2(Cambridge: Cambridge University Press, 1975)658.; A.M.Snodgrass, *The Dark Age of Greece*(Edinburgh: Edinburgh University Press, 1971)311-12, 关于在大约1200年允许“入侵”, 但是与Desborough有着本质区别的讨论。

② Lee(1988); Morgan(1990)22, 41-43, 47-49根据存放的祭品，谨慎地否认了在公元前10世纪有持续的个人崇拜，并且对早于公元前8世纪就存在比赛持怀疑态度，但其却承认早于公元前8世纪有可能存在对宙斯的狂热崇拜。这个地方现存的早期拱形房屋说明在迈锡尼文明晚期，奥林匹亚曾是当地重要的朝拜圣地。

③ V.Mitsopoulos-Leon, “Zur Verehrung des Dionysos in Elis nochmals: AXIE TAURE und die Sechzehn heiligen Frauen”, *MDAI*(A)99(1984)281-84.

> 他之后，奥运会一度中断，直到伊菲托斯（伊利斯国王，大约生活于公元前776世纪）成为国王后，才又得以继续。当伊菲托斯……重启奥运时，人们已经不记得那些古老的传统，关于它们的记忆是一点一点的得以恢复，并且还给比赛增加了其它的元素。

对在这个时期的奥运会既缺少考古发现，也没有文献记载。如果当地仍然是作为一个祭祀的中心，它的地位在这段时期已经相对降低。就在这段时期，人们在珀罗普斯纪念物的北面建立了一座宙斯祭坛。虽然证据比较单薄，但在神殿中也许还有几个女性祭祀，其中之一可能就是祭祀克罗诺斯的。人们在克洛诺斯丘脚下的女神神殿遗址中发现了他们遗留下的古迹。其中一座似乎是女神盖亚的神殿，而且还有爱勒提亚、赫拉、西弥斯和阿尔忒弥斯等女神神殿存在的痕迹。[①] 基于公元前7世纪早期奥林匹亚献祭的风俗，长期以来关于奥林匹亚神殿的用途一直存在着这样一个争论，即其意义更多的是作为向神祇表达敬意之地而非泛希腊运动会的举办场所。[②] 在奥林匹亚举行的各式祭祀也吻合了奥林匹克运动会极具包容性这一特点。同时，祭祀神祇的多样性也是神殿的早期特征。

当伯罗奔尼撒的统治者，即伊利斯的伊菲托斯、皮萨的克莱斯提尼和斯巴达的莱库古达成停战协议时（译注：该协议后来被称为伊菲托斯停战协议。奥运会从此定期举办，成为全希腊人的重大节日庆典），公元前776年奥运会的重新举办就标志着奥运会第三阶段的开始。像之后一些献辞一般，这个所谓的伊菲托斯停战协议题写在一块铁饼上，认为奥运会是献给天神宙斯的运动会，

---

① Morgan(1990)42-43; Herrmann(1962)3-34.

② U.Sinn, "Olympia. Die Stellung der Wettkämpfe im Kult des Zeus Olympios", *ikephoros* 4(1991)31-54.

并提倡每4年举办一次,且运动会期间不发生战事。① 从此政治利益同宗教与竞技的习俗正式融合在一起,这比该传统的渊源更加重要。这个传奇的协议开创了一个非凡的希腊新传统,并将两种早期的传统融合一体。一是将贵族的竞技比赛传统和奥林匹亚举办的供奉宙斯的宗教庆典相结合。二是邀请其他希腊城邦在一个各城邦都崇拜的奥林匹斯神的佑护下进行庆祝和比赛这一革命性的想法。② 根据传说,德尔菲神谕提议停战,其他历史活动则可以看作是此事件的催化剂。 34

现在,我们有了一个问题,那就是为什么一个定期的宗教庆典与竞技比赛结合到一起,并且在两者结合之前,各个城邦都聚集到了一起。正如前面提到的那样,史诗中神对比赛的干预表明了在希腊人看来,神和竞技运动有着本质的联系。那些比赛过程中不寻常的、奇特的、看起来是偶然发生的事件被归结为神祇的干预。我们可以推测,为了当地某位重要的神祇而举办的庆典也成为一个举办比赛的理想场合。场上选手及其支持者为了比赛的胜利而向守护神祷告并且许愿。事实上,赛场上的人们在祷告和献祭方面也互相攀比,这使得宗教祭祀活动本身也成为了确保在随后竞技赛中获胜的一种比赛。这样,守护神成为那些为了即将进行的竞赛或出于其它原因而寻求眷顾的信徒们的首要施助者。在宗教庆典这个环境下理解竞技比赛的话,就只是一个展示宗教虔诚的额外奖励而已。正如前文所述品达颂歌中的希波克利阿斯那样,运动员在比赛中能够感知守护神对自己的激励。胜利者随后会向

① 参见 A. Hönle, *Olympia in der Politik der griechischen Staatenwelt von 776 bis zum ende des 5.Jahrhunderts*(Bebenhausen, Germany: Lothar Rotsch, 1972) 7-13 讨论关于停战协议的历史。

② 参见 C.Renfrew, “The Minoan-Mycenaean Origins of the Panhellenic Games”, in Raschke(1988)13-25 一文中指出的,关于奥林匹克基础上“贵族—政体互动”的贡献的独特性。

神表达自己的感激,而失败者则只能责怪自己技不如人或者对神还不够虔诚,亦或者两者皆而有之。

竞技比赛加入到奥林匹亚祭祀庆典的另外一个原因是最初比赛(一个简单的赛跑比赛)最为合适的仪式象征物在竞技赛成为泛希腊盛会之前就被一个供奉宙斯的当地宗教仪式所使用。根据斐洛斯特拉图斯(*gymn*.5),赛跑的终点是在或近宙斯祭坛的地方:"赛手们站在距祭坛1斯塔德远(译注:斯塔德,古希腊长度单位,1斯塔德约合192米)的地方,一位祭司手持火炬立于祭坛前充当裁判。"对斐洛斯特拉图斯观点的质疑在这里还有商榷的必要。阿尔佛雷德·莫维茨(Alfred Mallwitz)发现早期运动场的考古遗迹中并没有一条赛道的终点是宙斯神坛。① 然而,这也许是因为最古老的竞技运动馆早已灰飞烟灭,后人无法再考究出其跑道。公元前776-前712年间,比赛项目仅限于跑步,只需要最简单的跑道即可,且观众的数量也无法和以前相比。由于比赛的时间只有一天,所以赛场并没有供大家取水的水井和圈围的观众席。基于公元前8世纪末期之前竞技运动馆跑道有所缺失这一点,我们也可以对阿尔佛雷德·莫维茨认为运动会直到公元前708年才开始的观点提出质疑。即使阿尔佛雷德·莫维茨对最早的竞技运动馆地点的判断是正确的,宙斯神坛也不一定就是比赛终点不可,只需在其附近即可,这样既能吻合莫维茨的想法,也与斐洛斯特拉图斯的推断相一致了。

斐洛斯特拉图斯认为赛跑比赛的胜利者会被授予一个象征性的奖品并被人们当作英雄看待。胜利者相对于其他人的强大也被衍伸至其守护神上,认为该守护神相对于其他奥林匹亚神也更加强大。大体上,胜利者的强壮和力量为人们所赞颂;相对于胜利者

35

① 祭坛不在终点线:参见A.Mallwitz, in Raschke(1988)94-95,后续研究参见Golden(1998)22-23。

而言，失败者和其他人的附庸地位也就很明显了。胜利的意义还意味着守护神的强大及其地位的提高。如前文所述，在希腊文化中很多祭祀上都出现了这种仪式性的竞技“比赛”，但我们知道，在公元前3000-前2000年间，赫梯人和埃及人就已经进行这种“比赛”了。① 人们提及后者更多是为了证明竞技仪式在青铜时代的地中海区域广为传播，而不是说后者是希腊文化中“比赛”的原型。由于这种可能性非常小，笔者在这里不做过多论述。我们还是来看看希腊文化中的“比赛”怎样为后来的第一届奥运会提供了更为正式和具有影响力的比赛原型。

公元前776-前728年间，在最初的13届奥运会中，比赛项目只有大约200米的单程赛跑比赛。在第14届奥运会（公元前724年）中，增加了双程赛跑比赛。在第15届奥运会（公元前720年）中，增加了长跑。直到第18届奥运会增加五项全能和摔跤两个项目之前，奥运会的比赛项目仅限于赛跑比赛（Paus. 5.8.5-7）。我们从每届奥运都以赛跑比赛冠军的名字命名这一事实可以推测出赛跑比赛在奥运会上的影响力（Xenophanes, fr.2.17f. Diehl）。赛跑这一提高的地位，加上它在其它宗教盛会上存在已久，比如在奥运会重启前的葡萄藤赛跑（Staphylodromoi）以及在献祭酒神狄俄尼索斯的丰收节（Oschophoria，奥斯考弗里亚运动会）上，这些都表明在比赛重构之前，跑步或许已经实行很久了。鉴于珀罗普斯的神话传说，人们或许认为战车比赛在奥运会上会有重要地位，但

① J.Puhvel, “Hittite Athletics as Prefigurations of Ancient Greek Games”, in *Raschke* (1988) 26-31一文中说明了宗教礼仪与体育竞技的结合体是如何在公元前2000年的希泰文明中发挥作用的。W.Decker, *Sport und Spiel im Alten Ägypten* (Munich: C.H.Beck, 1987) = id., *Sport and Games in Ancient Egypt, trans. A. Guttmann* (New Haven: Yale University Press, 1992) 一文中举出很多公元前3000年的古埃及人做法中相似的体育—宗教礼仪的例子。但是，我想重申的是，在形式与功能方面，其他民族的文化结构与希腊的文化结构只是略微相似，这是我在引言中所说的需要谨慎的部分。

直到第25届奥运会(公元前680年),它才成为正式比赛项目。① 斐洛斯特拉图斯认为宙斯神坛献祭的圣火由单程赛跑比赛冠军点燃,这进一步表明了单程赛跑比赛在宗教层面的重要性。毫无疑问,如荷马史诗中的竞技比赛冠军一样,赛跑比赛冠军也将自己的胜利归因于其守护神,并且作为对神祇的感谢,冠军带头向宙斯献祭。冠军的荣耀和名字为希腊历史所记载,成为真正意义上的不朽。

据说,最早的奥运会竞技运动场位于阿尔提斯境内。在公元前4世纪,人们将运动场东迁至神殿外围,但是仍然有一条隧道将其与神殿区域连接起来。② 隧道并不只是典礼上的入口通道,还是一条有着象征意义将运动场和神殿相连的脐带。这种直接将竞技场和神殿相连的隧道也在其它地方出现,比如在埃皮达鲁斯隧道连接了运动场的跑道和阿斯克勒庇俄斯神殿,稍后在尼米亚挖掘出的通道则从运动场一直延伸到几百米外为宙斯而建的神殿处。③ 尽

---

① 我不认为 Golden(1998)40-45 的观点有说服力,他反对庇亚斯(Hippias)假设的反贵族胜利者的名单,并从一开始就试图将马术比赛追溯到奥林匹克竞技项目,因为要么没有任何证据,要么证据来源于传说,这些神话提到战车比赛早于公元前776年就已经出现。Golden 的论文没有解释为什么没有包含历史上最早出现的搏击运动以及其它田径赛事,这些运动犹如赛跑一样都是反精英主义的,在品达(*Ol.*10.60-73)极具神话色彩的早期竞赛中都有提到。

② Mallwitz(1988)80-94; Eric L.Brulotte, "The 'Pillar of Oinomaos' and the Location of Stadium I at Olympia", *AJA* 98(1994)53-64, 认为 Pausanias (5.20.7)探讨的所谓奥林匹亚"俄诺玛俄斯支柱",实际上是第一个竞技馆的原始回归柱,坐落在圣坛与宙斯庙之间;与其相反的观点,参见 Golden(1998)23 以及注释17。

③ R.Patrucco, *Lo stadio di Epidauro* (Florence: L. O. Olschki, 1976) figs. XXI. 1 and XXV.1;关于尼米亚,参见 Miller(1990)184-91。关于神灵圣坛——赛事就是为纪念该神灵而举办——附近的古风和古典时期体育场的更多评论,参见 D.G.Romano, *Stadia of the Peloponnese*(博士论文, University of Pennsylvania, 1981)186;同上,"An Early Stadium at Nemea", *esperia* 46(1977)27-31;以及 S.G.Miller, "The Stadium at Nemea and the Nemean Games", in *Proceedings of an International Symposium on the Olympic Games*, ed. W. Coulson and H. Kyrieleis (Athens: Luci Braggiotti Publications for the Deutsches Archäologisches Institut Athen, 1992)82。

管这些隧道都是在公元前 4 或前 3 世纪所建，但我们仍可以得出一个结论，即所有的竞技场所都必须尽可能的与神殿相连接，即使由于要设置大量观众座位的实际考虑使得场馆必须建在离神殿有一段距离的地方。然而，像在伊斯米亚和德尔菲这样没有隧道竞技运动馆的地方，则有道路直接通往主要的神坛和神殿区域。当 36 然，修建连接通道的部分原因可能还是为了方便祭拜者直接从神殿进入运动馆，但是我们从尼米亚通道遗址墙上发现的运动员涂鸦可以得知，通道还被广泛地用作仪式的入口，甚至作为运动员的等候区，还很可能作为裁判、祭司和其他官员的等候区。隧道也因此明显象征着宗教和竞技的关联。

直到我们所讨论的第三时期末期，也就是公元前 472 年，奥运会项目的设立已经完全成型。比赛设有 18 个项目，为期 5 天。① 尽管竞技项目有了变化，但宗教仪式则固定不变。奥运会每 4 年一次，固定时间在夏至后的第二个满月日举行。② 依据斐洛斯特拉图斯的描述，奥运会中最重要的宗教礼拜仪式是 100 头牛的献祭活动，可能是满月后第一天在宙斯神殿举行，其最初是在最重要的比赛，即赛跑比赛的头一天进行。在仪式的第一天傍晚，人们还会举行几乎与其同等重要的献给英雄珀罗普斯的祭祀活动。在奥运会比赛项目还不多的时候，所有的竞技比赛与宙斯献祭同天进行。后来由于增加了越来越多的项目，且比赛将持续 5 天，部分比赛可能会在满月日的前两天进行，其它则在献祭的后一天进行，第五天将用来进行颁奖和庆祝宴会。③ 夜间珀罗普斯献祭和日间宙

---

① Hugh M.Lee, "Some Changes in the Olympic Program and Schedule", in W.Coulson and H.Kyrieleis(1992)105-11 延续了 L.Weniger 早期论文的陈述，提出令人信服的观点，认为赛事在后期的某个时候延续至 6 天。

② Stephen G.Miller, "The Date of Olympic Festivals", *MDAI*(A)90(1975)215-31.

③ J.Swaddling, *The Ancient Olympic Games*(London: British Museum Publications, 1980) 36-39; L.Weniger, "Das Hochfest des Zeus in Olympia 1: Die Ordnung der Agōne", *Klio* 4(1904)125-51。特别参见 H.M.Lee, "Some Changes in the （转下页）

斯献祭在比赛中期举行，它们是整个奥运会宗教活动的中心。

珀罗普斯和宙斯的神坛位置正好相对，一个在东，一个在西。珀罗普斯的祭品是一只放在坑里的黑山羊，给宙斯的祭品则是一群公牛，祭于22英尺高（鲍桑尼亚时期）的灰烬神坛（译注：神坛据说是用献给宙斯的各种祭品的灰烬造的）上。如果吃了献给伯罗普斯的祭品山羊，将会导致从宙斯神殿中除名，被排除在外（Paus.5.1.3.1-3）。作为希腊神话中古老而神秘的英雄，珀罗普斯代表黑暗、死亡和大地；宙斯，奥林匹亚的天神，则代表着光明、天空和冠军不朽传世的名声。宙斯的崇祭自然就是在白天进行。冠军燃火焚烧献给宙斯的祭品，这点燃之火标志着从血淋淋的屠杀到净化之火的转换，或者正如一位学者所说的，"从遭遇死亡到出现在冠军的能力中的完全意义上的生存"。① 从珀罗普斯到宙斯，从夜晚到白天，从牺牲者的死亡到光荣胜利中的重生，这种对立的平衡都保留在运动会的中心，即宗教仪式中。我们在第九章还会谈到这点。比赛中重生这个概念也出现在其他运动会中。例如，在各地年历的伊始前后在雅典举行的泛雅典娜节和斯巴达的卡尔涅亚祭等。

除了祭祀所包含的这种中心对立之外，奥运会中还存在大量的其它宗教元素。它们都加强了宙斯作为主神和守护神的地位。在运动会前，传令官（*spondophoroi*）或"信使"被派往希腊各个城邦去宣告奥运会比赛期间的神圣休战。在伊利斯地区，根据"奥林匹克休战"（人们常常将其误译为"奥林匹克和平"），所有战争行动都要暂停，所有朝圣者都会得到安全保障，所有法律纠纷都要延 37

（上接注③）Olympic Program and Schedule", in W. Coulson and H. Kyrieleis (1992) 105-11，该文中讨论了关于赛事顺序的可能改变以及节日庆祝时间长度（最后延续至6天）。

① W. Burkert, *Homo Necans: The Anthropology of Ancient Greek Sacrificial Ritual and Myth*, trans. P. Bing (Berkeley: University of California Press, 1983) 97-98；另可参见本书第九章，第455注释①中关于此段的讨论。

期，比赛期间，也不能执行死刑。运动会参与者都处于宙斯的护佑之下，违背规定的人则将受到来自法官或者是宙斯的真实惩戒。①

Hellanodikai，即“希腊法官”对比赛的宗教和竞技两个方面的组织都要负责。所有的运动员在奥运会开幕前都要用上 1 个月或者 10 个月的时间（资料文献在时间上有分歧）在伊利斯进行宗教方面的培训，并且他们的饮食也有着严格的规定（至少公元前 6 世纪前都只吃奶酪，Paus.6.7.10）。② 在比赛前，运动员以及他们的父亲、兄弟、还有教练都要在议事厅（Paus.6.24.9–10）的宙斯像前起誓并保证遵循培训中所有的规定。“这座宙斯神像是其所有神像中最能让那些有罪之人心惊胆战的一座”，鲍桑尼亚这样说道。“他是 *Horikos*（誓约之神），手握雷霆。”甚至裁判也必须要宣誓表明他们会公正地裁决比赛，不会收取贿赂。违背誓言的人会被驱逐出运动会，受鞭刑、或者罚款。罚款被用来铸造伫立于运动场入口处的宙斯群像（*Zanes*），他们代表着反对运动员作弊，反对官员收取贿赂以及其他违规行为的神圣誓约。③ 前五届奥运会中，冠军的奖品只是一个苹果，但其后在德尔菲神谕下由橄榄枝花冠所取代（Phlegon，*FGH* II 257 fr.1）。花冠的来源可能是受到早期树木崇拜的影响，象征着冠军的力量是与生俱来的。④

宙斯运动会，即奥林匹克运动会是男人的运动会，参赛者只能是男性，观众则主要都是男性。已婚女性不允许参加甚至观看比赛。违规者会被处以死刑（Paus.5.6.7，6.7.2）。唯一的例外是得墨忒耳的女祭司，大理石神坛上有她一席之地，正对于竞技运动场

---

① M.Lämmer，“Der Sogenante Olympische Friede in der Griechischen Antike”，Stadion 8–9（1982–83）47–83；L.Drees，*Olympia: Gods, Artists and Athletes*，trans. G.Onn（New York：Praeger，1968）36–37，154–55.

② Drees（1968）43–45.

③ C.Forbes，“Crime and Punishment in Greek Athletics”，CJ 47（1952）169–74；Drees（1968）52–54.

④ Drees（1968）85–86.

上的裁判座位区对面。未婚女性可以作为观众观看比赛。运动会也因此打乱了正常的家庭纽带。自从比赛将男性和女性在比赛和拜神上区分开来,运动会场上这种男女有别的传统在其他地方也体现了出来。[①] 然而,禁止已婚女性进入运动会场这个规定更像是伊利斯的一个传统,而不是由奥运会首创。

女性自有其祭祀上的职责,并且在奥林匹亚,除了那些男子运动会以外,她们也举行自己的运动会。这些传统可以追溯到宙斯之前一位女神的祭仪上。女性为珀罗普斯的妻子希波达墨娅定期举行仪式,并且出于对希波达墨娅赫婚姻的感谢,她们还为赫拉举行特殊的竞技比赛。这点我们会在第四章进行详细阐述。就如敬祭宙斯的运动会一样,敬祭赫拉的运动会也包括有列队行进祈祷文、竞技比赛、献祭、授予橄榄枝花冠以及庆功宴会等。竞技比赛 38 只有一项简单的赛跑比赛。未婚女子分为 3 个年龄组同场竞技,这也是另一项或许能反映原始宗教仪式的风俗。女性也会到生育之神爱勒提亚和护城之神索西波利斯的神殿祭拜,它们都位于离赫拉神殿不远处(Paus.6.20.2-5)。[②] 女性角色强调的是婚姻和生育,这正好是对在格斗运动中强调流血和胜利的男性角色的一个补充。女性之神赫拉在奥林匹亚有一座神庙,这座神庙建立的时间甚至早于为宙斯建立的神庙(大约公元前 600 年 vs.公元前 556 年)。可能的原因是女性的社会空间与家联系在一起,男性的社会空间则是在户外,宙斯神坛就处于露天位置。

因此,从起源讲,奥运会包含希腊人的信仰,他们认为神祇在某种程度上参与比赛并影响比赛结果,就像参与并影响他们的日常生活一样。运动会自然是要与胜利英雄和守护神地位的提高相

---

① A.Brelich, *Paides e Parthenoi*, vol. 1, Incunabula Greca vol. 36 (Rome: Edizione dell'Ateneo, 1969) 29-31;另可参见本卷第四章关于奥林匹亚男性—女性隔离的探讨,以及第三章关于对竞技比赛起源于承认成人仪式一说缺少证据的讨论。

② Drees(1968)13-14.

适合的；它或许从一开就强调了男性区别于女性的勇猛特质的重要性。鉴于奥林匹亚的某些特质，一些学者认为早期的地方性竞技比赛可能有一个最初的功能，即青年人的成人礼，但是这种理论缺乏足够的数据支撑。这点我们还会在第三章进行讨论。从公元前8世纪开始，奥运会越来越强调其政治和泛希腊化的功能，这也使得将祭仪和竞技比赛放在一起举行的最根本原因变得模糊起来。不论奥运会的起源是怎样，本书简单的调查表明竞技比赛的用途跨越了很大的鸿沟，从荷马时代完全没有宗教因素，仅仅是贵族即兴的玩耍到地方祭仪上的比赛，再到奥林匹亚为宙斯举行的复杂运动会。古奥运会成为古代生活中最具影响力的竞技现象，并且从8世纪奥运会重新开始后大约1000年间，它在很多方面都是成百上千的其它竞技—宗教性运动会模仿的对象。① 39

① E.Simon, *Die Götter der Griechen*, 2nd ed.(Munich: Hirmer, 1980)38-39; W.Burkert, *Greek Religion*, trans. J. Raffan (Cambridge, Mass.: Harvard University Press, 1985)87-92, 131-35(= *Griechische Religion der archäischen und klassischen Epoche* [Stuttgart: W.Kohlhammer, 1977]146-54, 208-9).

第二章 普世奥运会：罗马时代的竞技

在1000多年的历史中，尤其在地中海东部的罗马"帝国"霸权时期里，奥林匹亚和奥林匹克运动会发生了许多轰轰烈烈的变革，这些主要以协调罗马利益和扩大参与地域范围著称的变化从某一方面反映了这个节日的生命力，这些奥运会上的变革更充分地阐明了竞技运动机构如何反映和影响他们的当代社会。在接下来的几章中，我们将会了解到甚至规模更小一些的地方性节日庆典也有竞技运动比赛，并对这些比赛作出调整，以满足当时当地的需要。年轻公民的成人礼和公共价值的培养就是当中的两个例子。那些来自罗马和罗马帝国边缘地区的人能够参加奥运会并被这个希腊竞技运动价值观的独特复杂系统所同化。同样地，奥林匹亚的赫拉亚女子运动会和塞斯比阿(Thespiae)的供奉厄洛斯的运动会为来自不同城市的男性和女性提供了节日庆典的体验，并由此形成共同目标。简言之，竞技运动的现象是传递集体重要性和反映当时的社会背景的标志和媒介。

现代史将罗马时期的奥运会描述成"职业运动员的独角戏"，"竞技运动的整体衰落"，被"罗马扩张当中聪明的政治把戏"所利用，最后成为“战无不胜的基督教”的牺牲品。① 据这些版本所言，在这个时期里，希腊人被迫忍受罗马人对其理想的冒犯，以换取“罗马和平时期”的财产安全。简言之，就如一则评论的标题对这种状态的总结一样，这是一个处于“闹剧与恢复之间”的时期。② 在大多数情况下，这些历史概述精准地向我们阐述了公元前146年到公元394年所发生的事，当时奥林匹亚归属于罗马下辖的希腊省，但有人把奥林匹亚的发展阐述成从崇高的古典理想主义向利欲熏心的专业主义的逐步衰落或蜕变则在本质上是错误的。大卫·杨（David Young）曾经发表了一个令人信服的非历史性观点，那就是在后古典的希腊的专业主义“衰落”之前存在过一个业余主义的理想时期。罗马时期的希腊职业运动员基本上都秉承一个

---

① E.N.Gardiner, *Olympia: Its History and Remains*（Oxford：Clarendon, 1925；reprint Washington, D.C.：McGrath, 1973），第165, 166, 174页；J.Jüthner, *Die athletischen Leibesü bungen der Griechen*, F.Brein编，第1卷，SB Wien 第249页（Graz：Hermann Böhlaus, 1965），第135页；H.-V. Herrmann, *Olympia: Heiligtum und Wettkampfstätte*（Munich：Hirmer, 1972），第185页；F.Brein, “Die Leibesübungen in alten Griechenland”，出自*Geschichte der Leibesübungen*, H.Überhorst编，第2卷（Berlin：Bartels & Wernitz KG, 1978），第88–89页。更可靠的最新研究源于：U.Sinn, “Das Auftreten der Athleten in Olympia in Nachklassischer Zeit”，出自*Proceedings of an In ternational Symposium on the Olympic Games*, W.Coulson和H.Kyrieleis编（Athens：Luci Braggiotti Publications for the Deutsches Archäologisches Institut Athen, 1992），第45–49页，反映罗马时代运动的持续正面形象；A.Farrington, “Olympic Victors and the Popularity of the Olympic Games in the Imperial Period”，出自*Tyche* 12（1997），第15–46页，为希腊化时代中期对游戏兴趣的普遍下降提供了可靠、细致的分析，而在罗马帝国时期，小亚细亚的参与者有所增加；W.Orth, “Kaiserzeitliche Agonistik und althistorische Forschung”，出自*Stadion* 24.1（1998），第1–12页，批判了就此话题的历史研究，并提供了新的研究方法。Farrington的研究虽然推迟了，但并未引用早期发表的另一个版本（1986），本研究是最好的概述，并侧重采用已知的获胜者的统计数据，在本质上补充了本项研究。值得注意的是，据他估计，我们如今所知的获胜记录可能占所有奥运胜利记录的22%到25%，是“相对充分的证据”（24）。

② J. Ebert et al., Olympia von den Anfängen bis zu Coubertin-（Leipzig：Koehler&Amelang, 1980）esp.109–14, “Das Wirken Romszwischen Farce und Restauration”.

40 传统,如果其组织形式更加完善的话,即为钱财和荣誉竞争。本章将以一个更加中肯和准确的观点来阐述奥林匹亚的变革,即从希腊文化中心到"普世的"或国际文化中心的变革。罗马人侮辱希腊人的闹剧只是偶然和暂时的;像古典时期和前古典时期的希腊奥运会的"恢复"就从来没有发生过。相反,那些竞技发生了一次逐渐的永久性变革,那次变革从表面上谨慎地保留了这个节日的最古老的宗教和竞技运动传统,但它把对皇帝的崇拜融合到圣殿中,并且举行了由更多来自五湖四海的竞争者参加的比赛,从而改变了这个庆典的特征。这次变革是必然的,也几乎没有遇到来自伊利斯的比赛组织者的抵制。把最终的"普世奥运会"理解成早期运动会的低级或低等版本是错误的。相反,它是一个出乎意料、充满活力的新鲜产物。虽然带有些许国际意味,但它拥有地中海霸主罗马帝国的几百年政治、经济和宗教剧烈变革中保留下来的强烈的希腊本质。

在接下来的分析中,笔者将罗马时期的奥运会分成四个阶段。这种分类或许有些武断,但却便于区分:(1)罗马共和国后期,公元前146-前140年。即从罗马把希腊归为一个省到第一位君王奥古斯都的崛起这段时期;(2)朱里亚—克劳狄王朝时期,公元前36年-公元67年。包括了奥古斯都到尼禄的统治期;(3)帝国统治中期,公元69-177年,包括了从维斯帕先(Vespasian)到马可·奥雷留(Marcus Aurelius)和公元2世纪"奥林匹克复兴"这段时期;(4)帝国统治晚期,公元181-383年,即从君王康茂德(Commodus)到狄奥多西一世(Theodosius I)的统治期,当时竞技运动竞技表现出对帝王统治下政治和财政衰退的强烈不满。

接下来是关于奥林匹亚每段时期的重要政治和文化活动的一个调查,我们将更加仔细地研究竞技运动竞技本身和那段时期已知的奥运会冠军的原籍裔系。

罗马共和国后期，公元前 146-前 40 年

在第二次马其顿战争（公元前 200-前 197 年）中，罗马曾经帮助希腊对抗马其顿的菲利普五世这个最终于公元前 197 年在库诺斯克法莱（Cynoskephalae）被提图斯·昆克蒂乌斯·弗拉米尼努斯（Titus Quinctius Flamininus）打败的君王。在公元前 196 年的伊斯米安运动会（the Isthmian Games）中，弗拉米尼努斯事实上宣布了解放希腊人这个激动人心的消息。尽管奥运会的主办城市伊利斯最初对罗马霸权作出了抵抗，但它最终被迫加入到亚该亚同盟这个最终成为维护罗马在希腊霸权的工具。在第三次马其顿战争（公元前 169-前 168 年）中，亚该亚人全力支持罗马将军昆图斯·马可·菲利普斯（Quintus Marcius Philippus），并在奥林匹亚为他建造了一座骑马塑像。[①] 在公元前 168 年皮德纳（Pydna）（译注：马其顿古城）击败马其顿的珀尔修斯国王后，罗马指挥官卢基乌斯·埃米里乌斯·保路斯（Lucius Aemilius Paulus）参访奥林匹亚并被菲狄亚斯（Phidias）所作的宙斯雕像所深深打动，于是他拜祭了这位神灵（Livy 28.5）。在接下来的几百年里，与奥运会顶尖选手有关的雕像和祭仪一直吸引着罗马游客的到来。 41

然而，亚该亚同盟对罗马的公开反抗在公元前 146 年终于引发了罗马将军穆米乌斯（Mummius）对其的镇压。公元前 146 年对科林斯（Corinth）的占领和洗劫使这场镇压达到顶峰。亚该亚组织被解散，失去最后一点自由的希腊也最终于在公元前 27 年成为了罗马的一个省。因此，罗马采取了她的一贯政策，在政治上将其国家分割成更小的城邦，这些城邦保留当地政府和习俗，但对罗马

---

① Polybius 28.13; W.Dittenberger and K.Purgold, *Die Inschriften von Olympia* [hereafter cited as I.*Ol.*], ed.E.Curtius and F.Adler, Olympia, vol.5(Berlin, 1896; reprint Amsterdam: Hakkert, 1966) no.318.

的中央集权负责。虽然慕米乌斯的士兵们洗劫了城市，但这位指挥官却不失克制与对城市的敬意，最终"修复了伊斯米亚的遗址，并对德尔菲和奥林匹亚的神殿进行了装饰"(Polyb.39.6.1)。事实上，慕米乌斯是史册里第一位为希腊神殿捐献物品的罗马人；"他在奥林匹亚献出了一个宙斯铜像，一件亚该亚的战利品"(Paus.5.24.4)。正如我们从100年之后的一个纪念碑上的刻字所发现的一样，这个罗马的遗产得以保存下来，这块纪念碑用于纪念慕米乌斯以及在他之下的10名管理希腊的使者(*Die Inschriften von Olympia*, hereafter *I.Ol.* nos.278,281,319)。这位指挥官在奥林匹亚大受欢迎，伊利斯人也十分感激他的敬意。历史学家波力比阿斯可能代表奥林匹亚也介入其中，因为在伊利斯也发现了他的雕像。[1]

在这个时期奥林匹亚遭受到了来自罗马人的最大的侮辱，这也是历史上发生的唯一一次神殿被洗劫一空的事件：在公元前86年，为了提供与米特拉达梯六世战争所需资金，苏拉洗劫了奥林匹亚及希腊其它重要神殿里的雕像和其它财产。这位罗马指挥官在公元前80年实行了独裁统治，为了庆祝这一事件，除了男子单程赛跑(200米)外，他把整个奥运会移至罗马举行。[2] 亚庇路(Appian, *Bellum Ciuile* 1.99)告诉我们，"他的借口是大家在战争之后需要一点喘息的机会和重新振作的时间"。这似乎是历史上唯一一次尝试在另一个城市重新举办奥运会，对希腊人而言这无异伤口上撒盐。奥林匹克的官员们之前曾向苏拉在罗马的劲敌马吕斯(Marius)献过一尊象征荣誉的雕像(奥林匹亚碑记326号，*I.Ol.* no.326)，这加深了苏拉对他们的仇恨。然而，奥运会的异地举办并没有持续太久，因为苏拉在下一次奥运会到来之前就已去世，比

① Polyb.39.5.1–6; *I.Ol.* no.302.

② Plutarch, Sulla 12; Sextus Julius Africanus, *Olympionikai* 175; Appian, *Bellum Civile* 1.99; id., *Bellum Mithridaticum* 54; Jüthner and Brein (1965) 135; Gardiner (1925) 152–53.

赛也因此回到原来的城市举行。

然而，我们不能过分强调苏拉时期奥运会的影响。就如在公元前2世纪晚期到公元前1世纪期间奥林匹亚献给罗马官员的无数雕像所告诉我们的一样，罗马与奥林匹亚的关系在这个时期总的来说是趋于缓和的。① 在这些塑像当中，值得我们注意的是献给凯撒的中部希腊使者Q·浮菲阿斯·卡雷那斯(Q.Fufius Calenus)的或者甚至是献给凯撒本人的雕像。② 这些雕像被排列在阿尔提斯(Altis，奥林匹克神殿)南面的圣道边上，显得格外地引人注目。加德纳(Gardiner)的关于苏拉时期之后"竞争衰退"的说法纯粹是错误的。③ 在一份相对较完整的史料上记有公元前72年运动会的10名运动冠军和5名马术冠军。这份记录表明在这些运动冠军当中，有4人来自小亚细亚，1人来自埃及，3人来自伊利斯以外的希腊大陆，2人来自伊利斯。据人们所知，苏拉时期之前的五届奥运会马术冠军则都是当地伊利斯人。另外，加德纳的关于苏拉时期之后"腐败再生"的说法也同样具有误导性，因为公元前68年的贿赂事件(Paus. 5.21.9)是一个独立的案件，并且官方也已对其重惩。④

42

不可否认的一点是，在共和国后期，奥林匹亚和希腊普遍上都承受着巨大的经济压力。其原因是内战的爆发和新加入罗马的省所带来的各种琐碎的边界冲突，譬如奥林匹克石碑所记录的(奥林匹亚碑记47、48、52号，*I.Ol.* nos.47，48，52)。这个时期运动冠军的雕像数量不足的现象也可能是由于当时的财政状况不佳(奥林匹亚碑记211-213号，*I.Ol.* nos. 211-213)。这种经济状况当然也使得奥林匹克马术比赛仅限于以养马而闻名的伊利斯人参与。

---

① Gardiner(1925)153.

② *I.Ol.* no.330(Fufius)；*I.Ol.* no.365(Caesar).

③ Gardiner(1925)153.

④ 同上，第154页。

大量铭文也记录了这个时期的赛马和战车比赛奥运冠军(奥林匹亚碑记号 191-218 号,*I. Ol.* nos.191-218)都是伊利斯人。事实上,最后的非伊利斯人的马术冠军阿基斯托利迪斯(Akestorides)是个特洛伊人,他在公元前 212 年赢得这个奖项,如果不算接下来几个世纪的罗马君王或贵族冠军,那么在已知到的名单中直到大约公元 193 年才出现另外一个非伊利斯人的马术冠军。[①] 罗马时期里伊利斯人在马术上没有遇到有力的竞争对手,这可能是由于唯利是图的养马人都盯着罗马马戏团,后者为其提供的市场是在希腊化时代或更早期的希腊所缺乏的。

然而,罗马人并未能为希腊节日上的竞技比赛提供替代品。虽然角斗比赛在罗马十分流行,仍然难以取替希腊那些美丽、优雅、充满技巧性的竞技运动项目。在共和国时期,罗马人常常赞助竞技运动运动员进行表演赛,有时甚至与角斗比赛以及音乐比赛一起举行。从这点可以看出罗马人十分仰慕希腊竞技。[②] 希腊竞技运动竞技第一次出现在罗马是公元前 186 年,在由M·弗维乌斯·诺比尼尔(M. Fulvius Nobilior)赞助的一次比赛上(Livy 39.22.2)。随后,玛尔库斯·埃米利乌斯·司考茹斯(M. Aemilius Scaurus)、庞培、M.库里奥(M.Curio)和尤里乌斯凯撒也分别于公元前 58 年、公元前 55 年和公元前 46 年在罗马举行了竞技运动比赛。

因此,以下这两件事就不足以为奇了:公元前 40 年,当奥林匹亚发生地震导致宙斯神庙的屋顶坍塌时,一位著名的罗马人马尔库斯·阿格里帕(Marcus Agrippa),这位渥大维(Octavian,

---

① 参见 *I.Ol.*no.184 = L.Moretti, *Olympionikai, i Vincitori negli Antichi Agōni Olimpici, MemLincei* ser.8.8.2(Rome: Accademia Nazionale dei Lincei, 1957)no.590(Akestorides); *I.Ol.*329=ibid. no.895(大约公元 193 年的冠军)。

② 参见 P.J.Meier, "*Agōnes*", in Paulys *Real-encyclopädie der classischen Altertumswissenschaft*[hereafter RE], ed. A.F.von Pauly and G.Wissowa, vol.1, part1(Stuttgart: A.Druckenmüller, 1894), esp.cols.866-67, 关于罗马锦标赛的讨论。

即后来的君主奥古斯都）的朋友协助修复了这座神殿。① 公元前 12 年，奥运会陷入了巨大的经济危机，犹太的希律王一世慷慨地伸出援手，因为他认为这个节日是“古希腊存留下来的唯一遗迹”。②

所有表格都基于莫雷蒂（Moretti）（1957）的数据。在每一个表格中，一个城市或地区每获得一次胜利（而不是冠军的名字）就会被记录一次。因此，如果一个运动员获胜多次，那么他所获的奖 43 项都会被列在这个城市的获胜清单上，以此来证明奥运会一直吸引着该地区的某位运动员的参与。为其城市获得两次以上胜利的运动员将会留名于此。

根据表 2.1，我们可以看出在共和国后期，大多数已知的奥运冠军（43%–58%）来自伯罗奔尼撒，接着是来自小亚细亚（15），以及北部和中部希腊或其岛屿（7）。按城邦来看，伊利斯拥有最多的冠军头衔（23 人获得 25 个冠军头衔。大多数（18 人）是马术冠军），接着是拥有 6 个冠军头衔的亚历山大港（3 名获胜者）和拥有 4 个冠军头衔的西锡安（Sikyon）（冠军人数也是 4 人）。西锡安毗邻奥林匹亚，因此它的成功是可以理解的，但亚历山大港拥有的冠军头衔数目就相对难以解释了。自从在亚历山大公元前 4 世纪发现了这个港口后，亚历山大港一直是希腊文化的中心。在公元前 144 年之前，准确地说是在公元前 296–前 212 年，亚历山大港拥有 6 个奥运冠军头衔的好成绩。③ 考虑到亚历山大港的教育和文化中心的地位，却在共和国后期未在奥运会上获得更加骄人的成绩，

---

① *I.Ol.* no.913, and pp. 696ff.

② Josephus, *Bellum Judaicum* 1.427; M.Lämmer, “Die Kaiserspiele von Caesarea im Dienst der Politik des Koenigs Herodes”, *Kölner Beiträge zur Sportwissenschaft* 3 (1974) 95–163.

③ 参见 Moretti（1957），注释 512，539，555，569，575 及 586。关于希腊化及罗马时期作为城市机构的埃及体育馆的发展，参见 H.I.Marrou, *A History of Education in Antiquity*, trans.G.Lamb（London：Sheed and Ward，1956）104。

表 2.1. **Regions and Cities of Olympic Victories in the Late Roman Republic, 144–40 B.C. (Roman province in parentheses)**

A. Asia Minor (and islands)	B. North and Central Greece	C. Peloponnese (all Achaea)	D. Egypt/N. Africa (all Aigyptos)	E. Italy/Sicily
Adramyttium, I victor (Asia)	Athens, 1	Akriai. Lakonia, 5	Alexandria, 6	Tauromenion, 1 (Sikilia)
"Asia," 1 (Asia)	Delphi, 1	Argos, 2	Cyrene, 1[c]	Thurii, 1 (Italia)
Hypaia, Lydia, 1 (Asia)	Epirus, 2	Elis, 25	total, 7 (= 9.5%)	total, 2 (= 3%)
Kos, 2 (Asia)	Kerkyra, 2	Kyparissa, Lakonia, 2		
Kyzikos, 1 (Asia)	Larissa, 1	Messenia, 2		
Magnesia, 2 (Asia)	total, 7 (= 9.5%)	Sikyon, 4		
Miletus, 2 (Asia)		Sparta, 2		
Nikaia, 2 (Bithynia)[a]		Tritea, Arkadia 1		
Philadelphia, Lydia, 1 (Asia)		total, 43 (= 58%)		
Seleukia on Tigris, 1 (Mesopotamia)[b]				
Tralles, 1 (Asia)				
total, 15 (= 20%)				

[a] not a province until 75–74 B.C.

[b] not a province until A.D.197–99

[c] not a province unitl 75 B.C.

这实在是出人意料。另外一个值得我们注意的现象是这段时期的至少3个冠军头衔被还未归入罗马的地中海边远地区囊括：一个是费拉德尔菲亚（吕底亚），一个是底格里斯（美索不达米亚）的塞琉西亚（Seleukia），还有一个是昔兰尼（Cyrene，非洲北部）。这些区域最终都成为罗马的辖省，但它们被记录在这个时期的冠军清单上这个事实却非常有力地证明了希腊文化在罗马霸权之前就已广泛传播。这个时期还产生了马其顿（拉里萨）的最后一位获胜者；马其顿之前在公元前408–前264年就产生了至少9名冠军。①马其顿与罗马的一系列战争不仅消减了该省的政治力量，还使其丢失了在奥林匹亚的崇高地位。

这个时期的所有18个知名赛马冠军都由伊利斯夺得，这表明运动会主办城市拥有很大的主场优势。因为他们不需要在这个经济低迷的时期运送马匹。这可能是一个涉及奥运会尊严的问题：尽管缺少其他城邦有力竞争，伊利斯人还是决定继续举行赛马，以免奥运会缺失这个著名的贵族竞技，后来该项竞技却在两个不相干的场合发生了。

朱里亚–克劳狄王朝，公元前36年–公元67年

如果说罗马共和国后期的最后一个世纪是古代奥运会发展的最低点，那么奥古斯都统治下的罗马王朝的新政治秩序的建立则是赋予奥运会长达400年的第二次生命的意外礼物。奥古斯都的政治文化启蒙为奥林匹亚和希腊竞技运动带来了众所周知的福音。即将成为皇帝的屋大维在公元前31年战胜希腊西北部亚克兴的安东尼，这巩固了他在罗马至高无上的地位。奥古斯都于公元前28/27年创立了阿克提安运动会，也被称作亚克兴海角运动 45

① 参见Moretti（1957），注释349，434，439，445，463，527，533，549和552。

会(Actian Games),庆祝亚克兴战役胜利4周年。这个节日也像传统希腊盛会——奥林匹亚、尼米亚、伊斯米亚和皮西安一样被列入神圣的"周期性运动会"(*periodos*)之中。"周期性运动会冠军"(*periodonikeis*)会自豪地把"阿卡提亚(Aktia)"刻在他们的荣誉碑上,而且通常在伊斯米亚或尼米亚之上。[①] 罗马人甚至还开始以"阿卡提亚运动会(Aktiads)"来计年,即类似于奥运会的4年一个周期,自公元前28/27年起算。[②]

奥运会的"分会"或"独立会"的创立在本质上是不具创新性的。自希腊化时期,这些运动会十分流行,尤其在小亚细亚。它们的创立也展示出了对奥林匹亚"节日之母"最真诚的谄媚。因此奥古斯都和后来的罗马帝王也一一效仿,开始创办他们自己的独立会。罗马和那不勒斯创办了纪念奥古斯都的"奥古斯塔里亚"("Augustalia",公元2年)。[③] 有7座城邦最终也举办了"凯撒尼亚",即"君王的运动会"。据当地的版本,有9座城邦举办"阿克提亚斯",16座城邦举办"罗马亚斯",即"罗马运动会"。[④] 罗马元老院在公元28年创办了4年一次的"为君王的健康举办的运动会"(*Ludi pro salute Caesaris*),尼禄在公元60年也创办了他自己的尼禄尼亚(Neroneia),那个运动会有个特殊的场地举行这位君王

---

① 参见 L.Moretti, *Iscrizioni agonistiche greche*(Rome: Angelo Signorelli, 1953), 注释58, 62, 67, 68, 69, 70, 71, 75, 77, 78, 79, 80, 81, 82, 84, 85, 87, 88和90。

② E.Reisch, "Aktia", in *RE* vol.I, part 1, cols.1213-14.

③ *RE* 副刊第5卷, col., 第630页。Augustalia 在那不勒斯的全称是"Italica Romaia Sebasta Isolympica"或者"the Italian and Roman Games of Augustus based on the Olympic Program", 每5年举行一次, 被看作是"Italids"的纪元, 他们有为其30天的强制训练期, 12-17岁的男孩以及成年男性之间相互竞争, 竞技和骑术项目与奥林匹亚类似。我们十分有幸能从大量的公元1世纪的铭文(*I. Ol.* no.56)中得知真相。如 N.Crowther 的"The Age Category of Boys at Olympia", Phoenix42(1988)304-308; Gardiner(1925)159。Farrington(1997)35-43 列出了36种已知的节日, 不止是 isolympic, 也被称作"奥林匹克竞赛"。

④ 根据 Moretti(1953)中的索引。

最喜爱的音乐比赛。

奥古斯都对希腊人——他的敌人安东尼之前的同盟，没有特别的钟爱，但他对"古典"希腊的仰慕以及他在整个王国复兴宗教及祭仪的欲望是他的征服计划的一部分，而这个计划通过文化同化或我们所说的"类并"，[1]即合并及调和不同的信仰来实现。这一般应用于处于相互适应中的宗教或哲学信仰的自然融合。但这个术语特别适用于罗马王朝早期希腊和罗马的宗教信仰和文化（包括运动）习俗相互适应的这一历史进程。随着在地中海盆地地区保持自己"纯粹"的民族身份变得原来越困难，并且由一个人统治的罗马取得越来越大的财政和军事力量，不论是希腊还是罗马都拥有了一个更加国际化的、多元的、"普世的"角色。

通过授予希腊城邦顺从的掌权者以罗马公民权，给与城市一定的自治权，以及培养希腊和罗马宗教的密切关系（这种现象在奥林匹亚尤为明显），罗马帝国合并了一个个独立的希腊城邦。

奥林匹亚里一件希腊与罗马的宗教融合的大作是梅德若恩（"Metroön"），即"母亲神的庙宇"，这是一个希腊化时期的作品，位于赫拉神殿的东边，和圣域历史最悠久之地——宙斯祭坛的北边。在公元前27年屋大维给自己冠上奥古斯都这半神的头衔前不久，亚该亚同盟在梅德若恩中心给这位罗马将军建立起一个2.5倍真人大小、栩栩如生的金银合金雕像以示纪念（奥林匹亚碑记367号，*I.Ol.* no.367）。这座雕像将奥古斯刻画成宙斯的样子：它拥有宙斯的所有特点——手中执有权杖和雷霆。这个雕像的政治含义很清楚：甚至在屋大维承认这个事实之前，希腊人已经将这位皇帝比作神灵，并且把这个政治和宗教领袖"宙斯化"的形象放进

---

① S.R.F.Price, *Rituals and Power: The Roman Imperial Cult in Asia Minor* (Cambridge: Cambridge University Press, 1984)极具权威性地探讨了奥古斯都将自己融入希腊城市的宗教和政治机构及信仰的过程。尽管相对于通常所说的"类并"，这是一个更倾向于人为的过程，但这个词也同样包括了在旧观念中融入新观念的含义。

万神殿里,以认可其至高无上的权力。这个雕像是奥林匹亚和希腊最终愿意接受已经存在100多年的罗马封建君主权位的绝佳标志,即使他们不是很热衷于接受这个事实。当人们回想起从来没有"外来的"神,即使是像密特拉(Mithra)、伊希斯(Isis)和奥西里斯(Osiris)这些受欢迎的神在此前或此后得到认可时,神殿里帝皇崇拜(译注:将帝王当作神或半神来崇拜)的存在就变得更加引人注目了。神殿后来也放置了其它皇帝——克劳迪亚斯、图密善和提图斯及他们的妻子的雕像,其他皇帝的雕像也被放置于奥林匹克阿尔提斯圣域(Paus. 5.20.9)。在帝皇崇拜的神殿楣梁上方有碑文,宣扬帝王在这个普世教会主义时期的角色:"奥古斯都是神之子,是希腊和全世界的救世主。"(*I.Ol.* no.366)

46

奥运会复兴和重新拾得其尊严的另一个标志是公元前36年到公元265年神殿里出现了铭刻有奥运祭仪官员的名单。① 大多数官员确实年纪大很多,他们的名字也使得我们能够一瞥当时宗教复杂的等级制度,这在罗马帝国时期的纪念碑上也有记录:"神的使者"(*theokoloi*)、"节日传令者"(*spondophoroi*)、"先知"(*manteis*)、"神圣的钥匙守卫者"(*kleidoukhoi*)、"横笛吹奏者"(*aulētēs*)、"向导"(*exegētēs*)、"日祭祭师"(*kathemerothutēs*)、"书记"(*grammateus*)、"斟酒者"(*oinokhoös*)、"奠酒牧师"(*epispondorkhēstēs*)、"伐木者"(*xuleus*)、"舍监"(*steganomos*)和"厨师"(*mageiros*)。事实上,这就是他们在铭文上的顺序,第一位最为重要,奥古斯都以后他们的排列顺序发生了些许改变。在2世纪,可能由于正在发展的旅游业,关于这些头衔的排名存在一些争议。譬如,"向导"可以指引导像鲍桑尼亚这样的旅行者游览这个地区并解释当地神秘传统的人。"先知"则是帮助进行私人祭仪的人(*I.Ol.* p.139)。

---

① *I.Ol.* pp.135-234, nos.58-141.

在帝国早期，人们也注重改善竞技运动设施以及在赛场提高帝国的知名度。从神殿到竞技运动馆主入口的隧道可能修筑于希腊化时期或帝国早期。竞技运动馆的第四层在奥古斯都统治时期经过修复，南墙也经加高，以提供更多的观众席，“裁判房”区域也被翻新。[①]

奥古斯都自己并没有参与过甚至没有出场于任何一场奥运会，但是有记录表明皇室成员曾在战车比赛中获胜：提庇留于公元前 4 年赢得驷马战车比赛。此后不久他即被奥古斯都收为养子并在后来继承了帝位。提庇留的养子格马尼库斯（Germanicus）于公元 17 年也赢得了同样的比赛。[②] 比起奥古斯都，提庇留似乎在他的统治期间（公元 14－37 年）对奥运会没那么大的兴致，或者说不需要有那么大的兴致。这也许是因为他之前的参与和在奥古斯都 47 之下的帝皇教的坚实基础为罗马和奥林匹亚带来了足够稳定的关系，因此不需要他的进一步干预和改善。[③] 然而，在他那位疯狂的独裁继承人卡利古拉（Caligula 37－41）统治期间曾经发生了一件与苏拉事件类似的事情，这位罗马皇帝试图偷走奥林匹克的“雷电”，而且这次是真的偷。卡利古拉下令要求把菲狄亚斯的巨型宙斯雕像送到罗马，并打算把雕像的头换成他自己的头像。这只是这位皇帝试图把自己塑造成一名希腊君主的多次尝试之一。传说去运雕像的运输船在前往希腊的途中被闪电击中，当工人们试图拆卸奥林匹亚的雕像时，它大笑起来，脚手架摇摇欲坠，大伙顿

① 参见 Herrmann（1972）184 和 259，注释 703。

② *I.Ol.*no.218＝Moretti（1957）no.738（Tiberius）；Sextus Julius Africanus，*Olympionicarum fasti*，Olympiad 99（Germanicus）.

③ 两处（*I.Ol.*第 369，371 号），也可能三处碑文（包括第 370 号），将 Tiberius 尊为伊利斯城的资助者和恩人，大概是因为其对奥林匹克运动会的资助，但是他资助运动会的性质就不得而知了。

时陷入慌乱之中。① 这些令人惊奇的借口很可能是编造出来阻止这位皇帝的计划。伊利斯人对他的计划强烈反对,并不惜诉诸于暴力。无论如何,卡利古拉篡夺奥林匹亚传统的计划以失败告终,结局比苏拉的更悲惨,这件事说明了神殿即使面对帝王的威胁也依旧屹立不倒。

史料中很少提到在克劳狄斯统治(公元 41-54 年)下的罗马与奥林匹亚的关系,原因也许是这段时期延续了提庇留时期的情况,但他的继承人尼禄(公元 54-68 年)的统治时期的关系则可称为臭名昭著。尼禄的爱好中有两样是赛马和音乐,他在公元 67 年的希腊节日之旅中也沉迷于这两种活动。奥林匹亚的荣誉碑(*I.Ol.* nos.370[?],373,374)证实了尼禄在圣域表现出的这种爱好。但另一处铭文上他的名字在其去世之后就被擦除这个事实提醒了我们,他在当地官员当中不得人心,至少在他的参访之后是这样。尼禄感到自己的才能不被罗马人所赏识,于是他开始被希腊所吸引:"希腊人才配得上我的才能;他们才能真正地欣赏音乐"(Suet.,*Nero* 22.3)。这位君王在公元 67 年这个特殊的年头举行所有的循环运动会,这样他就能参与并赢得每一场比赛,成为循环运动会冠军。因此,奥运会从公元 65 年起被推迟。② 伊利斯人赶紧在阿尔提斯的东南角为尼禄建了一栋别墅,毗邻竞技运动馆的西南角,在这栋别墅附近有一扇通往神殿的纪念碑坊。尼禄参加了运动会,当然他也赢得了传令赛、马驹赛,常规四马战车比赛以及所有的常规比赛。同时他要求举办七弦竖琴和音乐悲剧比赛,以及壮观的十马战车比赛,以展示他这几方面的才能。关于后者,苏维托尼乌斯(Suetonius)写到:"他失去了平衡,从战车

① Dio Cassius 59.28.3-4; Josephus, *Antiquitates Judaicae* 19.8-10; Suetonius, *Caligula* 57.1.

② Africanus; Eusebius, *Chronicles* II.273 Aucheri; Paus.10.36.4; Suet. *Nero* 23.1; Philostratus, *Life of Apollonius of Tyana* 5.7.

上摔了下来，又给抬回到战车上；尽管如此他还是无法完成比赛，但是他还是获得了冠军头衔。”迪奥卡修斯（Dio Cassius）说道，正因为这一点，他奖励了裁判们（Hellanodikai）25万银币（drachmas），后来尼禄的继承人加尔巴（Galba）皇帝勒令他们还回奖金。

然而，在尼禄动身出发回罗马的前夕，他在伊斯米亚的泛希腊区域做了一次演讲。这是他尝试利用比赛处理政治问题的一次最虚伪和明显的做法。当时他向整个亚该亚省提出了自由（Suet，*Nero* 24.2）。这个做法明显模仿弗拉米尼努斯（Flamininus）在公元前196年真正给希腊带来自由的举措，那时也是在伊斯米亚的竞技馆。如果希腊人为尼禄在公元67年的自由宣言而欢呼，那不是因为他们相信真的会实现，而是想让这位君王知道他们真切地渴望自由。据说尼禄带着1808个桂冠返回希腊（卡修斯63.20）——这个数字是有据可查的。类似地，当他返回罗马时同时头顶奥林匹克和达尔菲的胜利王冠，这种盛况拙劣地模仿了某位集运动员与战场英雄于一身之人的凯旋归来（Suet.，*Nero* 25.1-2）。当然，尼禄的成就只是他给人们带来的众多幻觉的当中一个，这些都在他去世一年后迅速被世人遗忘。他没有为在奥古斯都之下复兴的普世奥运会带来新的精神，却为自己招来了奥运官员的仇恨，他们宣布这些比赛是无效的，是“Anolympiad”（非奥林匹克）。尼禄可能也曾命令拆除或移除阿尔提斯所有的冠军雕像，但从来没有实施过，因为在包桑尼亚时期之前仍有很多雕像留存下来。然而，有些雕像被尼禄从奥林匹亚带回了罗马（Paus.5.15.8；5.26.3）。

48

表2.2显示了帝国早期奥运冠军的原籍的模式。公元前36年至公元67年，即帝国早期朱里亚—克劳狄亚时代的已知奥运冠军的原籍表明拥有13名冠军的伯罗奔尼撒排第二名，与位居第一名的拥有43名冠军的小亚细亚相距甚远（表2.2），在希腊化时期

表 2.2. **Regions and Cities of Olympic Victors in the Julio-Claudian Era, 36 B.C.–A.D. 67 (Roman province in parentheses)**

A. Asia Minor	B. North and Central Greece	C. Peloponnese (all Achaea)	D. Egypt	E. Italy	F. Crete
Aigali, Kilikia, 1 (Syria)	Antikyra, Phokis, 1 (Achaia)	Aigion, 3	Alexandria, 1 (Aegyptus) (= 2%)	Rome, 10	Kidonia, 1 (= 2%)
Aiolia, 1 (Asia)	Nikopolis, 1 (Epiros)	Argos, 1		Thurii, 1	
Alexandria, Troas, 1 (Asia)	total, 2 (= 3%)	Elis, 6		total, 11 (= 16%)	
Antioch, Syria, 6 (Syria)		Epidauros, 1			
Ephesos, 3 (Asia)		Patrae, 1			
Halikarnassos, 1 (Asia)		Zakynthos, 1			
Karia. 1 (Asia)		total, 13 (=19%)			
Laertes, Kylikia, 1 (Syria)					
Laodikaia, Phrygia, 2 (Asia)					
Magnesia on Maiander, 4 (Asia)					
Miletus, 7 (Asia)					
Olympos, Bithynia, 1 (Bithynia)					
Perge, Pamphylia, 1 (Gallatia)					
Pergamon, 2 (Asia)					
Philadelphia, 4 (1 in Asia, 3 in Lydia-Pamphylia)					
Seleukia, Pieria, 1 (Syria)					
Sidon, 2 (Syria)					
Stratonikaia, Karia, 2 (Asia)					
Tiatira, Lydia, 1 (Asia)					
Tyana, Kappadokia[a]					
total, 43 (= 59%)					

[a] not a province until A.D. 17

获得了41名冠军的辉煌后，北部和中部希腊在共和国后期只有7名冠军，到帝国早期就仅存可怜的两名了（附录2.1），埃及在这个时期只显示出一名已知奥运冠军，意大利有11名，数字还可以接受，但这当中有10人来自罗马，可能包括来自尼禄的6个奖项和其它皇室成员的两项。在这些记录中，一名运动员获冠多次这个事实并没有影响这些数据所显示出的地域多元化。其中有一些运动员获冠两次，否则就是两名分别来自安提俄克和米利都的运动员各获冠3次。总的来说，这次资料清楚地显示出奥运天才都来自亚洲，但我们必须思考一下为什么这些辉煌发生在希腊罗马世界的其它领域正在衰退的时期。

我们要在传统的经济政治的领域里寻找亚洲成功的同时其它地区衰退的原因。除了奥古斯都重建的伯雷特港和尤里乌斯凯撒重建的科林斯之外，希腊的贫困城邦难以向罗马提供经济来源。但即便如此，与其说是古希腊化时期的中心城市，这些城邦也更具有国际贸易中心的特点。正如加德纳所言，希腊大陆的问题并不是奥运会在罗马人[他们将奥运会看作“最大的市集”（*maximus mercatus*, Cicero *Tusculan Disputations* 5.3）]统治下变得更加商业化，而是希腊在古典和希腊化时期不够商业化和统一，没有剩余的资本去建造奢华的高级训练学校。[①] 事实上，西塞罗关于奥运会是最大的市集（maximus mercatus）的说法引用自公元前5世纪希腊哲学家和政治家毕达哥拉斯（Pythagoras），他把生命比喻成“被公认为是全希腊最盛大的运动会的市场；因为在那种场所里，有些人通过锻炼身体来寻求象征荣耀和声誉的花冠，有的人却在寻求吃喝玩乐和利润”（*ap*. Cicero, ibid.）。类似地，李维（Livy）把伊斯米安运动会的举办地点科林斯比喻成“贸易展览会”（mercatus）（Livy 33.32.3）。李维和西塞罗可能同时把“运动 49

---

① Gardiner(1925) 158, 168.

会”(*agōnes*)的原有希腊描述翻译成“市集”(*agora*)并带有双关语的味道,因此,至少从古时开始,希腊把运动会描述成一个商业中心,而把运动会命名为“*mercatus*”可能罗马人是对这种描述的一个翻译版本。

因此,运动市场在希腊的消退和在亚洲的成功是由于资本从罗马和其它地方流动到从拜占庭到亚历山大这些富有且资源丰富的大城市。就奥运冠军数量而言,这个时期最成功的城市是拥有8名奥运会冠军(*Olympionikai*)的米利都(不将由王室成员获得了无数冠军的罗马计算在内),在公元前2世纪,罗马把希腊归为它的一个省之前,米利都自奥运会创建以来的约600年里只产生了6名已知冠军,这包括在古风时期(公元前596年)的1名、古典时期(公元前472年)的1名和另外4名,加起来在希腊化时期(公元前388年、前324年、前320年、前316年、前308年和前296年)总共有6名冠军。然后直到一个半世纪之后米利都才在罗马时期(公元前144年)早期再次获得冠军,随后在公元前72年有个米利都人在奥林匹亚获胜3次,但一直到帝国早期,即公元前24–前17年,这个城市才获得值得注意的7个冠军头衔。① 这无疑得益于奥古斯都统治下的繁荣,那时有足够多的资金用于竞技运动馆的建设并鼓励青年代表城市去参加节日盛会。我们都知道有一名公元前8世纪(?)的奥运拳击冠军尼科冯(Nikophon),他很可能出生于一个富有的贵族家庭,后来成为了当地君王祭仪(Cult of the Emperor)的“大祭司”。另外一个人叫德摩斯梯尼(Demosthenes),他曾在奥运吹奏比赛中获胜3次,米蒂利尼的克

---

① 参见 Moretti(1957),注释641(=144 b.c.victory),681–83(公元前72年三重冠军);早期帝国胜利:注释26,729和731(一个冠军);728,735和749;L Moretti,“Nuovo Supplemento al Catalogo degli Olympionikai”,*Miscellanea Greca e Romana 12* (Rome,1987) 87,“Thaliarchos”;这一补充,重印于 W.Coulson and H.Kyrieleis (1992) 119–128,包含他在 *Klio* 52(1970) 295–303 中的早期补充。

里娜格拉斯(Crinagoras)也曾作过一首诗纪念他，而且他可能曾是奥古斯都的女儿茱莉亚的情人。[①] 关于这座城市的政治，我们也有所了解。譬如说奥古斯都曾两次在米利都(Miletus)的阿斯内提(Asymnetie)设立了有名无实的办公处(公元前 17/16 和前 7/6 年)，提庇留也曾这么做(公元前 9/8 年)。在米利都，“奥古斯都的朋友”(*Philosebastoi*)甚至以全亚洲之名为卡利古拉皇帝建造了一座神殿。[②] 这座亚洲城市的事例说明了其他城市如何在帝国和商业领域成功维持一个竞争体制。

关于帝国早期埃及和亚历山大港的奥运冠军数目较少这点相对就难以解释了，当时这些地方的经济都十分繁荣(表 2.2)，甚至在希腊化时期，希腊文化和艺术的中心城市也几乎没有产生过冠军(附录 2.1)。在公元前 3 世纪，那里的竞技运动馆和青年教育机制已经建立起来，但或许他们把重点放在所选出青年的行政和公民责任教育上，并没有放在专业运动生涯上。[③] 也或许在帝国早期希腊人和犹太人的民族冲突要求他们对办竞技运动馆审核严格，因为罗马执政者们也许阻止希腊人成立青年组织，以免他们出于政治原因联合在一起对抗犹太人甚至罗马人。克劳狄斯皇帝曾在其统治下向所有 *epheboi*，即青年竞技运动训练学校成员颁布了一项亚历山大公民权法令。这一事实表明了该群体至少有部分人，如

51

① 参见 Nikophon：Moretti(1957)no.735；*Anthologia Greca* 6.256. Demosthenes：Moretti(1957)，注释 726，729 和 731；*Anthologia Greca* 6.350。

② S.A.Cook，F.E.Adcock，and M.P.Charlesworth，eds.，*The Cambridge Ancient History. Volume X: The Augustan Empire, 44 b.c.–a.d.70*(Cambridge：Cambridge University Press，1952)497，563.

③ 参见 J.Delorme，*Gymnasion: Étude sur les monuments consacrées a l'éducation en Grèce (des origines à l'Empire romain)*(Paris：De Boccard，1960)，第 137–139 页。C.Forbes，*Greek Physical Education*(New York：Century，1929)第 251–257 页评述了“体育运动者”(*hoi apo gumnasiou*)如何成为埃及的“城市特权阶级”；参见 *Papyrus Oxyrhynchus* IX.1202。

奴隶的儿子,曾在之前被剥夺公民权而且可能被劝阻参加运动。① 不管帝国早期埃及没有产生冠军的原因是什么,我们都看到埃及人在公元1世纪晚期到3世纪期间获得了骄人的成绩。

奥运会比赛项目在这段时期的发展有两点值得注意。即“激烈”的比赛项目和马术比赛。在公元37年后,人们被禁止参加拳击和希腊式搏击比赛,因此他们无法像之前的人一样赢得“赫拉克勒斯的继承人”这个头衔。② 这是由于人们违背了如加德纳所说的“适可而止”的希腊理想,还是因为于官员们只是希望避免身高体阔的专业运动员一举囊括多项比赛冠军,我们不得而知。至少当时两名运动员证明了 *sōphrosunē*,即“克制”或“中庸”的传统理想依旧存在。他们是拳击手莫兰丘姆斯(Melanchomas)(Dio Chrysostom, *Oration* 29-30)和希腊式搏击运动员提庇留·克劳狄斯·鲁弗斯(*I.Ol.* no.54)。但这并不说明这个理想消失过,也没有说明罗马时期人们对它的关注减少。

关于这段时期的马术比赛,我们从参加第199届奥运会(公元177年)的阿非利加努斯(Africanus)身上学到“曾经被禁的马术赛得以重新举办,并且(格马尼库斯),提庇留之子在四马战车比赛中获胜”。③ 同样地,在第222届奥运会(公元109年)中,阿

---

① Papyrus London, 1912.53ff. 参见 Forbes(1929)254。N.B.Crowther,“奴隶和希腊田径运动”, *Quaderni Urbinati di Cultura Classica*(1992)35-42 指出,尽管只有自由公民可以成为青年公民,且通常只有他们可以使用竞技馆,但也有例外可允许他们在竞技馆,甚至在一些当地节日中竞技。

② 论“赫拉克勒斯的继承者”: Paus.5.21.10; Dio Cassius 79.10; Gardiner (1925)166。关于 Tiberius Claudius Rufus,后来被看作是运动员联盟的活跃分子: U.Sinn 等等,“Bericht über das Forschungsprojekt ‘Olympia während der römischen Kaiserzeit und in der Spätantike’ III. Die Arbeit im Jahr 1994”, *Nikephoros* 7(1994)236, 239。

③ 不同于 Africanus 提到的在公元17世纪之前赛马被长期停止,有证据显示:八处碑文记录了从公元前60年到公元1世纪之间,在奥林匹亚曾有赛马冠军(Moretti (1957)第705, 707, 711, 714, 720, 740, 741和750号)。若将这个断层放在公元17世纪和公元53年之间可能会更好,因为在此期间没有赛马冠军 (转下页)

非利加努斯提到“马术比赛重办”。对于这两个时间之间马术比赛的缺席，我们只能猜测其原因。但伊利斯的财政困难和罗马马戏团越来越受到欢迎可能是原因之一。

在奥古斯都之后（止于公元14年），直至哈德良之前（始于公元117年），奥林匹亚没有建造过大型建筑，也没有进行过修复。只有两个例外：上述的尼禄的别墅和最近出土的“奢华竞技运动馆”——它拥有大理石的外墙和毗邻训练房的庞培斯塔宾式温水浴室，位于阿尔提斯的东南部。① 后者并没有标志着品味的“退化”，相反，它可以更好地被理解为这是对由意大利建筑家创立的设施新标准的适应。　52

帝国统治中期（公元69-177年）

从尤利乌-克劳迪（Julio-Claudian）王朝的各位皇帝身上可以明显看出，“普世奥运会”的兴盛和衰亡与每位皇帝对比赛的热衷程度直接相关。似乎从尼禄的“滑稽奥运会”开始，一直到哈德良（公元117-138年间在位）和他的继任者们领导的“奥运会复兴”之前，奥运会都失去了强烈的政治寓意。佛拉维乌斯（Flavian）王朝的维斯帕西亚努斯皇帝（Vespasian，公元69-79年间在位）举世闻名是因为他修筑了罗马圆形大剧场（Colosseum），历史上也叫作“佛拉维乌斯竞技场（Flavian Amphitheater）”，但奥林匹亚的某些碑记内容也隐约地涉及到了他（奥林匹亚碑记350号和376号，*I. Ol.* nos.350，376）。他的继任者提图斯（公元79-81年间在位）和

（上接注③）的记录。Africanus 可能将这部分断层错列入 Germanicus 的获胜记录中；由于省略了原文本中 Germanicus 的名字，作者的可信度在本词条中遭到质疑。参见 H.Gelzer, *Sextus Julius Africanus und die byzantanische Chronographie*（Leipzig：B. G.Teubner，1880-1885，第1部分，第169页）。

① U. Sinn（1992）45-46.

多米提乌斯(公元 81–96 年间在位)也很受人爱戴,所以人们在祭拜皇帝的神庙里为他们树起了雕像。多米提乌斯时期实施了一项浩大的工程:重建了一个运动员休息室和有“贵宾招待所”之称的里奥尼达之屋(Leonidaion)。① 可以说,公元 1 世纪晚期观众服务设施和其它配套设施都在不断完善。后来的皇帝涅尔瓦(Nerva,公元 96–98 年间在位)和图拉真(Trajan,公元 98–117 年间在位)与奥林匹亚的联系,从现有的碑记(奥林匹亚碑记 437 号和 378 号,*I.Ol.* nos.437,378)和其它证据来看,并不十分紧密,尽管公元 109 年图拉真时期,马术的兴盛标志着奥运会已经在哈德良的领导下开始全面复兴。

奥利匹亚一直吸引着络绎不绝的学者。公元 1 世纪晚期和整个公元 2 世纪,学者们似乎重燃了对古希腊和奥林匹克文化的热情。譬如,我们都知道一位哲学化的神秘主义者——塔尔索人阿波罗尼奥斯(Apollonius of Tyana)为了躲避尼禄而住在奥林匹亚,他常在宙斯神庙的台阶上布道,向人们宣传智慧、男子气概和节制的理念。② 这座神庙里就矗立着由雕刻家菲狄亚斯(Phidias)用黄金和象牙雕刻而成的,被誉为古代世界七大奇迹之一的巨型宙斯神像。在古典时期,这座神庙和神像是当时学者们津津乐道的焦点。昆体良(Quintilian),在他公元 95 年左右出版的《雄辩术原理》(*Institutio Oratoria*)一书中指出,宙斯神像的美为宗教增色不少,作品几乎就是神的再现。类似地,迪奥·克瑞索托(Dio Chrysostom)于公元 97 年出版的著名的“奥利匹克演讲”——《奥林匹亚科斯的标志》一书,用基督教评价上帝的话——“平静温和,无

① 参见 S. Specht, in U. Sinn 等等, “Bericht über das Forschungsprojekt ‘Olympia während der römischen Kaiserzeit und in der Spätantike’ V. Die Arbeit im Jahr 1995 Teil 2”, *Nikephoros* 9(1996),第 203–215 页;U.Sinn 等等, “Bericht über das Forschungsprojekt ‘Olympia während der römischen Kaiserzeit und in der Spätantike’ IV. Die Arbeit im Jahr 1995 Teil 1”, *Nikephoros* 8(1995), 第 162–171 页。

② Philostr., *Life of Apollonius of Tyana* 4.31; Gardiner(1925)168.

私奉献，……万物之灵，……人类的保护神和拯救者”——来高度赞扬宙斯。斯多葛派（Stoic）哲学家埃皮克提图斯（Epictetus，公元55-135年）郑重地警示他的门徒说：“如果没有见到菲狄亚斯的宙斯像就死去了，那会是生命的极大不幸。”这些来自希腊、罗马和亚洲的学者，从不同角度对这座雕像不吝溢美之词，这不单纯是偶像崇拜或是艺术欣赏，更是罗马帝国中期知识分子之间精神和审美观上的纽带：原来他们也可以从古典奥林匹克主义中找到极大的慰藉。古老的泛希腊主义宗教和竞技运动传统在普世世界可以找到新生，确保了只要有异教崇拜在罗马流行，奥运会就能生存下去。 53

在哈德良（公元117-138年间在位）这位亲希腊派的皇帝及其安东尼王朝继任者们的统治时期，奥林匹克的复兴获得了最强有力的皇室支持。哈德良承认希腊人在罗马的公民权，并广泛传播希腊人的观念和价值观。他建成了已搁置了600多年的雅典宙斯神庙，以此表达对宙斯的尊敬。到公元128年，哈德良自己也接受了“奥林匹亚之神（Olympian）”的头衔，帝国东部都尊称他为“全希腊的活宙斯（Zeus Panhellenios）”。① 哈德良时期的硬币上刻有菲狄亚斯的宙斯像，有效地促进了希腊与罗马两地领导理念的融合。

哈德良的政治宣传以及他对希腊的恩赐是有成效的，亚该亚同盟充满感激地接受了这些恩赐，这一点有碑记（奥林匹亚碑记第57号，公元128年）作证，碑记详细记录了希腊人，为了感谢“最神圣的”皇帝帮助希腊兴建城市、神庙，恢复节日和运动会，给了他无数荣誉。证明亚该亚同盟保持政治敏感度的证据还有他们在奥林匹亚分别为哈德良接班人安东尼·庇护（Antoninus Pius，

---

① M.Lämmer, *Olympien und Hadrianeen im Antiken Ephesos*（Cologne：W. Kleikamp，1967）11.

公元138-161年间在位)的家眷树立了荣誉雕像,包括一尊给他的妻子福斯蒂娜(Faustina,奥林匹亚碑记613号),一尊给他的养子L·厄留斯·奥里利厄斯·科莫多斯(L.Aelius Aurelius Commodus,奥林匹克碑记618号),和一尊给他的女儿,也是后来马克奥略留斯皇帝(Marcus Aurelius,奥林匹克碑记614号)的妻子,福斯蒂娜(Faustina,奥林匹亚碑记382号)。

哈德良统治时期分五步扩建了竞技场,这是对奥林匹亚竞技场馆意义最重大的改动,筑高了竞技场的南墙,扩大了裁判区。[①]这是自奥古斯都皇帝以来,最后一次大范围改造竞技场,同时说明在哈德良的统治下,人们重燃了对希腊竞技运动的兴趣。市政府(Prytaneion)和祭司塞欧克里恩(Theokoleon)的房屋正是在那时进行了当时最现代化的装修。随着尼禄首创带浴室的豪华竞技运动馆之后,公元2世纪初,更大的热水浴室——克拉窦斯浴场(the Cladeus Thermae)在阿尔提斯以西建成了。当时还有热水浴室建在竞技运动场对面、祭坛的北面。[②]

这个时期最壮观的旅游景点,同时也是结构最具争议的建筑是希罗德·阿提库水神庙(Nymphaeum of Herodes Atticus),它是由这位雅典的富翁、诡辩家兼热衷文化的慈善家修建的一座有纪念意义的喷泉。喷泉正式的名字叫瑞吉拉(Regilla,希罗德的妻子,奥林匹亚碑记610号),修筑它的目的是为了纪念希罗德本人在公元约160年左右修建了一条水渠。在当时,无疑需要一条水质好且永久的水源来满足大量游客的需求。然而,这座喷泉的出现及其所处的位置却引发了关于奥林匹克官员的丑闻。这甚至盖过修筑水渠这项利民设施能缓解该地区长久以来的炎热和灰尘多的事实。水神庙位于赫拉神庙东部圣坛中历史最悠久的地段,呈

① Herrmann(1972)190.
② 同上,第189-190页。

半圆形座椅状，上面矗立着哈德良、安东尼庇护、马克奥略留斯(Marcus Aurelius)等皇帝以及阿提卡(Attica)的希罗德整个家族的雕像。鲍桑尼亚虽然在公元174年细细游览过这个景点，但经过这座纪念建筑时，他一直沉默不语。这一点说明它的结构极具争议，鲍桑尼亚则用沉默避免倾向于任何一方。卢西恩(Lucian)的作品《19号异邦人之死》(*On the Death of Peregrinus 19*，写于公元2世纪晚期)也暗示有保守的伊利斯人反对引进这些便民设施：有位来自西尼克(Cynic)的异邦人，因为反对这个喷泉，声称这个创意太女子气，几乎被人们用乱石砸死。[①] 然而，这一时期，人们对在某些不太醒目的地方设立热水浴室这一做法却没有反对意见。 54

很难去挖掘水神庙争议、卢西恩的笑话以及鲍桑尼亚沉默背后的真相。然而，因为希罗德喜欢讨好保守的伊利斯人，他的妻子瑞吉拉，和女祭司得墨特尔·查米尼(Demeter Chamyne)一样，获得了奥利匹克给予女性的最神圣的地位。《鲍桑尼亚》(6.21.1-2)告诉我们"希罗德·阿提库出资捐赠了新的用彭忒利科斯山(Pentelic)的大理石雕刻而成的得墨特尔和科瑞(Kore)雕像，来取代旧雕像。"

能证明公元2世纪文人游客热衷于奥运会的最重要证据之一，便是鲍桑尼亚在他的10本《希腊—奥林匹亚指南》丛书中专门用两本(第5本和第6本)来介绍此现象。多亏鲍桑尼亚游览奥林匹亚是在公元174年，恰逢"哈德良—安东尼"复兴时期，我们也得到了一份描述奥林匹亚在公元3世纪衰落之前，其千年历史晚期的资料。尽管两者都出现在这本《指南》中，但相比鲍桑尼亚的个人感受，恐怕人们用于奥运会的土地范围之大，更能说明其书中富有的罗马和亚洲观众对比赛的狂热。因此，文人游客同时

① Herrmann(1972)191-192; Gardiner(1925)168 and 173.

被吸引到这项活动中来,实际表明公元2世纪这一地区公民普遍对奥运会感兴趣。

凯撒王朝统治时期,无论是皇帝亲自还是后人为纪念他们设立竞技运动比赛,都表明帝国统治中期竞技运动获得了皇帝的大力支持。公元86年图密善皇帝(Domitian)创立了卡比多利亚运动会(Capitolia)(译注:用来供奉丘比特),后来它成为了一项神圣的"周期性运动会",而且在其早期至少还包含一项女性赛跑比赛。① 纪念哈德良皇帝的运动会至少在希腊和亚洲的亚历山大里亚(Alexandria)、安卡拉(Ankyra)、安提约基亚(Antiochia)、阿纳扎尔博斯(Anazarbos)、雅典、以弗所、加沙、哈德良城(Hadrianeia)、赫拉克利亚(Herakleia)、昔西卡斯(Cyzicus)、士麦那(Smyrna)和塔索斯(Tarsos)等12座大城市广泛传播,这一点也证明了这位皇帝在两地十分出名。②

同时在希腊和东方,大众对竞技运动比赛的口味也发生着变化。奥古斯都时代甚至更早都是把竞技运动比赛放在第一位,到公元127年的某些赛程上,音乐和诗歌比赛排在了竞技运动比赛

---

① Suet., *Domitian*, 4.4; Dio Cassius 67.8.1.在帝国时期的希腊比赛中,似乎流行女子竞技。有一处碑文光荣地记录了一位在 Lucius Castricius Regulus 伊斯米亚的比赛资助者,这位资助者于公元23世纪(?)在 Tiberea 开塞利锡瓦斯"引入了(诗歌比赛荣誉)神圣的朱莉娅·奥古斯塔,一种女孩参加的比赛(*certamen*)":参见 J. Kent, *Corinth*, 第8卷, 第3部分(Princeton: Princeton University Press, 1966, 第70-73页, 第153号)。另一处碑文(*SIG*3 802, 公元47年)纪念了特阿勒斯的赫尔迈西亚纳克斯的3个女儿在德尔菲、伊斯米娅和希腊尼米亚举行的"斯泰底"比赛中的胜利,以及她们在各种当地比赛中的获胜纪录。第三处源于帝国时期的碑文记录了地方行政官的女儿们在那不勒斯 Sebasta 节日中参加比赛的情况(*IG* 14. 755, Add.G(第691页)。很难说规则的自由化,即允许希腊女孩参加比赛是否是受到女性角斗士在罗马盛行的影响(Juvenal, *Satire* 6,第246-267页),或者,更有可能的是,两种现象都单纯地体现了在希腊、罗马和帝国其他地方有闲阶级更壮大且更加富有了。

② Moretti(1953)索引。

的前面，说明非运动的娱乐和技艺流行起来。① 但奥运会的组织者抵制这股风气，从来都不加入音乐或诗歌比赛，但是有一些歌手因演唱“奥运会赞歌”而出名，他们可能是在开幕式、宙斯祭仪或是颁奖仪式上进行演唱。② 奥运会并不将送信员和吹鼓手比赛与音乐比赛分为一类，因为这些比赛中是音量而非音色为决定因素（Paus.6.14.10）。用作铁饼、标枪和跳远等比赛背景音乐的笛子演奏在奥运会是很重要的传统。 55

大众口味变化同样体现在另一方面。人们的兴趣逐渐从传统的田径比赛转移到更加激烈和吸引人的“重”竞技项目，如拳击、摔跤和类似空手道的自由搏击比赛等。一篇记录罗马帝国时期阿芙洛狄西亚斯（Aphrodisias）运动会奖项的碑记显示，重竞技项目的运动员获得的奖励比赛跑和五项全能运动员多得多，在一份公元前4世纪希腊举行的泛希腊运动会的奖励名单中，赛跑项目获胜者得到的奖金比其它项目的运动员都多。③

公众和皇室对成功运动员进行经费补贴，该做法一直持续到罗马帝国晚期，这一点并不令人吃惊。因为从远古希腊时期起就有某种形式的补贴发放给“循环比赛”的获胜者，以此鼓励他们参加奥运会或其它设有超值奖品的王冠赛。迪奥·克瑞索托（Dio Chrysostom）（《论荣誉》*De gloria*[66].11，约公元1世纪晚期，2世纪早期）提到当时获胜的运动员可以获得5塔兰特（talent）（译注：古希腊货币单位）。皇帝卡里努斯（Carinus，公元283－284年在位，Historia Augusta，Carinus 19.2）在其统治时期奖给运动员黄

---

① B.Bilinski，“Il fisico e l'intelletto：equilibrio o supremazia nell'epoca ellenistica e greco-romana”，in *Agōni Ginnici: Componenti Artistiche ed Intellectuali nell'Antica Agonistica Greca*（Wroclaw：Zaklad Narodowy im. Ossolinskich，1979）111－12.

② *I.Ol.* no.547，2nd. c.a.d.；*I.Ol.* no.482，a.d.233；Bilinski（1979）113.

③ J. Ebert，“Zu griechischen agonistischen Inschriften”，*Wissenschaftliche Zeitschrift der Universität Halle, Geistliche-sprachwissenschaftliche Reihe*，15（1966）383ff.；id. et al.（1980）112.

表 2.3. **Regions and Cities of Olympic Victors in the Middle Imperial Period, A.D. 69–177 (Roman provinces in parentheses)**

A. Asia Minor	B. North and Central Greece (all Achaea)	C. Peloponnese (Achaea)	D. Egypt (Aegyptos)	E. Italy (Italia)
Adana, 2 (Kilikia)	Aigina, 2	Elis, 1	Alexandria, 17	Rome, 1 (= 1%)
Aigai, Aiolis, 1 (Asia)	Athens, 1	Sikyon, 6	Arisonoite, 2	
Antioch, 1 (Syria)	Elatara, Phokis, 1	Sparta, 1	total, 19 (= 25%)	
Apamea, 2 (Bithynia)	total, 4 (= 5%)	total, 8 (= 10%)		
Chios, 2 (Asia)				
Ephesos, 9 (Asia)				
Iasos, 1 (Asia)				
Kappadokia, 1 (Galatia)				
Keramos, Karia, 1 (Asia)				
Kyme. Aiolis, 1 (Asia)				
Laodikaia, Lykaonia, 1 (Galatia)				
Magnesia on Maiander, 1 (Asia)				
Magnesia at Siphylos, 2 (Asia)				
Miletus, 2 (Asia)				
Pergamon, 1 (Asia)				
Philadelphia, Lydia, 1 (Asia)				
Rhodes, 2 (Asia)				
Sardis, 3 (Asia)				
Seleukia, 1 (Syria)				
Side, 2 (Lykia-Pamphylia)				
Smyrna, 2 (Asia)				
Tarsos, 2 (Kilikia)				
Tenos, 1 (Asia)				
Tralles, 1 (Asia)				
Xanthos, 3 (Lykia-Pamphylia)				
total, 46 (= 59 %)				

金、白银以及丝质衣物。

表2.3展示了帝国中期各地区的参赛情况，可以看出这一时期奥运会冠军的地理分布延续了帝国初期的趋势。小亚细亚依然是获胜最多的地方（46个，占总数的59%）。伯罗奔尼撒则从帝国早期的13项冠军（占总数的19%）下降到8项（占总数的10%）。意大利更是惊人地从11项减少到了仅1项，这些都表明尽管国内建造场馆和观看比赛的热情很高，但皇室还是不愿参加希腊的竞技运动。冠军数发生最大变化的是埃及和北非，他们从早期的1项冠军增长到中期的19项（占总数的25%），在这19项冠军中，有17项由亚历山大的15名运动员获得，原因可能是这一时期亚历山大城完全接受了希腊文化，并且消除了早期国内的财政和内战问题。人们接受竞技运动运动也表明埃及已普遍接受希腊文化，这种变化已经持续了数个世纪，而且还将延续到帝国晚期。随着越来越多埃及运动员的加入，"普世奥运会"达到了空前的"国际化"。

以弗所在古典时期①和帝国早期都只有3项冠军，到中期冠军数达到了9项，恰逢此时城市也很兴旺。西克永（Sikyon）因为在帝国初期没有冠军进账，停办伊斯米亚（Isthmian）运动会，到中期的4届奥运会上却一连斩获6项冠军，可以说是伯罗奔尼撒国表现最好的时期。这一切都要归功于运动员埃利乌斯·格拉尼卡斯（Aelius Granianus），他在赛跑比赛和五项全能中获得了5项冠军。与其说他是一个人，不如说他代表了整个地区。②

56

这一时期，有记录的马术冠军只有两个，获胜者是一个参加四

① Moretti（1957）nos.414，431，438=368，356，and 352 b.c.

② Moretti（1957）nos.848，850-52，856（all by Aelius）and 858=a.d.133［?］，137［?］，141［?］，and 145［?］.

马战车的罗马人。[①] 阿非利加努斯(Africanus)说赛马比赛在无限期中止一段时间后直到公元109年才恢复为奥运会比赛项目,但是那一届比赛也没有记录冠军获得者。目前已知的最近的一位赛马比赛冠军出现在公元67年的尼禄运动会上。这点和前面所讨论的内容似乎表明,从尼禄时期到图拉真时期,奥运会的资金来源减少,比赛质量下降,直到随后有了哈德良的“复兴”。然而,即使有这场复兴,马术比赛除了罗马运动员,鲜有他国运动员参加,似乎他们在罗马时期消失了一般,也可能是由于这一时期最好的马匹都用于更加吸引人和流行的罗马马戏团的比赛中去了。

帝国统治晚期(公元181-393年)

在安东尼皇帝举办的奥运会华丽谢幕之后,奥运会,如同这个帝国逐渐走向解体和衰败。公元2世纪晚期和3世纪的运动会,场馆越来越差,没有大的修善,而且从挖掘出的古币可以看出,当时游客也在减少,通货紧缩。[②] 阿非利加努斯(Africanus)的奥运会冠军名单记到公元217年就停止了,之后的许多届奥运会我们无从知晓比赛的冠军,只能推断公元217年之后,奥运会还是照例每4年举办一次,直到公元4世纪晚期停办。

然而,我们还是可以据理推断公元3世纪上半叶,奥运会在皇室某些成员的支持下依然很兴盛,因为有碑记显示,当时热衷于奥运会的有塞普狄米尤斯·塞维鲁斯皇帝(Spetimius Severus,公元193-211年在位,奥林匹亚碑记第387号)的妻子茱莉亚·唐娜(Julia Domna)和卡拉卡拉皇帝(Caracalla,公元211-215年在位,奥林匹亚碑记第386号),但并没有提及后来的任何一位皇帝。

---

① Moretti(1957) nos.846(*I.Ol.* no.236=a.d.129); 866(*I.Ol.*233=a.d.153(?)。关于罗马时期奥林匹亚缺乏赛马项目的讨论,参见 Farrington(1997)22。

② Herrmann(1972)193.

后来某些对希腊运动感兴趣的皇帝可能曾经支持举办奥运会，比如亚历山大·塞维鲁斯皇帝（Serverus Alexander，公元222-235年在位）参加过奥运会的摔跤比赛（Historia Augusta，Serverus Alexander 27）；卡里努斯皇帝（Carinus，公元283-284年在位）在他举办的奥运会上曾为运动员颁过奖；而且至少在希腊的两座城市雅典和阿芙洛狄西亚斯（Aphrodisias）都有纪念戈迪安三世皇帝（Gordian，公元238-244年在位）的奥运会比赛。①

奥林匹亚作为艺术中心的传统还是得以延续下去。第225届奥运会（公元221-224年间）组委会就为安提俄克（Antioch）的演说家奥里利乌斯·阿波罗尼奥斯（Aurelios Apollonios）设立了一座雕像。② 公元223年，皮萨的斯波吉奥斯（Sperkhios）因为给奥运会的圣典写过歌曲而被授予"无可争议的荣誉"（奥利匹亚碑记第482号）。但最能证明普世时期这种文化融合的证据来源于A·阿西尼乌斯·昆德纳图斯（A. Asinius Quadratus）写的史书，这本史书被誉为"千年史（Khilieteris）"，因为其完整介绍了罗马帝国从公元前776年至公元223年之间的历史，恰好使得帝国的建立与奥运会的诞生时间重合。伊利斯人为表彰他"一言一行都敬重奥林匹克"，竖起了一座雕像（奥利匹亚碑记第356号），至此，我们发现奥林匹克的史实都得到了证实，因为它与罗马历史有着相似的轨迹。至少依据昆德纳图斯（Quadratus），这两个伟大的历史事件都有长达千年的历史传统，其重要性也伴随其千年的发展。因此，在伟大的奥林匹克历史末期，全民运动的精神也在这个时期的罗马文学作品中有所体现。 58

奥运会的祭仪官员名单记到公元265年就停止了（奥利匹亚碑记第138-142号），这并不是偶然的，因为公元267年东德的赫

① Moretti（1953）nos.203 and 267.

② Bilinski（1979）112.

卢利骑兵(Heruli)入侵希腊,攻陷了雅典、科林斯(Corinth)、阿各斯(Argos)和斯巴达等城市。奥林匹亚的官员们用阿尔提斯的建筑材料在宙斯神庙和议会室(Bouleterion)的外围修筑了一堵墙,保护圣坛中心和宙斯雕像。① 侵略者可能没有到达过奥林匹亚,但围攻准备留下的痕迹还是永久地保留了下来。赫卢利骑兵的入侵尽管没有摧毁奥林匹亚,但标志着奥林匹亚衰落的开始。公元300年左右,一场地震毁坏了赫拉神庙和主竞技运动场,可能同时毁损了宙斯神庙的屋顶,不过戴克里先(Diocletian)皇帝在公元303年修复了它。② 这一时期,尽管面临自然灾害的威胁和希腊日渐糟糕的财政状况,奥林匹亚依然在夹缝中生存了下来。

100年之后,运动会终究迎来了最后时刻。之前它虽然举步维艰,但毕竟还能从各种外界威胁中死里逃生。我们从11世纪历史学家科德伦诺斯(Kedrenos, Historia comparativa 322B and 348A)那里得知了一些关于最后一届奥运会(第293届)的情况。这届比赛在公元393或394年提奥多西一世(Theodosius I)时期举办,之后,他下令禁止庆祝异教节日。科德伦诺斯说菲狄亚斯雕刻的宙斯神像被移到了君士坦丁堡(Constantinople),在那里雕像保存在贵族劳索斯(Lausos)的宫殿里,直至最后毁于一场大火,但这个说法可能是错误的。③ 公元426年11月13日,《提奥多西二世(Theodosius II)法令》规定拆毁所有异教寺庙,最近有纪录表明宙斯神庙是在这一时期焚毁的(Scholiast to Lucian's Rhetorical Precepts 6 [221 Jacobitz])。但是考古证据表明是另外一场地震毁掉了神庙,并没有火烧的痕迹,雕像则可能是被异教主义的反对者所拆毁的。公元395年,也就是《提奥多西一世(Theodosius I)法令》颁布后的第二年,哥特人(Goth)在阿拉里克国王(Alaric)的领导

① Herrmann(1972)192.

② A.Mallwitz, *Olympia und seine Bauten*(Athens: S.Kasas, 1981) 113-14.

③ Herrmann(1972)196.

下入侵希腊，一直深入到了伯罗奔尼撒，可能途径了奥林匹亚。菲狄亚斯雕刻的宙斯神像可能受到了基督教入侵者和匈奴入侵者的双面摧残，最多只可能保留到了426年的法令时期。公元5世纪上半叶，菲狄亚斯在奥林匹亚的工作室原址上建起了一座基督教堂。自此，奥林匹克传统和这个普世节日，无论是从制度上还是形式上，都被更加教条主义、更加野蛮的希腊统治势力所收编。

现代关于晚期奥运会的教科书中有一处谬误，它们指出晚期奥运会像大部分历史事件一样，是内部衰落和外力影响的双重受害者。① 事实上，真正的威胁是来自外部的——不同的意识形态，自然灾害，匈奴入侵，希腊大陆的经济萧条，以及罗马帝国日渐稳固的中心权威地位。就算昆德纳图斯（Quadratus）的编年史中关于罗马帝国和奥运会同期创立的说法是错误的，那异教崇拜盛行的罗马帝国和奥运会几乎同时期衰落也不再是个巧合。② 目前明确表明奥运会从内部衰落的证据很少。最后一部评价希腊竞技运动的文学作品菲洛斯特拉托斯（Philostratus）的《竞技运动篇》 59 （*Gymnastics*，公元215-225年写成），对比了古典和神话时期希腊的运动员训练体系和当时水平日渐下降的训练方法，但他的观点常带有极强的个人主观臆想，在许多问题上会出现错误或与他的年代格格不入。奥运会质量下降或奥运会的理念得不到认同的假设也是不妥的，因为缺少这方面的纪念物作为证据。最后一尊已知的奥运会冠军雕塑是在公元261年竖立的（奥林匹亚碑记第243号），最晚的祭仪记录一直记到了公元265年（奥利匹亚碑记第138号），这两个事实只表明当时缺少资金用来竖立这些雕像。类似地，已知的最后一场赛马比赛是在公元3世纪中期，③但这些

① Herrmann（1972）194.

② M.Poliakoff, *Studies in the Terminology of the Greek Combat Sports Bieträge zurklassischen Philologie*, vol.146（Königstein/Ts.: Anton Hain, 1982）143-47.

③ *I.Ol.* no.239 and *IG* II-III2.3767 = Moretti（1953）89; id.（1957）no.932.

表 2.4. Regions and Cities of Olympic Victors in the Late Imperial Period, A.D. 181–385 (excluding the Olympic years 265 and 273 for which no victors are known)

A. Asia Minor	B. North and Central Greece	C. Peloponnese (Achaea)	D. Egypt/N. Africa	E. Crete
Armenia, 1 (Kappadokia)	Athens, 4 (Achaia)	Sparta, 3	Alexandria, 11 (Aegyptos)	Gortyn, 1 (Crete-Cyrene)
Bithynia, 3 (Bithynia- Pontos)	Augusta Traiana (Stara Zagora), 1	Korinth, 1	Antinoe, 1 (Aegyptos)	(=1%)
Daldis, 1 (Asia)	total, 5 (= 8%)	total, 4 (= 7%)	"Egypt" (Aegyptos) 1	
Ephesos, 5 (Asia)			Hermopolis, 1(Aegyptos)	
Kyzikos, 2 (Asia)			Cyrene, 1 (Cyrene)	
Magnesia on Maiander, 1 (Asia)			Naukratis, 1 (Aegyptos)	
Miletus, 1 (Asia)			Oxyrhynchos, 1 (Aegyptos)	
Nysa, Karia, 1 (Asia)			total, 17 (= 28%)	
Philadelphia, 2 (one in Asia, one in Lydia)				
Phoinikia, 2 (Syria)				
Rhodes, 1 (Asia)				
Salamina, 5 (?) (Cyprus)				
Sinope, 4 (Bithynia-Pontos)				
Smyrna, 2 (Asia)				
Tiatira, Lydia, 1 (Asia)				
Xanthos, Lykia, 1 (Asia)				
total, 33 (= 55%)				

比赛要么缺少同时期相关的文字资料，要么因为财政原因而停办。

表 2.4 展示的是帝国晚期奥运会冠军的地理分布。冠军来自于许多国家，这一点能够说明奥运会这种全民运动会在其晚期依旧流行且地位重要。公元 261 年后关于奥运会冠军的纪录则零零散散，有一份可能是公元 277 年的，再就是一个世纪之后，也就是 4 世纪晚期还有一些纪录，其中两份公元 369 年的，一份公元 381 年的，以及一份公元 385 年的。[①] 我们已知的最后一位奥运会冠军是公元 385 年雅典的男拳击手，M・奥里利乌斯・佐皮罗斯（M. Aurelios Zopyros）。最后的赛马冠军来自罗得岛（Rhodes）和雅典。从地域上看，亚洲从帝国早期到晚期一直拥有最多的冠军头衔，且比例大致相同（占总数的 54%，参见表 2.4）；埃及则从帝国中期开始一直保持在第二位（占总数的 29%），这些事实都说明罗马帝国晚期，埃及和亚洲都在竞技运动运动上有资金投入。再以城市看，亚历山大冠军最多（9 位，占总数的 11%），以弗所排在第二（5 位，占总数的 5%），塞浦路斯的萨拉米那（Salamina）据说也有 5 位冠军，或者是 3 位，但无论如何，所有的冠军都是一个人赢得的——德米特里厄斯（Demetrius）。一位来自格劳斯（Graus）的名叫比提尼亚（Bithynia）运动员，在公元 213-221 年连续 3 届奥运会上，赢得了 3 项长跑冠军，为他的城市增光不少。位于比提尼亚—蓬托斯（Bithynia-Pontos）东端帕夫拉戈尼亚省（Paphlagonia）的锡诺普（Sinope）也有 4 项冠军，不过都是由瓦列利乌斯・埃克勒图斯（Valerius Eclectus）在公元 245-261 年连续 4 届奥运会上获得的，他获得冠军的项目是一项非竞技运动竞赛——传信员比赛。希腊

① Varazdates，来自亚美尼亚的波斯帕提亚人，赢得了公元 369 年的拳击比赛：Moretti（1957）第 944 号碑文；同样在第 369 页提到 Moretti（1957）第 943 号碑文；Moretti（1957）的 277 项获胜记录，第 942 号碑文。最近发现的碑文纪念了两个雅典兄弟在公元 381 和 385 年奥运会上的获胜情况，参见 J.Ebert，in Sinn 等等（1994），第 238-241 页。

中北部地区和伯罗奔尼撒分别有 5 项和 4 项冠军，均为其历史最低点，究其原因可能是经济问题。令人疑惑的是没有意大利或西西里的冠军纪录，表明随着人们逐渐接受罗马本土节日，比赛和马戏表演，人们对奥运会的兴趣下降。

60

罗马和奥林匹亚的关系变化清晰体现出罗马帝国对进入本土的外来文化的态度是如何逐渐改变的。中央政府的态度先在滥用和忽视之间反反复复，最终干脆形成标准政策。奥古斯都皇帝深知适应这些文化的重要性，很快创立了皇帝祭祀典礼，时间恰好就在奥林匹亚的宙斯祭祀典礼之后。卡里古拉（Caligula）和尼禄时期则把这种做法发展到了极端，但在哈德良和安东尼家族时期，对奥林匹克祭祀和节日的态度是比较温和，且表示支持。罗马帝国从未真正统治过奥林匹亚，只是将其囊括进来保证人民忠于帝国，而反过来奥林匹亚欢迎罗马统治者仅仅是为了获得比赛的资金赞助。正如附录 2.1 中的图表所示，希腊大陆地区从未被驱逐出奥运会，只是它比不上亚洲和埃及在训练上的金钱和时间投入，因此在帝国中期和晚期，差一点就没有来自希腊中北部地区的奥运冠军了。

最近有观点认为，大约公元前 200 年之后，记录奥运会冠军的文字或碑记数量逐渐减少，表明人们普遍对奥运会的兴趣下降。[①]但就我们目前的资料看，罗马时期比赛的质量和奥运会标准都没有下降。伊利斯的运动会组织者依旧为比赛提供充足的人手，并策划节日的内容。后来的奥运会保留了古典时期的良好声誉和保守的价值观，同时吸引了更多国家人民的参与，这为现代奥运会留下了宝贵遗产。

因为古奥林匹克运动会自始至终都在地中海东部地区地位重要，所以它的历史既包含了奥利匹克精神这个核心，又有希腊的竞

---

① Farrington（1997）35.

技运动比赛传统和少许罗马帝国的影响。从这一层面说，奥运会就与后来的许多节日区别开来。更小的，如奥林匹亚的赫拉亚运动会和塞斯比阿（Thespiae）的厄洛提底亚运动会（Erotidaea），除了希腊大陆的影响，几乎没有受到其它外界的政治或经济因素影响。尽管这些小运动会很可能受到了奥运会的部分影响，将奥运会作为自己的赛制，奖励和仪式的模板，但它们也保留了与自己的源头和宗教利益一致的特色和功能。奥运会这一泛希腊运动会的深远影响，一方面需要我们去继续深究它的历史，另一方面也让我们记住了正是在它的影响下，才有了各种民间运动比赛的百花齐放。　62

第三章　竞技、启蒙与同性之恋

虽然有必要了解奥运会——希腊已知最早的周期性运动节日——的特点和历史,无数其他赛事证明了竞技运动在构建古希腊社会中的作用。关于竞技运动的希腊神话和历史记载于不同主题的文章中:纯娱乐性质、竞技教育、葬礼竞技、神圣节日和成人礼仪式。这些情况的最后一种可能是最不明显的,因为最近它没有受到多少学术关注,但它是一个重要的线索,串联起希腊竞技运动的复杂社会关系。此外,在最近几十年里,一些学术研究认为希腊文化起源于一个史前的印欧语系文明的仪式,后者在希腊文化中的分配了一个重要位置给同性恋,或者说得更具体点就是娈童。①因为这项工作大部分在探讨性别和性与希腊竞技运动的关系,这些理论关于娈童的最初起源是否与竞技运动有关就显得至关重

① Bernard Sergent, *Homosexuality in Greek Myth*, trans. Arthur Goldhammer, pref. by George Dumezil(Boston: Beacon Press, 1986a; from the original *L'homosexualité dans la mythologie grecque* [Paris: Payot, 1984]); id., *L'homosexualité initiatique dans l'Europe ancienne* (Paris: Payot, 1986b); id., "Paederasty and Political Life in Archaic Greek Culture", *Journal of Homosexuality 25* (1993) 147-64; J. Bremmer, "An Enigmatic Indo-European Rite: Paederasty", *Arethusa* 13(1980)279-98; id., "Adolescents, Symposion, and Pederasty", in O.Murray, ed., *Sympotica: A Symposium on the Symposium*(Oxford: Clarendon, 1990)135-48; H.Patzer, *Die Griechische Knabenliebe*(Wiesbaden: F.Steiner, 1982).

要。虽然起源本身相对历史表现显得不是那么令人关注，但是大多数成人礼理论主张娈童自产生之日起，就不断地以各种不同的方式在那段历史时期起作用。因此理论可能揭示历史实践。关于这些理论的批判意见也很重要，因为在他们看来，年轻男子的运动训练和竞技生活常常是与他的男性爱人给他的启蒙教育联系在一起的。人们普遍认为公元前6世纪以后的竞技馆是“同性恋的温床”，这个话题在第八章有充分的讨论。① 在运动环境下是否存在或怎样产生娈童也许跟年轻男子步入中年的“成人礼”这一概念密切相关，这一部分是本章的关注重点。女性的成人礼和比赛在性格和取向上很大程度上有所不同，这将会在第四—七章分别讨论。

我们开始研究希腊竞技和成人礼的初期理论，由让梅尔(Jeanmaire)和布瑞尼奇(Brelich)提出，他们设想了许多竞技竞赛的起源，最重要的是设想了奥林匹克运动会的起源。② 与最近建立在让梅尔和布瑞尼奇理论之上的娈童理论相比，后者将公共竞技看作当地原始成人礼仪式的分支，并没有强调参与者的性别角色。在一些地方性的宗教仪式和节日需要年轻公民参与竞技运动或者类似竞技运动的竞赛，目前尚不清楚这是否导致了更常见的 64

① P.Cartledge, “The Politics of Spartan Pederasty”, in *Sexualitätund Erotik in der Antike*, Wege der Forschung, vol. 605, ed. A. Karsten Siems (Darmstadt: Wissenschaftliche Buchgesellschaft, 1988)383-415, esp.407(=*Proceedings of the Cambridge Philological Society* 207, N.S.27[1981]17-36); K.J.Dover, *Greek Homosexuality*, 2nd ed.(Cambridge, Mass.: Harvard University Press, 1989) 54-57; Carola Reinsberg, Ehe, *Hetärentum und Knabenliebe im antiken Griechenland* (Munich: C.H.Beck, 1989)179-80; D.G.Kyle, *Athletics in Ancient Athens*(Leiden: E.J.Brill, 1987)65, 133. 参见本书第八章。

② H. Jeanmaire, *Couroi et Couretes. Essai sur l'éducation spartiate et sur les rites d'adolescence dans l'antiquité hellénique*(Lille: Bibliothè que universitaire, 1939; reprint New York: Arno Press, 1974); A.Brelich, *Le Iniziazioni: Parte II.Sviluppi storici nelle civiltà superiori, in particolare nella Grecia antica*(Rome: Ateneo, 1962); id., *Paides et Parthenoi*, vol.1, Incunabula Greca, vol.36(Rome: Ateneo, 1969).

运动节日的产生,比如说奥运会,也不知道他们是否本来是仪式,极其偶然地具备了运动的特点。换句话说,我们能否作出一般性区分,辨别节日比赛形式的两种独立的作用——仪式加偶尔的比赛和节日加完整的比赛——或者我们能否揭示它们之间的先后关系呢?

然后问题就是基于史实证据和对当前理论的批判,构建竞技运动、成人礼和娈童三者之间的关系。让我们从成人礼本身的定义开始。据米尔茨·伊利亚德(Mircea Eliade)所说:"成人礼这一名词最常用的意义是指大量的仪式和口头教导,其目的是使接受成人礼的人在宗教和社会地位上产生决定性的改变。在哲学范畴上,成人礼就相当于存在条件的一个概念在二元理论上的变异。初参加者从严酷的考验中破茧而出,成为一个完全不同的人:他已经脱胎换骨。"①成人礼作为一种普遍的现象,一般分为三种:(1)集体仪式,其作用是影响从孩童期或青春期到成人期的过渡,这个过程被人类学家视为礼德通道,称为"部落成年礼"或"青春期仪式";(2)进入一个秘密社会的仪式,比如一个神秘的宗教;(3)从事一项神秘职业的成人礼,比如萨满教(shamanism)。② 我们这里涉及到的是第一种情况,即所谓的部落成年礼。它是指具有一定的共性特点,可以归纳到以下三个转变过渡阶段:脱离社会,与世

① M. Eliade, *Rites and Symbols of Initiation: The Mysteries of Birth and Rebirth*, trans.W. R.Trask(New York: Harper & Row, 1958; reprint, 1965)7.该计划最初由 A. van Gennep 定义, *Les rites de passage* (Paris: É.Nourry, 1909)= 同上, *The Rites of Passage*, M.B.Vizedom 和 G.L.Caffe 译(Chicago: University of Chicago Press, 1960); 参见 P.Vidal-Naquet, *The Black Hunter: Forms of Thought and Forms of Society in the Greek World* 中的探讨, trans.A.Szegedy-Maszak, B.Knox 作序(Baltimore: Johns Hopkins University Press, 1986)第 137 页。V.Turner, *The Forrest of Symbols. Aspects of Ndembu Ritual*(Ithaca: Cornell University Press, 1967)定义了一个与边际时期 Van Gennep 模式基本一致的"阈限"时期;但理论差异并不是本论文的关键。

② M.Eliade(本页注释①, 1958)2。虽不够严谨, 但为方便研究采取本三分法。重叠属于正常现象, 尤其是关于"部落"启蒙和"神秘"宗教启蒙。

隔绝,以及回归社会。① 部落成人礼通常还有一些更明确的特征,但也这也并非绝对:即它是强制性的、公共的、性别隔离的、婚前的、在成人活动和部落传统的指导下的。这项研究最重要的成果是部落成年礼往往需要通过某种体能测试(有时是一场比赛),他们对服饰和饮食强加明确的限制,他们的仪式会根据年龄层次周期性地举行。② 因为这些成年礼通常是部落的主要节日,它们的举行象征着族群的更新。③ 日常生活中只有合乎传统的才会保持不变,代代相传。于是,成年礼仪式真正地具有将年轻人引入已建立的宗教和社会机构,以及检验他们是否有符合继承资格的作用。

布瑞尼奇认为成人礼作为一个清晰可辨和独立的习俗,通常是与"高度发达的文明"无缘,因为后者取决于一个由统治者组成的精英阶层以及公民之间的职责分工,部落社会则要求个人直接参与公共事务和具备各种实用技能。④ 根据这些宽泛的标准,至

---

① V.Popp, *Initiation, Zeremonien der Statusänderung und des Rollenswechsels. Eine Anthologie*(Frankfurt: Suhrkamp, 1969)7-8; W.Burkert, *Greek Religion*, trans.J.Raffan (Cambridge, Mass.: Harvard University Press, 1985)260-61, from the original *Griechische Religion der Archaïschen und Klassichen Epoche*(Stuttgart: W.Kohlhammer, 1977)391.

② A.Brelich, "The Historical Development of the Institution of Initiation in the Classical Ages", *AAntHung* 9(1961)269.

③ W.Burkert, "Kekropidensage und Arrhephoria", *Hermes* 94(1966)13.

④ A.Brelich, "启蒙故事", 出自 *Initiation: Contributions to the Theme of the Study-Conference of the International Association for the History of Religions Held at Strasburg, Sept. 17th-22nd, 1964*, C.J.Bleeker 编, 宗教历史研究, 纽曼增刊第 10 卷(Leiden: E.J.Brill, 1965),第 228 页。在这里非政府组织的社会区别于希腊城市的"部落"或"氏族"(类群;胞族), 希腊城市部落通过人为划分公民主体而形成, 每个州的规模和职能各不相同, 因此不能作为一般定义上创始团体的可靠指数来参考: 参见 L.Bruit Zaidman 和 P.Schmitt Pantel, *Religion in the Ancient Greek City*, P.Cartledge 译(Cambridge: Cambridge University Press, 1994)85-86; D.Roussel, *Tribu et cité: Études sur les groupes sociaux dans les cités grecques aux époques archaïque et classique* (Paris: "Les Belles Lettres", 1976); N.Robertson, *Festivals and Legends: The Formation of Greek Cities in the Light of Public Ritual*(Toronto: University of Toronto Press, 1992), 第 58-64 页(论雅典部落)。

65 少在约公元前700年,也许更早的时期之后希腊便可以被称为"高级的"或"先进的"文明。然而,部落社会可以强行推广统一的成人礼仪式,用以教导所有成员,并检测他们的价值。在先进文化的情况下,如古希腊,国家在很大程度上取代了部落成为主要的组织单位。虽然部落成人礼在公元前8世纪之后的希腊以某种方式延续下来,其定义可能不那么明显,但是学者们还是找到了界定它的两种方式——通过视其再次融入仪式、习俗或者某国神话传说时的作用或者形式而定。

成人礼习俗之前的存在在先进的文化中表现为上述几种形式特点(集体性、性别隔离、特殊考验等)。但也需要有证据表明成人礼的基本标准,以及其在青少年时期过渡到成人时期的作用。[①]一种惯例的作用不能只根据其起源定义:维达·盖纳(Vidal Naquet)写道:"历史的影响只是因其存在于现今的思想、礼仪和理解结构之故。"[②]当在"高度发达的文明"中,成人礼习俗逐渐弱化或者被改变的时候,这种作用有时还可以在与之相关的神话中发现。神话本身与向成人期的过渡相关,像讲述提修斯从克里特岛回来的神话就与雅典的奥斯科弗里亚节相关,它可能也包含了成人礼的动机,像提修斯的同伴身穿异性服装,也体现在酒神祭祀中,这将在后面讨论。然而,神话的运用在重建历史实践——比如说成人礼仪式——的过程中却因充满了投机和猜疑臭名昭著。[③]相较于假设的早期阶段而言,神话通常更好地反映了特定版本已确定的时代。在这种程度上,一个神话的意义在于,当人们将它看作是后来的发明用来给一个史前仪式注入新的含义时,它可以反

---

① 参见Brelich(上页注释④, 1965)229; Bruit Zaidman and Schmitt Pantel(1994)65-67。

② Vidal-Naquet(1986)143.

③ Jan Bremmer, *Greek Religion*, Greece and Rome, New Surveys in the Classics, no.24 (Oxford: Oxford University Press, 1994)54-68; K.Dowden, *The Uses of Greek Mythology*(London: Routledge, 1992)102-18.

映历史活动。但即使我们对古老仪式的重建是源于神话和其他来源这一点是令人信服的，就古希腊来说，“僵化的礼仪已经失去其原有作用……在复杂的社会中获得了新的功能，并且在这种社会中无法与没有文字的原始的礼仪进行有意义的比较”。[①] 不管怎样，我们这里感兴趣的不是仪式的起源，而是其在以后的历史时期里举行的方式。

“原始的”和“历史的”成人礼

这将我们引到另一个我认为更有效的研究成人礼的方法。除了“原始”部落成人礼的有限证据之外，还存在更为清晰可辨的证据。这些证据说明了与原始部落成人礼功能相同、特征相似的某一原始习俗的形成或重建。于是，我们所提的“原始的”和“历史上的”成人礼之间的区别不仅仅是一种基于制度化的任意、无规律现象，而是不同于布瑞尼奇的观点，无论是新建立的还是存在已久的成人礼，在“高度的”文明中有着同样的重要性，它们仍起着类似的作用——象征着青春期到成年期的过渡。对希腊人而言，成人礼根据其功能可以被描述成标志着少年“正式成为战士”，以及女孩为婚姻做好了准备。[②] 在希腊历史上，希腊罗马时代的的青年社会十分丰富多彩，竞技馆和竞技设施超越并取代了原本用于军事的设施。[③] 在某种意义上，成人礼是“教育”或“养育”，希 66

① M.I.Finley, *The Use and Abuse of History*(New York: Viking, 1975) 117, re the application of anthropological parallels to ancient Spartan institutions; Nigel M.Kennell, *The Gymnasium of Virtue: Education and Culture in Ancient Sparta*(Chapel Hill: University of North Carolina Press, 1995) 143-44.

② Vidal-Naquet(1986) 140.

③ M.I.Finley, “Sparta and Spartan Society”, in *Economy and Society in Ancient Greece*, ed.B.D.Shaw and R.P.Saller (New York: Chatto & Windus, 1982) 38; Jeanmaire (1939) 463-65.

腊语为 paideia,这在前面的介绍里讨论过。成人礼不同于普通教育,表现其具有隐蔽性(见于脱离正常的生活、与世隔绝和回归社会)和象征性(主要代表死亡和重生)上。隐蔽性和象征性在希腊历史时期的成人礼上都明显可见。① 尽管缺乏任何可能的史前联系,在某个历史阶段建立的成人礼仪式仍然是我们了解当时社会环境的丰富资源。另一方面,如果有确凿的证据表明某个"原始的"成人礼延续下来了,并在那个历史时期起着类似的作用——而不只是石化了的痕迹,那它就可能揭示这种文化现象存在的持久性,并在某种意义上指出成人礼和竞技之间或成人礼、竞技和娈童之间的长期联系。

萨金特、布兰登和其他学者认为娈童是起源于在史前时期的印欧语系文明成人礼的一种习俗,通过这种仪式,年长的男性成为了初次参加者的爱人,同时也是其在狩猎、竞技和其他方面成人生活的导师。② 他们认为随着成人礼自身在历史上逐渐消失,娈童延续下来了,并且它所包含的一些习俗,比如竞技比赛,反映了它的起源。肯尼斯·多弗(Kenneth Dover)对这些理论进行了令人信服的驳斥,并提出了另一个假设:希腊于公元前 7 世纪开始出现公开的同性恋现象,并在希腊各城邦之间迅速传播;古希腊神话和成人礼仪式随后被赋予同性恋内容以认可他们文化的品位和风俗习惯;教导关系附加于娈童关系上,反过来则不尽然。③ 多弗承认了这种可能性,即印欧语系地区成人礼制度部分地在后来的希腊得到了延续,我们也认同这点。但他对娈童就是这种现象的一部分并在其消失之后继续存在这点表示怀疑。他反对的理由有几

① K.J.Dover, "Greek Homosexuality and Initiation", ch.12 of *The Greeks and Their Legacy: Collected Papers, Volume II: Prose, Literature, History, Society, Transmission, Influence*(Oxford: Blackwell, 1988),119.

② Sergent(1986a and b, and 1993); Bremmer(1980 and 1990).

③ Dover(1988)116-19.

点，包括历史上的和哲学上的，但是最有力的是如下观点：这些理论通过对细节进行偏向性的筛选，将成人礼强加于许多神话之上；没有文学证据证明公开的同性恋存在于公元前7世纪之前，并且这些理论无法解释为什么荷马史诗和其它地方没有提及这种现象。

关于同性恋在公元前7世纪"出柜"的原因，从一般的观察来看，"社会变量里一个非常轻微的转变就可以触发主要且持久的变化，一种在身体上、情感上和审美上都能满足社会成年男性的活动一旦得到了社会认可，就不容易被压制。"[①]对此，多弗没有给出一个更好的解释。一个可能加速这种变化的原因是希腊同性恋的等级体系和竞争的特征，这体现在一个处于从属地位的青年成为社区较年长者的宠儿。动物行为学家意识到"等级示范意义"的性行为甚至在希腊文化以外的地方也存在。[②] 运动会中的公共竞争也出现在同一时期，即从公元前7到前6世纪。竞技和公开的同性恋因此同时出现在一个对地位的竞争日益激烈的社会环境中。当然，自公元前8世纪荷马文字的产生起，或甚至可能更早的时候，希腊文化中的竞争精神就已经存在，但在运动和性当中对这种精神更为开放的表达则在公元前6世纪或更后期才表现得明显。 67

现在的问题是，除了在公共竞技兴起过程中出现的"竞争精神"，怎样的社会环境才能促进更多娈童关系公诸于世，以及与竞技馆和竞技运动产生联系，这是超出本研究范围的一个复杂问题。然而，我可以简要地针对这些相关现象提出一些可能的原因。年龄阶层很可能在约公元前8世纪之前一直是希腊社会组织的一部

① Dover(1988)131-32(his emphasis).

② Cartledge(1988)407; Bremmer(1980)291.

分,并因此成为娈童关系更加公开表露的基础。[①] 年龄尤其是希腊社会建立的基础——社会阶层和社会等级的证明。毫无疑问,古希腊城邦的出现以及经济和军事力量的崛起造就了人们的自信,这使得男性公民之间公开展示性和竞争等级成为可能。荷马史诗的流行也可能促进了模仿英雄比赛的竞技运动的发展。据多弗的辩驳观点,无论历史和社会原因之间有什么联系,含有娈童关系成分的原始成人礼的延续似乎不可能是主要因素。

前面论及的由让梅尔、布瑞尼奇和其他学者提出的其他理论体系论述了成人礼和运动竞技之间存在史前的关联,而没有突出娈童的作用。这些研究推论出在史前希腊普遍存在部落成人礼,这可以从众多的历史仪式和风俗,包括竞技比赛中发现。虽然这些假设普遍包含了许多有根据并且有趣的信息,但在成人礼对于竞技比赛的广泛影响上,由于其证据不足或选择性证据过多也做好了受到批评的准备。这些理论存在的一个主要问题是支持其认为成人礼仪式是奥运会和其他后期出现的运动会的基础的证据仅仅是那些看起来像"成人礼仪式的"特征,例如特别的衣服、饮食、独身、定期举行和年龄组别。[②] 然而,在很多情况下,这些特征在后期才出现在运动节日中。

例如,布瑞尼奇曾试图解释奥运会可能是起源于部落成人礼,当时伊利斯和皮萨两座城市长期争夺比赛的主办权。他在没有证据的前提下假定,在史前一段时期,两个地方一起举办"部落联合"成人礼。[③] 大家早就知道一个事实:关于奥运会是由伊利斯人

68

① 参见 Robert Sallares, *The Ecology of the Ancient Greek World* (London: Duckworth, 1991) 160-92。M.Golden, *Sport and Society in Ancient Greece* (Cambridge: Cambridge University Press, 1998),第 104-116, 139-140 页,探讨龄级,并提出了他们建立的可能动机,"避免两代人之间的竞争",尤其是父子之间的竞争。

② 参见 Brelich(1969)449-56(appendix 3,"L'agonistica");Jeanmaire(1939)413-18(第五章附录,"奥林匹克运动会的起源")。

③ Brelich(1969)453.

还是皮萨人首创存在自相矛盾的传说，这很可能就是两座城市后期在争夺比赛的优先举办权时竞相创造神话的产物。① 然而，在这些带有政治色彩的传说中并没有发现有联合举办的成人礼存在的历史依据。布瑞尼奇也无法解释的重要事实是，公元前632年的第37届奥运会增设了男子赛跑和摔跤，在那之前奥运会并没有按年龄分组。并且在那之前，可能出于安全的考虑，参赛者年龄大都是在17岁及以上。② 男女比赛分开的规定是出于许多实际原因。在公元前5世纪及之后，特定饮食才变得流行起来。同样的，出于实际的考虑而不是仪式，才能最好地解释它的作用。③ 让梅尔推理出，奥运会的起源——赛跑表明了比赛最初是一种仪式，因为后期那些明显是仪式一部分的竞赛包含了赛跑这个项目。此外，布瑞尼奇和让梅尔等理论家们也无法解释为什么最早的关于竞技比赛的文学作品，如《伊利亚特》和《奥德赛》，没有以任何方式提及应有的成人礼仪式。史诗也没有特别强调赛跑。事实上，

---

① A.Hönle, *Olympia in der Politik der griechischen Staatenwelt von 776 bis zum ende des 5. Jahrhunderts*(Bebenhausen, Germany: Lothar Rotsch, 1972)5-13; I.Weiler, *Der Sport bei den Völkern der alten Welt: Eine Einführung*, 2nd ed.(Darmstadt: Wissen schaftliche Buchgesellschaft, Germany, 1988)105-7; H.Lee, "The 'First' Olympic Games of 776 B.C.", in *The Archaeology of the Olympics: the Olympics and Other Festivals in Antiquity,* ed. W.J.Raschke(Madison: University of Wisconsin Press, 1988)110-18; B.J. Peiser, *Das Dunkel Zeitalter Olympias* (Frankfurt: Peter Lang Gmbh, 1993)222-39.

② Philostr.(*Gymn.*13), Paus.(5.8.9)和Africanus标注了在第37届奥运会上引入男孩项目。N.Crowther, "在奥林匹亚上男孩的年龄范畴", *Phoenix* 42(1988),第304-308页; M.Golden, *Children and Childhood in Classical Athens*(Baltimore: Johns Hopkins University Press, 1990),第68-69页; A.J.Papalas, "古希腊的男孩运动员", *Stadion* 17.2(1991)165-192探讨了年龄限制和男孩参加各种体育比赛的情况。根据公元前586和前573年的证据推测，尽管所有这些泛希腊运动会，包括其后的当地比赛中都不包括第三龄级的"青少年"(*ageneioi*)，但在其他泛希腊运动会中，如皮提亚、伊斯米娅和尼米亚还是包括了"男孩"(*paides*)级别的运动员。如果体育节日来源于启蒙仪式，那么人们肯定希望从一开始就建立"男孩"和"青少年"等级，因为他们都处在启蒙阶段。

③ Weiler(1988)93-94.

战车比赛反而是排在首位的，并且《伊利亚特》所记述的所有比赛里，描述它的篇幅最为冗长。荷马时代的竞技比赛没有年龄分组，但事实上，比起年轻男子，描述年长男性参加竞赛的次数更多。比赛的周期性不是很明显，并常常在随意的场合而不是定期的节日里举行。①

然而，是否应把竞技置于“史前成人礼”的背景下？那些认为娈童关系之间有联系的学者或者发现当地仪式中除了娈童关系之外还存在竞技联系的学者一直对这一疑惑有所争论。这些怀疑让我们采用另一种更为谨慎的观点，即将所谓的“史前成人礼”描述为一种普遍存在古希腊许多城邦里的社会形式或教育形式(*paideia*)，但这是公元前8世纪之后的现象。古代文献表明在每个城邦里，各种教育系统作为机构，其主要职责是将青少年引导进入成人期。尽管作为多种形式的成人礼的特点，隐蔽和象征性仪式并不总是存在，但是年龄范畴、种族隔离、体能测试、特定饮食以及其他的特征在众多诸如此类的制度中都有所表现。正如之前所指出的，许多特征，如饮食和年龄分组，可能是在特定历史阶段出于务实的原因建立；它们形成惯例、制度化，有时甚至成为法规。竞技制度采用的这些正式的类似成人礼的特征，使竞技更接近成人礼，它们的共同作用都是引导年轻人进入成年期。根据其功能，我在这里将竞技教育称为“成人礼仪式”，这是一个有用却武断的语义上的区分。通过这种区分，我将其视为一种仪式，反映了它在历史上城邦中所处的环境。虽然竞技教育可能证明从史前时期继承而来的特征或用辞，或者与普通成人礼的人类学模式吻合，但它既然存在于历史上的城邦中，就暗示了它具有时代意义和社会功能。69

然而，具有成人礼特性的教育形式几乎无所不在，尽管在不同的邦国中具有不同程度的复杂性。此外，这些教育系统大部分都

① *Iliad* 11.698 中提到伊利斯的一次战车比赛，并且或许提及了奥林匹克传统。

有实用性规定，即将青年与社会隔离开来：青年的运动训练，定期由各国举办的竞技竞赛，以及青年在正式划定了区域的竞技馆或跑道（赛马场）里进行训练。在公元前6世纪之后，大多数竞技教育都直接或间接地与娈童有关，第八章对此会有更详尽的阐述。但是我们怎么解释娈童的实际意义呢？它不仅体现了年长者高于青年的社会等级，同时也被认为有助于维持国家秩序。我们在这里看看普鲁塔克的一段重要文字：

> ［忒拜国王拉伊俄斯喜好男宠的传说之前］立法者想舒缓年轻男子天生的火热性情与活力，于是强烈地推广笛子的用途，用于正事和娱乐性质的都有。这赋予了这种乐器荣耀和重要的地位。同时，他们把欲望的含义穿插到笛子的形象当中，这在同性恋中是十分明显的，由此塑造了青年的性格。这样做是正确的，鉴于此他们在自己的城市为女神哈耳摩尼建立了神殿（被称为哈耳摩尼亚），据说她是阿芙罗狄蒂和阿瑞斯所生。因此在那个地方，勇斗和好战精神最集中体现在一个人身上，这个人象征着信念与恩惠，由此，社会上一切事情都变得和谐有序。①

因此，生活于公元2世纪的作者认为，传说中的忒拜立法者舒缓年轻人性情的方法是，要求少年通过练习吹笛，在摔跤学校中把时间花在培养同性恋中。普鲁塔克已经讲述过公元前4世纪戈尔吉达斯（Gorgidas）在忒拜的军队中怎样建立了一个全部由同性恋情侣组成的“神圣军团（Sacred Battalion）”；在这里，我们看到了这种传统在具有传奇色彩的历史中的延伸——立即在忒拜的男性公民中，

---

① Plut., *Pelopidas* 19.1-2(287-88).

使稍后的惯例合法化并且使关于情欲的益处合理化。[1] 在这里,我们看到了那种传统在过去的神话中的延伸——在忒拜的男性公民中,之后的习俗立即合法化,关于欲望的好处也变得合理。简而言之,普鲁塔克解释了体制化的竞技中对情欲的引入,这个解释并没有参考任何正式成人礼的资料,而是参考社会和谐性的实际动机。

变童的产生也可以被看作是希腊的"竞赛体系"在特定历史时期的实用产物,正如简介中所概述的。与其像萨金特等人那样寻求史前或者印欧语系文明中社会化同性恋的起源,不如做出以下几点假设,这样显得更加稳妥:同性恋在人类社会中是一种普遍存在的现象,在基于父权和年龄等级(印欧语系文明体系的特点包括在内,但不是绝对地)的文化中,相对于同一年龄层,男同性恋更可能发生在不同年龄层的施爱者和被爱者之间。同龄人在一场零和的、为了荣誉的社会比赛中努力奋争。他们之间的同性恋爱将不可避免地导致内部冲突。一个已经荣誉等身的年长者与一个想方设法获得荣誉的年轻人之间的同性恋关系通常会促进社会和谐(虽然肯定存在例外)。

70

罗伯特·沙拉里斯(Robert Sallares)为忒拜等地区娈童的制度化提供了貌似可信和实际的解释:这项举措导致男性的晚婚,根据希腊各城邦的不同情况,一般为 25 到 37 岁。在早已过了性成熟期和生育年龄的男性中,性角色向娈童的转移是控制统治阶级人口增长的有效策略:"年龄阶级体制的实行获得了控制生育的效果。"[2]这并不像是一个有心计划的社会举措,一种社会制度中

---

① Plut., *Pelop*.18.1(287); Dover(1989)192. 参见 Reinsberg(1989)170–78 对鸡奸的某些教育功能的中性综述。

② Sallares (1991)164–92;引文引自 Sallares(169)from B.Bernardi, *Age-Class Systems: Social Institutions and Polities Based on Age*(Cambridge: Cambridge University Press, 1985)170;另可参见 D.Cohen, *Law, Sexuality, and Society.The Enforcement of Morals in Classical Athens*(Cambridge: Cambridge University Press, 1991), 第 193–194 页,将娈童恋作为一种解决晚婚的方法,含有人类学的相似之处。

结婚年龄的延迟可能由好几个原因导致：例如，在较为简单的继承体系中继承人减少，在农业家庭中男性执权时间更长了，在城邦里实行年龄等级制度，以及年轻公民的社会联系更紧密等。威廉·珀西（William Percy）曾提出有力的论点：克里特在公元前 8 世纪人口增长后，就将娈童制度化。这项举措随后又被斯巴达和别的地区采纳。[①] 在公元前 7 到前 6 世纪期间，希腊建立了处于监管之下对社会有益的娈童制度。这个时间段与许多其他证据相吻合，特别是多弗的观点。他认为在公元前 7 世纪的希腊社会中，娈童现象开始“涌现”并被更公开地接受。这个时间段也与同时期的竞技运动、裸体运动和竞技场的兴起相吻合，这些都会在结论部分中进一步讨论。目前的重点是我们要知道沙拉里斯和珀西认为娈童制度，年龄阶层，教育制度的形成都是基于当时的需要，而非一个“原始的成人礼”。这样的解释与普鲁塔克看法是一致的。

柏拉图的《法律篇》进一步说明了传承下来的教育制度的实际功能仍有讨论的余地，它是城邦之间差别的一个主体。换句话说，传统教育制度是相对的、可变的。当然，柏拉图的作品有它自己的哲学目的和历史背景，但引用于此我主要想阐明两个观点，一是意识到娈童和竞技运动对教育制度所产生的实际影响，二是在对社会机构的作用上，与普鲁塔克作品里的忒拜人持有不同的观点。在这篇文章中，雅典的陌生人对斯巴达人的一个观点作出的回应。这个观点是：勇敢和节制（*andreia*，*sōphrosynē*）这两个特性形成于斯巴达和克里特的公餐（*syssifia*）

① 参见 William Armstrong Percy，*Pederasty and Pedagogy in Archaic Greece*（Urbana：University of Illinois Press，1996），第 62-72 页。虽然 Percy 对于克里特岛体制化娈童恋的大致的时间框架和起源分析是合理的，但他对克里特奥奈西克里图斯“改革”的精确分配，以及他提出的关于习俗可能扩散至大陆的细节方面的建议，更大程度上属于推测。

制度和竞技馆中。

> 一方面，竞技馆和公餐制度在其他许多方面都让各城邦受益，但它们也有坏处，会引起内部冲突（常发生在米利都（Miletus）、皮奥夏（Boeotia）和图里（Thurii）的青年之间），而且这种存在已久的习俗似乎破坏了人类作为一种动物所与生俱来的生活方式和性趣。有些人会拿这些理由首先是控告你们的城邦，再控告其他赞成兴建竞技馆的城邦……我们必须注意到，当男性与女性因为要繁衍后代而发生性关系，其带来的乐趣是自然而然的。但男性之间或女性之间发生性关系是违背自然的，人们之所以胆大妄为的尝试这种行为是因为他们缺乏控制欲望的能力。

71

雅典人的反对意见基于自制力的缺乏，这从市民的层面上讲会导致内部冲突。这种观点与被忒拜立法者采取的普鲁塔克关于娈童好处的报告中的观点相反，并论述了人们对这种做法所持有的不同观点。如普鲁塔克一样，柏拉图也担心娈童在竞技和社会背景下所产生的影响。然而，柏拉图在其作品中通过雅典讲演者批评了斯巴达和克里特对话者口中的娈童和社会习俗。① 这并不是说在柏拉图时期的雅典不存在教育背景下的娈童现象（后者是肯定存在的），只不过雅典的娈童没有像在其他城邦的那样正式和制度化而已。我们至少可以得出这样一个结论：尽管在柏拉图时期，不仅是不同的城邦之间，一个城邦的不同个体都存在着各种批判意见和不同看法，娈童仍然为一个社会的青年提供了一种重

① Dover（1989）167-168，185-186；大体论述了娈童恋与体制化教育之间的联系，参见 H.I.Marrou，*A History of Education in Antiquity*，*G.Lamb* 译（London：Sheed and Ward Press，1956），第 25-35 页（虽然关于娈童恋现象本身的叙述并不可靠）。

要的教育模式。

古希腊无疑经常发生社会结构的变革，长期以来人们最为关心的则是国家能否良好运作。这导致了古老的习俗向也具有时代实用性的方向发展。用一个学者的话说就是希腊的同性恋和运动习俗是“多中心”的，也是就说，它们受制于每个地区的史前史所带来的千差万别，并不一定总是取决于印欧语系文明或其它早期过渡文明。① 所以，更为保险的做法是不考虑历史来源，把派代亚定位成一种成人礼的历史形式。

希腊神话与历史中的娈童、成人礼与竞技运动

现在，让我们看一下希腊神话与历史中娈童、成人礼与竞技运动结合起来的具体表现形式，并根据之前讨论的假设对它们逐个进行考察。部分我们考察的对象来源于一些学者。他们提出了与成人礼或娈童相关的竞技运动源于印欧语系文明或史前文明的理论。我们的任务之一是考察这些理论的可靠性。然而，主要的一点是，我们要从文字记载和考古文件中寻找在我们所描述的具有成人礼特征并具备实用性的时代功能的古代派代亚背景下的同性恋与竞技运动之间的关系。 72

神话

有人曾提出传说中奥林匹克运动会创始人珀罗普斯的神话显

① Sergent（1986b）136 通过在爱奥尼亚和希腊西北地区的临床表现来描述“多中心的”希腊血友病，但他仍坚持他们的所有证据都属于印欧模式。参见 Cohen（1991a）174 所述的在城邦中对于同性恋的不同看法，甚至是在雅典和斯巴达关于同性恋的复杂分歧。

示出了史前成人礼神话的特征。① 这位英雄的父亲坦塔罗斯曾将其杀死并作为“祭品”献给众神，波塞冬也喜欢他，将其拐走使英雄遭受了离别之苦，后来他在比赛中胜出，赢得了新娘希波达弥亚，像这种比赛仪式可以同时赢得新娘和王位继承权。据说这个故事符合一般的成人礼三位一体结构——脱离社会，与世隔绝和回归社会。同时它也概括克里特的仪式：诱拐（象征性死亡），旅居（年长男性爱慕者对其进行教育与训练）和退出隔绝状态（最后的胜利，象征性复活）。正如多弗所提，珀罗普斯传说的描述最基本的问题在于方法论。② 证据的使用具有高度的选择性，并且忽略了不同故事版本的相互矛盾之处。再者，波塞冬在诱拐中表现出的同性恋动机的证据是这一传说的后期变体，它首次出现在品达的《奥林匹克颂 I》（第 40-45 行；作于公元前 476 年）。这部作品很可能是一个源自公元前 6 或前 5 世纪神话的“同性恋版”，它反映出人们对同性恋更开放、更符合时代的颂扬。③

另一个与成人礼背景下的同性性爱的“起源”有关的著名神话是与忒拜王拉伊俄斯。当拉伊俄斯被吕克斯篡权时，他被流放去当珀罗普斯儿子克律西波斯的导师，传授战车比赛的技巧。拉伊俄斯爱上了克律西波斯这个青年，并把他诱拐回忒拜。④ 在这个神话的另一个版本中，拉伊俄斯把这个少年带去了尼米亚运动会，而不是忒拜。⑤ 就像前面说的一样，两个版本的原始史料都出现得比较晚，我们无法追溯它们的史前来源。然而，施爱者实施诱拐的一致动机和被爱者对比赛的参与，通过娈童关系反映出竞技运动与年轻男子社会形态之间的联系。

---

① Sergent(1986a)59-67.

② Dover(1988)126-29.

③ Dover(1988)128-29, and id., (1989)198.

④ Apollodorus, *Bibliotheca* 3.5.5; Sergent(1986a)67-70.

⑤ Hyginus, *Fabula* 9.

斯巴达有关雅辛托斯被阿波罗的铁饼误杀的故事也反映了下面三个主题：成人礼（一个青年去世之后以一朵花的形式“重生”），运动（这个少年被阿波罗扔的铁饼误杀）和娈童（雅辛托斯为阿波罗所爱之人），但《赫西俄德》（fr.171－8 M-W）这本最早的资料来源并没有提到娈童。

> 她生下了完美无瑕的勇敢的雅辛托斯
> ……福玻斯曾用无情的铁饼把他误杀

73

欧里庇得斯（《海伦》1469－73）也提到了雅辛托斯之死，但跟《赫西俄德》的基本故事没有多大区别。希腊诗人尼康德（Nikander，生死年月不明，约为公元前 130 年）的描述也遵循了这个神话的核心，即福玻斯误杀了“还是个少年”的雅辛托斯。但他通过描述阿波罗哀悼雅辛托斯之死（*Theriaka* 903－6）更加公开地暗示了神与这个少年的恋情。阿波洛道鲁斯（Appolodorus）对这个神话的简单介绍（书目 1.3.3，3.10.3）提到了这个年轻男子是阿波罗所爱之人。但后来的作家们都把这段感情描述成三角恋。卢西恩（*Dialogus deorum* 16[14]2）、费罗斯特拉特斯（*Imagines* 1.24）和利巴涅斯（*Progymnasmata narationes 2*）都描述了风神泽费罗斯的复仇故事：当泽费罗斯知道少年钟爱阿波罗之后，他使铁饼沿着致命的轨迹飞行。为此，娈童的元素在罗马时期才首次被添加到这个故事中，所以它被错误地诠释成佐证史前成人礼具有同性恋意味的证据。①

总的来说，就神话作为资料来源而论，我们可以与多弗一起得出以下结论：

---

① Sergent（1986b）81－90 看到了这个神话中的印欧式初始模式——同性恋恋人：心之所爱：导师：开始。

> 因此，希腊神话从来没有一个‘标准’，诗人们也从来没有宽松的环境去借鉴和创作神话。读者反馈将会是目前最重要的评判标准。诗人为了能吸引、感动读者并给他们留下深刻印象，不惜牺牲一篇神话的基本架构。

简言之，更加稳妥的方法是根据每个作者作品的历史时期和背景去诠释每个故事版本，而不是把各个版本都归同于一个认可某个史前来源观点的模式，而这些史前来源缺乏外部证据支持。

克里特

克里特的社会形态体制将娈童进行了严格的制度化。我们会在下文将其与斯巴达的社会形态作一个对比。它将青年分成组，每个组被称为一个“群(*agelē*)”，而且它同时也具备成人礼的脱离社会、与世隔绝和回归社会这三个步骤。[①]“原始”成人礼也常被看成这个习俗的来源。虽然这并非没有可能，但由于相关文学证据的出现有些许延后，我们无法得出肯定的结论。就像斯巴达一样，克里特体制似乎也经历了“重新制度化”。时间可能是公元前7或前6世纪，当时黩武主义可能给两种文明都带来了一些变革。[②] 娈童和年龄阶层在克里特产生的影响无疑与其在斯巴达产生的影响一样，即导致人口增长。另外，像斯巴达一样，克里特体制也把体能教育融入到正式的教育体系中。不过相比在斯巴达，体能教育并没有那么受到重视。

74

公元前4世纪的历史学家埃福罗斯(Ephorus)描述了一个史上克里特所特有的同性恋成人礼的体制化形式。施爱者(*erastēs*)

---

① Sallares(1991)166，169-70.

② 同上，第172页。

诱拐被爱者(*erōmenos*)。① 被称为 *parastathentes* 的被爱者"享受一定的荣誉:在合唱舞蹈表演和比赛(*dromois*)中他们都坐在最受尊重的位置"。少年在通过仪式被爱慕他们的人诱拐之前,会被托付给一个导师(*paidonomos*),然后被分成各个 *agelai*(字面义为"人群";单数形式为 *agelē*),也就是青年群体;群体领头者的父亲带领青年们打猎、"锻炼和跑步"(*exagein epi thēran kai dromous*)。② 虽然有些学者曾通过这个例子将同性恋和最初的仪式联系在一起,但是多弗指出,埃福罗斯并没有把爱欲表现为克里特教育(*agōgē*)的一个方面,但利用教育来表达爱欲则是克里特式爱欲的一个明显特征。③ 同样有趣的是,赛跑是少年体制教育的一个关键方面:在成为一个"被爱者"之前他们就被教授了比赛的本领。而且他们在公开比赛中都享有前排的待遇。

其它资料告诉我们,克里特派代亚体制不仅拥有成人礼的特征的,还为各年龄设置了各自的名字。名字与当时的竞技运动尤其是田径运动相呼应。一个人在成年(大概为 18-20 岁,具体年龄仍不清楚)时被称作 *dromeus*,即"赛跑者"。相反,未成年人则被称为 *apodromos*,即"不够资格赛跑的人"。④ 克里特式裸体、特殊饮食和着装时上特殊标志也表明了这个体制就是一个成人礼。铭文记录了在献与众神节日里,"一丝不挂的群"赤身裸体进行竞技运动。*Ekdramein* 意味"向前跑",但也许它有"脱去衣衫进入竞

---

① Ephorus *ap*. Strabo, *Geographica* 10.4.21(483); Sergent(1986a)7-8, 35.

② Ephorus *ap*. Strabo, *Geog*.10.4.20(482); Plato, *Leges* 636 c-d(大概关于克里特岛竞技与鸡奸的风俗);参见 Aristotle fr. 611.15; Dosiades, *FGH*485 F2; Nicolaus, *FGH*90 F103。

③ Dover(1988)123.

④ Gortyn Code col.VII. 35ff.; Ar. Byz. *ap*. Eustathius 1592.58; R.F.Willetts, *Aristocratic Society in Ancient Crete*(London: Routledge and Paul, 1955)11-12;关于奔跑者年纪的论述,参见 Percy(1996)67; C.A.Forbes, *Greek Physical Education*(New York: Century, 1929)44-53 对克里特岛的体育教育进行了(大多已过时的)综述。

技馆”的特殊意思。这个词出现在拉托市和奥罗市的铭文中，用在青年的成年仪式上。① 所以这些即将成年的青年可能会被要求脱掉衣服去参加裸体运动这个成年习俗。这些群体根据年龄把少年分组并要求他们与长辈吃公餐（*syssitia*）。重要的一点是，那些被各个群体推选出来的人还必须结婚。②

虽然多数资料记录的都是少年的成人礼，但菲斯托斯（Phaestus）的伊克迪西亚（Ekdysia），也就是“脱衣节”则要求将要结婚的女孩脱掉她们的长袍以表达对女神雷托菲提亚（Lato Phytia）和一位当地英雄的敬意。后者本是女儿身，却被变成了少年。最近的考古发现指出，这个传说可能印证了埃福罗斯所描述存在于公元前 1000 年甚至克里特青铜器时代的早期同性恋。然而，因早期史料证据的缺失，这一发现并不能支持印欧语系文明与此相关的假设，也无法证明类似风俗在很久以后的希腊得以流行的假设。就如安德鲁·斯图尔特（Andrew Srewart）说的那样：“虽然制度化的娈童在黑暗时期的克里特已经存在，但它可能在公元前 7 或前 6 世纪才被其他地方正式采用。那时由于其他原因，裸体运动获得了繁荣发展。”③我之前提到过珀西（Percy）关于公元前 8 世纪人

---

① *IC* I.9.1（Dreros）；*IC* I.19.1.18（Mallia）；参见 W.Burkert（1985）261（=1977，392）。关于 *ekdramein*，参见 D.D.Leitao，“The Perils of Leukippos：Initiatory Transvestism and Male Gender Ideology in the Ekdusia at Phaistos”，*Classical Antiquity* 14（1995）134。

② Ephorus *FGH*70 F149 *ap.* Strabo10.482；R.F.Willetts（1955）8.

③ A.Stewart，*Art, Desire, and the Body in Ancient Greece*（Cambridge：Cambridge University Press，1997）240；第 28–29 页认为克里特岛上的多里安人可能在最初的仪式中引入了脱光的习俗，但这种说法是基于备受争议的 Bremmer、Sergent 等人的论文。关于 Ekdysia：Antoninus Liberalis 17，参见 Ovid，Metamorphoses 9.666–797；M. P.Nilsson，Grieschische Feste von religiöser Bedeutung mit Ausschluss der Attischen（Leipzig：B. G. Teubner，1906；重印版，Darmstadt：Wissenschaftliche Buchgesellschaft，1957），第 370–371 页；W.Burkert（1985），第 261 页（1977 年版，第 392 页）。最近，Leitao（1995：130–63）引用了一幅公元前 8 世纪斐斯托斯的娈童恋的壁画，可能表明在那个时代该仪式的最初起源。希腊的 Kato Simi 发现了大约公元前 1000 年青铜器，上面描绘了一位男孩和一个成年男子，均处于勃 （转下页）

口增长推动了克里特娈童发展的观点。无论克里特的 *agelai* 存在的历史有多久，我们都可以注意到，在历史上它们的外在特征表明了它们具有成人礼的性质。因此，克里特派代亚为我们提供了一个成人礼的实际例子，反映了它的同性恋现象出现得比希腊的其他地方要早，并且在后期把竞技和成人礼仪式结合在一起。① 75

除了克里特教育体制和当地祭仪之外，克里特竞技赛事冠军和运动会的相关资料也反映了这种文化对城邦间公共赛事的关注（或缺乏关注）。一个对泛希腊运动会已知冠军的调查表明克里特人在这些赛事中并没有取得很大的成就。当中只有 8 名已知的

（上接注③）起状态，以及手拿杯子和打猎器具的其他男性，这可能暗指下列两人作品所描述的类型的仪式。一个是 Ephorus 的 A.Lembesis，“A Sanctuary or Hermes and Aphrodite in Crete”，Expedition18（1976）2-13；另一个是 A.Byrne 的“The Greek Geometric Warrior Figure”，Archeologia Transatlantica 10（Louvain：Institut Superieuer d'Archeologie et d'Histoire de l'Art College Erasmus，1991），第 81-83 页。克里特岛上，甚至更早的男性成年仪式在著名的“Chieftain Cup”中已经见到过。这种杯子可追溯至大约公元前 1650-前 1500 年，来自位于 Ayia Triada 的宫殿中。（参见 R. B.Koehl，“The Chieftain Cup and a Minoan Rite of Passage”，《希腊语研究期刊》106（1986），第 99-110 页）。Koehl 表明，克里特人男性共同进餐的习俗可能起源于米诺斯时期的克里特岛，只是在后来才被生活在陆地的多里安人所采用。斯巴达也发现过这种现象。如果这种说法是正确的，那么我们就可以作出两种评述：a）娈童恋起始的习俗起源于印欧的可能性要小得多，b）毫无考古学的或其他来自克里特岛的证据表明，对于这些仪式有持续性的体育竞技。关于第二点，Koehl（109-110，注释 66）发现了斗牛和拳击手的 Rhyton 上刻的拳击（如果确实是所描画的）图案之间可能存在的联系。Rhyton 是仪式的一部分，跟米诺时期一个特殊阶层开始由青年进入成年有关联，这“形成后青铜时代体育事件机制成为成人仪式开端的背景”，参见我的文章“Women，Bull Sports，Cults and Initiation in Minoan Crete”，*Nikephoros* 12（1999），第 33-70 页。Percy（1996：24-25）质疑 Koehl 的《米诺时期及随后多里安人娈童恋仪式的持续性》一文，这是合适的，因为包括 Chieftain Cup 和来自 Kato Simi 的青铜器在内的证据太微弱，而且在习以为常的娈童恋的确定上模棱两可；多里安人的占据，黑暗时代的终结让持续性的可能性减少。《米诺时期及随后克里特人体育运动的持续性》一文亦有好几个难题：a）后来希腊的体育节日起源于史前的成人仪式这个假设；b）在米诺时期艺术中，斗牛及在拳击手 Rhyton 上所见到的和其他地方见到的那种拳击图案，似乎在大约公元前 1300 年消失了；c）在米诺时期的斗牛赛事中，年轻女子和年轻男子一起参加，而后来的希腊体育运动中，女子则被严格隔离开来。

奥运会冠军来自克里特。据莫雷蒂(Moretti)的规范性研究,其中3名运动员的家乡和夺冠年份不确定,分别是:一个叫提塔斯(Titas)的(来自克里特?)运动员,是公元前504年某个不确定赛事中的冠军;迪奥雷塔斯(Diognetos),来自克里特,也许获得了488年的搏击冠军;以及伊卡迪奥(Ikadion,来自克里特?),男子单程跑冠军。还有3名是公元前448-前380年的赛跑冠军,最后两名是罗马帝国时期(公元25-209年)的单程跑冠军。① 上述的提塔斯只是在6世纪后期雅典集市上的铭文有提及:"奥运冠军提塔斯被鸡奸了(*Titas Olympionkas katapugōn*)。"②如果他是个克里特人,那么这位雅典竞技迷对其的责骂不仅仅暗示了城邦间的竞争关系,也表明了克里特人以与其派代亚体系关联的娈童闻名。达尔菲和尼米亚运动会中没有克里特冠军。公元前5世纪的科林斯伊斯米安运动会上也只有一个克里特人赢得了搏击冠军,时间大约是在公元前5世纪。③ 各个时期里也没有任何重要的竞技赛事在克里特举行。④ 公元前5和前4世纪初显然是克里特在泛希腊奥运会表现最好的时期。随后,克里特在奥运会上取得了为数不

---

① 参见L.Moretti, *Olympionikai, i Vincitori negli Antichi Agōni Olimpici, MemLincei* ser.8. 8.2(Rome: Accademia Nazionale dei Lincei, 1957) no.590; (Akestorides)注释158, 181, 274, 296, 367b, 390/398;(同一冠军)注释752和906。

② Mabel Lang, *Graffti in the Athenian Agora* (Princeton: American School of Classical Studies at Athens, 1974)表20。为了将*katapugon*当作对处于被动地位的男同性恋的通用术语,参见E.Cantarella, *Bisexuality in the Ancient World*, C. Ó Cuilleaná 译,第46-48页; J.Winkler, *Before Sexuality: The Construction of Erotic Experience in the Ancien Greek World*, D.Halperin, J.J.Winkler, and F.I.Zeitlin 编辑(Princeton: Princeton University Press, 1990),第195页。

③ 伊斯米亚冠军是某个阿尔康人,曾在Simonides fr.158 Bergk中提及;参见T.Klee, *Zur Geschichte der Gymnischen Agōne an Griechischen Festen* (Leipzig: B.G. Teubner, 1918; reprint, Chicago: Ares, 1980) p.95, no.216。

④ 公元2世纪中期,*koina Kretes*在Gortyn资助了一次节日比赛,此次比赛只有一个传令官兼此次比赛戏剧性的获胜者参加。除此次赛事外,没有资料提到克里特岛其他的竞技性节日、体育运动或其他运动。见L.Moretti, *Iscrizioni agonistiche greche* (Rome: Angelo Signorelli Editore, 1953),第74页。

多的冠军,其中大多数来自于赛跑。据现在所知,克里特从来没有在马术项目中取得冠军。克里特并不是一个以养马出名的地方,所以这也就不足为奇了。克里特跑步的习俗中有将某个年龄段的青年人称为“跑步者”(*dromeus*)的传统,这也与8名克里特奥运冠军中有6名是赛跑冠军的事实相吻合。如果克里特的教育像前面说到的那样在公元前7或前6世纪经历了“体制的重建”,那么这个新体制建立起来后也许是公元前5世纪的克里特运动员获得短暂的成功的原因之一?不过这二者的联系仍只是个假设而已。

我们无法确定历史上克里特并不热衷于参加岛外的节日或祭仪比赛的原因。这可能只是因为从克里特岛到大陆以及其他地方困难重重:需要长途爬涉,或是要面对岛上臭名昭著的海盗。① 也可能是因为没有足够强大的经济后盾去支持运动会和比赛训练所需的空余的昂贵设施。或者只是因为人们自给自足的观念和文化孤立主义。无论是哪种情况,人们对其他地方公共节日参与度不够和克里特本身节日不多这个事实把竞技比赛提高到一个更加重要的位置,后者本来在当地祭仪就扮演着相当重要的角色。作为派代亚的一部分,竞技比赛,尤其是赛跑项目,在这个领域可能满足了克里特人的野心。 76

斯巴达

过去一个多世纪里,许多学者都声称他们发现了斯巴达教育体系(*agōgē*)中比赛和训练的原始成人礼的踪迹。这个特别的教育体系被认为与克里特教育体系有相同来源,很可能但不一定来源于共同的“多里安”文化。斯巴坦的年龄阶级并不是唯一的,因为他们被很多社会用于征兵和社会机构当中;然而,斯巴坦的教育

① P.Brulé, *La Piraterie crétoise hellénistique*(Paris: Les Belles Lettres, 1978).

体系是值得一提的,因为它更注重体能训练,残暴,以及仪式的形式化、复杂化和重要性。① 保罗·卡特来治(Paul Cartlege)对这个体系的早期历史提出了以下观点:

> 虽然我们不确定在公元前10世纪到达这片土地的斯巴达祖先有没有建立一个按年龄区分并带有仪式性质的成人礼兼教育的循环模式,但他们到达斯巴达之后确实建立起一个注重军事并以其为目的的社交教育体系。②

当然,在"他们到达之后"多久才建立起这个体系也很具争议。奈杰尔·康奈尔(Nigel Kennell)有力证明了 agōgē——这个从我们的文学资料中得知的斯巴达教育体系,很可能直到公元前6世纪才建立起来,这个时期希腊的运动盛会首次获得空前繁荣。③ 奈杰尔·康奈尔不同意卡尔特赖治把这个体系描述成在古

---

① Finley (1982) 38. 为概要性地了解斯巴达教育,可参见 Marrou(1956) 14-25, 尽管这种过时的观点要谨慎使用;更新、更可靠和更学术性的观点,请见 Kennell (1995)。关于斯巴达的体育运动,参见 S.Hodkinson, "An Agonistic Culture", 以及 A.Powell 版的 *Sparta: New Perspectives*(London: Duckworth, 1999), 第六章, 第147-187页。

② Cartledge (1988) 404; Cartledge, *Agesilaos and the Crisis of Sparta* (London: Duckworth, 1987) 25. *agōgē* 是"一主要的世俗教育循环, 带有重要的宗教元素"。

③ Kennell (1995) 146; Cartledge(1988) 404 认为: 斯巴达社会再组织成重装步兵这一过程很有可能发生在公元前7世纪前叶。*agōgē* 随后经历了两次复兴, 第一次是公元前220年左右在 Cleomenes II 的统治下发生的, 时间相对较短;第二次是在公元前146年以后发生的, 持续到公元4世纪, 这些"来库古"传统的仿古复兴更加使其不易被觉察, 这些活动实际上是忠实仿效公元前6世纪时的。参见 P.A.Cartledge and A.J.S.Spawforth 的 *Hellenistic and Roman Sparta: A Tale of Two Cities*(London: Routledge, 1989) 207; Kennell(1995) 5-27。Vidal-Naquet(1986) 147 争论说, 某些描叙里的"公元前6世纪革命"是一个复杂的创新和变革过程, 是有特色的复兴, 显然是传播遥远的史前时期的制度", 没有让人信服的史前元素的证据。Percy(1996: 69-72) 过于从字面意思接受了古代资料的说法, 争论说克里特人分散在四处, 由此形成了斯巴达的 *agōgē*。

典时期里"主要是世俗的",康奈尔认为它有"宗教的、成人礼的基本特征",这一区分"错误地划分了宗教和世俗的年代"。① 从当代和实用角度来看,卡特赖治的描述是否在任何时期都是可以说是十分准确,这一点值得商榷。在这些时期里,国家的政治和军事成就是更加重要的社会功能。对于古人来说,宗教与世俗是绝不可分离的,但宗教对社会的直接影响更难辨别。另一方面,宗教为斯巴达教育体系奠定了一个重要的祭仪基础,特别是公元前 6 世纪大受欢迎的阿尔忒弥斯的仪式。所以我们可以总结出,这个教育体制不可避免将宗教同实用主义结合于一体。前者源于其社会背景,后者则是实现其目的的方式。既然成人礼的历史仍旧是个谜,较为稳妥的结论是:经历史验证公元前 6 世纪斯巴达教育体系较有可能的基础直到抚养体系中出现了成人礼和娈童的特征之后才得以形成。 77

到公元前 4 世纪,娈童已经成为斯巴达教育体系内的一种习俗。那时色诺芬首次提及这种关系。阿尔克曼作于公元前 650－前 600 年间的诗歌《帕台农神殿》提及了女同性恋现象。② 卡尔特赖治曾有理有据地论证到在公元前 700 年之后的斯巴达,"'希腊竞争体制'所引起的效仿现象达到了一个其他任何地方都无可比拟的激烈程度",而"角色地位的概念"是一个控制社会中同性恋发生率的变量。③ 色诺芬为来库古认可娈童关系这一举措的辩护也许会亦或不会透露某些社会精英或雅典人对这位作家的看法,

---

① Kennell(1995)135.

② Xenophon, *Respublica Lacedaemoniorum* 2.12－14; Cartledge(1988)405; C. Calame, *Choruses of Young Women in Ancient Greece: Their Morphology, Religious Role, and Social Functions*, trans. D. Collins and J. Orion (Lanham, Md.: Rowman & Littlefield, 1997)7－8, 244－55, from the original *Les choeurs de jeunes filles en Grèce archaïque, I: Morphologie, fonction religieuse et sociale* [Rome: Ateneo & Bizzarri, 1977] 26－27, 420－36); Dover(1989)179－82. Alcman and female homoeroticism: Cantarella(1992) 81－82; Alcman and female athletics: 参见本书第五章,第 221 页注释②。

③ Cartledge(1988)406－7.

但这一辩护可能包含了意识形态真理的一个元素，说明了斯巴达人认为，比起外貌，施爱者更关注被爱者的灵魂以及与这个少年的真挚友谊。这种爱与被爱的关系很可能是一种有巨大功能性和指导性的关系，在这种关系中，成年人帮助青年走向成年。① *Pardes*（约7-14岁），*paidiskoi*（约14-20岁），*hēbōntes*（约20-30岁）这三个色诺芬描述的年龄层中，“被爱者”通常属于第二个年龄层，“施爱者”一般属于第三个年龄层。青年们首先以*paidiskoi*的身份进入公餐会时（即*phitidia*），然后成为正式成员*hēbōntes*。② 因此，成为拥有社交能力和权利的城市公民的过程伴随着娈童关系的发展。

普鲁塔克给我们讲述了少年们在斯巴达教育体系内是怎样接触到娈童关系的：

> 孩童（青少年）接受这些合适的（较年长的）青年施爱者。年龄较大的还会照顾年少的，会更加频繁地去竞技馆并观看他们的比赛，有时他们还会相互开玩笑，这并没有不得体，但他们以某种方式像父亲、导师和监护人一样照顾这些少年。③

这个监管体系说明处于“被爱”位置的少年需要在一定社会环境下，尤其是在竞技馆内，由年长者来监管。这大概是用来在娈童关系伙伴之间维持秩序和保证行为举止的得体。

到公元前5世纪，斯巴达人发现他们的的年龄阶级体制和娈童现象使得人口减少到了一个极不理想的状态，因此他们想方设法鼓励生育。他们发生婚外性关系；他们让那些参加公共竞技比

① Kennell（1995）125.
② Kennell（1995）125-30.
③ Plut., *Lycurgus* 17.1.

赛的女孩进行裸体或半裸游行,以吸引年轻男子的注意;他们让有3个儿子的父亲享有特权。[1] 第五章将讨论斯巴达女子竞技活动。这种现象反映了斯巴达具有公开情色意味的"身体文化"的一个有趣方面,即鼓励观众与参赛者之间发生异性或同性的性关系。

我们都知道斯巴达教育体系很可能是于公元前6世纪所建,并且具有许多成人礼的特征。另外,于公元前7世纪公开的娈童关系在公元前6世纪被融入到斯巴达教育体系中。竞技运动的重要性什么时候和怎样融入到斯巴达教育体系中仍有待我们去研究。简单地说,与斯巴达教育体系相结合的运动赛事既不鼓励公众参与斯巴达以外地区的比赛,也没有为斯巴达人在斯巴达以外的其他竞技赛事上的成功作出任何贡献。相反,这个聚焦于内部的体系可能会削减人们对非斯巴达赛事的热情和参与度。公元前720-前580年间,斯巴达运动员在奥运会上表现出色,在竞技赛事中有36名冠军来自斯巴达,虽然其中没有任何马术(始于公元前680年)冠军。[2] 那个时期的大多数奥运会至少有一名冠军来自斯巴达。相比之下,在公元前576-前372年间,只有6(或7)名斯巴达奥运会冠军和11名斯巴达马术冠军。斯巴达的运动冠军数目锐减得太明显以至于难以归咎为某次意外。如果这些已知的冠军反映了参与度的一次真正改变,这可能是由于公元前6世纪的"革命"建立了斯巴达教育体系之后出现的新的文化焦点。或许派代亚更加重视只出现在当地节日的竞技训练,斯巴达的贵族则

78

---

① Plut., *Lyc.*14.1-3; 15.1, 9-10; Aristotle, *Politics* 1270b1-7;参见第五章女孩庆祝游行的讨论。Kennell(1995)134讨论其他人口问题的补救办法,包括将非市民人员纳入男青年系统。

② 基于Moretti(1957)中所列出的胜利。Hodkinson(1999)161-165谈到公元前600-前580年斯巴达体育获胜次数急剧下降,将下降的原因归咎于其他城邦越来越多的参与度。这一时期,主要是希腊西部的城邦。虽然Hodkinson提到,斯巴达式的生活方式的需求可能实际上并没有减少参与机会,但他没有考虑这种可能性,那就是斯巴达人可能有意地将更多的时间和精力转移到当地竞技中去,作为他们文化"革命"的一部分。

通过马术比赛的获胜而在泛希腊赛会上享有盛名。人们认为参加马术比赛并不是一次勇气的考验,而是财富的度量,所以在那个领域的失败并没有什么可耻的地方。① 对青年训练中军事部分的进一步强调也导致了这次重新定位;包括球类运动和在普拉塔尼斯塔斯(Platanistas)进行的团体对抗赛在内的团体运动得以确立,这在希腊也是独一无二的。这种独特的再定位可能会在斐罗斯屈拉特(Philostratus)的报告(约公元230年)中被反映出来:“然而,一段时间之后他们不再参加拳击和搏击比赛,因为要是输了这种比赛,大家会中伤斯巴达人,说他们怯懦。”②

据莫雷蒂(Moretti)的冠军汇总,除了奥运会之外,在公元前576-前4世纪的地方性节日比赛里,只有3名冠军来自斯巴达,而且这些冠军只在斯巴达举行的比赛中获胜。③ 阿格拉塔斯(Aiglatas)是两个当地运动会的赛跑冠军——这两个运动会分别是公元前500-前480年左右举办的的雅典娜亚(Athanaia)和赛莫伊亚(Syrmaia)(Moretti,no.9)。一组记载于约公元前440-前431年的铭文列出了某个达摩恩人(Damonon)在赛跑和战车比赛中获胜,

---

① 参见斯巴达妇女Cynisca于大约公元前390年在奥林匹亚获取战车胜利的故事。这一成就被认为是财富的典范,而不是勇猛的典范(*andragathia*, *aretē*)。还有Agesilaus对马术赛事(该卷的开端)的不削一顾;Xen., *Agesilaus* 9.6; Plut., *Agesilaus* 20.1; Cartledge(1987)149-150。

② Philostr., *De gymnastica* 9, 第58页;Plut., *Lyc.*19.4, Plut., *Moralia* 189E, 228D(大约公元100年);Seneca, *De beneficiis* 5.3.1(公元1世纪);M.Poliako, *Combat Sports in the Ancient World: Competition, Violence and Culture*(New Haven: Yale University Press, 1987),第100-102页;Hodkinson (1999),第157-160页。如果禁令是真切的而非空穴来风的话,该禁令要么是没有严格执行,要么是在公元3世纪早期就被废除了,因为我们知道,在斯巴达拳击和pankratiom是Euryclea节的一部分:Moretti(1953)79, 84。

③ Moretti(1953)9, 16, 18. 当然,Moretti远非列举了穷尽性的清单,但他有代表性地精选了该书出版时可以找得到的有更加重要影响的获胜者遗址。现急需更加完善的资料收集或数据库,但Moretti(1953)权威性的研究是更加了解当地获胜者的有利代表。

他的儿子恩马克瑞提达斯(Enymakratidas)在赛跑比赛中获胜(Moretti,no.16)。让人不可思议的是有众多比赛只在斯巴达周边地区举行:盖沃科斯节(Gaiwochos),雅典娜亚节(Athanaia),波所达亚节(Posoidaia)[一个在赫尔罗斯(Helos),另一个在图瑞亚(Thuria)],阿瑞恩提阿斯节(Ariontias),埃琉西斯节(Eleusinia),利斯埃亚节(Lithehia),马利阿提亚节(Maleateia)和帕帕农尼亚节(Parparonia)。① 因为其中大多数比赛只记录于这组铭文,所以我们不确定是否只有斯巴达人参加这些比赛,也不知道这些比赛是否只是短暂存在。我们也许会从其他资料知晓这些比赛是否有非斯巴达人参加或者持续了很长年代。在莫雷蒂的汇总中,一个斯巴达少年(*pais*)阿瑞克斯波斯(Arexippos)在公元前4世纪上半叶的一个不知名比赛中获胜,这个比赛可能是斯巴达独有的几个比赛之一,我们对这方面的知识了解甚少,后来这个比赛被大家称作 79 "男子比赛"(*paidikoi agōnes*)。② 克里(Klee)的关于比赛冠军的调查说明了除了奥运会之外,泛希腊运动会(达尔菲运动会、伊斯米安运动会和尼米亚运动会)670个知名冠军中没有一个是斯巴达人,这些赛会的创立时间均为公元前586-前573年,而这与斯巴达在奥运会上的冠军数目锐减的时期大致吻合。③ 另外,克里城邦冠军记录中的6个地方性节日冠军名录表明,340名冠军中只有12名来自拉哥尼亚,其中有两名于公元前4世纪在阿卡迪亚举行的利卡亚运动会(the Lykaia Games)中获胜,两名于公元前2

---

① 关于Parparonia,参见Robertson(1992)179-207。关于Damonon铭文,参见Hodkinson(1999)152-153。

② Moretti(1953)18;见Kennell(1995)51-55关于"Boys' Contests(男孩竞技)"的论述,尽管作者认为,正如后来所描述的那样,这些运动项目是在公元前2世纪晚期才诞生出来的。如果这一假设成立的话,Arexippos竞技的性质就无法确定。

③ Klee(1980)76-108建立在文学资料和碑文资料基础之上。Hodkinson(1999)161指出,有几十个来自斯巴达庇护所的Panathenaic双耳花瓶题词的碎片,但是其中没有几个对外发布过,只有马术事件引人瞩目。

至前1世纪在拉里萨举行的伊雷斯瑞亚运动会(the Eleutheria Games)中获胜,另外8名于公元前1世纪在奥罗普斯(皮奥夏)举行的安菲阿拉亚运动会(the Amphiaraia Games)中获胜。①

即便我们拥有的记录不完整,我们仍然可以有理有据大胆地提出斯巴达人参加公共比赛的特点。总的来说,在古典时期和之后的一段时期,斯巴达人确实好像对泛希腊运动会和在斯巴达之外举行的运动会不感兴趣。如果斯巴达教育体系在公元前6世纪确立,那么这个体系可能导致了接下来3个世纪斯巴达人在竞技上以自我为中心的特点。也许这个转变印证了上述斐罗斯屈拉特(Philostratus)所提的观点:斯巴达人一般不愿意冒在运动比赛中失败这个险,以免磨灭了他们在军事上团结和战无不胜的形象。参与度的降低也反映了在公元前5世纪及以后的时期,斯巴达的文化保守主义和狭隘思想让人们无意为维持日益专业的训练体系所需的巨大花销买单。这个变化也反映了斯巴达人的沙文主义自信,即认为斯巴达人不需要通过与其他希腊人比赛来证明自己的勇气。这一事实也许很好地包括了所有这些(毫无疑问还有其他)动机。

无论如何,我们都能注意到,斯巴达像克里特一样形成了与希腊其他城邦不同的运动会和教育体系。莫雷蒂列出公元前316年到公元393年的最后一届古代奥运会,来自斯巴达的奥运会冠军只有9名。自罗马帝国的奥古斯都时期起,斯巴达确实确立了几个新的含有运动项目的地方性节日,也就是凯撒利亚节(Caesarea)、乌拉尼亚节(urania)、奥律克里亚节(Euryclea)和奥林匹亚·科莫迪亚节(Olympia Commodea)。在这些和其他不知名的节日

① Klee(1980)117-20;6份名单是 *IG* VII 414(公元前4世纪 Amphiaraia, 奥洛普斯);*IG* V 2.549ff.(公元前4世纪 Lykaia);柯安冠军名单(大约公元前198年,由 Klee 于1980年编辑);*IG* II 2.966(泛雅典娜节,公元前2世纪);*IG* IX 2.525ff(公元前2-前1世纪,埃留忒里亚节,拉里萨);*IG* VII.416(公元前1世纪 Amphiaraia, 奥洛普斯)。

中,学者们统计出34个有名有姓、从地中海各地区来斯巴达参赛的冠军。① 尽管斯巴达人并不热衷于到其它地方比赛,但正如这个时期的其他希腊城邦一样,斯巴达也渴望吸引他国运动员来参赛。在罗马帝国和平统治下,该城邦也被诱使来利用这些文化活动所带来的名望和经济利益。

让我们来总结一下斯巴达教育体系是如何与他们在希腊竞技运动的参与度相联系的。之前提到的斯巴达的竞技获胜历史和当地节日表明,在公元前6世纪斯巴达教育体系确立之前,他们在斯巴达之外举办的竞技比赛的参与度已经达到了顶峰。确实,就我所知,据之前的观察,竞技冠军数目减少和斯巴达教育体系的确立并没有直接的联系,但这种联系支持我们对斯巴达教育体系"发明"日期的猜想。从公元前6世纪末到公元4世纪,斯巴达人参加的竞技运动具有较强的地域范围的特点,这似乎使得人们更加强调当地比赛和教育体系的重要性。斯巴达教育体系的最后一次复兴发生在公元前146年的罗马时期之后,然后就一直未曾改变。非斯巴达人和斯巴达人都可以参加的当地斯巴达赛会也在罗马时期确立,但斯巴达人似乎仍然很少在别的地方参加比赛。斯巴达教育体系吸引了青年们的兴趣,为他们提供了用武之地,简而言之,这是原始教育体系中最全面的体系,也是希腊类似的体系中吸引青年人数最多的一个。 80

让我们现在看看这个体系本身,重点讨论一下斯巴达教育体系的"成人礼"部分,这也是其最明显的特征。就像之前所说的一样,斯巴达的培养方式类似于克里特的体系,这也许是源于共同的部落传统,也许是相互借鉴。② 男性从7岁开始进入巴达教育体

---

① Cartledge and Spawforth(1989)232–233; Kennell(1995)84–87 记载了非斯巴达文化对斯巴达的吸引力,包括 *agōgē* 和罗马帝国时期的节日。

② Burkert(1985)262–63(=1977, 393); W.G.Forrest, *A History of Sparta*, 950–192 b.c.(London: Hutchinson, 1980)51–55.

系,直到30岁当他们成为公餐会的正式成年成员时才结束。斯巴达的青年会度过一段隔离时期,被称作*krypteia*或“隐匿”。① 柏拉图在讨论勇气是如何产生的文章(*Leg*.663a-c)中提到斯巴达的“体能测试”,也就是公餐、竞技锻炼、狩猎、隐匿、鞭打和其他一些测试。

作为斯巴达教育体系的成员,少年们会定期参加某些节日比赛。这些节日有成人礼的特征,包括体能测试。其中最著名和最残酷的是阿尔忒弥斯·奥西亚(Artemis Orthia)仪式。在这个仪式上,青年们在女神的祭坛上接受鞭打,最能忍受鞭打,且痛苦迹象表露得最不明显的被称为*bōmonikas*,也就是“祭坛上的胜者”。② 这个残酷的习俗至少表明了斯巴达青年的刚强,但这很可能是成人礼的一部分,以期逐渐灌输道德的力量。这个仪式也许会按年龄分组,参与者可能会身着特别服装(吕底亚风格)游行。这些事实都进一步表明了其成人礼的特征,尽管这种特征出现得较晚,并且意味着斯巴达重新回到来库古时代。③

另外一个具有成人礼特征的重要斯巴达节日是纪念阿波罗·卡尔尼乌斯的卡尔尼亚节。④ 在这个节日里会有一个神圣休战期(*hieromēnia*)(Paus.3.13.3)。阿波罗取代了较老的公羊

---

① Arist. fr.611.10; Plut., *Lyc*. 28; *Cleomenes* 28; Kennell(1995)74指出,这种孤立又被称为“狡猾时期”(Hesychius, s.v phouaxir),他将其描述为“孕育在教育体系里成人仪式的分水岭时期”。

② Paus.3.16.10; Plut., *Lyc*.18, *Aristides* 17; Statius, *Thebaid* 4.233; Xen., *Lac*.2.9; Cic., *Tusc.Disp*.2.34; Kennell(1995)77-78; H.J.Rose, “The Cult of Artemis Orthia at Sparta”, in *The Sanctuary of Artemis Orthia at Sparta*, *JHS Suppl*.5, ed.R.M.Dawkins (London: Council of the British School at Athens, with Macmillan, 1929) 404ff; S. Wide, *Lakonische Kulte*(Leipzig: B.G.Teubner, 1893)99-100.

③ Kennell(1995)79.

④ Nilsson(1957)118-129; S.Wide(1893)63-66, 73-87;尽管大多数认为该节日是在第26届奥运会时诞生的(Kennell[1995]65),但Robertson(1992: 164-65)认为,该节日的历史要老得多,是在诗人Terpander鼎盛时期人为加上的。据说,Terpander是Carneia的第一位获胜者。我没有理由不接受这传统的约会。

神卡尔尼乌斯,绰号叫 *Dromaios*,即"跑步者"。① 位于阿波罗卡尔尼圣殿(Paus.3.14.6)附近的斯巴达人的"跑道"可能就是节日举行的地点。② 参加节日的青年是挑选出来的未婚男子,他们可能来自5个斯巴达部落(Hesychius, s.v. *Karneiatai*)。青年们服务于一个任期为4年的机构,促成像奥运会一样较大规模、每5年举行一次的庆典。虽然卡尔尼亚节本身严格来讲并不是斯巴达教育体系的一部分,但是仪式中未婚男子的参与表明了它拥有类成人礼的特征。在第26届奥运会(公元前672年)确立的有奖竞赛(*agōnes*)中包括著名的"*Staphylodromoi* 赛跑"(即"葡萄群赛跑者")也是由未婚男子参加,并可能与斯巴达教育体系有关联。③ 参赛者从 *Karneiatai*(Hesychius, s.v)中挑选出来。主要的资料来源是一个词典编纂者(Anecd.Bekker I.305),他提到: 81

> 葡萄群赛跑者(*Staphylodromoi*):在卡尔尼亚节中,一名身上捆有羊毛线的青年一边奔跑一边为国家的福祉祈祷;被称作 staphylodromoi 的青年们追随着他,如果他们能追上他,他们将会在这个地方得到好运,若追不上则适得其反。

赛跑者的名字很可能暗示了他们随身带着成串的葡萄。跑在最前面的也许象征着狩猎活动中的动物,追随者则象征着猎人。

---

① *CIG* 1446;关于在克里特岛崇拜"跑步者"阿波罗的论述,参见 Plut., *Quaestiones conviviales* 724C。

② Kennell(1995)56.

③ Sosibius, *Peri Charon*, ap. Ath. 14.635E; Africanus, *ap*. Euseb. I.198 Sch.; Kennell(1995)67 指出 *Staphylodromoi* "跟罗马时期的教育体系毫无直接的结构联系",然而,严格排除已婚男人的做法表明,至少在更广泛的意义上,它象征着男人婚前的地位与城邦福利之间的关系。

然而,德米特里厄斯(Demetrius, *Troicus ap*. Ath. 4.141E)称卡尔尼亚节是“军事训练的模仿”。尼尔森则说这个节日后来才与“宙斯这个具有尚武精神的青年群体领袖”联系起来。① 我们可能会注意到,除了这些附带的成人礼特征之外,葡萄群赛跑者比赛通过对体能的考验而象征着国家的革新。如果卡尔尼亚节上的其他比赛模仿了军事训练,那么整个节日则象征着斯巴达军事力量的复兴。

一个叫普拉塔尼斯塔斯(Planistas)或“梧桐树林比赛”的斯巴达仪式中有一个明显有军事意味的体能测试(Paus.3.14.8-10)。② 在对阿喀琉斯(Paus.3.20.8)和战神恩雅利俄斯进行完最初的祭祀之后,两队青年在一个岛屿上进行一场不使用武器的战争,目的是把敌人扔进水里(卢西恩,《卡西斯》38)(Lucian, *Anacharsis* 38)。这场没有动作限制的对抗允许双方撕咬、踢打、挖凿进行肉搏。这种“战争”(这里用“战争”是由于鲍桑尼亚把它称作 *machē*,而不是 *agōn*“竞赛”)也许由青年们上战场前的标准训练发展而来。但它的残忍性和军事性质表明它纯粹是一个在举行成人礼期间为了强健青年而设的斯巴达仪式。③

柏拉图(*Leg.* 633c4)把在7月为阿波罗、阿尔忒弥斯和勒托举行的裸体青年节(*Gymnopaedia*, 裸体运动)归类于斯巴达体能测试。④ 参赛者首先按年龄、部落划分,接着在剧场进行合唱舞蹈比赛,据

---

① “宙斯卡尔涅亚祭”, Theopompus *ap*. Scholia in Theocritum 5.83; “Zeus Agetor”, Xen., *Lac*.13.2; M.P.Nilsson(1957)123。

② M. P. Nilsson(1957)406-7; Kennell(1995)55-59.

③ M. P. Nilsson(1957)407.

④ 很多评论员用这个称呼来指“裸体男孩”。Robertson(1992)158 指出,参与者并不是严格意义上的“男孩”(*paides*),而是男青年。因此,他把这个名字解释为“裸体运动”,暗指希腊语中的 *paidia* 这个术语,通常用来指孩子的休闲玩耍,或一般意义上取乐时的玩笑。翻译“裸体运动”的难处在于 *paidia* 在希腊词语中从来不是指“体育运动”或“田径运动”; *a(e)thla or agōnes* 涵盖该术语的意思。因而,这里所说的对“裸体趣味”的偏好,(严格说来)指的是节日时非竞技性的舞蹈和表演。

说这种舞蹈是模仿变慢了节奏的自由搏击和摔跤。① 柏拉图的注释者提到了节日上还有一种激烈的球类比赛。在这个比赛中，一个球或其他类物体会被扔来扔去。虽然这种舞蹈表演类似运动，但它们严格来讲并不是传统的比赛，所以最好将它看作斯巴达教育教育体系里具有象征意义的仪式。像雅典的百牲大祭（Hecatombaea）一样，它们的作用是让一批年轻男子正式成年。② 值得一提的是这个节日对男子裸体的强调。如果我们认同裸体青年节创立于公元前668/667年，那么这个节日的创始日期与前面提到的娈童关系公开化的时期相对应。后者的时间为公元前700年后不久。总的来说，希腊的裸体运动是与娈童关系相互促进的因素之一。因此，裸体青年节间接支持了这两个现象相互关联的历史年表，稍后章节中（第八章）我们会看到裸体很可能在公元前7世纪末被引进奥运会，有资料称斯巴达人是这一习俗的创始人。 82

球类运动在斯巴达教育体系中十分重要，以至于成年的斯巴达青年也被称作 *sphaireis*，即"球类运动员"。③ 斯巴达球类运动成为了一种大规模的对抗性运动，有助于严酷的道德和军事训练。④

---

① Ath.14.630C，631B；15.687C.

② Robertson（1992）148-149. 至于 Carneia，Robertson 寻求 *Gymnopaedia* 的建立时间，认为其建立日期比传统历史日期（这一情况，参见668/7）早很多年："早期的时间都是算计出来的，因为这些节日可以追溯到很遥远的时代，是当地引以自豪的事"（164-65）。我再一次发现这个说法不能让人信服。

③ Paus.3.14.6 and *IG* 5.674-79；E.N.Gardiner，*Greek Athletic Sports and Festivals*（London：Macmillan，1910）185；id.，*Athletics of the Ancient World*（Oxford：Clarendon Press，1930；reprint，Chicago：Ares，1980）231；Forbes（1929）21；M.N.Tod，"Teams of Ball-Players at Sparta"，ABSA 10（1903-1904）63-77；id.，"Three New *Sphaireis*-Inscriptions"，*ABSA* 13（1906-1907）212-18；A.M.Woodward，"Some Notes on the Spartan Sphaireis"，*ABSA* 46（1951）191-99；Kennell（1995）59-64.

④ Pollux 9.104-95；Luc.，*Anach*.38；M.Poliakoff，*Studies in the Terminology of Greek Combat Sports*，Beiträge zur Klassischen Philologie，vol.146（Königstein/Ts.：Anton Hain，1982）94.

康奈尔有力地指出，在市中心附近的剧院举行、标志着男青年步入成年的球类比赛与针对年纪更小一些的男青年的鞭打体能测试有着鲜明对比。后者是在市郊的阿尔忒弥斯·奥西亚圣殿举行的忍耐力测试。① 成为"球类运动员"(*sphaireis*)意味着男子步入成年，象征着他们正式参与公民生活，尤为明显的是，这种古希腊独有的团体比赛方式反映了在斯巴达公民眼里团队合作的重要性。

锡拉岛

作为爱琴海基克拉迪群岛中的一个岛屿，古锡拉岛在稍早于公元前750年时就成为了斯巴达殖民地。这个"神圣的管辖区"有着公元前8或前7世纪关于神的铭文和一系列创作于公元前6-前4世纪用色情内容描述"娈童关系"的铭文。② 这些娈童关系铭文位于阿波罗卡尔尼亚圣殿西边50-70米的距离。有人认为这一点指出了成人礼的重要性，因为阿波罗常常是作为成人礼之神，并且也因此而成为竞技之神。后来人们在这些铭文所处的位置为赫尔墨斯和赫拉克勒斯建造了石窟，在其下方就是古希腊竞技馆的入口。③

---

① Kennell(1995)61-62.

② *IG* 12, 3.536-601(尤其是536-549, 文本包含可能的娈童恋表述或词语；其余的只是普通的称谓或是敬上帝的献词, 特别是第89节, "[Apollo] Lykeios"); Sergent(1986b)29-39的讨论; Calame(1997)247(1977版, 第1卷, 第424-425页); Y.Garlan and O.Masson, "Les acclamations pédérastiques de Kalami(Thasos)", *BCH* 106(1982)17, 注释25; Félix Bufflère, *Eros adolescent: La pédérastie dans la Grèce antique*(Paris: Les Belles Lettres. 1980), 第57-59页; Percy(1996)31-32, Dover(1989)195认为这种壁画完全可以回溯到7世纪, "但是相关证据不足而导致在日期确定上分歧巨大。"

③ Hiller von Gaertringen and P.Wilski, Thera. *Untersuchungen, Vermessungen und Ausgrabungen in den Jahren 1895-1902*, vol.3, *Stadtgeschichte von Thera*(Berlin: G.Reimer, 1904)66-70; Hiller von Gaertringen, *Thera. Untersuchungen, Vermessungen und Ausgrabungen in den Jahren 1895-1898*, vol.1, *Die Insel Thera in Altertum und Gegenwart mit Ausschluss der Nekroplen*(Berlin: G.Reimer, 1899)289-96(gymnasium).

在这些铭文上，很多青年的别名叫“优秀”（*agathos*）、“可敬”（*timios*）或“卓越的舞蹈家”（*orkheitai agathōs*）。萨金特（Sergent）指最后一个别名的来源是由于与斯巴达教育体系相关的斯巴达节日上常常有舞蹈，例如裸体青年节，卡尔尼亚节（Carneiaa）和叙阿琴提亚节（Hyacinthia）。据说舞蹈在锡拉岛的阿波罗神庙外举行，其地点在竞技馆附近说明了这个地方可能也被用作青年训练或比赛的场所，这也与斯巴达的习俗比较相似。最后萨金特继续了让梅尔的研究，解读了 phein 这个出现在好几处铭文中（nos. 536－38）的神秘动词，意思是同性间发生性关系。比方说，在 *IG* XII 3.536里提到："菲迪浦底斯（Pheidipidas）发生性关系［*ōiphe*］。提玛戈拉斯（Timagoras）与恩菲尔斯（Enpheres）发生性关系 83 ［*egōiphomes*］。恩皮洛斯（Enpylos）在这里（是）一个通奸者（*pornos*）。恩佩达克斯（Enpedokles）把这些故事刻下来并由阿波罗用舞蹈演绎出来。”“这里的青年似乎不仅仅是 *erōmenoi*（被爱者），也是运动员和舞蹈家……。”①有明显的迹象表明 *ōphein* 这个词具有嘲讽意味，虽然我们不清楚这个词的确切意思，但它与男性生殖器官有关。② 这个词的嘲讽意味和两处铭文上所说的这种行为发生在“这里”，以及整个希腊禁止人们在神圣场所发生性关系这些事实都表明了这些铭文不是成人礼成就的记录，而是如多弗所说的那样，是“玩笑般的猥亵”。③

有进一步的资料表明锡拉岛铭文很可能是非正式的，因此娈童关系不能基于这些证据而被看作是锡拉岛成人礼或派代亚的一部分。另一方面，这些铭文表明早在古时候那里就已经

---

① Sergent（1986b）35；参见第 29－39 页关于涂鸦的综合论述；Bremmer（1980）283。

② David Bain，“Six Verbs of Sexual Congress（*bino*, *kino*, *pugizo*, *leko*, *oipho*, *laikazo*）”，*CQ* 41（1991）72－74.

③ Dover（1988）125－126. Cantarella（1992）7－8 认为，碑文是“用来庆祝起始仪式的完成”，这一说法不能让人信服，鉴于它们神圣的位置，引用上帝就可能掌控教育以及人称指代的准确性。

存在娈童关系,碑文内容也说明了娈童关系至少是人才培养,包括在这些青年之间举行比赛,体系里的一个非正式部分。在描述了“娈童关系”或类似的铭文里有大量人名,但没有别名和资质(*IG* XII 3.550-601)。因此,所有这些铭文,包括描述娈童关系的,只是像竞技馆或公共场所这类青年常去地方的普通铭文一样,它们的作用是通过刻上“某某到此一游”来弘扬名声,以某人的美貌、高尚情操、舞蹈技能、性能力为傲,有时也会通过这种做法来诋毁一个自己不喜欢的人。与此相似的铭文发现在晚些时期(公元前320-前270年)的萨索斯岛(Thasos),大多数都记载“某某十分漂亮”或“甜美”或“可爱”等等(*kalos*,*ōraios*,*hēdus*,*eucharis*,*euschēmōn*)。① 让我们试将它与纳克索斯岛(Naxos)最初只记载少年女孩名字的铭文“卡瑞恩(爱)·多洛菲”作比较。对于该铭文,后来某人戏谑地赋予其中的少年“私通者”(*oipolēs*)这一难听的绰号。在锡拉岛的铭文中可以找到这个具有讥讽意味的词。② 由于萨索斯铭文中描述了异性恋和与多里安文化无关的内容,因此锡拉岛的铭文可反映的是多里安独有的文化或者同性恋现象这个可能性就大大降低。人们在尼米亚的竞技馆(公元前4世纪)入口隧道处发现了类似的具有同性情色意味的玩笑——“二次创作铭文”(metagraffito)。③ 希腊化时期普里恩(Priene)和提洛岛(Delos)的竞技馆里到处都是馆里常客刻画的铭文,大多都是“某某到此一游”之类。④ 我们至少能总结出有锡拉铭文的地方常常有当地青年的来访,另外,根据

---

① Garlan and Masson(1982)3-22.

② Bain(1991)73,注释173-174。

③ Stephen G.Miller, *Nemea: A Guide to the Site and the Museum* (Berkeley: University of California Press, 1990)36-37, 186-89.

④ J.Delorme, *Gymnasion: Étude sur les Monuments consacrés a l'Éducation en Grèce*(*des origines à l'Empire romain*)(Paris: de Boccard, 1960)192, 326, 以及索引, s.v. *graffiti*; Gardiner(1910)494-96(Priene)。

以上的证据与例子，这个地方以前可能用作跑道、舞蹈场所或公立学校。

虽然锡拉铭文貌似不太可能会记录任何正式的或神圣的含有娈童关系的成人礼，但是有一两处表明它们与当地青年的比赛有一定联系。尽管没有锡拉岛铭文提及竞技才能，但这个地方在被用作正式竞技馆之前曾被用作竞技训练场所。铭文地址位于阿波罗卡尔尼神殿前50-70米的"圣道"末端，那里有足够长的一块平地可被用作竞技馆。① 在公元前6和前5世纪早期，竞技场和竞技馆只不过是块足够容纳竞技活动的场地而已。② 因此刻画下铭文的地方可能曾用于公共比赛和训练。另外，此处好几段铭文提到了"舞蹈"技巧（IG XII 3.536，540 和 543），指的可能是舞蹈比赛。 84

特别有趣的一处铭文提到："伊梅拉斯（Eumelas）是最优秀的舞蹈家，克瑞米安（Krimion）在科尼亚罗斯舞（*Konialos*）上中获得第一（*pratistos*），迷住（*iane*）了赛米阿斯（Simias）。"当然伊梅拉斯的话里有夸耀的味道，但这指出了舞蹈者之间存在正式或非正式的对比，简而言之就是一种竞争的精神。我们可以拿它与543号不完整的铭文相比较："巴巴克斯（Barbax）舞跳得很好，他给……"这也许是记录了他对神的忠贞，以作为他赢得之前一场舞蹈比赛的答谢。夸耀舞跳得"很好"也许促使伊梅拉斯写下了540号铭文以抒发其喜悦之情。也许是他随后印证了自己的"优秀"，或是他觉得自己的确是"最棒"的。无论如何，在540号铭文克瑞米安的例子中，"第一"（*pratistos*）似乎也是一个具有竞争性质的夸耀，并且与科尼亚罗斯舞

---

① Delorme（1960）84，395，注释1。既有神圣开启仪式又有运动会的Theran铭文与之无关，（虽然他的论点并不让人信服）：Marrou（1956）367，注释10。

② S.L.Glass，"The Greek Gymnasium：Some Problems"，in W.Raschke（1988）155-73.

有关。①

科尼亚罗斯舞其实是一种色情舞蹈，阿提卡科尼撒罗斯舞(Attic Konisalos)的名字。赫西基乌斯(Hesychius)(k 3522, s.v. konisalos)把这种舞蹈描述为“一种上演性交场面的跳跃式色情舞蹈”或者是以复数形式描述的(K3521)“与阿芙洛狄忒有关的(多种)舞蹈”。② 因为像铭文词 *Konialos* 这种透露锡拉岛娈童背景下庆祝活动重要性的线索少之又少，所以接下来我们会稍稍转移主题，尝试发掘这种舞蹈可能存在的重要性和联系。生活于公元前5-前4世纪的戏剧诗人柏拉图告诉我们，科尼亚罗斯也是一个来自阿提卡的生殖之神的名字，也许与这个舞蹈同名。③ 另外，这个词也许有点运动的意味，因为它的意思是运动员运动完之后身上刮下的残留物，也就是汗水、污垢和油脂的混合物。这个词与 *gloios* 同义，它被赋予具有神奇的、药用价值的力量。④ 如果普利阿普神(也许是色情舞蹈之神)与运动残留物有联系的话，这又是怎样的一个联系呢？

---

① 在竞争性的铭文研究中，吹嘘“第一”是司空见惯的事：Moretti(1953)151，59号，第5行，*proton panton*(大约公元前20年)；J.Ebert，*Griechische Epigramme auf Sieger an Gymnischen und Hippischen Agōnen*(Berlin：Akademie，1972)，第138页，43号，第1行，protos ... nikais(公元前5世纪的开端)，第188页，64号，第5行，*pratistos*(公元前3世纪)。

② Dover(1988)126将 *Konialos* 用作“penis(男性生殖器)”的专门名词，尽管这样做更具推测性，也失去了与在 Hesychius 及铭文中发现舞蹈之间的联系。他也表明，“舞蹈”可能是与性有关的行话，虽然似乎不太可能。我所能找到的唯一与之相似的是来自很久以前 Aristophanes' 的 *Lysistrata* 第409页中的 *orchoumenes* 一词，“跳舞/私通(?)”，这可能是对 *orcheis*(睾丸)的双关：J.Henderson，*The Maculate Muse：Obscene Language in Attic Comedy*(New Haven：Yale University Press，1975)，第125页。

③ Plato the Comedian，fr. *Phaon* 2.31；Strabo，*Geographica* 13.1.12。

④ Galen，公元12年，第283页；Eustathius，公元590年，第10-14页。见 D. Sansone，*Greek Athletics and the Genesis of Sport*(Berkeley：University of California Press，1988)，第122-128页，谈到运动后用工具从运动员身上刮下来的碎屑的神奇特性；人们感觉这类混合物蕴含运动员耗费能量的精华。

辛涅西阿斯(Synesius,公元4-5世纪),这位哲学家在批评一个他买来作为训练员的放肆的奴隶时,他把科尼亚罗斯描述成一个与运动相对立的神:“(他)一点都不适合当竞技场、赫尔墨斯和赫拉克勒斯的监督者。但他却供奉克图斯(Kotus)和其他雅典生殖之神(Konisaloi)”(EP.32)。像许多之前的哲学家一样,辛涅西阿斯十分不赞成厄洛斯的角色在竞技馆内广为流传(第八章)。他反对的理由是他的奴隶比运动员们更加适合进行一种传统活动,即在运动之要喝酒和性交。后两者都是克图斯和生殖之神的管辖范围。一个沉溺于这些嗜好的奴隶总无可避免地会利用那些在他主管之下的年轻运动员。撇开这位哲学家的道德立场来看,这种指责透露了传统的运动之神和像科尼亚罗斯这类的神之间的社会紧张感,后者的边缘性存在可能会诱使训练员和运动员们进行一些非竞技性的活动。科尼亚罗斯同时是一位公元前4世纪戏剧诗人提姆克勒斯(Timocles)一部戏剧的名字;可能是对神的崇拜产生了这种色情舞蹈,由此就产生了这部戏剧的主题。或者反过来说,这种舞蹈创造了一位守护神。我们只能对戏剧的主题进行猜测,但戏剧中色情主题可能常常与竞技主题相结合。① 也许提姆克勒斯戏剧的重点在于表现精力充沛的好色之徒和外表俊朗、汗流浃背的运动员之间的紧张一幕。 85

Konisalos 这个词含有“尘土”(*konis*)的意思。荷马首先用到这个词,意思仅仅是士兵行进时扬起的“漫天尘土”。这个高深的史诗词会不会首次被用于表示尘土与汗水的混合物呢?如果会的话,这个竞技术语就会变义为这种模仿摔跤手大汗淋漓、又脏又油、而且有潜在性接触的流行舞蹈。*Konisalos* 这个词也可能变义为拥有药膏的神奇药力的神。尤为明显的是这个神在公元前5-

---

① D.F.Sutton, “Athletics in the Greek Satyr Play”, *RSC* 23(1975)203-9.

前4世纪之前的形象是拥有生殖神力的。① 虽然我们无从得知*kanisalos*真正的词义变化过程，但是我们知道在荷马之后的一段时间里，表示“漫天尘土”之意的这个词被用来表示阿提卡的生殖之神、阿提卡的一种色情舞蹈和一种产生于从运动员们身上刮下物的药膏。这个词不同词义间的最相近的联系是用得最早最广泛的尘土和摔跤运动员身上的运动尘土（*koins*）。另外，对于*konisalos*或*konialos*这两个词怎样表示一个神、一种色情舞蹈和一部喜剧，我们只能对其进行猜测。然而，运动与厄洛斯的联系也许会告诉我们答案。运动员们身上的污垢含有有用的甚至是情欲的功能；好色之徒的色情舞蹈可能模仿摔跤或性交或两者皆而有之；与运动相对立的神灵的名字来源于运动员的残留物，这可能是个有心的讽刺——色情领域与运动领域竞相争取青年们的身体、时间和能量。据此，我们可以总结出锡拉岛的含有竞争性质的夸耀性铭文指的是当地一种类似于阿提卡舞的舞蹈，并且是正式或非正式的比赛的一部分。与之最相似的是斯巴达的裸体青年节上的舞蹈，虽然它没有*koni(s)alos*的淫秽色彩，但它与之很相似，因为它包括了诸如摔跤和自由搏击等类似的竞技比赛。

古典时期的锡拉岛没有正式的教育体系，但是铭文及其内容表明像斯巴达和克里特一样，那里的多里安文化中也存在娈童现象。像斯巴达一样，那里的铭文作者很可能参加过舞蹈比赛，而且，我们可以推测，青年群体之间的竞争也延伸到了竞技比赛，其场所也许就是铭文的地址或附近。这种活动源于公元前6世纪中期，那时斯巴达教育体系（*paideia*）已经确立起来，并已经有了和后

① 值得注意的是，在Comic Plato中，Konisalos让人想到“和他的两个志同道合者一起”（*parastatai*），让人回想起专有名词*parastathentes*“comrades”，用来指克里特娈童恋成人仪式中的被爱之人，*paideia*也指体育竞技中的贵宾（Ephorus *ap*. Strabo, *Geographica* 10.4.21；见本章，第129页注释①）。难道上帝最初是娈童恋这种关系的推波助澜者吗？

来相似的结构。没有资料表明锡拉岛的教育体系可以追溯到史前时期,并且我们可以推测它顺应克里特和斯巴达的多里安文化中更加普遍和现代的潮流。 86

雅典

雅典的 ephēbeia 或"青年团"正式建立于公元前 4 世纪(很可能在 30 年代),为 18-20 岁的 *ephēboi*("*ephēbes*"或"成熟的青年")提供强制性的军事训练。① 但这个体制很可能是对希腊人来说再熟悉不过的成人礼在阿提卡发生演变而形成的产物。② 之前的更具有宗教意味的青年团成为了更加世俗的体系,它的作用是为步入成熟阶段的公民提供军事、竞技、教育、道德的训练和培养。③ ehpebeia 的主要成人礼特征有青年离开家庭和参加城邦祭仪。包括火炬传递、武装战斗、标枪、赛舟等比赛的竞技训练是 *ephēbe* 教育重要的一部分。④ 据维达-那克(Vidal-Naquet)称,每一个青年(*ephēbe*)的两年隔离期"在许多社会中正是着一个人从儿童过渡到成人的性成熟期"。⑤ 这个时期大概相当于斯巴达的"隐匿期"(*krypteia*),但青年必须经历一个成为当地居民区和氏族正式成员的两个步骤,这些区域和氏族在公元前 6 世纪末期到前 5 世纪由克里斯提尼和伯利克里创立或得到他们的认可。

---

① Burkert(1985)263(=1977, 394); O.W.Reinmuth, *The Ephebic Inscriptions of the Fourth Century* b.c., Mnemosyne Suppl. 14(Leiden: Brill, 1971), and review by D. Lewis, *CR*(1973)254; id., "The Genesis of the Athenian Ephebia", *TAPA* 83(1952) 34-50; C.Pélékidis, *Histoire de l'Ephébie Attique des Origines à 31 avant Jésus-Christ*, École Française d'Athènes, Travaux et Mémoires, vol.13(Paris: de Boccard, 1962). 关于雅典男青年公民角色的大概论述,参见 Vidal-Naquet(1986)106-22。

② C. Pélékidis(1962)79.

③ 参见 Poll. 8.105 and Stobaeus, *Florilegium* 43.48,引用了该誓词。

④ Forbes(1929)155-59.

⑤ Vidal-Naquet(1986)98.

在青年团建立之前,雅典并没有像斯巴达和克里特那样的按年龄划分的高度规范的教育体系;青年参与的公民体制在公元前7-前6世纪的雅典慢慢建立起来。① 一位评论家说道:

> (雅典的)教育并不是强制性的。尽管社会鼓励教育,学校也在法律的监管之下,但并不是由社区开办和维持的。教育从本质上讲是少年父亲或监管人和教师这个独立的学校创办者之间的私人问题。②

最初的非正式学校是一个围起来的花园——"学院"是雅典最早建立的学校之一——这些学校的主要设施是一个跑道和进行操练的竞技馆,那时竞技是贵族教育的核心。③ 在公元前594/593年,社会承受着由年龄分级带来的贵族内部冲突,那时的梭伦改革也许是一个为社会带来和平的尝试。我们对希腊的描述也基本适用于雅典:"在一个年龄分级体系中,没有一个年龄段能让一个人突然间获得全部权利和义务……(权力)是通过继承而逐渐分配的。"④因此,至少从梭伦的时代开始,通过社区机构代理监管青年步入成年的过程就成为一个人们关心的问题。虽然据说创立于公元前566年,为女孩设立的阿瑞福拉节(Arrephoria)甚至是泛雅典娜节(Panathenaia)拥有成人礼仪式的特征,但没有一个雅典的节

---

① Marrou(1956: 36-45)和Forbes(1929: 54-92)对本主题进行过研究。虽然他们要更古老些,但是在一定程度上依然有用。

② Golden (1990)62.

③ Kyle (1987)64-77.

④ Sallares (1991)176, 引用B. Bernardi, *Age Class Systems: Social Institutions and Polities Based on Age*(Cambridge: Cambridge University Press, 1985) 28; 参见Sallares (1991) 175关于梭伦的论述。

日具有纯粹的成人礼功能。① 雅典的亡灵节(the Genesia)原来是一个有竞技项目的氏族节日,后来被梭伦改革成为一个对雅典先人表达敬意的节日。然而,在公元前5世纪并没有这个节日存在的踪迹,因此这一假设也站不住脚。② 下面这段有趣的文字是一条看起来可信的梭伦律法:③

87

> 法律禁止奴隶经常出入竞技馆(*gumnazesthai*)以及在竞技场涂抹油膏……(律法也禁止)奴隶爱上或追求身为自由民的少年,否则以50次鞭打作为惩罚。(Solon, fr.74e Ruschenbusch, *ap*. Aeschines 1.138-39[In Tim.])

我们以后会对这些资料作详细讨论(第八章),但是我们现在注意到这些规定的目的是防止奴隶在竞技场结交身为自由人的青年并爱上他们。后来梭伦很可能在公元前5世纪制定的一条法律规定了竞技场的开放和关闭时间,以防天黑无人监管之时场内发生娈童关系:

> 教师不能在日出之前开放竞技场,在日落之前必须关闭竞技场……如有少年在竞技场,年龄大于这些少年

---

① 关于 Arrephorai, 参见 Burkert(本章,第113页注释③, 1966: 1-25); Brelich(1962)90, 105。关于 Panathenaic *lampadedromia*, 参见 H.J.Rose, "The Greek Agōnes", *Aberystwyth Studies* 3(1922: 12-13); Brelich(1969: 104-5)。N.Robertson, 在其作品 *Worshipping Athena: Panathenaia and Parthenon* (J.Neils 编辑, Madison: University of Wisconsin Press, 1996)第56-65页并未发现成人仪式的起源,但发现了可能起源于青铜时代的不同寻常 Panathenaia 军事事件(pyrriche 舞蹈和 *apobates* 比赛中一位骑手卸掉自己的战车),以及之后公元前6世纪在节日节目中加入了火炬比赛。Robertson(60-63)也对 Arrephoria.的成人仪式特点抱有争议。

② Kyle(1987)42.

③ D.Kyle, "Solon and Athletics", *Ancient World* 9(1984)99-102.

的人禁止入内，任何违反这些规定进入竞技场的人将会被处死。(Aeschin.1.10 [In Tim.])

这些法律表明在公元前 6 世纪末期，竞技场是发生娈童关系的主要场所，对娈童关系的规定则是社会十分关心的问题。① 有关学校开放时间的规定并不是用于禁止正常的娈童关系，而是确保这些关系无论在真实生活中还是象征意义上都在白天进行，以让大家得知，得到社会的认可。虽然没有像在克里特和斯巴达那样有正式关联物和仪式行为，但雅典的娈童关系与竞技教育在公元前 6 世纪末期却存在正常的关联。雅典的古典和后期文学艺术到处有这方面的例子(第八章)。②

阿兰·施纳普(Alain Schnapp)提出了一个关于这个关系的明显例子，他追溯了阿提卡黑绘式花瓶(公元前 520 年以前)到红绘式花瓶(大约在公元前 520 年及以后)的转变。前者绘有在贵族狩猎背景下的有着娈童关系的人物，后者则绘有以驯化的动物为背景的竞技场中的同性恋场景："一种城市里流行的更加具有艺术感和隐喻性质的色情，代替了古时候俘获对方后的欢乐的野蛮形象……地点从户外转移到竞技馆，从城郊转移到城市，从野性转移到温驯。"③萨金特在这种图案变化中发现了更深层次的暗示，即在印欧语系文明模式中，在野外狩猎作为一种成年人活动与克里特的成人礼相关联，在这种成人礼中同时也包含有狩猎训练。狩猎者与猎物，施爱者和被爱者的象征性关系是一个典型的色情比喻，另外，狩猎作为一项"野外"活动，也因此被认为具有成人礼

88

① Sergent(1993)154.

② Dover(1989)54-55; Kyle(1987)65, 注释 51; Bolden(1990)56-72。

③ Alain Schnapp, "Eros the Hunter", in *A City of Images: Iconography and Society in Ancient Greece*, ed. C. Bérard et al., trans. D. Lyons (Princeton: Princeton University Press, 1990) 71-87 (orig. *La cité des images* [Paris: F.Nathan, 1984]).

的边缘特征。维达那克把阿提卡的男青年描述成在成为发育成熟、社会化的重装步兵之前轻度武装的、单个的边缘生物(eschatia)。[①] 然而,我们没有必要把它跟印欧语系文明成人礼模式具体地联系起来。狩猎是一个再平常不过的史前人类职业,因此它的一些形式被反映在许多文化的竞技运动当中也是不可避免的。[②] 我们对此的讨论中更为重要的是理解狩猎在艺术层面的转变,特别是作为竞技的一个具有色情性质的背景,以及就在同一时期,竞技馆在雅典愈发流行的事实。这解释了为什么那时的雅典运动文化中娈童关系变得越来越重要,而且表明了在公元前6世纪后期的贵族当中竞技馆比狩猎更流行。[③] 狩猎和竞技运动共同为个人在这个"竞争体制"中取得光辉的成就提供了很好的舞台。

阿兰·夏皮罗(Alan Shapiro)指出,阿提卡花瓶上的同性恋求爱场面几乎是公元前6世纪独有的现象,在公元前550-前500年尤为流行。[④] 所以这些场面证实了我们之前从梭伦律法得出的推论,那就是在公元前600年之后,娈童关系已经确立下来并且为大众所接受。表现娈童关系的艺术作品在公元前6世纪后期的急剧衰落与公元前511年的雅典暴君的独裁统治被推翻的时期相一致,因此,我们可以总结出有一种"公共认知使得对于这种上流社

---

① Vidal-Naquet(1986)119.

② 然而,体育运动中献上猎物这种行为的广泛影响并不是要求我们接受 Sansone (1988)的观点。Sansone 发现了原始狩猎仪式中大多数希腊习俗的起源。即使 Sansone 是对的,他所假设的"痕迹"也并没有显出是对希腊历史文化的有意识的反映,而这正是我们所关注的。

③ J.K.Anderson, *Hunting in the Ancient World*(Berkeley: University of California Press, 1985)一书中说到"也许公元前510年在驱逐 Peisistratus 的儿子 Hippias 后所建立的雅典民主与一项贵族运动(也就是狩猎)的消亡有关,但似乎是逐渐消亡的,因为至少其中一幅狩猎图的时间应该追溯至民主政府的早期。

④ H.A.Shapiro, "Courtship Scenes in Attic Vase-Painting", *AJA* 85.2(1981)133-43;另可参见 Bremmer(1980)。

会活动的描述在流行艺术形式中不再那么容易被接受"。[①] 然而，我们稍后(第八章)会看到，表现竞技馆里运动员与爱神厄洛斯在一起或同性恋活动的场景将会持续到公元前4世纪，这也许可以指出竞技作为流行艺术表现娈童关系的背景是被接受的。原因当然是竞技在雅典文化中对非贵族公民前所未有地开放，并被进一步嵌入到青年培养体系中。公元前500年后花瓶绘画并没有避免表现娈童恋，但前提是以贵族打猎和赠送礼物的求爱为背景。

对于本次讨论至关重要的另一个纪念碑是雅典的第一个厄洛斯祭坛。它由一个名叫查穆斯(Charmus)的人建成，此人是暴君庇西特拉图(Peisistratus)的爱人，庇西特拉图自己也建了一个厄洛斯的雕像，祭坛和雕像都在公元前527年之前建在学校的入口处。[②] 这些资料我们会在以后(第八章)进行更详细的讨论，但尤为明显的是，这个祭坛也是泛雅典娜节的火炬赛跑开始时点燃火炬的地方，赛跑的终点很可能就是雅典卫城的安忒洛斯(相爱之神)祭坛。虽然火炬赛跑本身是公众对圣火的延续仪式，并且不是一个只限定少年参加的"成人礼"，但是在这个著名的活动中把厄洛斯和安忒洛斯的祭坛用作赛跑的起止点，这背后的象征意义透露了一些重要的信息，指出了人们对厄洛斯的忠贞，并将其与国家福祉相关联。同时，它还强调了从公元前6世纪以来雅典的娈童关系、运动比赛、竞技以及正式和非正式政治联盟之间的密切关系。

89

虽然雅典不存在为男子设立的具有成人礼性质的仪式，但它确实存在一个与此相关的重要节日，那就是可能起源于公元前6

① Shapiro(1981)142.

② Plut., *Solon* 1.7; Paus.1.30.1; Ath.609d; Sergent(1986b)116-19; Robertson(1992)105-8; Robertson, in Neils(1996)64-65.

世纪的奥斯科弗里亚节(Oschophoria),其起源是个神话传说。①这个节日的名字明显来源于 *oschos*,即"葡萄藤",其中的故事可能是行进队伍中两个领头的青年拿着一些葡萄藤,或者在赛跑中运动员拿着葡萄藤比赛。这种比赛让我们联想起斯巴达的 *Staphylodromoi*。有的资料也粗略地暗示了 *Oschophoria* 这个名字来源于 *oschē*(*oschea*,*oscheos*),意思是"阴囊",所以这暗指了这个仪式的功能——年轻男子的献身。虽然这个暗示是站不住脚的,但是它告诉我们 *oschos* 和 *oschē* 这两个词从词源上讲都有"萌芽"的意思。② 而且他们在阿里斯托芬的《阿卡奈人》(*Acharnians* 995,997)中是双关语。③ 因此,拿着葡萄藤的活动也许有意或无意地隐喻了一个人的内在男子气概。

奥斯科弗里亚节还存在许多成人礼的特征。可能在比赛开始之前,两个穿异性服装的少年领着队伍沿着赛跑的路线游行。他们可能模仿的是提修斯的克里特之行中混在献给米洛斯国王的少

---

① Aristodemus *FGH* 公元 383 年, F 9;Demon *FGH* 公元 327 年 F 6;Proclus *Chrestomathia, ap. Photius Bibliotheca* Cod.公元 239 年(第 322a 页;V 165–166 Henry); Schol. Nicander *Alexipharmaca* 109a(pp.65f. Geymonat); Hsch., s.v. *Oschophoria*(IV.333 Scmidt); *Anecdota Bekker*,第 285, 318 页。参见 E.Kadletz, "The Race and Procession of the Athenian Oschophoroi", *GRBS* 21(1980)363–371; L.Deubner, *Attische Feste*(Berlin: Heinrich Keller, 1932; 重印版, Darmstadt: Wissenschaftliche Buchgesellschaft, 1956),第 142–147 页; H.W.Parke, *Festivals of the Athenians*(London: Thames and Hudson, 1977; 重印版, Ithaca: Cornell University Press, 1986),第 77–80 页; E.Simon, in Neils(1996)19–21, 关于同 Theseus 的联系; Jeanmaire(1939: 347)简单提及了 Oschophoria 成人仪式的特征。Robertson(1992: 120–33)把该比赛看作单独的事件,虽然它在仪式上跟 Oschophoria 有关联,因为两者都在仪式上跟 Theseus 离开和返回克里特岛的传说相关。如果他的说法是正确的话,他和我正在讨论的观点就不矛盾,因为我的观点只要求这两个事件都是跟 Theseus 有关的仪式。参见 Kyle(1987)47–48。

② A.Walde and J.Pokorny, *Vergleichendes Wörterbuch der Indogermanischen Sprachen*, vol. 1(Berlin and Leipzig: W.de Gruyter, 1930; reprint, Berlin: W. de Gruyter, 1973) 185.

③ Henderson(1975)125. 参见 Nicander, Alexi.109,此处用到这两个词。

女里的两个少年。比赛的重头戏是从雅典的一个狄俄尼索斯神庙[可能是利纳乌神庙(the Lenaeum)]到法勒隆(Phaleron)的雅典娜圣殿(Athena Sciras)的赛跑,距离为7公里。① 参赛者是选自阿提卡每个部落的贵族青年,数目不定。赛跑者为"男青年(*ephēbes*)"或"双亲俱在的少年"(*paides amphithaleis*),代表着不同部落(phylai)。对参赛者的严格规定强调了社会对公共健康的需要以及这种仪式赛跑具有的广泛代表性。比赛中只有一个人胜出,胜者有权喝一种叫佩恩塔普罗(pentaploa)的烈酒,意思是"有5种配料",代表5种主要的当地特产:酒、蜂蜜、奶酪、大麦和橄榄油。这当中也有成人礼中常见的异装元素,就是青年在赛后身穿女性服装引领游行队伍。因此,这个节日里也有体能测试、部落间的比赛、与国家福祉相关的特殊饮料,以及着装规定。奥斯科弗里亚节与提修斯从克里特回归的庆典神话相关。传说中的雅典青年刚刚在米洛斯的迷宫中经历了某种成人礼仪式。这个在葡萄丰收时举行的与狄俄尼索斯有关的节日自然也是个庆祝农作物丰收的节日。虽然它不是一个标准的成人礼节日,但它起到了把青年人与传说的主角、青年的楷模——提修斯联系起来的作用。②

90

另一个雅典节日赫耳迈亚(the Hermaia)也把历史上某个成人礼的某些特征和比赛结合起来,并且指出娈童恋是组织者所关心的事情。③ 埃斯基涅斯(Aeschines)在他的《反提玛库斯》(*Against Timarchus* 9-12,公元前345年)中指出,在梭伦对竞技馆

---

① Kadletz(1980)370.

② Henry J.Walker, *Theseus and Athens*(Oxford: Oxford University Press, 1995)第98-101页指出,Oschophoria及随后比赛开启仪式的方方面面都有重要的影响,即由异性装扮癖者的性别模糊性向Phaleron边缘地区的仪式发展,并最终由青年转向成年人。他总结说:"Oschophoria是成人仪式节,这很明显。"也可以见Leitao(1995)148-149。

③ Aeschin.[*In Tim.*]9-12; Plato, *Lysis* 206d-e with Schol.; *IG* II2 2980(公元前2世纪早期,火炬接力赛跑),2971(?公元前4世纪后期,战车比赛);Deubner(1956)217。

所作的条例中,规定了导师和监管人必须保护青年。

> (梭伦)似乎不信任教师,而我们则必须把自己的孩子交托给这些教师。他们的生活恪守克己的原则,否则会贫困潦倒……他规定录取青年的条件、录取年龄以及谁对他们负责,并制定导师(*paidagōgoi*)监管制度……还有对在竞技场举行的赫耳迈亚节的规定……运动会总监绝不能允许不在限定年龄范围的人参加赫耳迈亚。如果运动会总监违反规定让超出年龄范围的人进入竞技馆,那么他将交由法律处理,剥夺其自由民的身份。

对埃斯基涅斯所说的赫耳迈亚的规定由梭伦和德拉古制定,这似乎不太可信。因为在公元前4世纪之前,运动会总监这个职位没有被证实存在。① 而且,通过柏拉图对苏格拉底参加赫耳迈亚的描述,禁止成年人参加这个节日的规定似乎在公元前4世纪才出现(《吕西斯篇》206d)。然而这个节日只限定少年参加是件好事,不然它在古典时期的雅典节日中只能当默默无名的一员。赫耳迈亚本身可能起源于公元前6世纪,并在公元前5世纪末的苏格拉底时期确立下来,但是我们没有发现任何关于它明确创始年份的资料,除非我们接受埃斯基涅斯的(错误的)观点,即认为梭伦和德拉科(Draco)制定了节日规定,这也暗示了公元前4世纪的雅典人也许找到了貌似可信的节日创立日期,该日期可能是公元前7世纪末期到公元前6世纪早期这一时间段内的任何一天。虽然一位学者指出关于赫尔墨斯的所有节日都拥有成人礼的特征,②但是这跟雅典的赫耳迈亚节扯不上关系。当然,赫尔墨斯是

① Kyle(1984)101-102.

② G.Costa, "Hermes dio delle iniziazione", *Civilità classical e cristiana* 3(1982)277-95.

信使之神，而且他与另一个竞技馆的主神赫拉克勒斯在一起。因此，他的神的角色和这个节日对青年的规定使这个节日成为了因为竞技而与历史上“成人礼”的特征最接近的节日，但严格来讲并不存在规定雅典少年必须参加赫耳迈亚节作为他们的过场仪式。

同样值得一提的是赫耳迈亚有着好节日的名声，因为在节日上雅典男子可能会遇见将会成为他们爱人的少年。这个现象在柏拉图的《吕西斯篇》中阐释得很清楚：苏格拉底与另外一个成年男子西波塔勒斯（Hippothales）作伴，在少年和青年群体中遇见了他的爱人吕西斯。所以后来才禁止成年人参加赫耳迈亚的法律以防止成年男子到这个只有少年参加的节日。这没有妨碍娈童关系的发展，只有利用神圣节日才是大家“针对”的事情。无论是在参与者的规定制定之前还是之后，对赫耳迈亚节上情色吸引的关注都很好地说明了雅典文化中娈童关系和竞技教育之间的联系。

91

男孩被分成两种类别：“青年”（*ageneioi*，约 17-20 岁）和“少年”（*paides*，约 13-16 岁）。在雅典历史上，他们可以并且的确在许多运动会中与成年男子（*andres*）一起比赛，这些比赛包括提修斯节（the Theseia）、亡灵节（the Genesia）、埃皮塔亚节（the Epitaphia）、赫拉克亚节（the Heracleia）、埃琉西斯节（the Eleusinia），当然还有泛雅典娜大赛会（the Greater Panathenaia）。[①] 所有的这些节日是“公民的”而不是成人礼的场合，虽然从某种意义上讲青年公民的参与是常见人才培养程序的一部分：甚至据说剧作家索福克勒斯（Sophocles）在孩童时期也曾经是一名运动（和音乐）冠军。[②] 雅典青年一般都会参加自己城市和希腊各地举行的运动会。这个现象证明了雅典在把青年培养为城市的竞技代言人这一方面所付出的努力和获得的成功。据凯尔（Kyle）对截止到公元前 322 年知

① Kyle(1987)32-48.

② 同上，226，附录 B P109。

名雅典运动员的记载,雅典少年在各种比赛中夺冠次数分别为:奥林匹克运动会 3 次,伊斯米安运动会 2 次,泛雅典娜运动会 2 次,在皮奥夏的奥罗波斯(Oropus)举行的安菲阿拉亚运动会(the Amphiaraia)10 次。[①] 以上这些成就都取得于公元前 468 年之后。在公元前 322 年后,没有雅典少年在奥运会上夺冠,而且在其他泛希腊赛事上也只有一名雅典少年夺冠,那就是公元前 150 年左右举办的尼米亚赛会上的青年摔跤比赛。[②] 在奥运会举行的前两个世纪中,各年龄层的雅典运动员不像斯巴达的运动员那么成功:那个时期的雅典冠军只有 6 名,而斯巴达冠军有 36 名。相比之下,在公元前 576–前 322 年的奥运会中,斯巴达的赛跑冠军只有 7(或 8)名,马术比赛冠军有 11 名,而雅典的赛跑冠军有 15 名,马术比赛冠军有 10 名。这些记录表明虽然两方参加马术比赛的机会平等,但有更多的雅典运动员参与,或至少赢得赛跑。另外,记录显示在其他 3 个泛希腊赛会上,任何时期都没有斯巴达冠军,但雅典冠军却有 37 名,其中 19 人是在赛跑中获胜的(有 3 人为青年)。[③] 公元前 4 世纪的铭文记录了奥洛波斯的安菲阿剌俄亚节的冠军,虽然并不是一件了不起的事,但其中有 6 人(总共 22 名冠军)来自于雅典。[④] 当时奥洛波斯还是阿提卡的一部分。更值得一提的是,这 6 名冠军中没有一人参加成人比赛,5 人参加的是少年比赛

---

① 参见 Kyle(1987)附录 A,注释 1, 2, 7, 9, 12, 17, 18, 23, 41, 48, 50, 52, 54, 61, 67, 72, 75;所有这些都发生在公元前 468–前 338 年之间。

② 基于 Klee(1980);冠军是 Menodorus, 注释 218。

③ 在 Kyle (1987)附录 A,第 1, 3, 4, 15, 17, 18, 29, 30, 42, 43, 45, 57, 58, 64, 71, 74, 78, 86, 96 页中发现了公元前 322 年之前雅典运动会的胜利记录;后来的记录有 Moretti(1957)826 关于 Athenaios(?)的: 大约公元 93 年在 Pythian 举办的 Nemean 和 Isthmian 运动会的获胜者, 还有 Klee(1980)第 218, 219, 220 页关于 Nemea 的 Menodorus: 大约于公元前 150 年获胜 3 次, 一次是男孩摔跤, 一次是男子成人摔跤, 还有一次是男子 pankratiom。

④ *IG* 8 414; Klee(1980)117. 奥洛普斯在公元前 338–前 322 年之间受控于雅典, 也就是菲利普二世直到拉米亚战争之后打败忒拜人以后的一段时期。

项目,1 人是青年比赛项目。如果像克里(Klee)所说的那样,这些铭文记录作于公元前 331 年,那么雅典青年和少年的成功反映了对男孩进行的一般性竞技训练以及在体操场上的特别训练在那时似乎已经体制化,或者至少经历过重组。① 也许雅典迫不及待地想要在它新占领的奥波洛斯举行的赛会中展示其青年团的精华。这个赛会所展现出的青年的强壮体魄反映了雅典竞技教育体系的正面影响。

92

这里一个有意思的运动员叫埃乌克斯(Eualkes),据说他于公元前 396 或前 392 年在斯巴达国王阿格塞洛斯(Agesilaus)的帮助下参加奥运会少年组的单程赛跑,虽然埃乌克斯比其他参赛者年龄都要大。据说,这是阿格塞洛斯为一位朋友、亚洲总督菲那巴入斯(Pharnabazus)之子所做的事情。这个朋友爱上了这个少年,也许是阿格塞洛斯自己爱上了这个少年。② 不管怎样,有这么一位少年,他的运动甚至政治生涯都得益于他与别人的娈童关系。这个少年可能输了比赛,因为他的名字不在那个时期的单程赛跑冠军名录上。

虽然雅典没有像斯巴达那样的正式体制和更加严格的成人礼节,但是雅典的派代亚反映了为青年而设的独立教育体系、社会监管下的娈童关系,少年的竞技训练和比赛这几者间和谐的融合。训练、娈童关系和教育至少在公元前 6 世纪是贵族才考虑的问题,但是在公元前 5 世纪进入竞技馆的条件有所放宽。到公元前 4 世纪,青年团的教育、竞技运动、成人礼、以及军事化的严格管理正式

① Date of *IG* 8 414; Klee (1980) 29 – 32, Date of Ephebeia: Reinmuth (1971) and Pélékidis(1962). 值得注意的是, 雅典获胜者没有出现在 1 世纪 Amphiaraia 节获胜者的铭文之中。安菲阿拉亚节运动会: *IG* VII 第 416, 417 和 420 页, 源自大约公元前 80–前 60 年。在这些名单中, 玻俄提亚和斯巴达获胜者频频出现。自公元前 4 世纪他们就没有出现了, 而现在他们分别占据了 52 位获胜者中的 15 位和 8 位, 这让我们想到, 在当地节日中, 政治也是一个特定城邦出席的决定性因素。

② 参见 Kyle(1987)215 no.A77, 引用 Xen., *Hellenica* 4.1.40 以及 Plut., *Ages*.13.3。

结合起来。当然,在各个时代,雅典都会改革教育体系以适应它的实际情况,但是雅典一直把指引青年过渡到成年作为它的目标。虽然缺乏证据,但是在公元前6世纪之前,年龄、阶级、同性恋和运动传统的基本成分无疑是存在的,像萨金特和布雷默(Bremmer)所说的那样,“原始”成人礼是后来各种体系合成的基础。

忒拜

虽然我们得知的关于忒拜教育体系的资料不多,但对于研究娈童关系和成人礼的理论家来说,忒拜一直是一个重要案例。①就像之前讨论的那样,忒拜是传说中的拉伊俄斯国王(King Laius)的家,他把同性恋引入这座城市。拉伊俄斯之后的“立法者”在这里把厄洛斯设为竞技场教育的一部分(根据之前引用的 Plut., *Pelop*.19.1-2[287-88]),这里同时也是由同性恋人组成的“神圣军团”形成的地方。

这座城市也是一所被用来引证原始同性恋成人礼的神殿所在地。它与忒拜青年男子的竞技运动和成人礼相关。伊俄拉俄斯圣所(the Sanctuary of Iolaus)位于普罗伊恩门(Proitian Gates)前和“伊俄拉俄斯”竞技馆旁。后者不仅是竞技馆,而且还是个跑马场。② 伊俄拉俄斯是赫拉克勒斯的侍从和爱人,品达也提到了其位于忒拜的竞技馆附近的坟墓,估计就在他自己的圣所里。③ 但因为在传统中,人们会把当地英雄的坟墓安置在竞技赛会选址附

---

① Sergent(1986a)67-70, 143-73;同上,(1986b)139; Percy(1996) 133-35。关于忒拜不能被证明的竞技教育的论述,参见 Forbes(1929)182-85 中(某种程度上已过时的)综述;关于 Erotidaea,忒拜的一个纪念厄洛斯的(希腊化的?)竞技节日的讨论,参见第八章,第437页注释①。

② Paus. 9.23.1;参见 Calame(1997)246-47(=1977, vol.1, 423-24)。

③ Iolaus 作为乡绅和宠儿: Plut., *Amatorius* 761D;同上,*Pelopidas* 18.5. Pindar on tomb: *Ol*. 9.98-99。参见 Sergent(1986a)143。

近并以其名义举行葬礼竞技，所以其坟墓的史实性并不太重要。这很可能是对奥林匹亚的珀罗普恩墓(Pelopion)或伊斯米亚的帕雷莫尼恩墓(Palaimonion)的模仿——据考古学家称，这两个地方实际上并没有古典时期英雄神殿里铜器时代英雄的坟墓。① 这个证据更为重要的一点是伊俄拉俄斯代表着理想中的青年(*ephēbe*)和爱人，并且与忒拜的比赛地点密切相关。伊俄拉厄斯本身就是传说中纪念珀利阿斯的竞技比赛中战车比赛的冠军。② 在所有对他的献祭中，他以青春的化身这一特征最为著名：欧里庇得斯让他重获一天的青春。③ 普鲁塔克还告诉我们，"恋人们相信赫拉克勒斯爱上了伊俄拉俄斯，直到今天，他们还在崇拜和荣耀伊俄拉俄斯，并在他的坟墓前相互诉说誓言和承诺"。他还在另一处提到"阿里士多德说，甚至直到今天，伊俄拉厄斯之坟依旧是施爱者和被爱者相互许诺之地"。④ 被爱者的誓言让我们想起了锡拉岛的铭文，虽然那只证明了铭文所在地可能是同性恋者相聚的地方。⑤

93

① Palaimonion: Paus.2.2.1; E.R.Gebhard, "The Early Stadium at Isthmia and the Founding of the Isthmian Games", in *Proceedings of an International Symposium on the Olympic Games, 5–9 September* 1988, ed.W.Coulson and H.Kyrieleis(Athens: Luci Braggiotti Publications for the Deutsches Archäologisches Institut Athen, 1992)73–79;同上, in *Greek Sanctuaries: New Approaches*, ed. N. Marinatos and R. Hägg(London and New York: Routledge, 1993)154–77. Pelopion: Paus.5.13; A.Mallwitz, *Olympia und seine Bauten*(Athens: S.Kasas, 1981)133–37。Generally: Jorge Jose Bravo, *The Hero Cults of the Panhellenic Sanctuaries: The State of the Archaeological Evidence at Olympia, Delphi, Isthmia, and Nemea*(Ph.D.diss., University of California, Berkeley, 1996).

② T.Gantz, *Early Greek Myth: A Guide to Literary and Artistic Sources* (Baltimore: Johns Hopkins University Press, 1993)192–93.

③ A.Schachter, *Cults of Boiotia*, vol.1, Acheloos to Hera, University of London, Institute of Classical Studies Bulletin Supplement no.38.1(London: University of London, Institute of Classical Studies, 1981[1994])2.17–18, 64–65; Gantz(1993)464–65.

④ Plut., *Mor*.761D; id., *Pelop*. 18.4(=Arist. fr.97 [Rose]).

⑤ Sergent(1986a: 151)比较了 Theran 图案和对 Iolaus 的宣誓，称二者都不是"有关忠诚的宣誓"，而是对上帝的宣言：同性恋"仪式"完成。在我看来，这是对非正式 Theran 文本过于郑重的解读。

忒拜还有一个纪念赫拉克勒斯和伊俄拉俄斯的叫伊俄拉亚(Iolaeia)[或赫拉克亚节]的节日,设有马术和其他竞技赛事。[①] 节日有两个名字貌似是庆祝传说中的友谊。很明显,通过崇拜伊俄拉俄斯,忒拜人在年轻公民当中宣扬了情欲和竞技的结合。

忒拜的伊俄拉俄斯神殿让我们想起了西西里岛的安格瑞恩人(Agyrion)对他相似的崇拜方式。在那里,这位赫拉克勒斯的伴侣被说成是当地人,人们为他建了一个神殿,还设立了一个每年庆祝的纪念日。

> 没有参加这个习俗仪式的少年将被夺取说话权,如同行尸走肉……(每年他们都会聚集在赫拉克勒斯之门)然后以饱满的热情举行包括赛跑和马术的竞技。因为包括自由民和奴隶在内的所有人都崇拜、赞美天神(赫拉克勒斯),所以他们命令奴隶……用绳子连在一起……[②]

西西里人的崇拜是双重的,就像拉哥尼亚对阿波罗和雅辛托斯的崇拜一样。人们对施爱者和被爱者都示以敬意。这里我们再一次看到人们对伊俄拉俄斯的崇拜和运动竞技的互相结合。并且我们可以推断出在这个神殿,伊俄拉俄斯也是一个青年模范,当地青年通过参加比赛和接受被爱者这个角色来效仿他。对忽视伊俄拉俄斯节日仪式的少年的剥夺说话权和近似死亡的威胁这个传统大大地鼓励了所有青年承认并模仿这位英雄所代表的理想。

回到忒拜,我们又发现了一个娈童、竞技教育和英雄坟墓的

---

① Nilsson(1957)446-47; Percy(1996)134.

② Diodorus 4.24.4-6(trans.A.Goldhammer, Loeb); Sergent(1986b)62-63.

结合案例,它们共同存在于迪俄克勒斯(Diocles)和菲洛劳斯(Philolaus)的传说中,阿里士多德是这么解释的:

> 科林斯的菲洛劳斯成为了忒拜的立法者。菲洛劳斯是巴奇达家族(Bacchidae)的成员并成为了迪俄克勒斯的爱人。后者是一位奥运冠军(公元前728年的赛跑)。迪俄克勒斯反感其母亲亚克安娜(Alcyone)的贪欲,于是他离开科林斯到忒拜,两个人在那里生活了一辈子。甚至到现在人们都能指出他们的坟墓。坟墓遥遥相望,但只有一个的正面对着科林斯的方向,另一个则不是。①

94

另外,忒俄克里托斯(Theocritus)告诉我们,迪俄克勒斯的坟墓所在地是举行接吻比赛的地方,在那个比赛中,少年们聚集在一起由年长的男子观察评判。这位奥运冠军和被爱者的形象被恰当地定位于一次把爱欲融合到竞争当中的比赛中,所以两位科林斯流亡者在社会中都占据着举足轻重的地位。② 因为菲洛劳斯是一个受人尊敬的立法者,而且他的爱人象征着青春之美,所以他们的坟墓和接吻比赛给忒拜青年运动员与娈童恋的关联带来了声望。比起像萨金特那样把整个故事看成令人回想起史前成人礼的神话,我们更有可能看到其中的历史核心,因为别的史料都将迪俄克勒斯记载为奥运冠军。③

这个历史传说对设定接吻比赛的日期也很重要,这个日期处

① Arist., *Pol.*2.9.6(1274a); Sergent(1986a: 167-73)认定 Diocles 是 Heracles 的“密友”,用 Philolaus 这个称谓指“军队中的朋友”(更有可能是“此人的情人”),这是不合适的,因为二者都应该与这有关:“一本古老的忒拜传说集子,这个传说又跟军事仪式和同性恋特征仪式有关”。

② Theocritus 12.27-38.

③ Moretti(1957)no.13.

于公元前8世纪末期和政治体制形成的大约公元前340-前322年之间。考虑到公元前6世纪希腊别处同性恋出现的模式,我们可以总结出这个比赛不可能在这个时期之前就已经存在。菲洛劳斯也许是普鲁塔克提到的无名"立法者"之一,他把爱欲这个概念带到忒拜的竞技场中,所以忒拜教育创立或改革的起源可能与斯巴达教育改革同步。那个时期在雅典学院建起了的厄洛斯神殿并出现了最早的锡拉铭文。

结　论

通过研究少年竞技训练和比赛、娈童关系,以及具有成人礼特征的仪式和教育机构的之间的联系,我们可以得出几个结论。我们研究过的每个城邦:克里特、斯巴达、锡拉岛、雅典和忒拜都向我们展示出了显著区别。教育、娈童关系和竞技运动在历史中的表现形式是"多中心"的,不能归为一种源于印欧语系文化或"史前"文化的共同模式。虽然我们能够在一些仪式和体制结构中看到"脱离社会、边缘生活以及回归社会"的成人礼模式,但是当地与别处的区别是至关重要的,它们在每种文化的大背景下都具有独特功能。此外,大多数或所有结合竞技和娈童关系的"成人礼"教育习俗都来源于公元前6世纪,没有更早的资料表明它们在之前存在过。

从某种意义上讲,由萨金特、布雷默、布瑞尼奇和让梅尔的理论得出的结果并不乐观,然而,我们的调查对于公元前8-前5世纪希腊的这三个文化流发展的历史梳理也有着积极的发现,简单描述如下:我们的大多数发现是关于公元前6世纪及其后期的情况的,但是在开始我们的描述时,我们首先要对文化的发展进行一次猜测,最早的资料表明文化发展起源于8世纪的罗马史诗时代。荷马史诗并没有反映出叫"成人礼"的体制,没有明显的同性恋现

95

象,也确实没有限定于青年的文化价值而形成的竞技运动。如果我们假设荷马史诗从某种程度上反映了当时的社会,或至少反映了贵族阶层的理想和价值观,那我们可以总结出在公元前 8 世纪,对娈童关系的表达是谨慎和委婉的,比赛只是一场英雄气概的展示,而不是一个"社会化的"民间的泛希腊赛会,人们对年轻男子的培养也相对地非正式。① 在荷马时代之后,随着公元前 8 到前 7 世纪初期奥运会的举行,我们可以推测出那时存在一些地方性的竞技赛会,尤其是纪念当地英雄和祖辈的葬礼竞技。② 在公元前 7 世纪初期到中期,重装备步兵军队的建立、城邦的发展和荷马史诗及奥运会的持续影响都可能导致各个城邦的竞技和田径比赛参与人数的缓慢增长。③ 娈童似乎在公元前 7 世纪"出柜",这也许是针对公元前 8 世纪希腊人口迅猛增长的一个控制生育的手段。接着在公元前 6 世纪初期,竞技运动出现了真正的"爆发"。人们相信裸体运动在公元前 650-前 600 年前后出现,可能与当时新出现的公开的同性恋现象相互促进,它们都公开展示了娈童关系,而且奥运会在裸体运动这个习俗出现之前便存在了。④ 梭伦的关于竞技馆娈童关系的律法确认了这两个现象在公元前 6 世纪初期即相

① 《荷马史诗》是对当代文化的一种反应: M.I.Finley, *The World of Odysseus*, 2nd ed. (New York: Viking, 1978); W.Raschke(1988: 13-25): C.Renfrew,"起源于米诺斯—迈锡尼的泛希腊运动会"。荷马娈童恋及其仪式: Dover(1988)128-131。荷马教育: Marrou(1956)1-13。"荷马世界"概况: 见 R.Osborne, *Greece in the Making: 1200-479 b.c.*(London: Routledge, 1996)第 137-160 页和第 367-368 页的最新概述。

② L.Roller, "Funeral Games in Greek Art", *AJA* 85(1981a)107-19; id., "Funeral Games for Historical Persons", *Stadion* 7(1981b)1-18. 参见 Osborne(1996)161-214 对公元前 7 世纪希腊文化的一个近期的综合评述。

③ Hoplites, polis, and athletics: H.W.Pleket, "Zur Soziologie des antiken Sports", *Mededelingen Nederlands Historisch Instituut te Rome 36*(1974)57-87; Delorme(1960)*passim*; Golden(1998)25-27.

④ M.McDonnell, "The Introduction of Athletic Nudity: Thucydides, Plato, and the Vases", *JHS* 111(1991)182-93.

互关联。在公元前6世纪前30年出现的皮西安运动会、伊斯米亚运动会和尼米亚运动会证明了运动会流行度的迅猛增长。从那时起，大多数城邦都无疑感到为公民修建跑道设施和摔跤场地的压力，而且更多的男性开始参加运动会。

目前，我们介绍没怎么提及教育体制，因为关于这方面的大多数史料表明它起源于公元前6世纪。在公元前6世纪，斯巴达教育体系和克里特的教育体系很可能已基本确立，而且娈童在两个体系中都是正式的组成部分。这些体系的存在似乎没有促使参与其中的青年把严厉的成人礼体能测试看成一种传统的城邦间竞技上的成功。斯巴达在奥运会上的成就顶峰在公元前520年已告一段落，克里特和斯巴达的成人礼也很少采取传统竞技比赛的形式。自公元前6世纪开始及以后在锡拉岛围绕着淫秽铭文的神秘文化里，我们仅仅可以观察到娈童关系与比赛的联系，并且竞技比赛还可能充当了他们的教育和舞蹈的重要一部分，但这基于对研究得更透彻的城邦的类似情况的估测。无论在奥斯科弗里亚节、赫耳迈亚节（两者可能都起源于公元前6世纪），还是在青年团（*ephēbeia*）体制中（公元前4世纪的体制），雅典青年对于城邦间竞技运动的参与度似乎也与关于成人礼的教育体系无关。锡拉岛的史料指出了公元前7世纪初娈童关系与竞技的潜在联系，这来源于对一对受人尊敬的当地恋人——迪俄克勒斯和菲洛劳斯的效仿，这还促使了（在公元前7世纪？）“立法者”认可竞技场里年轻男子间的同性恋，虽然我们不清楚他们是否拥有像别处那样的体制化的成人礼教育体系。 96

总而言之，我们所研究的几个希腊城邦里具有成人礼特征的人才培养体系指出这些教育形式一般确立于公元前6世纪，就是在前7世纪娈童与竞技运动建立起关系之后。历史上的教育体系自然一般都拥有人类学家所发现的“原始”文化成人礼中的特征，但这并不意味着希腊的仪式和体制本身就是“原始”或史前的（虽然当中的一些名称和特征可能是史前的)。我们可以更有理有据地研究在这些体制建立之后(一般都在公元前6世纪),作为青年成长"一部分"的竞技运动与娈童关系的功能性整合。因为我们感兴趣的地方在于这些现象的早期历史,所以我们寻找这些城邦残存的早期相关史料时当然也会很挑剔。在希腊和罗马时期,有着各自管理者和纪律的青年团和公立与私立的竞技馆在希腊地中海地区作为公民和教育机构蔓延开来。第8章将会研究后期的竞技和情欲;一个针对各个纳入考虑范围的城邦的竞技和教育的全面历史研究(像凯尔对古典时期的雅典做过的一样)当然超出了现在的研究范畴。我们必须谨记,这章对运动与娈童联系的讨论只针对男性,在第四—七章我们将讨论不太为人知的女性节日和仪式,这些节日和仪式把女性社会功能的形成与运动会或类似运动会的活动结合起来。除了几个特例之外,对于女孩来讲,这些社会举措明显不能促成女同性恋关系,但它们的确巩固了她们作为妻子和母亲的角色。

97

第四章　为赫拉而跑：奥林匹亚的女子竞技*

在古希腊,竞技运动一般被视为男性的天地,而且也的确是这样。但是也有一些年轻的女子,在结婚之前会以不同的方式,或多或少地进入到这块男性领域。以下的三个章节将分别介绍在奥林匹亚、斯巴达和阿提卡的地区性女子竞技活动。这些活动作为派代亚(希腊词,指年轻男子的教育)和男子成人礼的一部分十分有效。第七章将关注神话传说中具有传奇色彩的女性运动员——阿塔兰忒。她是一个绝无仅有的例外,这个虚构的运动员证明了竞技运动本来就是为男性而量身定做。值得注意的是,在所有的地区性竞技比赛中,只有未婚的女子可以参加,这些活动被视为她们的成年礼。尽管如此,女子竞技活动的例子比男孩或成年男性的少得多。已婚女子大部分都留在家中,她们的丈夫,只要身体条件允许,就会活跃在公共场合,不停地参加各种竞技活动。

奥林匹亚的赫拉亚节运动会(Heraia)是目前有记录的、描述

---

* 本章是在"The Footrace of the Heraia at Olympia", *Ancient World* 9(1984)77-90原文基础之上修改并更新而完成。

最为详细的古代女子竞技运动会。① 考虑到她与由男性参加的奥运会的关系,这个运动会也成为了希腊其它类似的地方性运动会最权威的范例。于是,就产生了两个最基本的问题:第一,这项仅仅包含女子赛跑的赛事是什么时候开始的?第二,为什么要将这个活动与一个赫拉节日联系起来?但这两个问题都很难回答,因为我们只有鲍桑尼亚一人的作品能证明其存在。梅尔(Mehl)认为这个运动会来自一个巴克芬尼亚(Bachofenian)式的母系文化,不过这种文化因后来男性奥林匹克运动的兴起而消亡。范·瓦卡洛(Von Vacano)则认为它的源头在公元前5世纪,其他的学者则认为是公元前6世纪。② 根据最新修改过的一些关于古希腊的竞技运动、历史和神祇崇拜等的学说,我希望在此就赫拉亚运动会的起源和本质提出一些新的观点。在鲍桑尼亚的记载(5.16.2-3)中,第一部分是这样描述这个节日的:

> 每4年,妇女们都会为赫拉编织一件礼服。同样是这些人,她们也会举行一场名叫赫拉亚节的竞赛。这场竞赛只有女子赛跑一个项目。事实上,不是所有同龄的女孩子一起比赛,但是最年轻的最先比赛,之后是年龄稍大的,最后是这些女子中最年长的。她们是这样进行比

98

---

① 最重要的研究有 G. Arrigoni, "Correre per Hera", in G. Arregoni, ed., *Le donne in Grecia*(Rome: Laterza, 1985)95-100; Angeli Bernardini, "Aspects ludiques, rituels et sportifs de la course feminine dans la Grèce antique", *Stadion* 12-13(1986-87)17-26, esp.20-21; N.Serwint, "The Iconography of the Ancient Female Runner", *AJA* 97(1993)403-22。

② E.Mehl, "Mutterliche Reste in der Olympischen Festordnung", in *Festschrift Carl Diem*, ed.W.Körbs, H.Mies, and K.C.Wildt(Frankfurt: W.Limpert, 1962)71-81; O. von Vacano, Über Mädchensport in Griechenland" in *Das Problem des alten Zeustempels in Olympia*(Naumburg [Salle]: Lippert, 1937)suppl,"51-58; K.Zeigler, s.v. "Heraia", *RE* 8, 407-18; L.Weniger, "Das Hochfest des Zeus in Olympia II", *Klio* 5(1905)1-38, esp. 22-28; id., "Vom Ursprunge der olympischen Spiele", *RM* 72(1917-18)4-5.

赛的：头发放下，长袍稍过膝盖上方，右肩露出直至胸部。奥林匹克竞技场也用于举办她们的比赛，但是竞技场的跑道减少了六分之一。她们奖励获胜者橄榄树叶编织的王冠，以及献祭给赫拉的一头牛的一部分。有可能的话，她们也会展示自己雕刻的自画像。像阿格诺斯泰（agonothetai）一样，帮助这"十六女子"（Sixteen Women）的人，是一些已婚的女子。

这篇文章接下来叙述了唯一活下来的尼俄柏人（Niobid）——克洛里斯（Chloris），赢得赫拉亚运动会第一场胜利的故事，并且讲述了一个流传的传统说法，认为这16名女子是在公元前590－前580年之间，伊利斯的暴君达莫芬（Damophone）死后（Paus.5.16.4－6；6.22.3－4），从伊斯利的村庄中选出来解决伊斯利和皮萨（Pisa）之间的分歧。"后来"，"十六女子"又受委托组织赫拉亚运动会，并为赫拉编织圣衣。鲍桑尼亚接下来又描述了"十六女子"的其它礼教职责，包括安排供奉希波达弥亚（Hippodameia）和菲斯科（Physcoa）的合唱舞蹈。菲斯科是来自伊斯利科利城（Elis Colie）的女英雄，她住在奥斯亚社区（Orthia），给伊斯利带来了对狄俄尼索斯（Dionysus）的祭拜之风。书中指出，崇拜对象已由早期的阿尔忒弥斯·奥斯亚（Artmis Orthia）变为菲斯科。这点通过女主人所居住社区名可以看出。①虽然这种联想有很大的推测成分，但奥斯亚这个不平常的名字也可能暗示了斯巴达和伊斯利之间有区域联系。②

鲍桑尼亚在书中谈到的几个方面对古希腊时期女性竞技运动的研究是有利的。具体来说包括赫拉亚运动会的比赛项目与其他

① H.Jeanmaire, *Dionysos: Histoire du culte de Bacchus*（Paris：Payot, 1951）216.

② 参见第九章，第479页注释②中关于狄俄尼索斯祭仪与斯巴达和伊利斯地区女子竞赛之关联的论述。

设有赛跑比赛的早期女子运动会的共通点,“十六女子”的体制,奥林匹亚的祭祀活动,以及其与供奉宙斯的奥运会的关系。可以看出,赫拉亚运动会在献祭、竞赛、给优胜者带由橄榄枝编成的花冠以及最后的宴会等基本结构方面已与最早的奥林匹克运动会非常相像。① 虽然传统没有明确提到,我们仍然可以推测“十六女子”每4年会为赫拉编织礼服(*peplos*)(译注:古希腊妇女所穿的披肩状外衣),并作为赫拉亚运动会的一部分献给这位女神。② 与此最为相似的就是献给位于雅典的雅典娜·帕耳忒诺斯(Athena Parthenos)的礼服。在那里,编织工作由女祭司和阿瑞浮萝伊(Arrēphoroi)(译注:每年被选出来供奉雅典娜的4名年轻女孩)开始,然后由一组特别挑选的贵族少女——厄尔格斯提奈(the *Ergastinai*)③继续完成。在雅典,礼服的编织工作在泛雅典娜节(Panathenaia)前9个月便开始了。可能更好的一个比较是在罗克里·埃庇杰菲里(Locri Epizephyrii)的为少女举行的仪式,在那里,人们会将一件为珀尔塞福涅(Persephone)编织的礼服献给这位女神以此作为她们婚前仪式的一部分。④ 伊斯利的编织工作在位于集市为“十六女子”所建的房屋内进行(Paus.6.24.10)⑤,并于赫拉

99

---

① Weniger(1905)30.

② M.P. Nilsson, *Grieschische Feste von religiöser Bedeutung mit Ausschluß der attischen*(Leipzig and Berlin: B.G.Teubner, 1906; reprint, Darmstadt: Wissenschaftliche Buchgesellschaft, 1957)62-63.

③ Hesychius s.v. “Ergastinai”: Suda *xalxeia 35*; *Etymologicum Magnum* 805.43; W.Dittenberger, *Sylloge inscriptionym Graecarum 3*(Leipzig: S.Hirzel, 1915-24)718; H.W. Parke, *Festivals of the Athenians*(London: Thames and Hudson, 1977; reprint, Ithaca: Cornell University Press, 1986)38.

④ 参见 C.Sourvinou-Inwood, ‘*Reading*’ *Greek Culture: Texts and Images*, *Rituals and Myths*(Oxford: Oxford University Press, 1991)168; Arrigoni(1985)97 和 192, 注释 162。

⑤ Weniger 认为, 如果赫拉亚运动会与奥林匹克运动会在同年举办并且只相隔不到一个月, 那么对奥林匹克竞技者长达 10 个月的强制训练就会与希腊女子织披肩式外衣同时发生(Paus.5.24.9)。参见 Weniger(1905)25; L.Drees, *Olympia: Gods, Artists, and Athletes*, trans.G.Onn(New York: Praeger, 1968)43(training period)。

亚运动会前9个月开始。泛雅典娜节和献祭礼服的传统至少在公元前7世纪甚至更早就存在了，但是这些节日中有体育比赛却是从公元前566年才开始的。[①] 向女神进贡新长袍的传统则要追溯到克利特(Minoan)文明时期。[②]

古希腊女诗人萨福提到，过赫拉亚节时，克里特岛的同性恋少女会向这位女神进贡礼服。[③] 琉克珀迪斯(Leucippides)，或者被称为"琉克珀斯(Leucippus)的女儿们"，每年会为阿波罗编一件紧身长袍；像"十六女子"一样，她们的编织工作也在一所叫"图尼克(Tunic)"的特殊房子中进行(Citwvn.Paus.3.16.2)。琉克珀斯与狄俄尼塞迪斯(Dionysiades)，后者也被称为"狄俄尼索斯的女儿"，一起策划为狄俄尼索斯的献祭活动，并帮助狄俄尼塞迪斯举办供奉狄俄尼索斯·克洛纳塔斯(Dionysus Colonatas)的少女赛跑比赛。(Paus.3.13.6；参见第五章)。阿尔克曼(Alcman)的《巴特农》(*Partheni-on*)一诗的60-64行也提到有斯巴达的少女带着为奥斯亚所编织的外袍：

祭司佩勒艾德(Peleiades)

---

① 参见 Parke(1977)33 及注释9。E.N.Gardiner, *Olympia: Its History and Remains*(Oxford: Clarendon, 1925; reprint, Washington, D.C.: McGrath, 1973)215，据说，希腊女子穿披肩式外衣的风俗可能是从与公元前420年(那时雅典、阿尔戈斯与伊利斯组成联盟)的泛雅典娜节的类比中开始形成的，这种说法并不大可能，但他却承认没有证据支撑这项假设。

② M.P.Nilsson, *The Minoan-Mycenaean Religion and Its Survival in Greek Religion*, 2nd ed.(Lund: C.W.K.Gleerup, 1968)311; Elizabeth W.Barber, *Women's Work, The First Thousand Years: Women, Cloth, and Society in Early Times* (New York: Norton, 1994)110-17, 283.

③ B.Lavagnini, *Aglaia. Nuova antologia della lirica Greca da Callino a Bacchilide*(Torino: G.B.Paravia, 1938)126.

……阻挠着我们

因为我们带着为奥斯亚所编织的外袍。①

在与女性崇拜上,斯巴达地区和赫拉节还有其它的相似点,在后面的篇章我们会涉及。这些相似点都支持将阿尔克曼的话理解为"供奉给阿尔忒弥斯·奥斯亚的长袍"。而且似乎和泛雅典娜节的宗教游行以及希腊其它各地,尤其在斯巴达地区流行的上贡长袍的传统一样,礼服也在宗教游行中进贡给赫拉,作为赫拉亚运动会(Heraian festival)的一部分。

像最初的13届古奥林匹克运动会(776-728)一样,赫拉亚节的比赛只有场地赛跑,里程比男子的缩短了六分之一。缩短后的女子比赛跑道(500奥林匹亚尺,男子的为600奥林匹克尺)作为证据引用,既可以证明也可以证伪这些比赛的远久性。② 后来的资料显示:赫拉克勒斯通过步测,或是以一个人一口气能跑完的距离,来确定跑道的长度。(约瑟比乌斯(Eusebius)的塞客都斯·尤利西斯·阿非利加努斯(Sextus Julius Africanus),《编年史》(*Chronicon*),第1卷,第197页,Schöne; Gel. 1.1; Isidor. *Origines* 15.16.3),但是传说很少有说服力的。男女比赛跑道长度的不同也许仅仅体现了女性的平均步长比男性的短。

① 对关键词"Φάρος"的解释,可理解为"袍子"或者"耕地",对Ὀρθρίαι的理解,多数学者则以"Orthia"为参考,但也存在争议。参见 D.Page, *Alcman: The Parthenion* (Oxford: Clarendon, 1951) 71-79; C. Calame, *Les choeurs de jeunes filles en Grèce archaïque, vol. II: Alcman*(Rome: Ateneo & Bizzarri, 1977)120-33。随后将在第五章进一步讨论 Dionysiades 跑步比赛。

② Weneiger(1905)30 为赫拉亚运动会斯塔德赛跑场的最高地位据理力争,因为赛跑场后来向东延伸,侵占了 Chamynaia 的圣地(此项比赛已无法证明)。D.Romano 在"The Ancient Stadium: Athletes and Aretē", *Ancient World* (1983) 13-14 认为其长度的不同与略短于600的"赫拉神庙"英尺和600"宙斯神庙"英尺之间的不同相一致。此文对我们决定哪个更为重要并没有帮助。

很明确的是，其它历史时期举行的女性节日比赛也仅仅包含赛跑一项。尽管斯巴达女子们可能会参加不同的比赛，但是为纪念狄俄尼索斯·克洛纳塔斯（Dionysus Colonatas）的赛跑比赛，以及另一项叫 en Drionas（cf.Hsch.,s.v.,E2823 Latte）的秘密比赛，是现在仅知的两项她们参加的节日比赛。类似的，在布劳隆举行的阿卡提亚节上（Brauronian Arkteia），似乎也有一项赛跑比赛或追逐赛。作为奥运会的第一项比赛，并且其胜利者的名字会被记录在名册上，场地赛跑将流行和传统声誉结合一身。不仅男性比赛，女性比赛亦是如此。 100

将女孩们分成三个年龄段进行比赛的做法，与柏拉图的《法律篇》（8.833c-834d）中的一篇文章的观点不谋而合。在这篇文章中，他写道：年龄在 18 或 20 岁以下的未婚女孩会参加不同赛程的赛跑比赛。他还规定：13 岁以下的女孩子应该裸体赛跑，一些稍大的到了待嫁年龄的女孩要穿合适的服装参加比赛。可以看出，柏拉图根据裸体或穿衣进行赛跑，将女孩分成两类的描述，与阿提卡出土的双耳喷口杯上裸体和穿衣赛跑者的绘画是一致的。尽管赫拉亚运动会的年龄分界线并不明确，但是我们可以猜想，一条分界线是 13 岁，另外两个稍大一点的级别分界线是 13-18 岁和 18-20 岁。赫拉亚运动会将参赛者按年龄分成 3 个组别，这与斯巴达地区的做法十分相似：他们为了方便教育和比赛，将参赛的男孩按照每 6 岁分成一组，总共分 3 组，年龄跨度在 6-24 岁之间。女孩大概也是这样。我们可能还记得，女子赛跑比赛最先是在斯巴达开始的，据说由来库古发起，他们把这项活动作为女孩教育的一部分。对赫拉亚运动会的组织者来说，斯巴达的做法已经是一个非常成熟的参考模式［Xen., *Respublica Lacedaimoniorum*1.4；Plut., *Lycurgus*14.2；Philostratus, *Gymnastica*27；*Theocr*. 18.21-36；Euripides, *Andromache*595-602］。无论如何，像在斯巴达和布劳隆的赛跑比赛仅仅限于未婚的处女(parthenai),这一点意义重大。作为结婚前的先期磨练,这些比赛也许和其他的比赛一样有着一些重要意义。①

赫拉亚运动会参赛者的服装质地轻便,不仅穿着舒适,而且很好地将这些女运动员与那些进行日常活动的妇女们区分开来。古典时期,斯巴达的女孩子们有个坏名声,那就是她们穿上希顿短袍运动时,被称为 *phainomerides*,意为“秀大腿的人”(Ibykos, sixth c.b.c. ap. Plut., *Comparatio Lycurgi et Numae* 3.3-4, cf. also Eur., *Andr.* 597-98; Sophocles fr. 788 Nauck)。但也正是她们启发了运动会的组织者为她们量身定做一套不寻常的、区别于斯巴达传统款式的比赛服。② 现存有两座雕像展示了这种赫拉亚运动会的“迷你希顿装(迷你短袍)”。第一座现存于伦敦。它出土于阿尔巴尼亚境内(古伊庇鲁斯(Epirus)王国),是一件拉克尼亚式(Laconian)的,其历史可追溯到约公元前 560 年。而且它可能只是附在一个大青铜双耳喷口杯上的几个雕像中的一个。③ 这尊小雕像意义重大,因为它完全符合鲍桑尼亚关于赫拉亚运动会上运动员的描述:头发披散,古装短到膝盖以上,肩膀露出直到胸部(图 4-1)。第二尊赫拉亚运动会的雕像也是如此。这是尊大理石雕刻而成的女性赛跑者雕像,存于梵蒂冈博物馆。很明显,它是一件仿制品,原品是一尊公元前 5 世纪,约公元前 460 年左右的青铜雕塑。这尊大理石雕塑描绘了一位在奥林匹亚女子赛跑比赛中的

---

① 关于 Arkteia 节的论述,参见本书第六章。关于斯巴达的年龄阶层的论述,参见 H. Michell, *Sparta* (Cambridge: Cambridge University Press, 1952)。

② 参见本书第五章。

③ 伦敦,大不列颠博物馆 208,从 Prisrend(?),Albania(古伊庇鲁斯),古希腊铜雕像,左腿修复,追溯到公元前 580 年;Arrigoni(1985)表 3 和评论与参考文献,157。

图 4-1　一尊公元前 580 年的古希腊青铜雕塑，出土于阿尔巴尼亚的 Prisrend(？)地区(古伊庇鲁斯王国)，现存于伦敦大英博物馆。其左腿是后来复原而成。

图 4-2 一尊奔跑女孩的大理石雕像,仿制品。原作为青铜制品,作于公元前5世纪,约460年。现存于梵蒂冈博物馆 Candellabri 展览厅。编号:XXXIV.36.1,inv. no.2784。

图 4-3　青铜雕像，卡拉帕罗斯 24 号收藏品，出土于希腊多多纳城（古伊庇鲁斯王国），约公元前 550 年所作，现存于雅典国家博物馆。

图 4-4 巴勒莫国家博物馆，编号 inv. no.8265(42)。来源不详，可能出土于意大利的塔伦坦(Tarentum)或帕埃斯图姆(Paestum)，约公元前540-前530年所作，现存于拉兹奥(Nazionale)博物馆。

图 4-5　浮雕作品，出土于希拉里斯宝库，约公元前 550-540 年所作，P. Zancani Montuoro and U. Zanotti-Bianco, Heraion alla Foce del Sele, vol.2(Rome, 1964), fig.86。

获胜者(图 4-2)。① 伦敦小雕像高 11.4 厘米(约 4.5 英尺),梵蒂冈的这尊高 1.54 米(约 5 英尺半英寸),因此这尊雕像可能是仿制 101 一件由赫拉亚运动会的某位获胜者、她的家人或者她家乡的某位雕刻家所雕刻的真人大小的雕塑。在雕像的大理石支撑底座上,刻有象征胜利者的棕榈树枝,这似乎清楚地表明这个女孩赢得了一场赛跑。

还有另外三尊青铜雕像描绘了女性赛跑者,它们可能都是由斯巴达的艺术家完成,均为拉克尼亚式,虽然和赫拉亚运动会的赛跑运动员雕塑并非一模一样,但也可用于相互比较。第一件雕塑是典型的拉克尼亚式的,其历史可以追溯到公元前 6 世纪,出土于古伊庇鲁斯王国的多多纳城,现存于雅典。和伦敦的那尊女孩雕塑一样,这尊雕塑在奔跑时,也用左手将裙子提起。② 但不同的是这尊雕塑所穿的希顿古装上部盖住了双胸(图 4-3)。第二尊奔跑的女孩雕像,为公元前 570-前 560 年的斯巴达风格,现存于斯

---

① 罗马,梵蒂冈城,梵蒂冈博物馆 Galleria dei Candellabri, XXXIV.36.1, inv. no. 2784。N.Serwint(1993)极有说服力地提出要在与所谓的"Charioteer of Motya"同期的基础之上追溯日期;另可参见 A.S.Giammellaro, "Eine Marmorstatue aus Mozia (Sizilien)", *Antike Welt* 16(1985)16-22。前期观点在于该碎片属于南意大利流派的帕西特利斯(公元前 1 世纪)仿古典作品,参见 G.Lippold, *Die Skulpturen des vaticanischen Museum, 3.2*(Berlin: Walter De Gruyter, 1956)370-74, no.3, pls.161-62; W.Helbig, *Führer durch die öffentlichen Sammlungen klassischer Altertümer in Rom*, ed.H.Speier, 4 vols.(Tübingen: E.Wasmuth, 1963-724)2: 558; E.Q.Visconti, *Musée Pie-Clementin III*(Milan: I.P.Giegler, 1818)pl.27; B.Schröder, "Die vaticanische Wettlaüferin", RM 24(1909)109-20, figs.1-3; B.Ridgway, *The Severe Style in Greek Sculpture*(Princeton: Princeton University Press, 1970),第 136 页注释 8 和第 143 页注释 3。Serwint 也谈到,胜利者雕像确实是真实地来源于奥林匹亚山上的赫拉亚运动会,与 Pausania 的描述极为一致,极具说服力。参见 Arrigoni(1985)表 6 和第 159-160 页(附有评论和参考文献)。

② 雅典,国家博物馆,第 24 号 Carapanos 藏品,希腊,多多那(古代伊庇鲁斯)青铜雕像;Arrigoni(1985)表 2 和第 156 页;参见 E.Langlotz, *Frühgriechische Bilderhauerschulen*(Nuernberg: E.Frommann, 1927; reprint, Rome: "L'Erma" di Bretschneider, 1967)48a(London, BM 208)and pl. 48b。

巴达博物馆。[1] 第三尊雕像是一尊青铜制的奔跑的巴勒莫女孩雕像，大约公元前540–前530年所作，也是典型的斯巴达风格，因为这名女孩身着一件很短的斯巴达外袍（*peplos*）（译注：古希腊妇女所穿的披肩状外衣），但是这件雕塑也有西西里岛的风格（图4-4）。它可能是模仿希拉里斯宝库（Silaris Treasury，约公元前550–前540）出土的一件喜剧演员的浮雕（图4-5）。[2] 这件浮雕描绘了传奇的琉克珀迪斯（Leucippides）在被抓和结婚之前从廷达里代（Tyndaridai）那里逃跑的情景。两者之间的联系还让人想起与琉克珀迪斯同名的斯巴达女祭司们，她们同另一批斯巴达妇女，狄俄尼塞迪斯（Dionysiades）一起组织女性赛跑比赛，这是她们的职责的一部分。[3] 如果三尊雕像是斯巴达风格的这种说法是正确的，也就能说它们代表了，或至少取材于古代斯巴达女性赛跑者，而不是赫拉亚运动会的参赛者。和赫拉亚运动会参赛服不同，这些形象所穿的服装都盖住了双胸。当然，这三个形象中的任何一个都可能是阿塔兰忒（Atalanta）、[4]亚马逊女战士，或琉克珀迪斯等这些传奇的女性赛跑运动员中的一位，但是它和斯巴达本地的女子运动员有联系的可能性更大。这些雕塑是由这些斯巴达女孩或她们的家人所作，用来纪念这次的特殊教育，或者某此比赛的胜利。

102 104

---

① 斯巴达博物馆3305；C.*Chrestou, Archaia Sparte: syntomos hodegos gia ten historia, ta mnemia kai tou mouseiou tes*（Sparta：n.p.，1960）112 fig.33r；Arrigoni（1985）158，表4（b），但没有照片，我也从未见过此件物品的任何照片。

② Palermo，Museo Nazionale，inv.no.8265（42）的起源不详，可能是来源于Tarantum或Paestum，为意大利铜雕像。参见P.Zancani Montuoro and U.Zanotti-Bianco，ch.31，"Leucippidi"，in *Heraion alla Foce del Sele*，vol.2（Rome：Libreria dello Stato，1964）341–48，fig.86；Arrigoni（1985）table 5 and pp.158–59，指出这件雕塑体现了意大利工匠手艺，并反映了当地对于斯巴达少女运动员习俗的兴趣。

③ 参见第五章的另一个小铜雕像，现存于德尔菲博物馆，仅保留了一个身穿斯巴达服装女孩的上半身，并且，据解说员说，这个女孩明显正在奔跑。但我并不这样认为，主要因为女孩手臂置于腰间，拳头微握，置于腰前。我从没见过姿势刻画成这样的跑步者。相反，这位德尔菲女孩呈现的姿势似乎像在跳舞。

④ 参见本书第七章。

假如这种假设不成立,我们就难以解释它们为什么会出土于多多纳(Dodona)①和巴勒莫(Palermo)。后来的运动会,赛跑比赛要么像狄俄尼塞迪斯(Dionysiades)组织的,在斯巴达举办,要么在伊庇鲁斯或意大利南部某地举办。② 无论如何,"斯巴达"风格的雕塑能够通过衣着与赫拉亚运动会的雕塑区分开。

巴勒莫的雕像与逃婚的琉克珀迪斯有某种联系,这一点虽然是假设,但至少告诉我们斯巴达的女子赛跑比赛,和奥林匹亚的比赛一样,只有未婚女子可以参加。如果像后文将要讨论的,两地的赛跑比赛有助于女孩们过渡到婚姻和成年生活,那么这些女子赛跑者雕像通过以视觉的方式讲述许多逃婚与追捕的传说来印证了这一点。换句话说,赛跑让女孩们被婚姻"抓住"或"驯服"之前,尽情释放自己狂野的一面。③ 这些雕像也特别暗示了这场赛跑是婚前比赛,因为女孩们奔跑时都将服装的衣边提起,三座雕像无一例外。④ 另外也有两组花瓶饰画描绘了传奇式逃离美兰尼翁(Melanion,也叫希波墨涅斯,Hippomenes)的阿塔兰忒。⑤ 在这两

105

① Gardiner(1973)48-51 清晰地辨认出奥林匹亚狂热者与多多纳狂热者的相似之处,可能是由于早期从伊庇鲁斯向伊利斯迁徙的缘故。

② 存在其他与女子赛跑有关的节日的可能性也不应该被忽略;比如,赫拉亚节和狄俄尼塞迪斯节这两个节日就因偶然被记录于有且仅有的一项文献中而闻名。也许在为了纪念宙斯和狄俄涅而举办的多多纳 Naïa 节的竞赛中也曾有过女子赛跑:参见 Nilsson(1957)32,注释 1。Paestum 和 Tarentum 所在地来源于多里斯,也有可能照搬(或仅仅是崇拜)了斯巴达对女孩进行体育教育或举办体育竞赛的习俗。在意大利南部,希巴利斯也有为赫拉举办的比赛,但没有提到为女性举办的竞赛:Aelian, *Varia Historia* 3.43;Nilsson(1957)64。

③ 特别参见本书第六章讨论的阿提卡的 Arkteia 图像。

④ 该姿势并不属于梵蒂冈雕像,但是或许与在大理石上雕刻左手举着衣角这种弧度十分困难有关。

⑤ 阿提卡白绘式陶瓶,克里夫兰博物馆 66.114,大约公元前 500-前 490 年,展现的是 3 个情欲之神围绕亚特兰大的景象;阿提卡红绘式酒杯,巴黎卢浮宫,CA 2259,来自 Kertsch,大约公元前 470-前 450 年。参见 A.Ley,"Atalante-Vonder Athletin zu Liebhaberin: Ein Beitrag zum Rezeptionswandel eines mythologischen Themas auf Vasen des 6.-4.Jhs.v.Chr.", Nikephoros 3(1990)46-49 以及图表 13。

个公元前 5 世纪早期和中期的花瓶上，阿塔兰忒都是用左手提起自己的衣边，但是她的希顿装更长、更加精致，与简单短小的斯巴达希顿装有明显区别。像阿塔兰忒这样穿着又长又笨重的服装，提衣边的动作作用就更大，对那些穿着长不过膝的短装的女孩子们说，这个动作就没什么用了。因此，斯巴达和赫拉亚运动会的雕像均塑造出了阿塔兰忒的形象，而且在她的希顿装上强调了其中的"女性"特质，服装笨重使得它看上去比实际长度要长。总之，它在现实中的女子赛跑比赛和一些女子逃婚的传奇间建立了联系。①

女孩们特殊的参赛服还有一层礼教意义。在斯巴达和阿提卡，女孩们参加比赛时，要么穿短裙，要么什么都不穿，要么只穿短裤。穿哪种服装还是不穿衣服，这一点不仅要出于实际考虑，还有一定的宗教意义。含义不同的服装或是强制性的裸体，就像有性别和年龄的分别一样，是成人礼的一部分。② 某些服装不仅仅是基本的规定，同时还有对守护神的崇敬。例如，布劳隆举行的阿卡提亚节上的"扮演熊"的女孩所穿的藏红色长袍。阿提卡出土的制作于公元前 6 世纪晚期到前 5 世纪晚期的双耳喷口杯上所画的，参加纪念阿尔忒弥斯的阿卡提亚节上赛跑比赛的女孩们穿的希顿短袍，与鲍桑尼亚描述的赫拉亚运动会希顿短袍很相似。斯巴达女孩们的希顿短袍前文已经提过。于是，通过对赫拉亚运动会、斯巴达和布劳隆三地女性运动员参赛服的意义比较，我们可以发现，希顿短袍在三地都很普遍，从公元前 6 世纪前叶（伦敦雕像

106

① Plut., *Lyc.*14－15（Sparta）; L. G. Kahil, "Autour de l'Artémis attique", *AntK* 8（1965）20－33 and pls.7－10, esp.pls. 7.3, 5; 8.7（Brauron）；参见本书第五章和第六章。

② 参见 W.Burkert, *Greek Religion*, trans.J.Raffan（Cambridge, Mass.: Harvard University Press, 1985）261（from the original *Grieschische Religion der Archaïschen und Klassichen Epoche*[Stuttgart: W.Kohlhammer, 1977]392）对克里特岛 *Ekdysia* 节，即"脱衣"节日的论述。

的时间,图 4-1)一直到公元 2 世纪(鲍桑尼亚时期),它的历史长达 8 个世纪,但是在斯巴达和阿提卡女性运动员不穿比赛服或只穿短裤的传统,在奥林匹亚则没有。

然而,赫拉亚运动会希顿短袍的流行,既不能把它理解为是一种潮流,也不能认为仅仅是为穿着舒适而设计的。如果不是宗教习俗,那么为了穿着更加舒适,这种长年累月都没有改变过的服装一定会被改进。据某些希腊的艺术作品显示,它最先出现在公元前 560 年之前,而且从那以后一直没有改动,原因是它有一定的宗教意义,蕴含着古希腊神话传奇中那些女子年轻、独立、活力四射的品性。①

南希 · 瑟温特(Nancy Serwint)的观点可以帮助我们解释关于赫拉亚运动会服装的问题。② 任何将这个问题与亚马逊女战士或阿尔忒弥斯联系起来的理论都是不成立的。奥林匹亚的亚马逊式的服装的起源也很难说清楚。如果说亚马逊女战士信奉女神的话,那么这个女神是阿尔忒弥斯。卡利马丘斯(Callimachus)(《颂歌》*Hymn* 3.237-50)和品达(*ap*.Paus.7.2.7.)③指出,亚马逊人在艾菲索斯(Ephesus)建立了阿尔忒弥斯神殿。阿尔忒弥斯捕猎时穿希顿短袍可能就带动了(或反映了)她在布劳隆和其它地方的跟随者穿这一服装的传统。赫拉亚运动会的赛跑者与具有传奇色彩的亚马逊女战士这两者之间的相似点可以在三尊青铜雕像上略见一斑。这三尊雕像原来都在一个三足鼎上,两尊出土于雅典的卫

---

① 参见本书第六章以及 Kahil(1965), pls.7.2, 7.4, 7.6, 8.1-3;同上,“L' Artémis de Brauron: rites et mystère”, *AntK* 20(1977)fig.A., pl.18。

② Serwint(1993);也可参见 N.Serwint, *Greek Athletic Sculpture from the Fifth and Fourth Centuries b. c.: An Iconographic Study* (Ph. D. diss., Princeton University, 1987) 420-62。

③ P.E.Arias(text and notes), M.Hirmer(photos), and B.B.Shefton (translation and revision), *A History of Greek Vase Painting*(London: Thames and Hudson, 1962), pl.230:双耳喷口杯上展现的是大约公元前 410 年的塔伦特姆,阿耳忒弥斯与迪奥尼索司、迈那得斯以及萨梯在一起的情景。关于布劳隆的风俗,参见本书第六章。

城(Acropolis),一尊出土于塞萨利(Thessaly)。它们都描绘了亚马逊女战士身着希顿短袍,左手提起衣边的景象,其中还有一尊裸露右肩。① 它们与伦敦和梵蒂冈博物馆的赫拉亚运动会上的女孩雕像(以及和斯巴达跑步者那尊雕像)不同的是,它们还戴着高顶的伊利里亚式(Illyrian)的头盔。阿尔忒弥斯神殿里有一组被认为是带有纪念意义的雕像,其中的一座刻画了生活在公元前440-前430年,艾菲索斯的"卡比托利欧(Capitoline)"亚马逊女战士。像赫拉亚运动会的赛跑者一样,她裸露右胸。另一座雕像则刻画了艾菲索斯族群中的另外一支,生活于公元前4世纪的"兰斯当(Lansdowne)"亚马逊女战士。根据雕像上一座不寻常并且很像是折返柱的墙墩来看,这座雕像描述了一名结束了比赛正在休息的选手。② 107

即便如此,亚马逊女战士或者阿尔忒弥斯与赫拉亚运动会都没有直接联系。瑟温特(Serwint)明确地指出,实际上,赫拉亚运动会的服装先于亚马逊女战士露胸装出现,因此,不能认为它展示了亚马逊民族的风格。按时间顺序,我们认为,卡比托利欧和兰斯当亚马逊人服装的设计灵感来源于赫拉亚运动会胜利者雕像。同样可推测得出,亚马逊女战士比赛服装要裸露一个乳房这一点也是模仿赫拉亚运动会的,而非反过来。以上的推测,与另一个问题相关,那就是"亚马逊式"的服装反映了奥林匹克女性赛跑者参赛服的设计理念的广为传播。

瑟温特还提出另一个更受质疑的观点。她认为赫拉亚运动会的比赛服装是模仿轻量级别男性的希顿短袍,叫*exomis*,字面的意

---

① D. von Bothmer, *Amazons in Greek Art*(Oxford: Clarendon, 1957), pp.122-23, nos. 8-9, Athens 6589, 6622, 6624, and 13230.

② 同上,216-22, pl.89; B.Ridgway, "A Story of Five Amazons", *AJA* 78(1974) 1-17, pls.1-4。尽管 Lansdowne 坦露出他的左胸,而不是右胸(由于审美原因所做的修改),这也可能是受到了赫拉亚服装的"精髓"的启发。

思就是“裸肩”的服装。*Exomis* 早在公元前 560 年(也就是大英博物馆那尊赫拉亚运动会女孩雕塑的年代)之前的古希腊艺术和文学作品中,就为人所知,并得到证实。男性在炎热天气时或进行体力劳动时,穿着这种服装。所以,赫拉亚运动会的比赛服体现了“跨界着装”——性别角色交换的一方面。在古希腊的神话和仪式中,这一点多见于男性,女性的例子很少。在古希腊和其它文化中,仪式上跨界着装是成人礼常见的构成部分,它标志着一个未成年人过度到成年阶段。① 其中的逻辑可以用以下两种方式解释。一种从心理学角度,这些仪式的新加入者首先会用一种“异性”的心态去体会不同社会角色的“统一性”或整体性,之后才开始扮演个人的社会角色。另一种从结构主义者的角度,穿异性的服装就是通过颠倒或混淆普遍的性别分界,表明新加入者的社会边缘地位。②

因此,赫拉亚运动会女孩们的参赛服表明了赛跑比赛是帮助她们适应一名成年女性的身份,同时也说明这种女子赛跑比赛并不普遍,男性比赛需要特殊服装的现象则更加普遍。于是,我们或许会问,为什么那些女孩们不穿合适的男性参赛服,要赤身裸体参加比赛? 还有,在裸体比赛的规定还未引入的时候,为什么不裹上

---

① A.Brelich, *Paides et Parthenoi*, vol.1, Incunabula Greca vol.36(Rome: Ateneo, 1969) 31, 72, note 60; Burkert(1985)260-64(=1977, 390-95).

② P.Vidal-Naquet, The Black Hunter, trans.A.Szegedy-Maszak(Baltimore: Johns Hopkins University Press, 1986)116-17; M.Eliade, *Rites and Symbols of Initiation*, trans.W.R. Trask(New York: Harper, 1975)26. 关于异性装扮癖问题的论述, 参见 D.D.Leitao, “The Perils of Leukippos: Initiatory Transvestism and Male Gender Ideology in the Ekdusia at Phaistos”, *Classical Antiquity* 14(1995)130-63, 尤其是第 136-142 页。Leitao(162-63)发现, 婚礼通常是区分性别和作异性装扮的场合, 并且, 斯巴达新娘女扮男装的习俗旨在缓解新郎的紧张情绪, 因为他们更习惯男性的陪伴。赫拉亚地区婚礼前的异性装扮的证据暗示了, 赫拉亚和斯巴达的习俗是为了把女孩们介绍给“其他人”, 同时, 也许是为了缓解男孩的焦虑情绪和她们自己的焦虑情绪。

一块缠腰布?[①] 在此,我们只能推测,也许穿上比赛服就是为了强调赛跑比赛非竞技的一方面,它比竞赛本身可能更加体现成人礼的仪式性质。赤身裸体地比赛则仅仅被看作是对男性行为的简单模仿。所以,选出来的服装都是男性日常生活中所穿的,既方便活动,又符合社会规范,不至于太暴露(cf. Pl.,*Leg*.833d)。然而,还是有一些研究女性时装的专家认为,只露一部分身体的服装比完全的裸体更加有诱惑力,于是赫拉亚运动会的服装,只露出大部分腿和一个乳房,反倒是挑战了社会"合理规范"的定义。总之,*exomis* 服装虽饱受争议,但它非常符合女孩们的社会地位,既暗示了她们的男性气概,也展现了女性的柔美,表面上裁剪有一定保留,但是无形地展示了女性身体的诱惑力。 108

鲍桑尼亚时期,赫拉亚运动会的赛跑比赛在奥林匹克竞技场举办。这个事实并没有告诉我们多少关于赫拉亚运动会的年代信息。第一座考古学证实了的竞技场(学者们将它命名为"I")一直延伸到阿尔提斯城(Altis),比古典竞技场多向西延伸了 80 米,它建于公元前 6 世纪中叶。虽然仍不能确定早期跑道的位置,但是至少可以确定最早的跑道终点在竞技场的尽头,最接近宙斯神坛的位置(Philostratus,*Gymnastica* 5-6)。[②]

温尼格提出,跑道最初位于阿尔提斯的希波达弥亚神庙(Hippodameion)和德墨忒尔神庙(Demeter Chamyne)之间,如果

---

① 参见本书第八章,第 346 页注解①对竞技裸体的讨论。

② 关于奥林匹亚最早期的竞技馆的论述,参见 A. Mallwitz,"Cult and Competition Locations at Olympia", in *The Archaeology of the Olympics: The Olympics and Other Festivals in Antiquity*, ed. W. Raschke(Madison: University of Wisconsin, 1988)79-109 一文中认为其位置应比神坛或宙斯可能所在位置的后期体育场更近。另可参见 H.-V. Herrmann, *Olympia: Heiligtum und Wettkampfstatte* (Munich: Hirmer, 1972)106, 注释 418, 419 及其参考文献中有关的更早期的讨论;参见 Drees (1968)88。

它向东再延长六分之一，则会归入德墨忒尔神庙的范围。[①] 于是，根据温尼格的说法，作为补偿，得墨忒耳的女祭司们有幸成为了唯一一群可以观看奥林匹克比赛的已婚女子（Paus.6.20.9；21.1）。[②] 这个假设无法证实，因为它建立在另外两个不确定的假设上：一个是女子运动场的重要性，另一个就是希波达弥亚神庙的位置。

无论怎样，最早的竞技场位置更靠近神庙，这一点说法是合理的，如果菲洛斯特拉托斯（Philostratus）的记载有部分属实，那跑道的终点是到一座神坛（可能是宙斯的神坛）这一点也许是真的。无论是奥林匹克的还是赫拉亚运动会的赛跑比赛，要么已经，要么曾经设想过把跑道的终点设在神庙。公元前6世纪晚期或前5世纪早期，布劳隆和萨拉米斯（Salamis）的黑绘瓶上画有着希顿短袍的女孩跑向一座神坛（可能是阿尔忒弥斯的神坛?）。[③] 在宙斯神坛的北边不远处的赫拉的神坛和宙斯的神坛很像，都是由祭灰砌成的最古老的神坛。[④] 根据神话传说，赫拉神坛是由克里特的克里门那斯（Clymenus）所建造，他是伊达山的赫拉克勒斯的后代，生活在大洪水后的50年，大约公元前1380年。当然，这都是一些古老的记录，今天看来不太站得住脚。因此赫拉的神坛离宙斯的很近，而且也足够古老，能够用作已证实的最早竞技馆的终点线（约公元前550年）。

鲍桑尼亚提到赫拉亚运动会赛跑比赛的胜利者可以获得献祭给赫拉的牛的一部分作为奖品，献祭仪式估计在运动会开始的时候在赫拉神坛举行（Paus.5.16.3）。这个与宙斯的百牛大祭在胜利

① Weniger（1905）.

② 同上，5-6。

③ 参见本书第六章，以及Kahil（1965）pls.7.2，7.4，7.6，8.1-3，10.6-7。

④ 参见Paus.5.14.8，5.8.1；W.Dörpfeld，Alt-Olympia，vol.1（Berlin：E.S.Mitter，1935）186-87；Herrmann（1972）67-68，注释237。

者晚宴上供应这些肉的习俗相比，真是小巫见大巫。赫拉亚运动会和奥林匹克运动会的另一个相似点是授予获胜者橄榄枝的传统，而且两者所用的橄榄枝是从同一棵圣树上取下的。[①] 这棵圣树，它的树枝最先被公元前6世纪（约公元前756年）皮萨国国王伊非特斯（Iphitus）用来做成了胜利者的王冠。后来，鲍桑尼亚在宙斯神殿后面发现了它。[②] 这棵圣树常与“头戴王冠的美丽仙女”（*Kallistephanoi*）联系起来，因为她们的神坛就在附近（Paus.5.15.3）。这棵橄榄树旁边，有一尊公元前8世纪的青铜雕像，描绘的是一群仙女围成圈跳舞。她们的舞蹈后来被人们模仿[用来供奉菲斯科（Physcoa）和希波达弥亚（Hippodameia）]，而且赫拉亚运动会的组织者将它搬上了奥林匹亚的舞台，这尊雕像是不是向这些仙女献祭的呢（Paus.5.16.6）？[③] 早期纪念这些仙女的活动是不是后来教会舞蹈的前身呢？我们暂时只能推测有这种可能。传说伊非特斯在公元前756年使用橄榄树枝王冠是遵循了德尔菲的神谕。但是也有证据显示这棵树是远古希腊时期一个信奉树的教派留下的，他们的砍树仪式保留了这个早期的传统（Schol. ad Pind., *Ol.* 3.33；Paus.5.15.10）。[④] 这个早期教派与宙斯、赫拉或者赫拉克勒斯有特别的联系（尽管 Pind. *Ol.*3.14 曾尝试解释这棵树的重要性），但是它更像克里特岛和迈锡尼的类似教派，因为他们彼此活力十

109

① Bull for Zeus：Dio Chrysostom, Or.12.51；Ath.412－13a（Milo's bull）；Phylarchos, FGH 81 F 3. Cf.W.Burkert, *Homo Necans: The Anthropology of Ancient Greek Sacrficial Ritual and Myth*（Berkeley：University of California Press, 1983）141 以及注释22；Gardiner, *Greek Athletic Sports and Festivals*（London：Macmillan, 1910）194－207；Paus.5.9.3. Prizes on the last（16th）day：Schol.Pind., *Ol.*5.8. Meal：Paus.5.15.12.

② Paus.5.15.3；Phlegon, *FGH* II B257 F1, 10－11；Theophrastus, *Historia Plantarum* 4.13.2；Herrmann（1972）32－35，注释108。

③ Herrmann（1972）34，注释113。

④ 同上，第35页。

足的教会舞蹈很像。① 向奥林匹克运动会和赫拉亚运动会的胜利者授予橄榄树王冠的做法出现于公元前8世纪,目的是将早期的教派与后来的融合在一起。但是仅凭此我们无法断定是哪一个运动会先采用这个传统或两者同时采用。

鲍桑尼亚提到,比赛的胜利者也会制作自己的肖像(*eijkovna*),包括绘画或雕像,来纪念赫拉(Paus.,5.16.3)。事实上,许多赫拉神庙里位于入口处的柱子上都有刻痕,上面有胜利者的画像。② 宙斯神庙的柱子上就没有类似的画,其它的举行女子赛跑比赛的神庙里也没有这样的传统。③ 虽然目前还未找到相关的赫拉亚运动会胜利者的雕像证据,但是也不能排除有这种可能。在奥林匹克战车比赛中获胜的女子,从约公元前390年来自斯巴达的辛尼斯卡(Cynisca)开始,能够立起雕像来纪念她们取得的胜利。④ 赫拉亚运动会的这一传统与阿尔提斯城给男性奥林匹克胜利者设立纪念雕像的传统是相似的。考古发现的第一尊胜利者雕像是柏树雕刻的,用来纪念第59届奥林匹克运动会(公元前544年)来自厄基那(Aegina)的搏击选手普拉克希达玛斯(Praxidamas)。⑤ 在这个相似点上,我们同样无法判断是哪个运动会先开始的这个传统。

---

① Burkert(1985)39-41;85-86(=1977,76-78;144-45).参见Joan V. O'Brien的论文,*The Transformation of Hera: A Study of Ritual, Hero, and the Goddess in the Iliad*(Boston:Rowman & Littlefield,1993),尤其是第6章和附录。O'Brien说,把胜利者的画像挂在奥林匹亚赫拉神庙的柱子上的习俗可追溯到最初的"树崇拜"(已被旋转跳舞的仙女塑像证实)。此论文属原创,试图将赫拉——文学人物及被崇拜之神——身上的截然不同的证据归于一致,其种种结果说服力均不同。

② Herrmann(1972)95,fig.62;Dörpfeld(1935),vol.1,170-71,fig.40-41.

③ Arrigoni(1985)98,192及注释170中引用了斯巴达妇女Euryleonis的案例,她的半身雕塑像竖立在斯巴达卫城,但是比赛举行时其像并未在神殿中出现。

④ L.Moretti,*Iscrizioni Agonistiche Greche*(Rome:Angelo Signorelli,1953)40-44以及注释17。

⑤ Paus. 6.18.7;Drees(1968)104-5.

现在还不能确定赫拉亚运动会面向的是伊斯利当地村庄的女孩子们，还是全希腊的女孩子们。鲍桑尼亚（5.16.4）提到有一名赫拉亚运动会的胜利者叫克洛里斯（Chloris），她是忒拜人安菲翁（Amphion）的女儿，但是她的传奇故事并没有反映历史事实。既然鲍桑尼亚还提到了希波达弥亚设立比赛的传说，那么两者之间就有很明显的联系。[①] 然而，现在还是很难理解尼俄伯的子女（Niobid）和第一届赫拉亚运动会的联系，可能的解释就是勒托（Leto）暴怒之下，其唯一的幸存者想通过参加比赛找到一个丈夫来寻求赫拉的庇护。如果真是这样，那么克洛里斯后来与涅琉斯（Neleus）结婚并为他生下了内斯特（Nestor）就是一个成功的例子。[②] 克洛里斯的传说进一步强调了这些比赛与婚姻相关。克洛里斯是勒托的最爱，普拉克西特列斯（Praxiteles）雕刻的位于阿各斯（Argos）的雕像群中，她被刻画为一个站在勒托雕像旁的年轻女子形象。[③] 克洛里斯的传说同样也是忒拜和皮萨皇室家族政治交往的有力证明。[④]

110

唯一还能证明赫拉亚运动会参赛者来源的线索就是现存于伦敦的、约公元前580年古伊庇鲁斯王国的拉克尼亚式（Laconian）的青铜雕像（图4-1）。[⑤] 雕像的形象刻画表明这件作品是为一名赫拉亚运动会胜利者所作，由奥林匹亚的工匠完成。但是，雕像的风格又表明这件作品是出自斯巴达工匠或艺术家之手，也可能是其它地方的，而且这座雕像刻画的女孩是斯巴达人。伊庇鲁斯王

---

① I.Weiler, Der Agōn im Mythos: Zur Einstellung der Griechen zum Wettkampf, Impulse der Forschung, vol.16(Darmstadt: Wissenschaftliche Buchgesellschaft, 1974)202-3.

② Bethe, RE III(1899)2348-49.

③ 参见 Paus 2.21.9; J.G.Frazer, *Pausanias's Description of Greece*, vol.3(London: Macmillan, 1913)200-201 以及更多参考文献。

④ Strabo 8.4.4; Paus.6.21.18; 10.5.7; N.Kaldis-Henderson, *A Study of Women in Ancient Elis*(Ph.D. diss., University of Minnesota, 1979)328-30.

⑤ 另可参见 Arrigoni(1985)157 中的讨论。

国的起源又为我们提供了其它的诸多可能。这尊雕塑会不会是在胜利者家乡竖起的一座三足鼎上的装饰品,来纪念这名来自希腊西北部的赫拉亚运动会胜利者的呢?或是这件雕塑由一名赫拉亚运动会胜利者在奥林匹亚所作,后来要么通过收藏家之手,要么作为纪念品,到达希腊北部的?再或者它是为一名在伊庇鲁斯民间比赛中的获胜者所作,只是模仿奥林匹亚赫拉亚运动会的人物?如果这些雕塑都能说明赫拉亚运动会早在公元前6世纪就面向非伊利斯公民(Elean)的话,赫拉亚运动会与奥林匹克运动会就又有了一个相似点。

如果赫拉亚运动会在早期就面向全希腊,那么它在这一点上与布劳隆和斯巴达的地方性女子赛跑比赛就不同。这些地方性的赛跑比赛在女孩们结婚之前测试她们的力量。赫拉亚运动会与这些当地比赛的相似点有:仅未婚女子可以参加,以及举行希波达弥亚婚礼庆典仪式,来纪念婚姻的守护女神——赫拉。即使赫拉亚运动会在历史上就是面向全希腊的,它必定也是从当地的婚前女子比赛,如阿卡提亚节(Arkteia)和斯巴达的女子赛跑比赛发展而来的。

一提到赫拉亚运动会,就会让我们回想斯巴达和布劳隆的女子赛跑比赛。从我们已知的考古证据来判断,阿卡提亚节运动会和赫拉亚运动会一样,仅仅包含一项在赫拉神坛附近举行的赛跑比赛。比赛中女孩们身着希顿短袍,还要根据年龄分组。斯巴达的纪念狄俄尼索斯的赛跑比赛,也是仅有一项赛跑比赛,同时赛会组织者,琉克珀迪斯还要承担为当地神像编织长袍的工作。① 可能由斯巴达工匠完成的伦敦的赫拉运动员的雕像(图4-1),同时期的其它斯巴达风格的雕像,以及斯巴达女孩独立、活力四射的美名都表明斯巴达人参与到了赫拉亚运动会中,以及斯巴达的传统

① 参见Paus.3.13.7以及本书第五章。

对赫拉亚运动会的影响。

但同时,赫拉亚运动会的许多方面也让我们想到了早期的男性奥林匹克运动会:授奖宴会,给胜利者戴上橄榄树枝王冠,赛跑比赛是唯一的赛事,使用同一座竞技场,胜利者分享献祭品以及将胜利者形象刻在阿尔提斯的庇护神神殿里。到后来,男性比赛在某些方面发生了变化,加入了一些新的项目使得整个赛事更加好看。有些人甚至认为,赫拉亚运动会的架构相对稳定,比赛时间相对固定,这些都表明它比架构和时间相对灵活的奥林匹克的比赛年代更加久远。① 证据表明,奥林匹克运动会的日期经常是夏至后的第二个满月日。② 赫拉亚运动会的准确时间则不得而知。至于奥林匹克运动会为什么慢慢地改变,赫拉亚运动会则一直不变的原因仍然不清楚。一些保守的观点认为,其它比赛中的力量对女性来说没有必要,或者赫拉亚运动会显得保守是出于宗教原因。两者如此的相似,让人不禁会想两者是否同源或一个受另一个影响。然而,奥林匹克运动会后来发生改变,赫拉亚运动会却相对稳定,这一点是否表明女性的运动会比男性的早,奥林匹克仅仅是模仿赫拉亚运动会,这些还不得而知。

111

赫拉亚运动会的起源是困扰奥林匹亚研究学者们最头痛的问题之一,主要原因是它与纪念宙斯的奥利匹克运动会起源有千丝万缕的联系。③ 针对这一问题目前拿不出任何总结性的证据,但根据与其它女性比赛的比较研究,还是可以得出一些合理的观点。赫拉亚运动会在礼教习俗和赛会结构上,与斯巴达供奉狄俄尼索

---

① Weniger (1917-18)4-5;id. (1905)25-28.

② S.Miller, "The Date of Olympic Festivals", *MDAI(A)* 90(1965)215-31.

③ C.Ulf and I.Weiler, "Der Ursprung der antiken Olympischen Spiele in der Forschung", *Stadion* 6(1981)1-38 呈现了在列出完整参考文献之下关于奥林匹克起源的一个公平的、开放式的学术待遇。

斯·克洛纳塔斯(Dionysus Colonatas)(Paus.3.13.7)的比赛和阿提卡的阿卡提亚节比赛相似。这表明女性的赛跑比赛在三地至少是在相同的宗教环境中形成的,尽管目前还没有证据证明它们三者之间有联系。女孩们在结婚之前,会在比赛中(通常是赛跑比赛)考验她们的能力。这一点源自纪念生育和抚养女神[斯巴达的阿尔忒弥斯·奥斯亚(Artemis Orthia),布劳隆的阿尔忒弥斯·阿卡提亚(Artemis Arkteia),奥林匹亚的赫拉,可能还有菲斯科(Physcoa)]的成人礼仪式。

鲍桑尼亚(5.16.4-8)给出了赫拉亚运动会起源的唯一直接证据,但事实上给出了两个看似矛盾又追根溯源的传说。他首先追溯到"远古时代",希波达弥亚出于对赫拉的感激,在她嫁给珀罗普斯(Peplos)的时候,组成了"十六女子",并开始了赫拉亚运动会。关于"十六女子"的起源,鲍桑尼亚还提供了另一种说法,16名女子是约公元前580年从伊斯利16个城邦中选出的、每个城邦里年龄最大、最显贵、声望最高的女子。她们组成了"十六女子",同时也是伊斯利和皮萨城达成的联盟之一。"十六女子"成立之时,恰逢皮萨的暴君达莫芬(Damophone)驾崩,正是这一契机让两个国家有机会解决彼此的争端,并用这个女性组织的成立来纪念这一时刻。根据这种说法,"十六女子"不是只有组织赫拉亚运动会和编制长袍的任务,她们还要负责安排纪念当地的女英雄菲斯科(Physcoa)和希波达弥亚的合唱舞蹈。关于后者,我们即将在之后的章节中谈到。

像鲍桑尼亚的许多文章一样,这篇文章包含了很多对当地祭仪的简单介绍,但是缺少清晰和有说服力的细节描述。第一种将运动会源头追溯到远古时期的观点被人们不屑一顾,认为它只是一种追根溯源传说的产物，在鲍桑尼亚时期非常流行。[①] 但是，作为我们仅有的证明赫拉亚运动会的确凿证据，我们在关注和她的丈夫珀罗普斯有关联的奥林匹克运动会的起源的同时，也不能忽视它的重要性。[②] 下面我们从奥林匹亚的史前教派来探讨赫拉亚运动会的起源。 112

希波达弥亚创立赫拉亚运动会的说法，可能只是传说的简化版本，它表明赫拉亚运动会和珀罗普斯的运动会是同时设立的。另外，赫拉亚运动会是为感恩婚姻庇护女神而设立，这一特点强调了至少在鲍桑尼亚时期，这个运动会对婚姻十分重要。既然参赛者都是少女，有人就会猜想，阿尔忒弥斯，一位在奥林匹亚非常受欢迎的女神，[③]是这个运动会的守护女神。但是，由于赫拉早已确立在当地无与伦比的影响力，她成为了婚前仪式活动的守护女神。在其他地方，则是供奉阿尔忒弥斯为保护神。[④]

赫拉亚运动会的起源与赫拉和希波达弥亚有联系，这一点并不妨碍它与奥林匹亚运动会的起源有联系，也并不妨碍它与其它后来同赫拉和女英雄希波达弥亚一起被发现的女神有联系。根据考古证据，可能早在公元前 11-前 10 世纪，对赫拉的祭拜与对宙斯的祭

---

① H.A.Harris, *Greek Athletes and Athletics*(London: Hutchinson, 1964)179-80.

② Phleg., *FGH* 2.B.257.1; Paus.5.8.2; Eus., Chron.I. col.192 [Shoene].

③ Herrmann (1972) 70，注释 254; cf. L. Weniger, "Der Artemisdienst in Olympia und Umgebung", *N.Jb.Kl.Alt.*19(1907)96ff。

④ 参见本书第六章以及 C.Calame, *Choruses of Young Women in Ancient Greece: Their Morphology, Religious Role, and Social Functions*, trans. D. Collins and J. Orion (Lanham, Md.: Rowman & Littlefield, 1997)115-16, from the original *Les choeurs de jeunes filles en Grèce archaïque, vol.I: Morphologie, fonction religieuse et sociale* [Rome: Ateneo & Bizzarri, 1977a], 212-14)。关于将比赛视为一种生育仪式的一部分，且该仪式通向 *a hieros gamos*，对这种推测性解释的论述，参见 L. Drees, *Der Ursprung der olympischen Spiele*(Stuttgart: K.Hofmann, 1962)86-92。Drees 将赫拉看作是"玛格那玛特(母神)"，并认为她在大约公元前 1200-前 900 年随着印欧人的出现曾以较早期的 Hippodomeia 形式展现于世。

拜一起来到了奥林匹亚。① 在奥林匹亚，崇拜赫拉的习俗至少在公元前 7 世纪已经形成，这也正好是最早的赫拉神殿出现的时间。② 约翰·欧·布莱恩(John O'Brian)提出，在《伊利亚特》中，早在公元前 8 世纪之前，赫拉就已成为了伊斯利体育比赛的守护女神。根据这个假设，赫拉以希波达弥亚，"驯马人(horse tamer)"这个绰号，为世人所熟知。她的主要工作之一就是为年轻人牵红线。③ 这个观点很有意思，而且简明清楚，但还是有一定的推测成分。

另一方面，如果希波达弥亚不是当地转世的赫拉，而后被降低

① 公元前 10 世纪的早期奥林匹亚祭仪，参见 C.*Morgan, Athletes and Oracles: The Transformation of Olympia and Delphi in the Eighth Century b. c.* (Cambridge: Cambridge University Press, 1990)22, 41-43, 47-49；奥林匹亚祭仪在公元前 11 世纪确立，参见 H.-V. Herrmann, "Zur ältesten Geschichte von Olympia", *MDAI*(A)77 (1962)3-34；同上，"Olympia und seine Spiele im Wandel der Zeiten", *Gymnasium* 80(1973)180; id.(1972)36 and 69. H.Lee, "The 'First' Olympic Games of 776 b. c.", in Raschke(1988)111 提出在奥林匹亚发现的大量三角桌，其中一些可追溯至公元前 1000 年至公元前 7 世纪，可能是公元前 776 年以前奥林匹亚竞技赛会冠军的还原祭品。

② A.Mallwitz, *Olympia und seine Bauten*(Athens: S.Kasas, 1981)138.

③ O'Brien(1993) 192-201, Cf. Drees(1968)15 作出的同样判断(但证据较少)。O'Brien 注意到，奥林匹亚缺乏迈锡尼遗迹，荷马史诗丝毫没有提及奥林匹亚，以及伊利斯的 Bouprasion 地区具有马车竞赛的传统，正如《伊利亚特》11.697-701，758-59 及 23.629-42 中所提及的。从这些发现以及《伊利亚特》里赫拉与马匹和四轮马车的显而易见的联系中，O'Brien 假定 Bouprasion 地节日举办的比赛活动是为了纪念赫拉，这给后来为了纪念宙斯而举办奥林匹克盛会提供了模型。其中有些联系存在问题，比如，事实上，波塞冬甚至是雅典娜与马的联系比赫拉与马的联系更为密切，另外，Bouprasion 运动会并不是周期性的，而是为 Epeian 国王葬礼而举办的。然而，据说，对赫拉的崇拜在迈锡尼时期具有重要性，此外，Bouprasion 运动会可能给后来奥林匹亚上的其它运动会带来了灵感，这些问题都非常值得考虑。为葬礼举办的运动会常常与具有正规程序的周期性运动会的起源相联系。希波达弥亚与赫拉紧密地联系在一起，如果不是完全与赫拉联系在一起。她的墓地与崇拜者都在阿戈里德的 Midea 地区，这片领土与赫拉和佩洛普斯密切相关(Paus.2.25.9)。赫拉——迈锡尼女神——的墓志铭"Hippodameia"，字面意思为"驯马者"，后来变成一位地方女英雄，赫拉作为 Hera Teleia——"实现者"的角色，将处于婚姻或死亡的年轻男女们的生命周期获得圆满，对此进一步的讨论请参见 O'Brien(192-201)。

到女英雄的身份，那么她和珀罗普斯一起从阿尔戈里德（Argolid）来到奥林匹亚的事迹也许只是从阿尔戈斯—迈锡尼（Argive Myceanaean）神话中借用过来的。① 一年一度在奥林匹亚的希波达弥亚圣堂举办的纪念这位女英雄的祭拜节日，和她举行的赛跑比赛一样，只允许女性参加（Paus.6.20.7）。所以，对希波达弥亚祭仪和对赫拉的崇拜一样，在迈锡尼时代晚期或至少在公元前 7 世纪晚期，和最早的赫拉神庙一起传入奥林匹亚。② 现在只能估计这些崇拜对象传入的时间，而且到达之后是否取代了更早期的祭仪还不得而知。但可以肯定的是，在青铜时代中期（公元前 2000－前 1550 年）到青铜时代晚期（迈锡尼时期）（中间可能有间断），奥林匹亚是这些祭仪的扎根地。③ 第一章已提及，现在仍没有证据表明奥林匹亚在迈锡尼时期是一个有祭仪活动的地方，也没有考古发现证明赫拉在那个时代广受祭拜。公元前 7 世纪上半叶没有祭拜的传统，另外一座早于公元前 4 世纪修建的珀罗普斯神殿还有许多未解之谜。许多人根据这两点得出一个结论，认为在公元前 8 世纪之前，在奥林匹亚根本没有对赫拉、珀罗普斯或宙斯的祭仪。 113

在珀罗普斯神坛的下面有一个石头筑成的圆圈，在这个石圈东北部的上方，建有一座青铜时期（甚至更早）的建筑——“5 号屋”。④ 这

① Herrmann（1972）69，注释 241。

② Mallwitz in Raschke（1988）86 认为在公元前 600 年最早期的赫拉神庙之下还装有更早期的石板，这些石板可追溯至这一世纪前半叶。

③ Herrmann（1972）62－65.

④ Mallwitz（1981）133－137 根据充分的考古证据，否认了在此圆圈内曾建有“墓塚”，不论其高度如何。然而，早期英雄所在的神圣区域并不需要“墓塚”，甚至也不需要一块真正的墓地。我也不认为 Mallwitz 对 Dörpfeld 的石圈的全盘否定具有说服力。这片石圈构成了假设的珀罗普斯墓。被挖掘部分的清晰曲线及其与公元前 4 世纪时此地区的珀罗普斯墓几乎一致，这说明了其作为真正的“神圣地域”的地位。参见 H.V.Herrmann，“Pelops in Olympia”，in：*Stele: Tomos eis Mnemen tou Nikolaou Kontoleonos*（Athens：Somateio Hoi Philoi tou Nikolaou Kontoleontos，1980）59－74 关于一个早期珀罗普斯祭仪的观点。

些石圈围住的是某位神祇或英雄的领地吗？这些石圈不是供人居住的地方，但是它让人想起了公元前2200-前2000年间，勒尔那(Lerna)坟墓里一块圣地旁的石圈，以及在迈锡尼和其它地方的青铜时期中期和晚期的坟墓石圈。① 目前只发现了四分之一的石圈，而且朝向5号屋的那部分圈也无迹可寻。这都表明这座屋子只是用来替代石圈的过渡神坛或神庙。类似地，在希腊其它的几个神殿，像在色蒙(Thermon)和特里亚(Eretria)的神殿，都有这种用作神坛的半圆室结构，大多都与后来的结构相邻。② 这种半圆室结构的宗教和行政功能在建于公元前6世纪的奥林匹亚议事厅(Bouleterion)上得以体现。E.N.Gardiner推测，议事厅的建造是直接模仿了当地一座年久失修的早期建筑。③ 公元前4世纪珀罗普斯神殿的不规则六边形墙，作为原来领地的界限建造在早期的石圈上，建造时间可能是在奥林匹亚神殿的庇护人大换血的时期。迄今为止，考古学证据至少考虑到了奥林匹亚在迈锡尼时期就是一个圣地这样一种可能。尽管在青铜时期尚且还没有发现祭拜等传统，但是已经有一些当地手工制作的、装饰上糅合了其它希腊各地风格的陶器制品等能证明这一点。④ 如果奥林匹亚在青铜时期就是一块圣地，那么它的重要性在当地不言而喻，但这点在荷马的作品中也没有提到。

如果这个石圈是珀罗普斯的神坛，那么是否早期在附近地区也有信拜希波达弥亚的传统？那个时候他们是英雄还是神祇神灵？是不是也有其它的神祇，像早期的克劳罗斯(Cronus)和盖亚

---

① 关于勒尔那，参见N.G.L.Hammond, *A History of Greece to 322 B.C.*, 3rd ed.(Oxford: Clarendon, and New York: Oxford University Press, 1986)38。关于坟墓圈的讨论，参见W.Taylour, *The Mycenaeans*(London: Thames and Hudson, 1983)65-69。

② Gardiner(1973)27-28; A.Snodgrass, *Archaic Greece: The Age of Experiment*(London: J.M.Dent, 1980)59-60.

③ Gardiner(1973)273; Mallwitz(1981)235-40.

④ Gardiner(1973)28-34.

(Gaia),或者是男女生育之神,西波利斯(Sosipolis)和厄勒堤亚(Eileithyia),祭拜他们的传统保留下来?①

除了一座重要的纪念碑,其它的考古学证据并不能证实这些假设。在议事会执行委员会会厅、普吕坦内安厅(Prytaneion)的神坛和庆典火炉(可能是女神赫斯提亚的)下,发现了一幢独特的用巨石筑成的船状建筑。它的年代肯定在史前,公元前9或前8世纪,但它的作用现在还不清楚。② 关于这个火炉,鲍桑尼亚提到:"这个火炉由火山灰砌成,整日整夜地烧火。当地人从这个火炉里收集灰烬,献给宙斯的神坛。这些从火炉里取出,堆在宙斯神坛的灰烬,大大增加了神坛的尺寸"(Paus.5.15.9)。这个奇怪的习俗,象征着女性神坛和男性神坛之间圣物的交换。如果船状建筑是女神赫斯提亚,或其他女神如神坛在附近的女神阿尔忒弥斯,或者是史前神坛被移走的女神盖亚,三者任一的神坛的早期样子,那么这个转移圣灰的传统就验证了女神们和宙斯之间史前的联系。用"女阴"这个词可以准确的描述这座史前建筑的形状。也就是在建筑结构中包含了女性生育的形象。所以传递圣灰的象征意义就是神祇与他的伴侣的生殖结合,繁育后代。巧合的是,赫拉的神庙和圣坛正好位于宙斯的神坛和这座史前建筑之间。 114

虽然对赫拉亚运动会进行评价并不依据对赫拉或希波达弥亚祭仪的史前源头,但这些祭仪的年代可能更加久远,暗示我们青铜时期奥林匹克运动会和赫拉亚运动会成立之时背后的一些事实。当然,我们还不能肯定赫拉亚运动会和它的前身当时是什么形式,这些形式是否运用到了比赛中。但是我们应该承认鲍桑尼亚中将运动会的源头上溯到远古时代的观点,尤其是在我们正努力从他的"十六女子"组织源头的记载中,得出赫拉亚运动会相关信息的

① Drees(1962)13-16.

② 同上,124;Mallwitz(1981)79, 199, 298,注释100。关于史前女性祭仪以及盖亚神谕存在的论述,参见本书第一章,第61页注释②、③和第62页注释①。

时候。

“十六女子”的成立和希波达弥亚有关的说法，与它的成立是伊斯利和皮萨国之间契约的说法是相矛盾的。后一个说法在公元前580年这个组织成立之后便一直存在，“十六女子”的职责就是负责组织赫拉亚运动会和为赫拉编织长袍。①

公元前580年的政治和宗教氛围，使得这一时期最适合重新组织赫拉亚运动会。赫拉神殿公元前600年就建成了现在的模样。随着皮洛斯（Pyrrhos）——达莫芬（Damophon）的弟弟，也是他的继任者——开始统治皮萨，伊斯利和皮萨之间漫长的对立结束了，伊斯利国也再次获得统治权。这个时期，也正值斯巴达不断强大，对赫拉亚运动会的重组产生最强影响的时期。除了先前提到的斯巴达的青铜雕像，赫拉神庙中的赫拉雕像的头也是一名斯巴达工匠完成的（Paus.5.16.2）。皮萨和麦西尼亚（Messenia）在第二次麦西尼亚战争（Messenian War，约公元前640－前610年，Strabo 8.362）中是同盟，而公元前6世纪伊斯利和斯巴达之间有着紧密的政治和军事联系。② 他们加强这种联系的方式是在斯巴达原有的女子赛跑比赛基础上，重组一个新的女子赛跑比赛。如果公元前6世纪的赛会组织或重组，（按当地的比赛）创造出了一个面向全希腊的女子运动会，那么斯巴达的女孩子们得益于她们独特的训练方式，在竞赛中会占有优势。这个时期，许多其它的希腊运动

---

① Tivqhmi 是一个动词，经常用来表示“institute（实施）”或“manage（管理）”运动会的意思。“management（管理）”似乎更像一种翻译，因为之前保塞尼亚斯曾用一个更为准确的短语来描述 Hippodameia 运动会的开幕典礼，他还说明关于来源的另一种版本特指“十六女子”的创立，而不是运动会本身。运动会可能起源更早（*LSJ*, 2nd ed., s.v. tivqhmi VI. citing Aeschylus, *Agamemnon* 845; Xen., *Anabasis* 1.2.10; *Fouilles de Delphes*, vol.3, *Epigraphie fascicle* 3, ed. G.Daux and A.Salac（Paris: de Boccard, 1932）no.120, line 17（second cent. b.c.）; Pind., *Ol*.3.21）。

② Strabo, *Geographica* 8.355; E.Meyer, “Pisa”, *RE XII*.1747－51; Swoboda, “Elis”, RE XII.2390－91; N.G.L.Hammond, in *The Cambridge Ancient History* vol.3, pt. 3（Cambridge: Cambridge University Press, 1982）353.

会重组同样表明了男子运动会也在经历这样一个过程。①

其实以上关于赫拉亚运动会起源的两种说法是可以协调一致的，但前提是它的成立日期指的是它在新的伊利斯人（Elean）的管理和斯巴达的帮助下进行重组的日期，也就是说这个运动会在更早时候就以一种类似的形式存在。公元前586年，在德尔菲和克里撒（Crisa）之间的第一次圣战（公元前595-前586年）结束后，皮西安运动会也经历了重组改造，这个运动会历史更加悠久，其源头可以追溯到庆祝阿波罗杀死巨蟒的庆典。② 根据传说，奥林匹克运动会并非始于伊利斯国的伊非特斯（Iphitus）国王统治时期，而是在此期间经历了改革（Paus.5.4.5）。如果赫拉亚运动会和公元前6世纪的希腊男性运动会一样，经历改革之后，开始面向希腊的其它地区，那么这一点就与公元前6世纪的拉科尼亚式的青铜雕像所反映的是一致的，那些雕像都是用来纪念早期比赛中斯巴达的胜利者。与此同时，第一位赫拉亚运动会的胜利者——忒拜的克洛里斯（Chloris）的传奇故事，也印证了赫拉亚运动会面向全希腊的特点。 115

“十六女子”组织可能在公元前580年之前就存在了。在伊斯利和皮萨订立条约的时候（公元前580年），她们的人员组成为适应政治局势的变化也进行了调整，在鲍桑尼亚时期之前，这个组织还进行了一次人员改组（Paus.5.16.7）。如果赫拉亚运动会在公元前580年之前也存在，那么极有可能是“十六女子”的早期组织

① 参照公元前582年重新组织的皮西安竞技会，前581年的伊斯米安运动会，以及前573年的尼米亚赛会。

② J.Fontenrose, “The Cult of Apollo and the Games at Delphi”, in Raschke(1988)124-25; Gardiner(1910)62-64; C.Gasper and E.Pottier, “Pythia”, in C.Daremberg and E.Saglio, eds., *Dictionnaire des antiquités grecques et romaines*, vol.4.1(Paris: Hachette, 1907)484-794; B.Bilinski, *Agōni Ginnici: Componenti artistiche ed intellectuali nell'antica Agonistica Greca*(Wroclaw: Zaklad Narodowy im. Ossolinskich, 1979) 73-74.

承担比赛的组织和其它圣职。她们像阿各斯(Argos)的赫雷塞德斯(Heresides)一样,可能也受皮萨人(Pisatans)的领导。①

根据"十六女子"在公元前580年左右成立的说法,这些女子是从伊利斯的16个城邦中选出的最年长、最显贵、声望最高的女子(Paus.5.16.5)。在赫拉神庙发现了3尊公元1世纪的伊利斯女子的雕像,她们因为美德和谦虚受到人们的尊敬,可能是后来"十六女子"的成员代表。② 早期选为索西波利斯神庙(Sosipolis)和德墨忒尔神庙女祭司的伊利斯女子也被授予了同样的荣誉(Paus.6.20.2-6.20.9)。前一个例子,年长的女子会进入索西波利斯神庙,其他的女子就在旁边的埃雷图娅(Eileithyia)的神殿一边等待,一边唱赞美诗。③ 德墨忒尔神庙的女祭司们是唯一准许观看奥林匹克比赛的已婚女子,女孩们则不准观看。④ 所以,索西波利斯神庙和德墨忒尔神庙女祭司,像"十六女子"一样,享有特权,可以参加这些正式的节日。虽然正常来说比起未婚女子,已婚女子更少地出现在公众活动中,但这些特权授予她们这些已婚女子也表明了女祭司的特殊地位。⑤

在斯巴达,琉克珀迪斯和狄俄尼塞迪斯(Dionysiades)一起组织纪念狄俄尼索斯·克洛纳塔斯(Dionysus Colonatas)的献祭活动

---

① Paus.2.17.1; Hsch., s.v. *Heresides; Et. Mag., s.v. Heresides*; Dionys. Hal., *Ant. Rom.* 1.21.; Nota Kaldis-Henderson(1979)190-91.

② Gardiner(1973)214; W.Dittenberger and K.Purgold, *Die Inschriften von Olympia*, ed. E.Curtius and F.Adler, *Olympia*, vol.5(Berlin, 1896; reprint, Amsterdam: Hakkert, 1966)nos.429, 435, 438.

③ G.Treu, *Die bildwerke von Olympia in Stein und Thon*, ed. E.Curtius and F.Adler, *Olympia*, vol.3(Berlin, 1894-97; reprint, Amsterdam: Hakkert, 1966)252-54; N. Kaldis-Henderson (1979)203-12.

④ 参见 Paus. 5.6.7,其中提及"妇女"被禁赛,却未提及少女是否参赛。

⑤ J.A.Turner, "Greek Priesthoods", in *Civilization of the Ancient Mediterranean: Greece and Rome*, ed. M.Grant and R.Kitzinger, vol.2(New York: Scribner's, 1988)925-31; id., *Hiereiai: Acquisition of Feminine Priesthoods in Ancient Greece*(Ph.D. diss., University of California, Santa Barbara, 1983).

和少女的赛跑比赛(Paus.3.16.1)。狄俄尼塞迪斯也会加入到赛跑比赛中,她们中间参加的共有11人,虽然年龄不明,但肯定也是少女(Paus.5.15.6)。"十六女子"还要为希波达弥亚和菲斯科(Physcoa)献祭活动编舞,这也为我们寻找其源头提供了线索(Paus.5.16.6)。希波达弥亚的舞蹈是由这位女英雄最先发起的、已成为赫拉亚运动会固定的补充节目。"十六女子"同样也组织一年一度的女性献祭希波达弥亚的活动,活动的地点在奥林匹亚阿尔提斯的希波达弥亚神庙(Paus.6.20.7)。除了她设立赫拉亚运动会、她的流亡和在阿尔戈里德(Argolid)的米狄亚(Midea)死去的故事,我们对希波达弥亚的了解少之又少(Paus.6.20.7)。① 她可能和珀罗普斯一样来自阿尔戈里德。珀罗普斯和这座半岛有相同的名字,他守护着一处祭仪圣地——珀罗普斯古墓,一座青铜时代早期(公元前2000年之前)由石头围成的古墓。对这位英雄或是神祇的崇拜行为也包括了对他的新娘希波达弥亚的崇拜。② 如传说中所说,这些祭仪传统传入之后,还无法确定是不是马上就有了运动会比赛。

116

虽然有些证据表明奥林匹克运动会起源于青铜时代,但是现在的学术界都排斥这一观点。达成共识的观点有:伊斯利和皮萨因为节日的掌控权存在长达数世纪的纷争,以及在公元前8世纪之前就有了一些运动竞赛。传统观点认为奥林匹克运动会是在公元前776年开始的,这个日期可能只是这个运动会在多利安人(Dorian)精神的鼓舞和皮萨人(Pisatan)领导下进行改革后,重新焕发生机的时间。这么说来,公元前8世纪的改革只影响了纪念宙斯的男性奥林匹克运动会,让其在全希腊范围内展开?根据克洛里斯(Chloris)的传说,女性的运动会是从公元前8世纪开始面

① Herrmann (1972)69,注释241,参照第41-42页关于珀罗普斯的论述;参见本章第203页注释③,O'Brien's的理论,关于将赫拉—希波达弥亚祭仪引进奥林匹亚。

② Herrmann (1972)65,注释176。

向全希腊的，还是从公元前6世纪因为斯巴达对其改革重组的影响才面向全希腊的(Paus.5.16.5)? 和珀罗普斯的遗产同时期的希波达弥亚教和她的传说非常重要，因为它和其它女性教派及伊斯利女祭司的出现都表明了至少在早期，有一个纪念希波达弥亚及赫拉的女性节日和纪念宙斯及珀罗普斯的男性节日同时存在。更加明确的是，从公元前6世纪的赫拉亚运动会赛跑者雕像以及鲍桑尼亚关于赫拉亚运动会源头的评论推测可以肯定地得出，在公元前6世纪，就存在一项少女赛跑比赛。虽然这个运动会的流行不能明确地表明它是面向全希腊的，但是至少到公元前6世纪，这个运动会是面向全希腊的，而且可能性颇大。①

根据鲍桑尼亚的描述，赫拉亚运动会每4年举办一次，如果它是面向全希腊女孩子的话，从实际考虑，它的举办时间应该是在奥林匹克年的男子比赛之前。从奥林匹亚之外的地方来参赛的女子很可能是跟着她们家里要参加奥林匹克运动会的男性一起来到神祇庙的。希腊人深知大型的公众活动都有个戏剧变化式的先后顺序，于是赫拉亚运动会在奥林匹克运动会的前几天举办，避免在这些节日之后举办而带来一个“反高潮”。此外，将赫拉亚运动会安

117 排在奥林匹克年举办也解决了另一个实际问题，也就是鲍桑尼亚(5.6.7,6.7.2)所说，成年女子不允许参加男性奥林匹克运动会，少女们可以参加奥林匹克运动会。这种双重的规定表明了宙斯运动会排斥已婚女性。类似的(可能比这个更加严格的)规定是在奥林匹克神殿举办的希波达弥亚的庆典禁止男性参加(Paus. 6.20.7)。但是很难想象要不是赫拉亚运动会与奥林匹克运动会的

---

① 参见同上45-67及注释147对奥林匹亚青铜时期祭仪的论述；Mallwitz, in Raschke(1988)86-87和Mallwitz(1981)134-37令人信服地证明了奥林匹亚珀罗普斯神殿的考古证据并不比古风时期更早。与其章节标题相反，C. Renfrew, in Raschke (1988)13-25论述了“泛希腊运动会的米诺安—迈锡尼起源”，并且后期奥林匹克运动会并不是，至少不是直接地，源自米诺安—迈锡尼传统。

时间重叠，未婚女孩们会千里迢迢到奥林匹克参加这个全希腊的运动会。这两个运动会让全希腊的各个家庭、女孩们和她们的母亲来参加赫拉亚运动会，男人们、男孩们和女孩们还可以参加奥利匹克运动会，此时成年的女性就会呆在神殿和比赛场地之外的营地。①

“十六女子”献给费斯科阿（Physcoa）的祭祀舞蹈进一步说明了伊斯利祭仪和赫拉亚运动会的入会传统（Paus.5.16.6-7）②。普鲁塔克（Plutarch，古希腊哲学家）将“十六女子”称为“履行狄俄尼索斯圣职的女性”，这一点似乎说明“十六女子”的主要职责是组织伊斯利的狄俄尼索斯祭拜活动。鲍桑尼亚提到费斯科阿来自于伊斯利·科利（Elis Colie）的奥斯亚（Orthia）地区，和狄俄尼索斯结婚之后，给他生了一个男孩叫纳塞俄斯（Narceus），这个男孩后来成为了一名战争英雄，再后来他给雅典娜建了一座神庙，还和母亲费斯科阿一起，举行了当地首次狄俄尼索斯的祭拜活动。狄俄尼索斯在奥林匹亚没有自己的祭坛，尽管他后来有一座私人出钱修建的圣坛，而且在珀罗普斯古墓附近，他和美惠三女神（Charities）共享一个祭坛（Paus.5.14.10）。传说狄俄尼索斯出生在阿尔甫斯（Alpheus）河岸（Hom.Hym.1.3（Allen）*ap.* Diod.366）。在奥林匹亚发现的葡萄园就在阿尔甫斯旁边（Theopompus，*ap.* Ath.1.34a）。希波达弥亚的父亲，奥诺玛乌斯（Oenomaus）的名字，也印证了这个说法，因为它名字的意思就是“嗜酒者”，可能就是暗喻酒神狄俄尼索斯。③ 类似地，纳塞俄斯（Narcaeus）意为“麻木的人”，也与当地早期的一个酒习俗有关。与奥林匹亚祭拜狄俄尼

① Lee, in Raschke（1988）110-18；Herrmann（1972）45-67，注释 147。

② 参见 Paus.5.4.5-6；Phleg.，*Olympiades*，*FGH* 2B 257，1160F；Mallwitz，in Raschke（1988）93-94，关于奥林匹亚宙斯祭仪的埃托利亚（=多利安）vs.希腊起源的争论。

③ Drees（1962）31-32.

索斯时的惨淡场面不同,伊斯利人对狄俄尼索斯怀有极大的崇敬之情,不仅在城里的狄俄尼索斯礼堂和圣坛祭拜他,还为他设立了一个节日,瑟利厄节(Thyia),每年在离城外8斯达特(古希腊长度单位,1斯达特=184米)的地方举行(Paus.6.26.1-2)。① 关于这个节日的两个传统细节保留了下来,一个是在紧闭的狄俄尼索斯神庙用一整夜时间填满3个大锅,另一个是"十六女子"召唤酒神(柏拉图,Mul.vir.251e),她们呼唤他出现时像猛牛般冲出(Plut.,*Quaestiones Graecae* 299a-b; id.,*Isis at Osiris* 364)。② 这种祈求(quvwn)恰恰是利用了这个节日(Quiva)的名字,"十六女子"在其中扮演的作用和德尔菲的瑟利厄女性组织(Thyiads)在巴拉塞斯山(Parnassus)上举办她们的祭典的作用是一样(Paus.10.4.3)。比起晚间有女性游荡在山间的狂欢节,伊斯利人的运动会庆祝方式还是相对温和的。作为向各位男性神祇和随从的女神的表示尊敬的活动,伊斯利的瑟利厄节和献祭菲斯克的舞蹈联系紧密,相似地,赫拉亚运动会和献祭给希波达弥亚的舞蹈也联系紧密。除了它们拥有"十六女子"这个相同的组织者,狄俄尼索斯—菲斯科祭仪是否和赫拉—希波达弥亚祭仪有其它的联系仍然不确定。流行的观点是两个祭仪彼此独立,"十六女子"要分别组织两个合唱团,一个为希波达弥亚,一个为费斯科阿。③ 鲍桑尼亚提到了两种合唱舞蹈,而并非两个女英雄的追随者一

118

① L.Weniger, *Das Kollegium der Sechzehn Frauen und der Dionysosdienst in Elis*(Weimar, 1883); Nilsson(1957)291-93;关于对忒伊亚和"美酒盛会"以及这两者地点的可能区分,参见 V.Mitsopoulos-Leon,"Zur Verehrung des Dionysos in Elis nochmals: AXIE TAURE und die Sechzehn heiligen Frauen", *MDAI*(A)99(1984)275-90。

② 基于 Plut., *Mul.vir.*251e,那些女人作为祭司在赛亚为狄俄尼索斯主持仪式的身份,通常被认作与组织赫拉亚运动会的"十六女子"以及为纪念 Physcoa 和 Hippodameia 的合唱舞蹈是类似的。更进一步的探讨,在开场祈祷的赞美诗的文本中,存在一些对ἥρω明显误导性解读的争议。参见 C.Brown,"Dionysus and the Women of Elis: PMG 871", GRBS 23(1982)305-14.

③ Nilsson(1957)291; Calame(1977)vol.1,第61和211页,注释23。

起参加的一种混合舞蹈。他还指出“十六女子”仅仅组织合唱队，不参加合唱队（Paus. 5.16.6）。

不论两个祭仪是否在组成和仪式上有联系，它们在“十六女子”的组织之下，很好地达到了互补的效果。两个祭仪都以女性为中心，两位女英雄为了纪念她们的婚姻，都举办神祇的祭典活动。希波达弥亚父亲的名字奥诺玛乌斯（Oenomaus）意为“嗜酒者”，[①]可能暗示两者的渊源之间有更紧密的联系。两个运动会女性都是主要的负责人，她们在赫拉亚运动会上赛跑并召唤酒神。有证据显示，伊斯利人的瑟利厄节上的女祭司跳得塞耶德舞略显温和一些，却是后来的女子舞蹈和赛跑比赛的模仿对象。更有证据显示，伊斯利的瑟利厄节上的舞蹈和女子赛跑比赛都是模仿狂欢女性奔跑，只是没有在狂欢节上那么疯狂罢了。[②]

证据表明，在举行于奥尔霍迈诺斯（Orchomenos）的供奉狄俄尼索斯的阿戈尼亚运动会（Agrionia）上，狄俄尼索斯的女祭司们和带着盾牌的祭司团进行了一项“逃跑和追捕”的比赛活动活动（Plut.，*Qu.gr.*299F）。根据普鲁塔克所说，“逃跑和追捕”是阿戈尼亚运动会赛跑比赛的核心，也是恋人关系的核心，这一点接下来会讨论到。女祭司们被人们戏称为“奔跑的猎犬”，因为她们在比赛中会被男性追逐。在忒拜城，狄俄尼索斯阿戈尼亚运动会也有这个比赛。因此，伊斯利女性与狄俄尼索斯以及赫拉—希波达弥亚祭仪的联系说明，赫拉亚运动会赛跑比赛象征婚前对女子的追求之意。[③]

和伊斯利城的希波达弥亚—菲斯科祭仪最相近的例子是第5章将讨论到的斯巴达的琉克珀迪斯和狄俄尼塞迪斯。在斯巴达，

---

① Weniger (1905) 9.

② 同上，8-10。

③ Nilsson (1957) 271-74.

由两群女孩来庆祝纪念狄俄尼索斯·克洛纳塔斯(Dionysus Colonatas)和另一位将前者带入这里的无名英雄的节日(Paus.3.13.7)。她们都向这位英雄和酒神献祭,狄俄尼塞迪斯,11 个女孩子,还会组织一场赛跑比赛(Hsch.,s.v. *Dionysiades*)。和"十六女子"的活动不同的是,斯巴达的活动由两群女子来组织。但是,菲斯科舞蹈(Physcoa dance)和纪念斯巴达英雄的节日,它们的目的都是纪念将献祭狄俄尼索斯的传统引入的人。斯巴达的赛跑比赛与对狄俄尼索斯的崇拜的相结合支持了我们先前的观点,即赫拉

119 亚运动会的赛跑比赛和狄俄尼索斯的崇拜活动,包括瑟利厄和菲斯科的舞蹈,它们的起源有某种联系,或者说它们的作用都是相同的。而且献祭给希波达弥亚和菲斯科的舞蹈,以及赫拉亚运动会赛跑比赛,作为婚前的启蒙仪式的重要性不言而喻。① 斯巴达的狄俄尼索斯·克洛纳塔斯纪念节有着同样的作用,因为狄俄尼索斯是成年女子的守护神,琉克珀迪斯通常以少女形象出现(Paus.3.16.1; Eur.,*Helen* 1466)。琉克珀迪斯,在科林斯也以母亲的形象受到祭拜(Paus.2.22.5),她们同样以狄奥斯库里(Dioscouroi)的未婚妻身份而为人熟知。因此,斯巴达的简单的狄俄尼索斯纪念节,与相对复杂的奥林匹亚和伊斯利的赫拉及狄俄尼索斯纪念节,都有同样的作用,那就是让接近成年和快要结婚的女孩子接触对狄俄尼索斯的祭仪。换句话说,斯巴达和奥林匹亚的赛跑比赛都是启蒙测试,让女孩们过渡到成年阶段。②

总之,赫拉亚运动会和奥林匹克运动会,两者结构类似,表明两者要么起源相同,要么互有影响。赫拉和宙斯的祭仪可能早在公元前 8 世纪,甚至前 11 世纪,就已经形成。除了一些非结论性

① 特别参见本书第六章和 C.Sourvinou-Inwood(1991)58-98 主要对肖像学的论述。

② Zancani Montuoro and Zanotti-Bianco(1964)vol.2, 339-49, pls.49.2 和 97-100; Calame(1997)185-91=id.(1977a)vol.1, 323-33. 参见以上文献, 注释 21 关于 Silaris metope 的讨论。

的传说证明，尚不能确定两者出现的先后顺序。最后，根据我们已知的证据，还是无法确定在奥林匹亚哪一个节日先将“献祭—戴冠—分肉”的传统引入对守护神的祭拜中。将其与希腊早期其它地区的女子赛跑比赛，即斯巴达的狄俄尼索斯的纪念节上的赛跑比赛和布劳隆的纪念阿尔忒弥斯的阿卡提亚赛跑比赛，能够帮助我们更好地理解赫拉亚运动会。和其它的运动会一样，赫拉亚节上的赛跑比赛是女性组织的，而且对女孩们有婚前启蒙教育的作用。赫拉亚运动会的起源似乎先于她的组织者、“十六女子”的成立（公元前580年）。后者的成立时间可以理解为运动会因为政治原因进行重组改革的时候，也是运动会受同一时期斯巴达运动会的影响，将赛跑比赛加入运动会的时候。尽管赫拉亚运动会很古老，并且一直保留了在赛事组织和实际操作中，进行启蒙教育的传统，但仍不能说赫拉亚运动会比奥利匹克运动会更古老。①　120

---

① A.Brelich(1969) vol.1, 241-90; id., *Le Iniziazioni: Parte II. Sviluppi storici nelle civiltà superiori, in particolare nella Grecia antica*(Rome: Ateneo, 1962) 83-106. Cf. H. Jeanmaire, *Couroi et Courètes. Essai sur l'éducation spartiate et sur les rites d'adolescence dans l'antiquité hellénique*(Lille: Bibliotheque universitaire, 1939; reprint, New York: Arno, 1974) 413-18. 关于古希腊启蒙的一般论述，参见 Burkert(1985) 260-64(= 1977, 390-95)及更多参考文献。女性跑步比赛的典型启蒙特征包括性别隔离，参赛者的婚姻状况以及特殊的着装等。

第五章 “没有我们就没有男人”：斯巴达女子竞技与优生优育

带着典型的情色意味，普洛柏夏斯（Propertius）这样歌颂了斯巴达的少女们：“哦！斯巴达人，我惊叹于你们竞技场的诸多法则。但是我更为你们竞技馆对女性的包容而惊叹。因为，一个赤裸的女子可以像摔跤场上的男子那样参与这个众所周知的运动会”（3.14.1–4）。在女性的奥运会——赫拉亚运动会上，斯巴达的女子比赛为人们提供了一个独特的视角，来观察那些参加成年仪式的少女们。在斯巴达和其它地方，男子竞技体现的是英雄谋略和军事才能。与之不同的是，斯巴达的女子运动，跟与其相似的赫拉亚运动会和阿提卡的阿卡提亚运动会一样，是勇士们未来的妻子以及孩子母亲的力量的终极表现之处。然而，相比其他地方，斯巴达的女子竞技训练课程在形式和种类上都与男子竞技训练更加相似。正如在赫拉亚运动会和阿卡提亚运动会上一样，斯巴达的女子竞赛只对女性开放，并且在某种程度上，这些比赛也是对婚前女性力量的例行测试。①

---

① 以下文献对希腊竞技中的女性角色进行了综合评述：J.Krause, *Die Gymnastik und Agonistik der Hellenen*(Leipzig, 1841; reprint, Wiesbaden: Dr.Martin Sändig, 1971) vol.1, 31–33; L.Grasberger, *Erziehung und Unterricht im klassischen Altertum*, vol.3 (Würzburg, 1881; reprint, Aalen: Scientia, 1971) 498–508; L.Meyer, *De virginum exercitationibus gymnicis apud veteres*(Klausthal, 1872); B.Schröder, *Der Sport im Altertum*(Leipzig: Spamerschen Buchdruckerei, 1927) 162–66; O. von Vacano, *Das Problem des alten Zeustempels in Olympia* (Naumburg [Salle]: Lippert, 1937) esp. "Über Mädchensport in Griechenland", 51–58; J. Jüthner, *Die athletischen Leibesübungen der Griechen*, ed. F. Brein, vol. 1, SB Vienna 249 (Graz: Hermann Böhlaus, 1965) 100–102; H.A.Harris, *Greek Athletes and Athletics*(London: Hutchinson, 1964) 179–86。尤其关于斯巴达女子(和男子)竞技的论述，参见 S.Hodkinson, "An Agonistic Culture", in Sparta: *New Perspectives*, ed. S.Hodkinson and A. Powell(London: Duckworth, 1999) ch.6, 147–87。将妇女体育运动看作启蒙仪式一部分的论述，参见 H.Jeanmaire, *Couroi et Courètes. Essai sur l'éducation spartiate et sur les rites d'adolescence dans l'antiquité hellénique*(Lille: Bibliotheque universitaire, 1939; reprint, New York: Arno, 1974) 413–18; A.Brelich, *Le Iniziazioni: Parte II. Sviluppi storici nelle civiltà superiori, in particolare nella Grecia antica*(Rome: Ateneo, 1962) 72–74, 83–105 and 127–46;同上, *Paides e Parthenoi*, vol.1, Incunabula Greca, vol.36(Rome: Ateneo, 1969) 449–56; W.Burkert, Greek Religion, trans.J.Raffan (Cambridge, Mass.: Harvard University Press, 1985) 260–64(from the original *Griechische Religion der Archaïschen und Klassichen Epoche* [Stuttgart: W. Kohlhammer, 1977] 390–95); C.Calame, *Choruses of Young Women in Ancient Greece: Their Morphology, Religious Role, and Social Functions*, trans.D.Collins and J.Orion(Lanham, Md.: Rowman & Littlefield, 1997) esp.186–87, 202–6(from the original *Les choeurs de jeunes filles en Grèce archaïque, I: Morphologie, fonction religieuse et sociale* [Rome: Ateneo & Bizzarri, 1977] 324–26, 350–57); L.Kahil, "L'Arté mis de Brauron: rites et mystère", *AntK* 20(1977) 86–98; P.Perlman, "Plato Laws 833C–834D and the Bears of Brauron", *GRBS* 24(1983) 115–30。感谢 John Mansfield 与我分享他于 1982 年 2 月在加州大学伯克利分校讲座的文本，"Women in Greek Athletics: A Man's View"以及其中附录的于我非常有用的文献收集，"Women in Greek Athletics: Sources and Materials"(未出版)。同样有兴趣的研究是关于通往成年道路的仪式上男孩和女孩的补充作用的论述，参见 P.Vidal-Naquet, *The Black Hunter: Forms of Thought and Forms of Society in the Greek World*, trans. A.Szegedy-Maszak (Baltimore: Johns Hopkins University Press, 1986) 129–56，尤其是 145–52(第六章最初发表为"Le cru, l'enfant grec et le cuit", in *Faire de l'histoire: nouveaux objets*, ed. J.le Go and P.Nora[Paris: Gallimard, 1974] 137–68，尤其是 156–62)。

这一研究的资料来源存在两大难题。首先,缺乏资料。我们只掌握了少数关于女性参赛的确切例子。其次,这些资料还依赖于男性的传承,这也许就解释了为什么资料如此缺乏,因为女性运动对男性来说,既无趣也不重要。我们可以从极少数现存的例子中推断出,女子运动比赛可能比我们资料所指明的还要流传广泛,特别是仪式环境下的赛跑比赛。①

第四章和第六章讨论过的奥林匹亚和阿提卡的女子仪式比赛在某些方面和斯巴达相似。但是,斯巴达女性参加比赛在历史上是最早的。其影响力也使其很可能成为了其他比赛的模板。对于这一点,其它文献只是做了简单的讨论。其焦点是它作为婚前仪式的一部分来检验斯巴达女子的竞技才能,审视斯巴达女子体能教育的考古证据,以及说明斯巴达是怎样影响奥林匹克运动制度的。

斯巴达女子竞技运动在希腊各城邦中是明显异常的。因为,斯巴达的女子加入了当时著名的教育体系——来古格士(*agōgē*)。据说是由斯巴达改革时期谜一样的人物来库古创建的。② 这位立法者生活的年代以及历史上是否真有其人都备受争议。要找到斯巴达早期社会的书面史料则更是困难重重,比如说那些作家都是后期的,他们生活在公元前 4-前 3 世纪期间,他们的文章带着愤怒或喜爱的情感,强烈地维护或谴责公共的城邦。③ 除了在斯巴

① Manfield(本章,1981,上页注释①)。

② H.Jeanmaire, REG 26(1913)134-35; M.P.Nilsson, "Die Grundlagen des spartanischen Lebens", *Klio* 12(1912)308-40, reprinted in *Opuscula Selecta* (Lund 1951-60), vol.2, 826-69 at p.848; Vidal-Naquet(1986)147(1974)160; P.Cartledge, "Spartan Wives: Liberation or Licence?" *CQ* 31(1981)84-105, 尤其是 91-93。

③ F.Ollier, *Le mirage spartiate*(Paris: Les Belles lettres, 1933; reprint, New York: Arno Press, 1973); A. Andrewes, *The Greek Tyrants* (London: Hutchinson University Library, 1956; reprint, New York: Harper & Row, 1963)66-77; E.N.Tigerstedt, *The Legend of Sparta in Classical Antiquity*(Stockholm: Almquist&Wiksell, 1965) vol.1, 70-78; W.G.Forrest, *A History of Sparta: 950-192B.C.*(London: Hutchinson, (转下页)

达的起源及其成功方面各持己见以外，大部分作家在斯巴达教育的形式及目的上都达成了一致。现代学者坚信相对当时在其它原始文化下的启蒙教育，这套教育体系独有的结构表明它的根源可以追溯到古风时期。男性的邋遢、年龄级、脱离社会、角力等，这些都是男性的标记并且与其它地方的教育体系有相似之处。这体系可能是首次建立于公元前6世纪，一个和其它“来库古的”立法并存的时期。①

像男子一样，斯巴达的女子是按年龄组织起来的，阿尔克曼(Alcman, *Parthenion* fr.IV.52，公元前7世纪下半叶)称呼歌舞队的女孩“表妹”(*anepsiai*)。这词同样用来形容男子。品达(fr. II2，公元前5世纪上半叶)称其为阿古拉(*agelā*)，意为马群(horse-herd)。这些词在希腊教育体系(*agōgē*)中正是用来指代男子团体的。② 其它一些词，卡西瓦(kasioi)或者卡森(kasen，意味兄弟，姐

(上接注③)1968; reprint, London: Duckworth, 1980)35-60; Pavel Oliva, *Sparta and Her Social Problems*(Amsterdam: Hakkert, 1971)63-70. 另可参见 A.Szegedy-Maszak, “Legends of the Greek Lawgivers”, *GRBS* 19(1978)199-209。

① Nigel M.Kennell, *The Gymnasium of Virtue: Education and Culture in Ancient Sparta*(Chapel Hill: University of North Carolina Press, 1995)146；参见本书第三章，第134页注释③；Tigerstedt(1965)vol.1, 38, 68-69 认为，鉴于自斯巴达大败于叙喜阿伊斯(公元前699/698年?)以及第二次美塞尼亚战争之后有这样的需求，斯巴达教育的强化应是发生在公元前7世纪中期。Brelich(1962)尤其在第48-74页论述了斯巴达(以及克里特岛)教育和节日的启蒙特性和功能。至于音乐中的旋律，他总结说(57-58)：上述对斯巴达音乐旋律的总结性描述似乎是对依大多数阶段的开端而定的原始社会制度作出的最好回应：在经历过最初几年的婴幼儿阶段后，个人同家庭分离而进入了社会，他同他的同龄人共同生活，处于男性成人的控制之中；他还会经受贫困的打击、严苛的训练以及格外残酷的检验，同事，他置身于社会实施的正常法律之外；就这样，他度过一年又一年的时间，进入新的年龄阶段，这时，凭借与同龄人之间的激战，他能够壮大自己。只有在比较迟的年龄阶段(与斯巴达建立老人政府的理想一致)他才能取得正常的成年人地位。

② 参见 D.Page, Alcman: *The Parthenion*(Oxford: Clarendon, 1951)67-68; C.Calame, *Les choeurs de jeunes filles en Grèce archaïque, vol.II: Alcman*(Rome, 1977)84-85 re: *anepsiai* in Alcman, and id.(1977)vol.1, 372-85 关于“*L'agélé* spartiate” and “Les choeurs de jeunes filles lacédémoniennes”的论述。关于与斯巴达教育 (转下页)

妹及表亲)在很多文献,特别是罗马时期的文献中都出现过。这暗示教育性改革的开端可以追溯到大约公元前 184 年,那时的斯巴达刚遭遇了沉重的挫败,古代体系开始复苏。① 卡里玛舒斯(Callimachus,约公元前 305–前 240 年)也把一群斯巴达少女叫作"同伴"。② 最新的有关女子來古格士的证据之一是公元 1 世纪上半叶的文献,提到了由 6 个称为"女子管理者"(*gunaikonomoi*)组成的委员会,与之对应的是管理男青年的"男子管理者"(*paidonomoi*)。③ 斯巴达的女子有时被比喻为小马,例如阿尔克曼(*Parth*. 59)和阿里斯托芬(*Lys*.1308–13)的作品进一步证明了在古风和古典时期斯巴达女子们就被看作是属于"马群"的财产。④ 有一份文献提到,管理年轻男性比赛的官员,称作"比多瓦"(*biduoi*),同样组织了为"狄俄尼索斯之女"举行的比赛。这表明女子教育和男子教育一样,是斯巴达教育体系的一部分。⑤

在着眼于已被广泛证实的斯巴达女子体能教育之前,我们不能忽视这样一个事实,那就是她们的教育可能也包含了"文学和艺术"。因为柏拉图提过,她们在哲学和演讲上都受到了良好

(上接注②)相关的术语以及关于斯巴达教育的综述,参见 Grasberger, vol. 3 (1881) 57–60; C. Forbes, *Greek Physical Education* (New York: Century, 1929) 12–43; H. Michell, *Sparta* (Cambridge: Cambridge University Press, 1952) 165–204; K. M. T. Chrimes (Atkinson), *Ancient Sparta: A Re-examination of the Evidence* (Manchester: Manchester University Press, 1952) 84–136; H. I. Marrou, *A History of Education in Antiquity*, trans. G. Lamb (London: Sheed and Ward, 1956) 14–25; J. T. Hooker, *The Ancient Spartans* (London: J. M. Dent, 1980) 132–44。

① Plutarch, Philopoemen 16; Chrimes (1952) 97ff., 22if., and 442ff.; Forbes (1929) 38.

② *Hymn*5.33–34; 参见 Schol. *ad loc.*: "*ila*: the clan-division and collection of maidens"。

③ C. Wehrli, "Les gynéconomes", *MH* 19 (1962) 33–38.

④ 关于女孩组织的马术隐喻的讨论,参见 Calame (1977) vol. 2, 67–72 以及 Page (1951) 89–90。两者都没发现 Aristophanes, *Lysistrata* 1308–13 中的隐喻。

⑤ *SEG* XI (1954) no. 610; P. A. Cartledge and A. J. S. Spawforth, Hellenistic and Roman Sparta: *A Tale of Two Cities* (London: Routledge, 1989) 205–6; Kennell (1992) 45–46.

的教育。除此之外，还有其它文献提及关于她们有文化教养的观点。事实上，她们的善辩产生了一系列的格言，这些格言证明了斯巴达女性的言论自由。很多格言都体现着勇敢的精神，鼓励勇士们的归来："带着你的盾牌凯旋而归，要不就马革裹尸而还"。①

我们观察到阿尔卡曼的诗歌揭示了教养女性和教养男性相似的另一个方面，也就是同性恋因素。在合唱诗歌的第一和第三节中，帕德利翁(Parthenion)用色情语言描述了唱诗班中的斯巴达女子对她们的女指挥的欲望。希腊历史学家普鲁塔克的一段话证实了这一点："男性之间的爱情在斯巴达受到广泛认可，从而上层贵妇也开始喜爱未婚少女，这两者之间并不冲突。然而，那些喜欢上相同男孩们的成年男子更愿意把这当成彼此成为朋友的基础，他们也会继续热情地追求，为了把他们所爱的人变得尽可能高贵这一共同的目标而努力。"②很明显，普鲁塔克塑造了女性情人高贵的形象，因为斯巴达同性恋最主要的一个功能就是爱人和被爱人之间美德的传递。像男同性恋一样，女同性恋也注重青少年到成年的形成。尽管相比斯巴达男同性恋的证据而言，这一方面的证据更加缺乏，但是很明显，女同性恋在女性成长过程中占据着很重要的一部分。

122

---

① 关于斯巴达女性在哲学和说话方面的教育的论述，参见 Cartledge(1981)92 以及同上，"Literacy in Spartan Oligarchy"(apophthegms) *JHS* 98(1978)25-37。关于说明了斯巴达女性自由言论的格言，参见 Tigerstedt(1965) vol.2, 16-30。对于与公共场合女性自由言论相对的男性雅典公民态度的论述，参见 Sophocles, *Ajax* 293; Euripdes, Her. 476-77, and fr. 61; Thucydides 2.45.2-46.1。

② 关于 Alcman 诗歌中以及在斯巴达社会里女子同性恋的论述，参见 Calame(1997) vol.1, 7-8, 244-55(=1977, vol.1, 25-27, 420-36); K.J.Dover, *Greek Homosexuality, updated and with a new postscript*(Cambridge, Mass.: Harvard University Press, 1989)179-82; Elaine Fantham, Helene Peet Foley, et al., eds., *Women in the Classical World: Image and Text*(Oxford: Oxford University Press, 1994)57-59; Plutarch, *Lycurgus* 18.4。关于男子选美比赛的论述，参见本书第八章，第 343 页注释①。

这里,我们应该提及与阿尔卡曼的合唱诗歌有着明显文化相似的莱斯博斯岛的希腊女诗人萨福(Sappho,公元前7世纪下半叶)的诗歌。有趣的是,阿乐凯奥斯(Alcaeus,fr. I30.32 Lobel-Page)暗指的是莱斯博斯岛萨福之日的女性选美比赛,这些比赛使人想起了后来雅典娜节的男性选美比赛:"每年,那些女同性恋们,穿着席地长裙,人们评判着她们的体态,她们所到之处,都回荡着妇女们叫喊的奇妙声音"(trans. Dover,1989,I8I,adapted)。从萨福的诗歌看,毫无疑问,在她的教导下(译注:萨福当过"女子导师"之类的职务),女性圈子中存在同性恋因素,尽管我们很难知道这样的机构有多普及以及存在了多长时间。萨福诗歌中的一个片段表明,在训练中,同性恋因素有助于赛跑:"(萨福)指导了来自加拉(Gyara)的英雄,那位跑得飞快的少女"。① 体能训练与选美比赛的存在是相对应的。萨福风格的习俗惯例,大概和斯巴达最早的女性派代亚处于同一时期,这表明女性的培养包括性别隔离、竞技训练以及同性恋关系等,至少在公元前7世纪末开始,从分散发展到集中。有一个匿名的观点表明,这样的女性教育和同性恋在当时古代除了在斯巴达和莱斯博斯外是很少见的,尽管这一观点仍属于推测。

我们不能确定斯巴达的女同性恋是否具有像男同性恋一样的结构和形式。鉴于和艾尔卡曼一样早期的来源的证明,似乎女同性恋和男同性恋都是在公元前7世纪同期发展的。从后期文献资料中,我们可以看到,复杂完善的斯巴达来古格士教育体系可能是创立公元前于6世纪(第三章)。然而,公元前7世纪女性同性恋

---

① Sappho fr.1(Lobel-Page), 71(Bergk). Harris(1964)182. 关于沙弗风格的同性恋和教育的论述, 参见 Calame(1997)vol.1, 249-53(=1977, vol.1, 427-33); Dover (1989)173-79; M. Williamson, *Sappho's Immortal Daughters* (Cambridge, Mass.: Harvard University Press, 1995); Jane Mcintosh Snyder, "Public Occasion and Private Passion in the Lyrics of Sappho of Lesbos", in *Women's History & Ancient History*, ed. Sarah B. Pomeroy (Chapel Hill: University of North Carolina Press, 1991)1-19。

和竞技训练的一致性表明那时的斯巴达确实存在文化培养，至少不管男性青年还是女性青年，形式是一样的。然而，其不同之处（我们会在接下来的篇章中探讨）在于女性成年的目标和男性有着本质的区别。这种区别使得女性和男性在相似的活动中，譬如竞技比赛，有着不同的动机。

123

忒奥克里托斯（Theocritus，大约公元前300－前260年？）在他的诗歌“海伦的颂歌（*Idyll* I18）”中给出了传说中斯巴达美女的理想形象。毫无疑问，她成了所有少女心中效仿的典范。在诗歌中，12位斯巴达少女，准皇后幼时的同伴，歌颂着她的美丽、她的编织手艺和她的音乐天赋（26－37）。[①] 她们回想起她们之前的活动：“我们作为同龄伙伴，练习着相同的赛跑比赛，像厄洛塔斯（*eurotas*）河浴场旁的男人一样给自己全身涂上油膏。我们是拥有240个少女成员的女子青年团（*neolaia*）。”这首诗，尽管没有明显的同性恋意味，但确实塑造了少女们心中偶像的斯巴达女性英雄原型，同时也影射了她们培养过程中许多极其珍贵的技艺。

关于斯巴达女子体能教育的讽刺在于，不管它在形式上和男子体能教育有多么相似，在最终目标却有着本质的区别。女子体能教育旨在培养美丽健康的年轻少女，能忍受分娩的痛苦，能培养她们的后代直至他们的进入来古格士学习。男性经历成年仪式后成为强壮正直的勇士，女性则成为他们的妻子。“婚姻之于女子

---

① 关于斯巴达妇女的音乐及体操，参见 Plato，*Leg*.806A。然而，此处提出织衣的工作由奴隶女孩来完成。但是，她们的编织技巧在 Paus.3.16.2 有所暗示，据说她们每年都为阿米克赖城的阿波罗织一件希顿短袍。关于将她们从需要久坐的家务活中解放出来的论述，参见 Cartledge（1981）91 及注释 40，引用了 Heracleides Lembus，373.13（Dilts）（baking）and the discussion in P.Herfst，*Le travail de la femme dans la Grèce ancienne*（Utrecht：A.Oosterhoek，1922）18－24（纺织），24－32（烹饪）及 112－13（斯巴达女性豁免）。

就像战争之于男子。"即完成他们各自为国效力的使命。[①] 教育形式的类比使得作家,特别是罗马作家们,把女子来古格士的价值归为培养女战士。[②] 例如,普鲁塔克(fl.公元 100-120 年)在解释斯巴达女子训练是为了生育强壮的后代和应对分娩的痛苦的时候补充道:"此外,如果需求增加,她们也许能为了她们自己、她们的孩子及她们的国家而战斗"。这一观点在柏拉图那里(*Leg*.7.805e-6a,撰写于大约公元前 355-前 347 年)得到了旁证。雅典的对话者提及柏拉图曾抱怨拉哥尼亚(Laconian,译注:古希腊南部的一个王国)的女子教育体制不够彻底,因为虽然少女受到竞技和音乐方面的教育,但成年后却不能作为战士参加战斗。亚里士多德(公元前 384-前 322 年)在一篇典型的抨击斯巴达的长篇演说中给出了一个历史例证:"甚至于勇气这一方面,虽然它在日常生活中毫无用处,而是仅供战争之需,拉西第梦(Lacedaimonian,译注:古斯巴达的别称)妇女带来的影响也是有害的。在忒拜入侵中(公元前 360 年),灾难出现了。不像其它城邦的妇女们那样,拉西第梦妇女则完全帮不上忙,而且相比敌人,她们引起了更大的混乱"(*Politics* 2.6.7,1269B)。

关于斯巴达女性教育的目的是优生优育这一点最早的明确出处是克里蒂亚(Critias, *Respublica Lacedaemoniorum*, Diels-Kranz, vol.2,88,fr.32,写于约公元前 435-前 403 年间),其次便是色诺芬(Xenophon,*Lac*.I.3-4,写于约公元前 434-前 355 年)的"奔跑与力量的竞争",此文首次赞扬了来库古建立的这一教育体系。在稍

① 参见 J.-P.Vernant, *Problèmes de la guerre en Grèce ancienne*(Paris: La Haye, Mouton, 1968)15, 由 P.Vidal-Naquet(1986)146(=id.1974)149 引述。参见 Vidal-Naquet 在本书第 151-152 页的进一步解释。此处他对男孩女孩的教育相似点的讨论作出了总结:"无论如何,少数古代课本留下的印象与其说是男孩与女孩教育的相同,还不如说是一种直接的复制……斯巴达女孩实际意义上就像实现不了愿望的男孩",参见 Cartledge(1981)。

② Cicero, *Tusculanae Disputationes* 2.15.36; Propentius 3.14.1. Cartledge(1981)87-88.

后一段时间内，即公元前120-前100年间，普鲁塔克(*Lycurgus* 14.1-15.1)列出了最完善的女性运动项目：“(来库古)让女性在奔跑、摔跤、掷铁饼和标枪中锻炼身体，如此一来她们的后代便有一个更强健的母体，从而能更好地成长发育……”(14.2)。作为对亚里士多德的评论的反对，普鲁塔克宣称：和男性一样，女性被要求在特定节日里赤裸着身体列队前行并在公共场合唱歌，丝毫没 124
有了娇柔脆弱的女性气质。裸体实际上激发了她们的高傲气质，因为她们的德性(*aretē*)和雄心(*philotimia*)都不输给男性。因此，她们被引导着像斯巴达国王列奥尼达斯(Leonidas)的妻子歌果那样讲话和思考。传说曾有一个外国人对歌果说“只有你们斯巴达的妇女在统治着男人”，歌果回答道，“因为是我们给了他们生命”(14.4)。菲洛斯特拉托斯(Philostratus, *Gymn*. 27，写于公元230年)呼应了普鲁塔克的描述，他解释道：来库古建立女性运动的系统来产出更多更优秀的“勇士运动员”(*polemikous athlētas*)。①

正如普鲁塔克所指，女性在公众活动中裸体这一风俗的引入可能是探索她们祭仪的特点和竞技热优生优育目的的一个重要线索。在谈到公共裸体对婚姻的激励作用时，普鲁塔克引用了柏拉图的话：“我指的是那些游行队列中的女子，她们裸露的身体和她们之间的比赛能够吸引年轻男子的眼球，这是由于男性的性需求而不是因为他们对几何线条的喜爱。(Plut., *Lyc*. 15.1，参见柏拉图，《共和国》458d)。特别指出的是，这些文献中提到的“裸露”可能是指“衣着暴露”，穿着的衣物比希腊女性的习俗服饰更少，这种暴露的服装是多利安式希顿短袍(short Doric *chitōn*)，又叫短袍(*chitōniskos*)，单一长袍(*monochitōn*)或者埃克索米斯短袍(*chitōn exōmis*)，穿这种服装时不穿内衣，衣服别在两肩，露出一侧大腿，

① J. Jüthner, *Philostratus über Gymnastik* (Leipzig: B. G. Teubner, 1909; reprint, Stuttgart: Teubner, 1969) 242 *ad. Loc.*

裙子卷到膝盖以上。[1] 由于这种令人震惊的服装，伊比库斯（Ibycus，公元前6世纪）称她们为“秀大腿的人”（*phaineromērides*），[2] 并遭到欧里庇得斯作品中的人物珀琉斯（Peleus）的严厉批评：“斯巴达女子永远不会被束缚，她们露着大腿敞着长袍和年轻男子离开家门，和他们进行田径和摔跤比赛——我是不赞成这样的！也难怪你们抚养不出忠贞的妇女。”（*Andromache* 595-602，写于约公元前430-前424年）

随后他对比了这些女孩和一位典型人物，海伦（Helen），一个著名的背叛家庭荒淫放荡的女人。作为一名斯巴达女性，她一定为大多数雅典人所知。[3] 试想那些女孩光天化日大庭广众之下一丝不挂，她们可能就如普鲁塔克（*Lyc*. 15.1）所说的那样“衣着暴露”，然后再退去她们的短袍，这将是多么大的一个丑闻！同样，席奥克里托斯（Theocritus）提到女子们大汗淋漓、油光满面地像男人一样进行着赛跑比赛（18.23）。

相传奥林匹克田径赛中的裸体始于公元前720年麦加拉（Megara）的奥西普斯（Orsippus）或者同一年的斯巴达安坎塞斯

---

① J.H.Krause, *Die Gymnastik und Agonistik der Hellenen*, vol.2（Leipzig, 1841; reprint, Wiesbaden: Dr.Martin Sändig, 1971）682-86 认为她们什么都不穿，但也认为后来她们为了某些训练，可能穿上了希顿短袍。W.A.Becker, *Charicles*, trans.F.Metcalfe, 6th ed.（London, 1882; reprint, London: Longmans, Green, 1906）297-300 也认为斯巴达女孩是完全裸体进行训练，但是 G.M.A.Richter, “An Archaic Greek Mirror”, *AJA* 42（1938）337-44, esp.342 no.4 希望在谈到斯巴达女孩时 gumnos 一词指的是“穿得少”。公元前6世纪的考古发现后来证实那时的女孩赤身裸体，只用树枝遮盖下，穿点多里安式的希顿短袍。关于着装的后期形式的讨论，参见 M. Johnson, *Ancient Greek Dress*（Chicago: Argonaut, 1964）52-53.

② Ibycus fr.58 Page; Eur., *Hecuba* 933 f.; Pollux, *Onomastikon* 2.187, 7.54f.; Clement, *Paedagogus* 2.10.114.1. Cartledge（1981）92 no.46 在 Ath.13.602E 举例 thighs（大腿）能够勾起性欲，并认为“thighs”也可能曾是女性阴部的传统委婉语说法。这会使字面上的裸体与穿衣很少间的模棱两可状难以弄清，不管怎样，还会与以下要考究的青铜雕像的证据发生冲突。

③ Plut., *Comp Lycurgi et Numae* 3.3.4 citing Sophocles, fr.788 Nauck.

(Acanthus)。① 普鲁塔克(*Lyc*.14.1-4)声称来库古将其引进到斯巴达,然而,柏拉图指出此风尚是由克里特岛传入斯巴达的:“克里特岛人开此先河,随后斯巴达人也开始有了裸体运动的风俗,当时诙谐幽默的智者无不嘲笑这一风俗。”(*Rep*.5.425.c)。我们将在第八章中看到,在田径运动中,裸体的风俗是公元前8世纪斯巴达人的一个创举,但这似乎直到公元前7世纪后半期才得到公众广泛的认可。无论斯巴达人在田径运动裸体风俗的形成过程中扮 125 演何种角色,他们利用该习俗激励婚前男女间性吸引的创举意义非凡。裸体不仅是一种简单的运动便利,还是自然纯真而富有激情的人类最原始状态——人们会记起奥德修斯那已经被升华为高尚的性爱:任由费阿克斯(Phaeacia)岸边的海水所冲刷,他赤身裸体地站在少女努西卡(Nausicaa)的面前。

在古代社会中,裸体被认为具有多种宗教作用和神奇功能。然而,古希腊女孩和男孩在仪式上的裸体似乎对任命那些在舞台上参加特殊仪式即将成年的年轻人有着特殊的含义。② 例如,在供奉阿波罗的“裸体青年节”上,斯巴达男孩会在不同的年龄组里比赛,以此作为一个力量测试为未来真正的战争做准备。③ 不论这些男孩是真的赤身裸体,还是仅仅没有佩戴武器,他们相应的“裸露”表明了这种仪式裸体在男性节日中的特殊地位。类似地,在克利特岛的费斯托斯城(Phaestus),年轻男子在埃克迪西亚

---

① Dionysius of Halicarnassus 7.72. 3-4.

② F. Pfister, s.v. “Nacktheit”, *RE*16.2(1935)1541-49; A.Brelich(1969)157-58; 171-73; 200-201.

③ Xen., *Hellenica* 6.4-16; Plut., *Agesilaus* 29; Plat., *Leg*.633 b-c; Ath.678 C.Bölte, “Zu Lakonischen Festen”, *RhM* 78(1929)124-43; H.T.Wade-Gery, “A Note on the Origin of the Spartan Gymnopaidiai”, *CQ* 43(1949)79-81; M.P.Nilsson, *Grieschische Feste von religiöser Bedeutung mit Ausschluß der attischen*(Leipzig: B.G.Teubner, 1906; reprint, Darmstadt: Wissenschaftliche Buchgesellschaft, 1957)140-42. 另可参见本书第三章的论述。

(Ekdysia),或被称为“脱衣节”上的异性装扮也是为了纪念雷托·菲提亚(Lato Phytia),与此同时,新娘也会在这个节日睡在节日守护神祇留奇波斯(Leucippus)的雕像旁边。① 克利特岛人的节日名称和其他有关“裸露的青年”的资料都表明了仪式裸体在这个对男女青年有婚前启蒙意义的节日中具有重大作用。来自阿提卡的布劳隆和穆尼吉亚地区的花瓶上绘有的裸体或穿着短袍的少女在阿卡提亚节上追逐阿尔忒弥斯也表明裸体在婚前仪式中具有重要作用。② 与其他地方的风俗相比,我们可以认为斯巴达青年在田径运动中的裸体风尚对青少年步入婚姻和成人生活亦具有某种宗教和社会作用。

因此当柏拉图建议,在竞技运动中,为了吸引异性的眼光激起异性的性欲,年轻人便会跟从由普鲁塔克在后来宣称的“来库古的”风俗。欧里庇得斯指出运动普遍具有这一规则。继他之后,普罗佩提乌斯(Propertius,3.14)和奥维德(Ovid,*Heroides* 16.149-52)又再次声明了这一原则,其描述相对而言没有那么可靠,但却更为细致。奥维德给海伦写道:“邂逅你无与伦比的美丽,提修斯立刻感受到爱情的烈焰,而你似乎正是这位伟大的英雄要窃取的战利品,在闪耀的竞技馆里参加赛跑比赛后,一位裸体少女与另一个裸体少男身体纠缠在了一起。”公元5世纪,斯托布斯(Stobaeus)明确否定了这个观点,声明男女运动是分开进行的。然而,他的断言被否决了,因为事实上只有一个运动场地,即古希腊和古罗马时期提到的竞走场或跑道,据说男女青年都会经常光顾那里。③

如果斯巴达女性在田径运动中裸体的风尚有蓄意激发性欲

---

① Antoninus Liberalis 17. Nilsson(1957)370-71; R.F.Willetts, *Cretan Cults and Festivals*(London: Routledge and Paul, 1962)173-79; Burkert(1985)261=(1977)392.

② L.Kahil(1977); P.Perlman(1983)esp.125-27;参见第六章。

③ Aristoph., *Lys.*1308-13; Theocr.18-39; Cic., Tusc.2.15-16; Paus.3.14-6.

的目的，那么她们肯定是按照享有盛名的斯巴达女性之美这一标准来培养的。就如同今天的“加州女孩”一样。“斯巴达美女”最先是在《奥德赛》(13.412; a *hapax* there)里被提到的，但阿尔克曼作于公元前600年左右的作品《帕特嫩山》(*Partheni-on*)中却记载了女子迷人的美丽。类似地，阿里斯托芬的《吕西斯忒拉特》(*Lysistrata*)也赞美了斯巴达女子拉姆皮托(Lampito)美丽的肌肤，坚挺的胸部及充满肌肉感的阳刚之气(*Lys*. 79-83)。与之相对，阿瑟尼斯(Athenaeus, 12. 566A)和斯特拉波(Strabo, 10.13)也说过类似的话。美丽象征着女子已具有美好的品德，为婚姻做好了准备。竞技运动能让她们具备这种品质，经过启蒙阶段后，这种品质会在18-20岁的婚姻以及稍后孕育出漂亮后代的过程中完美展现出来。整个教育过程旨在获得真正的美丽，实际上这是在为国家服务：男孩成为英勇的战士，女孩成为战士的母亲。[①] 126

如果说美丽和斯巴达坦胸露肩的装束，或者只是其中之一，是斯巴达女性魅力的一个重要或必不可少的因素，那么荷马和阿尔克曼对斯巴达美丽女性的理想的认可便表明了斯巴达社会在公元前18或前17世纪晚期至少已经倾向那种理想。另一方面，伊比库斯(Ibycus)对斯巴达“大腿闪客”(thigh-flashers)的批判为竞技风俗，从而也为女性启蒙的社会体系给出了一个可追溯的最早出现的时间，即它们最早发生在公元前560-前530年。

一系列显然出自于公元前6和前5世纪早期，拉克尼亚(La-conia)或拉克尼亚人作坊(Laconian workshops)的青铜器、镜子手

① Cartledge(1981)93-96认为美是斯巴达婚礼中的一项重要的、也许是基本的组成部分，正如Alcman的诗歌和普鲁塔克的*Mor*.1D里的一则轶事所说的。这则轶事讲述了一个关于国王阿希达穆斯二世(公元前469-前427年在位)的故事，这位国王因为娶了一个丑陋的(或矮小的，参见Plut., *Ages*.2.6)女人而受到责罚。Cartledge(94-95)估计女孩的婚龄在18-20岁之间。

柄、祈祷雕像等考古证据都支持公元前6世纪的这个时间段。有人认为这些人物是舞蹈演员或杂技演员，即世俗艺人，但是一些文学证据却表明这些雕像展现的很可能是普鲁塔克和其他人提到的在跳舞游行和比赛的斯巴达女孩。鉴于公元前6世纪雕刻中裸体女性雕像的普遍缺失，她们的存在便更加显著。我并非最先指明青铜雕塑展现的是斯巴达女运动员，但就我所知，我是第一个从细节处研究这种可能性的人。①

我们讨论了26个以镜子手柄及祈祷雕像形式出现的裸体女性青铜像，这些青铜像的出处包括拉克尼亚地区的遗址(8)，伯罗奔尼撒(2)，伯罗奔尼撒以北的希腊地区(3)，爱奥尼亚(Ionia，2)

---

① C.Praschniker, "Bronzene Spiegelstütze im Wiener Hofmuseum", *Österreichisches Archäologisches Institut*, *Wien*, vol.15(1912)219-52 展现了首次大量出现的青铜器，并且大部分是基于年轻的体格来确定他们属于斯巴达女孩，参见 Plut., *Lyc.*14(尤其是第250-251页)。参见 W.A.Mueller, *Nacktheit und Entblössung*(Leipzig: B.G.Teubner, 1906)142; S.Heckenbach, *De nuditate sacra*, *Religionsgeshichtliche Untersuchungen und Vorarbeiten*(Giessen: Alfred Töpelmann, 1911)vol.9, pt.3, 15f.由 Praschniker, 250 注释 72-73 引用。关于青铜女子手柄的列表，参见 U.Jantzen, *Griechischen Griff-Phialen*, *Winckelmannsprogramm 114*(Berlin: De Gruyter, 1958)7 以及 P. Oberländer, *Griechische Handspiegel*(Ph.D.diss, Universität Hamburg, 1967)211, 275-76, 注释147。K.Schefold, "Griechische Spiegel", *Die Antike 16*(1940)24ff.以及同上, *Orient, Hellas und Rom*(Bern: A.Francke, 1949)认为青铜镜柄是阿耳忒弥斯的侍女或随从的代表。L.O.K.Congdon 在其深入且重要的研究，即 *Caryatid Mirrors of Ancient Greece. Technical, Stylistic and Historical Considerations of an Archaic and Early Classical Bronze Series*(Mainz: von Zabern, 1981)13ff.中提出观点，将女孩看作祭仪相关的侍女，而不是看作女神本身。Congdon, pp.136-37, no.14, pl.10 研究了穿运动短裤的裸体少女类型，并在 pp.211-12, no.16, pl.95 确定了拉哥尼亚作坊出品的女性手柄形式作为最早期，也是最经久不衰的类型。H. Jucker, "Der archaische griechische Standspiegel in Cincinnati", in *In Memoriam O.J.Brendel: Essays in Archaeology and the Humanities*, ed. L.Bonfante, H. von Heintze and C.Lord(Mainz: von Zabern, 1976)25-35 讨论了辛辛那提的一个裸体女性青铜手柄，这一手柄或许也属于本研究所讨论的物品系列；最重要的是，根据 Jucker 的观点，辛辛那提的这一件手柄是最早的希腊镜柄，并且是拉哥尼亚作坊出品。

和意大利(2)，其中还有9件出处不明。① 已知出处的青铜像大多来自伯罗奔尼撒和拉克尼亚，这表明这种风格最早起源于拉克尼亚。有学者认为许多拉克尼亚以外的人身上都有被拉克尼亚人影响的痕迹。如果这些裸体女孩不是艺人或某种娼妓，那么要解释她们在公元前6世纪的存在，除了认为这是著名的斯巴达的运动裸体风尚，我们很难给出其他的解释。

普瑞斯科尼克尔(Praschniker)论述了13个代表裸体女像的镜子手柄或者说是小雕像(附录5.1，编号1，3，4，10，12，13，14，15，19，20，22，25，26)，他认为这是斯巴达人制造的或他们在拉克尼亚人影响下制造的。朗若茨(Langlotz)将5件裸体女性镜子手 127 柄当作拉克尼亚青铜器进行了讨论，但他并不认为她们是运动员或艺人(附录5.1，编号3，15，20，25，26)。② 里希特(Rither)讨论了两个裸体女像(附录5.1，编号17，18)，他反对普瑞斯科尼克尔和朗若茨的观点，认为这种形式的镜子手柄不一定就是斯巴达的风格，因为在那时候希腊其它地方的雕塑和绘画作品中都能找到这种风格人物特点。③ 然而，综合其他多种因素来看，大多数出自伯罗奔尼斯的雕塑即使不是为斯巴达人所制造，也都表现出受到斯巴达影响的特点。里希特(Rither)观察到这些女孩的特征不符合阿里斯托芬对拉姆皮托(Lampito)坚挺的胸部的描述，但我们应当记住，拉姆皮托是个已婚女子，年长，成熟，因而胸部会比镜子手

① 出自拉哥尼亚的有：附录5.1，编号3，6，7，14，20，21，22，26。出自拉哥尼亚以外的伯罗奔尼撒的有：附录5.1，编号5，25。出自伯罗奔尼撒上方的希腊的有：附录5.1，编号2，4，8。出自爱奥尼亚的有：12，15。出自意大利的有：10，23。不明出处的有：1，9，11，13，16，17，18，19，24。关于附录5.1，编号16的讨论，参见G.M.A. Richter，Greek，*Etruscan and Roman Bronzes*（New York：Gilliss，1915）。

② E. Langlotz，*Frühgriechischen Bildhauerschulen*（Nürnburg：E. Frommann，1927；reprint，Rome："L'Erma" di Bretschneider，1967）vol.1，86-98 and vol.2，plates 44b and c，45b，46，48a and b.

③ 参见Richter(1938)以及同上，"Another Archaic Greek Mirror"，*AJA* 46(1942)319-24。

柄上可能展现的斯巴达少女更加丰满："她们不是肌肉丰满的运动员，而是优雅娇俏的舞女，事实上，她们中有3人手持响板，她们很有可能是高级妓女（*hetairai*）。"[①]哈弗内（Häfner）指出女孩手中握着的钹与她们是妓女的说法相矛盾，妓女手中持钹是在罗马时期才首次出现。[②] 像罗马尼亚体操运动员纳迪亚科马内奇或美国田径明星玛丽德克尔斯拉尼这样的自然结实肌肉发达的现代女运动员与希腊青铜像表现的女性形象非常相像。尤·简特仁（U.Jantzen）指出拉克尼亚的镜子手柄上的裸体男是对裸体女像的模仿，其中有11件女像是以上提到的。[③] 尤·简特仁将其中5件归为斯巴达人的作品，一件出自伯罗奔尼斯东南部的赫耳弥俄涅神庙（Hermione，附录5.1，编号14），一件可能来自切索尼（Chersonese，附录5.1，编号8），另外3件出处不明。他还提到了另外一个独立的斯巴达祈祷神像（附录5.1，编号6），这些雕像都没有年代和日期。简特仁归类于斯巴达的5件雕像在附录5.1中都有列出，分别是3，9，10，15和25号。[④]

哈弗内（Häfner）只将3件镜子手柄确认为出自斯巴达（附录5.1，编号3，14，21），她认为这些被讨论的雕像不全都出自斯巴达：

> 仅凭裸女的舞蹈只因拉克尼亚被证实而认为这些镜子手柄是拉克尼亚人的发明是过于武断且不够严谨的，其他地方也可能有类似的舞蹈，只是他们的这种传统没

---

① Richter（1938）343.

② U.Häfner, *Das Kunstschaffen Lakoniens in archaischer Zeit*（Ph.D.diss., University of Munich, 1965）88–89, no. 20.

③ U.Jantzen, *Bronzewerkstätten in Grossgriechenland und Sizilien*（Berlin: W. de Gruyter, 1937）, *JDAI Erganzungsheft* 13, 9–10 and 66, appendix I：镜柄A and C。Jantzen提到的11件女性镜柄见附录5.1，编号3，9，10，15，25（所有斯巴达）以及8，12，14。还原雕像见附录5.1，编号13。

④ Häfner（1965）12–38.

有被传承下来。此外，值得怀疑的是，如此昂贵的物品是否可能是生活一点都不奢侈的斯巴达人制造的。

哈弗内把镜子手柄与“阿芙洛狄忒王国”(the realm of Aphrodite)联系起来。然而，镜子体现的斯巴达人对形体美的热衷并不象征着其社会风气是崇尚奢侈的，而是表明了他们对健康、生育及女性教育优生目的的关注。同样，由于没有证据可以证明希腊其他地方有女子公众裸体的现象，这样一来也反向证明了这些裸体女孩是斯巴达人。并且，众多记录斯巴达女子公众裸体现象的资料对此观点是一个更具说服力的证明。哈弗内指出，就风格而言，这些手柄的式样过于繁多，因而不可能全部都产自拉克尼亚，此外，手柄的有些特征在拉克尼亚的艺术作品中并不多见。哈弗内推断拉克尼亚艺术风格简单朴素，又假定斯巴达雕像在对头发，眼睛，衣服和身体的处理上所突显出的爱奥尼亚特征是受爱奥尼亚人影响的结果或者这些镜子手柄的风格本就源自爱奥尼亚。然而，我们可能会问，如果斯巴达人排斥精巧和奢华，那么他们又为何会不辞辛劳地制作这些女性铜像。一个公元前 6 世纪的斯巴达人怎么不会将裸体人像等同于当时斯巴达女子裸体的风俗？假定斯巴达对爱奥尼亚式的手柄风格具有影响则是比较容易的，因为这些人像的模型在斯巴达日常生活中是很常见的。亦或许爱奥尼亚风格对源自拉克尼亚的雕塑产生了影响。希罗多德(Herodotus，1.70，3.39，44ff，55，148)提到公元前 6 世纪晚期斯巴达人与萨摩斯及爱奥尼亚的独裁统治者的关系，包括他们曾赠给吕底亚国王克洛伊斯(Croesus)的青铜搅拌碗。在萨摩斯也发现了拉卡尼亚的陶器和青铜器。①

128

斯巴达的裸体女性镜子手柄为何会传到外国或被外国艺术家

---

① L.Jeffery, *Archaic Greece: The City States c.700 – 500 B. C.* (London: ErnestBenn, 1976)213, 217.

模仿,原因无从得知,但可以肯定的是这与它因新奇而产生的吸引力有关。唯一一个广泛流传的公元前6世纪裸体女像是著名的阿塔兰忒在竞技场与珀琉斯或者是站在他旁边摔跤的画像,这或许不仅仅只是一个巧合。① 大多数绘有阿塔兰忒摔跤像的花瓶都可追溯到公元前550-前500年间,这正是大多数裸体女性铜像生产的时期。阿塔兰忒插图新奇的风格及其稍带的色情引诱使它不同于其他众多描画葬礼比赛中的英雄式竞技比赛的图画,并因而大受欢迎。因此,当这些最初可能是代表现实中或理想中的斯巴达运动员的裸体女性铜像广受欢迎的时候,斯巴达以外的人们便会复制它们。因此,尽管哈弗内看法不同,但这些来自公元前6世纪中期到前5世纪期间的镜子手柄及小雕塑上的裸体女子青铜像很可能原本就是斯巴达女孩在进行竞技运动或跳舞时的画像。大多已知来源的裸体女性铜像产自拉克尼亚,公元前6世纪和后来的文学资料都反映斯巴达女子裸体风尚具有独特而广播的美誉,这些事实都可以证明这些青铜像表现的正是斯巴达女子形象。② 关于这些青铜

① L.E.Roller, "Funeral Games in Greek Art", *AJA* 85.2(1981a)107-19, pls.19-20, esp. 111-12. 公元前6世纪下半期的花瓶展现了珀琉斯和阿塔兰忒格斗时的相同姿势。公元前5-前4世纪的花瓶展现了这一对恋人在一个气氛轻松的竞技场的场景。

② Cartlegde(1981)92 注释47中引用了11个铜像来证明斯巴达女孩在公共场合是赤身裸体的;他提到的铜像见附录5.1,编号6, 7, 8, 9, 16, 17, 19, 25 和 26。他还以更多的参考文献来引用了斯巴达594和3302。追溯裸体女性塑像以及源于近东或埃及模型的镜柄的最终源头不在本次研究的范围之类。J. Boardman, *The Greeks Overseas*(Harmondsworth: Penguin, 1964)81-82, pl.1a and fig.12d, J.Boardman 谈及公元前800-前775年希腊一个坟墓中发现的5件象牙制的裸体女人模型,但是从亚述国的尼姆鲁德得知,这些模型"显然模仿了东阿施宝塔特的裸体生育女神的模型",并且不像我们讨论的后来的青铜像。Boardman, pp.163-64 和 figs. 44 a 和 b,在参考了希腊女性青铜像和一些埃及女性青铜像后得出结论,这种灵感最初是埃及人的,可能经由近东地区部分传播出去。但是 Boardman 注意到,"公元前6世纪斯巴达艺术中的埃及特色"可能是由于那个时期其他斯巴达个人与埃及的贸易活动,也"可能是由于斯巴达与地处北非的古利奈关系密切所导致的"。尽管最初埃及鼓励斯巴达生产雕像和镜子,斯巴达少女的公开裸体形象似乎更加鼓舞了这些塑像的创造,否则,一般而言,这些塑像就会从那时的希腊雕塑业中消失。

器，卡特雷基(Cartledge)猜想：“这些几乎可以肯定都是由男子制作的，其中的一些人可能是斯巴达公民，但至少镜子是专门给女性使用的。”①

画像中的一些人拿着乐器，这可能是普鲁塔克所提到的公共舞蹈中使用的。② 在其他5件小雕塑上也能看到一个损坏严重的斯巴达女孩长笛和一个画有拿着钹穿着神秘配饰和肩带的女子的镜子手柄。③ 斯巴达少女结婚时便会剪短她们标志着少女身份的长发，妻子们都只留着短头发。④ 顺便提一句，斯巴达男子恰恰相

---

① Cartledge(1981)92 注释 47 和 93 注释 54：“从公元前7世纪晚期开始有了斯巴达还愿物，其上刻有供奉者的名字。由于接受许愿之神也是女性，并且相当一部分的不记名供奉品与女性有着联系，很多供奉品很可能是由女性提供的”。参见 P. Cartledge，“Literacy in the Spartan Oligarchy”，*JHS* 98(1978)25-37。

② 参见 Plut.，*Lyc.*14.2。Theocritus 18.26-37 提及了海伦的音乐天赋以及在 Pl.，*Leg.* 771e-772a 中，他建议青年和少女为新城市而舞蹈，以便他们可以看到彼此“在清醒的谦逊之下每个人都赤裸”。总的来说，关于斯巴达女孩合唱的构成以及活动的讨论，参见 Calame(1997)219-21 =(1977)vol.1，esp.381-85 and id.(1977)vol.2 *passim* 关于 Alcman's Parthenion 合唱的论述。

③ 来自斯巴达的吹奏横笛的女孩：Athens NM15900，c.520B.C.；来源于 Amyclaeon 的镜柄：Athens NM 7548，c.530-520 B.C.从 app.5.1，nos.8，15(图5-1)，17(图5-2)，21，25 中也可看到肩带，通常把小物件(护身符?)挂在皮带上，稍后会谈到一个稍大的月牙形状的物件(参见附录5.1，编号15(图5-1)，17(图5-2)，25) 据 Häfner 鉴定，肩带上挂的“护身符”是一种常见的孩子们佩戴的饰品：(1965) 88 注释 18 引用了佩斯图姆市一个小孩的赤陶雕像；……因此，这种肩带的存在反驳了将青铜雕刻的女孩们视为妓女的观点，而支持把她们看作处于婚前某个年龄段的年轻斯巴达处女们的代表的观点；参见 Kassel，M. Bieber，ed.，*Die antiken Skulpturen und Bronzen des Konigl. Museum Fridericianum in Cassel*(Marburg：N.G.Elwertsche Verlagsbuchhandlung，1915)no.214，pl.44 描述的一个男孩青铜雕像。皮带因此也反驳了将青铜女孩认定为古希腊高级妓女的说法，并且支持将她们看作斯巴达女孩在婚前某一时期的象征。

④ Plut.，*Lyc.*15.3 讲述了斯巴达少女在新婚之夜剪发的习俗。Cartledge(1981)101 引用了以下其它的文字证据来证明斯巴达妇女只在身为处女或女孩时期留长发，而在婚礼时剪短，并在此之后一直保留短发的事实：[Aristotle]，*Respublica Lacedaemoniorum ap.* Heracleides Lembus 373.13(Dilts)；Lucian，*Fugitivi* 27；Xenophon of Ephesus 5.1.7.至于斯巴达男孩留短发而在他们成为男人后留长发的事实，参见 Cartledge *JHS* 97(1977)11-27，esp.15，no.39；Plut.，*Lyc.*16.6：“等他们 (转下页)

反,成年之前他们只能留短发,成为武士之后他们便要蓄长头发,实际上在许多社会中,头发的长度是初入社会者地位的重要标129 志。① 钹也出现在一个出自库里昂(Curium,塞浦路斯)的人物像上,她的头发被束在男运动员也会戴的那种发网或帽子里面。② 在这些青铜器中,有9名女子的头发被以相似的方式束在运动型的头带、发网或帽子里。③ 在斯巴达,钹不单是祭仪舞蹈的道具,它还如同那些献身于阿尔忒弥斯·利姆娜提斯神庙(Artemis Lim-

---

(上接注④)成年后,他们的身体锻炼更多,头发修剪整齐……"以及Plut., *Lyc.* 22.1:"他们(男孩们)的青春期一过,马上就会留起长发"。

① Brelich(1969)71-72注释59和80-81注释88谈论的其它文化;115,129,358,447,464是关于希腊在宗教仪式环境中削发的习俗。在雅典,即将成为阿帕图里亚教的胞族成员的年轻男孩会把他们的头发献给神:H.W.Parke, *Festivals of the Athenians*(London:Thames and Hudson,1977;reprint,Ithaca:Cornell University Press,1986)89 and no.101;Burkert(1985)255 and 447,注释18=(1977)384,注释18;J.Labarbe, *Bull. Acad. R. de Belgique* 39(1953)358-94。关于头发在宗教仪式中的重要性的综述,参见Burkert(1985)70 and 373-74,注释29=(1977)120-21,注释29。G.Thomson, *Aeschylus and Athens*, 2nd ed.(London:Lawrence & Wishart,1966;reprint,New York:Haskell House,1967)107-8及438 no.19评论说,在希腊和其它地方,"在两个明显场合需剪头发——男孩到达青春期或者女孩的婚礼和亲人的离世"。这些生活中的危机,或者说是难题,需要以一些外在的形式来纪念失去的东西,也需要以剪发来作为获取新身份的标志。

② 参见图5-1,来自Curium:New York Met. no.74.51.5680,c.530B.C.(=app.1,no.15)经证实,最好的帽子是 *amphotides* 或 *apotides*(护耳),J.H.Krause(1971)vol.2,517-18认为这是为竞技场而设计的最新发明,然而,E.N.Gardiner, *Greek Athletic Sports and Festivals*(London:Macmillan,1910)433 no.2,补充说,"证实这些护耳的证据都很晚,但是帽子是在公元前5世纪出现的",参见同上,图17,149及150,注意只有图149中的雕像——一个罗马皇室雕像——的耳朵有这种装置遮盖。在其他的一些说明中,公元前6-前5世纪的花瓶(London BM 326和Munich 795)和无数塑像,尤其是来源于希腊著名的五项全能运动员的石基(公元前6世纪末)上,运动员们头戴发网帽来固定头发,而不是遮住耳朵。在运动员塑像石基上,参见S.Casson,"The New Athenian Statue Bases", *JHS 45*(1925)164-79。公元前6-前5世纪,男性运动员头戴的护耳或发网可能在同时期的女性青铜像中也可看到。

③ 参见附录5.1,编号6,7,11(图5-4b),13,15(图5-1),17(图5-2),22,25,26。

natis）的少女们所拥有的玩具一样普遍。① 它们因此可能被称为是步入成年的象征物。这座小雕像非常有意思，在配饰上面可以看到有一个新月形的物体，分辨不清那是什么，像是运动员在锻炼之后洗澡用的刮身板，或者更像是在晚期斯巴达石碑（*stelai*）上刻画的那种镰刀。② 这种镰刀是比赛中胜出的男运动员献给阿尔忒弥斯·俄塞亚神庙（Artemis Orthia）的，因此，他们出现在裸体女像上也许表明该女子是某项比赛的胜出者。女孩将她们的奖品戴在胸前，据我所知，这是很不寻常的一种风俗，在罗马，那些进行希腊田径运动的运动员中发现这种风俗的时间要比这晚得多。③ 然而，我们也知道，儿童喜欢将他们最爱的护身符佩戴在肩带上。④

在另一件出处不明且现今保存于纽约的镜子手柄上，也出现了带有奇特新月状物体的肩带，上面依然能看到运动发网。同样很有趣的是女孩左手拿着的球形物体，有人认为这是些水果，但它更像是一个油瓶——又一种运动员常用的器具，在至少 3 件女子雕像上都发现了这个物件。⑤ 在一个产于切韦泰里（Cerveteri）的

---

① *AG* 6.280；*IG* V.1，225–26。Perlman（1983）第 125 页注释 52 和第 126 页注释 57 发现了 Archilochus 的其他婚前供奉，fr.18 Bergk（给赫拉的面纱），*AG* 6.276（给阿尔忒弥斯的束发带），Paus.2.33.1（特洛伊增[Troezenian]的少女们在婚前献给雅典娜·阿帕图里亚[Athena Apatouria]的腰带），以及 *IG* II2，1514，lines 60–62；1516，lines 35–38（公元前 4 世纪给阿尔忒弥斯神庙的藏红色袍子）。

② 关于在 paidikos 竞赛上用镰刀作奖励的论述，参见 Chrimes（1952）1 and 87–88，94，98–99。另可参见 Nik.D.Papachatze，Pausaniou Ellados Periegesis Biblio 2. kai 3.：Korinthiaka kai Lakonia（Athens：Ekdotike Athenon，1976）vol.2，372，pls. 386 和 387。

③ Juvenal，*Satire* 3.67–68：rusticus ille tuus sumit trechedipna，Quirine，/et ceromatico fert niceteria collo。（O Romulus，那个乡巴佬现在穿着寄生虫的晚餐礼服，将他从摔跤比赛中赢得的胜利品围绕颈上。）

④ 参见本章第 235 页注释③。

⑤ 肩带有新月形状图案的镜柄（图 5–2）：New York Met.38.11.3，大约公元前 550 年。带油瓶的雕像（*lekythos or aryballos*）：Sparta Mus.27，N.Y.Met.38.11.3；Dresden H4 44/16。参见 Jantzen（1937）pl.4，nos.18–19，其中展示了一位男性运动员手举油瓶的图案。关于运动员对油的使用，参见 H.A.Harris（1964）158–59；（转下页）

镜子手柄上的女子图像中,女孩左手也握着油瓶,但不同的是她的右手还拿着一束鲜花。这花被普遍认为是莲花,在6个镜子手柄以及其它许多青铜像和花瓶上的穿着衣服的男子和女子身上都发现了这种花。① 它可能是一种奖品,类似于棕榈枝(一种更加常见的奖品),也可能是少女生育能力、活力和纯洁的象征。在形容运动员因性行为而衰弱的词语上,试比较我们的短语“辣手摧花”和希腊语中形容运动员因性行为而衰弱的短语“不再绽放”(apanthein)。更多手拿鲜花的女孩的例子是一具来自斯巴达戴着运动帽的祈愿神像和来自赫耳弥俄涅(Hermione)的镜子手柄。另一个穿着女式长外衣(peplos-clad)的斯巴达拿花少女的例子是一个不知出处但表现有爱奥尼亚影响的小雕像。②

(上接注⑤)E.N.Gardiner(1910)476-78以及图175, 176和177;同上, *Athletics of the Ancient World*(Oxford: Oxford University Press, 1930; reprint, Chicago: Ares, 1980);以及C.Ulf, “Die Einreibung der griechischen Athleten mit Öl. Zweck und Ursprung”, *Stadion* 5(1979)220-38。巴黎卢浮宫F203, 一个大约公元前530-前515年间的红色图案双耳瓶上刻画了一位裸体妇女带着短颈单柄球形瓶与其他妇女一起(高级妓女?)游泳的情形;参见N.Yalouris, ed., *The Eternal Olympics: The Art and History of Sport*(New York: Caratzas, 1979)261, pl.151。参见同上119, pl.48关于男性运动员将结环将短颈单柄球形瓶系在手腕上的描述;R.Patrucco, *Lo Sport nella Grecia antica*(Florence: L.S.Olschki, 1972)图161, 162和163a(=柏林, 赤土陶器图形; Leiden XVe 28(PC 63)黑色图案提水罐;柏林2180, 红色图案双耳喷口杯);以及Schröder(1927)pls.104(雪花石膏瓶和短颈单柄球形瓶)以及106a(柏林2180)。

① 切尔维泰里的镜柄: Dresden Skulpturensammlung Inv. H4 44/16, 大约公元前500年。手持鲜花的裸体女子青铜图案, 维也纳VI 4979;*Sparta Mus*.27;巴黎卢浮宫(J.Charbonneaux, *Les bronzes grecs* [Paris: Presses Universitaires de France, 1958])。Munich, Museum d. antike Kunst, 3482; N.Y.Met.38.11.2; N.Y.Met.06.11.04;以及Dresden H4 44/16。我们或许能注意到莲花也出现在出自Amyclaeon的莲花棕叶饰带上, Sparta Mus., M.N.Tod and A.J.B.Wace, *A Catalogue of the Sparta Museum*(Oxford: Clarendon, 1906)206 no.731a, b, 732。如果女孩手上的鲜花是莲花, 那么在斯巴达,花朵或许具有特殊的(神圣的?)本土意义。

② 运动员“失去他们的花朵”: Philostr., *Gymn*.48。斯巴达的还愿雕像: Vienna KM VI 4979, 大约公元前500年;赫尔迈厄尼镜柄: Munich, Museum Antiker Kleinkunst 3482, 大约公元前510年;穿佩泊勒斯衫护甲的斯巴达少女: Berlin, Staatliche Museum 7933, 大约公元前500年。

大多数青铜女像（实际上共有17个）都没有穿衣服，但有6个穿了长裤（*diazoma*），并且在公元前6–前5世纪花瓶上传奇的阿塔兰忒与珀琉斯摔跤的图像上展现了出来。① 这种明显的运动装束，在现存于纽约的镜子手柄、现存于遄达博物馆（Trent Museum）的镜子手柄以及汉堡博物馆（Hamburg Museum）的人体像中都能看到。② 汉堡博物馆的女子像是非常独特的，值得注意的是她以一种胜利的姿态高举刮身板，这在公元前5世纪中期德尔菲

---

① 大约公元前550–前520年的慕尼黑双耳瓶：Munich 584J。参见Roller（1981）11，注释31，E.Gerhard，*Auserlesene Vasen*（Berlin：W.Moser und Kühn，1847）pl.177根源于此；Yalouris（1979）图13。对这3件青铜器（app.5.1，nos.2，5和8）的考量，我并不能确定是否存在diazōma，因为我所调查的出版物里并没有它们的照片或有任何文字的描述。

② 纽约的镜柄（图5–3）：New York Met.41.11.5，ca.540 B.C.；在特伦特（图5–4）：Museo Provinciale d'Arte inv. no.3061，sixth c. B.C.；在汉堡（图5–4）：Museum für Kunst und Gewerbe，inv. no.1917.362（图5–4b，此处）裸体青铜女像，罗马，斯巴达类型。Schröder（1927）pls. 110a和b及p. 196。Schröder引述了Epizephyrian Locri，Reggio Calabria 5014，NSc（1917）110图12，类似卢卡利亚花萼状双耳喷口杯（大约公元前380–前360年?）上的汉堡雕像：参见A. D. Trendall，*The Red-figured Vases of Lucania，Campania，and Sicily*（Oxford：Clarendon，1967）76/386，Locri Group展示了在竞技场上一个身披树枝、手握刮身板的女孩和一个赤身裸体的年轻男人在一起的塑像。尽管汉堡博物馆的女子像已被证实是罗马雕塑，它仍旧被拿来与斯巴达女孩的镜柄作对比，有可能它就直接或间接地来源于此。参见A.Kossatz-Diessmann，“Zur Herkunft des Perizōma im Satyrspiel”，JDAI 97（1982）第79页注释50，以及第80页pl.17，论述了在这一联系下的汉堡女孩，并从大体上将*perizōma*（=本书论述中的diazōma）看作“anfangs eine weibliche Sportracht”（90），在后期由女性舞者和杂技演员在世俗环境下所用，然后被男性演员，包括色情狂等所用。关于汉堡女孩的较早期出版物，参见E.von Mercklin，“Antiken im Hamburgischen Museum fü r Kunst und Gewerbe”，*AA*（1928）434–35以及图147，以及H. Hoffmann，*Kunst des Altertums im Hamburg*（Mainz：P. von Zabern，196I）图49。关于特伦特女孩的出版物，参见E.Walde Psenner，*I bronzetti bigurati antichi del Trentino*（Trent：Provincia autonoma di Trento，1983）122，123，注释103；以及G.Cuirletti，ed.，*Divinità e uomini dell'antico Trentino*，Quaderni della Sezione Archeologica，Museo Provinciale d'Arte 3（Trent：Museo Provinciale d'Arte，1986）6I。感谢汉堡博物馆的Hornbostel博士和特伦特博物馆的Cuirletti先生为我提供有用文献的大力帮助。

图 5-1 裸体青铜女像，来自库里昂，塞浦路斯，约公元前 530 年，N.Y.Met.，编号 74.51.5680。注意：男运动也戴着发网，肩带上有镰刀，这很可能是比赛获胜的奖品。

图 5-2 裸体女青铜像镜子手柄(不明出处),可能来自斯巴达,约公元前550 年,N.Y.Met,编号 38.11.3。注意运动发网,肩带上的镰刀奖品和左手中的油瓶。

的雕像中也能看到。[1] 从他承受的跳跃重量明显可以看出，这个德尔菲的胜利者赢得了五项全能冠军。由此可推断出，汉堡博物馆的女像是唯一一个确定的女性胜利者的雕像。

这些全裸或接近全裸的女孩让人想到布劳隆的神殿上“扮演熊”的裸体女孩。远离社会，存于荒野（或许确实如此，亦或许只是象征性的），这是年轻人成人仪式的典型特征。[2] 许多镜子手柄上的野性元素是通过狮子或狮鹫表现出来的，也有通过他们脚下的动物来表现的，如龟或者塞浦路斯的拉克尼亚人物像脚底的青蛙。[3] 沼泽动物可能表明这些女孩是在欧洛塔斯河（Eurotas River）旁的沐浴池边跳舞或奔跑，正如忒俄克里托斯（Theocritus，18.22-25）和阿里斯托芬（*Lys*.1308-13）所提到的一样。

130

正如在奥林匹亚的赫拉亚运动会以及阿提卡的阿卡提亚运动会上一样，赛跑比赛在所有女子比赛中具有一种特殊的神圣威信。罗马帝国时期之前，在没有任何合适的建筑时，斯巴达的 *dromos*，即“跑道”也被用作竞技馆。[4] 我们也许可以认为跑道座落在欧洛塔斯河岸边阿尔忒弥斯·俄塞亚神殿附近。阿里斯托芬、忒俄克里托斯、西塞罗和鲍桑尼亚都提到欧洛塔斯河是女孩们运动比赛的场所。[5]

132

---

① 参见 Charbonneaux（1958）pl.22 no.2 和 p.144。

② 参见 Burkert（1985）260 =（1977）391 更多参考文献；Brelich（1969）29-30 and *passim*，参见“segregazione”条目索引。

③ Laconian figure from Cyprus：New York Met. 74.51.5680（fig.5-1），c.530B.C.（= app. 1，no.15）.

④ Paus.3.14.6；J.Delorme，*Gymnasion*（Paris：De Boccard，1960）72-74；W.Zschietzschmann，*Wettkampf und Übungsstätten in Griechenland，II. Palaestra-Gymnasion*（Stuttgart：K.Hofmann，1961）37-39. 色诺芬，欧里庇得斯，阿里斯托芬以及忒俄克里托斯在他们对斯巴达训练的探讨中丝毫没有提及竞技馆或竞技场。Delorme 对普鲁塔克关于公元前 464 年修建的竞技场的报告不予理会。根据 Derlome 的研究，鲍桑尼亚（3.14.6）所见的两栋建筑可追溯到公元前 1 世纪到公元 1 世纪，那时的跑道被认为是简易广场的早期形式。

⑤ Aristoph.，*Lys*.1308-13；Theocr.18.39；Cic.，*Tusc*.2.15.16；Paus.3.14.6.

除了我们在这里研究的裸体女性青铜像外，还有5个有明显拉克尼亚风格的奔跑着的青铜女像。① 除了一个现如今保存在伦敦的穿着奥林匹亚赫拉亚长袍的亚马逊风格的女孩外，还有一个来自多多纳（Dodona）的穿着短袍以类似的姿势奔跑着的女孩，一个出自帕勒摩（Palermo）的女孩雕像和另外两个分别在德尔菲和斯巴达博物馆里的女孩雕像。

鲍桑尼亚提到了我们所知道的关于斯巴达女性比赛的实际仪式的唯一细节（3.13.7）②：“在斯巴达，酒神狄俄尼索斯·科罗那塔斯（Dionysus Colonatas）神庙的旁边有个海罗（Hero）专区，据说 133

---

① 5名女性赛跑者的铜雕像分别是（1）Athens N.M.Carapanos 24，公元前600年来自于多多那的女赛跑者（fig.4-3）：参见 Langlotz（1967）88及93；Häfner（1965）127-28；Jantzen（1937）39，70及71。（2）Delphi Inv. no.3072。（3）London BM 208，来自于阿尔巴利亚（?）的女赛跑者（fig.4-1）。她身穿希顿短袍，一胸坦露，让人想起在 Pausanias 5.16.3.里提到的奥林匹亚赫拉亚运动会中的赛跑女孩。参见 Häfner（1965）144-45，Häfner 认为这件雕像并不是拉哥尼亚的，因其造型过于生动；Langlotz（1967）94认为这件雕塑的历史可追溯到公元前560年。（4）Palermo，Museo Nazionale，来自 Collection Salnitrano（fig.4-4）的酒神女祭司。参见 Jantzen（1937）27，39及70-71，Jantzen 认为这件雕像是船上的一件装饰品，并作出判断，它是意大利南部一个作坊（塔伦特姆?）创作的，但受到了伯罗奔尼撒的影响；P.Marconi，*Il Museo Nazionale di Palermo*（Rome：La Libreria dello stato，1932）48。（5）Sparta，Mus. Inv. no.3305，来自斯巴达的女赛跑者。赛跑女孩的形象被 Jantzen（1937）70-71称作“maenads”。比如，4件著名的在亚马逊赛跑的雕像能够根据她们的穿着和头饰轻松分辨出来；Athens NM 6589，6622，6624（都来自于卫城），以及13230（来自赛萨利）；D. von Bothmer，*Amazons in Greek Art*（Oxford：Clarendon，1957）122-123 nos.8 and 9；A. de Ridder，*Catalogue des bronzes de la Société archéologique d'Athènes*（Paris：Thorin，1894）327-29 nos.815-17，fig.321；H.A.Shapiro，“Amazons，Thracians，and Scythians”，*GRBS* 24（1983）105-15，pls.3 and 4。

② 参见 Hesychius，s.v. “Dionysiades.” I）323-33；Nilsson（1957）298；S.Wide，*Lakonische Kulte*（Leipzig：B.G.Teubner，1893）160-61. Hesychius，s.v. “*en Drionas*”（E 2823 Latte），其中只提到了“斯巴达少女们的赛跑”，显然是为了纪念 Driodones——在斯巴达被崇拜的神灵；s.v. *triolax*（IV，p.197 Schmidt）：“为少女所举行的赛跑”似乎已是长达3斯塔德的赛跑（c.f diaulos 是长达2斯塔德的比赛），但其所在地却不确定。一个雕刻（*SEG* XI［1950-54］610）记录了12位狄俄尼塞迪斯人赛跑情景，而不是像鲍桑尼亚所说的是11位，此雕刻还指出她们受 biduoi 的监管，这些官员还监管男孩的教育。

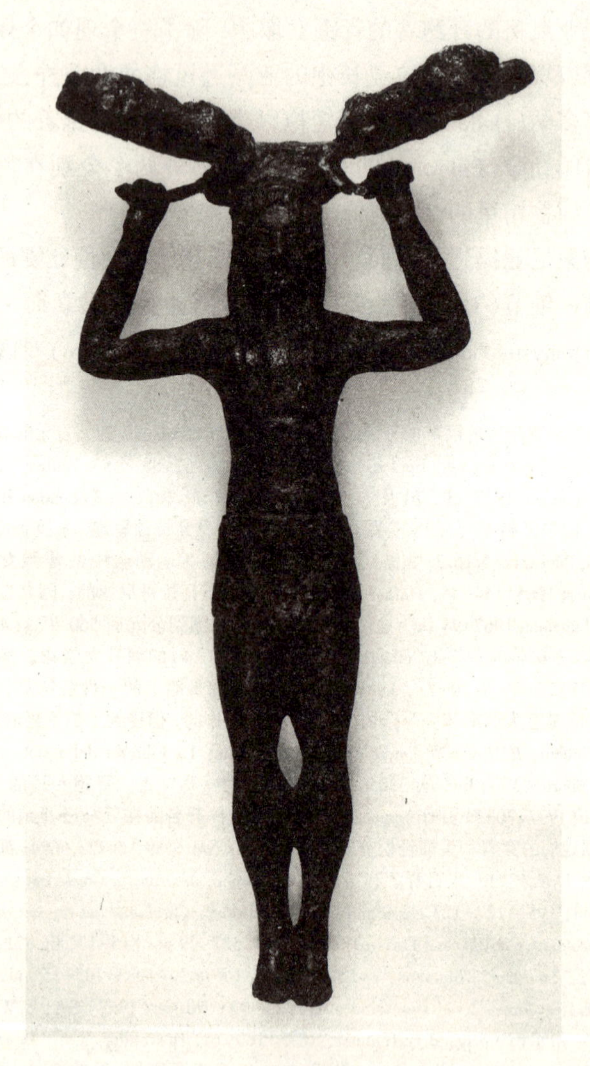

图 5-3 裸体女性青铜雕像镜子手柄(不明出处),约公元前540年,纽约大都会艺术博物馆 N.Y.Met.41.11.5,这种 *diazōma* 或裤子是这一时期希腊花瓶上画着的亚塔兰妲在摔跤是穿的裤子。

图 5-4a 裸体女性青铜雕像镜子手柄（出处不明），公元前 6 世纪，Trent, Museo Provinciale d'Arte — Castello del Buonconsiglio inv.no.3061，穿着运动裤的女像，比较图 5-3。

图 5-4b 裸体女性青铜雕像镜子手柄，罗马时代的希腊风格，德国工业文化博物馆 inv.no.1917.362，人物穿着运动裤并以胜利的姿态握着镰刀。

海罗曾在狄俄尼索斯前往斯巴达的旅途中指引过他。‘狄俄尼塞迪斯’(the Dionysiades)和‘琉克珀迪斯’(the Leucippides)在祭祀上帝之前都要先祭祀海罗。至于第二组被称为是‘狄俄尼塞迪斯’的11个女子,她们举行了一个赛跑比赛。她们举行比赛的风俗来自于德尔菲。”这说明了德尔菲人在模仿真实的比赛,或者这仅仅是德尔菲女祭司制定的风俗惯例,那就不清楚了。两个培养组织这些比赛的女祭司的学校能提供更多的信息。琉克珀迪斯是一些与斯巴达英雄廷达里代(Tyndaridai)、卡斯托耳(Castor)和波吕丢刻斯(Pollux)的神话中的新娘们同名的少女。① 这两个女祭司组织的职责是照料这些神话姐妹的圣坛以及每年为阿波罗·阿米克赖(Apollo Amyclae)神庙编织长袍。帕勒摩的奔跑人像据说是被复制在帕埃斯图姆(Paestum)附近希拉里斯(Silaris)国库的一面墙上的,它也许详细地展现了神话中琉克珀迪逃离她们的未婚夫廷达里代的情形。② 据说,卡斯托耳和波吕丢刻斯已经找到了她们的未婚妻,并将她们当作新娘扛走。因此,琉克珀迪斯女祭司自然成为狄俄尼塞迪斯少女们的可能有某种婚前意义的比赛的监督者。③

134

由于狄俄尼塞迪斯并不是那么为人所知,并且斯巴达对狄俄尼索斯在神庙外的祭祀仅限于俄及埃(orgiai)山,所以她们的身份较不明确。尼尔森(Nilsson)认为她们的人数是11个,这可能表示她们中有一个领头人,其余10人是在后面追逐她。这可能是一种祈祷国家避过灾难的仪式。就好像斯巴达喀尼雅节(Carneia)期

---

① Paus.3.16.1-2.

② P.Zancani Montuoro and U.Zanotti-Bianco, *Heraion alla Foce del Sele*, vol.2, *Il Primo Thesauros*(Rome: Libreria dello Stato, 1964)ch.31. “*Leucippidi*”, 同上, 339-349以及pls.49.2和97-100。

③ Calame(1997)vol.I, 185-91=(1977)vol.I, 323-33; E.Kuhnert in Roscher, s.v. “Leukippiden”, col.1992.

间的 *Spartan Staphylodromoi*，即“葡萄群赛跑者”一样。[①] 卡蓝默(Calame)提出作为成年女性的主神，狄俄尼索斯的出现表明狄俄尼塞迪斯少女的赛跑比赛是少女由青年步入成年的入门比赛。[②]

我们发现狄俄尼塞迪斯的赛跑比赛和奥林匹亚的赫拉节上的比赛有着惊人的相似，两者都具有作为婚前仪式的特征。[③] 学院里的祭仪团体里有一个或多个英雄式人物将狄俄尼索斯引入到这个地区介绍给笃信女神的年轻新娘们，从而使她们从少女阶段进入到婚姻状态。斯巴达琉克珀迪斯传说和奥林匹亚希波达弥亚的传说(Hippodameia)之相同处包括获胜者都可赢得或带走一个年轻新娘。这两个赛跑比赛都只有少女才能参加，它们的组织者均会为狄俄尼索斯和将他引入的英雄或女英雄们举行特别的仪式。[④] 此外，“琉克珀迪斯”或“琉克珀斯的女儿们”的字面意思是“白色的母马”，她们的丈夫，廷达里代，被称为 *Leukopoloi*，即“白色的雄马”。[⑤] 与马的关联让我们想起了斯巴达教育体系(*agōgē*)中用来标明男女孩团体的组织词汇 *agelai*，即“马群”，阿尔克曼(*Parth*.fr.1，v.59)和阿里斯托芬(*Lys*.1308–13)将跳舞或比赛的女孩们比作小雌马进一步支持了这些关联。或许代表希波达弥亚的

---

① Nilsson(1957)298.

② Calame(1997)vol.1，190–91 =(1977)vol.1，330–33.

③ Paus.5.16.2–3. 关于赫拉亚的论述，参见 Nilsson(1957)62；以及 Calame(1997)28，114–16 =(1977)vol.1，67 和 211–14。

④ 组织赫拉亚运动会的伊利斯的“十六女子”还组织了为塞斯科亚(Physcoa)创办的合唱团，塞斯科亚是当地的一位女英雄，她在狄俄尼索斯的帮助下诞下一个名叫纳尔卡乌斯(Narcaeus)的孩子，并将这个孩子的声名远播伊利斯(Paus.5.16.6)。“十六女子”还为狄俄尼索斯举办了一场特别的祭祀或仪式，在祭祀活动上把他当作公牛一样召唤(Plut.，*Quaestiones Graecae 299 and Isis et Osiris 364F*)。比较克里特岛的琉克珀迪斯和斯巴达的狄俄尼塞迪斯二者举办的祭祀与赛跑活动(Paus.3.13.7)。

⑤ Calame(1997)191，no.315 =(1977)vol.1，332，no.315 cites references to the Dioscuri as *leukippoi or leukopoloi: Pindar, Pythian 1.66; Eur., Helen 638, Ant. fr.223*(Suppl. C55 Nauck)；Hsch.，s.v. Dioskouroi (D1929 Latte).

少女们和马之间也有类似的喻意联系。“希波达弥亚”的字面意思为“驯马师”,这或许暗示了她对少女们的引导与祭拜赫拉的赛跑机构有关。① 据民间词源学记载,英文单词“新郎(bridegroom)”源自中世纪英语“bridegome”,意思是“bride man”,与此对照,马的形象在婚姻和生活领域内并不新鲜。

斯巴达和奥林匹亚祭仪比赛的相似性表明,至少有一个相似的仪式环境为忠于女英雄、狄俄尼索斯和女神的女孩制造了这种婚前测试。在第四章,我已指出在当时斯巴达的政治影响下,在伊利斯(Elis),赫拉亚运动会可能在约公元前 580 年被重新组织。如果这是事实,那么奥林匹亚的赫拉亚运动会和斯巴达的赛跑比赛的相似性便证明了斯巴达女子田径运动对其他地方女孩的祭仪风俗的影响。正如柏拉图详细说明的那样,在为女性进行开明而先进的社会改革领域内,斯巴达是个天然的模型。

因此,斯巴达女性田径比赛项目是女孩在宗教和运动背景步入成年的一种方式。附录 5.2 列出的其他比赛包括摔跤、掷铁饼、135 标枪等,斯巴达特技舞(bibasis)运动或者说是跳跃及舞蹈,这些运动没有多大的宗教意义,但就服务并保卫国家的优生目的而言,它们非常重要。② 资料显示斯巴达对男孩和女孩的竞技教育在公元

① Paus.5.16.4. L. Drees, *Der Ursprung der olympischen Spiele* (Stuttgart: K. Hofmann, 1962)28, 注释 62。

② 除了斯巴达妇女进行摔跤比赛外, 有证据证明公元前 4 世纪的伊特鲁里亚妇女(Theopompus, ap. Ath.13.517D)、罗马妇女在福罗拉丽亚节上(Juv., *Sat.*6.246-52), 安条克的妇女在安条克奥林匹克运动会上(Malalas, *Chronographia* 12, p. 288; 10-13Dindorf)也都进行摔跤比赛。女孩与男孩之间似乎偶尔会进行摔跤比赛, 但这却被当作奇闻异事: Schol. Juv. 4.53 提到“Palfurius Sura, 他是一个领事官的儿子, 在尼禄统治时期曾与一位斯巴达少女在一项体育竞赛中进行摔跤比赛”; Ath., *Deipnosophistae* 12.566E(200a.d.) Ath., *Deipnosophistae 12.566E*(200 a.d.), 记录了男孩与女孩们在竞技场上一起摔跤的事实, 引起了极大的兴趣, Chios.L.B.Warren, “The Women of Etruria”, *Arethusa* 6(1973)91-101 参见 H.A. Harris, *Sport in Greece and Rome*(Ithaca: Cornell University Press, 1972) fig.43; H. Walters, *Catalogue of the Bronzes, Greek, Roman, and Etruscan, in the* (转下页)

前4-前2世纪有所减弱，当时，来库古教育体系继续有效，斯巴达女性强健而充满活力的传奇时代一直延续到公元3世纪的菲洛斯特拉托斯(Philostratus)时代。① 尽管我们现在所讲的女性权力在斯巴达仍受到实际上和法律上的压制，但我们依然叹服于那个开明而自由的时代的斯巴达女性，这印证了她们在西方历史上杰出而独特的社会成就。对此，歌果可能会说“因为只有我们能赐人类以生命”。 136

(上接注②) *Department of Greek and Roman Antiquities, British Museum* (London: Trustees of the British Museum, 1899) 110, no. 665:

> Bibasis是一种拉哥尼亚的舞蹈。其中不仅会为男孩也会为年轻的妇女们举办一些竞赛活动。你必须跳起来，用脚触到臀部，他们会数出你跳了多少次，这就解释了一个女孩的妙语，她“曾经跳了1000次，是跳得次数最多的人！”

关于斯巴达女性舞蹈，参见Michell(1952)188，其中提到了女孩跳的5种祭仪舞蹈。

① 参见附录5.2，此处资料来源与事件都以时间先后顺序排列。公元前4世纪，两名斯巴达妇女因赢得奥林匹克冠军而闻名，她们也赢得了战车比赛的胜利，但对她们的探讨不在此次研究范围之内，因为她们只是资助了战车，而战车是由男人来驾驭的：Cynisca在公元前396及前392年两次赢得冠军，Euryleonis在公元前368(?)年赢得冠军，参见L.Moretti, *Olympionikai, i Vincitori negli Antichi Agōni Olimpici, MemLincei ser. 8.8.2* (Rome: Accademia Nazionale dei Lincei, 1957) 114-15, 121。在提比略或克劳迪亚斯执政时期，好像有一位女子运动员在利维安运动会的斯塔德折返跑比赛中获得冠军：SEG XI (1950-54) no.819; B.D.Meritt, “The Epigraphic Notes of Francis Vernon”, *Hesperia* Suppl. (1949) 215, second century a.d.; K.Mantas, “Women and Athletics in the Roman East”, *Nikephoros* 8 (1995) 134。

第六章 在布劳隆赛跑还是追“熊”?

关于历史上的女子派代亚(教育课程)我们所进行的最后研究转向了阿提卡地区以及近来研究较多的纪念阿尔忒弥斯的阿尔特弥亚节。自20世纪60年代以来,莉莉·凯希勒(Lilly Kahil)已发表了一系列关于主要来自布劳隆地区的独特花瓶方面的重要文章。这些花瓶与阿提卡地区对阿尔忒弥斯的崇拜有着紧密联系。① 这些文献引起了许多对纪念阿尔忒弥斯的地方性节日,特别是布劳罗尼亚节和穆尼基亚节的重新诠释。学者们似乎一致认

---

① L.G.-Kahil, “Quelques vases du sanctuaire d' Artemis à Brauron”, *Antike Kunst*, suppl.1(1963)5–29; id., “Autour de l' Artémis attique”, *Antike Kunst* 8(1965)20–33; id., “Artémis attique”, *CRAI*(1976)126–30; id., “L' Artémis de Brauron: rites et mystère”, *Antike Kunst* 20(1977)86–98; id., “La déesse Artémis: mythologie et iconographie”, in *Greece and Italy in the Classical World*. Acta of the xi International Congress of Classical Archaeology, London 3–9 September 1978, ed. J.N.Coldstream and M.A.R.Colledge(London: National Organizing Committee, XI International Congress of Classical Archeology, 1979)73–87; id., “Le ‘craterisque’ d'Artémis et le Brauronion de l'Acropole”, *Hesperia I*(1981)253–63; id., “The Mythological Repertoire of Brauron”, in *Ancient Greek Art and Iconography*, ed. W.Moon(Madison: University of Wisconsin Press, 1983)231–44; Richard Hamilton, “Alcman and the Athenian Arkteia”, *Hesperia* 58.4(1989)449–72 and pls.83–86; Ellen D.Reeder, *Pandora: Women in Classical Greece*(Princeton: Trustees of the Walters Art Gallery in association with Princeton University Press, 1995)321–28(“Little Bears”), cat.nos.98–100.

为花瓶上所展示的年轻女孩正在进行某种婚前仪式，并且，布劳罗尼亚节和穆尼基亚节建立的神话基础也通过强调适合这种仪式的温顺和野蛮元素来支持这种祭祀表征。

对于布劳隆花瓶研究的主要兴趣在于其对跑步的频繁描绘以及跑步如何与崇拜阿尔忒弥斯相联系这一问题。① 跑步描绘的是一次追捕还是比赛？它的宗教意义又在哪里？已有的研究除了引用奥林匹亚的赫拉亚运动会赛跑比赛和斯巴达的狄俄尼塞迪斯(Dionysiades)的赛跑比赛等几个相似的例子以外，都没有直接讨论这个问题。② 对于后两个运动会，我们缺乏图像证明，并且只有很少的文献记录。③ 然而，对于在阿提卡举行的纪念阿尔忒弥斯的运动会来说，如果花瓶上的图案描绘的就是赛跑比赛，并且如果它可以和阿尔忒弥斯的节日联系起来，那么它就是当时宗教氛围下女子赛跑比赛的直接证明。本章将会对现有的图像证据进行回顾，再对相关的流传于布劳隆和穆尼基隆地区关于阿尔忒弥斯的创立神话进行分析，并将其与其他类似主题(尤其是有熊的形象的)的阿尔忒弥斯神话进行对比。

图像资料

我们这里讨论的重点是附录 6.1 中列出的 34 个花瓶和花瓶碎片。它们被称为 *krateriskoi*(双耳花瓶)，均选自 L. Kahil 和 L. 139

① C.Montepaone 声称，舞蹈作为肖像画主题比较常见，赛跑作为肖像画的主题却非常少见，但他并没有举出具体的证据。然而，当今研究表明那些我们比较确定的跑步和舞蹈场景中，前者的数量远远要超过后者。

② 参见 Kahil(1965)30，注释 76。

③ 关于赫拉亚的论述，参见本书第四章；关于狄奥尼修斯的论述，参见本书第五章，以及 C.Calame, *Choruses of Young Women in Ancient Greece: I: Their Morphology, Religious Role, and Social Functions*, trans.D.Collins and J.Orion(Lanham, Md.: Rowman & Littlefield, 1997)185-91, from the original *Les choeurs de jeunes filles en Grèce archaïque, I: Morphologie, fonction religieuse et sociale*(Rome: Ateneo & Bizzarri, 1977)323-33。

Palaiokrassa 发表的相关文章。这些资料里提到了穿着短袍或赤身裸体的少女，显然在祭坛旁奔跑，舞蹈，或是伫立；还有在祭坛旁主持仪式的妇女，有时她们旁边会有少女或者其他神话人物陪在一旁。这些神话人物很可能与这个仪式有关联。这些花瓶的出处包括：布劳隆（附录 6.1，编号 1-11），雅典集市（the Athenian Agora，附录 6.1，编号 12-15），萨拉米斯（Salamis，附录 6.1，编号 16），雅典卫城（the Athenian Acropolis，附录 6.1，编号 20-23）以及穆尼基隆（Munichion，附录 6.1，编号 25-34）。然而，不幸的是，在图像研究上最重要的 3 个花瓶，尽管因其主题与风格与其他残片相同而被归于此处，但其出处却是不为我们所知，并且为私人所收藏（附录 6.1，编号 17-19；图 6-5 和 6-7）。①

不管怎样，这些已知的出处与当时在布劳隆举行的纪念阿尔忒弥斯的节日的地点或为她在雅典卫城或萨拉米斯建立的神殿的位置相符合。这里研究的 23 个风格相似，有着棕榈树和祭坛主题，并且具有代表性的花瓶也都发现于和布劳隆有紧密联系的穆尼基隆——即庆祝阿尔忒弥斯节日的地点。关于对穆尼基隆出土的描绘有少女或其他人物的花瓶的研究已经发表在 L.Palaiokrassa 所著的文章中。克里斯汀—苏尔维诺—因伍德（C. Sourvinou-Inwood）也在自己的著作中对它们进行了探讨。② 这些花瓶可追

---

① Kahil（1965）23-24 发现了许多不同寻常造型 *Krateriskoi* 的出处。

② L.Palaiokrassa, *To hiero tēs Artemidos Mounichias*（Ph.D.diss., Aristotelian University, Salonica, 1983）; Christiane Sourvinou-Inwood, *Studies in Girls' Transitions: Aspects of the Arkteia and Age Representation in Attic Iconography*（Athens: Kardamitsa, 1988）. 感谢 Palaiokrassa 博士将她的博士论文送与我，不然对于本研究来说是难以得到的资料。双耳花瓶 5 残片 Munichion Kk5（=Palaiokrassa, pl.52a, reproduced in Sourvinou-Inwood, pl.5，以及=本章图 6-8）绘有了两个裸体女孩。一个女孩头发束起，一手握着花冠，姿态与附录 6.1 里第 9 个塑像十分相似。但是其不同之处在于，Munichian 雕像的双臂平展，一手在前，一手在后，就像附录 6.1，编号 2 和 5（此处=fig.6-1）中的跑步者，暗示了此雕塑的姿势也是跑步，并更具生气。基于其与公元前 5 世纪上半期的其他双耳花瓶在风格与形象上的相似之处，我认为此 Munichion 花瓶也来自这个时期。参见 Palaiokrassa 在第 76-77 页的论述。

溯到约公元前 510-前 500 年（附录 6.1，编号 20-23）到公元前 5 世纪上半叶（附录 6.1，编号 20-23）、公元前 5 世纪中期（附录 6.1，编号 12，14）和公元前约 430-前 420 年（附录 6.1，编号 17，18，19）。阿尔忒弥斯神殿的祭祀和相关节日则可追溯到公元前 6 世纪之遥。

图像上的某些特定元素将奔跑、跳舞和祭仪游行这三者区别开来。斐洛斯特拉图斯（Philostratus，*Gymn.*32）形象地描述了短距离跑步者跑和长距离跑步者的动作：“（斯塔德赛跑比赛的选手们）在手臂帮助下摆动双腿快速跑动。手臂看起来就像是他们的翅膀一样。长跑运动员在接近终点时才会这样做，比赛过程的其余时间他们就像在行走一样，将双手在身前举起。因此他们需要强壮的肩膀才能做到这样（R.S.Robinson 译于 1955 年）。”短跑运动员（包括单程跑和双程跑，分别是 200 米和 400 米）的移动的特点都是大幅度踢腿摆臂，手掌张开，五指有时也分开。长跑运动员通常抬腿的动作较温和，手臂摆幅不大，双手放在身前并通常呈握拳状。这样的姿势通常见于花瓶上所画的男子跑步者，在现代短跑和长跑运动员跑步过程中也可以见到。① 与奔跑相比，舞蹈的动作就不那么容易确定了。当然，舞者通常对称地舞动手和腿，但 140

① 关于短跑比赛中几个短跑者的典型例子，参见 N.Y.Met.14.130.12，大约公元前 525 年的黑绘式泛雅典娜双耳瓶，其上显示的是 5 名跑步者一组，有些人手指张开，但是大多数都是紧握（=E.N.Gardiner，*Athletics of the Ancient World*［Oxford：Clarendon，1930；reprint，Chicago：Ares，1980］图 89；N.Yalouris，*The Eternal Olympics: The Art and History of Sport*（Athens：Caratzas，1979）图 70；J.Jüthner，*Die athletischen Leibesübungen der Griechen*，ed. F.Brein，vol.2，SB Vienna 249（Graz：Hermann Böhlaus，1968）表 5。另一个花瓶，Athens NM761，黑绘式泛雅典娜双耳瓶碎片，大约公元前 550 年，展现了跑步者在 400 米短跑赛上，也是手指紧握的样子（=Gardiner，图 90；Yalouris，图 73）。比较关于大英博物馆 B.609 公元前 333 年黑绘式泛雅典娜双耳瓶上对长跑运动员双手紧握成拳的描绘（=Gardiner，图 93；Yalouris，图 75）。Yalouris 图 69-72 和 Jüthner 表 IIIb，IX，Xa 和 b 中描述了其他短跑者。

这一特点不像跑步者的典型动作那么普遍。此外,行进和祭祀仪式中的人物的姿态更加拘谨、庄严,并且不一定是对称的,这些人物通常是在有祭祀用具的祭坛附近。

基于以上的标准,以下这些花瓶上的少女明显是做着短跑运动员的动作:附录 6.1,编号 1-6,11,13,16-18,25。其中编号 5,6,图片 6-1 和 6-2 给出了有力清晰的证明。在这 11 张图中,有 5 张中的少女是赤身裸体(2,3,11,18 和 25),其他的全都穿着短袍。有 12 个花瓶上的少女不确定是在奔跑还是在跳舞(附录 6.1,编号 7,9,12,14,27,28,29,30,31,32,33 和 34)。其中 6 个花瓶上的少女穿着短袍,有些还举着火炬(编号 7,14 和 29)或带着皇冠状花环(编号 9,12 和 31),这些可能是仪式中唱诗班的装扮。只

图片 6-1 附录 6.1,编号 5。(布劳隆博物馆 568,双耳喷口杯残片,编号 6)

图片 6-2　附录 6.1，编号 6。（布劳隆博物馆 567，双耳喷口杯残片，编号 7）

图片 6-3　附录 6.1，编号 7。（布劳隆博物馆 915，双耳喷口杯残片，编号 8）

图片 6-4　附录 6.1,编号 8。(布劳隆博物馆 572,双耳喷口杯残片,编号 9)

有通过附录 6.1 中编号 7,28 和 32 的图片可以清楚地看到她们的腿向前弯曲,但踢的不高。在这些可能正在跳舞或跑步的少女中,许多都是扭头向后看(编号 7,9,12,14,31? 和 32),这种姿势可以在一些奔跑者身上看到,但它在此反复出现却更像是一种舞蹈姿势。图 6-3(附录 6.1,编号 7)是一个女孩举着火炬。值得注意的是,这些奔跑的少女中没有一个与花瓶上图像所显示的长跑运动员姿势一样,即低步伐,手臂保持在两侧,双手握拳。

141

3 块花瓶残片(附录 6.1,编号 10,24 和 26)上的少女很明显在跳舞,这是个与阿尔忒弥斯祭有关的活动。① 其中一块残片上的两个完全裸体的少女正从左到右迈着小步夸张地摆动着高举的手臂,但并不对称,这点很像短跑运动员手臂的摆动。这种舞蹈会是

① Kahil(1965)27-30.

在其他地方看到的一种模仿跑步的宗教仪式吗？在另一块残片（编号24）上，两个穿着短袍的少女抱着双手朝着右边舞动，同时扭头望向一头雌鹿。雌鹿可能表明动物是想象出来的，或者这种舞蹈只存在于神话传说中。在最后一块画有跳舞的少女的残片（编号26）上，女孩穿着长袍衣轻快地向前迈步，手臂协调地前后摆动。

在任何一种情况下，这种跳舞的场面都可以和另外3块残片联系起来。这3块残片都出自雅典卫城（附录6.1，编号20–22），上面画着一些吹着长笛和一些穿着大长袍跳舞的妇女。背景中的雌鹿和塞壬（译注：古希腊神话中半鸟半人的妖妇）可能表明，这些场景也只出现在神话中，或者这些想象出来的生物只在特定的仪式中出现。年轻少女没有出现在这3块残片中，这可能表明某些仪式只让年长的妇女（主持宗教仪式的女祭司）参加，其他的则只限于少女。与此同时，其他年轻少女出现的场景中也没有看到吹长笛的人和穿着长袍的妇女。

另外，在5或6个花瓶（附录6.1，编号8，15，17，23，27，或许还有编号19）上画着祭祀队列或者祭祀活动。在一块残片（编号8，图6–4）上，3个穿着短袍的少女做着类似奔跑的动作奔向燃烧着火焰的祭坛。她们的部分缓慢对称而有节奏，这也许是一个庄重的祭祀游行，她们空着的右手向前伸着，左手放在左侧或握着短袍。另一块残片（编号15）上一个穿着长袍的妇女笔直地站着左手高举着一个花环。这个妇女可能是主持少女仪式的祭司，类似于附录6.1，编号17（图6–5）中在祭坛旁边的起跑线处照料年轻少女的妇女，后者，即一块双耳喷口杯（*krteriskos*）残片表明了这些妇女忙于整理少女们的短袍（*chitōniskoi*）并举着棕榈树枝和篮筐，以便让少女们准备好起跑。祭坛和附近的棕榈树明显印证了其他花瓶上描绘的阿尔忒弥斯祭的场景，如图6–6（附录6.1，编号18）。附录6.1，编号23的残片，比前面提到的花瓶约早90

年，也画着妇女在相同或极其相似的燃着火焰的祭坛旁参加某种祭祀活动。一个穆尼基隆花瓶（编号 27）也画着类似的活动。有些学者认为，另一块重要的残片（附录 6.1，编号 19，图 6-7）143 画的是祭司和女祭司带着熊面具进行的宗教仪式，但将它看成是对卡利斯托（天神宙斯所爱的女神，因遭赫拉嫉妒，被变成熊，宙斯遂置之于天上为大熊星座）和阿尔卡斯的神话故事的展现则更好。①

少女奔跑的图像展示了一些男性奔跑图像中少见甚至没有的元素。许多奔跑的少女的确像短跑运动员那样自然地摆动手臂，一手向前高高伸出，一手向后弯曲（附录 6.1，编号 5，6，11，16，17，25）。但是有几个少女却以一种笨拙的姿势跑着，手掌向上伸出一个或一双手臂[附录 6.1，编号 4（伸出一只手臂），17 和 18（两只手臂都伸出）；后两个参见图 6-5 和图 6-6]。这一姿势与少女一只手掌向前列队向祭坛行进（附录 6.1，编号 8，即图 6-4）的动作类似。如果这是一种祈祷的姿势，那么据我所知，在男性奔跑者中，这是绝无仅有的。此外，几名少女奔跑时将十指合拢或做成杯状（附录 6.1，编号 4，5，6，17，18；后 4 个，即图 6-1，6-2，6-5，6-6）。② 在画有少女双手作杯状的花瓶中，有 3 个上的少女向前伸着双臂（编号 4，17，18；后两个，即图 6-5 和图 6-6）。在上面提到

---

① E.Simon, *Festivals of Attica: An Archaeological Commentary* (Madison: University of Wisconsin Press, 1983) 87-88.

② 事实上，只有一件雕塑展现了女孩们十指张开跑步的姿势，见附录 6.I，编号 16。尽管女孩们身穿希顿短袍，手握火把，从一个祭坛跑出，但这件雕塑在其他很多方面都有着不寻常之处，事实上，也许不能像其他此处所讲的雕塑一样代表类似的宗教节日或阿卡提亚节。附录 6.1，编号 16 中所示是来源于萨拉米斯的唯一一件印有跑步的女孩的白绘式陶瓶，装饰背景的树枝和树藤在平常的阿卡提亚肖画像上并不多见。Kahil 认为这个花瓶也许来源于萨拉米斯的阿耳忒弥斯神殿。参见 Salamis (1965) 30，注释 79，cf. Paus. 1.36.1 and A. Mommsen, *Feste der Stadt Athen im Altertum* (Leipzig: B.G.Teubner), 1898 462-63。在萨拉米斯可能存在与阿卡提亚路线不同的女子赛跑吗？

的跳着舞蹈的游行队列(分别是附录6.1,编号10和8)中也能看到双手作杯状的姿势。 144

这一独特图像的意义并不显而易见,但是也许和阿卡提亚节上女子扮作熊(*arkteuein*)的角色有关。双手围成环状,这一姿势不一定就表示女子举着花环,虽然其中一个花瓶上有一些赤裸的赛跑者是这样做的(附录6.1,编号18,图6-6)。胳膊和手的这种特殊的位置也不是特指跑步、跳舞或者宗教游行。这种情况也出现在对女子裸露和穿着长袍的描述中。对这些姿势的普遍性最简单的解释就是,女子有着熊的特征。它们的爪子,相对于张开的双手来说,更像握紧的拳头。而且,当它们用后腿站立的时候,一般都是把前爪放在身前。这种前提为熊的图示法的进一步解读提供了证据,我们将在后面讨论到。

女子们在跑步或者跳舞时,既有裸露着的,也有穿着短袍(*chitōniskoi*)的,这些都引起了各种各样的解读。这种短袍被误以为是阿卡提亚节上女子穿的藏红色长袍(*krokotōi*,译注:用藏红花粉染制的袍服,颜色介于金黄和橘黄之间。希腊古典时期的服装式样设计简单,款式和性属多以颜色分别,少女穿上这种色泽鲜艳的服装,证明其女性特质已然显现,若男子穿上女用的颜色,在希腊人眼里,他便带有女性特征)。阿里斯托芬的《吕西斯特刺忒》(*Lysistrata*)643记载了一名女子夸耀自己在阿提卡祭仪上的角色①:“脱下我藏红色的长袍,我就是阿尔忒弥斯圣殿上的一只熊。” 145

① Kahil(1977)97将藏红色长袍等同于希顿装。虽然此处我采用了由T.C.W.Stinton,“Iphigeneia and the Bears of Brauron”,CQ N.S.26(1976)11-12提出的kai cheousa这一读法。C.苏维诺-因伍德在“Aristophanes, *Lysistrata*, 641-647”, CQ N.S.21(1971)339-42中争辩说,拉文纳的*katacheousa*同样传达出脱掉长袍的理念也是宗教仪式的一部分,并把文本与花瓶上刻画的仪式性裸体相联系。现代文本中kat'echousa的读法虽然不赞成这种特殊的联系,但也没有否认这些花瓶上所刻画的活动是布劳隆人仪式的一部分。

图 6-5 附录 6.1,编号 17;A 面,两个右部的碎片;B 面,两个左部的碎片(红色图片,阿提卡双耳花瓶(*kratēriskos*),赫伯特 A.卡恩集,巴塞尔,瑞士,目录号 HC501)。

图 6-6 附录 6.1,编号 18;A 面,顶上的两个片段;B 面,右下方的两个片段(红色图片,双耳花瓶[II],赫伯特 A.卡恩集,巴塞尔,瑞士,目录号 HC502)。

图 6-7 附录 6.1，编号 19（红色图片，双耳花瓶[II]，赫伯特 A.卡恩集，巴塞尔，瑞士，目录号 HC503）。

曾有人提出，采用藏红色长袍也许是因其与熊的褐黄色皮毛非常相像，神殿的碑文也有关于使用这些衣服的记载。① 至少藏红色长袍可以被视为古典时期典型的女子服装，而女性化的男子或男性神祇偶尔也会穿这种长袍。新娘戴藏红色的面纱，藏红花

① Kahil（1979）79-80 和 Montepaone（本章第 251 页，注释①，1979）361 提出观点，认为藏红袍服类似熊的衣服；T.Linders，*Studies in the Treasure Records of Artemis Brauronia Found in Athens*（Lund：P.Åström，1972）45 记录了藏红袍服献祭；Sourvinou-Inwood（本章第 252 页，注释①，1988）121-22 将其看作某种类型的短款或长款宽大长袍，但并非一定要因为祭仪的隐秘性被描绘在花瓶上。

用来治疗痛经。① 然而，藏红色长袍不等同于花瓶图案上的短袍，因为它是一件大长袍，而且神殿碑文上也把短袍的使用分开列出来了。尽管藏红色长袍在阿卡提亚祭上充当了某种角色，但它并没有出现在花瓶图案上。也许女子们就是穿着它从雅典跋涉到布劳隆，来到神殿，然后才换上短袍，或者干脆就赤身裸体。②

147

以下5个花瓶上女子的赤身裸体激发了各种各样的解释（附录6.1，编号2，3，10，11，18和25）。所有的解读似乎都认同以下观点，即这种不同寻常的仪式意在唤起一种属于"女兽主"——阿尔忒弥斯信徒原始的狂野。凯希勒（Kahil）将其与命名仪式相比较。在这个仪式上，母亲们抱着她们新生的婴儿围着祭坛跑步。根据C.苏尔维诺-因伍德（C.Sourvinou-Inwood）的观点，凯希勒做了进一步的假定：附录6.1，编号17（图6-5）的瓶画上的穿着短袍跑步的女子，处在她们成年仪式的第一阶段。然而，出现在附录6.1，编号18（图6-6）的瓶画上的赤裸跑步者已经处于青春期，这是她们离开布劳隆神殿的"女修道院"之前的最后一次奔跑。珀尔曼（Perlman）质疑这个结果，因为在希腊艺术中，很难判断婴儿、小孩和青年的年龄。通过引证柏拉图的 Leg.833c-834d，珀尔曼提出，"我们可以从双耳花瓶上的"熊女"看出，13岁以下的都裸露着身体竞赛，但13岁以上的都穿着短袍。"C.苏尔维诺-因伍德通过对图像的仔细分析，已经充分证明了阿卡提亚花瓶上的女子都是处

① Aristoph., *Lys.*44 轻篾地谈到妇女"穿着她们的藏红袍子"闲逛；参见同上，*Thesmophoriazousae* 138 以及 *Ecclesiazousae* 879 关于妇女以及阿刺洛斯的论述，fr.4 Koch。在《伊里亚特》中，*krokopeplos* 一直是厄俄斯的诨名（8.1，19.1，etc.）。关于藏红色与妇女的女性关联，以及可能与她们通往成人的可能关联，参见 Reeder（1995）239-40。

② Linders（1972）9，2，6，9-62 记录了 *chitoniskoi* 献祭；H.Lloyd Jones，Artemis and Iphigeneia"，*JHS* 103（1983）94 确定了 krokotos 更像是布劳隆某些特定雕像上的长袍。

于5-10岁之间。①

虽然不能从花瓶上确定具体的年龄，和年龄大一点的女子及女祭祀相比，青春前期的女子身着的是短袍。她们都出现在同一个场景，参见附录6.1，编号17（图6-5）。并且与之对应，还有一些年纪大稍大，裸露身体，发育良好的女子，参见附录6.1，编号18和25（图6-6和6-8）。似乎参加成年仪式，对是着衣还是裸露没有特定的年龄限制。这并不是说，年龄本身与参加资格无关。关于年龄限制的问题，我们稍后再讨论。如果正如它看起来那样，年龄同裸露与否这些问题无关，而且所有年龄层的女性都参加同样的仪式，那么我们必须另处找寻决定是穿衣还是裸露这一习俗的原因了。 148

图6-8　附录6.1，编号25（皮雷埃夫斯博物馆Kk55，一个双耳喷口杯的杯口和杯体残片，出自穆里奇恩）。

① Kahil（1965）30-31注释80引述了Amphidromia；Sourvinou-Inwood（1971）339-42及Kahil（1977）97讨论了仪式中穿衣—裸体的顺序。P. Perlman，“Plato Laws 833C-834D and the Bears of Brauron”，*GRBS* 24（1983）115-30，特别是第123页注释42对Kahil关于花瓶上女孩年龄的结论产生质疑和争论。Sourvinou-Inwood（1988）*passim*。

凯希勒还提出，裸露的熊女(*arktoi*)的职责是召唤她们的女神伊菲琴尼亚(Iphigeneia)。埃斯库罗斯的《阿伽门农》(*Agamemnon*)239中提到她在被献祭之前，"让她的藏红色长袍从身上滑落"。在布劳隆，伊菲琴尼亚膜祭仪的存在，以及对阿里斯托芬的《吕西斯特剌忒》649所作注释中提到的传说，都证实了伊菲琴尼亚和这个仪式之间的联系。它提到伊菲琴尼亚是在布劳隆被献祭的，而不是在奥利斯(Aulis)，代替她作为献祭品的是一只熊，而不是一只鹿。然而，从文本资料上的藏红色长袍和花瓶图案上的短袍这两者的区别来看，我们不可能确切地知道这种长袍和花瓶上描绘的活动有什么联系。"脱下藏红色长袍和完全裸露都是穿上短袍前的序曲。"①

维达尔-纳杰(Vidal-Naquet)和奥斯伯恩(Osborne)都坚持认为，从着衣到裸露的改变也象征着从文明向野蛮，从穿衣的开化到原始的狂野的改变。然而这两位学者都没有固执己见地认为仪式的顺序是从着衣到裸露。奥斯伯恩特别指出，通过她们与伊菲琴尼亚的联系，扮成熊的少女们立刻回到了出生时的裸体状态。这被视为在婚姻中"顺从"及生育强壮幼儿的先决条件。与刚分娩的母亲在命名仪式(Amphidromia)上裸跑相比，这个更引人注目。人们只能推测，这种裸露着跳舞或跑步的习俗，如果作为典礼上最后的仪式将会更加引人注意，可以使那些即将进入下一个生命阶段的人们想起他们最早的婴儿时期。②

---

① Kahil(1979) 81 draws the Iphigeneia parallel; R. Osborne, *Demos: The Discovery of Classical Attika*(Cambridge: Cambridge University Press, 1985) 164 and W.Sale, "The Temple Legends of the Arkteia", RhM 118(1975) 265-84, esp.282-83 讨论了布劳隆 Iphigeneia 祭祀与 Arkteia 仪式的关联。Lloyd-Jones(1983)更准确地界定了关于"仪式屠宰"方面阿尔忒弥斯与布劳隆和其他地方 Iphigeneia 的关联。

② P.Vidal-Naquet, *The Black Hunter: Forms of Thought and Forms of Society in the Greek World,* trans.A.Szegedy-Maszak(Baltimore: Johns Hopkins University Press, 1986) 145-46(ch.6=orig. publ. as "Le cru, l'enfant grec et le cuit", in F*aire de l'histoire*: *nouveaux objets*, ed. J. le Goff and P.Nora[Paris: Gallimard, 1974] 156-57).

火炬出现在奔跑少女图案中的三个场景里。这些女子既有赤裸的（附录 6.1，编号 3），也有穿着短袍的[附录 6.1，编号 7（图 6-3）和编号 14]。没有证据表明这些火炬用于比赛，就像它们曾被用于泛雅典娜节上或者其它地方的男子火炬接力一样。① 也有人假定，在晚上举行的典礼上，仍有人使用火炬。这些典礼对阿尔忒弥斯—弗斯弗洛斯（Phosphoros）或阿尔忒弥斯—帕弗洛斯（Purphoros）有着特殊的意义，这两个名字分别是阿尔忒弥斯在雅典集会地点的圆形神庙以及当这位女神跑过吕西亚的丛山时用的别名。②

有几个花瓶图案中出现了花环。这些花环要么是佩戴在女人身上（附录 6.1；编号 9，12，15，18 和 25），要么充当某个场景的背景，或许是出现在神殿的墙壁上（附录 6.1，编号 1，8 和 29）。而且，花环出现的一些场景中，女子们要么裸露着（附录 6.1，编号 18 和 25＝图 6-6 和图 6-8），要么穿着短袍[附录 6.1，编号 1，8（图 6-4），9 和 12；编号 15 中有一个妇女穿着长袍，编号 29 的衣着不确定]。这些物品既出现在奔跑场景中，也出现在了固定仪式和祭仪游行中（附录 6.1，编号 8[＝图 6-4]，15，和 27）。如果是作为皇冠，大多数花环显得太大了，并且没有一个女孩在作为运动员的 149

① 关于泛雅典娜节及阿提卡其他地方的火炬接力赛的讨论，参见 H.W.Parke，*Festivals of the Athenians*（London：Thames and Hudson，1977；reprint，Ithaca：Cornell University Press，1986）45-46，171，200，注释 1，以及 D.Kyle，*Athletics in Ancient Athens*（Leiden：E.J.Brill，1987）190-93。这两个文献都没有包含 Arkteia 作为火炬接力赛的论述。

② 关于一般的男子火炬赛跑，参见 J.Jüthner（1968）vol.2，第 134-56 页，以及表格 XXXVIIa，XXXVIIIa and b，and XLa 中对这项接力赛跑的说明。值得注意的是，这些真实的赛跑竞赛，一般是远距离的，其跑步的风格与其他长跑赛跑者一样，并不像布劳隆女子传递火炬跑步时犹如冲刺一般的风格。关于 Phosphoros 这一昵称，参见 Kahil（1979）83-84；另可参见 Kahil（1965）31 以及同上（1963）28-29 关于阿尔忒弥斯与仪式火炬的附加论述。M.P.Nilsson，*Geschichte der griechischen Religion*，2nd ed.，vol.I（Munich：C.H.Beck，1955）495，注释 2 中引用了 Sophocles，Oedipus Tyrannus 206ff.关于利西亚阿尔忒弥斯语境下的 *Purphoros* 昵称的论述。

时候是戴着皇冠的。更确切地说,这个东西是阿尔忒弥斯的私人贡品。在其中一个场景(附录6.1,编号18=图6-6),并不是所有的女孩在跑步的时候都拿着花环。皇冠的非运动性作用表现在于,它们没有出现在布劳隆的铭文上,而男子运动中,象征胜利的皇冠则经常被列在铭文上。和火炬一样,花环的普遍性表明了它们不像特殊的庆典用具那样合乎礼节,而是祭奠阿尔忒弥斯的时候随意的、适合的道具。

在众多节日祭仪中,有两个尤为有趣。赛跑者需拿着植物跑。这两个祭仪分别是阿提卡的奥斯考弗里亚(Attic Oschophoria)或西拉祭(Scira),以及斯巴达的斯塔菲洛卓米亚祭(Staphylodromia)。前者很明显是农业节,其举办地包括从雅典的狄俄尼索斯(Dionysus,或勒奈亚 Lenaion?)神殿到法雷隆(Phaleron)的雅典娜西拉神殿(Scira)。[①] 在比赛中,年轻的男子代表他们的部落参赛并拿着葡萄枝。胜利的部落将会获得一种饮品 *pentaploa*,或被称为"五粮液"(fivefold)。[②] 这种混合液体的成分包括那一地区的主要农产品。因此,比赛胜利具有了特殊的意义。斯塔菲洛卓米亚祭是斯巴达卡尔涅亚祭(Carneia)背景下,一个类似奥斯考弗里亚祭并且具有农业性质的公共祭仪。在这个节日上,一个人系着带子奔跑,并为这个国家的利益祈祷。然而,其他人,被称为"葡萄藤赛跑者",就在后面追他。[③] 如果那个年轻人被抓住了,这个地

---

① E. Kadletz, "The Race and Procession of the Athenian Oschophoroi", *GRBS* 21(1980) 363-71 令人信服地辩称, Oschophoria 节的游行以及 Scira 比赛都是同一个阿提卡运动会的一部分。另可参见 L. Deubner, Attische Feste (Berlin: Heinrich Keller, 1932; reprint, Darmstadt: Wissenschaftliche Buchgesellschaft, 1956) 142-47; Parke (1977) 77-80。

② 巧合的是,我们的点睛词来自梵文 *pança*,意思是"5 种[成分][的饮料]",原用于某个宗教仪式。

③ M.P. Nilsson, *Grieschische Feste von religiöser Bedeutung mit Ausschluß der Attischen* (Leipzig: B. G. Teubner, 1906; reprint, Darmstadt: Wissenschaftliche Buchgesellschaft, 1957) 121.

区将会有好运；如果那个年轻人没被抓住，则该地区将面临厄运。尼尔森（Nilsson）指出，追逐的人带着葡萄枝，而那个在逃跑中的人携带着果实。任何情况下，阿提卡和斯巴达的祭仪都证明了阿卡提亚节上女子跑步时佩戴的花环的重要性。这些花环在当地有着特殊的意义，预示着整个地区的福利。并且它们也是女子生育能力希望的象征。然而，花环在阿卡提亚节上并不像它们在其他男子竞赛中那么重要。因为它既不是像阿提卡的男子赛跑那样戴于所有的参赛者头上，也不像在斯巴达的祭仪中是戴在领跑者头上。也许花环是个人参赛者的私人献祭品。

在很多场景的背景中都可以找到祭坛和棕榈树，但不是只与女子图像相关。（祭坛：附录6.1，编号1，2，4，8，11，16和17，图6-4和6-5；棕榈树：编号1，6，17和18，图6-2，6-5和6-6）。从这两样物品可以确定该场景是发生在布劳隆或者阿尔忒弥斯的另外一个圣坛。毫无疑问，棕榈树对阿尔忒弥斯是非常神圣的。[①] 值得一提的是，棕榈树在雅典文化中广为人知，它象征着永存。例如，它与赫拉克勒斯的关系。[②] 这里，棕榈叶作为运动员胜利的象征也反映了这一传统。

150

在祭坛周围奔跑不仅使人们想起了新生儿命名仪式上女子的行为，也让人想起了奥林匹克运动会上的男子赛跑。根据斐罗斯特拉图（Philostratus）所说（*Gymn*.5-6），斯塔德赛跑比赛（既单程跑比赛）最早的胜利者将获得一个火炬。比赛结束的时候由祭司在宙斯的祭坛上颁发给胜利者。胜利者就有幸点亮宙斯中心祭坛的圣火。斐罗斯特拉图也提到 *diaulos*，或者叫作斯塔德折返跑。

---

① Sourvinou-Inwood，"Altars with Palm-Trees，Palm-Trees and *Parthenoi*"，*BICS* 32（1985）125-46 和 pls.7-8 总结道：在公元前 5 世纪阿提卡肖像中神坛和棕榈树的结合与阿尔忒弥斯作为适婚 *parthenoi* 的守护神角色有所关联。

② H.F.Miller，*The Iconography of the Palm Tree in Greek Art*（Ph.D.diss.，University of California，Berkeley，1979）.

这个比赛是从宙斯祭坛起跑,到宙斯祭坛结束。[①] 所以,在男子竞赛中,确定奔跑方向的时候是有这种先例的,以便比赛的结束地点就是这次节日主神的祭坛。[②] 赤裸的女子和穿着短袍的女子,要么跑向祭坛,要么跑离祭坛(附录6.1,编号1,2,4,16,17,28和32)。

花瓶上的祭坛对于奔跑者来说是代表着比赛的起点,还是终点,或者既是起点,又是终点?2号花瓶上(附录6.1),圣坛在瓶柄上方,女子们看起来既是跑向祭坛又是跑离祭坛。在4号残片中(附录6.1)那个女子好像正跑向祭坛,在祭坛的后面伸出一只手越过祭坛。萨拉米斯的16号花瓶(附录6.1)上,3个女子看起来像跑离祭坛;在后面场景中,最后面的那个奔跑者的脚和雕像重叠了。最前面的奔跑者绕过花瓶跑向祭坛,但是这一说法颇受争议。然而,毫无疑问,这个花瓶上的活动与其他在阿提卡发现的花瓶上所描画的活动没有多大的联系。这里提到的只是作为暂时的证据来证明奔跑者是跑向祭坛的。17号花瓶(附录6.1,图6-5)是信息最丰富的仪式场景。女子们看起来像刚好从祭坛的左边起跑,从后面绕过祭坛,最后回到圣坛的右边。发现于穆尼奇恩的28号残片(附录6.1)上,女子好像正要起跑,向右边跑离祭坛,她的裙

---

① 在竞技赛事独有的真实细节上,斐罗斯特拉图所描述的真实性受到质疑,但是对这个如此大受欢迎的节日中的一项简单仪式的描写存在偏见或认为其纯属捏造,此种怀疑似乎没有根据。M.Poliako 所作 *Studies in the Terminology of the Greek Combat Sports, Beiträge zur Klassischen Philologie*, vol.146 (Königstein/Ts.: Anton Hain, 1982), app.4, pp.143-48 举出了一个强有力的实例,由于第二次智者运动(the Second Sophistic movement)所带来的意识主导以及"对希腊运动事实的兴趣不足",他怀疑斐罗斯特拉图提供了错误信息。然而,这些错误信息里最糟糕的是那些支撑他的治学偏见的辩解,我认为,在比较祭坛的地位与奥林匹亚赛跑的报告中,扭曲事实是毫无道理的。

② W. Burkert, *Homo Necans: The Anthropology of Ancient Greek Sacrificial Ritual and Myth*(Berkeley: University of California Press, 1983)93-103,采纳了斐罗斯特拉图将火炬仪式与奥林匹亚斯塔德折返赛跑相联系的叙述并认为此项赛跑的终点设在祭坛象征着承认宙斯是光明之神,以祭祀之火净化了胜利者。

子是飘向圣坛方向的，但是她的腿没有踢得很高。总之，祭坛在赛跑比赛中处于中心位置，女子们就在祭坛的附近或者在祭坛的后面起跑。和奥林匹克上男子比赛相似，祭坛既作为起点也作为终点，而新生儿命名仪式上的奔跑更确切地说是围绕祭坛进行。也许在布劳隆，祭坛也是焦点，女性参赛者围着祭坛跑。在关于男子竞赛的描画中，可以经常见到奔跑者成群结对地跑。但是我们并未在女子竞赛中发现这样的场景。这表明，奔跑不是真正意义上的竞赛，而是一项进入社会的必要程序。①

17号、18号和19号（附录6.1）这3个花瓶需要更进一步的研究。因为它们对阿卡提亚节上仪式的作了最完整的描述。附录6.1编号17的A面（图6-5）展示了4个穿短袍的女孩在3个更年长的少女或者是青年妇女中变换位置。这个3个女子似乎就是主持这场典礼的人。这些女子和布劳隆或者雅典集会中其他典礼上穿着短袍的女子很像。（特别比较附录6.1，编号4，5，6，8，13，28，30，31，32，33和34；图6-2和6-4）。在B面上（图6-5，左下角的残片），女子正从左边向右边移动。似乎是在为赛跑比赛做准备。这次竞赛跑步方向也是从左至右。年龄大一点的女子忙着协助年轻一些的少女做准备，帮忙整理她们的短袍；或者挥动树枝，发出比赛开始号令；或者举着篮子，里面也许还装着年轻女子们奉献贡品，也可能是将要发给年轻女子们的奖品。② A面比较靠右边的部分，有 151

---

① 黑绘式泛雅典娜双耳瓶，Berlin Painter，Castle Ashby ABV 408.1，大约公元前470年（=Gardiner［1930］pl.92；Jüthner［本章第254页，注释①，1968］vol.2，表4b；J. D.Beazley，*The Development of Attic Black-Figure*（Berkeley：University of California Press，1964）95 and pl.44.2；Yalouris［1976］pl. 74）；黑绘式泛雅典娜双耳瓶，N.Y. Met.Mus.14.130.12，大约公元前525年（= Gardiner［1930］pl. 89）。

② Kahil（1979）80-81认为，附录6.1编号17的花瓶A和B面图案分别代表了为女子赛跑（“les preparatifs de la course sacrée des petites filles”）以及赛跑本身所做的准备（“la course elle-mê me”）树枝有些类似在附录6.1编号11看到的那根树枝，伫立在祭坛前面的双耳花瓶旁边。据说，后一个场景中的树枝是用来从双耳花瓶中撒圣水的。参见Kahil（1979）80和Simon（1983）83。

一群年轻女子和两个妇女(图 6-5,右上方和右下方的碎片)站在祭坛的旁边,她们的站姿体现了上述活动的祭仪性质。

B 面(附录 6.1)编号 17(图 6-5,左下角的残片)上有 4 个女子,她们可能就是 A 面的那 4 个女子。B 面左起第二个是唯一可以看清脸部的女子,跟 A 面左起第二个忙着做准备的女子很像。她们都带着生气的,甚至是愤怒的表情。而且,A 面和 B 面这两个相同的女子都举起手,伸了出来,好像熊的前掌,如上文所说。如果这种假设是正确的,这位愤怒的女子也许就是模仿熊的那位女子。根据布劳隆人的创立神话(稍后再验证),这只熊残害或者杀死一个年轻女子。其他那几个挥动着胳膊的女子,作为一个团体,她们也许就代表着神话中那个不幸的女孩,或者是代表着那个女子的同伴。在这个恐怖的"捉人"游戏中被"抓住"的那名女孩将有幸被祭献给阿尔忒弥斯。如果画家是故意让那只熊处在一群正在逃跑的少女中的话,那么图 6-5B 面上那个飞翔的女子事实上是在那只假定的追逐"熊"的后面。对于所描绘的这种仪式竞赛的细节,我们不能太肯定或者太武断。但是把这种场景理解为一场追逐而不是一场比赛,就有利于解释图 6-5A 面场景中的交错位置的"开赛"了。不管怎样,这个比赛的开始与传统的希腊男子竞赛的开赛完全不同。但这并不能否定,这种女子活动上,"熊"追逐女孩是有竞技的因素的。这也使得所有参加的人更加激动,更有兴致。如果真是这样的话,阿卡提亚节上的追逐是属于女性的独特比赛。

附录 6.1,编号 18(图 6-6)似乎为这种诠释提供了证据,因为它描述的也是逃跑和追逐的场景。凯希勒残片进行了看似合理的重组。A 面,图 6-6(上面的两个残片),展示了 5 个裸露的女子从右边跑向左边,在右后方有一棵棕榈树和一座石山。领先的 4 位身材更加高大,体型也发育得更好,而且也许比那个处于比赛中最后位置的女子年龄要大一些。至少有两位年龄大一点的女子双手拿着花环,向前伸出。年轻一点的那个女子似乎没拿什么东西,但是双手做环状向前伸出，像"愤怒的女子"那样（附录6.1，编号17）。B面（图6-6，右下方的残片）展示了4个裸露的女子，很显然和A面的年长的女子年龄差不多。她们也是全速奔跑，但方向是从左至右。左边的棕榈树下是一只残缺不全的熊（图6-6，左下方残片）。至少有两个女子一只手举着花环，另一只手向前伸直。 152

最让人感兴趣的是熊的出现。古典时期，在布劳隆的神殿养一只熊是可能的。在当时，这种场景所描绘的不是神话，而是真正的仪式。① 然而，即使花瓶上描绘的场景是出自神话，它也诠释了跑步的精神，那就是奔跑和追逐。图6-6中花瓶B面的那个女子睁大眼睛很吃惊地望着那只熊。A、B面上的女子都全速逃离这只动物。像上文所说的那样，如果向前伸手的女性跑步者的身份是扮演熊的女子，那么不排除她们正在逃离一只真正的熊。就像奥维德（Ovid）描述的卡里斯托（Callisto）一样，虽然她们变成了熊，却仍然保留了人的本性。当她们看到一只真正的熊时，还是被吓得仓惶逃走："尽管曾经是个女猎人，现在在猎手面前却害怕地逃跑。当野兽出现的时候，她经常躲起来，忘记自己曾经的本性。虽然已经被变成了一只熊，但她在山上看到熊时，还是会被吓得颤栗不已……"在这种情况下，18号花瓶上（附录6.1）上扮成熊的女孩通常被视为在祭仪层面上的一种混合体，即是女孩，又不是女孩，是熊，又不是熊。她们处于野蛮和文明的边缘，是处女，又是已婚女子。另外，就像关于卡里斯托的神话，花瓶上的场景描绘了本来作为猎人的人类却成为了熊的猎物。②

在18号花瓶上（附录6.1，图6-6，A面，B面）展现的是一只猎

---

① H.-G.Buchholz, "Zum Bären in Syrien und Griechenland", *Acta Praehistorica et Archaeologica* 5/6(1974/5)175-85.

② Osborne(1985)69 探讨了熊女在有关阿卡提亚仪式的创立神话中的状态，要么温顺，要么叛逆，但却没有引用这个花瓶上的具体画像。见附录6.1，编号18（= 图6-6）。

狗追逐幼鹿的狩猎场面，上述解释得到了更一步证明。和那些出现在中心区域上的场景相比，这些场景从来没有得到同样的认可。但是，就奔跑和追逐而言，他们反复强调野性与开化或者温顺与野蛮这一主题却是惊人的相似。在花瓶下方，完整保存了A、B两面的4只猎狗（也许还有第5只，只是没保存下来）在追逐一只鹿（从体型来看，不是一只成年的鹿，因为它比猎狗的体型还小）。这里的猎杀场景是上面场景的镜像，因为这只家狗在追逐一只野生动物，上面的场景是一只野生动物追捕一个柔顺的女子。在这两个场景中，对温顺和野蛮的定义仍然存在着模糊之处。那个温顺的女子处于原始的没穿衣的状态，也许她就是那个在阿卡提亚节仪式上扮演熊的女子。熊在外貌和习性上都被视为是神人同形的。而且在有些神话版本中，阿尔忒弥斯神殿里的熊甚至被据称非常“温顺”。①

在狩猎的过程中，狗代表着人类。它们追捕野生动物，这是它们的自然本性。人们经常将幼鹿与“女兽主”——阿尔忒弥斯联系在一起。然而，就像上一个场景中那个白白牺牲的无辜少女一样，在这个场景中，鹿的幼小和无助唤起了人类的同情。正如希腊诗歌里的比喻，这个狩猎场景有助于对祭仪场景的理解。它突出仪式的重要性，从而强调两者都具备追逐的精神，并且带有讽刺意味地表达了自然界相互依存的现象，即人类既是杀戮者，同时也是被杀戮的对象。然而，无论是哪种情况，这场短暂的追逐练习最终

---

① 以下文献讨论的是关于亚里士多德等发现的熊的“人类”特征：Reeder (1995) 301-2；Simon (1983) 85；S.Cole，“The Social Function of Rituals of Maturation：The Koureion and the Arkteia”，*Zeitschrift für Papyrologie und Epigraphik* 55(1984) 241，以及 Osborne(1985) 167。J.K.Anderson，*Hunting in the Ancient World* (Berkeley：University of California Press，1985) 15 对希腊人不愿捕熊进行了评论；K. Meuli，“Griechische Opferbräuche”，in Phylobolia *für Peter von der Mühll*，ed. Olof Gigon，Karl Meuli，Willy Theiler，Fritz Wehrli，and Bernhard Wyss (Basel：B. Schwabe，1946) 232 and passim[=in K.Meuli，with T.Gelzer，eds.，*Gesammelte Schriften*，vol.2 (Basel and Stuttgart：Schwabe，1975) 956 and *passim*] 从动物的人类特性这一视角讨论了多种文化中与捕熊有关的禁忌。

以捕获结束。在这场捕获中，文明的人类获利：仪式上的熊女（arktoi）注定会成为“温顺”的妻子，而鹿注定会变成人类的食品和衣物。① 153

作为狩猎和阿卡提亚节的守护神，阿尔忒弥斯将18号花瓶上（附录6.1，图6-6）的两个场景更加紧密地联系在一起。② 在这点上，德摩斯梯尼（古代希腊的雄辩家）25中有一处关于阿尔忒弥斯的“神圣的狩猎”（*hiero kunegesion*）的文学出处值得注意。虽然定义还不十分明确，但是“神圣的狩猎”有可能是阿卡提亚节的另一个名字。③ 那么，18号花瓶上（附录6.1）有可能就是描述了阿卡

---

① Anderson（1985）49-50探讨了希腊人用猎犬猎获小鹿的做法，色诺芬在*Cynegetica* 9.1-7中讲述过。在评论猎人在春天——小鹿们的出生时节——猎杀它们时，Anderson写道，“现如今，我们应该谴责对正值繁衍的牲口进行毁灭的行径”。希腊人捕猎时极其残暴，也许这是选它来作为花瓶场景的原因之一：它展现了人类尤其残忍的一面。

② Kahil（1963）14 and pls.6.3，6.4；p.19，pl.10.3；p.20，pl.11.2；p.22，pl.13.2，中包括阿尔忒弥斯手握弓箭，身体颤抖，以及亚克托安被其猎犬袭击的场景。E.Simon，*Die Götter der Griechen*，2nd ed.（Munich：Hirmer，1980）149推测，狩猎可能是阿尔忒弥斯最早从事的活动，也许是克里特文明时期和迈锡尼文明时期封建贵族们从事的其它业余活动。

③ I. D.Kondis在“Artemis Brauronia”，AD 22（1967）187-188中首先力主鉴别身份。Linders（1972）13注释46写道，此说法要么指的是居于卫城的布劳隆人，要么是布劳隆举办的一场典礼。Kahil（1977）93将此说法与kunegesion神庙和阿卡提亚仪式（pl.20[=附录6.1编号19，图6-7]中有对此的描述）联系起来，但没有提及在附录6.1编号18（图6-6）以猎犬狩猎的做法。Cole（1984）以一种更为松散的形式采纳了Kahil的发现，他把附录6.1编号17，18，和19中刻画的表演者看作一个整体，但是却忽视了附录6.1编号18（图6-6）中尤为相关的画像。Osborne（1985）160-161中把*kunegestion*看作处于阿尔忒弥斯女祭司控制下的宗教仪式，并没有尝试更准确地鉴定其地位；因此，他将*kunegestion*神庙与主要的布劳隆pentetric节日区分开来，pentetric节日受由立法会议任命的*hieropoioi kat' eniauton*掌管（Aristotle，*Athenaion Politeia* 54.7）。然而，实际上，由*hieropoioi*主持宗教仪式是没有根据的，因此，在*Hypothesis ad Demosthenes* 25中提到的女祭祀可能实际上是布劳隆的一个女祭司。*Hyp.Dem.*25中提到仪式上必须穿长款外衣，进一步证实了其身份。好几个布劳隆花瓶上刻画了这种长款外衣，他们也可能就是krokotoi，意为“臧红色长袍”，这是阿卡提亚节的典型特征。

提亚节仪式中的“神圣的狩猎”场景。那么,花瓶上所描绘的奔跑的人群就不是在比赛,而是在追逐猎物。

另外一个很重要的记录是19号花瓶(附录6.1)。在花瓶的A面(图6-7,最上面的残片),从左至右分别是是戴着面纱的勒托(?);身着短袍的阿尔忒弥斯正用箭瞄准了目标;以及全身赤裸的阿波罗,手持一根短棍和一条腰带站在阿尔忒弥斯的对面。在花瓶的B面上(图6-7,最下面的两个残片)从左至右分别是一棵树;一个年轻的赤裸男子,他长着一个熊的脑袋(或者是戴着熊面具?);一个穿着长袍的年长女子,惊讶地举起双臂(或者是在祈祷?);最后是一只幼鹿或母鹿,从那个女子身边腾跃空中。这些残片对于目前的分析有着双重重要性。首先,有神祇出现的场景强调阿尔忒弥斯在作为一个狩猎者时的中心位置,其它花瓶上的奔跑场景也被证实是狩猎中的搏斗和追逐。① 其次,那些有着熊头的人很有可能是卡利斯托(Callisto)和阿卡斯(Arcas),他们把阿尔忒弥斯其它的和熊有关的神话引进到阿卡提亚节仪式的习俗中。这一联系的重要性会在后面通过对文学来源的谈论做进一步的研究。②

其它一些绘有图像的花瓶为我们研究阿卡提亚节上仪式活动提供了一些信息。20号花瓶(附录6.1)上展示了一只腾跃的幼鹿,在它的前面是一个穿着长袍、吹着笛子的妇女,在这位妇女前面的两位妇女只留存下一些残破的影像。她也许也是穿着长袍,并且很明显是在跳舞。22号花瓶碎片上有一个穿长袍的舞者,但是只留存了下半部分。这个舞者和20号花瓶上的舞者很像。20

154

① 阿尔忒弥斯在布劳隆的另一花瓶碎片上的箭鞘图案中也有描绘,参见Kahil(1963)9 and pl.10.3。

② Kahil(1977)93 and(1979)81, Cole(1984)241, and G.Arrigoni, “Donne e Sport nel Mondo Greco”, in *La donne in Grecia*, ed. G.Arrigoni(Bari, Italy: Laterza, 1985),第103页讨论了戴着熊头面具的供奉阿尔忒弥斯的女祭司。Simon(1983)第88页基于瓶画上相似的场景,具有说服力地认为两者是卡里斯托和阿卡斯。

号花瓶上的幼鹿则和19号花瓶上的很像。而笛子吹奏者和舞者使我们想起了另一个在布劳隆发现的碎片上的笛子吹奏者(男性)和旁边的女性舞者。相对应地,后面那个花瓶上的女性舞者,举着她们的手,和附录6.1,24号花瓶上的女子舞者很像。20号花瓶上的笛子吹奏者与21号花瓶碎片上的女性双簧管奏者很像。但不同地方在于,21号花瓶的碎片上,背景中是一只幼鹿,而不是一位迷人的女子。在笛子吹奏和跳舞的环境下,那只幼鹿和女子是布劳隆尼亚仪式的象征。这些图像资料表明了这些残片和布劳隆的神殿具有联系。① 23号花瓶(附录6.1)碎片上展示的是一个祭坛,其顶部有着呈螺旋型摆放并正在燃烧的木材。和这里提到的其它奔跑场景或者仪式场景上出现的祭坛很像。23号花瓶上的祭坛旁边有两个妇女,一个穿着大长袍,正在献酒,而另一个则身着短袍(与20,21和22号花瓶上的女子一样)。有一个篮子(*kanoun*)置于祭坛附近的地上,使人想起了附录6.1,17号花瓶上那个在祭坛上主持跑步仪式的妇女手中举着的那个篮子。附录6.1,27号花瓶上,一群年龄不确定的女子围着祭坛并面朝它跳舞。

综上所述,附录6.1,20-24号花瓶表明,那些年长一些的女子们可能和附录6.1,15号和17号花瓶上的主持仪式的女子们是同一群人。她们是为阿卡提亚节一部分的舞蹈伴奏,并且很有可能对其进行监督。当然,舞蹈作为阿尔忒弥斯的仪式的一部分并不令人惊讶,因为舞蹈也是阿尔忒弥斯管辖的领域之一。

---

① 关于布劳隆碎片上描绘的横笛吹奏者与舞者的论述，参见 Kahil(1963) pl.I.4。塞任(或者也可能是斯芬克斯)在同上 pl.I.3 的论述中也很明显。

创立神话

贝库特(W.Burkurt)提醒我们,神话和宗教仪式可以重叠,但它们又都是独特的。两者的作用相似,都是促进群体的相互理解和合作。然而,祭仪是一种活动,通常很原始,甚至源于动物,再重新用于沟通;而神话是流传下来的传说,是经过人类一些典型的行为模式之后形成的,这些行为模式可以归纳为一些简单的命令语式,例如:“拿”、“找”和“走”。然而,上文分析的花瓶上的宗教仪式,除了表达了温顺和野蛮的模糊概念外,没能清楚地传达其它与阿尔忒弥斯圣域里成年女子的追逐和逃跑相关的任何信息。

阿提卡纪念阿尔忒弥斯的节日——布劳隆尼亚节和穆尼奇亚节的创立神话使得这些祭仪广为人知。① 布劳隆尼亚节最完整的来源是对阿里斯托芬的《利西翠妲》(*Lysistrata*)645 节所作注释中的信息(拉韦钠和莱登)(Ravenna and Leyden)和《苏达辞书》(*the Suda*,古老中海世界的历史百科全书)中关于布劳隆神殿之熊的叙述。他们讲述了一个传说,概要如下:

155

1. 一只熊被献给(或者它自己流浪到了)一个神殿,然后被驯服了。

2. 一个女孩和这只熊嬉戏,但却被野蛮的熊抓瞎了双眼。

3. 女孩的哥哥把熊杀了。

4. 阿尔忒弥斯下令所有阿提卡女子在结婚之前都要扮演熊而且要穿藏红色的大长袍(或者是因为一场瘟疫,雅典查阅圣谕后被要求这么做)。

莱登提出一个新的版本,他指出阿伽门农是在布劳隆杀害伊

---

① W.Burkert, *Structure and History in Greek Mythology and Ritual* (Berkeley: University of California Press, 1979)57.

菲琴尼亚(Iphigeneia),而不是在奥利斯(Aulis),并且代替她成为祭品的是一只熊而不是鹿。这使阿卡提亚充满了神秘色彩。毫无疑问,这一异议是神话学研究上的一个极具意义的变体,但在这里我们不予以讨论,因为它看来确实是布劳隆的创立神话,只不过是一个较后期的版本,它要么是为了与更广为人们所接受的奥利斯神话相匹敌演变而来,要么是起源于对布劳隆地区关于伊菲琴尼亚死于神殿这一著名传说的联想。莱登的版本还提供了一些信息,那些女孩年龄在5-10岁,而《苏达辞书》给出的年龄界限是5-9岁。关于年龄的问题,我们稍后再讨论。①

正如前面提过的,温顺和野蛮是布劳隆神话里一个主要的主题。② 奥斯伯恩(Osborne,1985:163)提到,布劳隆神话里的熊性情温顺:注释写的是 *arktos tis ... hēmerōthē*,《苏达辞书》写的是 *hemerotheisan autēn*,而穆里奇恩的版本上却不是这样写的。这样,那些野生动物是否真是性情温顺就成了一个明摆着的问题。注释上写着:"有时,某个少女会和熊嬉戏,然后眼睛被熊抓了出来。"《苏达辞书》给了一个更加全面的版本:"他们驯服了熊,让它与人亲近,但是有一个少女和它嬉戏(*prospaizein*)。当那个女孩虐待它的时候(*aselgainousēs tēs paidiskēs*),那只熊奋起反抗(*paroxuthenai*),将那个女孩撕成碎片。"正如蒙泰保内(Montepaone,1979:348-49)和奥斯伯恩(1985:165-66)提到的那样,这段文章的用词

① W.Sale(1975)265-284 对布劳隆与慕尼黑的资料作出了全面的分析,并提出了一些常见的源头和传播,其准确的本质无法确定。以上资源也在 A.Brelich, *Paides e Parthenoi*, vol.I, Incunabula Graeca vol.36(Rome: Ateneo, 1969)230-79 中详细讨论。

② 以下文献中对此也有讨论:Osborne(1985)163-69; Montepaone(1979)351-52; A. Henrichs, "Human Sacrifice in Greek Religion: Three Case Studies", in *Le Sacrifice dans L'Antiquité*, ed. J.Rudhardt and O.Reverdin, Entretiens sur l'antiquité classique vol.27, Fondation Hardt(Geneva: Fondation Hardt, 1981)198-208; Arrigoni(1985)103; Vidal-Naquet(1986)145-46=(1974)155; Cole(1984)242; Lloyd-Jones(1983)94。

带有色情的色彩:*paizō* 可以指色情游戏,*aselgainō* 也可以指“行为残暴、淫荡”,*paidiskē* 也可以指“妓女”,*paroxunesthai*可以指“性挑逗”或“引起性兴奋”。所以,女孩(*parthenos/paidiskē*)由于还未受到婚姻的束缚,和据说那时还性情温顺的熊嬉戏,在嬉戏的过程中,她激起了熊的野性。就像野蛮的人类行为粗暴一样,熊也恢复了它野蛮的本性。人类和熊的野蛮的天性相辅相成。在熊被杀死之后,似乎只有一场适合的仪式才能使得女孩子们野性的一面得到承认。而这种野蛮的本性我们可以称之为“阿尔忒弥斯的本性”。在这之后她们就要转换到阿芙洛狄忒的或者赫拉的角色,变为成熟的已婚妇女。欧里庇得斯在《希波吕托斯》1425-1427 中记录了相似的这种交互方式。书中写到阿尔忒弥斯确立了一种祭礼,少女们在结婚之前要剪断她们的头发以此纪念希波吕托斯和他悲惨的命运。

156

大多数学者都同意,阿卡提亚节是一种成人仪式。参加它是阿提卡女子们婚前的必要条件,是标志着她们从少女迈向成熟的典礼,并且使她们为婚姻和分娩做好准备。[①] 有些学者还补充到,阿卡提亚节也是一个赎罪仪式,来源于一种原始的狩猎文化。在这种文化中,一只动物的死亡需要人类的牺牲作为补偿。亨利克斯(Henrichs)指出,在这种狩猎习俗中,一个女性的、青春前期的祭仪对于“既是年轻生命自然补给,同时也是威胁其生存的危险”

---

① Brelich(1969)230-279 提供了对 Aristoph., *Lys*.641-45 最为字面的解释,认为这是一种最初为阿提卡地区的女孩们所设的四个阶段的晋升体系(*cursus honorum*),她们的职责依次是 *arrephoros, aletris, arktos* 和 *kanephoros*。因为参与有些职位的女孩不多,因此这些职责不可能有某种固定的顺序,尤其是在女人直接挑战男人为城邦服务这种有趣的情景中。这并不是否认婚前的最初职责可能至少会够成阿卡提亚的基础,正如一些学者们所说的:Kahil(1977)87 和 Parke(1977)137-40. Cole(1984)233-44 把“和熊玩耍”视为“野蛮”行为的一种方式,这种行为与少女和妇女们的设定行为是对立的,并且为其做了准备;这与男孩们的 koureion 相一致。Arrigoni(1985)103 基本参照了 Cole 的观点。

的守护神阿尔忒弥斯是再合适不过了。①

除了这些大体的诠释，很少有人敢通过比较图像资料和文献资料来复原祭仪本身。因为在花瓶上，裸露和身着特别的长袍分别标志着野蛮和文明。我们也许会问，文学文献中是否能提供任何标志着仪式上从一个阶段进入下一个阶段的线索？如果这种短袍和阿里斯托芬在《利西翠妲》645 提到的藏红色的长袍不一样，那仪式上怎么会用这种藏红色的长袍？奥斯伯恩(Osborne)的评论表明，当女子们扮演熊的时候，她们穿着某些(未详细说明)衣服，那么脱下这些衣服就象征着抛弃青春前期的野性。这个学者还指出，现有的证据虽尚不足以让我们重新构建“布劳隆神殿一天的生活”，但却可以提供一个在仪式上具有标志性的活动的诠释。② 然而，正如前面我们图像证据的考察所证明的那样，通过有关祭仪的细节和结构的证据，我们可以有更多的解释。

蒙泰保内(Montepaone)对阿卡提亚节的以下解释提供了进一步的证据：“神话实际上是野蛮到文明转变的戏剧性表现，考虑到这一原因，祭仪的顺序应该是这样的：模仿/(穿着藏红色长袍)——裸体/穿着得体的服装。这应该是仪式最有

---

① P.Vidal-Naquet(1986)129－56＝(1974)137－68 将 Arkteia 节上“野性”仪式的要求时段看作是野生动物死亡的补偿。参见 Simon(1983)86 以及 Lloyd-Jones(1983)94 对此持相同观点的论述。Henrichs(1981)第 197－235 页，尤其是第 198－208 页将阿卡提亚神话(结合 Brauron 和 Munichion)与伊菲革涅亚，伊菲梅德，以及卡利斯托对比；通过阿尔忒弥斯的形象，他得出结论，阿卡提亚是“一种为身体生存的仪式化竞争，强调化解生与死、人与动物，以及男性和女性等之间的根本对立”(207)。

② Osborne(1985)；“这些女孩们举起熊，又放下熊，她们在讲些什么，就像人与熊互相交流。在宗教仪式的各个阶段，她们既像熊，又不像熊……[类似伊菲琴尼亚] 她们必须为祭祀活动脱去衣服，但是她们献祭的证实她们所脱下的，野蛮……”(169)；“这些信息并没有让我们重塑布劳隆神殿一天的生活，但这所有的信息聚集起来，却使我们能够对雅典社会的崇拜圣地有些了解。”(164－65)

意义的时刻。”①

其他人认为应该是反过来的,也就是说先穿上藏红色长袍,再脱下,就像花瓶上的裸露状态一样。② 阿里斯托芬的《利西翠妲》645 证明了这一点,那上面写道“脱下长袍,我在布劳隆尼亚扮演熊”。③ 苏维诺-因伍德对阿卡提亚节花瓶上衣服样式进行了仔细的分析,得到如下推测:首先,穿上孩童时期穿的短袍,象征着儿童时期即将结束。其次,男女隔离时期穿藏红色长袍,接着是脱掉长袍,赤身裸体,最后,适婚年龄的处女就穿长一点的短袍和大长袍。④ 就像上面所分析的一样,没有人可以确定短袍在仪式中的作用,并且,因为没有新的文学证据,关于活动的顺序和衣着状态

---

① Montepaone (1979) 364:“Ritengo, infatti, che proprio perché il mito era la drammatizzazione del passaggio dal selvaggio alla civilizzazione, l' ordine dovesse essere questo: mimesi-(*himation krokoton*)-nudità-vestizione degli abiti civil … Questo doveva essere il momento significativo del rito.”

② Lloyd-Jones(1983)94 认为,臧红色长袍不该与花瓶上的希顿短袍混为一谈,在成人仪式中脱去臧红色长袍是仪式的一部分。

③ Sourvinou-Inwood (1971) 对 *katacheousa* 作出了修改;Stinton(1976)及其追随者 Osborne(1985)164 提出了 *kai cheousa*。这些文本以与埃斯库罗斯 *Ag*.239 的统一观点做支撑,他将依菲琴尼亚描述为“褪去衣服,身着藏红色长袍至死”,并用到了分词 *cheousa*。鉴于布劳隆地区依菲琴尼亚祭仪的重要性以及 Leyden Scholion to Aristoph 在 *Lys*.645 声称依菲琴尼亚祭仪的地方在布劳隆而不是奥利斯(Aulis),Sourvinou-Inwood 或 Stinson 的似乎倾向于更为传统的 kat' echousa 这一发音。参见 Sourvinou-Inwood(1988)127-142,作者对 *-cheousa* 发音的进一步辩护以及对脱去臧红色长袍这件已被花瓶上的画像所证实之事的其他争论。

④ Sourvinou-Inwood (1988) 119-126. 此处还暗示,Athens Agora P 128 (参见附录6.1,编号 13)刻画了一个奔跑的女孩,她身穿稍长一些的希顿短袍,短袍塞在裤腰里,就像其他花瓶上刻画的与阿塔兰忒相联系的运动员穿的“树枝”。当然,希顿短袍就像树枝一样,是活泼的女子们所穿的非常有用的衣服。但是我没有发现 Agora P 128 所穿的迷你裤裙(?)与,比如说,一些早期铜雕像上女运动员所穿的紧身筒短比基尼装有什么相似之处:Arrigoni(1985)pls.9-11。Sourvinou-Inwood (1988) 125 注释 12 认为这两种服装是一样的。有条裙子的下摆在左腿抬起的地方恰巧抬的太高,而 Agora P128 的不同寻常的裙装可能是对其过于字面意义的解释的反面证明。

也不能最终确定下来。但是我们可以推测，人们在前往布劳隆的祭仪游行时穿着藏红色长袍。对这种长袍，阿里斯托芬的读者们都很熟悉。穿短袍的一般都是刚成年，新加入到祭仪的年轻人，而裸露的都是那些即将离开她们在仪式上的角色的人，一般说来都是年长稍长一些。但是也不排除其它情况。

在某种程度上来说，穆尼奇亚节关于创立神话的文学传说与布劳隆尼亚的相比，结构相似，但是在某些细节上却有很大的不同：①

1. 一个名叫恩巴洛斯(Embaros)的雅典人在穆尼奇恩(Munichion)建立了阿尔忒弥斯神殿。

2. 有一只熊“出现”在神殿，伤了很多人，最后被雅典人所杀。

3. 接着发生了一场瘟疫/饥荒。

4. 神(阿波罗)承诺援救他们，条件是他们祭献一个女子给阿尔忒弥斯。

5. 恩巴洛斯/巴罗斯(Embaros/Baros)向她女儿承诺，作为回报，将让她世世代代担任他那个部落里的祭司。

6. 把他女儿藏了起来[在禁区(adyton)，即神殿中心的禁区]。用一只以他女儿命名并穿着人类的衣服的山羊代替了他女儿献祭。②

7. 雅典人不信任这个人，就问任命这个男人为终身祭司的阿波罗询问；这个男人承认了自己的诡计。

8. 从此以后，女子们就在婚前“扮作熊”，为有关野兽的事件赎罪。

---

① 在相对时代关于穿短袍女孩与裸体女孩的最明确的记载，参见前面讨论过的附录6.1，编号17和18（图6-5和6-6）。

② Osborne(1985)163认为主要的不同之处在于，比雷埃夫斯神话力图解释以杀山羊代替杀熊，杀山羊本就存在问题，而杀熊存在更大的问题。然而，布劳隆版本是“利用熊像人的方式来作为人像熊的结构的一部分”。

这个神话的三个来源中，只有 *Lexeon Chresimon* 的“扮作一只熊”（Bekker, *Anec. Graec*.1.144f.）在第七章和第八章提到了相关的信息，尤其提到“扮作熊”的要求。[①] 由于在比雷艾夫斯（Piraeus）神殿发现的花瓶上没有女子图像，这两章也许不是原作，而是从布劳隆传说中演变而来的。[②] 因为不管怎么样，在这里，人类和熊的关系都不可能像布劳隆神话中一样，成为中心主题。[③]当然，就像布劳隆神话一样，这里为通过杀死一只熊而向阿尔忒弥斯献祭和赎罪的仪式提供了神话背景。然而，重点是外表并不可靠以及人类和神都会使用诡计。熊并不是献给阿尔忒弥斯的祭品，却被杀害了（也就是说，人们盲目地对抗具有神性的动物，从而侵犯了神）。恩巴洛斯/巴罗斯自作聪明，想欺骗雅典人和阿尔忒弥斯。他表面同意将他的女儿献给女神，来换取他的祭司职位。实际上，他却用一只穿着像女子的山羊替代了他的女儿（也就是说，这个男人献了具有人性的动物来安抚神）。[④]（如果这部分被视为是这个神话的原创部分）从那以后，阿提卡的女子们在结婚之前“扮作熊”，通过这样，他们为杀害野兽而赎罪（即具有兽性的人类由于杀害了具有神性的动物，随后还用具有人性的动物充当献祭品来欺骗神。为了赎罪而举行仪式）。甚至在欧斯塔修斯（Eustathius）所叙述的神话和《苏达辞书》中，有一句民间谚语也表现了诡计的主题——“我是/你是恩巴洛斯，理智，聪明”。

158

穆尼奇恩（Munichion）关于恩巴洛斯的传说很明显是与传统神殿祭司有关的因缘传说，更加侧重祭司元老的聪明才智，而不是女子们“扮演熊”的意义。因此，穆尼奇恩和布劳隆创立神话焦点

---

① 文献资源包括 Bekker; Suidas, *Embaros eimi*; Pausanias in Eustathius, *Iliad* 2.732; Apostol.7.10；以及 *Append. prov*.2.54 等，都在 Brelich（1969）248-49 中完整引述。

② L.Deubner（1956）206-7.

③ Osborne（1985）163.

④ Henrichs（1981） 206-7. 阿尔忒弥斯并不在乎自己所得猎物的种类——鹿、熊或山羊——都可代替年轻女孩作为献祭。

的差别和图像证据的差别相对应。穆尼奇恩发现的有关女子跑步和仪式活动的花瓶时间上更晚，并且也更稀少。① 这些差异表明，阿卡提亚节上的女子仪式首先是在布劳隆举行，随着仪式越来越受欢迎，才在穆尼奇恩被采用。

对于参加阿卡提亚的女孩，学者们有不同的意见。有些人根据某些不明确的来源指出，所有满足年龄条件的女孩都参加这个节日。② 然而，大多数学者认为，实际上只有少数代表参加。③ 从文学文献和考古证据来看，参加的年龄阶段应该是 5-10 岁。④ 这一年龄阶段对有些人来说也许太年轻了，但是重点是这一阶段是可以确保女子还未来月经初潮。或许古时人们对年龄的限制不像我们对文献资料精准程度的要求那样苛刻。我们也许可以从男性体育比赛的类别中引证。在男子竞赛中，参赛者分为男孩、男青年、男人，这一分类是当地的裁判根据特定的原则，有时候还存在

① Palaiokrassa(1983).

② Simon(1983)86.

③ Brelich (1969)264-265 假设所有生为自由民的女孩最先参加，后来只有贵族的女儿才能参加。Osborne(1985)159-160 认为，鉴于布劳隆铭刻上存在一些可鉴别的名字，那时至少有一些贵族是热衷于祭仪的。Cole(1984)242 认为，鉴于 Harpokration 中用 dekateuein 来替代“扮作熊”(arkteuein)，后期只有百分之十的人参与祭仪。维达那克(1986)145-46 =(1974)155-56 表明，由于神殿规模很小，只有少量具有代表性的女孩参加。Arrigoni(1985)103 认为双耳花瓶的存在可能表明有些女孩象征性的间接参加，尽管如果情况果真如此的话能找到更多的双耳花瓶。Sourvinou-Inwood (1988)111-118 的观点十分有力，作者赞成以宗族为基础挑选出具有代表性的熊女，也许是因为这是 Cleisthenic 重组城邦的一部分而发起的。

④ Sourvinou-Inwood (1988) 15-105 提出了对画像及文字证据最为准确深刻的调查，并得出所有的证据都指向 5-10 岁的结论。Brelich (1969)266-270 把年龄限制与每 4 年举办一次的独具奢华的节日活动相联系，此节日庆祝之时也是选拔新的熊女之时。参见 Arist., *Ath. Pol.* 54.7，其将布劳隆定为一个 penteteric 节。Lloyd-Jones(1983)93 从 Aristoph., *Lys.* 645 可推断出最开始时年龄在 10 岁以上，接近青春期，但后来在对那篇文章作出评论时期，年龄限制下降到 5-10 岁。

争论的情况下所决定的。① 5-10 岁的年龄限制也许还是女子作为熊(arktos)的扮演者参加仪式的年龄,而不是退出祭仪的年龄。

阿里斯托芬的《和平》873-876 的注释和《苏达辞书》的下拉词"布劳隆"中,有一个含义隐晦的传说,人们将其视为阿尔忒弥斯节和狄俄尼索斯节之间的联系。② 只要一提到布劳隆,人们就将它们联系起来了。和布劳隆尼亚节一样,特欧力亚节(Theoria)是 5 年举行一次的节日。在特欧力亚上,男人们会喝得酩酊大醉,然后去抢夺那些在布劳隆找到的妓女。注释上的叙述听起来有点像"为了解释原文而做出的微弱的努力"。③ 但是,注释上也提供了一些不能从阿里斯托芬作品中推测出来的细节:阿提卡的每个社区都会举行特欧力亚,而且在布劳隆有"很多"妓女。有些布劳隆的插图上也出现了酒神的女祭司和高级妓女。④

159

布雷利茨承认特欧力亚是和历史有关的。考虑到报告中有相似的推论,他认为在布劳隆举行的特欧力是一个属于男人们的狂欢节。可以得出这样的结论,那就是这个节日的举行和女性专属

---

① T.Klee, *Zur Geschichte der Gymnischen Agōne an Griechischen Festen* (Leipzig: B.G. Teubner, 1918; reprint, Chicago: Ares, 1980)43-51; M.Poliakoff, *Combat Sports in the Ancient World: Competition, Violence, and Culture*(New Haven: Yale Uni- versity Press, 1987)20 and 168, note 29; L.Drees, *Olympia: Gods, Artists, and Athletes*, trans.G.Onn(New York: Praeger, 1968)50-51.

② 参见 Deubner(1956)208 引用文献;Kahil(1963)19-20 and pl.11.1;同上(1965)26-27; Brelich(1969)276-77; and Arrigoni(1985)103-4。

③ 参见 Lloyd-Jones(1983)92, 注释 31。

④ Kahil (1963)pl.II.I 展现了一个红绘式陶盘的碎片, 布劳隆 A40, ca.500b.c., 在这个碎片上, 一位女祭司身穿透明短袍、翩翩起舞, 还有 pl.12, 红绘式陶盘 A43, ca. 430-420b.c, 刻画了两位高级妓女, 一个身穿比基尼, 玩着 krotala(响板), 另一个身着短袍和宽松长衫, 正准备脱下衣服。比基尼树枝上刻画了两个身形的轮廓, 很显然, 一个裸体, 一个身穿比基尼装, 或在跳舞, 或在奔跑。Kahil 并没有将其与特欧力亚节联系起来, 但是这些陶盘可能曾被用来庆祝此节日, 或者甚至被用在庆祝此地的酒神节。Kahil(1965)26-27 在其他地方承认特欧力亚节存在历史中, 但却声明特欧力亚可能并没有与阿卡提亚同时发生。

的布劳隆阿卡提亚节有着密切的联系。[①] 多伊布纳尔(Deubner)把特欧力亚看作是了解陪伴妇女们从雅典到布劳隆的男子使者团的一个参照。阿里戈尼(Arrigoni)作了一个比较,从在布劳隆地区阿尔忒弥斯和酒神狄俄尼索斯受崇拜程度到他们在斯巴达的共存。在斯巴达,叫作狄俄尼塞迪斯(Dionysiades)或者“酒神之女”的少女,为了表达对酒神的敬意而举行跑步竞赛,而男孩们则参加祭祀阿尔忒弥斯的仪式。[②]

奥林匹克的赫拉亚节有着相似的宗教背景。赫拉亚节是一种婚前仪式,节日上有女子田径比赛,并且由同一个组织者举办的祭献狄俄尼索斯的仪式使得赫拉亚节更为完整。我们在第四章曾讨论过,据说希波达墨娅嫁与了珀罗普斯,为了感谢赫拉而创立了赫拉亚节(Paus.6.16.4)。只有少女才有资格参加这个节日的比赛。尽管起先它就像布劳隆尼亚一样,只是一个地方性庆典,但是参赛的女子并非一定是当地人,并且赫拉亚节可能是在后来还对那些来自希腊各地陪伴父母参加男性奥林匹克运动会的少女们开放。主持这个节日的女祭司们是“十六女子”(埃里斯人),她们编排了两个歌舞来表达对希波达墨娅和另外一个当地女英雄费斯科阿的敬意。这个女英雄,和酒神狄俄尼索斯结合,生了一个儿子,并且是她开创了对酒神的崇拜这一习俗。保塞尼亚斯还注意到,伊利斯人特别崇拜酒神狄俄尼索斯,还专门为他举行一个美酒节,叫瑟

① 布雷利茨引用了米南德的 *Epitrepontes* 中的相似事件。书中描述了女孩们在某个阿提卡节日上受到了侵犯。后者很可能是在布劳隆举行的供奉阿尔忒弥斯的塞俄尼亚节(Theoria)。布雷利茨对该事件和希罗多德《历史》6.138 中描写的佩拉斯吉人或伊特鲁里亚人在布劳隆的某个节日上强奸了阿提卡妇女的历史事件的联系进行了注解。布雷利茨总结说,布劳隆的塞俄尼亚节与后者类似,且对妇女的强奸也是仪式性的。

② Deubner(1956)208; Arrigoni(1985)103-4. 在某种程度上,斯巴达与布劳隆的节日活动正好相反:女孩敬奉狄俄尼索斯,而男孩敬奉阿尔忒弥斯。然而,两地举办的节日都具有成人礼的功能。关于狄俄尼塞迪斯举行的赛跑比赛,参见 Calame(1997)186-87=(1977)vol.1, 325-26 以及本书第五章相关内容。

利亚(Thyia,6.26.1)。节日仍然是以节日的组织者“十六女子”来命名,祈求酒神出现——“他坐于牛背之上,这坐骑撒开四蹄,怒气冲冲地狂奔而来”。①

狄俄尼索斯与其继母赫拉一直不和。但此处,他们两个因为这16位伊利斯人所创立的歌舞队而联系在一起。狄俄尼索斯和赫拉一样,都与成年妇女相关。尽管纪念狄俄尼索斯的祭仪是提倡妇女们从家庭主妇的角色中短暂的解脱出来(*ekstasis*),而赫拉的祭仪则是强调女子家庭主妇的角色。② 另一方面,赫拉在奥林匹亚,阿尔忒弥斯在布劳隆,她们的角色是一致的,都是监督从少女到已婚妇女(*parthenos* 这个词包含有已婚的意义)的过渡阶段。赫拉是希波达墨娅婚姻和赫拉亚节的庇护神,这跟阿尔忒弥斯在阿提卡的布劳隆尼亚的作用很相似。

狄俄尼索斯在斯巴达、伊利斯和布劳隆的出现,以及少女们在仪式上的奔跑,并没表明两者有任何共同出处或者相互影响。这三者都至少有一个相似的祭仪补充和仪式动机,即在少女们即将进入婚姻并要温柔顺从之前,疯狂地庆祝她们的庆典时,团体会让她们在庆典中体验与他人协同工作的感受。而这种经历,在她们以后的婚姻生活中将再难觅踪迹。狄俄尼索斯、赫拉和阿尔忒弥斯分别是成年女性,新婚女性和婚前女性的守护神。当地复杂的传统,会影响人们在三个节日中做出取舍,但是“女宙斯”狄俄尼索斯的存在却将他们全部联系在了一起。

160

① 参见本书第四章关于奥林匹亚赫拉亚的论述,以及 Nilsson(1957)291-93 关于伊利斯图伊亚的论述。

② W. Burkert, *Greek Religion*, trans. J. Raffan (Cambridge, Mass.: Harvard University Press, 1985) 132-33, 223, from the original *Grieschische Religion der Archaïschen und Klassichen Epoche* (Stuttgart: W. Kohlhammer, 1977) 210-12, 340-41; Calame (1997) 113-23 = (1977) vol.1, 209-24 关于赫拉, 134-38 = (1977) vol.1, 241-45 关于狄奥尼修斯。

阿尔忒弥斯和其它有关熊的神话

关于布劳隆阿卡提亚节的主要特点的文献，还有一个重要的方面有待我们研究，那就是熊这一形象本身。阿尔忒弥斯这个名字和“熊女”（*arktos*）有着同样的词根。尽管我们不知道这位女神的动物形态是否就是熊，但她似乎天生就跟这个动物有着紧密的联系。① 就像之前提过的，熊在外貌和个性方面都和人类很像。于是，熊成了野蛮和文明之间过渡的桥梁。在阿尔忒弥斯的神话中，几个谈及其与熊的关联，也就是关于阿塔兰忒、卡莉丝托（Callisto）和波利福特（Polyphonte）的神话，有助于我们理解熊在这些神话中的意义，而且有助于我们更好的理解熊在神话中和阿卡提亚节仪式中的作用。

阿塔兰忒，卡莉丝托和波利福特的神话还解释了阿尔忒弥斯和她的年轻跟随者的联系。这些跟随者都是介乎处女和非处女，野蛮和文明，人类和神灵之间。阿尔忒弥斯被称作“*Herrin der Draussen*”——边缘女神。她的管辖范围主要是市区外面的边远地区，这个区域与她的社会角色是相符的，就是把少女们（*nymphai*）和处女们（*parthenoi*）引进婚姻。阿尔忒弥斯天生就厌恶她的信徒结婚或者与人发生任何性接触。她反对性行为，视之为暴力和野蛮，“处女们共同的噩梦”（巴拉丁伯爵诗集 9.245），“类似

---

① Artemis 的词源来源于印欧词汇的词根，意为“熊”，详情参见 Simon（1980）148-49 and 331，note 3；J.Puhvel，Comparative Mythology（Baltimore：Johns Hopkins University Press，1988）136。此词根在方言同源词 Arkas——阿尔忒弥斯的追随者 Calliso 的儿子的名字——也有用到。Nilsson（1955）485-86 认为与阿尔忒弥斯有关系的熊的故事最起码显示出了她与动物世界的亲密关系。Kahil（1977）94 发现有时会把熊与地下神灵联系起来，此外，布劳隆地区有熊的存在，也许证明伊菲琴尼亚最初是居于地下的神，后来才和阿尔忒弥斯结合起来。

狩猎和战争的搏斗，让人流血的伤害”。[①] 在阿尔忒弥斯的神话中，熊既可以强化一个少女对神的忠诚，比如阿塔兰忒，也可以让放纵肉欲的少女远离神的眷顾，比如卡莉丝托和波利福特。

在阿尔忒弥斯的守护之下，阿塔兰忒在成为女猎人之前，由一只熊抚养长大。随后，美兰尼翁/希波墨涅斯（Melanion/Hippomenes）在爱神阿芙洛狄忒的帮助下，在赛跑中赢了阿塔兰忒，而奖品是阿塔兰忒嫁给他。阿塔兰忒和阿尔忒弥斯也因此断绝了联系。用普罗佩提乌斯（Propertius）的话："美兰尼翁……洗去了伊阿索丝（Iasus）女儿身上的野性。因此，他才能使得这位敏捷的女孩变得温顺。"（I.1.9-10,15）

我们在第7章会进一步讨论到，阿塔兰忒婚前的暴力行为在有关她的神话中已经说得很清楚了，包括杀掉试图强暴她的人马怪物，以及处死在美兰尼翁跑赢她之前所有在比赛中败给她的追求者："（她宣布说：）'胜利者的奖品是一个老婆和一间卧室。失败者的奖品则是死亡。这就是比赛的规则。'她确实冷酷无情……"（奥维德，《变形记》10.571-73） 161

在一次狩猎远征中，这对情侣在宙斯的地盘上做爱，于是他们被变成了狮子（猜测是宙斯变的）。[②] 跟阿卡提亚节的少女们一样，阿塔兰忒把自己献给了阿尔忒弥斯，一直保留处女身。她非凡的成就彰显了她优秀女猎人的身份，这从她是第一个刺伤卡吕冬野猪的人就可见一斑，就像参加作为阿卡提亚节庆典活动之一的神圣狩猎的"熊女"一样。阿塔兰忒神话的各种版本都传达了阿提卡亚节的本质，也就是从处女到已婚妇女，从野蛮到温顺，从女猎人到猎物的转变。

---

① J.-P. Vernant, "Etude comparée des religions antiques", *ACF* (1980-81) 402.

② 关于亚特兰大的文献资源列于 W. H. Roscher, *Ausfürliches Lexikon der griechischen und römischen Mythologie*, s.v. (Schirmer)。最全面的版本，包括被熊养育的部分，在 Apollodorus, *Bibliotheca* 3.102-9 中提及。

阿塔兰忒是被一只熊抚养长大的，并且她在少女时期就拥有超自然的力量。这都表明这个少女是半熊半人，是布劳隆少女中的“熊女”。结婚之后，她和他的配偶变成了狮子，众所周知，这类野兽是被禁止交配的。① 阿塔兰忒与一只母熊之间的关系使得她和阿尔忒弥斯更紧密的联系在一起。这种联系被美兰尼翁/希波墨涅斯借助阿芙洛狄忒在塞浦路斯的圣园的苹果的帮助而切断。② 当她被变成动物时，平衡最终又得以重新建立。讽刺的是，在其终极野蛮形态中，她却拒绝了引发变形的媒介——爱欲。和其它神话相比，这种形式更加清晰。让爱欲成为阿尔忒弥斯的信徒阿塔兰忒生活的一部分，能加速她进入成年期的进程。但是，对于阿塔兰忒来说，熊使得她更靠近阿尔忒弥斯的世界，而不是使她远离这个世界。然而，熊代表阿尔忒弥斯在野蛮和文明之间的形态。如果不管是在有待检验的神话中，还是在布劳隆人的仪式中，这位女子的形象都是确定的，那就是度过了温顺期，并永远进入不驯状态的野蛮动物的形象。

宙斯在伪装后强暴了阿尔忒弥斯的跟随者卡莉丝托，阿尔忒弥斯发现卡莉丝托怀孕之后，将她变成了一只熊。③ 另一种说法：因为卡莉丝托没有保护好她的童贞，被阿尔忒弥斯射死了。④ 还有一种说法：赫拉知道了卡莉丝托与宙斯私通，出于嫉妒将她变成了一只熊。⑤ 无论是谁变的，卡莉丝托是在失去童贞之后变成熊的。这种惩罚不算过分，因为熊是与野蛮状态完全分离的象征，熊

---

① 关于变形为狮子的论述参见 Apollod, *Bibl.*3.108–9。关于狮子不交配的论述参见 Servius Ver. Aen.3.113; *Mythographi Vaticani* 1.39; Palaephatus 14。

② Schol.Theocr. 3.40; Serv., Verg. Aen.3.113, *Eclogae* 6.61.

③ Pseudo-Eratosthenes, Catasterismi I.I.I–II.

④ Apollod.3.101：参见附录 6.1，编号 19(=图 6–7)，公元前 5 世纪布劳隆类型的双耳瓶上展现的阿尔忒弥斯射向卡里斯托的场景。

⑤ Ovid, *Metamorphoses* 409–530, id., Fasti 155–92. 其他资源，参见 Roscher s.v.“Callisto”(Reinhold Franz)。

162 是兼具野蛮与人性特质于一体的边缘生物。

波利福特,阿尔忒弥斯另一个信徒,排斥阿芙洛狄忒。后者使她迷失心智而与一只熊坠入情网。① 他们的孩子,阿格里奥斯(Agrios)和奥雷奥斯(Oreios),是野蛮的典型代表,因为他们把每一个来到他们屋子的人都残暴地杀害了。波利福特和她的儿子们最终被宙斯变成预示着不祥之兆的鸟。波利福特和熊之间的联系,就像卡莉丝托和布劳隆传说中的少女之间的联系那样,最终使得她与阿尔忒弥斯彻底决裂。波利福特的决裂更彻底,因为她为了自己和家人的安全而逃到了荒野。她和一只熊结合,这种不虔诚的行为体现了服从和野蛮之间的混乱:她,作为人类却将自己放逐荒野,拒绝服从能驯服一切的阿芙洛狄忒。后者使她"服从"对一只熊——一个超越人类应有界限的动物——产生的爱欲。正如卡莉丝托和布劳隆女孩阿塔兰忒一样,在神话传说和祭仪上,波利福特的结局是由人类变成了动物。这些传说在描述少女转变的时候主线是一样的,那就是一个充满野性的少女变成顺从的女人,其标志就是遇到一只类似于人的熊。这种转变随后会更进一步,即冒犯神的妇女将会变成动物。

奔跑是阿尔忒弥斯神话和仪式中一个显著的特点,她的追随者们翻山越岭的赛跑,在狩猎中追逐动物。阿里安格里(Arrigoni)提出:"因此,阿卡提亚节基本上是对阿提卡女子某种力量的驯化,这种力量不受抑制而且阿提卡女子们使得这种力量更强大。这种赛跑象征着自由:行动的自由,着装的自由(尤其指裸露),紧张的情绪在放松那一刹那的自由,以及循规蹈矩且庄重的成年女性,内心年轻的力量释放的自由。"②奔跑能够唤起信徒的狂热,这是神赐予的狂热。

---

① Roscher, *Ausfürliches Lexikon der griechischen und römischen Mythologie*, s. v. "Polyphonte"(Höfer) discusses Polyphonte and the primary source, Anton. Lib. 21.

② Arrigoni(1985)103.

阿塔兰忒的外号是“飞毛腿”。当她与美兰尼翁/希波墨涅斯赛跑时，她正为年轻人对她的爱恋而抓狂。然而，阿塔兰忒跑这么快不是作为一个猎人在追赶猎物，而是作为一个猎物在逃跑。就像阿尔忒弥斯那样，她是一个追求永久童贞的少女（Cal.，*H. Art*. 6）。她也是一个逃避终将“驯化”为人妻这种命运的少女。波利福特，尽管她以前是个猎人，现在却被动物追击。她很害怕，于是逃跑[deivsasa ... feuvgousa，安东尼努斯·莱伯拉里斯（Antoninus Liberalis）21.3]，到她父亲的房子寻求庇护。而卡莉丝托，正如之前所提到的，“尽管她是个女猎人，但在猎人面前却害怕得逃跑。当野兽出现的时候，她经常躲起来，忘记了她的本性。就算在山上看到了一只熊，她也会战栗”（Ov.，*Met*.2.492-94）。在奥维德的版本中，卡莉丝托和波利福特一样，都被阿尔忒弥斯的野兽所追捕。① 在阿尔忒弥斯神话有关普罗透斯（Proetus）的部分，逃跑是主题。普罗透斯是阿格斯（Argos）的国王，他有 3 个女儿，叫普罗泰斯（Proetids）。这 3 名少女对赫拉的木雕神像不敬，或是抗拒了酒神狄俄尼索斯的祭仪。不论是哪种情况，她们都侵犯了与成年女性有关的神。（Bacchylides，*Epinician* II[Maehler]；Hesiod and Acususilaus *ap*. Apollodorus 2.26-29；Paus.2.18.4，5.5.10，8.18.8.）于是，神让普罗泰斯失了心智，在山林荒野中四处流窜。② 因此，在阿卡迪亚山她们闯入了阿尔忒弥斯的领域。她们的父亲最终能把她们带回来，要么是因为阿尔忒弥斯的介入（参见巴克基利得斯（Bacchylides）的作品），要么是与预言家墨兰波斯（Melampus）达成了协议[阿波罗陀洛斯（Apollodorus）]。根据这个协议，墨兰波斯和他的兄弟可以娶她们其中两个为妻，并获得了普罗透斯三分之二的土地。这 3 名少女的婚姻使得她们与阿尔忒弥斯断绝了

163

---

① 关于卡里斯托作为阿尔忒弥斯本质的观点，参见 Kahil（1976）130。

② 参见 Bacchylides，*Epinicion* II.50-63，Apollodorus 也着重描绘了这一情况。

关系。关于阿尔忒弥斯这个有关“驯化”的神话,其有意义的贡献在于,在位于“解脱的”利索斯河(stream Lysos)的“驯服者”阿尔忒弥斯神殿,少女们从她们狂热的状态中解脱了出来(Cal.,*H.Art.* 233-36,Paus.8.18.8,cf.2.18.4,5.5.10;Polybius 4.18.9-10;Vitruvius 8.3.21)。

普罗泰斯这3名少女的归顺以及阿尔忒弥斯最终作为一个驯化者,都证实了我们对布劳隆神话的分析。在布劳隆神话中,阿尔忒弥斯很重要的一个作用就是“驯化”。这与之前提到的布劳隆神殿上那个温顺的熊相对应。

总 结

因此,阿尔忒弥斯神话描述的是摒弃文明,逃到野外,最终被驯化。在一些情况下,会再由驯化回到或者是保留野性。熊有着人类的特点,所以在阿提卡的仪式上,熊成了代表阿尔忒弥斯最理想的动物。它代表着一个介乎野性与文明、处女与已婚的边缘形象。花瓶上描述的在仪式上竭尽全力的冲刺强调了少女们向成年女子的过渡。确切地说,这场奔跑不是一场比赛,而是一场追逐。它更类似一场狩猎,而不是一场更适合男子来参加的比赛。这场追逐再现了布劳隆和穆尼奇恩的创立神话。与一只半驯化的熊调情;当熊露出属于阿尔忒弥斯的野性一面时,再不顾一切地逃离它。这场追逐把前者的紧张和体现了驯化与野性这两面的献祭庆典结合在了一起,而后者的驯化与野性则表现在那些扮演熊的少女身上。

尽管这场追逐不能像它作为美国足球的基础一样,作为任何希腊传统男子体育比赛的发源,但我仍将阿卡提亚节仪式列入现在的讨论。这有几个原因。阿卡提亚上这场追逐也许是一场比赛,比赛的“胜利者”就是那个扮演熊的女子,她能追逐另一个女孩（扮演创立神话中的“女孩”）。在这个假设的比赛结构中，“扮演熊的女孩”如果成功的话，可以战胜那个“扮演‘创立神话中女孩’的女孩”，她就可以赢得这场比赛，获得阿尔忒弥斯的庇护；或者“扮演熊的女孩”没能抓住她的猎物，那另外一个女孩就会代替她“扮演熊”。这样，她们就轮流充当阿尔忒弥斯的神兽。就算这场追逐不是严格意义上的追捕式的比赛，而是一场奔跑仪式，这也可以看作一种假狩猎的形式。这是古人的一种休闲活动，严格来说，不是体育活动。尤其是它和赫拉亚节有很多地方都一样：（年龄类别，为了目标而奔跑，以及婚前的意义），这些共同因素都使得这场追逐成为替代更加传统的男子比赛的一个重要选择。不管它是场竞赛还是一场仪式，它都是一场测试力量的典礼。这种力量帮助古代阿提卡的女性了解她们的性别个性。 164

附言

理查德·汉密尔顿（Richard Hamilton）的文章“阿尔克曼和雅典阿卡提亚节”（《西方之国》58.4（1989）449-72 和插图 83-86）应该被给予一些特殊评论。因为它在解读布劳隆花瓶上的场景时，提出了一个与这篇论文以及很多先前的学术研究不一致的假设。汉密尔顿将我收入在附录 6.1 的大多数相同的“阿卡提亚”花瓶收编在录。这些花瓶都是出自布劳隆，穆尼奇恩、雅典阿果拉和赫伯特.A.盖恩（Herbert A.Cahn）的收集中。但是以下除外：他的第 1 号和相同的第 7 号，修复得更全面（相当于这里的附录 6.1，编号 6）；有一些文献，汉密尔顿收编在录，而我没有。因为它们零零碎碎，根本提供不了有用的信息（编号 15，20，24，25）；由于某些原因，他遗漏了我的附录 6.1，编号 11，16 以及 20 到 23 的作品。并且，他把我的附录 6.1，编号 19 的作品排除在外，它可能描述了一个神话中的场面（这里也包含了其图像关联性）。汉密尔顿的目录有一些细节上的错误已在附录6.1中指出,就此也可以看出,他没有机会研究第一手资料,他的研究是依赖已经出版的图片。尽管如此,汉密尔顿的三个表格仍然是令人信服的。这三个表格展示了喷口杯的碎片上所出现的女子的衣着、发型和活动,但这些都缺乏连贯的图片。汉密尔顿(459-63)认为,由于花瓶上缺乏一些细节,花瓶和证据也很难取得一致,这些都表明花瓶上的图案描绘的并不是阿卡提亚节上的仪式,至少不是这一节日所特有的神秘仪式。汉密尔顿通过比较花瓶上的图案和阿尔卡曼的《帕西妮亚诗集》中描述的活动,得出以下结论,即相对于5年一次的阿卡提亚节和文献上提到的"神秘主义",这种喷口杯更多的是描绘了一种典型的为处女所举行的秘密仪式(471)。但是汉密尔顿没有提供任何其他可供选择的女性仪式使我们能确定这些活动。他也没有强调游行,献祭,竞赛(追逐?)以及可能作为节日一部分的神秘的歌舞队之间的相似点。喷口杯上的图案,所有的参与者呈现的样子不一致,但这不表明古时的仪式惯例要求他们这么做。譬如像天主教堂对祭坛的男孩的要求那样。这个研究表明,那些证据,特别是那些关于布劳隆和穆尼奇恩创立神话的,是如何与花瓶上描绘的代表女孩成年的奔跑活动保持一致。(汉密尔顿反对这一观点,参见[1989]459,注释22)。汉密尔顿反对将这个仪式理解为一种成年礼形式([1989]459,注释20),但是M.Eliade认为这种入会仪式对青年进入成年期有着重要影响,与其它为了进入一个秘密社团而举行的仪式不一样(*Rites and Symbols of Initiation: The Mysteries of Birth and Rebirth*,纽约:哈珀,1958,再版,1965)。尽管阿卡提亚节仪式很神秘,但它并不是一个"神秘宗教",而且并没有必要禁止展出它的一些活动。出现在双耳杯上的这些活动是否是"正典(cannon)"的一部分或者是秘密宗教仪式的核心,我们不得而知。在这个仪式上,人们穿藏红色长袍。事实上,我们在已出的土花瓶上找不到任何可能叫作藏红色长袍的礼服,这表明

165

仪式上的这个独特的部分是保密的。但是藏红色长袍本身的缺失并不意味着其它活动与阿卡提亚节上的仪式不相关。的确，不同地址及不同出处的花瓶之间的相似性表明了他们都和阿卡提亚节仪式相关，这些仪式就算不一模一样，也是相似的。这些花瓶出自布劳隆、穆尼奇恩以及阿果拉和雅典卫城阿尔忒弥斯神庙的周边。相反，若像汉密尔顿一样假定一些未知的秘密仪式的存在，那就难以让人相信了。汉密尔顿在其另一篇文章中的相关描述更加详尽，参见 C.苏维诺-因伍德，“古代的习俗和现代的观念：再谈神殿里的熊”，BICS37（1990）1-14。　166

第七章 阿塔兰忒与关于性别的竞技神话

说起女性作为比赛者所受到的排斥，作为一位不屈不挠的运动员，捷足善走的美女阿塔兰忒的传说在早期，特别是在希腊文学和艺术作品中，占据着突出而特别具有争议的地位。① 据希腊皮奥夏地区和希腊中部的故事版本，阿塔兰忒是西罗斯的女儿。作为一名处女和女猎手，她蔑视性爱，却又答应嫁给能跑赢她的人。希波墨涅斯（又名美兰尼翁）与爱情女神阿弗罗蒂忒密谋，在赛跑

① 关于阿塔兰特作为一名运动员的重要文献包括：Ellen D.Reeder, *Pandora: Women in Classical Greece*（Princeton：Princeton University Press，1995）363－71，cat. nos. 117－19；A.Ley，"Atalante — Von der Athletin zur Liebhaberin：Ein Beitrag zum Rezeptionswandel eines mythologischen Themas auf Vasen des 6－4 Jhs. V Chr."，*Nikephoros 3（1990）31－72; ead., Atalante — Darstellungen auf Vasen des 6.－4. Jhs. v.u.Z.*（M. A.thesis，University of Hamburg，1987；感谢 Ley 女士让我一睹此文）；J.Boardman，with advice from G.Arrigoni，"Atalante"，in *Lexicon Iconographicum Mythologiae Classicae*（hereafter *LIMC*）（Zurich：Artemis Verlag，1984）II.I，940－50 with pls.II.2，687－700；G.Arrigoni，"Donne e sport nel mondo greco：Religione e società"，in *Le donne in Grecia*，ed. G.Arrigoni（Rome：Laterza，1985）167－68 and 171－72 with pls. 14 and 20；G.Arrigoni，"Atalanta e il Cinghiale Bianco"，*Scripta Philologica* I（1977）9－47；"Atalante"，in *Ausführliches Lexikon der griechischen und römischen Mythologie*（Schirmer）；R.A.Howell and M.L.Howell，"The Atalanta Legend in Art and Literature"，*Journal of Sport History* 16（1989）127－39；J.Escher，s.v. "Atalante"，cols. 1892－98，in *RE* II.2（Stuttgart，1896）。

过程中扔下她给的金苹果。阿塔兰忒果然停下来去捡金苹果,从而输了比赛。这对新婚夫妇在一个神殿里做爱,结果被神祇,可能是宙斯,西布莉(Cybele)或阿耳忒弥斯变成了狮子。而据阿卡迪亚(Arcadian)或者希腊南部的故事版本,阿塔兰忒是一个由一头熊哺育的弃婴,后来成为一个男人们嫉妒憎恨的女猎人,最终在赛跑中被美兰尼翁打败。

关于阿塔兰忒的出生和死亡的这些传说在不同版本里都有好几章的描述。生活在野外时,她曾经杀死两名试图强暴她的半兽人,在参加卡吕冬狩猎比赛时,为那个时代最伟大的英雄之一,她很好地诠释了自己。她还参加过阿尔戈英雄的旅途(the Voyage of the Argonauts)这场有名的冒险活动,并参与了珀利阿斯(Pelias)葬礼竞技,在摔跤比赛中战胜珀琉斯(Peleus)。

这些传说的古老源头表明了它们形成于文学传统并广为流传。在公元前7世纪,阿塔兰忒就在赫西俄德(Hesiod)的作品中被提及,也出现在公元前5世纪3位伟大剧作家的作品里——埃斯库罗斯、索福克勒斯和欧里庇得斯分别写下了她的一些故事。不幸的是,这些故事都只是一些零碎的片段。到公元1-2世纪,故事的完整版本才被希腊神话的文选编者——奥维德、伊基努斯(Hyginus)和阿波罗多罗斯(Apollodrus)保存下来,要想从他们的作品中找到早期希腊的思想踪迹就必须整体把握,细心阅读。①

在希腊艺术中,阿塔兰忒的各个故事选段要追溯到公元前6世纪早期至公元前4世纪末期的花瓶上,其中有些是后期罗马艺术家的代表作。明显的是,阿塔兰忒的故事主题具有十分宽泛的吸引力,吸引了众多文学和视觉艺术家以及广大公众。然而,为什么这位违反一切女性行为规范、拥有超能力的出众女性形象会如此受欢迎呢?这位女性能否从某个层面上被视作一个模范?她有

175

① 文献来源参见 Boardman and *Arrigoni* II.I (1984)940。

没有被视为一个对现状的威胁？对当今研究来说最重要的一个问题是，关于希腊是如何看待女性作为运动员的形象这个问题，她的传说可以告诉我们什么？要回答这些问题，我们必须在某些文学和艺术版本中重温阿塔兰忒的传说。

文学作品中的阿塔兰忒

在我们能够参考的最早文献中，赫西俄德提到了这位妇女最初对男性的憎恶："……捷足善走的阿塔兰忒美女，拥有美惠三女神的闪电速度，不愿与人类部落有任何联系，渴望逃避与急功近利的男性结婚。"而提奥格尼斯（Theognis，公元6世纪？）在他的诗歌中则提到："……虽然她很美丽，但她不愿结婚，并逃离婚姻。她有一些功绩，却毫无成就感……在逃离婚姻的过程中出现了令人垂涎欲滴的阿芙洛狄忒的金色礼物；虽然她清楚这个目的，却断然拒绝了。"①因此，这些最早的描述突出了她那种使得男人们都渴望得到她的美貌与魅力，以及她对婚姻的强烈反感，而这种反感可能会反过来激起她的欲望。那些关于她所逃离的"上进"或"勤劳"的男性描述强调了她自身与正常的社会文明活动的距离感，将她划定于自然和荒野的范畴。于是她对自己的孤立就意味着她抵抗文明，不愿与那些在日常生活中汲汲营营的男性有性行为，无论这种两性关系是文学的，还是寓意性质的。神话作者伊基努斯

176

---

① 虽然大多数学者都认为提奥格尼斯在公元前6世纪中期活跃起来，但对其诗集中收录的诗歌（提奥格尼斯诗集）创作主体所属时期仍存有争议，可能在公元前7世纪末期到希腊文化时期：参见 B. Knox, in *P. E. Easterling and B. M. W. Knox, The Cambridge History of Classical Literature: I. Greek Literature* (Cambridge: Cambridge University Press, 1985) 136–46; T. J. Figueira and G. Nagy, eds., *Theognis of Megara* (Baltimore: Johns Hopkins University Press, 1985); M. L. West, 1503, s.v. "Theognis", in S. Horn-blower and A. Spawforth, eds., *The Oxford Classical Dictionary* (Oxford: Oxford University Press, 1996)。

的作品版本直接提及了这一点："据说，西罗斯有一个极其美丽动人的女儿阿塔兰忒，她曾以她与生俱来的才能在赛跑中打败许多男性，并告诉其父，她可能不会结婚。"因此，她与荒野和狩猎之神阿尔忒弥斯同属一个领域，从某种程度上讲，她也与那些回避男性伴侣的亚马逊女狩猎者有点联系，所以阿塔兰忒在公元前6-前5世纪的花瓶绘画中，经常被描述成一个身穿长裙、手执弓的亚马逊人形象。在希腊人的眼里，它是一个"外族人"、一个"异类的人"。[①] 在一个描述她超自然魔力的传说中，她甚至可以在阿卡迪亚的野外通过用标枪击打石头，从而产生水。她可以在许多打上"男性"烙印的比赛中取得很好的成绩，但她既不是一个男性，也绝不是一个典型的希腊女性。

从某种意义上讲，阿塔兰忒的功绩，她的冒险经历和造诣都是"没有成就感的"。虽然她知道女性在性成熟后的该做之事，即"阿弗洛狄忒的礼物"，但她也逃避它。希腊语中的 *telos* 可以译为一场比赛的"结束"或"十足的成就感"。通过逃避，阿塔兰忒的性别模棱两可，缺乏女性本性特征，又拥有男性行为特征。她曾被公元5世纪的作家努斯（Nonnus，*Dionysiaca* 35.82）描述成"ajntiav-neiran"，意思是"男性的配偶"或"抵抗男性"，这个词语被专门用来描述希腊文学中提到的亚马逊女战士，尤斯坦休斯（Eustathius，*ad iladem*，vol.2，p.88；vol.4，p.93，line 12）说阿塔兰忒"有男子气概"。在她被阿弗洛狄忒抓起来之前，不能被归类于任何一个性别范畴。[②]

在阿塔兰忒逃避男性、抵抗婚姻和信奉阿尔特弥斯和狩猎的过程中，她所占据的地位十分类似于希波墨涅斯/美兰尼翁他自

---

① *Ley*（1987）19-20.

② P. Vidal-Naquet，*The Black Hunter: Forms of Thought and Forms of Society in the Greek World*，trans. A. Szegedy-Maszak（Baltimore：Johns Hopkins University Press，1986）119-20.

己,当然性别是相反的。色诺芬的《与猎犬狩猎》(*On Hunting with Hounds*)在最后部分(Cynegetica,13.18)提及了阿塔兰忒从阿尔忒弥斯那获得的特殊礼物:"不仅爱狩猎的男性一直过得很好,而且177 那些被女神(阿尔忒弥斯)赐予技能的妇女,如阿塔兰忒……和其他人像她这样的人也一直过得很好。"在作品的前些部分,色诺芬提供了故事的另一个版本,在那个版本里,美兰尼翁用他的狩猎技能战胜了阿塔兰忒:"美兰尼翁是(狩猎界的)领军人物,他的水平十分高,可以在当时最优秀的狩猎者中出类拔萃、打败强敌,并最终与阿塔兰忒结婚"(*Cyn*.1.7)。在伊基努斯(Hyginus)的版本里,赛跑过后,阿塔兰忒的父亲西罗斯(Schoeneus)自愿把女儿交付给美兰尼翁,并用了"勤勉"(拉丁文 *industria*,相当于希腊文的 *philoponia*)一词来赞美美兰尼翁。希腊男青年具有聪明这一特质,但男性的勤勉不仅仅包括聪明和在比赛中与女性形成鲜明对比的身体素质,男性还比女性更机敏。① 但男青年并不经常与女性比赛,而且男青年的计策和女性的回应同时强调了普遍性别的角色逆转。作为一名狩猎者,阿塔兰忒展示了一种与"德性",*aratē*(拉丁文 *virtus*)互补,且更为广泛的素质,这种素质通常体现在狩猎、运动和战争中。这里所说的"德性"指的是更好的身体素质。所以伊基努斯指出,这位女英雄"由于她的德性"(*ob virtutem*)和在赛跑中战胜男性而被梅利埃格(Meleager)赠予野猪皮。男女性别逆转现象已在之前章节所研究的历史比赛和仪式中所提及,这里它们在传说中又得以强调。

一些赛跑术语也把阿塔兰忒这位新娘描述为一名狂热的狩猎

---

① 参见公元4世纪 Libanius 所作 *Progymnasma* 2.33-34:"通过这个机智的计谋,阿塔兰忒拥有了苹果,但希波墨涅斯却拥有了阿塔兰忒……他用的是智慧而不是蛮力,并迎娶了阿塔兰忒。维达那克(1986)书中多处阐明了希腊男青年的狡黠这一性格特点;另可参见 M. Detienne and J.-P. Vernant, *Cunning Intelligence in Greek Culture and Society*, trans. J. Lloyd(Sussex: Humanities Press, 1978)。

者以及在身体素质上完全可以作为男性的竞争对手。不同于许多争夺新娘赛事的是，新娘本身就是一名参赛者，更令人震惊的是，那些输了比赛的参赛者会被杀死。奥维德在第6章是这么说的："对那些跑得快的人的奖励是一个妻子和洞房，而跑得慢的人要付出的代价则是死亡，让这成为比赛规则吧"（*Metamorphoses IO* 571-72）。在伊基努斯的版本里（*Fab*.185）有一些令人毛骨悚然的故事细节：阿塔兰忒手执矛追逐她的对手，刺死了许多失败者并把他们的人头置于竞技馆内示众！赛跑有点狩猎的性质，阿塔兰忒在这方面拥有高人一筹的技能。她的运动技能使她独自一人杀死了所有技不如她的人，于是他们的欲望变成了死亡。通过残酷无情地刺死她的对手，她避免了与他们发生性关系。最终，只有男性的骗术才能赢过女性的力量，这是对希腊传统观念的彻底颠覆。

在神话的象征性语言中，阿塔兰忒接受了阿尔忒弥斯的礼物，却拒绝了阿弗洛狄忒的礼物。"性"在古希腊语中是 *Aphrodisia*，即"阿弗洛狄忒的物品"。如欧里庇德斯的戏剧里所说，像希波墨涅斯一样，阿塔兰忒被阿弗洛狄忒所厌恶。当她们受到被惹怒的女神的把戏惩罚时，两个角色获取了原来缺失的平衡。在阿塔兰忒这个例子中，在她拒绝阿弗洛狄忒性的礼物之后，她接受了为希波墨涅斯所用的女神的金苹果，结果耽误了赛跑/招亲比赛，这是赫西俄德最初版本的必要元素："这个比赛对双方都不公平，捷足善走、杰出的阿塔兰忒拒绝了阿弗洛狄忒的礼物。但对于他来说这场比赛就是生活本身，要不打败阿塔兰忒，要不就逃跑。对于她的背叛行为，他说：'噢，西罗斯的女儿，你这个残酷无情的人接受了女神（金色阿弗洛狄忒）的神圣礼物……'紧接着她像鸟身女妖一样敏捷地弯身捡苹果从而耽误了赛跑，而他则继续扔第二个苹果……于是捷足善跑、杰出的阿塔兰忒捡起了两个苹果。她接近终点时，他把第三个苹果扔到地上，就这样他逃离了死亡和黑暗的命运，他停下来气喘吁吁"（fr.76.4-10,17-19,20-23 Milne）。显

178

然,在某种程度上,赫西俄德的叙述重现了著名的荷马战场上阿喀琉斯(Achilles)追逐赫克托耳(Hector)的场面,因此隐晦地将这位女英雄与希腊最伟大的英雄进行了比较:"他们竞逐不是为了祭品或者牛革这类男性赛跑比赛中的奖品,而是为了驯马人赫克托耳的生命。"阿喀琉斯与阿塔兰忒之间的比较在荷马与赫西俄德看来分别是"捷足善走和卓越"。这种隐晦的人物刻画让如阿喀琉斯般勇敢的阿塔兰忒与如帕里斯般痴情的希波墨涅斯之间的对比更加强烈。

男性竞技者在这使用了欺骗手段,在希腊神话中,这种计谋通常为女性所使用。他通过用"阿弗洛狄忒的礼物"诱惑了女性。苹果,同普通水果一样,在神话的叙述中象征着爱,永生和胜利;它们的黄金质地只是增加了感官上的吸引力和欺骗的能力。① 努斯(Nonnus)重申了赫西俄德的叙述:"这是一场如此势均力敌的竞技——希波墨涅斯在少女面前扔下金色的结婚礼物,最终征服了他所追求的阿塔兰忒"(48.180-82)。阿弗洛狄忒不仅欺骗了阿塔兰忒——被爱者,同时也欺骗了施爱者希波墨涅斯。因此忒奥克里托斯(Theocritus, *Idyll* 3.40-42)指出:"当希波墨涅斯希望迎娶这位少女时,他如何知悉,如何痴迷,如何坠入爱河!"。阿弗洛狄忒掌控着神话中施爱者与被爱者的命运,直到她复仇成功,平衡得以实现。情侣们神经错乱,接下来便触犯另一项禁忌——在神殿里做爱。谁是神殿的庇护者以及惩罚触犯禁忌的神在传说中莫衷一是,但诺莫斯认为受到冒犯并为此降下惩罚的神灵是阿尔忒弥斯:"……在乘风而来的婚典之神主持婚礼之前,在帕福斯阿弗洛狄忒的苹果事件之后,阿尔忒弥斯将阿塔兰忒变成了永受奴役驱赶的狮子"(12.87-89)。"Goad"在这等同于一个希腊词

179

① D.Fasciano, "La Pomme dans la Mythologie Greco-romaine", in *Mélanges d'études anciennes offerts à Maurice Lebel*, ed. J-B Caron et al., (St-Jean-Chrysostôme, Quebec: Sphinx, 1980)45-55.

oistraō,常用来形容与女性情欲有关的事物(因此有了现代用语"estrogen"——雌性激素)。阿尔忒弥斯反过来又被阿塔兰忒在其他方面的放肆行为所冒犯——亵渎了神殿的圣洁。神话周而复始,结局善恶有报。

公元2世纪的作家阿波罗多罗斯和伊基努斯认为神殿属于宙斯,惩罚由他降下。伊基努斯补充道,他们被变成了狮子,是众神对维纳斯性爱行为的否认(*Fab*.185)。不管是哪位神祇,这对恋人最终受到了惩罚,其道德准则显而易见。服从自然性别的要求需要平衡协调和自我节制,这条法则对两性都适用。任何方面的越轨行为都是对被冒犯者自然性征的全盘否认。

根据早期希腊文献中的记载,阿塔兰忒在阿尔忒弥斯与阿弗洛狄忒之间摇摆不定,反映了奥维德《变形记》(10.560-680)中的有趣转变。首先希波墨涅斯欲火焚身,甚至愿意在获得维纳斯/阿弗洛狄忒的帮助之前,直面死亡。接着阿塔兰忒"对自己是想征服还是被征服感到茫然"。在苹果计策之前,她便已经爱上了年轻英俊的希波墨涅斯,踌躇着是否因他胆敢在竞赛中挑战她而将他处死。意识到自己的两难处境,她抱怨道(629):"女人(或者男人)坠入爱河都将面临的窘境是,她必须'牺牲'独立的自己才能成为一名妻子"。[①] 传奇浪漫的奥维德形象地化解了阿塔兰忒内心的焦虑,这种焦虑之前被描述为两位神祇——阿弗洛狄忒和阿尔忒弥斯之间永恒的对立,分别代表了女性服从与桀骜不驯的特质。 180

柏拉图给阿塔兰忒的故事加了一个有趣的后记。在《理想国》(10.620b)最后讲述尔(Er)的故事时,他所描述的有关不同人的来世与轮回中有这样一段表述:"在他们中间,阿塔兰忒的灵魂

---

① W.S.Anderson, *Ovid's Metamorphoses*, *Books* 6-10(Norman, Okla.: University of Oklahoma Press, 1977)527 on lines 629-30.

在抽签；这代表了男性运动员无上的荣耀，她没法抵制荣誉的诱惑，于是接受了抽签。”后来，她转生为一名男性运动员。柏拉图虚构的变性具有双重含义。这位哲学家在他的理想国里提出，女性应该像男性一样接受体能训练，因此他毫不犹豫地认定培养女性成为运动员是恰当的。① 就我们当前的目的而言，更有趣的是柏拉图从本质上将阿塔兰忒塑造成运动员，公正赋予了她来世作为“一名男性运动员的无上荣誉”，而这在她今生是无法企及的。至少对柏拉图而言，阿塔兰忒是无与伦比的、其他女性无法望其项背的典型运动员。②

阿塔兰忒其他战绩也揭示了这位女英雄身上强健与性感这两种特质的对立。然而，这些特质事实上并没有使她屈服于未来的爱人。杀死两个企图强暴她的半兽人显示了她决心反抗最直接、最猛烈的追求（Apollod；Bib.3.106；Aelian，*Varia Historia* 13.1）。在凯利多尼安猎杀野猪（Calydonian Boar Hunt）时，她最先刺伤怪兽，从而证明了自己的英勇，因此：“……他们声称梅利埃格（Meleager）杀死了这只卡莱顿野猪，并剥下了皮毛，将头与毛皮送给了他的爱人——阿塔兰忒”。德性（*aretē*），即优秀，通过狩猎能力表现，等同于她后来所珍视的完美勇士，更严格意义上是指“运动员的”功绩。像希波墨涅斯（又名美兰尼翁）一样，出于对少女的美丽与技能的仰慕，梅利埃格（Meleager）坠入爱河。爱情，就像对希波墨涅斯一样，对于梅利埃格只是单相思。爱的暗示通过几个花瓶上的

---

① 参见 Plato，*Republic* 5.452a-b 以及 S.Halliwell，ed.，*Plato: Republic* 5（Warminster，U.K.：Aris & Phillips，1993）141-43 对其评论的论述。S.Halliwell 在其著作第 10 篇的注释中指出阿塔兰忒的选择正是她“热爱荣誉”（*philotimia*）的证据，参见 *Plato*，*Republic IO*（Warminster，U.K.：Aris & Phillips，1988）191。

② 参见另一古文献，提及梅利埃格与阿塔兰忒的绯闻：Eustathius *ad Il*.2.786.I8；Paus.8.45.2，6；Hyginus，*Fab*.173；Palaiphatos 14；Apollod.，*Bibliotheca* 3.9.2；Propertius.1.9-16；Ov.，*Ars Amatoria* 2.188；同上，*Amores* 2.29-30。

画面来表达,也许受到了欧里庇得斯对梅利埃格性格刻画的影响。① 181

女英雄与珀琉斯的搏击比赛,这段故事大体上是基于古代的一场真实较量,流传于文献资料中,阿波罗多罗斯、伊基努斯、策册斯(Tzetzes)以及伊比库斯都只是简单地提及。② 然而,这场著名的搏击比赛受到冷遇,并不能证明神话创造得比较晚或是在早期不受欢迎。在公元前6世纪早期,诗人斯特西克洛斯(Stesichorus)就曾写过题为《珀利阿斯竞技赛》(*The Games for Pelias*)的故事,故事中就曾描述了这场比赛,但是文章现在已经失传。此外,6世纪的伊比库斯可能也曾提及过这一事件。③ 更令人感兴趣的是存在于瓶饰画上的依据。

艺术品中的阿塔兰忒:赛跑比赛

阿塔兰忒在至少14个花瓶上被描述成摔跤选手,这些花瓶大部分是公元前6世纪中期与晚期的产物。④ 与希腊画作相比,仅

① 关于欧里庇得斯的 *Meleager*,参见 T.B.L.Webster, *The Tragedies of Euripides*(London: Methuen, 1967)233–36。Ley(1987)14–35 and 115–28 nos.K1–K23 归类了公元前6–前4世纪的23个花瓶作为阿塔兰忒猎人身份的代表作品,并对其进行了探讨,他发现只有在公元前426年左右欧里庇得斯创作 *Meleager* 之后(i.e., nos. K18–23)生产的花瓶才持续表现了爱这一主题。也可参见 *LIMC*, vol.II.I, 940–43中提到的11个其它由希腊或伊特鲁里亚人制于公元前3世纪或更早期的雕塑、浮雕和镜子。它们均将对阿塔兰忒描绘为猎人。对于剧作作品的参考,参见 Soph., *TGF* IV fr. 401–6 Nauck2; Eur., *TGF* fr.525–39 Nauck2; Eur., *TGF* II fr. 632? Nauck2;更深入的讨论参见 Arrigoni(1977)。

② Apollod., *Bib*.3.106, 164; Hyg., *Fab*.273.10; Ibycus, *SLG* S 176 [Page]; Tzetzes, *Chiliades* 12.937.

③ Stesichorus, Page *PMG* fr.178–80; Ibycus, Page *SLG* S 176, 提及珀琉斯是一个摔跤选手。

④ Ley(1990)37–46, nos.K1–K14, 分别是 = Boardman and Arrigoni in *LIMC* II.I(1984) nos.62, 65, 63, 64, 66, 67, 74, 72(遗漏 K9)68, 69, *sub* 69, 71, 70。Boardman and Arrigoni in *LIMC* II.I(1984)946 nos. 75–80 也引用了花瓶之外的公元前6–前3世纪的7件物品,其中也描绘了比赛的场景。

有3幅描述了这场著名的赛跑赛。[①] 为什么会存在这种视觉与文学上的兴趣差异？正如我们所见，关于这场竞赛的文学叙述让神话传说得以展现阿尔忒弥斯与阿弗洛狄忒之间、野蛮与文明之间、青春与成熟之间、自由自在的少女与俯首贴耳的妇人之间矛盾对立的细节。这在花瓶展现的大致画面上很难看出来，在两幅完整地描述了竞赛过程的绘画中表现得也颇为怪异。其中一幅更加有效地展示了赛前竞技场的场景。

一个公元前500年的婚典花瓶展现了阿塔兰忒穿着精致的女性服装奔跑的模样，她的身旁环绕着3个爱神厄洛斯，一个在她后面一手捧着胜利者王冠，另一只手里拿着鞭子，驱赶着这位不情愿的少女（图7-1）。[②]艺术家忽视了亚马逊河区图画上早先的狩猎场景，没有专注于女孩的竞技技能，而是专注于她发自内心的不情愿嫁人。就花瓶的类型而言，其作用可能是通过寓言警戒当时的新娘。这个因强健的体魄与熟练的技能而闻名于世的女英雄被塑造得更加有女性特质，不论是在艺术上还是在神话中，即使最终她屈服于爱神厄洛斯。另一个公元前450年的花瓶，从左到右依次展示了，一个女性形象，也许是阿弗洛狄忒、胜利女神或者“Palaestra”（竞技女神），她手捧着一条将系在胜利者身上的丝带，一个戴着帽子与披肩的男子——希波墨涅斯，径直向阿塔兰忒跑去，在她的右边是一个长胡子的男子，也许是阿塔兰忒的父亲，由他担任裁判（图7-2）。[③] 在左边女子与奔跑的男子中间是苹果。像

---

① Ley(1990)46-49, nos.K15-K16，公元前500-前490年和公元前450年。

② 阿提卡白底细颈有柄长油瓶，Cleveland Mus. of Art 1966.114，500-490B.C. = Ley (1990)67 no.K15; Boardman and Arrigoni in *LIMC* II.1(1984)，947 and II.2，699，no.90。Ley 发现这一浪漫化的肖像看上去类似忒俄克里托斯和奥维德的后期文学作品中的描述。

③ 阿提卡红绘式提水罐，现藏于 Madrid，Mus. Arqueológico Nac.11130，来源于 Cyreanaika；创作于公元450年左右 = Ley(1990)68 no.K16.，与此女神相似的人像，参见公元2-3世纪后期的罗马粘土浮雕品。浮雕上的人物手握棕榈树枝，（转下页）

之前的花瓶一样，阿塔兰忒身着独特的裙子，但是这次没有厄洛斯，取而代之的是她的父亲与一位女神，提醒观者结局是女孩将在神的监督裁决下，由其父亲的财产转变成其丈夫的财产。焦点由她在竞赛中流露出的异国情调转到之后她将会面临的身份转变。

第三个同时也最有效地描述了这场竞足比赛主题的是一只公元前420年的花萼双耳喷口杯，上面展现了赛前阿塔兰忒与希波墨涅斯以及另外6人在竞技场的场景（图7-3）。[1] 树与其他草木使之更加清晰。场景在室外，起点线与终点线暗示着一条跑道。左边是阿塔兰忒跟一名拿着仲裁杖的老者，大概是她的父亲司西罗斯（Schoeneus），他们站在盥洗池旁。右边是阿弗洛狄忒，她站在终板旁，正将一个苹果递给厄洛斯（也可能从他手中接过），他手中正拿着另外两个，并面对着一个手拿刮身板的年轻人——希波墨涅斯。3个年轻人身后也许是其他竞争者，换言之，是其他追求者，也可能是观众。这样豪华的阵容包含了许多与阿塔兰忒相关的主题。她表面上看是处于盥洗池旁的父亲与跑道旁的未来丈夫——古希腊女性生活中的两种男性势力——之间，并且她将在不情愿的情况下，完成从一个到另一个的移交，这将依赖于厄洛斯与阿弗洛狄忒运用神力在比赛中耍阴谋得以实现。不同于其他赛跑比赛的描述，阿塔兰忒一丝不挂，只穿了凉鞋与运动帽，这两样对于竞走者都不是常见的穿着。帽子更常见于搏击运动中，但却在阿塔兰忒与帕琉斯比赛的场景中多次见到，似乎是暗指她的摔

182

(上接注③)上面铭刻了姓名：Schoeneus，阿塔兰忒，Hippomedon（Hippomenes的另一种写法）和Palaistra：高卢罗马人的水罐fr.Orange，N.Y.Met.Mus.17.194.870 = Boardman and Arrigoni in *LIMC* II.I（1984），946 no.82 对阿弗洛狄忒与希波墨涅斯的描述，参见博洛尼亚的杯状双耳瓶，Mus. Civ.300，后面会谈到。

① 阿提卡红绘式圣餐杯，来自Bologna，Dinos Painter，ca.420B.C.，Bologna，Mus.Civ. inv.no.300 = Ley（1990）70-71 no.K 23；Boardman and Arrigoni in *LIMC* II.I（1984），946 no.81；Reeder（1995）365-68，cat.no.117。

图 7-1　作者多里斯(Douris),生活于公元前 5 世纪上半叶,雅典人。《阿塔兰忒·莱基托斯白底陶瓶》(*Atalanta Lekythos*),成品于公元前 500-前 490 年,高 31.8 厘米,由克利夫兰艺术博物馆(The Cleveland Museum of Art)于 1999 年收藏,由伦纳德·汉纳·金恩二世基金会(Leonard C. Hanna,Jr.,Fund)于 1966 年捐献,收藏号为 PI.32-35。

图 7-2　雅典风格的红绘式提水罐，成品于约公元前 450 年，来自马德里的昔兰尼加，现藏于西班牙马德里国家考古博物馆，收藏号为 PI.6.E。

跤成就。[①] 与赫拉亚和斯巴达赛跑运动员穿短袍的情形截然相反，她在竞技时的裸露可能是模仿男性的做法；这不太可能是借用 184 布劳隆裸体女性赛跑运动员的图画，因为后者的赛跑者要年轻得多。这优雅的、讲究构图均衡的站姿，外加双手举起以调整帽子，都让人回想起她早期在摔跤场的姿态，这将会在以后进行讨论。[②]

---

① 关于格斗运动中运动员佩戴的，主要用来保护耳朵的头盔的论述，参见 M. Poliakoff, *Combat Sports in the Ancient World: Competition, Violence, and Culture*(New Haven: Yale University Press, 1987) 14 以及图 4。关于阿塔兰忒戴着帽子与珀琉斯摔跤，或者当着珀琉斯的面摔跤的描绘，参见 Ley(1990) nos.K8, K18, K22 = Boardman and Arrigoni in *LIMC* II.I(1984), 945 no.72, 947 no.86, 946 no.73。

② 参见本章第 317 页注释①。

女性优雅和美丽与她的摔跤勇猛之间的对比,体现了女英雄与生俱来的不一致。

艺术中的阿塔兰忒:摔跤

更多的绘有摔跤场景的花瓶,大约有 14 个都出自公元前 6-前 4 世纪,大部分并没有反映其异国情调这方面的寓意,但是都足以与早期表现排斥女性参与男性运动的狩猎花瓶相匹敌。[1] 摔跤场景也着重表现对胜利者的物质奖励和实际比赛的运动性,而赛跑赛的场景里却不一样。这些花瓶一律将阿塔兰忒描述得比她的男性对手更加强健[2],几乎达到了一种夸张的程度。在一些场景里,她穿着短袍白裙[3]。在顶部,这个公元前 6 世纪的花瓶在中间绘有一个奖品陶罐(图 7-4)。但是在许多陶器上,她仅仅穿了缠腰带短裤(*perizōma*),因而艺术家们得以充分展示她强健的躯干,就如这个成于公元前 500 年的双耳瓶(图 7-5)。[4] 缠腰带也表明了阿塔兰忒的奇异之处,由于这是典型的野蛮人装束,早就过时了,因此,强调了她的非希腊性以及她老古董式的风格。在这个出自公元前 460 年的黏土罐展示的、估计是反讽的场景中,阿塔兰忒

185

① Ley(1990)61-67, nos.K 1-14 and 70, no.K22. 至少也有两颗宝石(公元前 5 世纪早期)、一个粘土浮雕(后面会谈到)、一个盾形奖章带浮雕(公元前 6 世纪)、一面伊特鲁里亚镜子(公元前 5 世纪后期)和盖柄(公元前 3 世纪),这些物件都刻画有珀琉斯和阿塔兰忒的比赛;除了那件粘土浮雕以外,其它物件与花瓶上的画像没有太大的偏差:参见 Boardman and Arrigoni in *LIMC* II.I(1984), 946 nos.75-80。

② Ley(1990)44-45.

③ 黑绘式提水罐,大约公元 550 年, Adolfseck, Schloss Fasanerie 6 = Ley(1990)62-63, no.K4; Boardman and Arrigoni *LIMC* II.I(1984), 945, no. 64。

④ 黑绘式双耳瓶,大约公元前 500 年, Munich Staatl. Antikensamml. 1541(J584) = Ley(1990)65-66, no.K10; Boardman and Arrigoni in *LIMC* II.I(1984), 945, no. 68。关于 *perizoma*, 参见 Reeder(1995)364。

显得相当的强健,她直接将膝盖插入珀琉斯的腹股沟(图 7-6)。[①]主题上这唯一的变化,比如说在竞走比赛和狩猎中,观者再次意识到性别的差异,但是艺术家诙谐巧妙地针对其男性对手赋予了阿塔兰忒一种不同以往的自然优势。

图 7-3 雅典风格的红绘式花萼双耳喷口杯,作者画家迪诺斯(Dinos),成于约公元前 420 年,现藏于博洛尼亚市立考古博物馆,收藏号为 PI.86-87。

---

① Clay relief, "Melian", fr.Attica, ca.460-450, Berlin, Staatl.Mus.8308 = Boardman and Arrigoni in *LIMC* II.I(1984), 946, no.77.

图 7-4 黑绘式提水罐,成于约公元前 550 年,现藏于德国艾兴采尔黑森行政区的法萨内利城堡,收藏号为 PI.10。

许多摔跤场景将贵重的奖品放在两名参与比赛的选手中间,因此集中地介绍了传说中以及当代竞技比赛的直观教具。真正的竞技赛事是为了获得物质奖励,这些奖励当然充当公众丰碑昭示着胜利者、其家庭及其国家的荣誉。① 两个花瓶绘画了三足鼎,让人回忆起荷马时代的赛事以及奥林匹亚的奉献精神。② 在一个出自公元前 540 年的提水罐上,有这样一幅摔跤的场景:野猪的头与

---

① D.Young, *The Olympic Myth of Greek Amateur Athletics*(Chicago: Ares, 1984)114–15; Ley(1990)41; C.Morgan, *Athletes and Oracles: The Transformation of Olympia and Delphi in the Eighth Century B.C.*(Cambridge: Cambridge University Press, 1990)43–47; H.Lee, "The 'First' Olympic Games of 776 B.C.", in *The Archaeology of the Olympics: The Olympics and Other Festivals in Antiquity*, ed. W. Raschke (Madison: University of Wisconsin Press, 1988)111.

② 阿提卡红绘式提水罐, 大约公元前 520–前 510 年, Psyax, now in Tessin, 私人藏品, 以及阿提卡黑绘式双耳瓶, 公元前 5 世纪早期, Diosphos Painter, Berlin, Staatl.Mus.F.1837=Ley(1990)41, 65, 67, nos.K9 and K13; Boardman and Arrigoni in LIMC II.1(1984)945, no.71(柏林双耳瓶)。

毛皮作为奖品放置在竞争者中间，狩猎借此来表现。① 在公元前5世纪早期的圣甲虫浮雕上，同样的主题再次展现：野猪的头也是放在竞争者的脚下。② 这些场景是否表明阿塔兰忒已经将她英雄荣誉的主要象征作为赌注奖励可以击败她的人？在神话传说中是否有改变称后来在帕里阿斯比赛狩猎中有了赢家（比如说梅利埃格）？或者野猪的头与兽皮是通过合并两个故事以提醒观者注意她的狩猎勇气？前两种可能在现存的文献或者艺术物证中找不到依据。狩猎奖品八成只是暗示她在男性驰骋的领域里取得了其他了不起的成就。 186

图7-5　黑绘式双耳细颈椭圆土罐，成于约公元前500年，现藏于德国慕尼黑国家博物馆，收藏号为VAS 1541。

① 黑绘式提水罐，Chalcidican，Munich，Staatl. Antikenslg.596（J125）from Vulci，大约公元前540年＝Ley（1990）41－42，64 no. K7；Boardman and Arrigoni in *LIMC* II.I（1984），946，no.74。

② Scaraboid，plasma，Cypriot，N. Y. Met. Mus. 74. 51. 4152 = Boardman and Arrigoni in LIMC II.1（1984），946，no.75.

图 7-6 黏土浮雕“美丽安”，来自阿提卡，约公元前 460-前 450 年，现藏于德国国家图书馆，收藏号为 TC 8308。

进一步的竞技现实主义通过大量摔跤场景里出现的裁判和观众来表现。最值得注意的是出土于塞安克斯(Psyax)的红绘式提水罐,成品于公元前520-前510年间,上面绘有手持木杖的裁判与被认为是赫拉克勒斯的人。① 这对应了鲍桑尼亚关于帕里阿斯竞技赛(Games of Pelias)中有关库晋塞洛斯胸膛(Chest of Cypselus)的那段叙述,其中描写赫拉克勒斯坐在王位上主持比赛。当然,赫拉克勒斯不仅是著名的竞技守护者,还是在他许多大小战役中成就颇丰的搏斗者。② 这里,他的出席代表了男性运动员的最高权威,更加强调了这位女英雄是在传统男性领域中打拼。

比赛的结果同时也暗示了我们对阿塔兰忒作为摔跤者的评价。对这个花瓶图画的场景进一步分析,可以推测出阿塔兰忒在大约6次比赛中取胜,帕琉斯4次,而且在其他4场中很明显是平局。③ 比赛结果的不确定性在史料中也有所反应:在阿波罗多罗斯眼中,阿塔兰忒是胜利者,而对伊基努斯而言,帕琉斯是赢家。④ 到底谁赢了比赛与是否曾经有过比赛的观点相比,似乎就显得不那么重要了。我针对这个神话引发广泛而强烈的关注提出两点理由。首先,对当代人而言,那是一件不太可能的事情,它挑战了所有女性行为标准的极限,因此引发了好奇与争议。其次,我得说男

187

---

① 参见本章第312页注释②关于花瓶的引述(=Ley[1990]65 no.K9);另可参见B. Jeske and C.Stein, "Eine frührotfigure Hydria des Psyax", *Hefte des Archäologischen Instituts der Univ. Bern* 8(1982)5-20以及pls.1-7。

② I.Weiler, *Der Agōn im Mythos: Zur Einstellung der Griechen zum Wettkampf*, Impulse der Forschung, vol.16(Darmstadt: Wissenschaftliche Buchgesellschaft, 1974)129-52; H.Siska, *De Mercurio ceterisque deis ad artem gymnicam pertinentibus*(Ph.D.diss., University of Halle, 1933)38-43; Ley(1990)40. 然而,应该注意的是,在鲍桑尼亚关于摔跤比赛的版本中,比赛是在珀琉斯与伊阿宋之间进行的,阿塔兰忒并没有参赛。

③ 这与Ley关于(1990)42-45所提问题的细致研究相一致。

④ Apollod., *Bib*.3.9.2; Hyg., *Fab*.273.10; Ley(1990)35;参见本章第305页注释②。然而,希吉努斯并非珀琉斯的对手,他有至少一种变体,参见Jason(Paus.5.17.10)。

女混合的比赛很大地引发了淫秽的想法。“假想你自己处在他或她的位置”，它对观者如是说。

即使是服装——通过让这个女英雄显得不是奇怪就是性感，或者两者兼备——也支持了这两种解读。众所周知，短袍是阿尔忒弥斯、亚马逊族和极其“自由”的斯巴达女孩的典型服饰。所有的这些塑造了一个行为不同于普通希腊女性的形象。一尊罗马雕塑——显然是身着狩猎服装的阿塔兰忒或阿尔忒弥斯——支持了古今混淆这两个人物的观点，其他身着亚马逊河区印第安人服装的雕塑更加证实了她特性的那一方面。① 考虑到她充满异国情调的肖像图，阿塔兰忒袒胸露肩的缠腰带短裤（*perizōma*）是借用了杂耍女孩在男人们喝酒寻欢，有时是谈论淫秽话题的聚会上，所用的表演用具。② 或者缠腰带也许常见于约公元前 6 世纪的斯巴达镜把上，那儿的女性穿的裙子过分暴露，正如第 5 章所探讨的。

这个公元前 440 年的花瓶残片最清晰地描述了阿塔兰忒的异国情调，上面绘有一个留络腮胡子的观众，叫“Kleomolpos”，正盯着阿塔兰忒，她头戴运动帽，身穿缠腰带短裤和一条耀眼的“胸带”（“breast band”）——露出了双乳。一个被误称为“希波墨涅斯”的人，抓住了她。在右边是一个被误称为“阿米科斯（Amycus）”的拳击手，他正在调整手套，再往右是他的手从回归柱上拿

---

① 青铜雕像，Vienna，Kunsthistorisches Mus. VI. 2757，fr. Elbassan（Al- bania）= Boardman and Arrigoni in *LIMC* II.I（1984），948，no.99。关于其他可能的类似亚马逊人或阿尔忒弥斯的肖像，参见 Ley（1990）45。

② 例如，Xen.，*Symposium* 7。关于 *perizoma* 的论述，参见 A. Kossatz-Deissmann，“Zur Herkunft des Perizoma im Satyrspiel”，JdI 97（1982）64－90；L. Bonfante-Warren，*Etruscan Dress*（Baltimore：Johns Hopkins University Press，1975）20－21。Kossatz-Deissmann认为缠腰布应该主要来源于伯罗奔尼撒——多里安女运动员的领域，虽然它肯定是服饰的来源之一，但并不需要对此下定论，他的这种观点并不能让我信服。但是，我认为，总的来说，花瓶绘画中的服饰明确了其它与希腊文明背道而驰的东西。

重装步兵头盔(图 7-7)。① 这个场景有明显的问题,看起来似乎不是尝试着将阿塔兰忒各种冒险故事汇聚在一起,就是艺术家真的弄错了。帕琉斯被误称为希波墨涅斯,帕里阿斯竞技赛与阿耳戈英雄们举行的波吕杜克斯-阿米科斯拳击赛(the Polydeuces-and-Amycus boxing match)混淆不清,一场重装步兵的比赛似乎也被引进。② 然而,在这些身份混乱的人物中,关注的焦点是阿塔兰忒,在这些创造出的人物中,她的名字不是雕刻上去的,这无论是对艺术家,还是对观众,都是显而易见的。她的胳膊优雅地举过头顶,其身姿是一位美丽的舞者身着性感的服饰,而不是一位准备比赛的运动员。她沉着冷静地面对对手,而她的对手看起来不是紧张激烈反而显得困惑茫然,他的头几乎都埋进了她的酥胸。这两个旁观者似乎在咧嘴笑着看他。艺术家错误地认定摔跤者为"希

图 7-7　雅典风格的红绘式涡形双耳喷口杯碎片,画家帕琉斯创作于公元前 440 年,现藏于费拉拉国家考古博物馆,收藏号为 T.404。

---

① 阿提卡红绘式蜗壳双耳喷口杯, fr.Spina, 大约公元前 440 年, Peleus Painter, Ferrara, Mus.Naz. di Spina T 404=Ley(1990)51-53(讨论摔跤擒拿法), 70 no.K22; Boardman and Arrigoni in LIMC II.1(1984), 946, no.73; J.D.Beazley, *Attic Red-Figure Vase Painters*, 2nd ed., vol.II(Oxford: Clarendon Press, 1968)1039.9。

② 阿密科斯可能被误认为是 Mopsos——Ampyx 的儿子, 鲍桑尼亚把他当作为帕里阿斯举行的运动会上的拳击项目的竞争者(5.17.10)。

波墨涅斯”是情有可原的,因为在所有已知的故事版本中,都是他而不是帕琉斯与阿塔兰忒有情感纠葛。这种风流韵事的转移从赛跑到摔跤,这表明了工艺品的(男性)生产者与消费者的主要兴趣在于情欲和运动征服混合在比赛中。一种类似的兴趣在野猪猎杀的过程中得以证实,在艺术与文学中都突出强调了她与梅利埃格的情感纠葛,至少在欧里庇得斯开了先河之后是如此。在费拉拉阔刃剑碎片(the Ferrara fragment)上,另一场摔跤比赛场景中强健189 的女性已经成为了勾起男性欲望的尤物。

阿塔兰忒的摔跤肖像,有时暗示了她的狩猎能力,有时是相对男性的竞赛而言的“另类”怪异,有时是她的性爱吸引力。然而,所有这些奇特的方面是紧贴环境,对希腊日常生活中的运动竞赛这一现实相呼应——为了贵重的奖品在观众和裁判面前格斗。所以现实与神话是有联系的,在神话中我们发现了传说的核心,即未解决的矛盾的强烈表现——一位男性力量蕴藏于女性柔美、冷淡和狂野之中的参赛者,出现在文明的习俗主导的竞技比赛中,同时这位性感的少女对抗着竞技的征服。具有讽刺意味的是,神话的主题之一是让摔跤的场景显得很有吸引力,这些相同的主题也不断出现在她视觉记录的最后一站——竞技馆的场景。

艺术中的阿塔兰忒:竞技场

10个花瓶的视觉证据补充了阿塔兰忒神话的叙述,展现了她在竞技馆与一位年轻男子——帕琉斯或者希波墨涅斯——独处的情景。[①] 这些场景在现存的资料中都没有过文学记载,却也许代

---

① Ley(1990)17-21, 23-26=分别是,各有遗漏,Boardman and Arrigoni in LIMC II.I (1984), 945, no.60, 947 no.86(遗漏 K19), 947 no.85;(遗漏 K21); 946 no.81;(遗漏 K24); 947 no.87; 947 no.89。在这九处之外,加上 Arrigoni (1985)171-72 表 20。

表了视觉艺术家首次尝试合并阿塔兰忒作为运动员的主题与很受欢迎但更世俗的关于竞技场(或竞技馆)生活的描述。① 竞技馆相对于公共竞技场的重要性在于它代表了一种更加私人的空间,可供运动员、教练员和年长的运动员爱好者自由地交流。②

要了解这些出现阿塔兰忒的画面背景,就有必要简单考虑一下 4 个不寻常的公元前 5 世纪的雅典风格花瓶,上面绘有几个女人在洗澡,地点显然是在竞技馆(图 7-8)。③ 在四个场景中,几个一丝不挂的女孩,显然是十八九岁,围坐在一个盥洗盆(洗面盆)旁;在三个场景中,圆柱的存在表明画面是在室内。刮身板和油瓶在其中两个场景中出现,阿塔兰忒式的胸带在一个场景中出现,基于这些可以推测出女孩是进行了一些竞技锻炼后在沐浴,拂去身上的油脂、汗水和尘土。不同于以往的全女性阵容,这个花瓶上的场景出现了的变化:一个年轻男子进入画面,触到了女性沐浴者的乳房——女孩用手势表明她的抗议, 而另一个女孩正大步走开

190

① 此处,我交替使用“palaestra”(字面意义为“摔跤学校”)和“gymnasium”这两个词,是因为它们在古典时期常为古人交替使用。参见 S.Glass, “The Greek Gymnasuum: Some Probems”, In Rascheke(1988)155-73。

② C.Bérard, “L'Impossibile Femme Athlete”, *Annali Archeologia e Storia Antica*(Naples) 8(1986)195-202 以及图 58-62; K.J.Dover, *Greek Homosexuality*, 2nd ed.(Cambridge, Mass.: Harvard University Press, 1989)54-57; F.Cantarella, *Bisexuality in the Ancient World*, trans., C.Ó Cuilleaná in(New Haven: Yale University Press, 1992)27-34; F.Buffère, *Eros adolescent: la pédérastie dans la Grèce antique*(Paris: “Les Belles Lettres”, 1980)561-73。

③ 红绘式阿提卡柱形陶罐, manner of the Göttingen Painter, 500-490B.C., fr.Rutigliano(Bari), Bari, Mus.Civ.4979 = Bérard(1986)图 59.1, 以及 Arrigoni(1985)166-67, 表 13。红绘式 column-krater, Painter of Tarquinia 707, 大约公元前 450 年, from Cortona(formerly Raccolta Obizzi), Vienna, Kunsthistorisches Museum AS IV 2166=Bérard(1986)图 59.2, 以及 Arrigoni(1985)168-69, 表 15。红绘式阿提卡柱形陶罐, fr.Conversano(Bari), 大约公元前 430 年, Painter of Monaco 2335, Havanna, Collection Conde de Lagunillas=Arrigoni(1985)169, 表 16。关于第四个花瓶,参见本章第 320 页注释①(=图 7-9)。

(图 7-9)。[①] 这个场景直截了当地表明环境不是私人的,而是公众的,在那里,一个男性入侵者会将一幅通常宁静的画面变成滑稽或者惊人的事件。

图 7-8 红绘式圆柱形双耳喷口杯,画家塔尔荃尼亚创作于约公元前 450 年,来自科尔托纳,现藏于奥地利维也纳艺术史博物馆,收藏号为 IV 2166。

这四个场景已经被阿里戈尼解说成是雅典对斯巴达女孩的描绘。贝兰德(Bérard),在另一方面,没有将它们视为记录特定历史

① 红绘式贮酒罐,大约公元前 480 年,Siren Painter, private collection; formerly in the Nelson Bunker Hunt Collection = Bérard(1986)图 61.1;参见 J.Frel and F.Causey-Frel, eds., *Stamnoi: An Exhibition at the J. Paul Getty Museum*(Malibu: Getty Museum, 1980)no.15; A.Greifenhagen, "Odysseus in Malibu", Pantheon 40(1982)211-17; no.13 in the catalogue, *The Nelson Bunker Hunt Collection, Highly Important Greek Vases*(New York: Sotheby's, 1990)。波留克列特斯团体中一个成员收藏的红绘式贮酒罐,Boston 95.21 展现出两个裸体女人手拿刮身板在水池里洗澡的情景,水池一边有一个年轻的裸体男人,他手握刮身板,眼光漫无意识地转向身穿衣服的女仆。参见 R.Sutton, "Pornography and Persuasian on Attic Pottery", in *Pornography and Representation in Greece and Rome*, ed. Amy Richlin(Oxford: Oxford University Press, 1992)23。

和神话事件的肖像画，而是描绘出不同于男性比赛和竞争精神的理想中的女性健康和美丽。因此，他认为，女人永远不会出现在主动的竞争中，只会出现在浴缸里。我们可以补充后者的论点，因为除了通常充当男选手清洗用具的刮身板，那儿没有标枪、铁饼包、凿或其他通常出现在男性竞技馆场景中的装备，也没有任何画像或描述中出现斯巴达的运动员身上有胸带。

然而，至少另有一个原因解释这些场景：他们显示了当地女性洗澡的真实习俗，但我们不需要假设事先进行了竞技锻炼或者比赛。首先，胸带最初只是普通的女性内衣，没有竞技用途，它仅仅表明正在穿或者脱衣服的阶段。第二，许多刮身板常见于公元前4和前3世纪的女性墓穴中，她们不是运动员，而是珍视这些工具并将其视为个人财产的人。① 刮身板广泛用于希腊的许多地方和受希腊文化影响的意大利地区：希腊本土、意大利南部、坎帕尼亚、尼斯特、伊特鲁里亚和帕莱斯特里那。刮身板本身具有许多象征身份地位的积极内涵，但它们似乎也是昂贵但有用的工具，甚至是对非运动员而言。但如果希腊时期的女性非运动员使用了刮身板，那么这种习俗可能在古典时期就已经开始，也许是以一种有限的方式。因为，在一个花瓶上的绘画中，两个女孩戴着耳环，其中一个还戴了条项链，我们可以猜测，这些都是有钱人的女儿，她们使用公共浴池及刮身板，要么进行了一些适度的运动，如游泳，或者仅仅是遵从一般的洗澡方式。② 在希腊时代，竞技馆在固定的

191

① F.-H.Massa-Pairault，“Strigiles féminins et idéologie funéraire（IVe-IIIe siècles av. n. è.）”，*Nikephoros* 4（1991）197-201；Arrigoni（1985）161-62，表8以及164-65，表11；P.Bruneau，“Tombes d'Argos”，BCH 94（1970）530。

② 有关女孩们游泳的场景，参见罗马红绘式双耳瓶 Villa Giulia（no inv. no.），源于 Cerveteri，ca.515B.C.，Painter of Priam = Arrigoni（1985）173-74，table 22；Bérard（1986）200 and fig.60.1；还可参见巴黎红绘式双耳瓶，Louvre F 203（来源不详），ca.530 *B.C.*，Andocides Painter = Arrigoni（1985）172-72，表21。

日子是保留为妇女所使用,不一定要进行竞技锻炼,也许仅仅是洗澡。① 同样的,这可能是一种传统惯例。公元前5世纪早期的花瓶类似于之前讨论过的那4个,都有女性在洗澡盆或公共喷泉旁沐浴的画面,且没有刮身板和其他任何竞技用具的踪迹。②

192

谈及这4个花瓶,我们可以补充介绍其他3块碎片,它们与目前环境相关,但是却没有引起评论员的注意。罗浮宫的一个花瓶也清楚直接地展现了这些场景的色情方面——通过描绘一个赤身裸体的女人在水池旁梳洗,在她的对面盘旋着爱神厄洛斯。③ 一个公元前5世纪的陶酒坛花瓶,出自费拉拉的画家布朗·艾格(Brown Egg)之手,展示了厄洛斯接近一些女性,其中一个还手持刮身板的画面。④ 这个画家也画了很多的运动员和青年人的作品,同样画有厄洛斯跟年轻人或者女性在一起;现在的场景可以包含运动和厄洛斯两个主题。一个公元前4世纪的法利希贮酒罐表明在那个时期,"女性与运动员"的场景也许已经普遍,组合竞技场水池旁阿塔兰忒和帕琉斯的画面里的环境:一个赤身裸体的运动员举起刮身板的刃面,水池里,一个女人披着长袍,一手整理头发。⑤

---

① P. Ducrey and H. van Effenterre, "Un règlement d'époque romaine sur les bains d'Arcadès", *Kreta Chronika* 25(1973)281ff. 另可参见本书概述部分,第42页注释②。

② 年轻的裸体女人们在公共喷泉下沐浴(在一个竞技馆内?):红绘式双耳瓶,现存于 Berlin Staatliche Museen, Antiken-Sammlung 1843 = Bérard(1986)200 and fig.60.2。年轻的裸体女人们携带叠好的衣服、靴子、梳子和香水瓶在浴池中沐浴:stamnos, fr. Vulci, Polygnotan group, Munich 2411; ARV 1051.18; J. Boardman, *Athenian Red Figure Vases: The Classical Period*(London: Thames and Hudson, 1989)fig.156。与浴池附近其它场景不同的是,柏林的双耳瓶(参见本章第312页注释②)和慕尼黑贮酒罐展现了背景中悬挂着的折叠的衣服,清楚地表明沐浴并不是体育锻炼。

③ 红绘式双耳细颈瓶, Washing Painter, Paris, Louvre G 550 = *ARV*[2] 1129.108; *CV* France 12. Pl.47.8。

④ 红绘式大酒壶, the Brown-Egg Painter, Ferra, T.347 B VP, from Spina; *ARV*[2] 1353。

⑤ 法利希红绘式贮酒罐,公元前4世纪, Rome, Villa Giulia 43794 = *CV* Italy, Villa Giulia vol.1, IV B., 图1, 3-5 附注释。

无论这些竞技场画面的灵感是什么——斯巴达女孩的竞技，单纯的洗澡而不用假定是否运动了，或者艺术的特许都表明了这种观点——一个贝兰德认为是真实且重要的观点：那些描写自然会引起与类似的关于男性在竞技馆里沐浴的场景的比较。这种比较不仅能提高对事实的认识：斯巴达之外的女孩很少从事竞技活动，且在大部分希腊政治影响力荫泽的地方，传统观念中关于男女成熟的定义是有差异的，但是这同样会引起一种追根究底的好奇心，一种性爱的欲望，就像画家赛壬（Siren）的贮酒罐（图 7-9）上画的年轻人一样，闯入了属于女性的空间。

因此，主题所表现的在竞技馆或者竞技馆环境下的女孩们的色情和“另类”让我们重新考虑那 9 个绘有阿塔兰忒和帕琉斯在竞技馆的场景的花瓶。如果严格按照时间顺序，可能是女孩沐浴的场景激发了阿塔兰忒的场景灵感；两个绘有沐浴者的花瓶，一个出自画家哥廷根（Göttingen）之手的圆柱形双耳喷口杯，以及一个

图 7-9　红绘式贮酒罐，画家赛壬创作于约公元前 480 年。

出自画家赛壬之手的贮酒罐(图 7-9),分别成制于公元前 500-前 490 年和公元前 480 年,比最早的制成于公元前 475-前 450 年绘有阿塔兰忒在竞技场环境下的花瓶更加年代久远。① 因此,后者可能是艺术上的一种尝试,试图将之前两幅花瓶图的主题结合在一起,即阿塔兰忒作为一个运动员和(实际上?)女孩沐浴的画面。不管画面的来源怎样,关于阿塔兰忒在竞技馆的描述再现了前两幅画所表现的主题。

我们已经讨论过了竞技馆的场景之一,绘在来自博洛尼亚(Bologna)的花萼双耳喷口杯上的阿塔兰忒与希波墨涅斯赛前的场景(图 7-3)。我们注意到在那个场景中有女孩的父亲以及厄洛斯和阿弗洛狄忒,这清楚地将焦点集中于她从女儿到妻子的转变。所有其他阿塔兰忒在竞技馆的场景似乎都是在帕里阿斯葬礼竞技赛中她与帕琉斯的摔跤比赛之前或者之后的场景。在其中一个场景中,阿塔兰忒(内刻有名字),独自站在终点线旁,身着缠腰带、胸带,戴着摔跤选手的帽子,手拿镐在软化摔跤场地;还有刮身板、海绵和油瓶挂在墙上(图 7-10)。② 这个独立的人物一身男性运动员的打扮,却奇怪地穿着精心装饰过的女性胸带和短裤。女性和男性元素之间的矛盾显得不同寻常,却又性感诱惑,也许这正是这件作品为古代的观众所喜爱的原因。女主人公毗邻终点线,作为竞足比赛的一个要素,尽管在摔跤中并不重要,可能暗示着她

193

① 关于 Göttingen 画家花瓶,参见本章第 319 注释③;关于 Siren 画家花瓶,参见本章第 320 页注释①。两个最早期绘有阿塔兰忒或者阿塔兰忒与珀琉斯在体育馆场景的花瓶是 Paris Louvre CA 2259, dated 475-450B.C.(=Ley[1990]68 K17; Boardman and Arrigoni in *LIMC* II.I(1984), 945, no.60), 以及 Ferrara T 991, dated 475-450B.C.(=Ley[1990]69 K18; Boardman and Arrigoni in *LIMC* II.I(1984), 947, no. 86)。

② Tondeau 红绘式基里克斯陶杯, fr.Kerch, 475-450B.C., the Euaion Painter, Paris, Louvre CA 2259(=Ley[1990] 68-69 K 17; Boardman and Arrigoni in *LIMC* II.I (1984), 945, no. 60)。

最终输给希波墨涅斯。①

图 7-10 红绘式基里克斯陶杯,来自公元前475-前450年的刻赤,创作者为画家 Euaion,现藏于巴黎卢浮宫,收藏号为 CA 2259。

在其他所有的竞技馆场景中,她站在对手帕琉斯面前(或者,在其中一个场景中,是在希波墨涅斯面前),通常会有水池在附近,其中一个站着,另一个坐着。有帕琉斯拿着刮身板的场景,某些也有水池的场景,表明两人见面是在那场著名的摔跤比赛之后。然而,这一情况是在赛前,还是赛后,对于另外两个没有水池的花瓶就难以断言了,其中有一个拿着刮身板,而另一个却手持用来准

---

① Basin: Ley(1990)nos.K19-21, 23, 25-26. 阿塔兰忒站姿, 珀琉斯坐姿, 参见: 同上 K24-25;珀琉斯站姿, 阿塔兰忒坐姿, 参见: 同上, K19-21;两者都站姿, 参见: 同上, K 18 and 23;两者都坐姿, 参见: 同上, K26。

备比赛场地的镐(图 7-11)。[①] 竞技馆的场景与实际竞争的关系似乎并不重要,因为焦点问题不在于对抗,而是双方明显的相互吸引。现存的资料都来自罗马时期,对于帕琉斯与阿塔兰忒之间的爱情话题都讳莫如深。然而,花瓶明确地表现出这样的联系。至少 5 个,也可能 6 个花瓶表现了两人深情凝视这一事实。他们没有肢体接触的事实表明,性爱的吸引力直接产生于运动。我们看到目光交汇的瞬间,厄洛斯侵入了两人的内心。[②]

194

只在两个竞技馆场景中,阿塔兰忒明显是赤身露体,希波墨涅斯或帕琉斯目不转睛地盯着她,但她却扭头看别处,看似在沉思默想(图 7-3)。[③] 此时,他被爱神之箭射中,这清楚地表现在双耳喷口杯上绘有希波墨涅斯的画面里,画面中厄洛斯和阿弗洛狄忒都在场。来自以阿尔米那的钟形双耳喷口杯(可惜保存下来的只是碎片)上有一个古怪的场景描绘——厄洛斯再次直接出现在阿塔兰忒的面前(图 7-12)。[④] 只有她的头保存下来了,所以她可能是赤身露体,也可能是身着女性运动服装。她面朝右坐着,上面厄洛

---

① 阿提卡红绘式基里克斯陶杯, fr.: Spina, ca.475-450 B.C., Aberdeen Painter (tondeau with Peleus and Thetis), Ferrara, Mus.Arch.Naz.T.991 inv. no.1340(VL3 316: B5)=Ley(1990)nos.K18(在遗失碎片处放了一个刮身板), Boardman and Arrigoni in *LIMC* II.I(1984), 947, no.86; Lucanian red-figure calyxkrater, Locri Painter, 380-360B.C., fr. Locri Epizephyrii T. 1119, Reggio Calabria Mus. Naz. 5014 = Arrigoni (1985)171-72, 表 20。

② 参见 Ley(1990)nos.K18-21 以及 Arrigoni(1985)171-72, 表 20。阿提卡红绘式钟形双耳喷口杯, 碎片, 大约公元前 400 年, fr.Perachora, near the Pronomos Painter, Athens, Nat. Mus.(=ARV2 1337.7; Ley[1990]no.K24), 此物不全, 阿塔兰特的头部部分缺失, 但身体姿势显示的是彼此注视的一个场景。

③ 参见博洛尼亚双耳杯,本章第 307 页注释①, 以及阿提卡红绘式基里克斯陶杯, 大约公元前 400-前 370 年, fr.Vulci, tondeau by Jena Painter(Peleus and Atalanta), Paris, Cab. des Médailles 818=Ley(1990)71 no.K24; Boardman and Arrigoni in *LIMC* II.I(1984), 947, no. 87; *ARV*^{2}1512, 23。

④ 阿提卡红绘式钟形双耳喷口杯, 大约公元前 400-前 390 年, fr.Al Mina, Oxford, Ashmolean Museum 1954.270=Ley(1990)72 no.K26; Boardman and Arrigoni in *LIMC* II.I(1984), 947, no.89。

斯为她捧着一面镜子；她的左边是一个赤身裸体的年轻运动员（可能是帕琉斯），坐在水池的边缘，身体面对她的方向，而他的头转到了左边，在那里一个年轻的运动员一手拿着刮身板，一手放在他的肩上。画面似乎描绘了他挣扎于运动与性爱这两种欲望，挣扎于男性的争强好胜与对女性风情万种的陪伴的渴求。阿塔兰忒的魅力可能因为她同时兼备争强好胜和性感诱惑这两种特质而增加。她在某种意义上是具备男女两性特点的人物，既有女子的沉鱼落雁之貌，又有男子的英勇神通之能。 195

绘有竞技馆的花瓶上的其他场景也支持了这种解释——这里值得关注的是色欲和运动相结合的主题。有五六个花瓶上描绘了

图 7-11　雅典风格的红绘式基里克斯陶杯，画家阿伯丁创作于约公元前 475-前 450 年（画中人物为帕琉斯和西蒂斯），现藏于意大利费拉拉的国家考古博物馆，收藏号为 T.991。

日常生活中清一色为男运动员的场景。[①] 一个出自洛克里·伊壁犀斐里(Locri Epizephyrii)的花萼双耳喷口杯(参见本章第326页注释①)的另一面绘有厄洛斯,这表明画面中有色欲方面的弦外之音。[②] 厄洛斯是影响一个还是两个竞争者,以及欲望产生的时刻是在赛前还是赛后,这些都并不重要。竞技馆场景关注的重点在于显示厄洛斯在运动员展示美的宁静环境中的强势表现。为了表现爱欲,竞争的激情已经被搁置一边。外在的肢体争斗被内心的纠结混乱所取代。在希腊艺术品中,这本身不是竞技馆场景的独特方面,我们将在第八章中讨论。摔跤赛,特别是那一对将参加或已经参加了的比赛,常作为隐喻用来形容色情活动,这也将在以后讨论。阿塔兰忒在竞技馆的场景大概是观众特别感兴趣的,因为他们不同于对竞技馆中男性之间情感交流的平淡无奇的描写。

196

图 7-12 雅典风格的红绘式钟形双耳喷口杯,成品于约公元前 400-前 390 年,来自以阿尔米那,现藏于英国牛津阿斯麻林博物馆,收藏号为 1954.270。

---

① Ley(1990)68-72, nos.K18-21 和 25;K26 另一面绘有 3 位青年, 他们可能是运动员;K23 的另一面是 3 个身穿长斗篷留有胡须的男人(在一个竞技馆内?) Ley(1990)K17 只刻画了阿塔兰忒的场景;此处同上, K24 可能在另一面呈现了酒神节上的一个场景(有关狄俄尼索斯和竞技运动, 参见 Postscript to ch.7)。

② 参见 Arrigoni(1985)171-72, 表 20。

因此,阿塔兰忒与帕琉斯比赛的视觉版本与文学叙述版本有明显不同。竞技馆场景,通常出现在摔跤场景和赛跑场景之后,可能贴近并强调了帕琉斯和阿塔兰忒之间暧昧的关系,这反映了摔跤神话与赛跑故事的相互侵染或混淆。没有(已知的)尝试去调和摔跤比赛与赛跑的年代关系。按照赫西俄德、提奥格尼斯(Theognis)以及其他作者的传说,阿塔兰忒被刻画成一个逃离人类社会的人,直到被希波墨涅斯/美兰尼翁抓住,这似乎与后来描写帕琉斯和阿塔兰忒之间爱欲的场景有分歧。显然,希波墨涅斯与阿塔兰忒的婚姻及其不幸的结局是关于她的神话最古老、最普遍的版本形式。然而,与摔跤比赛相关联的神话也随之出现并得以流传下来,尽管存在逻辑矛盾,这在希腊神话中是常有的事。① 运动与多情相辅相成,表明阿塔兰忒是一个反常的人物,不是严格意义上的榜样,但是她证明了在当时社会秩序的婚姻里,即使是最有男子气质的女性最终也必须由男性统治。这些照片在男性观众看来,无疑是对他们在运动领域的天然优势的认可,在女性观众看来,则是警示她们不要挑战男权或抵制其在婚姻中为人妻的命运。

在文学和艺术中,阿塔兰忒作为运动员受大众欢迎的年代原因,我们只能进行推测。我们在第三章和第五章中已经看到,斯巴达的少女在公元前 7 世纪就有同性恋关系(参见阿尔克曼),但是在公元前 6 世纪,斯巴达的正式制度规定男性,也可能包括女性,接受艰苦的训导,完整的训练,在这一时期创作了许多裸体女运动员青铜雕像。同样在第四章中我们看到在奥林匹亚赫拉亚运动节上举行的女子赛跑赛可能开始于公元公元前 6 世纪,很可能是受斯巴达女子活动的影响。约公元前 700 年的赫西俄德和公元前 6 世纪的作者斯特西科罗斯(Stesichorus),可能包括伊比库斯和提

---

① P.Veyne, *Did the Greeks Believe in Their Myths? An Essay on the Constitutive Imagination*, trans.P.Wissing(Chicago: University of Chicago Press, 1988).

奥格尼斯(Theognis),将阿塔兰忒作为运动员的神话传说关联起来。瓶画主要产生于公元前6世纪中叶至公元前5世纪,显示了对阿塔兰忒故事的长期痴迷。因此,我们可以假定一个故事流行背后的原因,即这是非斯巴达城市的机会,表明斯巴达接受女性进行竞技训练违背了正常的性别道德观。当然,传说形成于斯巴达的制度达到顶峰之前,但是负面的含意随后便附加在阿塔兰忒神话之上,这也许源于担心这种做法可能会在斯巴达之外的城市普及。赫拉亚运动节上的竞赛本身可能不是公众反对女性参与运动的"目标",因为这一现象并没有触及其他更典型的男性运动,像摔跤,虽然它可能引起对斯巴达主义滋生的担忧。最后,由于没有任何古代的直观资料,我们只能猜测这些当代文化发展的关系。197

无论在文学还是艺术上,各种版本的阿塔兰忒的运动故事都有一个主要的主题,即矛盾和对立就是一个融合了女性美丽与男性力量及英勇的女人的内涵。根据故事情节可知,她的不幸缺陷在于抵制她正常的性别角色与预期的自然屈从"阿弗洛狄忒的礼物";她生来的目地是与她接受传统的男性追求想冲突。只有柏拉图在他的神话里,允许她的灵魂重生于男性运动员的体内,以致她最终能协调两个目标。除了柏拉图,以及在之前章节里注明的其他例外,希腊竞技运动通常限于男性的领域,在一个神话里,讲述一个凡人女子闯入了那个领域,最后不仅输掉了比赛,还因失去了人性变成一个性别不分的野兽,从而受到惩罚。198

第八章　厄洛斯与古希腊竞技

西塞罗说过，希腊已经施行了一项伟大而勇敢的计划：即在竞技馆建立丘比特以及爱神们的雕像。

（拉克坦修斯，《神圣原理》I.20）

在野蛮人统治下的爱奥尼亚和其他地区，人们认为娈童是下流不道德的。在专政政府统治下，娈童在野蛮人看来是对他们的一种侮辱。这正如哲学与热情之于竞技。我想这是因为统治者并不希望看到民众有自己的思想，并且与他人和社会有着紧密的联系。因而，相对于其他行为规范，性爱更受统治者推崇。

（柏拉图，《会饮》182b-c）

直至最近，传统的观点认为体育运动和性就算不是对立的关系，也是毫无关联的。然而，文化体验却证明这两者是有关联的。有一次，我在加利福尼亚大学洛杉矶分校竞技馆的男子更衣室里看到一幅玛瑞儿·海明威的海报，它使我想起了一副古希腊瓶饰画，其上画的是竞技馆中珀琉斯正凝视着阿塔兰忒。然而，与古希腊不同的是，我们的女运动却被一群电影工作人员环绕，正如在他们拍摄《个人最佳》期间时那样。这部电影的一个亮点是在一场掰手腕的较量后，海明威和另一名运动员之间充满激情的女同性恋间的情戏。电影《达拉斯猛龙》在揭示足球运动员一些特征的同时，也展示了他们对性的渴望。体育运动与性的时代关联还反映在著名的运动偶像，如丹尼斯·罗德曼、迈克尔·乔丹、米娅·哈姆、皮卡伯·斯特里特等签下的数百万美元的赞助合同里。

竞技的情色元素在过去的25年似乎已经再次出现，不仅仅是作为好莱坞电影和麦迪逊大道开发的主题，同时也是20世纪60年代性开放以及最近几十年来的自恋、揽镜自赏、有氧运动文化的社会副产品。也许传统道德结构的重组促使人们重新审视竞技与情色，以及竞技与公开场合身材展示的关联。运动与最新创造的单词"性运动"（sexercise）联系紧密，或者说，"性运动"这个词来源于德语中的双关语——Liebesübungen（情爱活动）和Leibesübungen（身体活动）。最近的一些医学研究表明，反对运动员在比赛期间有性行为的主张是没有任何医学依据的。同时社会科学家也谴责禁欲是资本主义压迫的产物。① 1987年一项对德国999名最优秀运动员的调查显示，绝大多数人认为禁止性行为的规定是毫无意义的，而且其中大约80%的运动员在比赛前并没有禁欲。在最近的2000年悉尼奥运会上，有报道称，为大赛提供避孕套的安塞尔国际公司宣布将对其产品进行补货。因为大赛刚进行了一半时，为大赛准备的5万个避孕套就已经只剩下2万个："安塞尔国际公司开始意识到，随着越来越多的运动员结束他们的赛程并在场外释放对'运动'的激情，对避孕套的需求在最近几

199

---

① U. Dix, *Sport und Sexualität: Eine Kritik der Sport-Sexualpädagogik aus psychoanalytischer Sicht*（Frankfurt-am-Main：März，1972）. 另可参见 Brian Pronger, *The Arena of Masculinity: Sports, Homosexuality, and the Meaning of Sex*（New York：St. Martin's，1990），Pronger将同性恋的现代分类视为处于变化的理解与行为方式，包括运动方式。各人运用这种方式的方法各不相同，但不代表个人的身份是固定的。

天有了显著的上升。"①

鉴于艾滋病病毒的传播，性观念也在发生彻底的变化。人们对性行为越来越谨慎，有的甚至选择禁欲。美国篮球魔术师约克逊在长达数年随心所欲的性活动后，艾滋病病毒测试呈阳性。这一新闻的发布使得大众开始意识到，无论是同性间性行为，还是异性间性行为，都可能具有高危险性。而这一信息又是经由一位著名运动员的公众致辞所传达的，这绝非巧合。相对于影星和政治家，运动场上的英雄们更加受到大众，特别是年轻人的尊敬和崇拜。因此在竞技中有完美表演的运动员可以很大程度地影响公众对行为举止，特别是对性行为的看法。②

现代体育能够激发起运动员和观众各种各样复杂的情色反应。这也部分地解释了女子体操的流行，弗洛伦斯乔伊娜在奥运赛场上穿着的华丽比赛服以及足球和棒球运动员穿紧身短裤的现象。观众对这些现象的反映或大或小，有可能唤醒他具有攻击性的动物本能，也可能仅仅是其潜意识里的些微刺痛而已。而就运动员自身来说，佛洛伊德等专家认为竞技是性行为的一种替代品，而其他专家则认为竞技可以有效地刺激性欲。弗洛伊德通过分析认为竞技作为性行为的替代品，并不会分散年轻人对性行为的关

---

① 参见 Wilfred Fiedler, "Sexuelle Enthaltsamkeit griechischer Athleten und ihre medizinische Begründung", *Stadion II*(1985)137-38 和 164，注释 5。另可参见 April Carlin, "Athletic Performance and Sexuality", *Modern Athlete and Coach* 32(3)(1994)34-36。关于 2000 年奥运会的避孕套，参见 *Riverside Press Enterprise*, September 28, 2000, page H-2。在 1992 年加拿大班芙冬季奥运会上，由于天气恶劣，比赛暂停，跳台滑雪比赛广播员对 Ruth Westheimer 博士的采访也被延期，Westheimer 是一位广受欢迎的性问题专家，他对有些神话中将竞技表现与节制性欲相关联进行了批判。此处感谢从 Don Kyle 教授得到的参考资料。

② 人们希望以强奸罪名给拳击巨星 Mike Tyson 定罪，这样能够减少对妇女的性侵犯行为。但是我认为公众对此案例的看法并不明确，因为这个拳击手仍坚持声称自己是无辜的。并且，对于那些相信他的清白、认为他是某项司法制度的受害者的粉丝而言，此案并不能劝止男性对女性权利的侵犯。

注,而是说竞技“使得个人性行为退回到‘自娱自乐’的时候”。①

现代奥运会的创始人皮埃尔·德·顾拜旦(Baron Pierre Coubertin)在1913年的论文《体育的快感》中写道:

> 是的,体育运动会产生性愉悦,即持续的身体快感。如果让人们在有屈辱感的欢愉和得意愉悦的欢愉这二者中选择,人们会选择第二种而不是第一种……许多运动员发誓说,在某些情况下,这种欢愉便会具有性欲的迫切、激动人心这些特性。不可否认的是,这些感觉大体上是充满肉欲的。早期基督徒对竞技热的憎恶极大可能是因为体育所表现出来的肉体满足和运动员们所追求的‘人生的骄傲’,而这些恰恰是《圣经》所谴责的。②

200

然而,我们并没有因为古典希腊时期颂扬健美身材的复兴而感到痛苦。诚然,这里提到的现代欧洲和美国体育现象是很复杂的,但至少它们与长达百年的社会约束的改变是有一定联系的。

---

① S.Freud, *Three Essays*, 2nd ed.(1910)[=Werkausgabe: Drei Abhandlungen zur Sexualtheorie, ed. Anna Freud and Ilse Grubrich-Simitis (Frankfurt: Fischer, 1978), vol. 1, 289, note.],由A.Guttmann在其论文中引用,“Eros and Sport”, in *Essays on Sport History and Sport Mythology*, ed. D.G.Kyle and G.D.Stark(College Station, Tex.: Texas A & M University Press, 1990), 153, 注释32。另可参见A.Guttmann, *The Erotic in Sports*(New York: Columbia University Press, 1996),该作是其早期的文章更为广泛地运用。我曾决定在不了解Guttmann教授任何著作的情况下研究当前的话题。与我的文章截然不同的是,他的著作富于启发性,使人信服。因为他举出了充分的证据来证明西方体育史上运动和爱欲的相互关系,并且他的论文更加注重了解的是:运动员和观众在运动中的性爱元素是普遍存在并贯穿历史的。同时,他对弗洛伊德和其他现代研究者为性爱与运动的关系合理化而提出的理论表示怀疑,并且其怀疑是有道理的。我采用的是共时法,关注的中心主要是古典主义及其后来时期的古希腊。目的在于揭示古时对爱欲和运动之间关系的看法,从而更好地从大体上理解古代社会和性文化。

② P.Coubertin, originally writing in 1913 cited and translated by Richard Mandell, *The First Modern Olympics*(Berkeley: University of California, 1976) 68-69.

古代的竞技现象也是很复杂的，它产生于一个我认为是更为积极的文化环境。在荷马和其他早期作家的作品中，英雄式的德性，即"*aretē*"，也许被定义为一个在本质上具有竞争性、等级性和自私性的民族理念。① 国家之间以及民众在政治舞台上的竞争是为了维持社会的安定，促进社会的繁荣。身体的美感被认为是高尚美德的外在表现。这种对"*aretē*"的认识从战场传到古典希腊时期的竞技场和竞技馆。② 这里提到的古代竞技主要是指"竞技赛事"，希腊语为"*ta gumnastika*"，意为非常严肃的，有时甚至是暴力的竞技项目，它们大部分是个人而非群体项目。在这些项目中，赢得个人荣誉是运动员的最高目标——甚至是值得用生命去达成的目标。③ 其他竞技项目包括摔跤、拳击、包括拳击和摔跤在内的古希腊式搏击、竞走，以及五项全能运动（包括前面所提的后两项以及跳远、铁饼和标枪）。其次我们还会考究希腊竞技的其它重要赛事——赛马（*ta hippika*）。赛马很少与厄洛斯有所关联，大概是由于那些比赛不能表达情欲：参赛者穿着衣服；人们很少评价他们的外形；拥有马匹已经是一种胜利；马匹和车辆的存在削弱了竞技赛事中"人对人"的竞争精神。

与在当今时代一样，情色与竞技在古代也涵盖了一系列复杂的主题。此处，我仅希望能提出一些情色与竞技在古希腊的交集点。④

---

① T.Irwin, Classical Thought, A History of Western Philosophy, vol.1 (Oxford: Oxford University Press, 1989) 8-10.

② 关于体育中德性（*aretē*）观念的传播，参见本书概述部分；H.W.Pleket, "Games, Prizes, Atheltes and Ideology. Some Aspects of the History of Sport in the Greco-Roman World", *Arena* (= Stadion) 1 (1975) 49-89; H.Lee, "Athletic *aretē* in Pindar", *Ancient World* 7.1-2 (1983) 32-37；关于古希腊普遍的竞赛文化的论述，参见 M.Poliako, *Combat Sports in the Ancient World: Competition, Violence, and Culture* (New Haven: Yale University Press, 1987) 104-15。

③ 参见本书第九章及 Poliakoff (1987) 89-93 中的论述。

④ 当然，虽然"eros"一词没有大写、没有斜体、也没有加长音符号，但是它具有专业的现代用法和含义，在此，我认为，对此词的理解应尽量与古希腊时期对它的理解一致。

运动员与运动员成为了恋人；观众对运动员想入非非；在神话和宗教层面，爱神厄洛斯也是竞技馆的常客。在对一些术语提出定义后，①我们在这里首先将论证主题的两个基本方面，即运动之美（包括裸体），以及与爱神厄洛斯相关的宗教和节日。文化层面上，"美"的标准往往与大众眼中可以压制或鼓励性欲的物体有关。在古希腊，竞技在建立和传播这些标准的过程中发挥了重要作用。因此，有关爱神厄洛斯的宗教和节日都是欲望与竞技结合的历史体现。除了这些大体的文化趋势之外，我们还将研究一些具体的与之相关的问题，比如"阴部扣锁"、自我控制、以及神话、文学、艺术中的情色隐喻。此处，我们所用的证据，即用来重新构建古希腊人对于情色的观念的证据，包括了竞技馆、瓶饰画和流行诗歌，以及下面将会讨论到的抒情诗和戏剧。它们相比哲学家的声明更能显示古代情色流行的社会思潮。② 一般来说，绘画和诗歌是为男性市民精英所作，但我们可以谨慎地使其与某一主题产生关联或交互核对来还原其历史原貌。

201

尽管研究结论表明了竞技与情色的时间对应性，但以下调查研究仍是按照主题划分而不是按照时间顺序。这些主题的文献根据主要是来源于大约公元前500-前200年间的文学作品。这些作品聚焦于竞技里情色元素的地位得以确立时这一传统成形的前

① Félix Buffère, *Eros adolescent: la pédérastie dans la Grèce antique*（Paris: "Les Belles Lettres", 1980）注释142提到购买这些绘有表现 *kalos* 场景的花瓶的顾客很可能都是贵族。K.J.Dover, Greek Homosexuality 2nd ed.（Cambridge, Mass.: Harvard University Press, 1989）4-9，指出要合理谨慎地运用视觉证据判定社会态度或潮流，同时他承认花瓶上的绘画与文字记载的证据结合起来足以作出解释。参见 J.Henderson, "Greek Attitudes toward Sex", in *Civilization of the Ancient Mediterranean: Greece and Rome ed. M.Grant and R.Kitzinger*（New York: Scribners, 1988）vol.2, 1249-63，以获取对性态度、社会地位及主要证据的总体调查情况。

② 关于希腊戏剧观众成员的组成，参见 K.J.Dover, *Aristophanic Comedy*（Berkeley: University of California, 1972）16-17; V.Ehrenberg, *The People of Aristophanes: A Sociology of Old Attic Comedy*（New York: Schocken, 1962）20-37。

300 年里举行的比赛。绘画和瓶饰画依据则大部分来源于公元前6–前4世纪,那时候出现很多有关希腊竞技的图片作品。当然,因为时间和地区的不同,竞技和性习俗也有所差异,而这些差异可以通过严格按时间顺序进行的调查研究来鉴别。关于这点,在第三章中我们已从竞技教育(派代亚)和男同性恋这个角度作了阐述。本章旨在指出几个主要的相互关联的主题。这些主题产生于在情色—竞技时代早期,并且一直在古希腊文化历史上或多或少维持其原有的形态。在研究过程中,我们之所以重视最早3个世纪的文学作品及可视资源,部分是因为在这3个世纪里的各种作品都很丰富,但更为重要的是,因为这段时间里的作品吻合了观念和习俗形成的特征,并延续到其后的数百年中。

定义厄洛斯

首先,需要对一些专业术语进行解释。下文将涉及性爱中的“同性恋”和“异性恋”。尽管现代性取向理论对这些术语均有解释,但是因为“同性恋”和“异性恋”均属于现代术语,其中包含的很多隐性特征并不符合古代性爱事实。① 这里没有可能也并无必要全面解释古代性取向的各种理论,最近有很多研究已对其不同方面进行了说明。然而,我们可以简单浅显地了解到:在公元前6–前4世纪中期,雅典和希腊诸多其他区域的许多成年男性既与女性(包括他们的妻子,以及妓女),也与男性(包括未成年男性公

---

① 参见 D.Halperin, *One Hundred Years of Homosexuality*(New York: Routledge, 1990)15–40 中关于术语的讨论,延续了 Foucaultian 的视角。另可参见 D.H.J.Larmour, P.A.Miller, and C.Platter, eds., *Rethinking Sexuality: Foucault and Classical Antiquity*(Princeton: Princeton University Press, 1998),展现了关于对待古物的福柯主义方法的批评。

民,更大多数则为没有公民身份的男妓)发生性关系。① 而在"双性恋"(此词的使用可能不符合当时的时代环境)现象中,一个人与恋人之间的关系则根据恋人的性别不同而遵循不同的社会规范并满足不同的期望。此文对同性恋和异性恋取向的区分用于当前的语境下并基于相对应的它们在古时的区别,因此我们呼吁读者在阅读时要摒弃任何现代习俗附加于它们的假设意义。② 当然,此研究不仅仅局限于提及爱神"厄洛斯"名字和形象的文学与艺术作品,并且在这些文学和艺术作品中,厄洛斯都出现在竞技的背景下。当然,这些作品都是研究的一部分。然而,我收集到的例子使我意识到,"性爱"从"欲望"这层意思上来说与希腊竞技有关。这种"欲望"大多很明显,但并不仅仅表现在身体上。第九章"希

202

---

① 多视角的研究,参见 James N. Davidson, *Courtesans and Fishcakes: The Consuming Passions of Classical Athens*(London: St.Martin's, 1997)167–82; D.Cohen, *Law, Sexuality, and Society. The Enforcement of Morals in Classical Athens* (Cambridge: Cambridge University Press, 1991), esp.171–202; E.Cantarella, *Bisexuality in the Ancient World*, trans.C. Ó Cuilleaná in(New Haven: Yale University Press, 1992); J.J.Winkler, *The Constraints of Desire: The Anthropology of Sex and Gender in Ancient Greece* (New York: Routledge, 1990); D.Halperin, J.J.Winkler, and F.I.Zeitlin, eds., *Before Sexuality: the Construction of Erotic Experience in the Ancient Greek World*(Princeton: Princeton University Press, 1990); Carola Reinsberg, Ehe, Hetärentum und Knabenliebe im antiken Griechenland (Munich: C. H. Beck, 1989); Henderson (1988); A.K.Siems, ed., *Sexualität und Erotik in der Antike, Wege der Forschung* vol. 605(Darmstadt: Wissenschaftliche Buchgesellschaft, 1988); A.Rouselle, *Porneia: On Desire and the Body in Antiquity,* trans.F.Pheasant(New York: Oxford University Press, 1988); C.Calame, ed., *L'Amore in Grecia*(Rome: Laterza, 1983; reprint, 1988; esp. the editor's introduction, "Eros Inventore e Organizzatore della Società Greca Antica", ix–xl; K.J.Dover, "Classical Greek Attitudes to Sexual Behavior", *Arethusa* 6(1973) 59–73(=264–81 in Siems 1988=id. *Women in the Ancient World: The Arethusa Papers,* ed. J.Peradotto and J.P.Sullivan(Albany: State University of New York Press, 1984)143–57; H.I.Marrou, *A History of Education in Antiquity*, trans.G.Lamb(London: Sheed and Ward, 1956)26–35("Pederasty in Classical Education")关于与派代亚的联系的研究,尽管很多一部分都已过时。

② 在本质上,我认可 Dover(1989)vii–viii 和 206 提出的术语免责声明。

腊竞技中的欲望"将更详尽地解释关于"欲望"的一些更广泛的涵义。

爱神或性爱与古代竞技的三个显著方面有关，无可否认的是这三个方面有所重叠而且有时没有非常清楚的语言学界限。首先，厄洛斯与赫耳墨斯、赫拉克勒斯一样，是竞技馆中最受欢迎的神祇。① 一个收藏于盖蒂博物馆（Getty Museum）、制作于公元前420年左右的花瓶其中一面绘有爱神为运动员提供刮身板，即建议他在训练后和性爱前应清洁并展示自己健康红润的肌肤；另一面则是一位携带刮身板的运动员似乎在给另一位手持标枪的运动员一些建议，而这正是与男性性爱相关的友谊的一个象征（图 8-1a 和 1b）。② 下文对爱神厄洛斯会有更多的阐述。

其次，性爱这个词所表达的情绪上的概念来源于一个小写希腊词"*epws*"，其含义包括同性之间和异性之间的爱欲，用常见的希腊术语来说，即包含了 *pathos*——渴求望而不见的情人；以及 *himeros*——对眼前的情人更加炽烈的欲求，这两层意思。③ 希腊人通常都是"施爱者"（*erastēs*）追求"被爱者"（*erōmenos*）。因此，无论是在现实还是比喻中，性爱常常都是逃跑与追逐的过程，成功捕获

---

① 参见 Athenaeus 13.561；S.Fasce，*Eros: la Figura e il Culto*（Genoa：Universita di Genova，Facoltá di lettere Istituo di filologia classica e medievale，1977）esp.39-43；H.Siska，*De Mercurio ceterisque deis ad artem gymnicam pertinentibus*（Ph. D. diss.，University of Halle，1933）esp.32 和 38-43，包括文学作品和碑铭；Calame（1988）xxxiii-xxxviii。

② 公元前420年的阿提卡红绘式康塔罗斯酒杯，现存于 Aison，Los Angeles，Getty Museum，编号 86.AE.269。"友爱"的场景可能刻画的并不是恋人，因为两位运动员都是年轻的男孩，但是酒杯另一面似乎阐释了精神上的亲密与生理上的欲望达到完美的平衡。至于在变为寻求性欲之前，用刮身板沐浴的情况，参见 Aristophanes' *Birds* 139-42，书中一个人物"在沐浴后离开竞技馆"时发现了勾引一个男孩的机会，此处被 Dover（1989）55 引用。

③ A.Fürtwangler，"Eros"，in *RE*I.1 col.1339. Calame（1988）xxviii-xxxiii.

对方就获得满足，而被拒绝或遭受失败则会失望气馁。① 有时多个施爱者也会在被爱者面前争宠（例如在柏拉图的 *Charmides* 153d-154d 中）。因此性爱也符合"德性"（*aretē*）的社会思潮，在征服或炫耀中都可见到。各种关系（个体之间、互为情敌的施爱者之间、成功的施爱者与其被爱者之间）也因此被确立了等级，每个人都在寻求自己的目标。朋友之间或许有，也或许没有性爱，但是恋人间既没有同等的地位，也没有现代理想恋爱中的平等话语权。② 在古希腊，性爱具有阶层性，施爱者较其被爱者来说拥有更高的社会地位，因此这种现象天生就具有竞争性。③

203

---

① C.Sourvinou-Inwood，"A Series of Erotic Pursuits：Images and Meanings"，*JHS* 107（1987）131－53；for a literal extension of the concept in Greek iconography，A. Schnapp，"Eros the Hunter"，in *A City of Images：Iconography and Society in Ancient Greece*，trans. D. Lyons，ed. C. Bérard et al.（Princeton：Princeton University Press，1990）71-87（orig. *La cité des images* [Paris：F.Nathan，1984]）.

② Henderson（1988）1256-57；Dover（1989）49-54 讨论了多种性语境下友情（*philia*）和爱欲（*eros*）的复杂关系。

③ Halperin（1990）29-38；Dover（1989）100-109. Davidson（1997）169-82 对 Dover 和 Halperin 等人的理论作出反驳，他将此理论成为希腊性爱的"权利—渗透原理"，据此，可以将性主动者理解为统治者，而性被动者为被统治者。Davidson 还认为此理论忽视了希腊人在性关系中最为关心的自我克制及缺乏自我克制的问题。的确，我们可能会继续问，如果爱欲被希腊诗歌普遍当作一种疾病（本章注释206），那么即使是积极主动的一方，又怎么能认为其"占统治地位"呢？虽然说"权利—渗透原理"可能过于公式化，但它的确符合希腊社会关系和性角色之间的相似部分，并且，此原理还可被当作是对有自控能力的人的模式的一种补充。Davidson 自己也承认（161），虽然所有的凡人（和所有的神，包括宙斯）都可能被爱欲统治，但参与性爱的人中也有等级划分，其中性主动者占据统治地位。社会性爱等级各个阶层的人都重视适度原则，但人们在批判对女性或男孩性欲狂热的男人时，对女色情狂或男同性恋的批判更加激烈。同性恋中划分"性主动者—性被动者"等级的观点过于公式化，Cohen（1991a）171-202 也以令人信服的说法对此作出了探讨。他揭露了社会规范允许合法同性恋的存在与法律保护男孩不受猥亵中存在的紧张关系。Davidson 和 Cohen 作出了轻微的批判，但他们都否认了大多数把性关系与社会主导观念联系起来的证据（包括广为传播的考古证据）：更多例证参见 Eva C.Keuls，The *Reign of the Phallus：Sexual Politics in Ancient Athens*（New York：Harper & Row，1985）和 Amy Richlin，ed.，*Pornography and Representation in Greece and Rome*（Oxford：Oxford University Press，1992）关于希腊 （转下页）

图 8-1　a和b　红色双耳大饮杯(把手形状为赫拉克勒斯结),画家艾森(Aison)创作于公元前420年,现藏于加利福尼亚州洛杉矶的J.保罗盖蒂博物馆(Paul Getty Museum)。收藏号为86.AE.269。

第三,在一个更广义的哲学体系下,还存在一个抽象的、哲学上的厄洛斯。它规定或定义了适当的性行为和竞技活动。例如,出现在《会饮》、《斐德罗篇》、《吕西斯篇》等处的柏拉图式性爱便是一个抽象的概念,其根源可以追溯到希腊诗人赫西俄德时代,他将爱神厄洛斯描述成抽象的物体,现实中身体的吸引力。这种哲

(上接注③)人眼中性参与者的不平等地位,尤其是在妇女中的具体表现。总而言之,希腊性欲关系中的"权利—渗透"观点与希腊文化广为吸收的体育运动的竞争特点是类似的。

学上的厄洛斯可能代表那些仅能间接反映当代非哲学性的性爱表达和竞技的习俗。因此,这里我们也必须谨慎对待。当然,一个重要的事实是柏拉图、亚里士多德和犬儒哲学派的大多数哲学学校都位于竞技馆内:柏拉图的学园(the Academy)、亚里士多德的吕克昂(Lyceum)、以及犬儒派的快犬学院(Cynosarges)等,并且哲学与竞技的关系也值得对其进行单独研究。① 柏拉图的很多对话都发生在竞技馆内,这自然而然地反映了在当时社会的"*mens sana in corpore sano*",更准确的表达为"健全的心灵寓于健全的身体"这一理想得到认同和传播(例如,柏拉图,*Char*.II54d)。据传较可靠的一种说法是,柏拉图自己曾是一名职业摔跤手,②因此他的对话使人们能够对当时的竞技馆,特别是其社会动态,有了多方面的理解。

竞技中的美和裸体

竞技与厄洛斯的结合是希腊人所追逐的理想竞技之美。从荷马时代开始,古希腊就无比欣赏拥有美丽身形且道德高尚的人,这种理想之美集中体现在一个词 *kalokagathia*(形体美和道德高尚的理想结合)里。因此,《伊里亚特》中卑贱的瑟赛蒂兹不仅丑陋,而且道德败坏(2.212-19)。③ 希腊语中形容"美"的最基础的形容词——kalos,是用来指任何外观、实质或精神层面上被社会认可为优秀的事物。实际上,很多希腊节日,尤其是泛雅典娜节和波尔修斯节上会举行各种选美大赛,"阳刚之美(*agōnes euandrias*)"大赛和"行为举止(*euexia*)"大赛,评分标准不仅包括身材大小和强弱,

① D.G.Kyle, *Athletics in Ancient Athens*(Leiden: E.J.Brill, 1987)71-92.

② 同上,115 和 225 no.P 107。

③ I.Weiler, *Der Sport bei den Völkern der alten Welt: Eine Einführung*, 2nd ed.(Darmstadt: Wissenschaftliche Buchgesellschaft, 1988)94-95.

还包括心理品质和道德素质高低，某些体魄展示也会被纳入考量。① 通过考察选手的外表及其展示出的能力，这些比赛将评比的内容扩展到选手内在和外在的综合素质。

早期直接将身体美与竞技技能联系起来的文章是由西蒙尼戴斯（Simonides，约公元前 556 年）所创作的隽语（《希腊诗选》（*Anthologia Graeca*）16.2）："看看塞俄内忒斯（Theognetus），奥林匹克冠军，在孩童时就是摔跤界的'领头军'，帅气的面容丝毫不逊于其运动技巧，为这座祖祖辈辈就生活在此的城市带来了至高荣誉。"塞俄内忒斯来自埃伊纳岛（Aegina），于公元前 476 年在奥林匹克上取得胜利。毫无疑问，上述隽语是为该胜利者雕像的底座

---

① Ath.13.565f–566a and C.Gulick, trans., vol.1(*Athenaeus Deipnisophistai*, vol.6(Cambridge, Mass.: Harvard University Press, 1950)56，注释 a。参见 J.H.Krause, *Die Gymnastik und Agonistik der Hellenen*, Leipzig: Johann Ambrosius Barth, 1841; reprint, Wiesbaden: Dr.Martin Sändig, 1971)33–38 with sources；参见 N.Reed, "The Panathenaic Euandria Reconsidered", *AW* 15(1987)59–64。Reed 认为这种比赛远不只是一场选美比赛或者说是一场"雅典先生"的竞争，它还包括了使用盾牌的技巧以及格斗技巧。D.Kyle 在"The Panathenaic Games: Sacred and Civic Athletics", in J.Neils, ed., *Goddess and the Polis: The Panathenaic Festival in Ancient Athens* (Hanover, N.H.: Hood Museum of Art, Dartmouth College, co-published with Princeton: Princeton University Press, 1992)第 95–96，206–207 页中反驳了 Reed 的观点，他认为，这场阳刚之美的比赛更多是关于精神美和人体美的比赛，并具有盛会和游行的氛围。因此，Kyle 赞同 N.Crowther 的观点，"Male 'Beauty' Contests in Greece: The Euandria and the Euexia", AC 54(1985)285–91；id., "Euexia, Eutaxia, Philoponia: Three Contests of the Greek Gymnasium", *ZPE* 85(1991)301–4。还有一些其它的在精神和身体方面进行的不寻常比赛也说明了希腊人的气质中，两个方面都将得到发展。在本质上，Crowther 将 *euexia* 定义为一场形体比赛，以"匀称、口齿清晰、(肌肉)结实度、举止尤其是总体上健康的外表"为评判标准；*eutaxia* 似乎是一场为评选"体育学校里表现最好、最遵守纪律的运动员"举办的比赛；*philoponia* 则是为评选一年以来"最勤奋、最努力的运动员"的比赛。大多数比赛都发生于公元前 3–前 1 世纪，因此，可归为希腊文化时期竞技学校运作日益规范的产物。A.L.Boegehold，在 *Worshipping Athena: Panathenaia and Parthenon*, ed. J.Neils (Madison: University of Wisconsin Press, 1996)第 95–105 页中认为 *Euandria* 是一场集体竞赛，而不是个人竞赛，但我并不太赞成，即使他的观点时正确的，我仍然坚持我的看法。

铭文而创作的。他的一座胜利雕像坐落于奥林匹亚(Paus.6.9.1)。值得注意的是,隽语赞美了他在处于男同性关系中"被爱者"角色这种年纪时(即男孩)的体型,另外体型美直接决定了他在比赛中的状态。

一个约公元前510-前500年的竞技馆场景提醒了我们自公元前6世纪前就存在的竞技馆和指导下训练的重要性;中间的铭文——*Leagros Kalos*(里格罗斯长相好看)也证明了竞技馆中人们对身体美的欣赏和追求(图8-2)。[①]《希腊诗选》中一首诗歌表明了卡洛斯铭文中的性爱本质,这种铭文一般是写在浴场和城墙上用来证明题写之人的魅力:"阿格斯(Argos)的菲罗克勒斯(Philocles)长相美丽。对此,科林斯的雕刻石柱和墨伽拉的墓碑可以为证。就连在安菲阿拉奥斯的浴场里,也刻有文字描绘他的美丽。然而,由于这段石刻文字存在时间太短,我们没有机会亲眼见到。虽然石刻已无法为他的美作证,但瑞俄斯(Rhienos)却亲眼目睹过他的美丽。相比其它证据,他的可信度更高。"(《希腊诗选》中《阿拉图传》12.129)最近,人们发现尼米亚(Nemea)建于公元前4世纪时期的竞技场入场通道入口有运动员的涂鸦。这项引人注目的发现与卡洛斯铭文在绘有竞技活动的花瓶上的广泛使用相辅相成。涂鸦者题写的姓名后跟有形容词"漂亮的"或"帅气的"

205

---

① 来源于加普亚公元前510-前500年的红绘式杯状双耳瓶,现藏于Berlin Antikenmuseum,编号F2180。关于对Leagros及其运动会的讨论,参见Kyle(1987)222-23, no.P100。陈列于盖蒂博物馆的一个冷酒器花瓶(psykter)(fig.8-6, ca.510 B.C.)展示了竞技学校的一个场景,上面有几对夫妇,包括花瓶画家Euphronius拥抱Leagros的场景:参见R.Sutton, in Richlin(1992)15; D.Steiner, "Moving Images: Fifth-Century Victory Monuments and the Athlete's Allure", *Classical Antiquity* 17 (1998)127 and figs.1 and 2。最近关于刻有kalos铭文和同性恋的讨论,参见Buffère(1980)131-43。关于其他Euphronius所绘,有kalos铭文的运动场景参见*ARV*[2] 13-14,杯状双耳瓶,Berlin 2180; *ARV*[2] 15,颈柄双耳瓶,Louvre C 11071; *ARV*[2] 16, hydria, Dresden 295。但是,要警惕不要过多参考kalos上的刻字,因为它们太过常见,可能会变成陈词滥调的东西。

(*kalos*),我们只能猜测他们是在自我吹捧或是在表达对其他运动员的赞赏。而一个广受研究、用词诙谐的"二次涂鸦"支持了后一观点。原涂鸦上的"阿克罗塔图斯(Akrotatos)很帅"字样后被人加了句评论"致作者"。① 尼米亚通道入口处的涂鸦至少表明人们对运动之美的自觉意识,它甚至还在字面上证实了竞技场上同性运动员彼此之间的性吸引。

图 8-2　红绘式花萼双耳喷口杯,出土于加普亚(Capua),时间约为公元前 510-前 500 年。现藏于德国柏林国家博物馆古典藏品馆。收藏号为 F2180。

卡洛斯涂鸦只是竞技中裸体与美结合的一个表现,它使我们

① Stephen G.Miller, ed., Nemea. *A Guide to the Site and Museum* (Berkeley: University of California Press, 1990) 188; 同上, "Tunnel Vision: The Nemean Games", *Archaeology* 33(1980) 54-56;以上译文本质上均为米勒版本。关于其他观点, 参见 F.D. HARVey, "A Nemean Metagraffto", *AJA* 86(1982) 586, 以及同上, "Second Thoughts on the Nemean Metagraffto", *AJA* 88(1984) 70; L.Pearson, "The Fair Akrotatos from Nemea", *AJA* 88(1984) 69-70; I.Worthington, "The Nemean 'The Good Akrotatos' Again", *AJA* 90(1986) 41。

在一个更为广阔的层面思考这两者之间的联系。竞技中赤身裸体这一希腊文化独有的习俗是希腊社会关系中固有的一部分。它促206 发了竞技、男性美和性欲之间的关联。① 最近,关于竞技中裸体的重要性的一个有趣看法是,模仿阿波罗所建的青年男子雕像(*kouoi*),最初只是作为宗教"习惯"或仪式活动的一部分,随后却有了公民的含义:尽管知道自已不如对手强大,但仍然伫立着准备战斗。这与战场上的英勇一样,要冒着生命的危险,毫无遮拦……这种充满男子气概的裸体与神祇的裸体之间的关系至关重要:神祇赤身裸体是因为他们完全依靠自己的实力。② 虽然我们并不能明确证实这一看法,但它看起来似乎引人注目且貌似可信,因为它

---

① 关于这一广泛研究的话题的最近论述,参见 M.Golden, *Sport and Society in Ancient Greece*(Cambridge: Cambridge University Press, 1998)65–69; Steiner(1998)123–49; A.Stewart, *Art, Desire, and the Body in Ancient Greece*(Cambridge: Cambridge University Press, 1997) 24 – 42; M. McDonnell, "The Introduction of Athletic Nudity: Thucydides, Plato, and the Vases", *JHS* 111(1991)182–93; A.J.Papalas, "Boy Athletes in Ancient Greece", Stadion17.2(1991)169–72; L.Bonfante, "Nudity as a Costume in Classical Art", *AJA* 93.4(1989)543 – 70, esp.552 – 58; id., "The Naked Greek", *Archaeology*(Sept.-Oct.1990)28–35; N.Himmelmann, *Ideale Nacktheit in der griechischen Kunst*, *Jahrbuch des deutschen archäologischen Instituts*, vol.26(Berlin: Walter De Greuter, 1990)38, 43, 68 – 69, 106, 113; J.-P.Thuillier, "La nudité athlétique(Grèce, Etrurie, Rome)", *Nikephoros* 1(1988)29–48; H.P.Duerr, Nacktheit und Scham, 2nd ed.(Frankfurt-am-Main: Suhrkamp, 1988)13–23; J.Mouratidis, "The Origin of Nudity in Greek Athletics", *Journal of Sport History* 12(1985)213–32; N.Crowther, "Athletic Dress and Nudity in Greek Athletics", *Eranos* 80(1982)163–68; id., "Nudity and Morality: Athletics in Italy", *CJ* 76.2(1980–81)119–23; J.Arieti, "Nudity in Greek Athletics", *CW* 68(1975)431–36; W.W.Hyde, "Nudity of Victor Statues", in *Olympic Victor Monuments and Greek Athletic Art*(Washington: Carnegie Institution of Washington, 1921)47 – 50。Stewart(25)倾向于选用"naked(形容词,裸体的)"、"nakedness(名词,裸体)"等词汇,因为他认为这些词词性更为中立,而"nude"和"nudity"隐含着正在展示裸体的含义。我赞成大多数文学作品对此形成的共识,但我会交替使用这些词汇,因为它们在实际运用中的区别似乎不是很明显。

② Bonfante(1989)556. 原始艺术裸体对于神的离线类型的贡献可以追溯到至少 18 世纪 J.J.Winckelmann 的观点:参见 Stewart(1997)25。

至少部分地解释了这种社会现象。无论这种观点是真是假，裸体是竞技场景中不可或缺的一部分。无论它的来源什么，它对社会其它方面诸如美学、性等方面贡献良多。正如一位学者评论的那样："竞技馆和健身房里对裸体和竞技技能的崇拜，酒会上对性别的限制，以及在仍处于时时备战状态的一个社会里对男子气概的热捧，这些一定都与贵族中的同性恋兴起有关。这些贵族还创造了一个合成词用来形容他们自己——"美丽且高尚"（*kaloikagathoi*——当然，这里的"高尚"指的是自己出身良好）。[1]

柏拉图的《理想国》（*Republic*，452a-457b）中有一页尤为阐述了裸体与男性英勇的联系；而在《理想国》中，这种裸体的习俗扩展到那些要像男子般接受竞技教育的女子身上。[2] 柏拉图详细地向读者解释道：尽管他的假想，尤其是竞技馆中，女子在男子身边赤身裸体地进行训练，这一景象看起来似乎荒诞不经，但男性裸体这一习俗也曾经历类似的开始："我们要记得，不久之前希腊人就像野蛮人一样认为男子裸体是可耻且荒诞的（*aischra ... kai geloia*），当克里特岛人和斯巴达人先后开始在训练时裸露身体，那个时代的智者也许都讥笑这种创新：然而，毫无疑问，当事实证明裸露身体比遮得严严实实好得多时，外人看来荒谬的事物最后反而证明是最好的。有些人被认为是愚不可及的，他们嘲笑荒唐与恶习以外的一切事物，或者用善恶以外的任何标准来衡量美丑。"　207（452c-e，trans.Jowett，adapted）接下来，柏拉图继续为女性争辩，他认为女性管理国家的能力丝毫不逊于男性，因此她们应该接受相同的竞技教育。最后他告诫到：

---

① O.Murray, *Early Greece*（Stanford: Stanford University Press, 1980）205-6, cited by Bonfante（1989）554.

② 在 Bonfante（1989）557-58 中有所论述；另可参见 E.Kornexl, *Leibesübungen bei Homer und Platon, Studientexte zur Leibeserziehung*, vol. 5（Frankfurt-am-M.: Limpert, 1969）64-66。

让女战士们脱去衣衫吧，因为美德就是她们的外衣；让她们也分担战争的劳碌和保卫国家的责任吧，不要让她们去做那些琐事。至于那个嘲笑裸体女性的男人啊，他的嘲笑是女性训练她们身体的最好动机，他却“采摘不成熟的智慧果实”，对他自己究竟为何嘲笑何人何物却一无所知；——因为这就是、且永将是最好的名言，“有用即高贵，伤害即可耻。”

（《理想国》457a-b，trans. Jowett adapted）

在裸体成为一个习俗前，“可耻且荒唐”这样的词被用来形容希腊人对它的反应。柏拉图最后说到，他知道自己关于女子竞技的建议会受到男性的嘲笑。然而，希腊人的这种嘲笑并非是毫无恶意的调侃，而是对社会底层或敌对群体的一种表示轻蔑的动作。[1] 因此，柏拉图试图通过阐释女子竞技背后的理论基础来为自己对社会变更，特别是关于女子裸体的建议进行辩护。无论如何，对我们而言重要的是，我们需要认识到当裸体没有为世俗所认可时，它似乎只会遭受人们轻蔑的讥讽。这种嘲弄讥讽很可能是一种暴怒的表现，因为笑的人觉得自己毫无疑问的比被笑的对象要高等。男子裸体第一次出现时曾被人耻笑，因此如果女性裸体这种新体制得以采纳，她们也会面临嘲讽（虽然事实并非如此）。柏拉图认为，如果希腊社会能够坚信女性天生就应该像男性那样接受竞技教育的话，那在希腊人的观念中男性裸体和女性裸体就不应该有任何区别。

希腊人强烈意识到运动裸体是他们独特的文化。这种文化也

---

① W.G.Thalmann, “Thersites: Comedy, Scapegoats, and Heroic ideology in the Iliad”, TAPA 118(1988)16-28; M.Dillon, “Tragic Laughter”, CW 84.5(1991)345-55: “In approximately 70 of the 80 extant examples from tragedy, laughter may be characterized as malevolent in the extreme”(345).

使得希腊人和其他嘲笑他们的地中海民族区分开来。[①] 例如，卢西恩就引用了公元前6世纪雅典政治家梭伦为运动裸体的辩护来驳斥塞西亚人阿那卡西斯的批评：

> 当知道要一丝不挂地出现在众人面前时，（希腊运动员）会努力保持良好的身形才不至于在脱去衣服时感到羞愧，这使得他们竭尽全力地保持健康，从而赢得比赛……但是根据目前的情况来看，当他们赤身裸体为了香芹和苹果而竞争并带有如此多的热忱渴望胜利时，从这些比赛中，你就能想象，如果是在战争中，他们将会是怎样披肩带甲保家卫国，庇护同胞、妻儿以及他们的神庙。如果你现在看到斗鹌鹑和斗鸡比赛，你会怎么想，难道你会不感兴趣吗？你当然会开怀大笑……然而，这也没什么可笑的，他们的灵魂慢慢地被对危险的喜好所侵蚀。
>
> （卢西恩，《阿纳卡西斯》36-37，trans.R.S.Robinson 1979）

208

希腊人也接触到其它“野蛮”文化譬如伊特鲁里亚（Etruscan）和罗马文化。这些文化对全身裸体，哪怕是在从希腊克隆过来的比赛上，都有着相似的排斥。[②] 公元前6世纪晚期的贮酒罐上画着的“系腰布的人（Perizoma Group）”可以充分证明这一点。它表明运动员并非全裸，其腰间还系有一块缠腰布。[③] 长期以来，这些

---

① Thucydides 1.6; Pl., Rep.452c; Dionysius of Halicarnassus, *Antiquitates Romanae* 7.72.2-3; Plutarch, Moralia 274D-E; translations and discussion in W.Sweet, *Sport and Recreation in Ancient Greece. A Sourcebook with Translations*(New York: Oxford University Press, 1987)124-33.

② Bonfante(1989)562-69; Crowther(1980-81)119-23.

③ “Perizoma Group”: *ABV* 343-46; T.B.L.Webster, *Potter and Patron in Classical Athens*(London: Methuen & Co., 1972)197, 270-72, 292.

瓶饰画被认为描绘的是那些还没有接受裸体风俗的希腊运动员。而现在人们相信这些花瓶是希腊为销往伊特鲁里亚所制作。还有其他证据证明后者所绘运动员当时就是身系腰带或腰布的。① 总而言之,希腊的裸露习俗被赋予了特定的价值,而要那些模仿和采用了希腊竞技比赛的文化接受这种风俗并非易事。

没有人能简单道明希腊社会中复杂现象的因果关系,比如说,运动裸体与战士—英雄风气的联系,运动裸体与传统美学标准的联系等,但是至少在公元前6世纪以后的雅典,希腊的竞技馆和竞技自然而然地从勇士贵族的精英阶层衍变出来,他们的性取向,对美的理想等价值观和意识形态被那些制度继承并传播。② 身体与公民个体间的身份信息是如此一致以至于希腊语中描述"个人"与"身体"的词汇一模一样。因此修者底德写到伯里克利在《国殇演说辞》(*Funeral Oration*)中赞美雅典人为了国家保持着"自给自足的身体/个体"(2.4.1.1)。③ 政治的联系使人们能够深入了解在希腊(或者说,至少在雅典),竞技、身体和欲望之间的关联。在演词结尾部分,伯里克利使用暗喻的修辞手法,用竞技中的"花冠"和"奖赏"来赞扬献出生命的战士,也进一步地支持公民——运动员的形象(2.46.1)。借由比喻的手法,他还通过讲述发生在竞技馆内一个年长的男子和他年轻"被爱者"的剧本来劝诫公民要热爱这座城市的力量。④ 演讲中,这些描绘了理想的雅典男性公民的修辞的混合使用证明了希腊人对思想的培养是将运动形象和英

---

① Bonfante(1989)564; *contra* Crowther (1982).

② Pleket (1975)49-89.

③ R.Hirzel, *Die Person: Begrff und Name derselben im Altertum*(Munich: Koniglich Bayerische Akademie der Wissenschaften, 1914; reprint, New York: Arno, 1976) esp. the *Nachtrag* on p.54 re Thuc.2.41.1.

④ Dover(1989)156-57; S.Monoson, "Citizen as Erastes: Erotic Imagery and the Idea of Reciprocity in the Periclean Funeral Oration", Political Theory 22.2 (1994)1-27.

勇，身形之美与抽象的国家之美结合起来。而修昔底德提出最早的证据表明在“稍早于他所处的时代”，希腊竞技中已出现裸露，从而阐明希腊如何超越并摒弃那些始终为“蛮夷”所保持的古老习俗（1.6），这可能并非巧合。① 无所不在的运动裸体是希腊文化的一个标志，也象征着城市的自给自足。 209

无论是古代，还是现代社会，很难指出比赛中对身形的欣赏与性吸引是否有联系，如果有，那又是如何联系起来，以及他们之间的联系到了何种程度。关于这点，古代作家的作品中有值得我们关注的证据。例如，古代作家普鲁塔克和阿森纳乌斯（Athenaeus）提到，男孩观看竞技赛场上女子比赛时会有“性冲动”（Plut.，*Lyc.* 15.1；Ath.13.566e）。也许男孩对女子比赛的这种关注只是出于本能和好奇，因为女运动员极少在公众前展示自己，因此并不具备典型性。但是，这些例子的确证明年轻运动员的表演至少能激起观众潜在的性欲本能。下文将提到更多有关竞技环境下的性欲例子，以证明此看法。②

我们面临的一个具有普遍性的问题是：希腊人对理想身形的普遍认同，特别是对年轻运动员，是否暗示着公众对那种类型的性欲望。一个社会对美的评价标准的确表明了人们对某种身形的积极反应，但是就个人而言，这种反应可以是对身体比例、肌肉线条等等的理智欣赏到性渴望。某个体看到漂亮的身形时会有一系列的反应，从想到被爱之人或爱人，到幻想自己也有那样的理想身形。一位现代评论家曾经告诫道：“我们习惯性地认为（艺术中的裸体画像）最具色情意味。诚然，人类裸体会使人联想到性，但性

---

① J.Mouratidis，“The Origin of Nudity in Greek Athletics”，*Journal of Sport History* 12（1985）213-32.

② Bonfante（1989）569：“在希腊，男人在体育运动时不穿衣服是一项意义非凡的革新，当然，这起源于宗教仪式背景，并逐渐被赋予了特殊的社会和文明意义，成为一种服饰——统一的服装：男人们在竞技馆一起锻炼标志着他们是城邦的公民、希腊的公民。”

只是艺术中的一个部分而并非全部。"①

当然，审美标准具有不固定性和主观性，并且有着多种表现方式，从艺术作品、文学描述到大众头脑中的典型的完美形象。仅仅只是提到诸如赫拉克勒斯、阿特拉斯、海伦、阿弗洛狄忒等那些有着美貌的古代英雄、女英雄以及神祇的名字就可以激发出人们头脑中的那些形象。这就跟当代人也会将理想中的完美形象与有名的"明星"联系起来一样，比如说施瓦辛格、史泰龙、门罗和麦当娜。而所有这些有着为大众所敬仰之美的人，包括上面提到的那些，也被认为是"性感符号"。美学欣赏和性吸引不可能轻易分开，但某些普遍的审美观念的存在可以表明一种文化中对美丽体型的普遍认可和向往。

古希腊的运动员似乎也尊崇体型，这意味着竞技和社会的审美标准具有一致性。斐罗斯屈拉特(Philostratus)在其专著《竞技》(31-40)中描述了一些体型。最近的一项研究则表明古典时期的竞技雕塑几乎以一种公式化的方式完全符合这些体型。②然而，大体上，爱人身上的那种被动的美与赛场上胜利者的体型美，这两者之间，人们似乎对后一种更为欣赏。因此，比赛评判标准包括参赛者的俊美，男子体魄与气概等，这在当时是罕见的。美是人们对竞技的追寻过程中一个被极度渴望和崇拜的副产品，而不是竞技的目的。

210

竞技馆中的性爱：法律与通奸

本章拉克唐修(Lactantius)的引言(Inst.120)表明，竞技馆中

---

① Bonfante(1989)569. 关于"地域政体"，其中观众和代表都有涉及，参见 Steiner (1998)的相关细致综合研究。

② N. Serwint, *Greek Athletic Sculpture from the Fifth and Fourth Centuries B. C.: An Iconographic Study*(Ph.D.diss., Princeton University, 1987). 关于审美理想构建的综述，参见 A. Stewart(1997)3-23。

爱神的存在不仅是以雕像的物质形式，还包括在精神层面，是希腊“伟大的和大胆的计划”。而罗马等其他国家对此则感到惊奇和困惑。西塞罗说：“在我看来，(娈童)这种风俗似乎产生于希腊竞技馆，在那儿，娈童不受限制并受到允许。”因而，恩尼乌斯(Ennius)评价到：“人们在公众场合裸露身体是耻辱的开始。”柏拉图(《会饮》182b-c)再次表明，虽然对性爱、竞技馆以及哲学的热爱有可能同时出现，但并非一定是一体的。它们是希腊人所特有，激励希腊人去思考那些与专政目标相抵触的“高贵的思想”(*megala phronēmata*)。本节将探讨希腊人计划的“大胆”之处以及对文化的益处。

麦加拉(Megara)的提奥格尼斯(Theognis)创作于大约公元前6世纪早期的诗歌为竞技与性爱的联系提供了最早的文学依据：①

> 对施爱者而言，快乐就是在竞技馆呆了一整天后，能够回家与年轻的美男子睡上一整天。
>
> (Theog., *Elegiae* 2.1335-36)

动词“*gumnazetai*”的意思是“呆在竞技馆”，也可能是“进行竞技比赛”，它第一次出现是在公元前6世纪。② 但这一日期并不一定准确。也许，这段文字最早清楚地表明，社区中有专设的一块场地供竞技活动，而且经常来这的运动员也是赤身裸体(*gumnos*)。即使对上述日期有疑问，我们有很多其他详细证据表明，在公元前6世纪，裸体和娈童在希腊的已经传播开来。最近，麦克唐纳(Mc-

---

① 关于日期的讨论，参见本书第七章，第298页注释①，以及Dover (1989) 10; J.Delorme, *Gymnasion: Étude sur les Monuments consacrés a l'Éducation en Grèce* (des origines à l'Empire romain) (Paris: E. De Boccard, 1960) 19。

② 参见Delorme(1960) 19，注释6; S.Glass, “The Greek Gymnasium”, in The *Archaeology of the Olympics: The Olympics and Other Festivals in Antiquity*, ed. W. Raschke (Madison: University of Wisconsin Press, 1988) 159-60; Kyle(1987) 65。

donnell)关于约公元前650-前600年运动裸体逐渐得到普及这一让人信服的论证,其它证明在公元前7-前6世纪存在运动员之间的娈童关系(详见第三章)的证据均表明,在公元前6世纪中期,运动裸露和娈童已成为被人们认同的习俗。① 两个普遍接受的历史论据使得这两种习俗成为更为广阔的历史潮流中的一部分:"公元前7世纪末,(同性性爱)已得到社会的认同,并成为艺术探索的对象",而早期的那种只是简单划出区域,开放式的竞技馆到公元前6世纪时在希腊已很常见。② 当我们在此基础上认识到运动裸体大约在那时成为一种规范,我们也就能看到竞技馆和对娈童的广泛接受这两者之间的协同进化。正如一系列证据所表明的那样,随着时间的推移,二者相互促进了彼此的普及。③ 对能够展现身体美的运动体型和裸体的高度重视促进竞技馆的建立和对运动员间同性恋行为的认可至少始于公元前6世纪,甚至更早。

211

对于先有鸡还是先有蛋这个难题,一些古代资料给出了一个清楚且貌似可信的(如果无法证明的话)回答:娈童的出现来源于竞技馆的建立,这也阐释了普鲁塔克的神话寓言《色情狂》(*Amatorius*)中的一个角色:

---

① 关于公元前650-前600年运动员逐渐接受不穿衣服的理论,参见McDonnell(1991)。注意,运动员裸体的习惯盛行时期要比其出现时期晚得多,有些资料认为盛行时期在公元前720年左右,墨伽拉的奥西普斯(Orsippus)或斯巴达的Akanthos使其流行开来:资料来源参见W.Sweet(1987)124-29;Stewart(1997)33表明,鉴于希腊城邦中除斯巴达以外并无此传统,其实奥林匹亚运动员们赤身裸体的做法可能正如奥西普斯传说一样,是个偶然事件,而不是精心设计的。另一种说法认为此项习俗是由一个斯巴达人引进的,修昔底德(1.6)和柏拉图(*Rep.* 452c)认为其来源于大陆,后来便被广泛地采纳,这种说法也是合情合理的。值得注意的是,没有任何资料认为奥林匹克运动会的主办方规定或要求运动员裸体,这种情况只有在运动会具有明显的宗教或仪式意义时才有可能。

② 关于同性恋的早期流行的论述,参见Dover(1989)196;关于公元前6世纪体育馆的论述,参见Delorme(1960)26-30;Kyle(1987)65;Glass(1988)155-73。

③ Dover(1989)54-55.

> 作为一个晚生子，某个老家伙的私生子，生活于阴影之中的孩子，他[sc.，Eros Paidikos，"男孩的"]试图赶走他那具有合法身份的哥哥厄洛斯。就是在昨天，或前天，当青年们褪去衣衫，赤身裸体后，他进入竞技馆，在训练过程中不动声色地搂抱住其他青年，在他们的身体上来回地磨蹭。慢慢地，他的身上长出了翅膀，无法再不动声色，于是他开始谩骂厄洛斯，将泥土扔到他的兄弟，同时也是他的爱人厄洛斯身上……
>
> （Plut.，*Amat*.751f–752a）

这个角色并不能完全代表人们对娈童早期或普遍的看法，但他的确回应了一种观点，既人们对娈童的认同源自竞技馆的建立。如上所述他也反映了一个我们前面提到的观点：裸露最能促发在运动环境中对性爱的追求。"来回磨蹭"（*prosanatribomenos*）青年男子或"搂抱"（*prosagkalizomenos*）他们都是一语双关的竞技用语，在艺术和文学作品对竞技馆的描述中，可用于情色语境以及竞技语境（图 8–7）。[1] 事实上，教练常有的一个头衔是 *paidotribēs*，即"赛前抚摸男孩子的人"（在做赛前准备时，将油涂抹于他们身上）。这表明竞技馆的官员力图确保涂油这项重要工作由可靠的专业人士直接负责。当然，普鲁塔克的语言并非历史，但它至少支持了运动裸体和同性趋近促发了同性恋这一观点。其他证据也说明了这一点。

据说，公元前 594–前 593 年间，雅典著名的立法者和首席执

---

① 关于 *paidotribes*（体训师）的论述，这一名字当中包含了词根-trib-，意思是"摩擦"、"涂油"，参见 J.Jüthner，*Die athletischen Leibesübungen der Griechen*，ed. F.Brein，vol. 1，SB Vienna 249（Graz：Hermann Böhlaus，1965）161–82。关于将 agkalizein 动作作为托颈的术语，参见 Plut.，*Mor*.638f.（Quaestiones conviviales 2.4）以及 M.Poliakoff，*Studies in the Terminology of the Greek Combat Sports*，*Beiträge zur klassischen Philologie*，vol.146（Königstein/Ts.：Anton Hain，1982）12，注释 1。

政官梭伦制定了两条雅典竞技馆中同性恋的道德法规。① 第一条禁止奴隶参加竞技活动或者与拥有自由身份的少年相恋：

> 法律禁止奴隶出入竞技馆以及在竞技场为自己涂油……(同时也禁止)奴隶爱慕或追求拥有自由身份的男童,否则将鞭打50下。
>
> (Solon, fr.74e Ruschenbusch, *ap*. Aeschin.1.138-39 [In Tim.])②

212

奴隶从而被禁止做任何自由公民被鼓励做的事。公元前4世纪及以后的资料一致表明,梭伦在公元前约580年提出并设制了一部分这类法规;而同性性爱在公元前6世纪初期的雅典已经存在。普鲁塔克认为,梭伦与年轻的庇西特拉图(Peisistratus)间的恋情以及对奴隶的禁令证明了娈童在立法者的社会计划中的重要性：

---

① D.G.Kyle, "Solon and Athletics", *Ancient World* 9(1984)99-102, 认为围绕竞技运动和娈童恋的改革是在公元前580年左右进行的; id., (1987)21-22。相比Percy对这些改革来自梭伦的质疑, Kyle的结论更具说服力,也更可取: William Armstrong Percy, *Pederasty and Pedagogy in Archaic Greece*(Urbana; University of Illinois Press, 1996)177及213-14, 注释17, 遵循了Ruschenbusch和Drerup所做的较早的研究。

② 关于此条法律也可参考Solon fr.74b Ruschenbusch = Plut., *Solon*.1.6; fr.74c Ruschenbusch = Plut., Mor.152d(*Septem sapientium convivium*); fr.74d = Plut., Mor.751b (*Amatorius*); fr.74a Ruschenbusch = Hermias Alex. in Pl., Phdr. 231e. Cf. the conservative views of Aristotle, *Politics* 1336a.6, 支持家庭教师(*paidonomoi*)限制小孩与奴隶接触;1331a.2提议应把男人和男孩分开在不同的竞技场馆, 每个竞技馆都在执政官在场时激发出真实的"耻辱"或"谦恭"(*aidos*)。M.Golden, "Slavery and Homosexuality at Athens", *Phoenix* 38(1984)308-24, 说明了为什么不允许男孩与奴隶发生性关系, 但对男人却没有此类的限制。每个被爱的(eromenos)男孩(pais)都隶属于一个施爱的(erastes)成年男性公民;奴隶们也隶属于成年公民。男孩成年后就成为一家之主和奴隶的主人, 这样就不会造成任何的误解。

从梭伦的诗歌也许可以推断出，他并不反感青年身上的那种美……我们可以从他的诗歌中看出，梭伦年轻时并不漂亮。他还立法禁止奴隶参加竞技活动，与男童相恋。他通过鼓励有价值的事物，禁止没价值的事物而把同性恋列入荣耀和尊严的行列。

（Plut.，*Sol*.1.4）

很显然梭伦对公元前6世纪早期娈童在雅典的制度化做出了一定程度的努力。特别是他没有试图将强奸同性或绑架所爱男孩等行为合法化，而早期的克里特岛的一些地方则经常发生这类事件；他也没有像那个时候的克里特和斯巴达一样将男孩们群体化。毫无疑问，娈童在雅典并没有那么正式的存在。梭伦使娈童继续作为一项与竞技馆和会饮相结合的自由行为。我们不能肯定地说是否是梭伦本人或与他同时期的某些贵族团体首次将使用裸体训练的公共和私人竞技馆引进雅典。① 不管怎么样，梭伦制定娈童法规的日期与我们关于运动裸体和娈童于公元前约600年被广泛接受的假设完全一致。

第二部“梭伦律法”或许可以追溯到公元5世纪后期。它规定了学校和竞技场的开放和关闭时间，从而避免在夜晚或无人监督的情况下有同性性行为发生。

……［梭伦］禁止老师和教练（paidotribai，复数形式为paidotribes）在日出前开放学校和竞技场。此外，他命令他们必须在日落前关闭这两个场所，并时刻监督着这冷清和黑暗的场地。

（Aeschin.i.10［In Tim.］）

① Percy（1996）178.

该律法随后还声明了青年(*neaniskoi*)的年龄和条件。*Neaniskoi* 即指处于年纪较长的少年(*paides*)和年轻的成年人(*neoi*)之间年龄段的人。根据各种资料,是指任何年龄介于 18-30 岁的人。①随后,它规定了参加赫迈厄(供奉赫尔墨斯的比赛)的只能是男性,否则竞技馆的负责人将为被定为有贪污行为。除了亲属和老师,任何年龄大于男孩的人若进入竞技场将会被处死(Aeschin.1.12[In Tim.])。参加赫迈厄的规定对我们具有启发性,因为它意味着比赛本身而不仅仅只是竞技馆,为男人们提供了"挑选"年轻爱人的真正机会。尽管律法后部的这些条款由于其不合时宜性和错误而被认为并不是真实的,②但其前部分关于场所开放和关闭的时间以及对年龄的规定看起来确实为梭伦所制定。因此,梭伦律法似乎反映了人们早期对竞技馆成为奴隶和自由青年违法约会的场所的担忧,而这是人们无法公开监督的。

213

在马其顿庇哩亚(Beroea)的一座石碑上也发现了类似的律法。它制定于公元前 2 世纪中期,列出了禁止进入竞技馆的名单,包括奴隶、被释放的奴隶、体弱者(?;*apalaistroi*)、男妓、小贩、醉汉和疯子。③ 正如梭伦制定的竞技馆法律,只有那些会对年轻人产生坏影响的人才会被禁止入内,甚至有类似的条款禁止青年

① Cantarella(1992)28-31; Percy(1996)179.

② Cantarella(1992)34-36; Kyle(1984)101.

③ *SEG* 27.261, side B, lines 26-29; S.Miller 版本对全部铭文的英语译文, 参见 *aretē: Greek Sports from Ancient Sources*(Berkeley: University of California Press, 1991)126-38;关于完整的评论, 参见 Philippe Gauthier and M. B. Hatzopoulos, *La loi gymnasiarchique de Beroia, Meletemata*(Kentron Hellenikes kai Romaikes Archaiotetos), vol. 16(Athens: Centre de recherches de l'antiquité grecque et romaine, and Paris: Diusion de Boccard, 1993)78-87;参见 Cantarella (1992)28-32 中的讨论。L.Moretti, "Sulla legge ginnasiarchica di Berea", *RIFC* 110(1982)52, 将 *hetaireukotes* 错误地理解为同性恋的一般性例外; Miller, 134 错误地将 *hetaireukotes* 译为"同性恋"。关于雅典男妓被剥夺公民权利的论述, 参见 Halperin(1990)88-112。

(*neaniskoi*)与少年(*paides*)交谈。① 希腊同性恋取向的根本区分是恋人间的主动与被动性,主动的通常是成年人(年龄较大),而被动的则是青年人。一位近代历史评论员说道:

> 希腊人认为处于这个时期的青年(the *neaniskoi*),年纪较长的少年(*paides*)和年轻的成年人(*neoi*)处于不确定和矛盾的状态,从而即不负责任又通情达理,在性行为中即被动又主动。很显然,所有的这一切意味着他们无法成为好的恋人。律法认识到,或者说,将他们的地位法律化,防止他们引诱年轻的同伴。②

梭伦律法对竞技馆或竞技场开放及关闭时间的规定也表明另一种可能性同样在其考虑范围内,即教练有可能对其负责的年轻学员进行性侵犯。一则希腊讽刺短诗用笑话的形式表达了这一主题:

> 昨天,我与男孩们的教练德米特里厄斯(Demetrius)一起进餐,他可以说是目前为止最幸运的人。一个男孩在他的腿上,一个倚在他的肩上,一个给他喂吃的,一个给他喂喝的。真是一个光彩照人的四重奏啊!我跟他开玩笑说:亲爱的朋友,甚至在晚上你也像是他们的教练。
>
> (《希腊诗选》12.34[奥托门顿])

214

不可否认这个笑话创作时期较晚,出现于公元1世纪。但它指出了违反职业道德所带来的危害,而这也是数个世纪以来竞技

---

① *SEG* 27.261, side B, lines 13ff.

② Cantarella(1992)32;另可参见 Dover(1989)85-87 关于将雅典青年模棱两可地归类为 *neaniskoi* 的论述。

馆中受到关注并且仍将受到关注的一个问题。因此,阿里斯托芬的《云》中"正确论点"这一角色让人们想起以前的竞技馆中男孩们的恰当行为:

> 当坐在教练对面时,男孩们必须要并拢他们的双腿,如此这般才不至于走光而刺激对方。男孩站起来时,必须将沙地弄平整,还得小心不能给那些有可能将来成为他爱人的人留下自己年轻活力的深刻印象。
>
> (Aristroph., Cl.973-76)

此处并没有特别提到这位教练是男孩的爱慕者,但文中对他的提及表明了教练这个角色最容易为男孩们的特质而心潮澎湃。公元2世纪,斯特拉图(Strato)所作的两首短诗也阐明了这个主题。一个有偷窥癖的教练假借教导摔跤之名引导一个男孩如何成为一个主动的爱人:

> [教练狄奥范德斯(Diophantes)]:如果你向这个男孩发动进攻,你要抱住他的腰,然后将他摔倒,压在他身上,往前推,紧紧抱住他。
>
> [扮演进攻角色的男孩]:狄奥范德斯,你简直疯了。我根本没办法使用这些技巧,男子摔跤是不一样的。
>
> [教练对扮演被进攻角色的男孩克瑞斯]:克瑞斯,站在那儿别动,让他攻击。他自己训练前必须学会与别人合作。
>
> (《希腊诗选》12.206,[斯特拉图]译,M. Poliakoff [1982]128)[1]

① 参见Poliakoff(1982)129-33的评论。

这是否是教练滥用职权,或仅仅是对竞技训练和性教育相结合的现实的拙劣模仿,我们都无法确定。教练行为的性爱前提,“启发”两个男孩性角色中主动性与被动性的观念,即使只是一个艺术的虚构,仍引人入胜。这表明好色的教练,运动—性爱的启蒙都与现实非常接近,足以构成一个喜剧场景。在另一则短诗中,斯特拉图讲述了一个教练如何在一次充满色情味的摔跤中压住男孩:

> 一次在给一个皮肤光滑的男孩讲授初级课程时,教练适时地让男孩弯曲膝盖以锻炼他身体中部,并用手爱抚他的“坚果”。刚好男孩的家长进来找男孩有事。于是教练很快地用腿夹紧男孩,往身后摔,用胳膊夹紧了他的喉咙。然而,家长不熟悉摔跤,哭着喊道:“住手,你快勒死他了。”
>
> (《希腊诗选》12.222[Strato],trans.Poliakoff[1982]129)

215

场景发生地似乎不是竞技场,而是私人住宅。因此这位教练是家长私人聘请,用来教导具有运动潜能的青年。男孩可能是这位家长的一个有才能的、拥有自由人身份的年轻儿子,甚至可能是一个奴隶。这里对男孩身份的描述并不清楚。无论如何这个笑话揭示了教练的不正当行为,他是训练馆中的守护神,但也最具危险性。这则描述暗示了那样的侵犯可能,而且也确实是经常发生,严重违反了一个教练应有的职业操守。①

后来,卢西恩在其作品《蠢人》(*The Ass*)中将具有性侵略性的教练这一概念描述成异性幻想的极致。书中的女仆、竞技场以及“摔跤学校”都是主人公卢修斯(Lucius)的教练:

---

① 参见同上,133-35。

> 她说:"你们必须按我说的方式来训练。我将遵循教练和管理者的规则,当我想到谁来进攻时,我会喊出你的名字……"她脱光衣服,完全裸露地站着,时不时地发号施令:"脱下你的衣服,我的小伙子。去那儿涂点油,再紧紧抓住你的对手。抓住我的大腿,将我往背的方向摔,然后,从最上面滑过我的大腿……"
>
> (卢西恩,《蠢人》8-9)①

因为明显的生理方面的原因,文学作品中喜欢摔跤来暗喻做爱。而在一个特殊的教练的私人场所进行这项活动自然成为情色小说里最为常见的主题。此外,历史叙事中也不乏这种暗喻。我们从苏埃托尼乌斯(Suetonius)的作品中了解到,多米提安(Domitian)皇帝"性欲过人",自称其持续不断的性行为是"床上摔跤"(*clinopalēn*),也是锻炼的一种(Suetonius, *Domitian* 22)。

更为常见的是公共竞技馆成为进行竞技训练者合法通奸的场地,一般是年龄较大的骗诱年龄较小的人。有时可能是年轻人主动挑逗年龄较大的开始一段恋情,正如柏拉图《会饮》中描写的那段,亚西比德企图色诱苏格拉底。这可能是最为著名的色诱之一了:

> 后来我向他挑战与我一起在竞技馆锻炼,在那儿,我

① [Lucian], *The Ass*, trans. J. P. Sullivan, in *Collected Ancient Greek Novels*, ed. B. P. Reardon (Berkeley: University of California Press, 1989) 596;参见 Poliakoff (1982) 101-27的评论。有关类似的比喻,参见 Aristophanes, *Acharnians* 271-75(创作于公元前425年),此处 Dikaiopolis 大呼道:"啊!菲尔斯神,我看到一个美丽的女孩偷木材了,我抱住她的腰,把她举起来,然后把她摔在地上,再夺走了她的贞洁……再也没有任何事能让我如此高兴的了";参见 Fernando García Romero, "les métaphores érotico-sportives dans les comédies d'Aristophane", *Nikephoros* 8 (1995) 59; Poliakoff (1982) 41。另可参见 Aristoph., *Ecclesiazusae* 256-61 (dated ca.391*B.C.*)关于另一个色情的摔跤隐喻的论述,Romero, 60-66 对其进行了评论。

取得了一些成功。他因此而加入到我的训练之中,在没有其他人时与我摔跤。我还能说什么呢?因为我跟他越来越像。　216

（柏拉图,《会饮》217.b–c）

很明显,施爱者以摔跤的名义和心上人赤裸裸地肉体接触是一个试探对方的绝好机会。即使对方发怒,也可以推说是个意外。① 尽管亚西比德用尽方法诱惑,其行为有时甚至是“世界上专为某个男孩出现的爱人”(217c),若是没有回报,他仍然是恋爱中处于被动的那个年轻的一方。这里还有对改善自我的教育,或帮助的因素,也可说是一种“启蒙”。这使得亚西比德觉得如果苏格拉底成为他的爱人,他可以受益良多。“对我来说最重要的是自己能够做到最好,我觉得除了你没有人能够帮助我”(218d)。年长和年轻男子之间的运动关系,无论是在竞争中或是竞技馆语境下的交谈中,通常遵循“越老越好”的指导方式,这也许是希腊竞技中的性爱的最重要的社会功能。本文将对此做进一步的讨论。

柏拉图写的苏格拉底对话列出的其它几个例子说明了竞技馆是一个孕育性爱关系的场所。《吕西斯篇》对话发生在雅典新建的私人竞技馆,开篇是苏格拉底问西波塔勒斯他将遇到的是什么人:

——“首先我想知道你对我有何期望;谁是最漂亮的人(*kalos*)。”

——“苏格拉底,我们中一些人认为是某个人,其他的人则认为是另外的人。”

---

① K. J. Dover, ed. and comm., *Plato, Symposium* (Cambridge: Cambridge University Press, 1980) 168–69 ad loc.

——“西波塔勒斯,你认为是谁?告诉我。”

听到这个问题,他的脸瞬间就红了。我说到:“作为谢洛尼莫斯(Hieronymus)的儿子,西波塔勒斯,你没必要告诉别人你是否爱上一个人。因为我知道你不仅陷入爱恋中,甚至也没抵抗住性爱的诱惑。”

……刚进门,我们看见男孩子们刚刚献祭完毕……观众围成一个圈(在一个骰子游戏中),吕西斯也在其中。他与其他容貌出众的男孩和青年(*paisi te kai neaniskois*)站在一起。人们称赞他不仅是因为漂亮,而是因为他不仅漂亮(*kalos*)并且有贵族气质(*kalos te k'agathos*)。

(柏拉图,《吕西斯篇》204b,206e-207a)

该场景所描述的这个小型私人竞技场气氛随意而休闲,充满着情色味道。年轻人进行着正式的宗教或竞技活动,而年纪稍大的则休闲社交。我们可能也注意到,少年(*paides*)和青年(*neaniskoi*)在这里并未被严格隔离开来。也许是因为这是私人场所,不需要遵守梭伦制定的律法。这与对话《查米德斯篇》(*Charmides*)中情景十分相似。苏格拉底在城中消失一段时间后,拜访了雅典的托瑞阿斯(Taureas)竞技场,询问了在那里发生的事情:

……轮到我时,我询问了他们现在的心理状态以及青年(neon)的情况,其中是否有人特别聪明或漂亮,或二者皆备。柯里提阿斯(Critias)看向大门,一些青年(neaniskous)正走进来,彼此还在争吵些什么。后面还跟着另一群青年。他说:“对我而言,你刚刚看到的就是漂亮的青年(kalōn)。因为刚刚进入的是以前最漂亮的,也是现在最漂亮之人的爱人。在我看来,他们离我们并不远。”

（柏拉图，《查米德斯篇》153d-154a）

很明显，男孩们的美丽是竞技馆经常讨论的话题，大家对谁是最理想的爱人似乎都有着一致意见。当青年进来时，人们或许在激烈的讨论谁将成为最漂亮那个男孩的爱人。[①] 值得再次一提的是，这个竞技场似乎并没有严格地将青年（*neaniskoi*）和少年（*paides*）隔离开来。这可能是由于它不是重点竞技馆，像亚里士多德办的吕克昂（Lyceum）或柏拉图办的学园（Academy）那样需要处于政府的监管之下。也或许是因为梭伦的律法只在特定的地方或时间，当人们在户外有不合适行为时才执行。

如果我们可以读到阿里斯托芬对唱诗班的看法，就知道他认为自己作为诗人，其身份不需要他在竞技馆寻求性满足来作为对公开成就的奖赏：“以前当我像自己希望的那样做的还不错时（在剧院赢得成功），我不会去逛竞技馆找男孩……”（阿里斯托芬，《和平》762-63）。埃斯基涅斯（Aeschines，1.135 [*In Tim.*]）则醉心于这种活动，他承认自己是“竞技馆里讨厌的东西”，并说道：“我一直有性瘾，现在也是如此。”

许多情爱短诗歌颂了竞技和竞技馆的诱惑力；其中一首无名诗暗指胜利者的朋友为其带上花冠并充满爱意的为其带上头带的习俗：

> 当安提卡斯（Anticles）的儿子门查玛斯（Menecharmus）赢得拳击比赛时，我为他戴上了10条柔软的头带。我用力地亲吻着他，使得鲜血将他整个脸都染成了红色。然而，他的鲜血对我来说比没药还香甜。

（《希腊诗选》12.123［无名］）　218

① Dover（1989）56.

这温柔而多情的话表达了希腊人苦乐参半的情爱、比赛的痛苦以及这种痛苦对观众产生的那种充满激情的吸引力。斯特拉图的一首诗同样颂扬竞技汗水的情爱力量：

> 我不喜欢过多的头发，也不喜欢卷发，这是在做秀，一点都不自然。但我的确喜欢竞技馆里男孩身上满身灰尘，四肢还涂着油。对我来说，未加修饰的热情才是快乐。女性的迷人的身形出自阿芙罗狄蒂之手。
>
> （《希腊诗选》12.192［斯特拉图］）①

人工技能（*technē*）与自然（*physis*）之间的区别就在于对运动美丽的赞美。看来运动员的倾慕者的快乐不仅来自于健康的身体，更来自于努力奋斗的过程本身。

因此，竞技馆的性吸引从公元前 6 世纪到罗马帝国时期一直备受关注，而且诸如雅典和庇哩亚等地出现的当地律法通过限制各种被认为是不合适的有影响的人或事来引导公众的兴趣，尽管他们并未阻止青年公民和成年公民间合法的娈童行为。总之，无论是悲剧还是喜剧的文献都证实了从公元前 600 年或更早开始的娈童与竞技馆相关联的传统至少有 800 年。②

目标是少女

上述例子大多表明，竞技馆是竞技同性恋的所在地，其他的诗歌和轶事则暗示竞技运动员对女性产生的性吸引力（反之亦然），这一现象肯定通常是发生在竞技馆外。阿特纳奥斯（Athenaeus）

---

① 参见 Aristoph., *Wasps* 1023－28；Dover（1989）138 中的相似态度。

② 其他文献参见 Dover（1989）54－55；Kyle（1987）133；Stella Miller, "Eros and the Arms of Achilles", *AJA* 90（1986）166，注释 56。

提到位于希俄斯(Chios)的竞技馆内的男孩与女孩摔跤实际上可能有,也可能没有依据(13.566e):

> 在陌生人面前脱光衣服,这一斯巴达习俗受到高度赞扬。在希俄斯岛,去竞技馆跑步,观赏男子与女子摔跤是很高兴的一件事…….
>
> (Ath.13.566e)①

阿特纳奥斯(Athenaeus)为什么会提到希俄斯岛人的行为,我们对此知之甚少。在斯巴达,它也是当地女孩子婚前的标准训练吗?或者这只是一些好色之徒对臭名昭著的希俄斯岛的闲谈?如果真的是这样,那么它就是一个例外。无论这些比赛是否确有其事或有何作用,仅仅是关于它们的报道就可以激起男性对异性的欲望。 219

另一个著名特例是在斯巴达,我们已在第五章作了详细讨论。普鲁塔克提到斯巴达著名的立法者来库古创立了由男孩和女孩参加的公共比赛,旨在鼓励性爱和婚姻。德加(Degas)著名的油画《年轻斯巴达训练》最能够印证这段文字(图 8-3):

> [来库古]将(女孩们)从柔弱、精细和娇气的束缚中解放出来,让女子同年轻男子一起裸体游行,在特定的节日时在年轻男子面前唱歌跳舞。女孩有时甚至拿男青年开玩笑,或和颜悦色的责备他们的不良行为。同时她们也赞扬高尚的人。受此激励,年轻男子更有雄心壮志,热情奔放。谁能展示自己的勇敢,谁就在女性间有很高的声誉,在她们的赞誉声中离开。她们嬉戏似的责备像严厉的警告一样锐利,尤其是当国王,老者和其他公民一起

---

① Theophr. *ap*. Ath. 13.609f-610a.

> 在看台上时。女性裸体并不可耻,因为她们质朴尚存,猥亵缺乏;相反裸体使她们养成简洁的习惯,并且有了对健康和漂亮的渴望。它也给了女性高尚的情操,因为她们也一样优秀且充满雄心壮志……此外,它还促进婚姻的发展——我的意思是指,女性游行时的赤身裸体和在年轻男子面前的竞技比赛。这些男子被正如柏拉图所说的"不是线条,而是色情"的束缚而吸引。
>
> (普鲁塔克,《来库古传》14.2-15.1)①

斯巴达人的活动的目的是通过赞扬或责备,鼓励城市中年轻男女结合,并生出优良的下一代。在德加的作品里,远处背景中那些带着婴儿的斯巴达成年人显然表明了这点。但基本原则是"*anagkē*",即性欲的"需求"或"冲动",或杰克·温克尔(Jack Winkler)命名的"欲望约束",②仅仅只是源于观看女孩游行和比赛。从而普鲁塔克笔下的来库古开启了在特殊节日,女孩在公共场合裸体和参加竞技比赛的先例。同样的,"欲望约束"可能也导致了希腊运动会上,男性运动员当着女性的面赤身裸体进行比赛。我们随后会稍作讨论。

柏拉图在《理想国》中倡议男女同校接受教育,包括对他们进行体格教育。其目的在于促进异性之间的关系:

> 由于(男性和女性监护人)在竞技训练或以后的成长过程中一起成长进步,他们受本性驱动与他人交往。你难道不认为我说某些事是"必须"的吗?
>
> 他说:"这种性欲上的而非形体上的必需品越来越

220

① Hilaire-Germain-Edgar Degas(1834-1917), *Young Spartans Exercising*.

② 关于广为流传的将情欲当作一种无意识冲动的古代看法的论述,参见 Winkler(1990)82-91; Dover(1989)60-68。

强烈地吸引和劝导着大多数人。”

（柏拉图，《理想国》458d）

正如普鲁塔克在这段话中暗示的一样，柏拉图对大众体格教育的建议可能基于斯巴达的实际情况。二者都提及当有异性在场时，会有“明显的”冲动（普鲁塔克，《来库古传》14.3；柏拉图，《理想国》458d6），是一种通常与性爱激情相关的特质。[①] 因此，在斯巴达的做法和柏拉图的理论中，异性间的吸引力被看作是积极的，是应该被鼓励的一种现象；而当时同性恋已经普遍存在于希腊竞技和竞技馆中。柏拉图从未暗示过女性的欲望会比男性的弱。于此不同的是，普鲁塔克指出男青年是“被性爱需求驱动”。因此，柏拉图关于两性性爱的观点与描述异性恋中两者关系的普遍术语一致。在异性恋爱中，女性对男性性欲的反应为 *anterōs*，即“回报的爱”，稍后会对该词做完整的探讨。

除了斯巴达，柏拉图的理想国，或许还有希俄斯岛的特例外，男运动员有一些非正式机会成为女性欲望得到的任务，让他们无论是在女性出席的公共比赛场合，还是与卖淫女或高级妓女的正常性爱活动中，都能够找到一个女性爱人。但无法确定的是，男性和女性是否均能参加任何特定的男子运动节日。男子奥林匹克运动会有一个根深蒂固的传统，即已婚妇女不得出席，也就是，在节日的那几天，她们不准进入神殿或竞技场（Paus.5.6.7； Aelian，*De natura animalium* 5.17）。甚至在历史上，传奇人物安菲（Amphissos）为纪念他的母亲德律奥佩（Dryope）而创立的赛跑比赛也禁止任何女性参加（安东尼努斯·莱伯拉里斯，《变形记》32.5）。

品达写的一首颂歌提到妇女和少女可以观看某些特定的

---

① S. Halliwell, ed., *Plato: Republic 5*（Warminster, England: Aris & Phillips, 1993）159 *ad loc.*

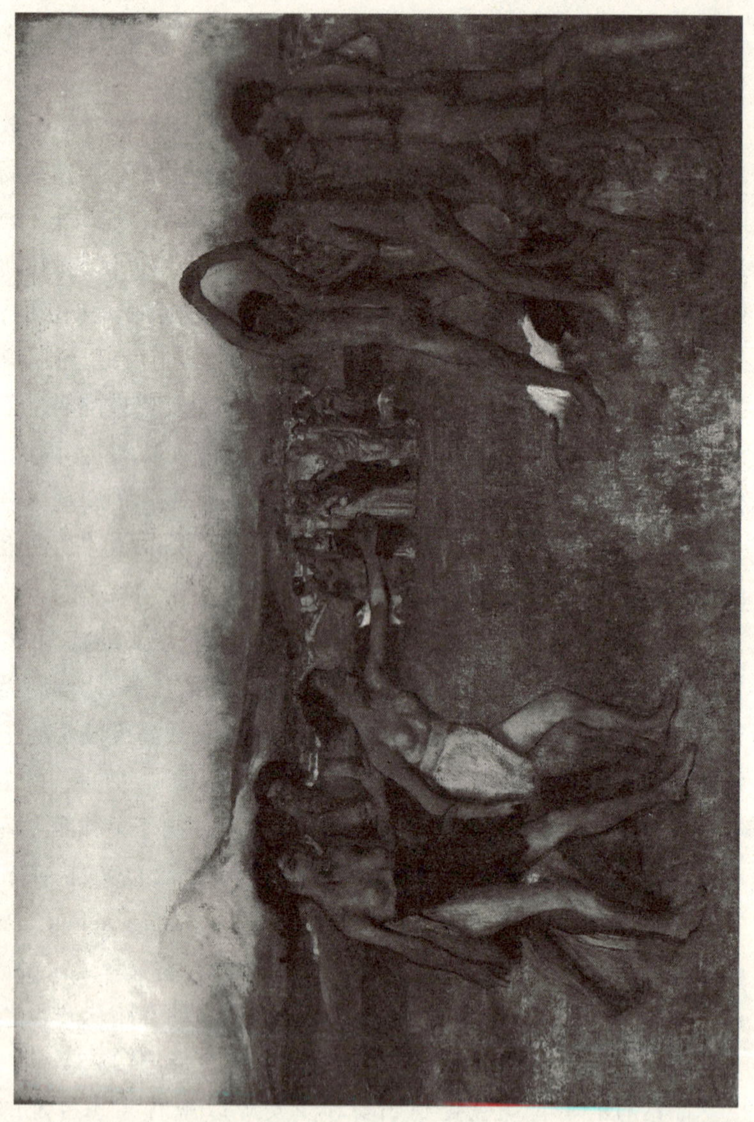

图 8-3 《斯巴达青年的运动》,德加(Hilaire-Germain-Edgar Degas)作于 1860 年前后。现藏于伦敦国家美术馆。作品号 Deagas NG3860。

比赛：

> 当你默默地经常赢得帕拉斯季度赛时，少女和老妇人们都在注视着你，塞尼亚克拉特(Telesicrates)，祈祷你要是她们最亲爱的丈夫或儿子那该有多好；在奥林匹克赛会，供奉深受爱戴的大地女神的比赛以及所有当地比赛中，情况也是一样的。
>
> (品达，《帕拉斯》9.97-100)①

222

这首诗歌褒扬了公元前478年昔兰尼的塞尼亚克拉特在皮西安运动会(Pythian)的重装赛跑赢得胜利。随后在大约公元前474或前470年时，他又在德尔菲竞的短跑(斯塔德赛跑)中取得胜利。② 但他从未在奥林匹克赛会上获得胜利，因为那个时期(公元前484-前468年)重装赛跑和短跑比赛获胜者的姓名都有资料可查。由于品达的注释以及其他的资料都未提及他，因此他也未在其他泛希腊运动会上取得胜利。毫无疑问，他是"帕拉斯(雅典

---

① 参见 G.Arrigoni，"Donne e sport nel mondo greco：Religione e società"，in *Le donne in Grecia*，ed. G.Arrigoni(Rome：Laterza，1985)117-18 and 200，注意第239-242页对昔兰尼节日的探讨。B.Zweig 在 Richlin(1992)76 里讨论了一些妇女参加古代雅典盛大节日活动的可能性。在罗马时期的地中海东部地区，妇女一般都去剧院或运动会，尽管她们大多数人只坐在上席(K.Mantas，"Women and Athletics in the Roman East"，*Nikephoros* 8[1995]140-41)。I.N.Perysinakis，"The Athlete as Warrior：Pindar's P.9.97-103 and P.10.55-59"，BICS 37(1990)43-49，认为皮西安运动会上的特勒西克拉特和希波克利阿斯(稍后会谈到)都像凯旋而归的战士一样受到少女的崇拜；他还进一步提到了对他们的某些崇拜不仅来源于运动会本身，还源于他们在自己所处社会中举办的各种典礼、节日活动或胜利的游行中的公开表现。在 Pind.，P.9：A.Carson，"Wedding at Noon in Pindar's Ninth Pythian"，*GRBS* 23(1982)121-28 and Steiner(1998)141 中也认为特勒西克拉特是"一个浑身能引起性欲的人，对所有人都具有诱惑力"。

② T.Klee，*Zur Geschichte der Gymnischen Agōne an Griechischen Festen*（Leipzig：B.G. Teubner，1918 reprint，Chicago：Ares，1980)79-80.

娜)比赛"的获胜者,但这个比赛指的是雅典的泛雅典娜节,还是昔兰尼当地的一些比赛,我们不得而知。而塞尼亚克拉特广受大众的欢迎说明他赢得的可能是公元前482年的泛雅典娜节的比赛。它比昔兰尼的节日更加重要,早期就被称为"雅典的帕拉斯节"。① 一些关于塞尼亚克拉特在奥林匹亚的广受欢迎的附属资料也许表明了他在公元前480年时参加过比赛,不幸的是,与他面对的是当时的"超级明星",阿斯提罗斯(Astylos)。后者在短跑、折返跑以及重装赛跑比赛中均获胜。如果已婚妇女在品达时期已被禁止进入奥林匹克运动会,那么这段话中的女性要么指能够出现在奥林匹克运动会赛场的少女,要么是出席其他运动会的少女和婚妇女。这里的"其他运动会"除了米克诺斯岛的盖亚克桑利亚节(Ge Chthonia)以及供奉大地女神"胸怀广阔的盖亚"的节日外,其他尚不清楚。② 无论这些比赛在何地举行,它们都与奥林匹克赛会同时举行,因此似乎塞尼亚克拉特同样也不可能在这些比赛上获胜。也许是这些比赛对他个人具有特殊的重要意义,又或者是观众对他格外崇敬。这里提到的"所有当地(比赛)"(*pasi epichōriois*[*aethlois*])可能指的是那些不怎么有名的节日。运动员会去参加,但不会去计较输赢。

无论如何品达想表明的是"塞尼亚克拉特……经常获胜,并且能得到一个好妻子"。③ 这首诗通过说明塞尼亚克拉特将很快会结婚,或是到了结婚的年龄,突出了婚姻这个主题。关于昔兰尼

---

① L.Moretti, Olympionikai, *I Vincitori negli Antichi Agōni Olimpici*, MemLincei, ser.8.8.2 (Rome: Accademia Nazionale dei Lincei, 1957) 10 no.5 = *IG* I^2 472, line 5, dated ca. 550-545 *B.C.*.

② M.P. Nilsson, *Grieschische Feste von religiöser Bedeutung mit Ausschluß der attischen* (Leipzig: B. G. Teubner, 1906; reprint, Darmstadt: Wissenschaftliche Buchgesellschaft, 1957) 279 and 426.

③ S.Instone, "Love and Sex in Pindar: Some Practical Thrusts", BICS 37(1990) 39. 关于此诗另可参见 Steiner(1998) 126-27 以及 137-43。

的神话也与此主题相呼应。昔兰尼是与塞尼亚克拉特的祖国同名的人。她的父亲举办了一个由求婚者参加的赛跑比赛，以此为她寻找一个合适的新郎：

> 为了帮女儿安排一个完美的婚姻，（昔兰尼的）父亲听说雅高斯·达那俄斯（Argos Danaus）如何为了他48个未婚的女儿设计了一个在正午之前就能完成了的婚姻比赛。他让所有的求婚者站到比赛场地的边界线上，让赛跑来决定每位英雄能得到哪个女儿，谁能成为他的女婿。因此，利比斯（Libys）出现了，将他的女儿许配给一个适婚男子。他让女孩身着艳丽的服装站在终点线上作为最终的目标（*telos*）。他对参赛者说，谁第一个冲过终点线，触碰她的衣服，谁就可以带走她。
>
> （品达，《帕拉斯》9. 111–20）

223

因此，丹尼亚斯（Danaids）和昔兰尼的神话故事，以及塞尼亚克拉特是新郎的合适人选、比赛的目标是取得新娘这一历史故事，都从文字意义和象征意义上说明了赢得比赛的"目标"是什么。顺便一提，文学中所表达的站在终点线的新娘或爱人在视觉艺术中有着相对应的作品，一个公元前5世纪的花瓶瓶画上就描绘有厄洛斯站立在一次赛跑比赛起跑线上的情景。① 如同大多数运动会一样，特尔菲的重装赛跑只能由18周岁以上的成年男性参加。② 因为男性大多在30岁左右结婚，而且塞尼亚克拉特取得短

---

① 阿提卡红绘式细颈有柄长油瓶，特里亚的绘画家 Nicosia C756, from Marion = *ARV*² 1248, 7; J.D.Beazley, Proceedings of the British Academy 33(1947)239 误以为厄洛斯在跳远。有关此处厄洛斯位于赛跑起跑线的详情，也可参见 *LIMC III.1*.912 no. 717，还有另一个细颈瓶，Prague, Univ. E 61，这个不是特里亚绘画家的作品，注释于 *ARV*², *loc. Cit.*。

② Klee(1980)43,46–48.

跑比赛胜利是在其竞技生涯的全盛时期(公元前474或前470年),也许就是在25–30岁之间。由此,我们可以推断,品达在《德尔菲》第九章描述的获胜者年龄也在18–26岁左右。

我们也可以合理地推测,大型比赛为父亲们提供了绝佳的机会来安排儿女的婚姻,“适婚女子的父亲参加竞技盛会,希望能为女儿找到一个背景良好、身强体壮的男子作丈夫”。[1] 显然,如鲍桑尼亚(Paus. 5.6.7, 5.13.10; 6.20.9)所说,少女可以进入奥运会比赛场地,而已婚妇女则不行。当讨论阿雷瑟萨(Arethusa)神话时,阿喀琉斯·塔提奥斯(Achilles Tatius, 1.18)告诉我们:“在奥林匹克赛会期间,很多在场的人向河里扔下各种东西,这已成为一种习俗。这些是对爱人的承诺,也是送给河神的结婚礼物。”有关爱情和婚姻的想法似乎已经占据着那些在奥林匹亚参加这种仪式的人的头脑。这种仪式类似于现代将硬币扔向温泉或“许愿井”。甚至竞技馆里也设立了论坛为人们“牵线搭桥”,这也是在奥林匹克节上对适婚少女的一种特殊的认可方式。

用阿森纳乌斯(Athenaeus)的话来说,品达的名声是“过度地纵欲”以及称赞运动员从祖上继承的美丽外形和天赋。品达的名声与竞技重要的性爱功能相一致。一首赞美诗赞美公元前498年德尔菲竞技比赛男子400米折返跑的获胜者——塞萨利(Thessaly)的希波克利阿斯(Hippocleas)的性爱吸引力:

> ……我写歌庆祝他的胜利,(希望)诗歌可以使希波克利阿斯得到他的同伴和长辈的赞美,成为少女们关心、爱护的对象;因为有的人爱情嘲弄一些人的真心,其他人则嘲弄其他人的心。
>
> (Pind., *P*.10.54–60)

224

---

① Instone(1990)32.

如同塞尼亚克拉特一样，希波克利阿斯在现场和品达诗歌的观众中引起不同的感觉。胜利者仅仅是少女“关心爱护的对象”（*melēma*）；对“爱”反应不同的那些人也仅仅指希望胜利者成为其丈夫的女孩们。品达再次强调了运动员对异性的吸引力，比赛的相关作用是婚姻的诱因。品达也谈及运动员对同性的吸引力，这一点在《奥林匹克希尔罗赞美诗 I》宙斯绑架伽倪墨得斯、波塞冬绑架珀罗普斯的神话故事中得以体现。① 因此，诗人用不同的对社会有利的方式来对待这两种都被接受的性爱形式。

来自以弗所的色诺芬所著的描述罗马时代的希腊小说《以弗所传说》（*An Ephesian Tale*）中将大型节日里色情主导的气氛进行了生动的描述。在著作的开头，厄洛斯在以弗所的阿尔忒弥斯节上扮演了为年轻男子哈布罗克马斯（Habrocomes）和少女安西亚（Anthia）牵线搭桥的角色：

> 当地的阿尔忒弥斯节在进行之中，有游行从城市走到一英里外的寺庙。所有的当地女孩都需要盛装参加游行。与哈布罗克马斯同龄的男孩也必须参加。哈布罗克马斯当时已满16岁，是青年团体的一员，站在游行队伍的最前列。一大群以弗所人和类似游客的人观看节日庆典，因为有一个习俗，即在节日上，女孩找到丈夫，男孩则找到妻子。人们列队游行——队伍前面首先是祭品，火炬，竹篮，熏香，然后是马，狗，猎具。有的代表战争，有的代表和平。每个女孩都梳妆打扮，似乎在等着爱人。安

---

① 参见同上 35-39；Percy（1996）135-38，主要关注的是品达的《伊庇尼西亚颂歌集》（e.g., *Ol*.10.97-105）以及诗人自己的生活中有关娈童恋的部分，比如他在 skolion（祝酒歌）里赞美年轻的 Theoxenus（Ath.601d）的魅力。Steiner（1998）137-43 探讨了品达诗歌里的性爱元素，重点是实体雕塑与颂歌的相似之处：诗歌与雕塑都强调了性爱美和其对男女观赏者的吸引力；男性观赏者不仅表现出窥阴的癖好，而且还自我陶醉，尽管他们完全知道理想的运动员是不存在的。

西亚站在女子队伍的最前列……①

学者对这段阿尔忒弥斯节上的婚姻文学资料提供了有力的历史证据。② 节日庆典包括音乐和竞技比赛。修昔底德(3.104)将其比作提洛岛的德洛斯(Delian Games on Delos)比赛,在那里人们带着妻子和孩子参加庆典。③ 如同色诺芬小说中的安西亚,一个不知名的五项全能运动员因其卓越的竞技成绩,被授予特殊的荣誉,站在游行队伍的最前列。毫无疑问,人们认为获此殊荣的人将会是最合适的丈夫。④

传说也反映了获胜者可以娶到新娘的文化理念。当然,为娶到新娘(德语为 *Brautagonen*)而进行的比赛在许多文化的民间传说都很常见。希腊文化中,要赢得新娘,必须要通过力量和能力的比赛,最著名的当属奥德修斯、贝洛布思以及赫拉克勒斯三人。花瓶画家画的最多的有关男子与女子进行比赛的传说是珀利阿斯(Pelias)葬礼比赛上珀琉斯和阿塔兰忒之间的摔跤比赛。这在第7章已经探讨过。总的来说,希腊神话和民间传说巩固了男性通过比赛赢得女性的竞争理念。鲍桑尼亚(6.6.7-11)讲述的一则故事则展现了这种理念的一个变体,这种变体并不常见。故事中奥运会拳击比赛的胜利者欧堤穆斯(Euthymus)爱上了来自意大利

225 提门撒(Temessa)的一个少女。为了赢得她的芳心,他首先要打败

---

① Xenophon of Ephesus, *An Ephesian Tale* 1.2(trans. Graham Anderson, in Reardon [1989]129).

② Nilsson(1957)244-45; S.F.R.Price, *Rituals and Power: The Roman Imperial Cult in Asia Minor*(Cambridge: Cambridge University Press, 1984)110.

③ 参见 L.Moretti, *Iscrizioni agonistiche greche*(Rome: Angelo Signorelli, 1953),注释73(拳击手),75(五项全能运动员),和76(跑步选手),记录了公元2世纪以弗所举行的阿尔忒弥斯运动会的竞技胜利。

④ Pl., *Rep*.468c 认为竞赛冠军应当得到他所爱之人的选择——不管是男性,还是女性。

一个当地的幽灵。这个幽灵曾经是奥德修斯同伴。它摧残当地人民，要求每年献祭一个处女给他当妻子。幽灵一见到运动员就逃跑了，欧堤穆斯也如愿以偿地得到了那个女孩。这些民间故事和神话强化了品达所描述的现实社会。英雄或者证明了自身的优秀运动员是最合适的丈夫人选。

运动员与妓女

作为一种少有得到赞美的性爱形式，运动员与妓女或男妓之间的性爱毫无疑问也从未出现于品达的赞美诗中。轶事和短诗证明这种关系在当时很普遍，而运动员必须通过他们的魅力和名气获得性爱资本。也许最臭名昭著的例子是来自马格尼西亚的克勒俄马枯斯（Cleomachus）。他是公元前424年奥运会拳击冠军，也是同时代的阿里斯托芬和克拉提诺斯（Cratinus）讽刺的对象。①斯特拉波指出，“拳击手勒俄马枯斯爱上了一个娈童犯（*cinaedus*），还爱上了那个娈童犯抚养的一个女妓；他试图模仿娈童者之间的说话方式和行为特征”（斯特拉波 14.1.41 = C648）。*cinaedus* 是同性恋被动一方，在希腊社会中被挤兑，与娈童中处于主动一方的地位完全不同。犬儒哲学家戴奥真尼斯（Diogenes）在批判另一位著名运动员，雅典奥林匹克运动会（可能是334年）的搏击比赛获胜者迪奥希普斯（Dioxippus）无法控制自已爱欲时是这样描述的：

> 看到奥林匹克赛会的获胜者迪奥希普斯在胜利游行时，眼睛始终盯着一个观看游行的美丽女郎，目不转睛，

① Moretti（1957）106 no.329；Fiedler（1985）146；Aristroph.，*Ecclesiazusae* 22（with Scholia）；Cratinus frr.15 and 256（Koch）. 另可参见 Tertullian，*De pallio* 4.4，重复了斯特拉波的证词。

还一步三回头地看,戴奥真尼说:“你看那个运动员,他被那个小女孩吸引住了,脖子都不受控制了。”

(Plut.,*De curio*. 521B)①

戴奥真尼拉尔修反复讲述犬儒的故事,但没有说出运动员的真名,将那个女孩称作高级妓女(*hetaira*,6.61)。迪奥希普和勒俄马枯斯都是嘲笑的对象。因为尽管他们有好看的身体,但是他们已屈服于性欲;讽刺使得对比特别尖锐。相对于对运动员这种不受尊重的性爱行为的责备,人们比较关注更为合法和普遍的娈童关系,以及运动员对适婚女子的吸引力。然而,没有人可以得出运动员与其他希腊人一样与男妓或妓女沉迷在“非法”的关系中这样的结论,只能说当他们那样做时,他们的羸弱就是所有被人嘲笑的地方。②

普通妓女(*pornai*)或被雇佣的高级妓女很可能出席许多运动节日,虽然它们可能只是些“边缘”性节日,而且并不在运动场或神殿举行。喜剧诗人穆奇恩(Machon)讲了一个有关高级妓女马尼亚的趣事。她与著名奥林匹克拳击手莱昂提斯卡斯(Leontiscus)过着夫妻般生活,又受到有着同样名气的奥林匹克拳击手安忒诺耳(Antenor)的诱惑与其通奸。当莱昂提斯卡斯发现她与安忒诺耳通奸时,玛尼亚机智地回答到:“亲爱的,不要为此烦心,我只是想知道两个运动员在同一个晚上来回抽动是什么感觉。”③海

226

---

① Winkler(1990)45-54 = Halperin, Winkler, and Zeitlin(1990)171-86; Davidson(1997)167-82.

② Moretti(1957)125-26 no.458; Fiedler(1985)146.

③ 关于卖淫和高级妓女(*hetairai*)的歧义性和复杂性的论述,参见 Halperin(1990)88-112, esp.107-112; Reinsberg(1989)80-162; Davidson(1997)73-136,尤其第92页关于运动会上高级妓女的论述。参见 Leontiscus and Mania: Machon, fr.15.218-25 Gow, *ap*. Ath.13.578f;关于 Leontiscus,公元前304年奥林匹克搏击冠军,以及 Antenor,公元前308年奥林匹克搏击冠军的论述:分别参见 Moretti(1957)132 no.495 和 131 no. 488。

罗达思(Herodas)的《小丑》(*Mime*,公元前3世纪)描绘一个年纪大一些女子鼓励更为一个年轻的高级妓女成为皮西安运动会、伊斯米安运动会和奥运会拳击获胜者格瑞卢斯(Gryllus,虚构人物)的情人。格瑞卢斯在麦尔斯(一个神秘的小亚细亚女神)降临节(Festival of the Descent of Mise)上见过那个女孩,而且“当他的心被爱情之剑刺中时,他激情膨胀。日日夜夜在我的房间逗留,为我哭泣,给我说甜言蜜语,将会死于激情”。妓女和高级妓女可能不仅在节日里,也在当地的竞技馆中寻求年轻男性的青睐。忒俄克里托斯的《田园诗II》(公元前3世纪)展现的是一个高级妓女试图通过爱情咒语赢回情人,年轻帅气的竞技馆常客德斐斯(Dephis)的爱。高级妓女可能更加渴望年轻的特别是优秀的运动员,因为那样的年轻人比同龄人更加富有,更加帅气,至少更加健康。

与上述故事类似的是盖蒂博物馆一件约公元前500-前499年的盛酒器。器皿的一边画的是铁饼选手,另一边是拿着刮身板的高级妓女。两个人物的姿势近乎相同。这是一幅绝妙的双关画(图8-4)。[①] 其双关之处在于它可以有多方面的解读:她是运动员形态的;他是一个男妓,他的奖项就是其报偿;二者皆因漂亮的身体而获得报酬;二者皆俱性爱吸引力。她将会是随后庆功宴会上的消遣吗?难道他也可能像勒俄马枯斯一样沉浸在她的芳心中?[②] 二者仅仅是在玩裸体游戏,还是他们之间有着关系?无论如何双方都享受着休闲运动带来的快乐。

---

① 阿提卡红绘式柱形陶罐,大约公元前500-前490年,现藏于Myson, Getty Mus. 73.AE.135。

② Ath. 4.128b-130d, esp.129a, 129d, 130c; Xen., *Symposium* 2 and 9,一个女杂技表演者激起勇气,一群跳芭蕾的舞者(描绘狄俄尼索斯和阿里阿德涅的故事)激起竞技馆里男性观众的性欲。

图 8-4 左侧：演奏响板的古希腊妓女；右侧：掷铁饼者。年代：约公元前500-前490年。阿提卡红绘式双耳喷口杯。画家：美森（Myson），收藏于美国洛杉矶的保罗·盖蒂博物馆（73.AE.135）。

禁欲,腰上的铅块与“系狗绳”

厄洛斯与运动员之间还有另一层明显的联系,即传统观点认为性行为不利于提高运动员的场上表现。这乍看似乎与之前描述的色情主义在运动员中泛滥的事实相矛盾。目前所知,禁欲的习俗并没有被当时的运动员普遍所接受,不像今天教练员向运动员下宵禁令,特别是在大赛之前禁止运动员发生性行为(理论根据尚不明确)。① 对此,菲罗斯特拉托斯(Philostratus)指出:

> 刚结束性行为的运动员最好不要运动,因为他们要是用胜利者的王冠去换取龌龊不堪的情欲,他们哪还会有男人的颜面?如果他们的确要运动,就应提醒他们在公共场地训练前要注意自己的体力和气息,……,因为性行为的快感会对这些部位造成最不良影响。夜间遗精和性行为产生的影响是一样的,但我们说过(ch.49)遗精是无意识行为。夜间遗精的运动员运动时要更加小心,必须储备更多的力量,因为他们的生理体系出现了一个缺口,必须弥补这一部分损失。他们的训练难度不宜过大,但持续时间更长,这样能使肺部功能得到充分锻炼,同时还需服用一定量的药物,这种药物用油与浓厚尘土混合而成,效力持久,能让运

227

① W.Sweet, “Protection of the Genitals in Greek Athletics”, *AncW* 11(1985)43-52记录了现代教练不赞成甚至严禁运动员在训练期间有性生活。同我交谈过的运动员和教练都证实了此规则的存在,但是这项建议似乎只是以一种非正式的口头形式存在,而不是印在训练手册上,因为我在训练手册上并没有找到此内容。参见Fiedler(1985)137-75和A.Guttmann(1996)。在这部分中,Fiedler对运动员禁欲以及其医学上的根据的细心调查给我提供了很大帮助,尽管我对这些资料的解释与之在很多方面都不太相同。

动员头脑保持清醒。

(菲罗斯特拉托斯,《竞技学》52)

该建议适用于集训的每个时期或是仅仅比赛之前适用,尚不明确,但他阐明了性行为有害,所以集训的每个时期都应禁欲,但这一禁令并没有提及赛后和集训时间之外的性行为。事实上,古医学作家奥里巴修斯(Oribasius)赞同赛跑或赛马运动员要在比赛之后进行性行为,这与伽林(Galen)的观点不谋而合。① 以此看来,正是由于运动和性行为两者都适量而行才让希腊人获得了健康和生命力,而对那些关心如何抵消性行为消耗的人来说,参加竞技运动是个不错的养生法。

菲罗斯特拉托斯的建议也与当代医学中关于身体愉悦的理论相呼应,当代医学理论认为,精子是男性力量很重要的组成部分,尽管如今关于精子的生理学来源众说纷纭。② 公元1世纪的医生阿里忒尤斯(Aretaius)在谈论精子的重要性,特别对禁欲运动员来说时提到:"有精子的男性往往性情生猛,胆识过人,拥有像野兽般的强大力量。禁欲的运动员恰恰就是这个样子,这就是证据。"

公元2世纪伽林在其著作中写道,运动员严格禁欲也会产生副作用③:

无论是运动员,还是歌手,倘若(从职业生涯初期

① Oribasius, *Medicae Collectiones* 6.37-38, 在 A.Rousselle (1988) 17-18 中引用并简要论述。关于使用油和尘土的论述, 参见 D.Sansone, *Greek Athletics and the Genesis of Sport* (Berkeley: University of California Press, 1988) 95-103, 122-25; 以及 C.Ulf, "Die Einreibung der griechischen Athleten mit Öl", Stadion 5(1979) 220-38。

② Fiedler(1985) 159-63.

③ 参见 E.J.Dingwall, *Male Infibulation* (London: John Bole, Sons & Danielsson, Ltd., 1925) 39-40 对此段的论述。

229

就)开始禁欲,不发生任何性行为,甚至不产生任何性幻想,他们的生殖器会变得像老年人的那样纤细短小。而从青年时期就长期有性行为的运动员或歌手,根据柏拉图缺乏使用使它软弱,频繁使用则使它强健的力量增益理论,生殖部位的血管会变得粗壮,血流量和性欲都会大大增加。

(Galen, *De locis affectis libri vi*, vol.8.451-52[Kuhn])

此处的"力量"指的是生殖器的生长发育,并非运动员整个生理机能的提高。伽林在书中指出,在他生活的时期,有些运动员保持贞洁仅仅是出于传统需要,且历史上存在过一类因禁欲而出名的运动员。[①] 虽然禁欲行为符合"克制"这一医学和哲学都提倡的原则,但并不意味着这种传统有理论基础。禁欲运动员的出现表明,早在公元前5世纪,禁欲行为就已十分广泛,不少哲学家都引用这些禁欲运动员作为自我克制的典范。

在柏拉图的《法律篇》中,雅典人发言者与克里特的克里尼亚斯(Clinias)谈到了一项激进的提议,内容是男性只有愿意和女子生育小孩时,才能与之发生关系,否则就不应该有任何性冲动和通奸行为;而一些运动员的自我克制则被立为典范:

雅典人:"我们都有所耳闻塔伦特姆(Tarentum)的伊卡斯(Iccus)的事迹,他在奥运会和其它运动会上有着出色的发挥,对胜利有强烈的渴望,有着精湛的技艺,过人的胆识和超常的自制力,在训练和比赛期间从不接触女性

---

① 参见 Galen, *In Hippocratis librum primum epidemiarum commentarii iii*, 17 A 521; E. Wenkebach, ed., *Galeni in Hippocratis epidemiarum librum i commentaria iii* (Corpus medicorum Graecorum, vol.5.10.1[Leipzig: B.G.Teubner, 1934]), 同样暗指了运动员禁欲。

> 或男童。这样的例子还有很多，如克里逊(Chrison)、阿斯提罗斯(Astylos)、迪亚朋珀斯(Diapompus)等，不胜枚举。但是，克里尼亚斯，这些人比你我公民的文化程度要低，他们却有更高的性活力。"
>
> 克里尼亚斯："你说得很对，根据先人的记录，这些运动员确实禁欲过。"
>
> 雅典人："大部分男人认为性行为会给摔跤、赛跑和其它比赛带来好运，而以上提到的运动员们却能对这种行为说"不"。既然他们可以节制性行为，我们的男孩们就不能为了一场更加光荣的胜利而克制一下吗？……"
>
> 克里尼亚斯："更加光荣的胜利？"
>
> 雅典人："战胜欲望的胜利，赢了，会为比赛带来好运；输了，则会非常不幸。"
>
> (柏拉图，《法律篇》839e-840c)

230

柏拉图在书中提及了许多运动员禁欲的事例，其中有一些人还非常著名。虽然并非所有人都这样做，大多数知名的运动员都选择了这种克制行为。书中还指出，人们认为运动员身体往往蕴含着比普通人"多得多的性活力"。一旦克制行为消失，这些活力将被激发，发泄的对象则是男童或女性。尽管运用哲学理念来证明禁欲的好处需要一定的条件，但柏拉图的文章指出，"充满克制的勇猛"加上出众的技艺才是竞技运动成功的秘诀。先前我们将"自我克制"定义为一种竞技比赛美德，[①]而这里仅指克制性欲。

公元2世纪下半叶，艾利安(Aelian)在其著作中，详细讲述了公元前444年奥林匹克五项全能冠军伊卡斯(Iccus)的故事，同时还提到了公元前216年奥林匹克搏击赛冠军，来自忒拜的克雷特

---

① 参见本书概述部分，第17页注释②。

马修斯(Cleitomachus)的故事,艾利安在书中赞扬禁欲是自制力训练的一部分:

> 阿里斯顿(Ariston)的儿子,也就是柏拉图,他高度赞(扬伊卡斯),称其能在训练和比赛期间节制性行为,不与任何异性接触。伊卡斯深爱奥利匹克和皮西安运动会,渴望获得名誉和成就,而保持贞洁对他来说并不算什么大成就,只有比赛获得的奖励——奥林匹克的橄榄枝王冠,伊斯米安运动会的松枝王冠和皮西安运动会的月桂树王冠——才是真正的荣誉。他一生都受人尊敬,即使死后其事迹也广为流传。……搏击运动员克雷特马修斯曾在看到狗交配的场景时转过身去,并且在一次宴会上听到了下流淫荡的对话后,起身离开了会场。
>
> (Aelian, *De nat. an.* 6.1)

艾利安指出伊卡斯酷爱竞技比赛,追求荣誉(*kleos*)和名气(*doxē*),这些东西都可以弥补或替代对性欲的渴望。他不与任何有关"性"的事物打交道,尽管在运动生涯期间一直保持处子之身,但可能结束后便没有继续禁欲了。他的这种行为是自发的,并非是运动员必须遵守的规则。

克雷特马修斯则不同,他从始至终都厌恶性行为,无论是在对话中,还是在看到动物的性行为时,他的态度都是如此。[1] 普鲁塔克(*Quaest. conv.* 710D)的作品中也提到了他很出名,同时也讲述了他中途离开宴会场的故事。在一份《奥运会冠军名单的附录》里,是这样描述他的: 231

① 参见 Fiedler(1985)144-145, 166-167 注释 25-28;Moretti(1957)141 注释 584。

> 克雷特马修斯是一名出色的拳击手，拥有无人企及的力量，自我禁欲的行为也被人津津乐道。他无法容忍任何一点关于性的讨论，一旦宴会场或别的地方讨论性，他就会立刻起身离开。这样做他的精力就得以保存下来，不会因性行为而耗损。
>
> （*Anecdota Graeca Bibliothecae Regiae Paresiensis* II. 154，第 20-25 行［Cramer］）

相比其他自我克制的例子，对克雷特马修斯“保存力量”动机的理解则更加字面化，并且评论家的话语中也暗示了其自制力的与众不同的特质。

迪奥·克里索斯托（Dio Chrysostom，约公元前 50/40 年—公元 110 年）描述了卡利亚（Caria）的拳击手米兰柯马斯（Melancomas）的事迹。米兰柯马斯可能是公元 49 年的奥运会冠军，也是一位自制的禁欲者。[①]“他的对手无法打败他，他也不允许自己沉浸在对饕餮和性欲的渴望之中”，迪奥写道（*Or.*28.12）。他还提到了米兰柯马斯死的时候，还是个 18-20 岁左右的青年，并且评论说“他从未享受过人生的任何本能欲望”（*Or.* 28.9，10，13）。这告诉我们，对一个像他这样的青年，没有任何性行为的经历是不寻常的，也确有一些罗马时期的运动员一直选择禁欲。

亚历山大城的克莱门特（Clement，约公元 50-215 年）也同意柏拉图关于自制的观点，他指出禁欲实际上是遵循了上帝的旨意：[②]

---

① Dion Chrysostomus，*Orationes* 28.10，12；29.18. 参见 Fiedler（1985）145-146，168 注释 31。

② 参见 Fiedler（本章第 333 页，注释①，1985）141-142 以及 165-166 n.18 关于 Laïs 和 Eubatas 的故事概述。

> 不少运动员，如克罗顿（Croton）的阿斯提罗斯（Astylos）和席默拉（Himera）的克里逊（Crison）都在禁欲的同时保持锻炼。……昔兰尼的亚里士多德是唯一一位在赖斯（Lais）热恋自己时，对她表示蔑视的人。他对这名高级妓女发誓，只有在竞技场上有幸获得胜利才会将她带回家乡。历史学家伊斯特罗斯（Istros，公元前3世纪）在其作品《论运动员的人格》中写道，比赛胜利之后，他在兑现誓言时耍了小聪明：他为赖斯雕了一尊塑像，把雕像送回了昔兰尼。
>
> （Clement of Alexandria，*Stromata* 3.6.50.4–51.1）

若不是因为这件事，亚里士多德也不会出名，就像希腊神话故事中的提修斯（Theseus）与阿里阿德涅（Ariadne），杰森（Jason）与美狄亚（Medea）一样，他通过婚誓利用未婚妻，目的竟然是为了抛弃她。但仍然不清楚他做出这样承诺的真正原因，除非他能从赖斯身上捞到好处，或是赖斯对他造成了威胁。是不是赖斯有什么魔力或神谕，亦或是她会对亚里士多德的公众形象产生负面影响？ 232

艾利安还讲述了同样的一个故事。故事的男主角是来自昔兰尼的运动员厄巴塔斯（Eubatas），他是公元前408年奥运会赛跑冠军（信息可能有所偏差）：①

> 赖斯一见到厄巴塔斯就疯狂地爱上了他，并向他求婚。厄巴塔斯因担心赖斯以后会变心，于是承诺和她结婚。事实上，他们之间并没有发生关系，厄巴塔斯一直独自生活。他要在完成比赛后兑现承诺，因此获得胜利之后，他不想让外人觉得自己背弃了承诺，就让人雕了一尊

① 关于Eubatas（Eubotas），参见Moretti（1957）110 no.347。

> 赖斯的塑像送回昔兰尼,表明他将赖斯送了回去。赖斯因为法律上已和厄巴塔斯结婚,所以给她的丈夫在昔兰尼也树立了一尊雕塑,感谢他质朴真挚的情谊。
>
> (Aelian, *Varia historia* 10.2)

很明显,这个故事能在昔兰尼流传,很可能与城市里的某些雕塑有关,或受雕像启发。两则故事对妓女赖斯都没有表达同情之意,而男主人公都不愿与她发生性关系。在伊斯特罗斯写的克莱门特的故事中,男主人公克莱门特对饶有名气的妓女赖斯一副"鄙薄"态度,拒绝带她回家,他很"聪明"地没有履行这一诺言,"聪明"这一副词表明他还是害怕被贴上背信弃义者的标签。在艾利安的版本中,厄巴塔斯这样做的初衷并非是由于害怕被指控犯伪誓罪,而是害怕如果拒绝她而不许下婚誓,女方会背叛他。只有许下婚誓之后,他才能"聪明"地在这个承诺上打"擦边球"。厄巴塔斯的妻子做的最后一件事是"感谢丈夫质朴真挚的情谊",将厄巴塔斯在面对一个因痴情而臭名远扬的女人时表现出的自制和机智英雄化,她为丈夫树立的雕像正好与丈夫为她制作的雕像相对而立,以此纪念他们的感情。以上两则故事写的都是比赛冠军(至少一人还是奥运会冠军)是如何拒绝古希腊最出名的妓女的。关键是这些英雄能一直保持贞洁和自制力,尽管这点在艾利安的故事中表现得更明显,而在克莱门特的故事中较含蓄。昔兰尼这个地方可能向来就有男子禁欲的风俗,还有一套极其强大的法律对遭受性"污染"的人如何"净化"有详细规定。① 无论如何,这两名运动员塑造的是不同于大部分运动员的理想形象。古代的文字等资料记录这些故事可能是因为它们不同寻常,而哲学家和基督

① M.P. Nilsson, Geschichte der Griechischen Religion, 2nd ed., vol. 1 (Munich: C.H. Beck, 1955) 94.

作家们记录这些故事是因为可供他们所用。

将禁欲作为赛前准备，究竟适用于哪些比赛尚无规律可循，尽管大部分的禁欲运动员都是单程跑运动员（阿斯提罗斯、克里逊、迪奥庞珀斯（Diopompus）、厄巴塔斯、亚里士多德[？]），除此之外，伊卡斯是五项全能运动员，米兰柯马斯是拳击手，克雷特马修斯搏击运动员。而且也很难从这些选手们的年代和地理来源上找到规律。后来的作家们大多引用公元前5世纪的例子，那以后例子只有两个。可能是由于这两名运动员（公元前3世纪的克雷特马修斯和公元前1世纪的米兰柯马斯）将禁欲履行到了极致。另一项参考文献，公元12世纪尤斯坦修斯（Eustathius）的作品（*Com. ad Hom.Il*.24.130 = vol.4，341.2-3）指出，在奥林匹亚，"整个比赛期间，运动员都禁止和女性往来"。但是这条规定仅仅被提及过一次，很可能是错的。因为还有一条禁止成年女性进入赛场的规定，这两者相冲突。① 值得注意的是，公元前6世纪，毕达哥拉斯学派（Pythagorean school）的训练模式已经在克罗顿兴起，并影响了一些运动员，其中便包括3个来自意大利南部和西西里岛希属殖民地的运动员，分别是克罗顿（Croton）的阿斯提罗斯（Astylos），希默腊（Himera）的克里逊（Chrison）和塔伦特姆（Tarentum）的伊卡斯（Iccus）。② 其中最典型的例证是伊卡斯，他就是一名毕达哥拉斯主义者。虽然此观点有一定理论根据，但并没有资料明确表明毕达哥拉斯主义者与运动员禁欲有联系，所以最后我们不得不将禁欲的源头这一问题搁置。很明显，不只毕达哥拉斯主义者会禁欲，禁欲很可能仅仅作为一种民俗兴起，当时认为性交之后人体会经历生理低潮期，精力锐减。后来就有运动员开始禁欲，再后来这一行为写入了某些运动员的训练准则。

233

---

① 参见 Fiedler（1985）169，注释44。

② 同上，第150-155页；参见 D.C.Young，*The Olympic Myth of Greek Amateur Athletics*（Chicago：Ares，1984）134-45 关于毕达哥拉斯和竞技的论述。

伽林在书中提到,有些运动员为了避免夜间遗精,睡觉时在腰部盖上铅盘①:

> 不需要使用药物,只需将一个平整的铅盘放于运动员腰部肌肉以下。这样在运动员夜晚即将遗精时就能使他们清醒过来。
>
> (Galen, *De simplicium medicamentorum temperamentis ac facultatibus libri vi* 12.232)

尚不清楚这一疗法真正起作用的是铅这种化学元素,铅盘的重量,或者像伽林所说是铅盘的冰冷度。更无从得知这样做的目的是为了减少遗精,避免遗精,还是改变遗精的副作用。无论如何,这样做能解决菲罗斯特拉托斯提出的问题,也充分解释了一些运动员禁欲的原因。

另一项表明古代运动员禁欲的证据是所谓的“锁阴术”,希腊语为“*kunodesmē*”(字面意义是“系狗绳”,其中“*kuōn*”意为“猎犬”,俚语“阴茎”的意思)。② 希腊人将阴茎的包皮往上提,然后234 簇成一撮往后盖住阴茎口,再用线系紧,另一头系在阴茎上。后来

① Dingwall(1925)39-41, 另可参见 J.Cassian, *Opera*(Corp. Script. Eccl. Lat., 17)(Prague, 1888), *De institutis coenobiorum* 6, ch.7, p.119, 关于使用铅灰色盘子的风俗。

② 参见 Phrynichus, *Praeparatio Sophistica*(epitome), ed. J. de Borries (*Phrynichi sophistae praeparatio sophistica* [Leipzig: B.G.Teubner, 1911])85B: “*kunodesmai*: 阿提卡居民卷起并束紧阴茎的带子。他们将阴茎称为 *kuon*, *desmos* 一词意为“束缚”(Sweet[1985]46);另可参见 Pollux, *Onomasticon* 2.4.171: “他们将用来束缚阴茎的带子称为 kunodesme”(Sweet[1985])。同样关于阴部扣锁的论述, 参见同上, 第 43-52 页; Keuls(1985)68-73; J.-P.Thuillier, *Les jeux athlétique dans la civilisation Étrusque*, Bibliothèque des Écoles Françaises d'Athène et de Rome, fasc. 256 (Rome: École Française de Rome, 1985)394-401; Dingwall(1925), 尤其是第 67-123 页, 关于此主题最广泛的综述。

人们大多从瓶饰画中的运动员、狂欢者和好色之徒身上才了解到这一做法，文学作品涉及这点的不多，并且都只是简要提及。公元前5世纪早期的一幅古意大利绘画表现出这一做法在当时很普遍，而且形式多样，比如有的将绳子另一端系在腰上，而非系在阴茎上这种更为常规的做法（图8-5）。大部分现代评论家认为这一做法是"个人保持贞操的最明显标志"。① 对好色之徒来说，这一做法也表达了他们渴望禁欲。② 我们可以将其理解为是出于礼节需要，避免在公共场合勃起的尴尬，而好色之徒们正是因为这臭名远扬。③ 一个人简朴地生活并不意味着他正在禁欲。在为数不多的文字史料中，有一份支持这一种解读：

> *kunodesmē*：羞于裸体的人用来捆扎包皮末端的一小块动物皮毛。
>
> （Photius，*Lexikon*）

235

也曾有人提到希腊运动员以裸体的形式参加比赛是为了展示他们超乎常人的自制力。④ 尽管相比其它说法，这一关于禁欲源头的观点缺乏信服力，但它仍然提醒我们自制是非常重要的。再

---

① Sansone（1988）120.

② Sweet（1985）43-49.

③ 参见O.Taplin，"Phallology，*Phylakes*，Iconography and Aristophanes"，*PCPS* 213（N.S.33）（1987）102，注释17：它（*kunodesmē's*）的主要目的显然是保护器官在剧烈的体育运动中不受伤害，并且，由于它能防止勃起，从而避免了性行为的发生。（cf. Aesch，*Theoroi or Isthmiai* fr.78a line 29［Radt］）"。Dingwall（1925）78引用了Celsus，*De medecina* 7.15标题为"For the purpose of covering the head of the penis，if it is uncovered"（*Ad tegendam glandem colis，si est nuda*）的一段文字，其中认为，如果一个男人的包皮不能完全遮盖龟头，这个人就是畸形的。

④ Arieti（1975）. Stewart（1997）31对运动员裸体的目的在于展示自己显著的自控力提出了质疑："如果情况的确如此，可我们找不到任何一个完成不了此项不受欢迎的任务的竞赛者，这很奇怪，此外，就算这个问题确实很要紧，要保证百分之百的成功率也很难。"

图 8-5　带着“系狗绳”的运动员。公元前5世纪早期的伊特鲁里亚壁画。现藏于丘西博物馆。

拿它与奥古斯丁更为谦逊端庄的基督教观点相比,后者提到“性器官俨然成为了欲望的私有财产……正因为这才有了羞愧感的产生,才使得我们在尴尬之时要遮住旁观者的双眼”(《上帝之城》14.19)。然而,希腊文化在“羞愧”感的形成上有着完全不同的观点,两者的相同点仅限于他们都认为男性生殖器有“自己的一套想法”,需要有极强的自制力才能掌控它。一个人要是没有使用锁阴术,是该视作他拥有更强大的自制力,不用人工方法就可以控制生殖器在公共场合的行为,还是认为他意志力不够坚决,下不了狠心克制自己的欲望?佛提乌斯(Photius)对这一行为给出了最明确的解释,他指出锁阴的人是担心他们会在公共场合勃起,与是否缺乏自制力无关。可能有的人希望展示自己质朴谦虚的一面,有的人则比较敏感,容易勃起,还有的人缺少自制力,另外有些人需要点小物件作为装饰品,再或者还有人使用它只是觉得这是时尚。但无论如何，都是为了避免公开暴露自己的性冲动。

厄洛斯像与运动员

瓶饰画也能证明当时情欲主义在竞技中泛滥。一些由 K.J.多佛(K.J.Dover)整理归类的同性恋瓶饰画还提到了运动员之间的同性恋行为。① 公元前 6 世纪的一个黑绘式花瓶上画有求爱场面，其上方还有一个摔跤比赛的画面(慕尼黑 1468；Dover no.B 271)。还有一个红绘式花瓶上画有一对对恩爱的青年男子和少年“情侣”。其所在位置可能是竞技场。其中有个少年手上拿着一个铁饼(巴黎 G45；Dover no.R59)。还有一个红绘式基里克斯陶杯内部画有一位年长男子正爱抚一名少年的生殖器，背景中挂着刮身板、油瓶和海绵，暗示地点在竞技场(牛津 1967.304；Dover no.R 520)。除了多佛的瓶饰画，还有以下的瓶饰画也与这个主题相关：现藏于盖蒂博物馆的约公元前 510 年的花瓶，画有一些运动员运动后洗澡，另一群人则在竞技馆和少年们混在一起(图 8-6)。② 现存于柏林的一个公元前 6 世纪晚期的基里克斯陶杯也画有男青年和少年们在竞技馆的场景，墙上挂有刮身板和海绵，另一边有男青年和女子在一起，这些女子可能是高级妓女或普通妓女，

① Dover(1989)205-25 在他的书里列了一份“花瓶清单”，并作为证据进行讨论；他并没有宣称这份清单包含了所有绘有同性恋场景的希腊花瓶，清单上花瓶的图案也不仅限于此类场景。但是这份清单却是一份有关同性恋的画像资料的概略，实用并容易获取。在我的文章中我只提到了 Dover 作出解释过的那些花瓶。M.F. Kilmer, *Greek Erotica on Attic Red-figured Vases*(London：Duckworth，1993)对 Dover 所列的花瓶清单进行了补充，并提醒大家不要仅凭油瓶的存在就断定其背景是竞技馆：参见他的索引，s.v. Palaestra。Kilmer 认为在异性恋和同性恋活动中，橄榄油可能曾被用作润滑剂，这是合情合理的。

② 阿提卡红绘式酒杯，大约公元前 510 年，现藏于 Smikros，Los Angeles，Getty Mus. 82.AE.53。

图 8-6 约公元前 510 年的阿提卡红绘式酒瓶(psykter)。画家:斯米克罗斯(Smikros)。现藏于美国洛杉矶的保罗·盖蒂博物馆(82.AE.135)。

236 但地点不在竞技场内(图 8-7)。① 处于中央位置的一对同性情侣呈摔跤式的拥抱状,我们可以将其与同时期另一个花瓶上的珀琉斯和阿塔兰忒的拥抱进行对比。柏林的基里克斯陶杯画表明了当时雅典青年多是双性恋者,而同性恋在竞技馆内很常见。

之前我们在第七章讨论了运动场里有女性出现的情况,艺术

① 阿提卡红绘式基里克斯陶杯, Peithinos Painter, Berlin, Stiftung Staatliche Kulturbesitz F 2279; Dover(1989)R 196(a); C.Johns, *Sex or Symbol*(Austin, Tx.: University of Texas Press, 1982)fig.82; O.Brendal, *in Studies in Erotic Art*, ed. T.Bowie and C.V. Christenson(New York: Basic Books, 1970)图 15-16。

图 8-7 阿提卡红绘式基里克斯陶杯，画家：佩提诺斯(Peithinos)。德国柏林 Staatliche 博物馆藏品。编号：F2279。

家们或者他们的资金提供者对描绘竞技场上的异性恋十分感兴趣。先前讨论的用刮身板洗澡的女孩，与现在竞技馆里和男子在一起的女孩，她们的形象刻画有一些区别。前一个场景更有意思，因为其刻画的女孩形象更能激起性欲，因为即使在一个男性主导的领地里也会出现女孩子性感的身影。后一个场景女孩子和男性一起出现，女孩们被置于被爱男孩的地位，这也暗示了她们并非运动员，而是画中男子觊觎的对象，是他们在竞技馆的情色背景下发泄情欲的玩物。比如说，画家阿马西斯(Amasis)所作的瓶饰画，画有 6 对相对而立恋人。每边有 3 对，其中两对是一位长着胡子的年长男子与一位年轻的男性，另一对是一位长着胡子的男性与一位年轻女性(图 8-8)。[1] 两边都是女孩子手里拿着鲜花、环形彩237带或项链,处于中位置来突出她们在男性中的地位。墙上挂着油瓶和头带,两位男子手拿油瓶,还有 4 个拿着长矛,这都表明该画的创作背景是运动场。每位年长的男性都手捧当时常见的定情信物——一般是小动物,[2]送给自己喜欢的男孩或女孩,瓶子的手柄下面还画有两个男人手捧礼物。另外,还有许多运动场上的求爱场景,有些仅有男性,有些男女都有(女士一般都穿着衣服)。[3]

图 8-8 黑绘式双耳大饮杯,巴黎卢浮宫藏品。编号:A479(MNB 1746)。画家:阿马西斯。年代:公元前 6 世纪中叶。

---

① 黑绘式双耳大饮杯, Paris, Louvre A479(MNB 1746), Amasis Painter, third quarter of the sixth century *B.C.*, from Camiros, Rhodes; *ABV* 156, 688(Amasis Ptr. no. 80); *Paralipomena* 65;参见 D. von Bothmer, *The Amasis Painter and His World: Vase-Painting in Sixth-Century Athens*(Malibu, Calif.: J.Paul Getty Mu- seum, 1985)200–203 no.54; Dover(1989)no. B 84。

② Dover(1989)section II.B.5;在某个花瓶所绘的场景中,一个长着络腮胡的男人递给手拿刮身板站在折返柱旁边的男孩一只兔子,参见阿提卡红绘式基里克斯酒杯上的剪切画,ARV^2 874.4 = *CAV* France 20, pl.47.5。

③ 参见巴黎卢浮宫 C 画家所绘的一个红绘式双耳深酒杯, MNC 676 = von Bothmer (1985)202 fig.105;公元前 4 世纪的一个红绘式贮酒罐, *CAV* Italy, Villa Giulia, vol.1, IVB.I, pl.1, 3-5,在其 B 面展现了一个手握刮身板的裸体运动员隔着一个水池凝视他对面一个身穿外袍的年轻女人的场景。

盖提博物馆有一个不同寻常的、约公元前510–前500年的基里克斯陶杯，上面画有一个运动员的爱情故事，让人回想起许多颂歌，赞美流着汗或淌着鲜血的运动员身躯是多么美好（图8–9a，b，c）。[①] 花瓶外壁上画有只属于五项全能的三项比赛：掷铁饼、掷标枪和跳远，而五项中的另外两项100米赛跑和摔跤还可以作为单独的竞技比赛项目。A面有两名比赛选手，一位在掷铁饼，另一位在跳远，而B面只有一名年纪稍大的、投标枪的运动员，最后为了感谢庇护神给自己带来了胜利，他将铁饼放在了神坛上（图8–9a，b）。有趣的是，花瓶内胆的画表现出稍年长的冠军不太愿意接受小男孩用亲吻祝贺他们（图8–9c）。我们可以将这一点与前面提到的长着胡须的男子爱抚一个少年的生殖器，使其产生生理反应的情景作对比，画面中他们身后的墙上挂着刮身板和海绵，表明地点同样是在运动场。[②] 那么是不是盖蒂博物馆陶杯上的冠军选手想在荣耀的时刻表现得低调一些呢？就像亚西比德（Alcibiades）向苏格拉底献殷勤一样，瓶饰画中的年轻人也想吸引比赛胜利者的青睐。但正如亚西比德，他也遭到了拒绝。这是因为运动员了解同性关系中年长的一方要积极主动的原则。像诗歌中写到的运动员追随者一样，男孩为运动员的英勇精神所倾倒。虽然五项全能并不是最受大众欢迎的比赛项目，但不可否认五项全能运动员是最棒的运动员。男孩们胸部肌肉越来越发达，使他们看起来既男又女。这也再次提醒我们有些希腊运动员是双性恋。在奖杯上设计图案是大概为了让拿它喝酒的人能欣赏内壁的图画，其他人则会惊叹外壁上所描绘的这个运动员的成就。

238

---

① 阿提卡红绘式基里克斯陶杯，Getty Museum 85.AE.25，公元前510–前500年雅典，归于the Carpenter Painter。

② 阿提卡红绘式基里克斯陶杯，公元前500–前475年，Brygos Painter，Oxford，Ashmolean Mus. 1967.304；Johns（1982）图81。

图 8-9　a(顶部,花瓶 A 面),b(中间,花瓶 B 面),c(底部,花瓶内部)。阿提卡红绘式基里克斯陶杯。洛杉矶保罗·盖蒂博物馆藏品。编号:85 AE25。出土地点:雅典。年代:公元前 510-前 500 年,工匠画家所作。

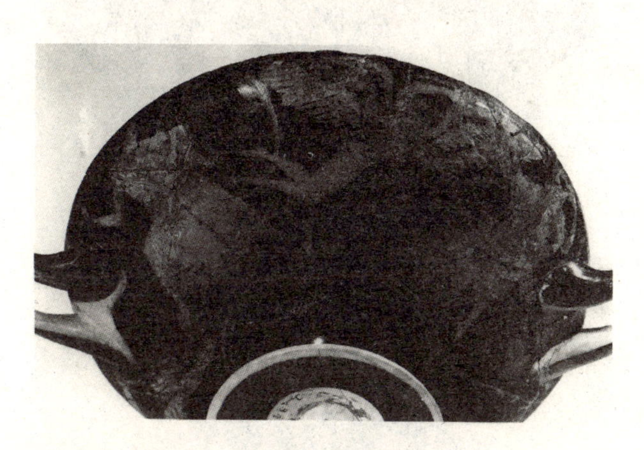

图 8-10　上图:厄洛斯潜入运动场;下图:惊讶的青年。阿提卡红绘式基里克斯陶杯。年代:公元 5 世纪的前 30 年。画家:杜里斯(Douris)。柏林佩加盟博物馆藏品。

图 8-11 卢卡尼亚(Lucania)红绘式钟状双耳喷口杯。年代:约公元前 440-前 430 年。画家:皮斯提西(Pisticii)。伦敦大英博物馆藏品。编号:F.39(GR 1824.5-1.38)。

以上所有瓶饰画都如实展示了运动场上的各种情欲关系。瓶饰画中常出现的另一主题较隐晦:爱神厄洛斯出现,引诱年轻人或少年受他控制。公元前 5 世纪的一个基里克斯陶杯画着爱神厄洛斯潜入运动场,挥舞着看起来像是一只凉鞋或一把小刀的东西,使两位穿着衣服的年轻人飞了起来,可能是让他们相爱。① 另一边的一位年轻人可能看到了爱神降临,大吃一惊,掉落

① 阿提卡红绘式基里克斯陶杯,公元前 3 世纪的前三十几年,归于 Douris, Berlin, Pergamon Mus.3168; *ARV*2 428.13; Beazley, *Paralipomena*374; E.Olshausen, "Eros mit dem Barbiermesser", AA(1979)17-24; A.Hermary, H.Cassimatis and Vollkommer, s.v. "Eros", 902, no.600 in L.Kahil, ed., *Lexicon Iconographicum Mythologiae Classicae* Ⅲ.I(Zurich: Artemis, 1986)。

了手中的刮身板，他的同伴靠着他，正在安抚他，左边还有一位年轻人全然不知周遭一片混乱，一心只顾穿衣（或脱衣）（图8-10）。大英博物馆有一个出土于意大利的公元前5世纪的钟状双耳喷口杯，上面的瓶饰画描绘了爱神厄洛斯走近一位青年，青年受到了惊吓，一边转身逃跑，一边打着惊讶的手势（图8-11）。① 另一个公元前5世纪的花瓶饰画上有两位爱神：厄洛斯和安忒洛斯，他们也在追一位受到惊吓的年轻人，这位年轻人可能是一位运动员或是参加研讨会的人，只穿着半身的衣服，戴着头冠。② 在刻画两位神灵时，这一场景与众不同，下文将讨论这样写的意义。爱神追逐运动员的主题在其他瓶饰画中也有体现。据此，我们也可将盖蒂博物馆的双耳大饮杯上描绘爱神厄洛斯给一个男孩刮身板的情景纳入进来。虽然厄洛斯并非明显地追逐这名青年，但男孩已经很明显地感受到了爱神的威力，不敢直视他。画家维依（Veii）在约公元前475-前450年间所作的两个花瓶，内壁画有一名运动员用“系狗绳”锁住阴茎，而外壁画的都是厄洛斯在追逐青年。③ 同时期奥尔维耶托（Orvieto）所作的一个花瓶，内壁画着一位竞技比赛的冠军，而外壁画的也是厄洛斯在追逐一名男孩。④ 在这个时期

239

---

① 卢卡尼亚红绘式铃形陶杯，大约公元前440-前430年，Pisticii Painter，London，British Mus. GR 1824.5-1.38（vase F.39）= Hermary，Cassimatis and Vollkommer，in *LIMC* III.1（1986），903 no.606；参见一个阿普利亚红绘式铃形陶杯上描绘的相似场景，大约公元前425-前400年，Berlin，Staatl. Mus. F3181 = Hermary，Cassimatis and Vollkommer，in *LIMC III*.I（1986），903 no.606。

② 阿提卡红绘式短颈单柄球形瓶，大约公元前470-前460年，Douris，Athens NM 15375；展现的是厄洛斯和安忒洛斯飞行追逐一个披散衣服的青年的场景 = *ARV*^{2} 447，274（210）= Greek Ministry of Culture，*Eros Grec: Amour des Dieux et des Hommes*（Athens：Éditions du Ministè re de la culture de Grèce，Direction des antiquités，1989）51 no.1。

③ Veii 画家花瓶：*ARV*^{2} 904，71，红绘式基利克斯陶杯，公元前475-前450年，曾经在Munich，Preyss；*ARV*^{2} 904，72 红绘式基利克斯陶杯，博洛尼亚420，出自博洛尼亚。

④ 阿提卡红绘式基里克斯陶杯，公元前475-前450年，the Clinic Painter，Boston 08.478，fr.，from Orvieto；*ARV*^{2} 809，6。

的另一件可能也是奥尔维耶托的作品，内壁画有运动员，外壁是爱神飞向一位坐着的青年。[①] 海德堡的一个约公元前475-前450年 241 间的基里克斯陶杯，一面画有3名运动员，另一面则是厄洛斯在追逐一名男青年。[②] 画家沃什(Washing Painter)在公元前450-前420年间所作的两个花瓶也反映了这个主题：一个是出土于布鲁塞尔的双耳瓶，描绘了厄洛斯正在靠近一名运动员；[③]此处出土的另一个基里克斯陶杯的花瓶外壁两端画有两名爱神追逐一名跳远运动员。[④] 公元前4世纪的前三十几年，画家梅利埃格(Meleager)所作的几个钟状双耳喷口杯上也画有厄洛斯和两名运动员。[⑤] 他描绘的厄洛斯与运动员和女性在同一场景出现，表现出竞技运动中存在异性恋，这一点会在下文介绍到。有两个公元前4世纪早期的花瓶，出土于意大利的斯皮纳(Spina)，由"胖男孩组织"(它们得名是因常常描绘的是身材胖硕的运动员)所作，描绘了厄洛斯站在两名运动员之间。[⑥] 这一时期，即使是身材比例并不匀称的运动员，在崇拜爱神厄洛斯风潮的影响下，也常常出现在瓶饰画中。这些场景主要反映出厄洛斯对年轻人施展他的神力，从而给运动场带来混乱。年轻人，既是被爱的一方，也是情欲的玩物，他

---

① 阿提卡红绘式基里克斯陶杯，公元前475-前450年，Orvieto，Faina，from Orvieto(?)，the Painter of Wü rzburg 487；*AVR*[2] 836，2。

② 阿提卡红绘式基里克斯陶杯，公元前475-前450年，the Painter of Heidelberg 211，Montauban 6；*AVR*[2] 948，4。

③ 阿提卡红绘式双耳罐，the Washing Painter，Brussels R 340；*ARV*2 1129，110；*CAV*. d pl.11，12。关于画家及其所在时期，参见 G.M.A. Richter，*Attic Red-Figured Vases: A Survey*，rev. ed.(New Haven：Yale University Press，1958)136-37。

④ 阿提卡红绘式基里克斯陶杯，the Washing Painter，Heidelberg；*ARV*[2] 1133，198。

⑤ *ARV*[2] 1410，16；*ARV*[2] 1410，18；*ARV*[2] 1411，34；*ARV*[2] 1411，35. 关于画家及其所在时期，参见 Richter(本页，注释③，1958)157。

⑥ 阿提卡红绘式大酒壶，公元前4世纪前三十几年，the F.B.Group，Ferrara，T.863，from Spina=*ARV*[2] 1489，138；阿提卡红绘式大酒壶，公元前4世纪前三十几年，the F.B.Group，Ferrara，T.597，from Spina=*ARV*[2] 1489，137。关于花瓶绘画上丑陋运动员的罕见，参见 Steiner(1998)128，注释26。

们对厄洛斯的到来表示害怕和吃惊。这一主题的典型特征是画中没有恋人。我们据此推测，赏画者会站在恋人的角度，将自己置于运动场的氛围之中，希望追求有如此美貌的年轻人。 242

其它一些画有厄洛斯和运动员的瓶饰画还传达出另一主题，即厄洛斯为年轻运动员颁发头带、王冠或者其它象征奖励的东西。其灵感可能来源于瓶饰画中常有胜利女神为冠军或七弦竖琴演奏者颁发头带。① 其中从神到人的转换是很自然的，也表明这些男孩不仅获得了比赛的胜利，还得到了爱慕者的钦慕。费茨威廉姆博物馆(Fitzwilliam Museum)收藏的一个花瓶，大约是公元前5世纪三四十年代所作，上面画有长着翅膀的厄洛斯站在一边，手持头带，准备将其戴在胜利者的头上，另一边的年轻人伸出双手，准备接受他的奖品，背景中的一条终点线清晰可见(图8-12)。② 此时画面已经不设在运动场内，却改在了颁奖台上。此画的意义在于，运动员因胜利变得更美，厄洛斯手中的头带也表明这个男孩将会成为爱情的俘虏。布鲁塞尔出土的一个公元前5世纪的双耳细颈瓶，和盖提博物馆的双耳大饮杯的主题类似(图8-1a和1b)，上面画有厄洛斯站在一名运动员的前面，运动员手持刮身板，厄洛斯在给他颁发头带，这名运动员并不惧怕神的眼神，自信地看着他。③ 法兰克福的一个公元前4世纪的基里克斯陶杯内壁上画有厄洛斯手持头带，在陶杯外壁的一边，画有一名手拿刮身板的裸体运动

① 关于竞技冠军和胜利女神的论述，参见 A.Goulaki-Voutira, and U.Grote, s.v. "Nike", in *LIMC* VI.1(1992), 876-78, nos.315-33 中引用的19件物品；另加上 *ARV*^{2} 450, 18=kylix, Berlin inv. 3389, fr.=*CAV* Deutschland 6, Taf.99.3。竖琴冠军与胜利女神，例如 *ARV*^{2} 835, 1=*CAV* Italy 13 fig.1, cf. *ARV*^{2}853, 1= *CAV* Deutschland 6, 图76.1-2展现了厄洛斯与七弦竖琴演奏者。

② 阿提卡红绘式双耳大饮杯，大约公元前475-前450年，Zephyros Painter, Cambridge, Fitzwilliam Mus. GR 13.1955; *ARV*^{2} 976。

③ 阿提卡红绘式双耳罐，公元前440-前430年，Bathers' Painter, Brussels, Mus.Roy. 340=*ARV*^{2} 1129, 110; =Hermary, Cassimatis and Vollkommer in *LIMC* III.1(1986), 903 no. 611。

图 8-12　阿提卡红绘式双耳大饮杯。画家:泽费罗斯(Zephyros)。剑桥费茨威廉博物馆藏品。编号:GR13.1955。

图 8-13　上:厄洛斯;下:教练员(?)和运动员。阿提卡红绘式基里克斯陶杯。法兰克福远古及古代历史博物馆藏品。

图 8-14　a(上方,A 面),b(下方,B 面)红绘式基里克斯陶杯,年代:公元前 460-前 450 年。

员,他的面前站着一个穿长袍的人,向他打着手势,估计是要颁给他王冠或头带(图 8-13)。[①] 花瓶外壁上厄洛斯向运动员表示敬意,延伸了颁奖仪式的意义,寓意运动员散发出的性吸引力也是其成功的一部分。两个公元前 5 世纪类似于画家沃什风格的花瓶, 243

① 阿提卡红绘式基里克斯陶杯,公元前 4 世纪前三十几年,Painter of Vienna 155,Frankfurt,Museum für Kunsthandwerk,WM 06 *CAV* pl.68,3-6;Paralipomena 501,12bis。

其瓶饰画主题也与比赛冠军相关:厄洛斯拿着一个盒子,可能是一份奖品,慢慢走向一名裸体的运动员。① 同一时期的另外两个作品,由画家"伦敦 E395"所作(the Painter of London E 395)(译注:画家真实身份无法确定。此处命名是根据在大英博物馆内相同式样花瓶的编号而来),也画有厄洛斯站在一名获胜运动员面前。② 公元前5世纪的一个基里克斯陶杯在两边都画有厄洛斯与两名运动员在一起,可能其中一个是获胜者,另一个是他的同伴。在A面,厄洛斯给获胜者颁发王冠,旁边的年轻人给获胜者一个类似于红包之类的东西,在B面,厄洛斯拿着一样东西,可能是水果,或是花,准备颁给比赛胜利者,旁边的同伴则打着手势,祝贺他获得胜利(图8-14)。③ 雅典出土的一个公元前4世纪的钟状双耳喷口杯,主题也类似,张开翅膀的厄洛斯蹲在一名年青人脚边,年青人手拿象征胜利的刮身板,右边有另外一个年轻人打着手势,对其获胜表示祝贺。④ 雅典出土的另一个钟状双耳喷口杯上画有带着翅膀的厄洛斯准备把头带戴在一个坐着的、已经戴着桂冠的比赛胜利者的头上,一位年轻人坐在他的左边看着朋友接受这份荣

244

---

① 阿提卡红绘式双耳罐(小),公元前450-前420年,Manner of the Washing Painter, Naples Market(Barone); *ARV*² 1134, 13;此处运动员右手握树枝,或许是他获得胜利的象征。阿提卡红绘式双耳罐(小),Manner of the Washing Painter, London Market; *ARV*² 1134, 14。

② 阿提卡红绘式双耳细颈瓶,Painter of London E 395, Gela V lxvii, from assallagi; *ARV*² 1140, 4。阿提卡红绘式双耳细颈瓶,the Painter of London E 395, Paris Market(Mikas); *ARV*² 1141, 27;厄洛斯向一位运动员飞去,那位运动员从他那里得到了一条头带。

③ 红绘式基里克斯陶杯,公元前460-前450年,现藏于Wurzburg, Wagner Mus.,编号L487 = Hermary, Cassimatis and Vollkommer in *LIMC* III.1(1986), 903 no. 609 and in *LIMC* III.2, (1986)644 pl.609;持"花"的教练站在线外,手里有一根棍子,参见阿提卡红绘式双耳瓶,公元前530年左右,Andocides Painter, Berlin, Staatl. Mus. 2159, F.R.133。

④ 阿提卡红绘式 bell krater,公元前4世纪早期,雅典,Nat. Mus. 10959。

誉。① 将这些场景与下面的情景对比：一位长着胡子的长者，可能是教练（注意到他有教鞭），也可能是求爱者，正在颁奖台上，站在一名裸体胜利者面前，用十分钦慕的眼光看着他，这个男孩带着桂冠，手拿标枪、刮身板、油瓶和海绵。②

公元前4世纪中期至晚期所作的瓶饰画中，性爱与竞技运动的主题一直都有体现，而且每个花瓶上，在接受厄洛斯颁奖的裸体冠军对面，往往画有一名站立着的穿着衣服的女性。③ 例如，在其 245 中一个花瓶上，厄洛斯手拿头带，飞临一名年青人头顶上方，站在年轻人对面的女子则注视着手中的盆子，要给他献上一份用盒子装好的礼物，祝贺他比赛胜利（图8-15）。④ 同一时期的其它花瓶也画有厄洛斯带着桂冠，飞临一名穿着衣服的女性头顶上方，同时在场还有一名年轻男子，可能是比赛冠军，没穿衣服，头顶要么戴着头带，要么戴着桂冠。⑤ 这些画体现的是竞技运动之美激发了异性之间相互吸引，都是发现于阿普利安（Apulian）地区。并且是同性恋这一艺术主题（并非社会现象）在希腊社会逐渐衰退之时所作的。⑥

这种异性吸引在希腊大陆公元前5世纪晚期和前4世纪早期的瓶饰画中也有所体现，有两幅瓶饰画中戴着桂冠的裸体运动员

---

① 阿提卡红绘式 bell krater，公元前4世纪早期，雅典，Athens，Nat. Mus. 1662。

② Oxford，Miss.；*ARV*[2] 177（the Kiss Painter，no.3）；*Paralipomena* 339；Dover（1989）no. R305. H.A.Shapiro，in Richlin（1992）71 探讨了厄洛斯被一个手拿竖琴的青年所吸引的类似画像，这很可能暗示了在音乐比赛中所取得的胜利增加了被爱者的魅力。

③ 关于花瓶，参见 Hermary，Cassimatis and Vollkommer in *LIMC* III.1（1986），901，nos.587，587a，587b，587c，589，589a，589b，589c，589d。

④ 阿普利亚红绘式双耳罐，大约公元前310-前290年，Paris，Louvre K 96 = Hermary，Cassimatis and Vollkommer in *LIMC* III.1（1986），no. 587c。

⑤ Hermary，Cassimatis and Vollkommer in *LIMC* III.1（1986），nos.588，588a，588b（the latter two mislabeled in the plates，respectively as 588b and 588c）.

⑥ Dover（1989）153，196.

图 8-15 阿普利安红绘式双耳细颈瓶。年代:约公元前 310-前 290 年。巴黎卢浮宫藏品。编号:K96。

和穿着衣服的女性一起出现。① 这一主题要与运动场里出现妓女(图 8-7)的情形区分开来。这些画中的年轻女子并不主动地与运动员搭讪,而是带着兴趣、钦慕,抑或是一丝性幻想注视着他们。在这两幅瓶饰画中,穿着衣服的女性靠在一个折返柱上,右边站着年轻的比赛冠军,左边则是女性给他献上头带,这一幕在雅典 N.M. 1408 号花瓶两侧都有,雅典 N.M.13908 号花瓶则只有一侧画有这一幕。塞萨洛尼基(Thessaloniki)的双耳喷口杯上也画有女性和运动员在一起,画面中运动员正在折返柱前练习跳远,女子靠在折返柱上看他练习(图 8-16)。② 意大利出土的 3 个公元前 5 世纪下半叶的铃形双耳喷口杯都在一侧画有厄洛斯、女子和运动员一起出现;公元前 4 世纪的一个铃形双耳喷口杯(那不勒斯 82898)上,女子站在折返柱边,两名身披布帘的年轻人站在另一个折返柱旁。③ 女子

---

① 参见阿提卡红绘式基里克斯无柄脚陶杯,雅典画家 13908,作于 5 世纪末,现藏于雅典,国家博物,编号 13908=*ARV*² 1404;阿提卡红绘式基里克斯无柄脚陶杯,作于公元前 5 世纪末,现藏于雅典,国家博物馆,编号 1408。还可参见阿提卡红绘式双耳细颈瓶,来自科林斯,现藏于雅典,国家博物馆,编号 16025;A 面绘有一个裸体青年,他手握铁饼并伸向一个坐着的手拿刮身板的妇女;B 面则是一个手握刮身板的半裸青年。Steiner(1998)128,注释 33 记录了一个 5 世纪卢卡尼亚的双耳细颈瓶(A.Cambitoglou and A.D.Trendall, *Apulian Red-figured Vase-painters of the Plain Style*[n.p.: Archaeological Institute of America, 1961] 467)。

② 阿提卡红绘式双耳花瓶,现藏于塞萨洛尼基博物馆,编号 5206;比较一个类似的场景:在红绘式基里克斯陶杯的内面绘有一个跳高者和一个女子,the Washing Painter, Heidelberg=*ARV*² 1133, 198 外面的两个场景则绘有一个跳高者和两个厄洛斯。

③ 卢卡利亚红绘式铃形陶杯,公元前 440-前 430 年,Cyclops Painter, Tarentum, Mus.Naz.De Rutigliano=Hermary, Cassimatis and Vollkommer in *LIMC* III.1(1986), 912 no. 719;卢卡利亚红绘式铃形陶杯,公元前 430-前 420 年,Pisticii Painter, Pilsen, Mus. of W.Bohemia 8327=Hermary, Cassimatis and Vollkommer in *LIMC* III.1(1986), 912 no.719a(with pl. in vol.III.2;厄洛斯递了一个刮身板给一个妇女);卢卡利亚红绘式铃形陶杯,公元前 430-前 420 年,Amykos Painter, Naples, Mus. Naz.82898 = Hermary, Cassimatis and Vollkommer in *LIMC* III.1(1986), 912 no.719b(在一个边界旁,厄洛斯站在一位妇女前面);卢卡利亚红绘式铃形陶杯,公元前 430-前 420 年,Amykos Painter, Brindisii, private collection=Hermary, Cassimatis and Vollkommer in *LIMC* III.1(1986), 912no. 719c。

图 8-16　阿提卡红绘式双耳喷口杯。塞萨洛尼基考古博物馆藏品。编号：5206。

和年轻人可能分别站在竞技场的两端，如昔兰尼神话中所述，这名女子象征着两位运动员渴望的“目标”。由画家 Q（“the Q Painter”）在公元前 4 世纪前三十几年所作的 9 个基里克斯陶杯上也画有运动员和女性在一起的场景，其中两个花瓶上，厄洛斯和一名年轻男子或女性站在一边，另一边则是运动员和另一名青年或女子。① 很明显，这位画家专门创作这一主题，可能是为了迎合公元前 4 世纪的市场需要。一个由“YZ 团体”（iii）在公元前 4 世纪早期创作的基里克斯陶杯上也画有运动员和一位青年以及一位女子

① 运动员与女人：*ARV*² 1518，6；*ARV*² 1520，38；*ARV*² 1520，39；*ARV*² 1520，40；1520，41；*ARV*² 1520，42；*ARV*² 1520，43；*ARV*² 1521，44；*ARV*² 1521，45（?）。厄洛斯与青年以及运动员与青年：*ARV*² 1518，3。厄洛斯与女人以及运动员与女人：*ARV*² 1520，38。

在一起，可能揭示了这名运动员是双性恋。① 同时期的画家米特里达梯（Mithridates）所作的瓶饰画的残留碎片上也画有女性和运动员在一起的场景。② 一组共 22 个由艺术家梅利埃格在公元前 4 世纪前三十几年所作的基里克斯陶杯，上面也有女性陪伴运动员的场景，有时厄洛斯还会出现在同一场景中，或是同一花瓶的其它位置。③

虽然和运动员相关的异性情欲场面在更早些时期就已经出现，但画家梅利埃格，Q 和米特里达梯通过瓶饰画让民众进一步了解了厄洛斯和竞技运动在异性关系中的作用。画家梅利埃格作品的这一主题与其"梅利埃格—阿塔兰忒"传奇故事的主题恰好相补充。④ 246

---

① 阿提卡红绘式基里克斯陶杯，Group YZ（iii），Vienna 91 = *ARV*^{2} 1524，1 = *CAV* pl. 29。

② 参见 *Paralipomena* 489，2；同上，5；同上，6；同上，7；同上，8；同上，9。

③ 运动员（们）与女人：*ARV*^{2} 1413，62；*ARV*^{2} 1413，64；*ARV*^{2} 1413，66；*ARV*^{2} 1413，67；*ARV*^{2} 1413，68；*ARV*^{2} 1413，69；*ARV*^{2} 1413，70；*ARV*^{2} 1413，71；*ARV*^{2} 1413，73；*ARV*^{2} 1413，79（？）；*ARV*^{2} 1413，80；*ARV*^{2} 1413，81；*ARV*^{2} 1413，82（？）；*ARV*^{2} 1413，84。运动员（们）与女人以及厄洛斯出现于相同场景：*ARV*^{2} 1412，57；*ARV*^{2} 1412，58；*ARV*^{2} 1414，93。运动员（们）与女人以及厄洛斯出现于单独场景：*ARV*^{2} 1412，59；*ARV*^{2} 1412，60；*ARV*^{2} 1413，61；*ARV*^{2} 1413，63。女人与厄洛斯（室内），以及运动员与胜利女神在室外场景：*ARV*^{2} 1414，86.

④ *ARV*^{2} 1411，39 双耳瓶，雅典，NM 15113，大约公元前 400 年，J. Boardman，with advice from G. Arrigoni，"Atalante"，in L. Kahil，ed.，*Lexicon Iconographicum Mythologiae Classicae*（Zurich：Artemis Verlag，1984）vol. II. 1，944 no 41b；A. Ley，Atalante-Darstellungen auf Vasen des 6. - 4. *Jhs. v. u. Z*（M.A. thesis，University of Hamburg，1987）no. 19；阿塔兰忒（坐姿）和梅利埃格（站姿）手持长矛面朝对方，被其他的年轻男子（3）和女子（2）所包围。参见 *ARV*^{2} 1411，40 双耳瓶，多伦多，Royal Ont. Mus. 919.5.35，皇室安大略博物馆，购入于巴勒莫，来源不详，公元 400 年左右；Boardman 和 Arrigoni in *LIMC* II. 1（1984），944 no. 40；Ley（1987），no. 21；A 面：阿塔兰忒一腿站立，一腿置于一个折返柱顶端，旁边围着 6 个年轻男子，她的右边是梅利埃格，以同样的站姿把目光投向着她；花瓶上还绘有青年骑马狩猎的场景，绘在瓶颈上的是阿塔兰忒（坐姿）和梅利埃格（站姿），她们互相依靠并注视着对方。此处我们可以把它与 Jena Workshop 的一个基里克斯陶杯作对比，*ARV*^{2} 1512，12，杯身一面绘着一个妇女和运动员们；这个画家也以对珀琉斯和阿塔兰忒的画像（有署名）而闻名，*ARV*^{2} 1512，23；参见本书第七章，第 326 页注释③。

在这两种主题的作品中,我们都能看到一名女子出现在男性专属领域,如竞技运动或狩猎活动中。她的出现不但没有干扰到运动员,反而表明了女性和运动员之间可能的情欲关系。有没有可能和运动员在一起的女子就是传奇的阿塔兰忒,而那名运动员就是珀琉斯?虽然画家的灵感可能来源于这两人之间的摔跤比赛,但是画中的女性衣冠整齐,没有携带任何如刮身板一类的运动用具,看上去不太像阿塔兰忒。然而,梅利埃格的"女性陪伴运动员"的主题,仅通过刻画运动场里唯一一名女性形象,就让人们回想起了阿塔兰忒的事迹。

女子不与运动员直接接触,其穿着打扮高雅端庄,暗示她们和运动员在一起的意义是象征即将结婚的两人彼此吸引。普鲁塔克和柏拉图都曾注意到竞技运动中斯巴达男女之间存在"性压抑",品达则指出偷看运动员的女孩常感到压抑,推而广之,观看男性运动员比赛的女孩们都会患上"性压抑"。这种现象,加上必要的变

248

更,也是希腊当代社会对运动员的神化的部分体现,古罗马时期,粗糙雕画中只要格斗士一出现,女孩们的心便跟着一起悸动(*suspirium puellarum*)。以上的瓶饰画表现了运动场上的另一种情欲关系,与同性和妓女情景所表现的主题不同。因此,可以说,竞技运动是婚前的一个阶段,男孩们和他们未来的妻子借此见面。像之前讨论的那样,假设女性能够,也确实参加过竞技比赛,那比赛本身也不过是来展示男性的英勇和力量,帮助男女双方向婚姻生活过渡,或者促成他们之间的包办婚姻。

虽然瓶饰画不能够视作可靠的社会潮流风向标,但结合本章已讨论的一系列文字资料,这些视觉证据似乎支持以下观点。竞技场上的情欲主义,从历史源头说,男男之间以及男性与妓女之间的情欲关系出现得最早,大约在公元前6-前5世纪中期。在公元前4世纪,开始流行男性与年轻女子一起的场景,表明之前的同性风潮逐渐衰落,人们越发意识到竞技运动作为一种婚前社交行为

的重要性。这是否与公元前4世纪雅典青少年组织,以及其它地方运动员组织的成立有联系尚不得知,但我们可以推测这些现象至少是互补的。① 虽然这点不在此研究范围之内,但值得注意的是,许多由罗马人塑造的厄洛斯(又称埃莫、丘比特)都是胜利者的形象,要么拿着桂冠、棕榈树叶,要么拿着胜利奖金,或者干脆给自己戴上了桂冠。② 这些形象都带有罗马文化的印记,创作灵感来源于希腊人刻画的胜利者厄洛斯的形象。

在刻画爱神厄洛斯时,所有的瓶饰画常把他与年轻人——被爱者放在一起,从来都不和有胡子的长者画在一起。表明厄洛斯赐予了青年美貌,能引起钦慕者的欲望。可年轻的被爱者给比他年长的钦慕者作出的回应更多的是"友情"(*philia*),而不是"爱情"。③ 但是一名女性的回应,用希腊语中描述关系范畴的术语来说就是"*anterōs*"(回报的爱)。这些都会在后文讨论,重要的是厄洛斯的出现代表竞技场景中运动青年之间发生的各种不同现象,并非是运动员与女性之间发生的现象。一类绘有多个年轻运动员的场景描绘了爱神"入侵",似乎是在引导男孩学会如何去爱。正如斯特拉图(Strato)的幽默诗中描述的,教练教授两名年轻摔跤手如何扮演恋人,男孩们要么想逃跑,要么很恐惧,再有的只得依教练指挥。另一类场景中,男孩们正在接受爱神的桂冠,头带或是其它一些礼物,这代表着对年轻人"德性"的认可。他们的内在和外在美都通过竞技场上的成功体现了出来。 249

---

① 关于士官团(*ephebia*)的论述,参见O.W.R.Reinmuth, *The Ephebic Inscriptions of the Fourth Century B.C.*, Mnemosyne Suppl.14(Leiden: E.J.Brill, 1971); C.Pélekidis, *Histoire de l'Éphébie Attique des Origines à 31 avant Jésus-Christ*, École Française d'Athènes, Travaux et Mé moires, Fasc.13(Paris: E. de Boccard, 1962)。

② N.Blanc and F.Gury, in *LIMC* III.1(1986), 988 nos.267-70.

③ D.Halperin, "Plato and Erotic Reciprocity", *CA* 5(1986)60-80.

厄洛斯、赫尔墨斯与赫拉克勒斯

截至目前,我们已经讨论了一系列能证明希腊社会中各种情欲与竞技运动之间联系的文学和艺术遗迹证据。厄洛斯或多或少地已经成为了人际关系之间的象征。现在,我们把研究对象转移到另一些具有代表性的事例上,在这些事例中,人们在竞技场内的祭仪将厄洛斯奉为神灵,在运动节上也对其祭拜。我们的重点将放在对这些祭仪和节日的角色,以及其在希腊运动情色主义发展的历史意义的讨论上。

至少从古典时期开始,厄洛斯在与竞技运动的崇拜中,享有与赫尔墨斯和赫拉克勒斯同等的尊贵地位。阿特纳奥斯(Athenaeus)尝试解释其意义:

> 然而,其他先于芝诺(Zeno)的哲学家都知道厄洛斯素来与卑鄙龌龊的事物划清界限,运动场里,他与赫尔墨斯和赫拉克勒斯一同受到人们尊崇。赫尔墨斯象征雄辩,赫拉克勒斯象征力量,当这些品质碰撞在一起,便诞生了友谊与和睦,它们又反过来解放了追求友谊与和睦的人。

阿特纳奥斯指出,至少从公元前5世纪开始,厄洛斯就成为了友谊(*philia*)与和睦的代名词,再加上雄辩和力量,便构成了运动场上最受推崇的品质。他还着重指出集这些品质于一身,便可获得"自由"。在作者看来,厄洛斯在向社会传播高尚价值观方面扮演了重要的角色,竞技场上的欲望也是一股社会推动力。这很明显是一个柏拉图式的观点,尽管只有哲学评论家读得懂其中深意,对塑造一个"与任何卑鄙龌龊绝缘"的厄洛斯毫无现实意义。此处,“卑鄙龌龊”不仅指精神堕落,也指形体丑陋。我们不禁回想起柏拉图的一句开篇之言(《飨宴篇》182b-c),大意是:野蛮部落将娈童、哲学和对竞技运动的热爱看作是卑鄙龌龊的事情,因为这些事物,特别是情欲,需要高尚的思想和强有力的友谊和社会纽带,这些自由社会的特征恰恰是暴君所否认的。无论柏拉图是否 250 同意这一由鲍桑尼亚提出的观点,我们都可以假定在那样一个特殊的时期(公元前416年),对一个雅典人来说,这样想是合理的。

在柏拉图的最后一部作品《法律篇》(公元前348年尚未完成,《飨宴篇》,约公元前384-前379年)中,年迈的柏拉图受到肉体欲望的威胁,态度变得愈发谨慎,他与斯巴达和克里特的哲学家们辩论时,观点较之前发生了改变:

> 虽然运动会与日常膳食在许多方面有利于国家政体,但是发生在国家内战时期还是不正常的,米利都、皮奥夏、图里等地的年轻人的事例都说明了这一点。尽管娈童的习俗由来已久,但这种行为有悖人类和动物性爱之乐的本来面目。人们会认为这应该是国家和任何致力于竞技运动的城邦的职责。(*Leg*.1.636B)

在柏拉图、鲍桑尼亚和阿特纳奥斯看来,运动场里的同性关系本身并不是丑恶的,但柏拉图在《法律篇》中指出,在特定环境下,比如内战时期,这种关系就可能联合成一股危险的政治同盟,从而卑劣不堪。阿特纳奥斯没有将厄洛斯与现实生活中的爱情分开,他表示身体美和心灵美对发展竞技场上的爱情至关重要。他和鲍桑尼亚一样,认为爱情、运动和修辞学或哲学教育能通过提高公民之间的自由独立交流,提高整个社会的自由度。在《法律篇》中,我们发现雅典人并不是处处挑剔,只是在谈论运动场上的娈童行为是有利还是有害时,他比较谨慎,认为应该视情况而定。

运动场上赫尔墨斯与厄洛斯的紧密联系可以通过公元前2世纪的一尊厄洛斯青铜雕像展示出来，这尊雕像现存突尼斯，表现的是厄洛斯左手拿着胜利者的棕榈树叶，头戴桂冠，右臂靠在一根赫尔墨斯柱子上（柱子已遗缺）。盖蒂博物馆里，有一个实体大小的赫尔墨斯柱青铜雕像，厄洛斯（厄洛斯部分遗缺）也斜靠在上面，这可能就正是突尼斯那尊雕像残缺的一部分。① 因此，可以说，赫尔墨斯就是胜利者厄洛斯的支持者，这也还让人联想到瓶饰画上厄洛斯给运动员冠军颁奖，或是运动员倚靠在赫尔墨斯柱上的情景。② 现存于雅典国家博物馆内的两个花萼形双耳喷口杯，一个（第1669号）画有厄洛斯给分别画有男女头像两个赫尔墨斯柱供奉东西，另一个（第1460号）画有厄洛斯给一名好色之徒戴上桂冠，这名好色男子一手举起，做着“胜利”的手势，一脚踏在颁奖台上。③ 赫尔墨斯柱没必要在运动场里，但依据这里的资料，以及罗马时期至少5幅反映同一主题的画可以推测这些柱子很有可能就是在运动场里。好色之徒指的是在色情戏剧中扮

---

① 厄洛斯青铜雕像，大约公元前130年，加西陶的波埃修，发现于马赫迪耶附近的海里，突尼斯，Bardo Mus. F 106；参见 Hermary, Cassimatis and Vollkommer in *LIMC* III.1（1986），911 no.712。赫尔墨斯半身青铜雕像，公元前2世纪末，加西陶的波埃修（?），洛杉矶，Getty Museum 79.AB138；参见 A.Stewart, *Greek Sculpture: An Exploration*（New Haven：Yale University Press，1990）229，图849-50。

② 参见B面描绘的青年在一个界碑旁，*ARV*² 1141，27 的A面描绘的是厄洛斯授予头带；*ARV*² 1411，40 的A面描绘的是梅利埃格和阿塔兰特，都把一只脚放在界碑上。

③ 这两个杯状双耳花瓶都不是艺术家的作品，因此未能列出于 *ARV*²，*Paralipomena*，*or Beazley Addenda: Additional References to ABV*，*ARV*² *& Paralipomena*，ed. T.H.Carpenter，2nd ed.（Oxford：Oxford University Press for the British Academy，1989）。它们看起来都像是同一个艺术家的作品，上面绘有两个非常粗略的身披外袍的身形，也许他们正在竞技学校讨论些事情，两个花瓶的另一面，在风格上似乎都属于公元前4世纪上半叶。有关绘有运动场景的好色之徒的进一步探讨，参见本书第九章。

演运动员的人①。双耳喷口杯 1460 号可能更多反映的是厄洛斯给人类运动员颁奖的场面。② 赫尔墨斯出现在运动场里更多是化身为石柱，他与运动场情欲之间联系在《希腊诗集》中的一首讽刺短诗里有所体现，诗中描述一位为爱所困的运动员向竞技场的一根赫尔墨斯石柱诉说： 251

——赫尔墨斯，我被一名年轻人的爱情之箭射中，却只得拔出这根充满苦涩回忆的箭。
——陌生人，我也曾遭受过同样的命运！
——但是对亚波乐芬尼（Apollophanes）的追求使我身心俱疲。
——哦，热爱竞技的你啊，对它的痴迷程度都超过了我。我们俩现在陷入同样的窘境！

（《希腊诗集》12.143［匿名］）

公元前 3 世纪的一首诗也证明了赫尔墨斯的雕像是见证同性之美的地点：

我，赫尔墨斯，从库勒涅山峻峭的峰顶来到此地，
风拂动山顶的树叶，伴随我守卫着那个引人怜爱竞技场。
男孩们时常给我戴上马郁兰和风信子，以及用紫罗兰编成的桂冠。

（《希腊诗集》16.188［Nikias］）

此处谈及置于赫尔墨斯柱的祭品，其中最典型的是他两个柱

① N.Blanc and F.Gury in *LIMC* III.1（1986），988 nos.271（a Pompeian painting）and 272-74（citing six gem cARVings）.

② D.F.Sutton，"Athletics in the Greek Satyr Play"，*RSC* 23（1975）203-9.

状“手臂”上挂的花环。上面对运动场描述为 *eratou*，即“可爱的”，意指读者对运动场里的花朵或男孩本身的审美欣赏或爱慕。赫尔墨斯与运动场联系紧密，既是其守卫者，也是运动精神的化身。从古典时期开始，他就被称作“竞赛之神”（*enagōnios*）或是“竞技场之神”（*palaistritēs*），常与神话中的运动竞赛相联系。[①] 然而，他自己却不是力量的化身。公元前 1 世纪之前的哲学家齐诺克雷蒂（Xenocrates）写的一首诗，以幽默的手法，描述了赫尔墨斯方形石柱是如何自相矛盾地与竞技场格格不入（《希腊诗集》16.186）。赫尔墨斯雕像石柱没有手臂，没有脚，所以不能跑。因此，石像的意义更多的是在于作为竞技场的守卫。即一位监控竞技场情况和教育年轻人，帮助他们向成年阶段过渡的神。[②]

赫尔墨斯是偷盗和诡计之神，并非力量之神，如果非要说他对竞技运动精神有什么贡献的话，那就是他将战术引入到了摔跤比赛中。据说，他是第一个将摔跤教授给人类的神，而且根据菲罗斯特拉托斯的说法，赫尔墨斯的女儿名叫 Palaestra，意为“竞技场”。[③] 在一个神话故事中，赫尔墨斯亲身参与了比赛，是一场和厄洛斯的摔跤比赛。据说，当时还是婴儿的赫尔墨斯凭借一些小

252

① 赫尔墨斯（*enagonios*），参见 Simon.50.1（West），Pind.，*P*.2.10；同上，I.1.60；Aesch.，*fr*.738（Mette）；Aristoph.，*Plutus* 1161；*IG* 22.3023（338/7 *B.C.*）；*IG* 22.3089（200–150 *B.C.*）；*IG* 22.4572（mid-fourth c.*B.C.*）；*SEG* 21.540。Hermes palaistrites：Callimachus *fr*.191 Schneider；*IG* 12（5）911.22（Tenos）。关于赫尔墨斯与体育馆概述，参见 L.Grasberger，*Erziehung und Unterricht im klassischen Altertum*（*Würzburg*，1864–81；reprint，Aalen：Scientia，1971）vol.1，255–59。

② 关于赫尔墨斯的功能，特别是作为转变与边界之神的论述，参见 W. Burkert，*Greek Religion*，trans.J.Raffan（Cambridge，Mass.：HARVard University Press，1985）156–59（ = *Grieschische Religion der archaïschen und klassichen Epoche*［Stuttgart：W. Kohlhammer，1977］243–47）。

③ 赫尔墨斯作为摔跤教练：Hyg.，*Fab*. 227.3；参见 Lucian，*Dialogus Deorum* 26.2. Daughter Palaestra：Philosti.，*Imagines* 2.32.1。

技巧，“偷走了青年厄洛斯的双脚”，让他失去了平衡，从而获得了胜利：①

> （阿波罗对赫菲斯托斯说）：昨天，（赫尔墨斯）向厄洛斯挑战摔跤，很快就将他扑倒，赢得了比赛。后来阿弗洛狄忒祝贺他，和他拥抱时，他偷走了阿弗洛狄忒的腰带，宙斯则一直耻笑赫尔墨斯偷走了自己的权杖。要不是宙斯的雷霆沉重炽热，估计也要被赫尔墨斯偷走。

这个在婴儿时期就有偷盗癖的神，他的故事流传时间比较晚（公元2世纪），还有一些其它类似的早期版本，既讲述了赫尔墨斯的摔跤和偷盗技能，又描述了他与厄洛斯充满传奇色彩的摔跤比赛，表明其由来已久。② 在早期的版本中，厄洛斯曾赢过赫尔墨斯，拿走了他的使者杖，这一情景在公元前460－前450年的一幅瓶饰画中有所展示，而且厄洛斯还使用雷霆赢过宙斯（在后来的版本中，宙斯换成了赫尔墨斯），亚西比德的盾牌上画有这一幕。③ 无论如何，赫尔墨斯都被看作是竞技比赛技巧的传授者和监督者。他的职能和厄洛斯的正好互补，后者主要监管竞技场里的情感关系。他们两者都不以身体力量著称，但是这一竞技界甚至日常生活的必要条件的空缺由另外一位神灵来弥补。

---

① I.Weiler, *Der Agōn im Mythos: Zur Einstellung der Griechen zum Wettkampf*, Impulse der Forschung, vol.16(Darmstadt: Wissenschaftliche Buchgesellschaft, 1974)156–57.

② Weiler(1974)156 作同样论述。

③ 关于厄洛斯与赫尔墨斯的墨丘利手杖的论述，参见 *ARV*^{2} 676, 14 = Hermary, Cassimatis and Vollkommer in *LIMC* III.1(1986), 928 no.949。关于神与宙斯的雷电的论述，参见 *LIMC* III.1 nos. 944–45, cf. 946–47;关于亚西比德盾上的著名图像，参见 Plut., *Alc*.16.1; Ath. 12.534e; P. H. von Blanckenhagen, in Essays in Memorial of *Karl Lehmann*, ed. Lucy Freeman Sandler (Locust Valley, N.Y.: distributed by J.J.Augustin, published by [New York] Institute of Fine Arts, New York University, 1964) 38–42。

赫尔墨斯和厄洛斯都与赫拉克勒斯在职能上互为补充。阿特纳奥斯笔下的赫拉克斯在竞技场领域里代表身体力量。首先,在了解他与厄洛斯的关系之前,有必要解释一下赫拉克勒斯与竞技运动的联系。根据各种资料来源,赫拉克勒斯是奥林匹克运动会的创始者之一,最先使用橄榄枝王冠,同时也是一名奥林匹克摔跤比赛和搏击赛选手。[①] 后来的一些资料认为,他杀死狮子之后,创立了尼米亚(Nemean)运动会。[②] 品达的作品是最早将赫拉克勒斯与奥运会联系起来的资料,但是并未提及赫拉克勒斯是运动员,也没有公元前6或前5世纪的瓶饰画将其描绘是一名运动员,只有一些他与三足鼎的画面。[③] 还有描绘赫拉克勒斯修补宙斯神殿墙壁的图画,时间约在公元前5世纪中叶,似乎展现了他运动的一面,但是并不直接。他象征着通过比赛和刻苦训练(*athloi*)才能获得"德性"。[④] 将赫拉克勒斯刻画为一名运动员是后来才有的,其来源很可能是他在完成英雄伟绩过程中展现出来的力量。这些英雄伟绩,如在栅栏旁与蛇恶斗,与尼米亚狮子、河神、沙蚺和大力士安泰等的决斗,往往类似于摔跤或搏击赛的形式,他的对手则是常常侵犯人类的猛兽或大力神。以上的伟绩与早期赫拉克勒斯传说中的竞技比赛很相像,但既不是奥运会那样的比赛,

253

---

① 赫拉克利斯作为奥林匹克创立者:Pind., *Ol.*2.3–4; 3.10–22; 6.67–69; 10.43–59。赫拉克利斯与奥林匹克橄榄皇冠:Pind., *Ol.* 3.13–16; Paus.5.7.7; [Arist.], *Mirabilium auscultationes* 834 a 18; Pliny, *Naturalis Historia* 16.240。赫拉克利斯作为摔跤与搏击选手:Paus. 5.8.4; Hyg., Fab. 273.5; Dio Cassius 79.10; Ptolemaeus Chennos ap. Photius, *Bibliotheca* 151 a 35; Scholia in *Lycophrontem* 41。Diodorus 4.14.2 将赫拉克利斯作为第一届奥林匹克运动会所有比赛的冠军。关于更详细的文献以及艺术资源,参见 J.Boardman, "Heracles and athletics", in *Lexicon Iconographicum Mythologiae Classicae* IV.1, ed. L.Kahil(Zurich: Artemis Verlag, 1988)796–97; Siska (1933)38–43。

② Schol. Lucian, *Bis acc.*2, id., *Dial. deor.*7; Probius in Vergil, *Georg*. 3.19.

③ Boardman in *LIMC* IV.1(1988), 796–97, nos. 316–21 作了评论。

④ W.Raschke, "Images of Victory: Some New Considerations of Athletic Monuments", in Raschke(1988)38–54.

也不是阿塔兰忒赛跑比赛或是佩内洛普斧头竞赛那样由人们商定的、有特殊奖励的比赛。艺术领域一项最近的研究得出结论："要阐释赫拉克勒斯在竞技馆和竞技场中的角色，应该通过大量的纪念碑等事物，而非画有他在竞技比赛中的瓶饰画。"①除了阿特纳奥斯提到了竞技场里有赫拉克勒斯的纪念碑以外，品达和西塞罗也提到了这一点。我们还发现有许多资料可以证明存在有纪念赫拉克勒斯的祭仪和节日。② 他与竞技运动联系广泛，但他出现在运动场里，是因为他具有传奇色彩的功绩，而非他直接参与了运动会。

厄洛斯与赫拉克勒斯相联系主要是因为他拿到了这位英雄的一些东西，棍棒和狮皮。③《希腊诗集》中有两首诗描述了这一次偷盗，公元前 4 世纪俄辛（Aetion）的一幅画也画有相关内容。④ 公元前 2 世纪提洛岛（Delos）竞技场的物品目录也记录了一尊厄洛斯雕像的情况。这尊厄洛斯带着赫拉克勒斯的物品："圆柱上的厄洛斯，双脚站立，拿着狮皮和棍棒，雕像由特勒波勒摩斯（Tlepolemus）和赫格斯（Hegeus）捐赠"（《提洛碑记》1417 A 面，119－20）。⑤ 其它从公元前 4 世纪之后厄洛斯和赫拉克勒斯一起的雕像还表明，赫拉克勒斯这位英雄的各项任务掺杂了情欲的成分，或

---

① Boardman in *LIMC* IV.1（1988），797.

② Pind.，N.10.52；Cicero，*Ad Atticum* 1.6.2. 关于体育馆里的赫拉克利斯祭仪的论述，参见 Siska（1933）41－42 收集的文献资源。

③ S.Woodford，"Herakles' Attributes and Their Appropriation by Eros"，*JHS* 109（1989）200－204. 另可参见一个伊特鲁里亚出品的玛瑙圣甲虫形宝石，公元前 4 世纪上半叶，巴黎，Cab. Méd.17772＝I.Kraukopf，"Eros（in Etruria）"，in *LIMC* IV.1（1988）5，55 号，显示的是年轻的厄洛斯为赫拉克利斯授冠，然而赫拉克利斯仍拿着球棒与狮皮，并没有运动员装备。

④ *GA* 16.103 and 104；Lucian，Herodotus and Aetion 4－6 describing Aetion's painting；Woodford（1989）202.

⑤ A.Jacquemin，"Notes sur Quelques Orandes du Gymnase de Délos"，*BCH* 105（1981）158.

者说，仅仅是他的性格中好色和好玩的一面。① 无论如何，这些联想都是合理的，因为其理论根据是两者有明显的对比，一边是勇猛的大力士，一边是温柔的年轻厄洛斯。爱神厄洛斯偷走赫拉克勒斯的东西，这也揭示了一个古老的主题：爱可以战胜一切。换句话说，它揭示了形体和心理之间的矛盾，或者说，是一个性格暴虐、受控于自己情绪的人和一个性情平和、能掌控自己情绪的人之间的矛盾。与这个类似的对比是厄洛斯和潘神摔跤，早在公元前 4 世纪就出现了关于这两者之间摔跤的传说，但直到罗马时期才流行开来。但这一组稍有不同，一边是象征自然的神，一边是象征人类情感的神。② 254

目前已经讨论了与竞技运动有直接关系的三个神，他们涉及竞技运动的不同方面，并与公元前 6 和前 5 世纪早期的竞技运动发展相关。神话故事和艺术作品的相关资料也能解释这些神为什么出现在运动场里。尽管有一系列相关的资料能帮我们理解这些与竞技运动相关的神。但我们还是无法给这三个神与竞技运动的联系排一个时间顺序，考虑到相关证据并非是连贯的，而且这种时间顺序也会随时变动。其中厄洛斯与竞技运动的联系还有更多值得讨论的地方。

厄洛斯和安忒洛斯

鲍桑尼亚将在此讲述位于雅典学院的一座厄洛斯神殿，这在第三章也曾简略提到过：

> 在学院门口处是厄洛斯的一个祭坛，上面的铭文纪

---

① Woodford(1989)203-4.

② Hermary, Cassimatis and Vollkommer in *LIMC* III.1(1986), 927 no.924; N.Blanc and F.Gury in *LIMC* III.1(1986), 984-85 no. 239-43.

> 录者卡莫斯(Charmus)是第一个为厄洛斯献祭(一座祭坛)的人。学院还有一座普罗米修斯的祭坛,选手们手握燃烧着的火炬,从祭坛跑到城里。这场比赛的目标是保持火炬继续燃烧。若第一个到达的选手的火炬熄灭了,那他将无缘胜利。比赛的冠军将是第二名到达的选手。如果第二名的火炬也熄灭了,那第三位到达选手获胜。如果所有人的火炬都熄灭,那比赛无人获胜。缪斯和赫尔墨斯也各有一个祭坛,在学院内雅典娜与赫拉克勒斯也各有一个。
>
> (Paus.1.30.1,2)

自从将火种带给人类的神普罗米修斯的祭坛被当作火炬赛跑比赛的起点以来,人们关于火炬赛跑比赛是否是普洛米修亚节(Prometheia)的一部分这个问题一直争议不断。普洛米修亚节是阿提卡部落之间的年度比赛。① 除了普洛米修亚,在泛雅典娜节上还有一个火炬赛跑比赛,其形式很可能是对纪念普罗米修斯的比赛的模仿。② 这些比赛,还有其他在雅典及各地举行的火炬赛跑比赛上,唯一的规则就是必须保证火炬不熄灭。燃烧着的火炬象征着胜利者把速度与技巧完美结合,他的胜利为整个社会保留下文明的火种。根据公元前4世纪泛雅典娜节(IG II^2 2311, lines 76-77)的奖品清单,火炬赛跑比赛被列为部落项目,即每位选手

---

① Kyle(1987) 192; N. Robertson, "The Origin of the Panathenaia", *RhM* N. S. 120 (1985) 281-88; L. Deubner, *Attische Feste* (Berlin: Heinrich Keller, 1932; reprint, Darmstadt: Wissenschaftliche Buchgesellschaft, 1956) 211; H. W. Parke, *Festivals of the Athenians* (London: Thames and Hudson, 1977; reprint, Ithaca: Cornell University Press, 1986) 171-73.

② 古典时期的节日活动上也有火炬接力赛跑,是为赫菲斯托斯、帕恩和本迪斯(在色雷斯的地位相当于阿尔忒弥斯)而举办的。在希腊化时期,火炬接力赛跑也是提修斯节和埃皮塔亚节的组成部分。参见 Kyle(1987) 193。在此,我对其他的赛跑不作讨论,因为这些比赛的路线要么不明,要么据我所知,与厄洛斯祭坛没有关系。

都代表着一部分雅典市民。因而,与在其他项目上相比,他们在火炬赛跑比赛上有着更大的集体责任。这个竞赛的独特之处还在于它的奖品不是传统的装满橄榄油的双耳瓶,而是授予获胜部落“一头公牛和100个银币”,授予获胜个人“一个水罐和30个银币”。独特的奖品,以及其他特殊部落竞赛中的项目分组的区别都表明,火炬赛跑比赛中的仪式成分和竞技成分至少是同等重要的。① 阿里斯多芬尼斯对与其同时代的那些拿不好火炬或因缺少255训练而不能保持火炬燃烧的选手的嘲讽表明,训练和拥有一个健康的身体不仅对同一项目的 *euandria*(男子体魄和气概的雄峻)至关重要,而且对这项竞赛项目来说也是如此(*agumnasia*, fr.1088)。②因此,在这种运动员的成功反映城市繁荣程度的竞赛中,拥有健康强壮的外形(即“漂亮”)和竞赛表现都非常重要。也许这些健美与竞技的关联将火炬赛跑与学院里的厄洛斯自然地联系在一起。

普罗米修斯祭坛也许只是学院入口圣地的一小部分,此外还有厄洛斯祭坛和其他鲍桑尼亚在此段文章中提及的诸神祭坛。③泛雅典娜节上的火炬赛跑比赛正是始于厄洛斯祭坛:“泛雅典娜

---

① 同上,第191页记录了泛雅典娜节比赛上宗教仪式和竞技运动的重要性,并对泛雅典娜节、提修斯节和埃皮塔亚节的火炬接力赛跑的体育性质与普洛米修亚节、赫菲斯提亚节、本迪迪亚节和一个献祭牧神潘的节日上宗教仪式的火炬接力赛的非竞技性质区分开来;参见 H. A. Harris, *Greek Athletes and Athletics* (London: Hutchinson, 1964) 33 and E. N. Gardiner, *Athletics of the Ancient World* (Oxford: Oxford University Press, 1930; reprint, Chicago: Ares, 1980), Harris 否认这些节日上的活动具有真正的“竞技性质”。也许,由于泛雅典娜节、提修斯节和埃皮塔亚节更受欢迎,必然会激起更激烈的竞争,但是在我看来,并没有任何事情说明,这些著名的雅典火炬接力赛在本质上比别的比赛宗教性更强,竞技性更弱。也许除了本迪迪亚节,其他节日上比赛的胜利都取决于一样的规则,因此,这些比赛都需要相似的技巧和身体健康程度。

② 参见 Aristoph., *Frogs*1087-98 以了解对这项让人上气不接下气的火炬接力赛的普遍批评。还可以参见 Arist., *Ethica Nicomachea* 1114a 23-25,他认为就如当今的观点一样,不利于身体健康是公众谴责这项比赛的一个原因:“没有人责怪生而丑陋的人,但我们会批评那些由于缺乏锻炼和保养而丑陋的人”。

③ J.Travlos, *Pictorial Dictionary of Ancient Athens* (London: Thames and Hudson, 1971) 42.

节上的长跑比赛始于厄洛斯祭坛。男青年赛跑之前在此点燃火炬，献祭给雅典娜的火种则来自胜利者的火炬。”（*Schol*.［Hermias］Pl.，*Phaedr*. 231e）。阿特纳奥斯和鲍桑尼亚一致认为这个祭坛是由某个将军卡莫斯（Charmus）设立的，这个卡莫斯是青年希庇亚斯（Hippias）假想情人，也是后来成为暴君的希庇亚斯的继父（Ath. 13.609d）。[①] 祭坛上的铭文如下：

> 献给厄洛斯，此祭坛出自卡莫斯
> 立于竞技馆幽暗的折返柱附近。[②]

铭文表明此竞技馆在公元前 527 年就已经存在，我们之前的关于梭伦律法的讨论，表明学院有可能直到公元前 6 世纪才出现。我并未将诗歌中的 termasi 译为“范围”、“边界”之类的，而是“圆柱”，是因为相比运动场的边界而言，terma 更多是指赛场上的终点或圆柱（译注：折返跑赛道上折返点的位置）。[③] 普鲁塔克对性爱关系的详细阐述，告诉我们厄洛斯还有一尊雕像，大概在祭坛旁边或附近，而火炬赛跑比赛的起点正是该雕像。他说道，“据说，庇西特拉图（Peisistratus）是卡莫斯的爱人，他在学院内树立了一座厄洛斯的雕像（*agalma*），神圣的火炬赛跑比赛的选手就是在那里点燃火炬的（Plut.，*Sol*.1.7）”。因此，厄洛斯雕像建于公元前 527 年之前，即庇西特拉图统治末期，而且可能早于暴君的至爱卡莫斯建造的祭坛。有人推测说，泛雅典娜节上的火炬赛跑比赛最早（公元前 566 年的重组期间？）始于普罗米修斯的祭坛，只是后来（530s 或 520s，不详）挪到了厄洛斯祭坛，也许是因为卡莫斯在

---

① Kyle（1987）73.

② Delorme（1960）37－38，40；Travlos（1971）42. 关于“厄洛斯和许多设施”，参见 Eur.，*Hippolytus* 1270（*poikilopteros Eros*），and Ibyc.，fr.6（Page）。

③ *LSJ*^{2}，s.v. tevrma I.1 and II.1.

庇西特拉图暴政期间建造了祭坛。①

在描述厄洛斯和普罗米修斯的祭坛与火炬赛跑比赛赛的时候,鲍桑尼亚还叙述了与厄洛斯相关的另一个位于雅典的祭坛:

> 他们说,城里所谓的"安忒洛斯"(Anteros,回报的爱)祭坛是外来居民建造的,当时一个叫梅勒斯(Meles)的雅典人拒绝了一个外来爱慕者提玛戈拉斯(Timagoras),还叫他爬到崖岩的最高点跳下去。自此以后,提玛戈拉斯对自己的生活漠不关心,一心只想满足那个年轻人的一切要求。因此就去爬崖岩,纵身一跃了结了自己的生命。当梅勒斯发现提玛戈拉斯身亡的时候,他为之大震,也从那崖岩上跳下身亡。从那时起,外来居民很敬重这种复仇精神,即安忒洛斯。
>
> (Paus.1.30.1)

256

为何鲍桑尼亚在谈论学院里的祭坛时会提及城里的安忒洛斯祭仪呢?仅仅只是因为它是雅典城里除了学院之外唯一一个著名的圣地,所以才顺便涵括一个有关它建立之初的传奇故事吗?学院的厄洛斯祭仪与城里的安忒洛斯祭仪有没有什么联系呢?欧里庇得斯和柏拉图记下了雅典的厄洛斯祭仪的匮乏,我们也许可以推测鲍桑尼亚只了解此文中提到的这些人物。② 令人费解的是,对考古学家发现的雅典卫城北坡的厄洛斯和阿佛洛狄忒的长存已久的联合神殿,他只字未提。③ 有没有可能卫城的圣地就是安忒

---

① Kyle(1987)191; Deubner(1956)211-12; Parke(1977)45-46.

② Plat., *Symp*.189c; Eur., *Hipp*. 538ff.

③ O.Broneer, "Eros and Aphrodite on the North Slope of the Acropolis", Hesperia 1(1932)31-55, 2(1933)31-55; Fasce(1977)32-39。Broneer 认定卫城的祭坛就是鲍桑尼亚(1.19)提及的"Aphrodite in the Gardens"(en *Kepois*)里的,但是厄洛斯并不是鲍桑尼亚为了使其与此地址相符而起的名字,厄洛斯与坐落在一个小山脚下的安忒洛斯祭坛有可能也是密切相关的。

洛斯的神殿呢？若是的话，那么卫城隐现的崖岩已让它成为再合适不过的“情人跳”了。一项研究表明，雅典卫城当时还是城内竞赛的终点，因此这场竞赛成为从厄洛斯神殿到安忒洛斯神殿的竞赛。[①]鲍桑尼亚的说法是，只有普罗米修斯的火炬赛跑比赛是跑往雅典城的，而且终点不明确，可能是卫城雅典娜祭坛，因为在那里胜利者的火炬是泛雅典娜节的祭火的吉祥来源。若是这样的话，泛雅典娜节上的火炬赛跑比赛终点就会设在卫城雅典娜祭坛，即设在厄洛斯和阿佛洛狄忒（以及安忒洛斯？）的神殿的正上方。[②]

至少有一点，鲍桑尼亚将学院的厄洛斯祭坛、城里的安忒洛斯圣地以及普罗米修斯祭坛和纪念普罗米修斯的竞赛放到一起讨论，表明了前两者是相互关联的，是雅典厄洛斯为数不多的祭祀地点，并且厄洛斯和普罗米修斯的祭坛相隔极近。也许是庇西特拉图或希庇亚斯以普洛米修亚的竞赛为模板，添加了一个火炬赛跑比赛并且将将起点定在厄洛斯祭坛。[③] 庇西特拉图统治时期对厄洛斯神殿的重视表明，厄洛斯与梭技的联系开始于公元前5世纪30或20年代。因此，与梭伦针对竞技馆里性爱的律法一样，它同样标志着两种习俗在城市融合过程中的一个重要阶段。该竞赛原是部落竞赛项目，且起止点各为厄洛斯祭坛和最为著名的雅典娜祭坛这两个事实进一步验证了该竞赛在公民意义上的重要性。选择厄洛斯祭坛而非普罗米修斯祭坛取火则表明，事实上，人们更敬仰厄洛斯而不是给人类带来火种的后者。厄洛斯比普罗米修斯更能代表雅典人眼中的城市繁荣的源泉以及竞技馆内力量的伟大源泉。柏拉图后来说，性爱极大地促成了友情和社会的纽带（Pl.， 257

---

① Robertson(1985)283.

② 参见Travlos的方案（本章第424页，注释③，1971）71，图91；Robertson（1985）283反对“参加火炬接力赛的人很难冲上卫城并进入雅典娜的管辖区”这种说法，但却不能使人信服。施加于运动员的此项攀越高峰的比赛并不是不可能的，只是可能到达终点时运动员已经精疲力竭。

③ Parke(1977)46.

Symp.182c);阿特纳奥斯(Athenaeus)说,性爱加深了友情,增进了和睦,从而最终加强了国家的自由(Ath. 13.561d)。但是,坚持自己的哲学看法的同时,阿特纳奥斯还尽力去掉了性爱的身体层面,虽然它是从这种崇拜产生以来就固有的因素。他说道:"雅典人不认为厄洛斯主管学院这一献祭给雅典娜的圣殿里的任何形式的性行为。他们给厄洛斯建神殿,并且对他和雅典娜顶礼膜拜"(13.561e)。考虑到性活动与竞技馆相关联的普遍性和合法性,阿特纳奥斯在此以更世俗的角度夸大渲染厄洛斯的宗教和精神层面。将厄洛斯崇拜融合到泛雅典娜节上的火炬赛跑比赛中,这其实是雅典人在向爱的两面致敬。

厄洛斯的象征意义与火炬赛跑比赛的结合最初频现于希腊化时期及后来的艺术作品中,也许是受到雅典风俗以及火炬赛跑比赛在其他地方的作为一项由年轻运动员参加的部落项目备受欢迎的影响。① 一个雅典的制作于约公元前460-前450年间的红色双耳瓶一边是拿着两个火炬飞行的厄洛斯,另一边是一个飞行的年轻人。② 这结合了厄洛斯是火炬赛跑比赛保护神和他侵入竞技馆寻找年轻运动员两个主题。就我所知,这是最早描绘了拿着火炬的厄洛斯的场景,还可能象征性的表现了泛雅典娜节上的火炬赛

---

① 倒置火炬的行为最早出现于公元前4世纪,此处我对许多厄洛斯手持倒置火炬的例子不作探讨,这种行为也许一开始是比赛失败的象征,但后来却成了葬礼的象征,在罗马时期的艺术中尤其盛行:Hermary, Cassimatis and Vollkommer in *LIMC* III.1(1986), 882 nos.369, 370, 984-93。最早表现这种主题的可能是公元前375-前350年来源于伯罗奔尼撒的金戒指,Evans Collection = Hermary, Cassimatis and Vollkommer in *LIMC* III.1(1986), 882 no.372,戒指上刻着厄洛斯,他将火炬放在一旁,坐在一个台子上,背靠圆柱,Evans Collection = Hermary, Cassimatis and Vollkommer in *LIMC* III.1(1986), 882 no. 372,圆柱顶端有厄洛斯的雕像,他手持火炬正在奔跑。这个雕像有可能代表了学院时期的庇西特拉图·厄洛斯吗?

② 阿提卡红绘式双耳瓶,大约公元前460-前450年,Charmides Painter, London, BM 96.7-23.1 = *ARV*² 654, 12 = Hermary, Cassimatis and Vollkommer in *LIMC* III.1(1986), 881 no. 366。

跑比赛的性爱层面。公元前 4 世纪留存下来的一个阿普利亚(Apulian)盘子表面刻画着一个厄洛斯手擎一支火炬,戴着胜利的头戴在祭坛前奔跑,第二个厄洛斯则是坐立状,手里拿着花冠。① 尽管这场景来源于意大利,它还是反映了火炬赛跑比赛。以祭坛(可能是厄洛斯祭坛)为起点或终点,以一片常春藤树叶象征祭坛的火苗。还有一个阿普利亚花瓶,与盘子同时期的一个钟形双耳喷口杯,它显示的也是手擎火炬奔跑的厄洛斯。他手中的火炬与赛跑比赛选手的是相同式样。② 无论是公元前 2 世纪突尼斯的铜质小雕像上,还是公元前 4 世纪塔伦特姆(Tarentum)的赤土陶器上,厄洛斯都是被描绘成手擎火炬的形象。③ 有一个代表厄洛斯的“火炬赛跑比赛中的奔跑者”(*Lampadēphoros*,字面意为“赛场上的火炬手”),正如发现于提洛岛的弗洛尼之家(Masion de Fourni),可追溯至公元前 2 世纪末到前 1 世纪初的浮雕上刻得那样,他右手高举,擎着火炬。④ 在提洛岛花岗岩竞技馆(Granite Palaestra)的一个石碑上有 3 幅涂鸦。它们可被追溯至公元前 2–前 1 世纪初期。从相应的对竞技馆财产清册的描述来看,它们被认为是

---

① 出自阿普利亚的红绘式双耳罐,大约公元前 330–前 320 年,现藏于 the Three Rosette Painter, *The Summa Galleries Inc., Catalogue 4: Ancient Vases*(Beverly Hills, Calif.: The Summa Galleries, 1978) no.25; Marit Jentoft Nilsen, *Getty Museum Journal* 6/7(1978–79) 207, fig.7–8; Trendall RVAp II, p.690, no.22/526。

② 出自阿普利亚的红绘式铃形陶罐, Gnathian style, Naples, Mus. Nat. Stg. 613 = Hermary, Cassimatis and Vollkommer in *LIMC* III.1(1986), 881 no.367a; no.367, 一个出自西西里岛的红绘式双耳罐罐盖,大约公元前 350 年, Palermo, Mus. Naz. De Selinonte T.51, 展现的是厄洛斯跪下手举火炬的场景。

③ 厄洛斯持火炬的铜像:突尼斯, Bardo Mus. F 106; Hermary, Cassimatis and Vollkommer, in *LIMC* III.1(1986), 911 no.714。厄洛斯持火炬的陶像: Hermary, Cassimatis and Vollkommer in *LIMC* III.1(1986), 911 sub no.714。

④ 厄洛斯持火炬的大理石浮雕,公元前 2 世纪晚期至前 1 世纪早期, Delos, Mus. A 4018, from the “Maison de Fourni”; J.Macardé, in *Études déliennes: publiées à l'occasion du centième anniversaire du début des fouilles de l'École française d'Athènes à Délos*. BCH Supplement 1(Athens: École française d'Athènes; Paris: E. de Boccard, 1973) 349, 图 28: Hermary, Cassimatis and Vollkommer in *LIMC* III.1(1986), 911 no.713。

描绘了献给竞技馆的厄洛斯雕像。① 在这些德洛斯人描绘厄洛斯的涂鸦中，有一个是婴儿厄洛斯双手擎火炬向右跑的画面。由于涂鸦形象与弗洛尼之家中发现的浮雕形象一致，并且火炬类型与提洛岛竞技馆座椅上刻得也一致，这个厄洛斯看起来似乎是另一个“火炬赛跑比赛中的奔跑者”。② 在他旁边的厄洛斯身处卑微之势在鞠躬，说道“博莱亚斯（将此献祭）给赫尔墨斯”（BWLEAS ERMEI）。在德洛斯人的胜利铭文中独行的赫尔墨斯，是火炬赛选手的守护神。③ 最近一个评论家说：“正如众多涂鸦证实的那样，厄洛斯尽管是私下献祭的对象，但他在提洛岛的竞技馆中从未被明确的敬拜过，因为在那里他更多的是男青年间的友情（*philia*）的守护者，而不是竞赛之神。”④这种将厄洛斯解读为“男青年间友情的守护者”的观点，似乎是来源于对阿特纳奥斯文章的字面理解，但是正如我们所见，竞赛之神的厄洛斯与青春期友谊之神的厄洛斯并不能明确区分开来。在公元前 2 世纪的提洛岛，厄洛斯在私底下被普遍地献祭，在公众场合却从未有过。这一事实似乎反映了性爱关系和竞技馆之间联系的私密性这一本质。但是，它并没有被排除在竞赛领域举足轻重的神之外。

258

厄洛斯和火炬接力赛的联系，似乎源于公元前 6 世纪末雅典

---

① *ID* 1417 face A，119-120A. Jacquemin（1981）159-63.

② 大理石石碑上粗糙刻画了厄洛斯手持火炬的场景，来源于 Granite Palaestra，Delos，Mus.585，公元前 2 至前 1 世纪早期。这个人被认为是一个火炬接力赛运动员，Jacquemin（1981）159，注释 21，23，尽管注意到了运动员放松的表情以及竞技馆的观众席，他反对此种说法：“l'attitude évoque ici plus les représentations de ce dieu dans le cercle d'Aphrodite qu'un épreuve sportive”（此种态度更易让人们将其视为以阿芙罗狄蒂为中心的神的代表，而不是体育运动中的严酷考验），却毫无根据。

③ *IG* 9.4.1157，1159-62.

④ “Éros s'il fait l'objet d'invocations privées，comme l'attestent de nombreux grafftes，n'est jamais honoré manifestment au gymnase de Délos，où il apparaît plus comme le protecteur de la *philia* éphebique que comme une divinité agônistique.” Jacquemin（1981）160-61.

科学院神殿的泛雅典娜运动会接力赛。在那里,庇西特拉图神殿是一所私人神殿,但有着重要的民用功能。提洛岛的其他竞技馆和泛雅典娜节的场馆相似。火炬接力赛上有着厄洛斯作为跑步者的形象,体现出比赛鼓励年轻男子加入这场男人的部落竞技。随后在罗马艺术中广为流传的厄洛斯(或埃莫,丘比特)手持火炬的形象部分来源于这一希腊传统,但它采用的是一套完全不同的自有图像体系,而且毫无疑问,它反映了独特的罗马象征主义。该主义与希腊竞技馆中的“手握火炬的跑步者厄洛斯”有所区分且不在本书讨论范围之内。①

除了雅典科学院的厄洛斯之外,鲍桑尼亚告诉我们,在伊利斯的“其中一个竞技场内有厄洛斯和所谓的安忒洛斯(Anteros)的浮雕。厄洛斯手持棕榈叶,安忒洛斯试图把它从厄洛斯手中抢过来”(6.23.5)。② 这个竞技场也许是马尔索(Maltho)竞技馆的一部分,该竞技馆也被称作“柔软的场地”,因其地板被摔跤选手踩踏得相当柔软。奥林匹克运动会之前,在伊利斯人的监督下,该竞技馆全天开放供运动员训练。在这里和在雅典一样,厄洛斯在竞技馆中受到尊敬,他象征着艺术表达中重要的拼搏精神。在伊利斯,厄洛斯不仅仅捍卫友谊,唤起对美色和来自竞技活动的性关系的渴望,也积极参与比赛。他是一个摔跤选手。就其本身而论,这位神可以说是奥林匹克运动员的模范,正如在泛雅典娜节运动会上一样。尽管伊利斯的竞技馆不在奥林匹亚,但它是所有奥林匹克运动员进行训练的不可或缺的训练场。因为奥林匹克摔跤选手,也许还有搏击选手都要面对厄洛斯的雕像,间接来讲,厄洛斯被公

---

① N.Blanc and F.Gury in *LIMC* III.1(1986), 974-77, nos.146-71 with 32 other representations passim, nos. cited on 977.

② J.G.Frazer, *Pausanias' Description of Athens*, vol.4(London: Macmillan, 1913)103, s.v. 6.23.5;另可参见 Fürtwangler in W.H.Roscher, ed., *Ausführliches Lexikon der griechischen und römischen Mythologie*, vol.I.1, (Leipzig: B.G.Teubner, 1884-86)col.1368 关于描绘中厄洛斯与安忒洛斯竞争一个连茎棕榈叶场景的罗马浮雕。

259 众认为是在奥林匹克运动会背后的重要力量。浮雕的雕刻时间不确切,但公元前5世纪就有关于厄洛斯和安忒洛斯摔跤的描述,这很明显就包括了公元前5世纪中期西西里的陶土浮雕,①至少说明伊利斯的浮雕有可能创作于这个时间段。伊利斯竞技馆有可能跟随学院竞技馆的传统建造了厄洛斯浮雕。

在关于厄洛斯形象和伊利斯与奥林匹亚关系的讨论中,鲍桑尼亚不经意提到,菲狄亚斯著名的雕像作品“奥林匹亚的宙斯”脚下有这样一个浮雕:一个运动员将代表冠军的绑带绑到自己的头上。据说,这个浮雕是伊利斯的潘塔克斯(Pantarkes),第86届奥运会(公元前436年)男子摔跤冠军,据说他也是雕刻家的爱人。这个故事貌似是真实的,因为潘塔克斯获胜的日期和菲狄亚斯创作雕像的日期相符,都在公元前438年之后。此外,伊利斯以这些美丽的男子浮雕闻名。② 即使鲍桑尼亚提到的这段传闻只是作为一段旅行指南而已,但这故事本身却为本书论点——奥运会胜利者经常成为性对象——提供了论据,在此通过这位著名艺术家传说中的杰作得以确认。尽管厄洛斯本身不在奥林匹克形象之内,但他的形象通过传说传播开来。

厄洛斯—安忒洛斯形象还被用于对运动员延伸的比喻义,也就是在性关系中的竞赛精神。一座大约公元前430年的阁楼花瓶展示了一位坐在婚礼卧榻上的妇女,厄洛斯参加了婚礼,在另一边,厄洛斯和安忒洛斯(图8-17)③在进行摔跤比赛。在选手右边坐着手持节杖的阿佛洛狄忒,旁边是一名她的随从和一名竖琴师,

---

① 陶制圣坛,公元前5世纪中期(?),出自西西里岛,牛津,Ashmolean Mus.1966.1163=Hermary, Cassimatis and Vollkommer in *LIMC* III.1(1986), 883 no.392。

② Percy(1996)125–27.

③ 阿提卡红绘式罗盘座,大约公元前430年,Washing Painter, Würzburg, Wagner-Mus. L541(H4455)=ARV^2 1133, 196;参见A.Greifenhagen, *Griechische Eroten*(Berlin: De Gruyter, 1957)42–45 with Abb. 31–33; Hermary, Cassimatis and Vollkommer in *LIMC* III.1(1986), 882 no.388。

也许是哈尔摩尼亚(Harmonia);左边站着一位女神,可能是珀伊托(Peitho)在担任裁判。① 一块婚礼碗型器皿碎片展示了相似的场景,厄洛斯和安忒洛斯摔跤,背后有两顶花冠(橄榄枝做的?)和女神(图 8-18),②婚礼场景和厄洛斯摔跤的场景同时出现暗示着比赛,特别是摔跤比赛即指婚礼和异性性爱的隐喻。珀伊托作为裁判证明了神在婚礼中的地位,正如阿芙洛狄忒和哈尔摩尼亚的出席一样。相比摔跤比赛,神更多地和婚礼联系起来,并且具有代表性。③ 在一个公元前 4 世纪的阿普利亚(Apulia)花瓶上描绘着两个厄洛斯在一位妇女面前摔跤(是对她的奖赏? 或她是一位女神?),第三个厄洛斯在上空飞翔,手持王冠。④ 这类场景在罗马艺术中相当流行,被刻画到大理石和玉石之上,有着其它的图像意义,比如在运动会上进行不同项目的厄洛斯/阿莫雷斯。⑤ 如果摔

---

① 参见公元前 530-前 525 年的一个描绘着青年位于摔跤选手左侧充当裁判场景的阿提卡红绘式双耳瓶,柏林,Staatliche Mus.159=Gardiner(1980)186,图 154。

② 阿提卡红绘式 lebes gamikos 碎片,大约公元前 430 年,Washing Painter,Munich,Antikensammlung 8926=*ARV*[2] 1127,6(bis);Greifenhagen(1957)44-45,Abb.34;Hermary,Cassimatis and Vollkommer in *LIMC* III.1(1986),882-83 no.389。

③ 关于哈尔摩尼亚与婚姻以及阿佛洛狄特的联系,参见 E.Simon,*Die Götter der Griechen*,2nd ed.(Munich:Hirmer,1980)259-61 以及 Keuls(1985) 253-56;关于珀伊托与阿佛洛狄特的联系,参见 Simon(1980)251-53。

④ 阿普利亚红绘式双耳细颈瓶,公元前 4 世纪上半叶,Louvain-la-Neuve,Univ.Mus.=Hermary,Cassimatis and Vollkommer in *LIMC* III.1(1986) 883,no.390。对比希腊早期厄洛斯与安忒洛斯角斗的其它画像:*LIMC*,883 nos.393(公元前 4 世纪的铜镜面),394(公元前 4-前 3 世纪的铁戒指)。后来,罗马时期的希腊画像可能受到了罗马画像中大受欢迎的主题的影响:参见 Hermary et al. in *LIMC* III.1(1986) 883,nos.391(约公元 2-3 世纪,萨索斯岛的镶嵌画),395(公元 1 世纪,提洛斯的赤陶雕像),还有公元前 2-前 1 世纪来源于克里特岛 Archane 的赤陶圆雕饰,Heracleion Mus. 3262。

⑤ 参见 N.Blanc 和 F.Gury in *LIMC* III.1(1986) 985-86,nos.247-53。在一块制石棺的大理石(no.248)上绘有 13 个阿莫雷斯人,他们或被描绘成摔跤者、或裁判、或冠军;还有一块大理石上也绘有摔跤手、拳击手、裁判和冠军(no.249)。至少这些场景都是以运动会的整体为中心的,而不是运动会中单个比赛现象为中心,也许是为庆祝节日上的活跃气氛,以此同石棺体现的葬礼上的悲痛形成对比。

图 8-17 两个厄洛斯在女神面前摔跤。阿提卡红绘式盖壶。年代:约公元前430 年。创作者:沃什(Washing Painter)。维尔茨堡,瓦格纳博物馆,编号:L541(H4455)。图片拍摄:K.奥尔雷因。

图 8-18 两个厄洛斯在摔跤,背面有两顶花冠。阿提卡红绘式碗型器皿碎片。年代:约公元前 430 年。创作者:沃什(Washing Painter)。慕尼黑,州立文物博物馆,编号:VAS 8962。

跤的厄洛斯在希腊是性爱的象征，那么他们也许比其他形象更适合竞技馆中预先设定的厄洛斯和同性恋的关系。然而，对摔跤这一竞赛活动更准确的暗喻还需要进一步说明。

在希腊文学里，性爱经常通过竞赛活动表现出来。厄洛斯偶尔会成为一个具有隐喻意义的拳击手。阿克那里翁（Anacreon，约公元前570-前485年）在他的诗中写道："带上水，带上酒，哦，孩子，给我带上华丽的皇冠。我要与厄洛斯在搏击场上决一死战！"（阿克那里翁，fr.369《迪尔》）据推断，这场为爱之争发生于宴会上，发言者希望征服他所爱的男孩。因此，他需要借助"武器"来说服到场者，这"武器"既是美酒、水和花冠。但为什么发言者是"与厄洛斯在搏击场上决一死战"而不是请求厄洛斯站在他这一边呢？索福克勒斯也运用了同样的隐喻："谁在搏击场上向厄洛斯挑战，谁就是个疯子。"（索福克勒斯，《特拉客斯少女》441）我相信这里有故意模糊化的成分，因为发言者受情欲折磨，企图与这如同疾病一般的激情抗争，也就是说，他和自己内心的情欲抗争。与此同时，他既不得不向这不可抗拒的力量屈服，又因为抵抗这股力量而与心爱之人抗争。在希腊娈童恋关系中，较年长的伴侣的回应不叫爱（*eros*）或回报的爱（*anteros*），而叫 *philia*，即"友情"、"关心"或"喜爱"。[①] 然而，女人对男人的爱的回应通常被称为爱情。根据惯例，这两种感情的不同在于男孩屈服于自我牺牲的友情，由希腊人看来，女人更为感性，更容易感受到男性伴侣的爱。不管如何定义，被追求者通常是抗争的，"挣扎着"抵抗或者摆脱追求者。厄洛斯既"影响"那些欲火中烧的人，又监督那些喜结连理的伴侣。因此，在阿里斯托芬的《阿卡奈人》（*Acharnians*，991-94）中，

260

261

---

① 参见 Dover（1989）52-53；Halperin（1986）66，注释14。关于 Anacreon 的爱欲主题讨论，参见 Percy（1996）157-60。关于阿克那里翁碎片以及厄洛斯体育隐喻的使用，参见 B.S.Thornton，*Eros: The Myth of Ancient Greek Sexuality*（Boulder，Colo：Westview Press，1997）43-44。

一位合唱队成员希望厄洛斯在他诉诸于暴力威胁前，让他和男性“结合”(*diallage*)，他运用了摔跤这一隐喻：“不知为什么，厄洛斯262 把你我结合在一起，正如身上画满油彩的人，头戴花环。也许你认为我有点太老了？但我仍相信我可以迷住你，让你晕眩。”①

不管是同性恋，还是异性恋，在这两种关系中，厄洛斯与自己追逐，“摔跤”分别代表了恋爱中的两个个体。因此摔跤选手厄洛斯的隐喻很可能描绘了人的内在情欲以及他试图燃起所爱之人情欲的欲望。一方面，有一种内在挣扎的控制欲、领导欲或满足欲望的渴望，另一方面，在自我和他人，爱与被爱之间的挣扎，通过激情或理性来定义他们之间关系。正如之前提到的那样，在情侣之间的自我—他人关系通常是两者处于不平等的地位，因此竞赛胜利时的英雄气概也成为情欲征服中最本质的潜在因素。希腊男人和男孩之间的求爱，或男人和女人间的求爱，一般特征是被追求者对追求者的抗拒，尽管有可能口是心非。② 无论如何，情欲关系中的“逃跑和追求”这一主题证实了常见的紧张感，很明显这种紧张感也可以从厄洛斯与自己对抗的摔跤比赛这一隐喻表达可见。

也许还有关于外部抗争的暗示，这来源于两个或以上竞争对手。这一希腊短语是 *anterastes*，意思是为爱争夺的人。在这种情况下，“摔跤比赛”还有赢得爱人的意思，这一隐喻也用于描述自己和他人为达到共同的目标所进行的外部斗争。这样的斗争也和运动形象相符，摔跤形象有可能同时包含三层含义：内部斗争，自己和爱人之间的斗争，几个追求者之间的斗争。斗争的不确定性，

---

① 关于阿卡奈人的通道，参见 Romero(本章第362页，注释①，1995)59。参照 Eur.，fr. 271 和 132 中的厄洛斯优越性的隐喻。注意 Aristoph.，Birds 1737 中对厄洛斯作为宙斯与赫拉婚礼战车驾驶员的描述；Nonnus，*Dionysiaca* 19.237 中作为音乐比赛裁判的描述；以及其他文献中关于厄洛斯作为和谐的标志的描述，如 Fürtwangler in Roscher(1884-86)I.1，1350；同上，1352 关于厄洛斯驾驶阿佛洛狄特战车的描述，出现于一个埃伊纳岛出品的陶器上。

② Dover(1989)，sections II.B.4-5；E. Cantarella(1992)17-22.

其内在的紧张感以及对于追求胜利者的观念都是厄洛斯好斗性的特点。柏拉图把这种对爱人内在的渴望与厄洛斯的联系记录在《菲德罗篇》中:“当这种感觉(亲密的友情)(在爱人之间)延续,在运动馆的训练场上,在其它的会面上,他拥抱着他,感觉彼此的距离越来越短……当他和爱人在一起,痛苦消失得无影无踪,但当他离去,思念延绵不绝,正如他被思念的那样。此时,安忒洛斯出现,他呼唤着,相信那不仅仅是爱,还有友情,他们之间互生情愫,渐渐减弱……”。柏拉图首次把安忒洛斯与娈童恋关系联系起来,并进一步说明他关于这种现象的所希望的理想化形式。但他的描述是对同性恋和异性恋的概述。同时也描述了这种行为的相互作用和内在斗争,同时也符合对厄洛斯和安忒洛斯摔跤这一隐喻的普遍解读。 263

厄洛斯运动节

到目前为止,我们主要通过祭坛和坐落于竞技馆的艺术作品,位于伊利斯的表现厄洛斯和安忒洛斯摔跤场景的浮雕,以及坐落于雅典和提洛岛的神坛及雕塑来了解与竞技有关的厄洛斯祭仪。但是,在皮奥夏的塞斯比阿(Thespiae)和萨摩斯岛已经有发展成熟的纪念厄洛斯的运动会,它们有助于我们对竞技背景下厄洛斯的社会角色的理解。在最著名的厄洛斯祭仪的遗迹中,有一个是举办于皮奥夏的塞斯比阿。在那里,厄洛迪亚运动节(Erotidaea)每4年举行一次,就和奥林匹克运动会和泛雅典娜节一样,是为了向神表达敬意。① 阿特纳奥斯认为(13.561e)“塞斯比亚人庆祝厄

① Paus.9.31.3;关于完整文献以及对许多古代文献的引用,参见 A.Schachter, Cults of Boiotia, vol.1, Acheloos to Hera, University of London, Institute of Classical Studies Bulletin Supplement no.38.1(London: University of London, Institute of Classical Studies, 1981, reprint, 1994)216-19; Fasce(1977) 45-50; Nilsson(1957)423-24; Klee(1980)35-37。

洛迪亚节,正如雅典人庆祝雅典娜节(即泛雅典娜节),伊利斯人庆祝奥林匹克运动会,罗德岛人庆祝哈利伊亚节(Halieia)”。另有文献记载,“各种各样的比赛(*agones*)在比奥蒂亚举行:例如塞斯比阿的厄洛迪亚节(Schol. *ad* Pind., *Ol*.7.154c)。因此,厄洛迪亚似乎遵循了其他主要运动会的模式。一系列塞斯比亚的铭文记录下了各项目冠军的名字,其中的项目包括了创立于奥林匹亚和其他主要运动会的大多数传统竞技项目。① 在记录中,有 5 种赛跑比赛(长跑,单程跑,折返跑,火炬赛跑比赛,以及重装赛跑比赛)。还有五项全能,摔跤,拳击,自由搏击。所有这些运动只允许成年男子和以下 3 个年龄段男性参加:男孩(“Pythic” boys),年长的男孩(“Isthmic” boys)和青年男子(*ageneioi*)。除此之外,还有各种各样的战车比赛(两匹,四匹马驹或成年的马)。标准竞技比赛之后进行的通常就是赛马比赛,我们或许可以由此推断这也反映了运动会上比赛项目的进行顺序。例如,一小段记载了 *poiēttes chorōn*(合唱舞蹈编排者?)的铭文是位于竞技比赛和赛马比赛之间。这也许是中场表演,或是一个刻写上的失误,以此弥补同时举行的另外一场运动会上的有关音乐部分的记载遗漏。稍后将讨论这个问题。② 并不是所有的赛事都被列了出来,而且,就算从大多数不完整的记录来看,随着时间的推移,竞技项目似乎在不同的运动会之间发生着细微的变化,也许是偶尔参赛人员不足的缘故。

264

尽管鲍桑尼亚认为塞斯比阿粗糙的祭仪图像石刻“年代已

---

① Schachter(1981)219, 注释 1 把所有可能是厄洛迪亚节冠军名字的铭文进行了分类, 其中只有 *BCH* 95(1971)921 和 *SEG* 22.385 保留了标题, 它们肯定与此节日有些联系;在塞斯比阿发现的其它刻字很可能也记录了冠军姓名和节日中发生的事件: *IG* 7.1764–73。

② 参见 Schachter(1981)218, 注释 5;但 Fasce(1977)50 反驳说, 尽管后来把这些名字归入到了音乐比赛的目录之下, 但将其罗列于此是因为舞蹈所具有的运动性质, 此说法没有信服力。

非常久远”(Paus.9.27.1),塞斯比阿的厄洛斯祭仪是何时开始仍没有确切的答案。在公元前4世纪,一座出自普拉克西特利斯(Praxiteles)的厄洛斯雕像被伫立而起,从此这个祭仪闻名于希腊。雕像很可能是雕塑家送给当时著名的高级妓女——芙丽涅(Phryne)的礼物,后者把它安置在自己的出生地——塞斯比阿。① 从那以后,对这座著名的大师作品慕名而来膜拜的旅行者日益增加。后来的某个时候,塞斯比阿市民决定将厄洛迪亚和缪斯亚(Musaea)两个节日一起举办来扩大其宗教重要性。缪斯亚由向缪斯致敬的音乐比赛组成,神话中缪斯的家乡正是在赫利孔山附近(Mount Helicon)。② 两个节日很有可能都在塞斯比阿举行,因为在那发现了剧场遗址,尽管鲍桑尼亚似乎指出赫利孔山才是节日举行的地点。③ 最早关于节日的记录要追溯到公元前2世纪,因此我们可以推测它们是在那个时期被创立的。据普鲁塔克说,两个庆典都“非常奢侈和豪华”。根据获胜者所在地的记录,节日吸引了来自整个希腊和东地中海的观众和运动员。后来,厄洛迪亚又有了另外两个名字:罗马伊亚(*Romaia*)和凯撒利亚(*Kaisareia*,意为罗马的、帝国的)。缪斯亚则又被称为塞巴斯提亚(*Sebasteia*,意为8月)。这可能是因为在庆典和仪式上,人们相应地尊崇罗马皇帝以及他信奉的神祇。厄洛迪亚似乎与由音乐比赛组成的缪斯亚(献给缪斯的节日)同时举行,有时甚至是由同一组织者举办。组织者来自当地,负责节日的组织和资金筹措。④

尽管很多节日都有竞技和音乐比赛,还有一些节日是放在一

---

① Paus.1.20.1; *Greek Anth*.16.56 and 57(Menander), 16.165(Antipater of Sidon), 16.203(Julian of Egypt), 16.204([Simonides]), 16.205(Tullius Geminus), 16.206(Leonidas, the earliest source, fourth-third c.*B.C.*), 16.260(Tullius Geminus).

② Paus. 9.31.3; Plut., *Amat*.748f.; Schachter(1981)219.

③ Fasce(1977)47; Plut., *Amat*.549c 提到那些聚集“在竞技馆和剧院”参加节日活动的人后来逃离了喧嚣的人群,来到了一个更为平静之地——赫利孔山。

④ Schachter(1981).

起举办的,但是厄洛迪亚和缪斯亚的融合却有一种自然而然的互补性。这种互补性来源于节日的组织者将两种类型的比赛与两个既有的祭仪相互结合。缪斯和音乐比赛的联系不言而喻,但是组织者通过把厄洛斯和竞技比赛联系起来,显示了在神祇和竞技之间建立联系的特殊用意。虽然在本章的前面部分我们已经通过多种方式的追溯发现厄洛斯和竞技的联系越发明显,但是现在已经足够把它确定为主要运动节的惯例。

我们关于厄洛迪亚实际存在的比赛项目特点知之甚少,这些特点正是厄洛迪亚作为供奉厄洛斯的节日的标志,而不是像其他很多竞技节一样属于某个当地的祭仪。我们对厄洛迪亚上的公众祭品一无所知。但是从普鲁塔克的著作我们可知,祭品由朝圣者个人提供,用于向神祇获取对爱情生活的帮助,有新婚不久但又向有独特魅力的女性示好的,也有询问如何解决与对方家庭的争端的。[①] 在庆典时,爱情和浪漫似乎被"悬于高阁"。据说,在普鲁塔克语录的戏剧场景中,有一段是来自一个真实的故事:男孩是年纪较大的妇女尚有争议的未婚夫,在塞斯比阿的运动场崭露头角时被这妇女拐走;于是观众失去了对比赛的兴趣(754e-755a)。一个市民评论道:"让我们把竞技馆和市政厅让给那位妇女吧,因为整座城市已经被阉割了。"现实生活的场景让人想起希腊古典或新戏剧,这些著作反映了厄洛斯让正式的神祇节日变得混乱不堪。塞斯比阿运动节最引人注目的艺术杰作是普拉克西特利斯所做,由最有名的女子——高级妓女芙丽涅捐献的厄洛斯雕塑,它可被看成婚外情在祭典上被人承认的象征。尽管没有明确提到出于同性恋目的的祭品,普鲁塔克的《多情》(*Amatorius*)叙述了在厄洛迪亚节上人们对于同性恋和异性恋优劣的讨论。很可能就是这个最

265

① 参见 Plut., *Amat.*749b-c, 描述了普鲁塔克携新婚妻子亲自观看赛会; Nilsson (1957) 424, 注释 2。

著名的供奉厄洛斯的节日体现了这位神祇在其所有范围内的影响。事实上,在提及塞斯比阿的祭典时,鲍桑尼亚叙述了厄洛斯的各个方面,包括他在创世神话中所扮演的角色和他在萨福赞美诗中的突出地位(Paus. 9.27.1–2)。当公众祭祀和祈祷正忙着从各方面向厄洛斯致辞时,来自希腊各地的请愿者则极可能为了他们各自的爱情(*affaires de coeur*)——无论是肉体还是精神层面的,寻求神的恩宠。

尽管没有在任何文学著作中找到证据,厄洛斯的特征可能对竞技赛事的结构也有细微的影响。在塞斯比阿最早的一个竞技铭文上,记录了火炬赛跑比赛是运动节第一项竞技赛事。① 我们之前讨论过,这是和厄洛斯最为密切相关的一项比赛。男性大致被划分为 12–14 岁、14–17 岁,以及 17–20 岁等三个年龄层次,这样的划分也许是极有意义的。② 这样分类的依据是男孩是否到了可以发生娈童恋的年龄。他们在希腊语中还有专门的术语:年轻的 *paides*(少年),年长的 *paides*(少年),以及 *ageneioi*(字面意思为“没有胡须的”,指的是那些才开始长胡须的男孩。等同于 *epeboi* 以及 *neaniskoi*)。③ 没有一个泛希腊运动会,地方性运动会也仅仅只有一小部分有如此多样的分组。④ 这样分组的部分原因可能是给选手们提供更多接触同龄对手的机会,从而增强参与比赛的吸引力。但是最终的效果,如果是出于偶然而不是刻意的话,使得年轻男子和男孩在其通往成年的过程中可以展示其不同阶段的美、力量和

---

① *IG* 7.1764, 第 7–8 行, 公元前 2–前 1 世纪。其它刻有字迹之处没有提到火炬接力比赛, 似乎是因为在保存遗迹的过程中发生了意外。通过对比注意到火炬接力比赛列于泛雅典娜节比赛项目的末尾, 这也是一个显眼的地方: *IG* II2. 2311, 第77–81 行。

② 关于年纪的估量, 参见 Klee(1980)48。

③ Cantarella(1992)43–44; Buffiere(1980)605–17; Dover(1989)85–87.

④ 其他当地节日分 3 个赛区,而不是只有男子比赛, 根据 Klee(1980)43–44 的论述, 应该是在 Cos, Chios, Chalchis, 也有可能在普拉提亚举办。

技能。当然,所有运动节上的年龄分组的一个潜在结果就是展示男性的躯体美。但这对一个以厄洛斯为中心的运动节来说有更深远的意义。作为欲望的对象,年长男子的目标或是女子心仪的丈夫人选,年轻男子和男孩在这里比在任何一个地方都更受到关注。

阿特那奥斯的文字是我们了解萨摩斯岛上的厄洛斯节日——埃留忒里亚(*Eleutheria*)的唯一来源,该节日与竞技有所关联,同时具有与雅典和塞斯比阿等地的祭典相辅相成的社会功能:[①]"正如厄尔西亚斯(Erxias)在其作品《科洛芬史》(*History of Colophon*)中所说,萨摩斯岛人建造了一个竞技馆献给厄洛斯,并把在这儿举办的节日命名为埃留忒里亚"(Ath.13.562a)。尽管除此之外我们对这"自由节"别无所知,但可以推测,正如在厄洛迪亚一样,这里也有竞技竞赛。祭典与竞技馆的关联以及类似比赛上的传统也支持这一可能。[②] 一个著名的向自由之神宙斯表达敬意的埃留忒里亚运动节在公元前196年开始在拉里萨、赛萨利举行,以庆祝马其顿从罗马帝国菲利普五世的统治中解放出来。[③] 最著名的埃留忒里亚运动节同样有竞技项目并且也是向自由之神宙斯表达敬意——是建立于普拉蒂亚(Plataea),为了感谢希腊在公元前479年击败波斯人。[④] 竞技场以及运动会的建立时机和公元前522年暴君波利克拉底(Polycrates)的死有关。在那期间,又一个向自由之神宙斯表达敬意的祭典也得以创建,尽管萨摩斯岛上的雅典人同盟在公元前5世纪晚期或在前4世纪期间出于政治需要也促进

266

① 把纪念厄洛斯的节日称为厄洛迪亚节的原因在Ath.13.561f-562a中尚不明确,但很可能与哈尔莫迪乌斯和阿利斯托吉顿(Thucydides6.54)的爱恋颠覆了庇西特拉图的统治有关。关于萨摩斯体育馆的论述,参见Delorme(1960)122;C.Forbes,*Greek Physical Education*(New York:Century,1929)205-6。

② Fasce(1977)71.

③ K.J.Gallis,"The Games in Ancient Larisa",in Raschke(1988) 217-35.

④ Nilsson(1957)34.

了这项习俗。[1] 不管怎样，我们从公元前2世纪厄尔西亚的著作可知，这个节日的历史比厄洛迪亚节更悠久。

对于为什么“自由节”和厄洛斯有关而不是与宙斯有关，我们尚需进一步的解释。我们会想起之前讨论过的阿特那奥斯的关于厄洛斯、赫尔墨斯、赫拉克勒斯的祭典的互补功能的评论：“当它们统一起来时，友谊与和谐便诞生了，它们带来的最美好的自由（*eleutheria*）将会为了追求它的人而进一步加强。”（Ath.16.561d）当然，*eleutheria*——“自由”是在希腊文化中一个非常广泛和复杂的概念，包括公众和个人的自由，以及一个城邦从另一个域邦的极端压迫中获得解脱的自由。它不仅从他人的统治下获得自由这一负面概念，也包括全体男性公民皆享有的政治地位和政治机会的自由。[2] 对阿特纳奥斯来说，自由来自于对3位竞技之神的崇拜，并且是“友谊与和谐”以及竞技馆中主流公民价值的产物。柏拉图则认为，性爱是促成友谊与社会纽带关系的最主要原因；它将文明的希腊人和野蛮人区分开来（Pl.，*Symp*.182c，引自本章开篇）。“对这个时期的思考”，一位评论家在公元前5世纪写下心中理想：

> 公正，和谐，友谊以及平等的概念如果不是一个意思的话，至少也是相辅相成。并且它们对维持政治秩序十分必要……当市民认同他们的共同利益、做出相同的选

---

① Fasce（1977）66-70提出波利克拉底陨落的关系。关于波利克拉底的陨落以及“自由”祭仪的出现的论述，参见 James F. McGlew，*Tyranny and Political Culture in Ancient Greece*（Ithaca：Cornell University Press，1993）124-30。

② C.Meier，*The Greek Discovery of Politics*，trans. D. McLintock（Cambridge，Mass.：HARVard University Press，1990，from the original *Entstehung des Politischen bei den Griechen* [Frankfurt am Main：Suhrkamp，1980]）169-70；K.Raafiaub，*Die Entdeckung der Freiheit: zur historischen Semantik und Gesellschaftsgeschichte eines politischen Grundbegrffes der Griechen*（Munich：C.H.Beck，1985）.

择并且予以实施时，和谐这一词才适用于城市。

那些与阿特纳奥斯的描述相反的特征，即内乱和战争，相反则会引267 起政治争端，并可能导致一部分人被另一部分的人欺压和支配。①

一般来讲，从最广义的角度来看，政治秩序与自由都源自产生于竞技馆的性爱精神。阿特纳奥斯在其文章中还列举了其它例子来表明厄洛斯如何与多个希腊城邦的公民福利产生直接关联(13.561e-f)。除了举办于雅典学院的祭仪以及塞斯比阿和萨摩斯岛的运动节之外，他还提到一个斯巴达的习俗，即军队向前线开拔时要向厄洛斯献祭，"因为救赎和胜利建立于战士们的友谊之上"；克里特岛人将他们最英俊的公民布置在战线上，并通过他们来向厄洛斯献祭；忒拜人的所谓"神圣同伴"则由恋人和他们的男性挚爱组成(即同性恋人)，象征着厄洛斯神的庄严，"因为相比可耻并受人谴责的死亡，他们宁愿带着荣耀而死"；庇西特拉图家族则是第一个诋毁厄洛斯作用的人，因为他们家族衰败的部分原因归咎于哈尔莫迪乌斯(Harmodius)和阿利斯托吉顿(Aristogeiton)这对同性恋人(13.561e-562a)。后面的事件似乎与前面引用的关于庇西特拉图在学院创立了厄洛斯祭仪的说法相矛盾。然而，这也可以被理解为厄洛斯及其祭仪在雅典灵活多变且对政治现状至关重要的事实，政治冲突的任何一方都可根据形势的需要对其加以利用。

阿特纳奥斯进一步记写到，摔跤学校和竞技馆自身就对独裁者们构成了威胁。因为这些机构是同性恋的温床，最有可能引发政变：

由于这样的恋爱关系对独裁者们而言是危险有害

① W.K.C.Guthrie, *A History of Greek Philosophy, Vol.III: The Fifth-Century Enlightenment*(Cambridge: Cambridge University Press, 1969)149-50.

> 的,因此他们全面禁止男性之间发生恋爱关系,并在全国范围内铲除这样的恋人。一些独裁者甚至焚毁或拆除竞技馆,将它们看成是反抗自己的堡垒。波利克拉底和萨摩斯就这样干过。(13.602d)①

也许,我们前面提到的萨摩斯人举办的向厄洛斯致敬的埃留忒里亚节是民众对波利克拉底暴政的反抗。另外一个暴力打压竞技馆的著名例子是库马(Cymae)的阿里斯托得摩斯(Aristodemus,死于524年)。此人一直寻求如何能去除公民"高贵且充满男子汉气概的精神",关闭了所有的竞技馆并强迫城市里所有的青年男子像女子那样穿戴并且留长发。②

然而,在一个世纪之后的伯罗奔尼撒战争期间,厄洛斯以另外一种方式被赋予了政治意义。像暴君一样残暴的亚西比德的金色盾牌上装饰有手握雷霆的神的形象(Plut.,*Alc*.16.cf.17.2);因此厄洛斯成为了好战,尚武之神,这一角色通常都是由宙斯担当的。修昔底德(Thucydides,6.24.3-4)这样谈及西西里远征:"对冒险的欲望影响着每一个人。"公元前5世纪雅典人的冒险精神被描述为一种性欲的体现,这在当时的戏剧中常常得以影射。③ 厄洛斯由此被看作是一种精神,即人们通过促进公民间友谊与和谐,团结一致对抗城邦的敌人,无论这个敌人是另一个城邦,还是一个暴君,以此来寻求城邦的自由安定。从这个角度来讲,这一神灵可被理解为萨默斯岛的保护神。 268

---

① Thuc. 6.52-59; Herodotus 55. 关于古希腊人思想中普遍自由的男子同性恋观念,参见 Marrou(1956)29。

② Dionysius of Halicarnasus, *Roman Antiquities* 7.9.3-4; Percy(1996)166.

③ W.Arrowsmith, "Aristophanes' Birds: The Fantasy Politics of Eros", Arion N.S.1.1(1973)119-67. 关于亚西比德作为政治与情欲相互作用的体现,参见 V.Wohl, "The Eros of Alcibiades", CA 18.2(1999)349-85。

竞争欲和美学隐喻

厄洛斯与竞技以及竞技节的融合是如此完美,以致于欲望的抗争及赛场上和两性间的竞争的相似之处都成了许多艺术隐喻的基础。我们已经考察了许多描绘了厄洛斯在赛场上比赛,特别是和安忒罗斯的摔跤赛场景的绘画作品。在文学作品,通常是在滑稽和淫秽的作品中,我们也可以找到类似的描述。阿里斯托芬在他的作品《和平》(894-905)中就幻想了一个人物遇到女子赛会,即希欧利亚。书中先后描述了爱情摔跤和自由搏击以及赛马的场景:

明天当你得到这位女子的芳心之时,
就能够举办一场竞技赛会,
那将是一场非常盛大的赛会,
其中有将对手按倒在地的摔跤比赛。
气氛将在自由搏击中达到高潮,
你猛击对手的身体,刺戳他的眼睛,
第三天,你会参加赛马
骑师互相追赶,
战车挤成一团,
随着比赛接近尾声,吹奏声,喘息声此起彼伏
在转弯处,骑师们纷纷掉落下马,
四肢僵硬躺在路边。

(阿里斯托芬,《和平》894-905)

赛会最吸引人之处就在于这是一个女性赛会,阿里斯托芬用双关的方式将纵情快乐隐含在竞技赛会中。与其说这是小心谨

慎,倒不如说是在故意卖弄。① 争强好斗在充满情色的遭遇中表现得淋漓尽致。例如,在自由搏击中就出现了"猛击和刺伤"这样的术语。本段文字为后文诺努斯的《狄奥尼西卡》中出现的爱情摔跤场景做了铺垫。

卢希里乌斯于尼禄年间(公元 54-68 年)写下的一首讽刺短诗,作为一股比竞技冲突更强大的力量,也影响了欲望的进攻性:

> 拳击手克里翁布罗托退休后,就结了婚。
> 即使在家里,在科林斯的伊斯米安运动会和尼米亚赛会上的惨败也如梦魇般缠着他。
> 那是一个勇猛好斗的老妇,她的拳法堪称奥运会水准,
> 整场比赛狂风般的拳头揍得他只能求饶,
> 求饶,意味着他又败下阵来。
>
> (Lucill, *Greek Anth*. II.79)

269

通过使用竞赛中专门用于表达认输的术语,拳击手的求饶这里有着双重意思:向他的对手认输,向他的婚姻妥协。此处玩笑当然是由于将一般性的规则做了一个讽刺性的角色对换。不仅仅在于冠军失败的耻辱,还在于击败他的是一位女性。这点可以拿伊比科斯(Ibycus)的情诗作比较:

> 爱神再次向我匆匆一瞥

① 关于理论的拟人化,参见 Deubner(1956)250-51。关于使用"骑马"来描述一种性姿势的论述,参见 J.Henderson, *The Maculate Muse: Obscene Language in Attic Comedy*(New Haven: Yale University Press, 1975)165 § § 276-77; Davidson(1997)196-97,给出了希腊警句格言里的更多例子: Machon 11.308 and 362(Gow) and Asclepiades, *Palatine Anthology* 5.203。关于 Aristophanes *Peace* 894-905 中对竞技隐喻和词汇的分析,参见 Poliakoff(1982)118-19 and 126-27, and Romero(1995)67-76。

从他那黑色的眼睑下
一双无神的眼睛里仍流露出无限的魅力
他让我坠入阿佛洛狄忒的情网中
他的举动让我为之颤抖
仿佛一头获胜的老马
无奈地拉着灵活的战车向着赛场驰骋。

(Ibyc.,fr.6)

厄洛斯的限制再次描述了当一个人陷入竞赛紧张后的状况。

一首希腊化时期的短诗也以欲望的约束为主题。它用竞技中的术语描述了一位身份可能为运动员的情人被一个妓女、一个处女和一个男孩拒绝:

我将不再有爱,我已遭受三种渴望的折磨。
一种渴望是为了一名妓女,
一种为了一位处女,
还有一种为了一个男孩,
让我如坐针毡。
不管如何,我都很痛苦。
因为这些让我精疲力竭
努力劝服妓女打开房门,却身无分文
躺在姑娘的长椅上,我彻夜无眠
给男孩献上最渴望的东西——一个吻
唉,我该如何讲述第三段感情呢?
从那孩子身上,我一无所获,得到的只是媚眼和飘渺的希望。

(*Greek Anth*.12.90,佚名)

正如其他文学作品中的描述一样,这首诗表现了抗争是欲望

的一个基础。到希腊化时代,隐喻已成为常见的表达方式,几乎是表达情欲的主要方式。 270

年代顺序和综述

把竞技作为性爱激情的隐喻标志着自早期以来的演变,那时竞技馆内或赛场上赤身裸露的运动员会激起观众的情欲。这种视觉刺激一直持续到后期,但是抗争欲这一主题在视觉艺术和文学中后来又得到了新的阐释和修饰。这种演变源于一系列复杂的事件。我们的研究表明爱神源于赫西俄德对天体演化的描述,这种描述统一了各种互补的创造力。从最原始层面演变而来的还有很多,有社会方面的,哲学方面的,还有政治方面的。与此同时,竞技在希腊社会得到发展,并在文化风俗和情爱观念上起了关键作用。根据此章中的讨论,按年份算,情爱与竞技的融合与发展可以按以下描述进行简单追溯。

到公元前8-前7世纪时,奥林匹亚就已经成为全希腊最重要的政治和宗教中心。到公元前6世纪,运动会和来自希腊遥远地域的运动员二者间的融合引发了以三个大事件为特征的"竞技革命"。首先,一些地区在德尔菲(开始于公元前582年开)、伊斯米亚(开始于公元前581年)、尼米亚(开始于公元前573年)这三个著名的圣地举办了他们自己的带有奥林匹克风格的泛希腊运动会。与此同时,各种定期举行的地区性的运动会也蓬勃发展。地区性运动会中最出名的当属公元前566年开始,每4年在雅典举办一次的泛雅典娜节。其次,各城市通过建立当地培训中心、竞技馆、摔跤学校或设立专门规划出的"跑道"(*dromoi*)来鼓励人们参与竞技比赛。随之出现的是专门的训练员或教练以及一些训练项目,其中最早的可能是生活于公元前6世纪最后30余年来自克罗顿的哲学家毕达哥拉斯。此外,提奥格尼斯(Theognis)的"在竞技馆中幸福的恋人”(或者是“进行竞技训练”等同于 *gumnazetai*, Theiog.,*Eleg*.2.1335)和其他证据似乎表明,全裸的风俗在这段时期已经大范围盛行。词语 *gumnos* 有时可能指“着装少”。公元前6-前5世纪时这个词在竞技词汇中的首次出现表明人们开始用新的词汇来描述裸体运动的现象。①

像这样的词汇最早可能是在《神学》(*Theognidea*)中出现,也是与恋人有关,“她回到家,享受着与一位帅小伙在一起的时光”。用普鲁塔克早先引用过的话来说,男性之间的性爱晚于异性间的性爱。作为一种存在,男性之间的爱先是进入竞技馆,慢慢地“长上翅膀”散播开来,越来越大胆(Plut.,*Amat.* 75if-752a)。拉克坦提乌斯(Lactantius)认为厄洛斯与竞技馆的融合是一项“果敢的创举”。更有可能的是,它就是一场自然发生而且无法阻挡的潮流,与公元前6世纪的竞技互为补充。“竞技革命”呼唤一个对竞技精神的新的、有形的阐释。期间,曾经风格迥异的希腊城市在共享运动会和竞技训练的过程中彼此间有了新的和睦。裸露271 可能被看作是对希腊的民族自信心和审美标准的一种自由表达方式。自铜器时代以来,希腊及许多地中海文明(米诺斯人、美索不达米亚人、埃及人等)的运动员就几乎不穿衣服比赛;随着脱去衣装,裸体这一“习俗”让希腊运动员看起来像是诸神的雕像。裸体运动同时也表明了个人的自信以及明显区别于“野蛮人”的文明自由。②

此篇文章中,男同性恋的增多从根本上来看,可能是由于竞技

① 在努斯所作《狄俄尼西卡》48.90-182,狄俄尼索斯在摔跤比赛中赢了帕勒涅,并迎娶了她(对比 Poliakoff [1982] 168-69);对比 48.258-644,狄俄尼索斯以力量压倒奥拉(阿尔忒弥斯的一个信徒),并强奸了她,还有 10.321-77,狄俄尼索斯和阿波罗(*athleteres Eroton*),“爱情健将”进行摔跤比赛,在此比赛中“疯狂的厄洛斯”站在中间。

② 参见,例如,Poliakoff(1987)中关于埃及、苏美尔以及美索不达米亚摔跤选手的插图 1, 7, 8, 9, 10, 11, 15, 16, 17, 18, 24, 41, 48, 49, 50, 51, 64 和 69。

馆视觉和触觉的刺激从而产生性欲，与此同时也受到当时文化和政治事务的塑造。我不会考虑目前关于“欲望本身是自发的还是文化构建的”辩论，一部分是因为它超出了此次研究的范围，另一部分是因为它是一个长期无法解决的话题。在我看来，我只会说，“情欲”是个人心理和文化因素引起的复杂产物。由于我们假定人类生理在所有的文化中都是不变的，在竞技环境下情欲的文化建构是有希腊人所独创的。当然，对希腊人而言，“情爱”普遍被认为是一种神赐的自然力。因此，我认为（我想绝大多数希腊人都会同意）男性间的性爱不是真正“创造”于竞技馆。但是在某种程度上，它在那里受到关注，在各种正式和非正式习俗的约束下得到发展。竞技馆成了源自合法关系的性爱联系，社会和政治纽带的形成场所。遗憾的是，由于文学和图像资料都很粗略，我们无法得到关于馆内男性间性关系演变的准确历史画面，所以也就无法判断在竞技馆发展的早期这种行为是可以容忍的，还是受到鼓励的。从手边的材料可以得出这样一个结论：城际之间，代际之间，抑或不同阶层之间，人们的态度是不一样的。但总体而言，竞技馆内的娈童行为被看作是正面的现象。所向无敌的欲望本身似乎也呈现了独特的生命力，它不顾任何市民道德上的或政治上的观念，通过馆内居民的情感占领了竞技馆。梭伦似乎含蓄地认同馆内的娈童行为，甚至认为这种现象仅发生于有自由之身的公民。这可以看作是一个认可这种普遍现象的书面政策的例子。

在早期的提出竞技的伴随其出现的异性性爱的互补现象的人中，最受注目的要算品达。在这种情况下，除了跟妓女发生的性关系以外，性爱的目的是婚姻。这种性爱主要体现在竞技馆外，运动场内。在场的姑娘们第一次看到青年男子及其父亲裸体魅力，然后努力寻求与与那些成功的男子及其家庭建立婚姻纽带。运功动员们的体魄不仅得到评说，其获胜的名声也无疑增加其婚姻话语权。包办婚姻可能也是由于馆内形成的男性间性行为导致的，因 272

为正如雅典的查莫士一样，他是庇西特拉图的情人，但是他自己的女儿却嫁给了他自己的情人——希庇亚斯。①

厄洛斯与竞技的关联源自竞技馆内厄洛斯祭仪的制度化，也许，至少在雅典，始于学院里卡莫斯献祭神祇的祭坛，并且在塞斯比亚和萨默斯献给厄洛斯的运动会上清晰明确地表达出来。厄洛斯的祭坛和雕像常常与另外两个神祇相邻。一个是掌管技巧类运动的赫尔墨斯，另一个是代表天生神力的赫拉克勒斯。相比前两者，厄洛斯则体现的是渴望胜利、美丽、荣誉，以及与竞争对手和市民建立友谊的精神。一部分运动员在训练期间会压制自己对性爱的渴望，但只有一个克莱托马科斯人（Cleitomachus）沉醉于对运动的渴望之中，任何有关性的暗示都会引起他的反感。我们可以推测大多数的运动员则站在更为均衡的角度，在各方面，身体的，精神的或公民的各个方面崇拜和跟随厄洛斯。在塞斯比亚，非常明显的是厄洛斯与竞技比赛是一体的。对缪斯的崇拜则和音乐比赛联系在一起。然而，在萨摩斯岛的埃留忒里亚节，“自由”则成为竞技性爱在逻辑上，也是最终的延伸。渴望可以自由地表达，裸体可以随意地展示，比赛可以自由参加，这些都可以是希腊文明的一个象征。通过一个悖论，厄洛斯本身可以对个人加以限制，个人在对厄洛斯的妥协中遵循这些限制，但是不管怎么说，竞技始终是一种自由的表现，游离于天性和国家的职责与义务之外，在竞技的领域，运动员可以选择来展示其身体、训练其自然技能，并且在向厄洛斯致敬的同时以公众之名检验其表现。失败和丢脸的可能性是一直存在的，但相比可以自由地为自己、家人以及城市赢得荣誉而言，这点冒险就不算什么了。

一个手持象征着普罗米修斯带给人类火种的火炬从学院的厄洛斯祭坛出发的跑步者的图像最好地表现了竞技上的厄洛斯因素

① Kyle（1987）73.

这一传统。胜利者跑步的终点在雅典的公民和宗教中心——卫城。其火炬可能用来点燃献祭给城市的守护神雅典娜的祭品。简单来说,在泛希腊火炬赛跑比赛上,厄洛斯将竞技馆和圣地、公共活动区关联起来。前者在男孩成为男人的道路上对他们进行训练,后两者则是成人进行活动的场所。这种传统在雅典人的祭仪上非常常见,在其他城市也出于相似的原因被遵行,只是仪式和比赛不同而已。一个属于哲学和抽象的厄洛斯范畴的类似传统,有时会将竞技中性的一面进行合理化、控制以及规范化,但也从未否认这位神的力量。只有在基督教中,对身体的这种喜爱得以被重新定向和转变。今天的身体文化,已经不再是传统的简单继承,虽然也有激烈的竞争,但对情色方面却是更加委婉和多元化。 273

第九章 竞技比赛中的戏剧、欲望以及死亡

斐洛斯特拉图斯(Philostratus)将关于古奥林匹克场地赛跑(stade),即单程赛跑的神话描述如下:

> 单程赛跑的比赛方式如下:相传伊利斯人根据礼教要求向神献祭时,会将祭品呈置于祭坛之上,此时祭祀用火并未点燃。祭坛前由一个手举着火炬的祭司充当裁判,跑步者从祭坛开始,经过一个竞技场的距离后,获胜者将点燃祭品,然后离开祭坛。(*Gymn*. 5)

然而,历史上,如我们在第一章所述,很多关于斐洛斯特拉图斯的推测信息并不像原因论的神话那样完全是虚构的。一些或者大部分的古希腊人认为,这就是奥林匹亚中最原始的赛跑的来源,这也是唯一流传下来的解释。这个故事很重要,因为它至少是民间关于赛跑的证据,而且它也说明了比赛胜利和宗教行为之间存在直接的关联。

在瓦尔特·伯科特(Walter Burkert)关于古奥运会的象征意义的分析中,他引用了保塞尼亚斯关于在宙斯祭坛献祭公牛情景的描述,并给出了如下关于奥运会上赛跑比赛来源的解释。"因

此,赛跑比赛预示着血腥的杀戮。同样地,珀罗普斯在最初的祭祀上也是手染鲜血。赛跑的终点是古老的骨灰堆。在那里,闪耀的祭祀之火将公牛的大腿骨燃烧殆尽。竞赛象征着一场转变,一场从热血身躯到由净化火焰的转变,一场从遭遇死亡到知足活命的变迁,一场展示了胜者的实力的转变。所以,奥林匹亚最重要的赛事成为了祭祀的一部分,活动从珀罗普斯神殿一直延伸到宙斯祭坛。"①所以,伯克特将珀罗普斯的葬礼祭祀和向宙斯献火的祭祀 274 作为对立的两端,如同我们在第一章将其作为一种祭仪现象讨论的那样。但是,这究竟代表的是死亡还是重获新生,这两种截然不同的意见就如被征服和征服一般对立起来。赛跑可以象征着置之死地而后生,亦可是屈辱、逆境、荣耀、命令以及宙斯的至高无上权力。然而,竞技运动中关于生与死的寓意,影响的不仅仅是奥林匹亚的赛事,而是波及到几乎全希腊的竞技比赛。从某种意义上说,这也是运动的表现和与之相关联的宗教神话和仪式的主要隐喻。正如我们早先看到的那样,比赛的特点就是全力以赴去战胜对手,付出最大的努力,最后赋予胜利极高的殊荣,胜者享有无限的荣耀,同时也承认失败者在人性和力量方面的不足。像在前面的章节中描述的一样,希腊无论是男子还是女子比赛,都是在对生命的热爱与死亡的恐惧的双重作用下,拼尽全力搏斗。

在本章中,我们探讨了希腊竞技比赛中这种内在张力的一些方面:例如竞技中的"表演性"或者"戏剧性"等基本概念,男子和女子竞赛中各自的目标,竞技比赛中背景神话及其宗教联系,竞技表演中"本能"的延伸含义以及一些竞赛可能带来死亡或者危险的元素。

和我们所看到的一样,希腊的竞技比赛与本土神祇、奥林匹斯

① W.Burkert, *Homo Necans: The Anthropology of Ancient Greek Sacrificial Ritual and Myth* trans. P.Bing(Berkeley: University of California Press, 1983)97-98;另可参见关于此段的论述(第一章,第67页注释②)。

山上的诸神、以及其举办的宗教背景都息息相关。竞技馆的三大主神，信使之神赫耳墨斯、大力神赫拉克勒斯和爱神厄洛斯（Athenaeus 13.65Id）都说明宗教活动赋予竞技某些神圣的并与之相匹配的目标。在伊利斯，裁判在奥运会之前就对参赛者进行了考核，这也说明竞技比赛是与宗教活动相似或互补的统一体（Paus.6.23.3）。在伊利斯，还有一座神庙是供奉来自伊达山的赫拉克勒斯——“支持者”的。在一些版本中，他是奥林匹克创始人、将神圣的橄榄树献给奥林匹亚的人以及宙斯儿时的守护者。这个赫拉克勒斯，和他的同名者——阿尔克墨涅的儿子大力神赫拉克勒斯一样，代表着守护神的庇佑和支持，也代表了以其之名竞技拼搏的运动员。顺便提一下，在伊利斯竞技馆附近的一个摔跤场中，有一个阿尔克墨涅的儿子赫拉克勒斯半身雕像（Paus.6.23.5）。代表着爱与被爱的欲望、竞争、满足的厄洛斯和安忒洛斯也各有一座神庙。也有一座供奉着掌管土地肥沃、物种凋零和大地复苏四季轮回的农业之神德墨忒尔和她女儿的神庙。因此，最后的祭祀活动提醒着竞技馆内的人们，竞技和社会生活的本质都是生死搏斗。

青少年成年礼上的竞技表演（前面第三—六章中讨论的主题）对于教育理想的实现和社会责任感的建立都意义非凡，竞技还具有我们所说的一种“本事”——反映并促成社会性别角色的形成。虽然有争议，但是在这种成年训练中，相对于成为胜利者去代表整个群体的利益，竞技对于某个个体崭露头角可能没有那么重要。在大多数情况下，这个群体是那些处于即将成年的青年们，也有可能是一部分视青少年为祖国花朵、未来栋梁的公民。胜利可以解读为一种神之恩宠的预兆。然而，这些训练在一些情况下也包含着流血受伤的危险，其中最臭名昭著的是斯巴达的鞭笞。除此之外，大部分训练包含的是相对无害的赛跑比赛，标志着青少年步入下一个人生阶段。女孩子的成年训练虽然在形式上和男子的一样，但是她们的表现传达出来的却是一种截然不同的集体价

275

值观。那是一种充满性别角色意义的符号——她们即将成为女人,在肉体和灵魂上都足够强大来担任起婚姻和作为母亲的责任。

“欲望”在成年礼比赛中以很多方式表现出来。例如,斯巴达的年轻男女赤身裸体,在异性面前训练或竞赛激起围观者性欲,从而追求婚姻和其他性关系带来的满足感。但是,青年的所有竞赛的主题都围绕着另外一种欲望,一种渴望接近成年人社会和学习如何建立自身的性别角色的欲望。后面这种社会欲望并不是出于本能,而是成年人强加给他们的。如同死去的搏击手阿瑞希翁(Arrhichion)的教练在比赛中将“渴望死亡”欲望灌输给他一样,“渴望成年人那样的地位”这一想法被灌输给青年。这种灌输有时是通过要求团体内所有成员参与这种宗教仪式活动,有时是通过赋予竞技比赛宗教和神话上的象征和内涵而进行的。

对“死亡”和随之而来的个人存在消失的恐惧在成年礼比赛上以一种象征形式表现出来。因为身体受伤的可能性较低,真正让青年们恐惧的东西一变再变:失去了能够判断他或她是儿童或青年的身体和社会上的特性,获得一种新的、陌生的角色。因而,在这些比赛中,“死亡”象征着放弃“野蛮的”身份,取而代之的是全新的“驯服的”、“文明的”角色。后者正是参赛者被教导要去争取的。对女孩子来说,象征意义上的“死亡”或者转变发生在她们结婚之时。在那之后,她要努力成为完美的女性,即与其新身份相符合的自我克制(*sōpherosynē*)和沉默寡言。对女性而言,任何形式的竞技和比赛都以婚姻的建立而告终。对男性来说,成人礼上的竞技也因步入成年的而结束。当然,普通节日上的竞技竞赛对所有年龄阶段的男性都是开放的,但对男子运动员按年龄分组这一通用法则可能反映了这些比赛也具有成人礼的一面,即强调了男性由男孩转变为男人的过程。男子竞技主要是展现和增强男性美德和特性,即英雄和勇士的品质。

对希腊人来说,个人对死亡的态度与从青春期向成年转变的态度一样,都是一种主要的判断个人卓越程度的标准。"忘记死276神的人才会如愿以偿",诗人品达对评论了一个男孩在摔跤比赛中获取的胜利对其老父亲的影响(*Ol.*8.72-73)。诗人在作品中还描写了神祇艾蔻(Echo)到地狱去向其父报告儿子的胜利:"在皮萨充满荣耀的山谷里,他的儿子已经在荣耀的比赛中成功加冕(*Ol.*14.22-24)。"这位青年成功地证明了他成年后的杰出和优异,这反过来又赋予他战胜死亡的荣耀,让他的父亲和祖先们在生前死后都享有尊崇。①

希腊竞技中对死亡和渴望的"表述行为"特征有可能在"现实"中被抹杀过,然后变成对日常生活的模仿,尤其是对战争以及爱人间争斗的模仿。模仿和现实的距离使得运动场上的经验如同某种形式的派代亚一般宝贵。无论是对参赛者还是对观众而言,这些经验都是促进他们将比赛的教训转化为实际生活活动的说教过程。这种关于竞技表演幻觉性质的"消失",抑或,更精确地说,是转变为了市民行为,构成了希腊人追求竞技的根本利益,以及必要的变通。

希腊竞技中的表演和"戏剧性"

首先,让我们更进一步地关注,竞技是如何被描述为与戏剧相类似的表演的。由于这个问题包括了竞赛特别是公开竞赛的形式因素,所以这里我们的讨论至少与我们所了解的现代"体育"及古希腊"竞技"关系密切。现在有一些评论家主张否认竞技在本质上是一种艺术形式。他们认为艺术是艺术家与观众沟通的媒介,

① 笔者本章的观点部分受到 Gunther Gebauer 发表于 *Sport-Eros-Tod*, new series, vol. 335, ed. G.Gebauer and G.Hortleder(Frankfurt/M: Suhrkamp, 1986)7-21, 113-43, 167-87 论文的启发,尽管笔者的想法与其有本质的不同,并且他只是顺便提及希腊竞技。

但通常竞技和比赛可以是不需要观众的。① 然而,竞技和艺术,尤其戏剧艺术,都是可区分的现象,它们之间某些类似的特征让我们更加容易理解古代竞技(和现代体育)的社会功能。正是比赛的结构暗示了与戏剧差不多的形式,即使没有由作者设立的叙事结构,仍然有着与生俱来的动作统一性。② 当然,它们之间也有许多形式上或实质上的差别。就表现方式而言,竞技比赛基本上都依赖肢体行为,很少或几乎不依赖言语的润色,但戏剧表演需要依靠均衡的语言和肢体动作来传达其意。古罗马雄辩家西塞罗可能注意到了竞技所给予的协调能力和对肢体动作的掌控,认为演讲家的肢体语言表达技巧受益于竞技训练(Cic. *De Oratore* 3.59.220; cf.Quintilian, *Institutionis Oratoriae* I.II.18)。在竞技比赛中,选手在赛事中"表现"自己,戏剧诗人则用演员来表达自己的思想。然而,在早期的希腊戏剧中,剧作家常常会在自己的作品中扮演角色。③ 与大多数表演艺术不同的是,竞技竞赛一般是没有剧本且未经排练的。与亚里斯多德对戏剧的定义不同,竞技并不是对其 277

---

① A.Guttmann, *From Ritual to Record: The Nature of Modern Sports*(New York: Columbia University Press, 1978)11-12; also Gebauer(1986)15:"体育运动……不含任何个人审美,只遵循一般的描述目的(表演的巨大成功以及紧张和情绪的产生)(Der Sport ... besitzt keine eigene Ästhetik und folgt keine andere als formale Darstellungszeile [höchste Leistungen, Spannungsund Emotionserzeugung])。"

② 这种将现代体育视为戏剧类似情况的理念出现于以下文献:S.Kleinman,"The Athlete as Performing Artist: The Embodiment of Sport Literature and Philosophy", in *Coroebus Triumphs: The Alliance of Sport and the Arts*, ed. S.J.Bandy (San Diego: San Diego State University Press, 1988)47-56; K.Kerrane,"Plays about Play", *Contemporary Literary Scene, ed. F.Magill*(Englewood Cliffs, N.J.: Salem Press, 1979)137。在笔者的论述中,"戏剧"主要指的是"悲剧":参见 D.H.J.Larmour, *The Interrelationship of Drama and Athletics in Classical Greece*(Ph.D.diss., University of Illinois at Champaign-Urbana, 1987), 116-17。另可参见,同上, *Stage and Stadium: Drama and Athletics in Ancient Greece*, Nikephoros suppl. vol. 4 (Hildesheim: Weidmann, 1999), 其中详细论述并改进了他的论文。当前研究集中于两个"竞技戏剧"的中心主题,从而完善了 Larmour 的研究。

③ Larmour(1999)37-41.

他一般行为的简单模仿。然而,竞技竞赛中大量约束运动员的规则构成了某种意义上的“剧本”,漫长艰巨的训练则是一种实质上的“排练”。另外,竞技比赛本身也是对生活中多种形式的挣扎的模仿,模仿本身也是希腊文化固有的一部分。①

竞技运动可以且过去一直都在一种比喻性的层面被解读。如卢西恩证明的那样,②观看一场希腊竞技竞赛可以激起观众对通过卓越而艰辛的劳动去追求“人类幸福”的冲动。也就是说,观众已经意识到了竞技在象征层面的含义,因为运动阐释出了在日常生活中取得卓越成就所需的全部内容。当然,这些象征信息因比赛和观众的不同而有着不同的意义。

竞技表演和戏剧表演十分自然地穿插于一些领域中,构成了其重要的组成部分。下文并非完整清单,只是举出其中 5 个领域为例,说明竞技表演作为象征性的交流方式,与戏剧表演有重叠之处。这 5 个领域是:(1)节日庆典;(2)对英雄行为的模仿表演;(3)竞技精神;(4)竞技场和舞台;(5)行为方式和观众反应。这里并不是说,竞技运动在戏剧的原型和一种类似于文化参与的象征性交流方式之间更偏向后者。两者参与形式十分相似,这表明希腊人热衷于公开表达一些共有的真理。两个多世纪前,泰斯庇斯(Thespis)根据奥运会的规定进行第一场戏剧表演,这一点并不让两者的比较显得荒谬。③ 事实上,竞技运动在某些方面即是为戏

---

① 参见 M. Poliakoff, *Combat Sports in the Ancient World: Competition, Violence, and Culture*(New Haven: Yale University Press, 1987)104-7, 关于将古希腊视为普遍竞赛文化的论述, 并对这一普遍认可的特征提供了进一步的文献参考。另可参见 I. Weiler, *Der Agōn im Mythos: Zur Einstellung der Griechen zum Wettkampf*, Impulse der Forschung, vol.16(Darmstadt: Wissenschaftliche Buchgesellschaft, 1974)23-36 对希腊竞赛的意义作了一般性讨论。

② *Anacharsis* 15, 36;参见本书概述部分。

③ 泰斯庇斯在雅典的第一次戏剧演出的日期是在公元前 534 年, 奥运会成立的日期是公元前 776 年, 而在雅典的泛雅典娜节在公元前 566 年成立(或重组)。尽管有争议指出悲剧可能“起源”于 6 世纪初, (R.P.Winnington-Ingram, in (转下页)

剧表演做准备。

节日庆典

无论古代戏剧的起源究竟是什么,我们可以看出,在最早的公共运动会上就有了戏剧节的前身,甚至可能间接促进了戏剧的兴起。① 运动会很可能激发了观众对现场表演的兴趣,至少从公元前8世纪起,这些表演都是定期举办的,要么与宗教节日一起举办,并且常常伴随有音乐或合唱比赛。最近,有人声称戏剧根本不是某项重大创新,而是之前数个世纪流传下来的音乐比赛的传统,这些音乐比赛有的与运动会一起举办。② 市民云集而来欣赏这场赛事的盛况,在赛前目睹游行队伍的盛大,耳闻运动员的宣誓;为胜利者的出色表现感到惊奇和高兴,为英勇的却没能成功的挑战者们感到同情和遗憾,他们也仿佛经历了这些英雄的成功和失败。③ 278

(上接注③)*The Cambridge History of Classical Literature*, I.Greek Literature, ed. P.E. Easterling 和 B.M.W.Knox[Cambridge: Cambridge University Press, 1985]),第258-263页,而根据奥林匹亚第一座体育场的考古遗迹,A.Mallwitz 认为这些比赛开始于公元前700年左右("Cult and Competition Locations at Olympia", *The Archaeology of the Olympics: The Olympics and Other Festivals in Antiquity*, ed. W.Raschke [Madison: University of Wisconsin Press, 1988]),第79-109页。由于地理和时间上的连续性问题,笔者在此暂不考虑关于在克里特岛竞技比赛的更早证据。但是,克里特文化中的"牛背跳"和格斗项目很可能与后来希腊的田径运动有相同的"戏剧"特征。

① 参见 Larmour(1999)关于此话题的综合研究。

② C.J.Herington, *Poetry into Drama: Early Greek Tragedy and Poetic Tradition*(Berkeley: University of California Press, 1985)9; Larmour(1999)56-67.

③ 在与演员 Jack Nicholson 的采访中,我了解到他在某种程度上也是篮球和拳击运动的爱好者,因为这些运动具有真正的"戏剧性",运动员们所经历的痛苦和快乐并不是假装的,而是真实情感的流露。也许出于同样的原因,Michael Douglas 和许多其他现代演员,尤其是男性,都是体育爱好者。另一方面,一些现代运动员,如 Johnny Weismuller 和 Arnold Schwarzenegger,如此向往演艺事业以至于积极投身演艺而其运动生涯逐渐走下坡路。

对英雄行为的模仿表演

一些早期最成功的运动员享有英雄地位，并拥有自己的祭坛，这点和神话中悲剧角色差不多。[1] 萨索斯岛（Thasos）的西欧吉尼斯（Theogenes）就是最有名的例子，他甚至被认为是大力神赫拉克勒斯（Heracles）之子。[2] 竞技比赛还有其它联想意义，它与所有的著名英雄事迹的传说都有关系。奥林匹亚的战车比赛在某种意义上重现了珀罗普斯（Pelops）和俄诺玛俄斯（Oenomaus）当年的比赛。其它类似的还有提修斯或赫拉克勒斯发明了五项全能比赛，拳击是由伊阿宋（Jason）及他的阿尔戈（Argonauts）英雄们发起，提修斯则为其定下了比赛规则。诸如此类，不胜枚举。[3] 这些联想使得竞技比赛在运动员和观众心中更为崇高和权威。另一方面，剧作家在描述戏剧中的角色时，也用到了这些竞技场上的类比。[4] 因此，在某种意义上，竞技比赛就是在模仿它们的创立者当年的英雄事迹，所有的运动员都本着古代戏剧的精神进行着表演。

---

① F. Bohringer, "Cultes d'athlètes en Grèce classique: Propos politiques, discours mythiques", *REA* 81（1979）5–18; J. Fontenrose, "The Hero as Athlete", CSCA 1（1968）73–104 A. Hönle, *Olympia in der Politik der griechischen Staatenwelt von 776 bis zum ende des 5. Jahrhunderts*（Bebenhausen, Germany: Lothar Rotsch, 1972）98–106.

② J. Pouilloux, *Recherches sur l'histoire et les cultes de Thasos*, vol.1（Paris: E. de Boccard, 1954）62–105; M. Launey, "L'athlète Théogene et le hieros gamos d'Héraklès Thasien", RA 18（1941）22–49. 尽管 D. Young, *The Olympic Myth of Greek Amateur Athletics*（Chicago: Ares, 1984）151–52，注释 49 正确地质疑了 Launey 和 Pouilloux 关于忒奥戈纳斯可能的高贵出身，以及他们对于其英雄地位保持兴趣的观察。

③ Larmour（1999）36–37.

④ 同上，关于运动员和戏剧中英雄的更多比较见第 56–67 页。最有趣的是，在索福克勒斯的 *Electra* 684–694 和欧里庇得斯的 *Electra* 528 和 854–889，运动员的形象适用于俄瑞斯忒斯。

竞技精神

希腊戏剧与竞技运动的共同点不仅仅体现在随着情节的展开带来的紧张感，而且其表演也部分带有艺术比赛和竞赛的特点，或更确切地说是一种“竞技的竞技”(*meta-agōn*)，即在表现挣扎或竞争的情节时自然地进入比赛状态。① 一项最近的研究表明，当时竞技运动和戏剧表演两者兼有的节日多达 16 个。② 所以艺术比赛包含的精神和悬念只是让戏剧表演变得更加精彩。节日时的戏剧和竞技比赛常在专门预留好的公共场所进行。“*agōn*(竞技)”这个词的原意指的即是“人们因比赛而进行的集会场所”，因此，从词源上说，这是个表示地点的词语，用来与“*aethlos*”(比喻竞赛中艰辛的拼搏过程)相互补充的。③ 简言之，这两个希腊语中最普通的与竞技比赛相关的词原意分别代表了“场地”与“竞技运动”，“表演”与“场景”，这两者构成了竞技比赛最核心的部分。

最近也有研究表明，戏剧中存在三种形式的竞争或“冲突”，它们都与竞技比赛中间的很类似：两个个体之间的冲突(类似摔跤)，一个个体与一个群体的冲突(类似赛跑)以及两个或多个群

---

① 这种联系的一个明显暗示就是，在狄俄尼索斯的宝座上，一尊作为“竞技”化身的带翅男孩浮雕，位于雅典狄俄尼索斯剧场的中心位置，参见 M.Bieber, *The History of the Greek and Roman Theater*(Princeton: Princeton University Press, 1961)，第 70-71 页，第 269 条。还有一些庞培的舞台绘画，讲述的是希腊运动员作为舞台背景装饰的一部分：同上，第 232-233 页，第 777 条；尽管对于罗马人来说，这幅画体现了希腊竞技精神的延续。关于“体育比赛”、“戏剧竞争”和“戏剧冲突”这三种竞赛概念之间的差别，参见 Larmour(1999)28。

② Larmour(1999)170-192 记录了 95 个节日，其中有不到 16 个传统节日将竞技和戏剧相结合，另外 24 个传统节日都有音乐和竞技比赛，还有专门为音乐、戏剧或运动竞技举行的节日。

③ T.F.Scanlon, “The Vocabulary of Competition: Agōn and Aethlos, Greek Terms for Contest”, *Aretē*(now *Aethlon*)1.1(1983)185-216.

体间的冲突(类似火炬接力)。① 一个没有深入研究过戏剧冲突构成的人,都能轻而易举地看出前两种形式中存在的相似点,第三种则稍复杂一些,因为"团队"竞赛在竞技比赛中比较特殊。总体上,戏剧角色之间的冲突与运动员之间的竞技比赛,两者很类似。但是戏剧角色象征的是人类思想的冲突,由剧作家用笔表现出来,而运动员通常"象征"的是某些标准的、相对固定的力争上游的竞技精神,代表了他们的城市、家庭和自己的声誉。所以说,两者也存在明显差别。一名运动员可以成为比赛的"胜利者",成为关注的焦点,其它处在与之对抗地位的"角色"往往就显得不那么重要了。戏剧角色,特别是悲情角色,往往更难被视作是"胜利者",在理解戏剧的过程中,解读正反角色都十分重要。"构成戏剧的,不是角色本身,而是角色之间的戏剧冲突。"(亚里士多德,《诗学》1450a)。竞技比赛,如同悲剧中的某些情节,都是由于主人公的失误——而非道德上的卑劣——最终造成了失败的后果。②

279

竞技场与舞台

竞技场在功能上与早期的剧院类似,因为早期"*theatron*(剧院)"这个词的意思就是"观看地点",而"*stadia*(竞技场)"这个词恰好也有此意。③ 在民用方面,它们的功能也十分类似,都作为大型户外集会的地点,人们可以融入大批的人群中欢庆节日。从时间上来说,竞技场比剧院早出现两个世纪。奥林匹亚的第一座竞技场,与其说是人工修筑的,不如说只是条沿着山坡的宽阔跑道。

---

① Larmour(1999)29-34, 74-82.

② 同上,161-170。

③ Xenophon, *Hellenica* 7.4 使用剧场(theatron),指的是竞技场里的观众区。H. A. Harris, *Greek Athletes and Athletics*(London: Hutchinson, 1964)152 也提出了该术语常见的竞技和戏剧的用法。

它至少在公元前 700 年就已经出现了，[①]或者对相信奥运会始于公元前 776 年的人来说，它的出现时间可能更早。按照更加正规标准修建的竞技馆大约出现公元前 450-前 340 年间，观众席的空间越来越大。希腊罗马帝国时期的竞技场估计能容纳多达 4 万观众。[②] 最早剧院出现在公元前 6 世纪晚期的雅典城，当时的观众席只不过是在阿哥拉广场临时搭建的木制台子，随后公元前 5-前 4 世纪晚期，在卫城南部山坡的狄俄尼索斯剧院（Theater of Dionysus）中才出现了结构更加复杂的观众席。[③] 巧合的是到了公元前 4 世纪，出现了一股修建竞技场和剧院的狂潮。主要竞技场馆的兴建和重建都集中在许多举办竞技比赛的地区，例如奥林匹亚、尼米亚（Nemea）、伊斯米亚（Isthmia）、雅典和埃皮达罗斯（Epidauros）。[④] 在剧院兴建和改善工作中，数伊斯米亚、雅典和埃皮达罗

---

① Mallwitz in Raschke（1988）79-109 关于 700 这一日期的讨论；H.Lee，"The 'First' Olympic Games of 776B.C."，in Raschke（1988）110-18 关于较早日期的讨论。

② 参见 L.Drees，*Olympia: Gods, Artists, and Athletes, trans.G.Onn*（New York：Praeger，1968），其中给出了可容纳 4 万人的数据。根据每位观众占 1 平方米的空间来估计，第三竞技场（希腊罗马风格）最多能容纳约 2.85 万人，就算站席也挤满观众，即每人仅占约 0.71 平方米的空间，最多也只能容纳 4 万人。一项关于雅典普尼克斯山承载量问题的研究，H.A.Thompson 在"The Pnyx in Models"，*Hesperia* Suppl.19（1982）135 指出，每人 0.4 平方米的空间已经足够了；这个算法要是应用到奥林匹克竞技场中，将会容纳 71250 名观众！关于竞技场的一般性论述，参见 A.Mallwitz，*Olympia und seine Bauten*（Athens：S. Kasas，1981）180-86；Drees（1968）87-100。

③ Bieber（1961）54-73；Larmour（1999）3-4.

④ Mallwitz（1981）180-86（Olympic stadium）；Stephen G. Miller，ed.，*Nemea: A Guide to the Site and Museum*（Berkeley：University of California，1990）172-84 and Stella Miller，"Excavations at the Panhellenic Site of Nemea：Cults，Politics，and Games"，in Raschke（1988）145-46（Nemean stadium）；O.Broneer，"The Later Stadium at Isthmia"，AJA 69（1965）166（Isthmian stadium）；D.Romano，"The Panathenaic Stadium and the Theater of Lykourgos：A Re-examination of the Facilities on the Pnyx Hill"，AJA 89（1985）441-54（Athenian stadium）；R.Patrucco，*Lo stadio di Epidauro*（Florence：Olschki，1976）and E.N.Gardiner，*Athletics of the Ancient World*（Oxford：Clarendon Press，1930；reprint，Chicago：Ares，1980）128-29（Epidauros stadium）.

斯的场馆建设最值得关注,因为它们基本上与竞技场馆的建设和重建同时发生的。① 这些场馆修建项目能够如火如荼地开展起来,一方面体现了提供资金的官员们精明的政治头脑,另一方面也说明在公元前4世纪,人们都十分热衷节日庆典表演。不可否认,公元前5世纪的人们也对节日庆典表演热情很高,但当时没有能够促成场馆兴建改建工作广泛开展的政治支持和经济环境。所有之前临时搭建的简单建筑都逐渐变成了永久性的、具有纪念意义的宏大建筑,这表明了戏剧和竞技运动已成为希腊人生活中不可或缺的一部分。于是自然而然就有了民间投资家乐于投身剧院和竞技场项目。比如,来库古就在公元前338-前326年间投资并大力改建了位于雅典的狄俄尼索斯剧院和泛雅典娜女神竞技场。②

280

行为方式和观众反应

之前谈到古希腊的悲剧表演中传达出一种集体意识,这种感受与人们参加竞技运动会的感受相同:

---

① 关于公元前4世纪以及希腊化时期剧院构建的一般性讨论,参见 Bieber (1961) 108-28。关于伊斯米亚剧院的论述,参见 E.R.Gebhard, *The Theater at Isthmia* (Chicago: University of Chicago Press, 1973) 16-17;关于位于雅典的来库古石头剧院以及位于埃皮道鲁斯的波利克里托斯剧院的论述,参见 Bieber (1961) 70-73。

② 关于来库古的节目的论述,参见 Bieber(1961)70-71; Romano(上页注释④, 1985);以及 F.W.Mitchel, "Lykourgan Athens 338-322", *University of Cincinnati Classical Studies 2*(1973)163-214。关于赫罗狄斯·阿提库斯,公元前2世纪著名的雅典资助者,他在雅典建造了一个新的泛雅典娜体育场和一个著名的剧场,翻新了德尔菲体育场,并且在奥林匹亚建造了一个半圆形室外座椅形状的喷泉:参见 Philostr., *Vitae Sophistarum* 2.1; Paus.1.19.6; C.Gasparri, "Lo stadio Panatenaico", *ASAtene* 52-53, n.s.36-37(1974-75)313-92; P. Graindor, *Hérode Atticus et sa famille*(Cairo: Faculté des Lettres, Université Égyptienne, 1930)182-202, 218-24。关于在雅典"公民竞技"的发展的论述,参见 D.Kyle, *Athletics in Ancient Athens* (Leiden: E.J.Brill, 1987)32-55。

"一群人一起坐在石凳上,座位之间没有分隔,因而人们手、脚、身体能够触碰到其它观众,情绪也就在这种触碰中得到了传达,在肢体语言上让观众的反应达到了统一,团体意识以及社群意识因此更为强烈。……白天进行的户外表演通常是不间断的,黎明时分在大竞技场开始上演,之后一直都有表演进行。……大批观众的热情就如同猛兽一般,与平时善变的性格不同,此刻他们完全失去了理智,使得整个竞技场都充满了热烈与紧张的气氛,观看戏剧就这样成了一种情绪的宣泄,所有观众的目光都聚焦在观众席前的平地上,那里便是所谓的"舞台"。……最后,古代剧院建筑还有一个共同特点值得注意,那就是在"景屋"(*skēnē*)(译注:矩形建筑,意为"帐篷"或"棚屋"。功能相当于是古希腊剧场的后台,在这里演员可以换服装和面具。)的后面,还有壮丽的景色能让人大饱眼福。于是观众的注意力能否集中便成为了大问题,因为他们时常把视线从舞台上移开,陶醉在德尔菲的壮美山谷景色之中,或是惊叹帕加马(Pergamon)令人窒息的高耸石壁,从深谷拔地而起的景象。……悲剧表演已经成为了古代公共生活的一部分。①

运动场上也有类似的现象,人们相互接触、共同聊天、饮食、喝酒、呐喊,一起观看比赛,欣赏竞技场或跑马场外的秀丽景色。一个群体由人和人所在的地点组成,竞技场和剧院一样,鼓励人们成为这个群体的一份子。

竞技比赛行为,正如 *aethlos* 这个词喻指的一样,表现的是"竞

---

① C.R.Beye, *Ancient Greek Literature and Society*(Garden City, N.Y.: Anchor/Doubleday, 1975)243-46.

赛中艰辛的拼搏"过程。它与戏剧表演也有许多共同特点。一般来说,竞技比赛和戏剧表演都以胜负结尾,期间比赛对手之间、正面角色和反面角色之间都为自己的目标而拼搏,两者都有冲突、转折和最终解决。参与者和观众常常是悲喜交加,有希望、有遗憾,还有担忧。

节日场合举办的戏剧比赛常有戏剧诗作家和其它作家"斗诗",其结果的不确定性往往吸引了大量的观众。将这种行为往281 深层次说,诗人不仅是比赛选手,他还是虚构角色之间冲突和斗争的呈现者。① 当然,竞技比赛的过程偶然性较大,结果不受比赛者的控制,从这点来说,它不具有戏剧行为中那些由人类建构出来的艺术统一。然而,看似偶然性较大,没有紧扣环节的竞技比赛,也有自己严格的技术战术和比赛规则。② 因此,观众观看竞技比赛还是戏剧,其关注的都是一系列熟悉套路如何产生许多神奇的结果。诗人是戏剧中所有台词、行为和布景的执笔者,而对竞技比赛来说,运动员的身体能力和大脑灵活程度决定了整个比赛的走向。如果运动员代表他的城邦和家庭来参加比赛,需要遵守某一特殊节日某项特定比赛的特别规则时,他们的角色才发生了变化。比赛装束的作用是为了将人与他的日常角色区分开,包括裸身、锁阴、涂油和抹粉等都算作比赛装束。③ 甚至神祇的出现也会影响比赛的进程,因为戏剧表演中有他们出现,在宗教节日的竞技比赛中,运动员在比赛前后发誓、祈祷、致谢或受罚时都有神灵出现。④ 因此赫西俄德呼吁运动员们要向女神赫卡

---

① 关于区分,参见 Larmour(1999)36-41。

② 参见,例如,Poliakoff(1987)各处,对希腊格斗体育策略以及规则的讨论。

③ Larmour(1999)37,137-144 提出了类似的观点。关于裸体运动作为一种时尚,参见第八章,第 346 页注释①;关于油和粉末的使用,参见第八章,第 382 页注释①;关于阴部扣锁,同上,第八章,第 390 页注释②。

④ Paus.5.24.9-10(先给宙斯的誓词,奥林匹亚);Ps.-Andocides 4.29(献给宙斯的供奉,奥林匹亚);Pind.,*Ol*.10.72-77(献给宙斯的冠军赞歌)。

特表达他们的敬意(《赫西俄德神谱》435-438)。[1] 最近一项研究搜集到了许多"咒符"(curse tablets),上面写着运动员们祈求神灵帮助的祷告语。[2]

竞技比赛目的论

戏剧与竞技比赛有极大的相似性:两者都是表演,传递更为普遍的象征性的真理;两者都是公共活动,他们的布景、人物行为和表演者的功能十分类似。而且在希腊社会,这两者都能愉悦观众,并通过激发积极的行为提高观众的道德品质。现在,我们换个话题,从讨论竞技运动的戏剧性一面转移到它通过前面这些媒介传达出的信息。在之前的章节,我们注意到,比赛观众被赋予了一些重要的价值观。根据卢西恩(Lucian)的文字,观众们被比赛带动起来,渐渐有了"无限追求优秀和辛劳的愿望"(《阿拉查什斯》36);观众观看比赛有一个好处就是如果他们能以运动员为模范榜样向他们学习,就能够获得幸福与安康。这一点无论对观看(甚至参与)比赛的男人还是女人都是一样的,尽管卢西恩并没有明确提到后者。对两性来说,他们都能在竞技比赛中达到自己社交的目的。因此竞技比赛是有目的性的,表面上看来是为了争夺每一场比赛的"目标"(goal)和"奖励"(prize)(goal 和 prize 在希腊文里都是 *telos* 在竞技领域的使用,意为"目标"),更深层次的则是观众和运动员都想实现社交过程中的某个目的(也是 *telos* 的一 282

---

① 关于赫卡特与竞技的论述，参见第一章，其中引述了赫西俄德的一段文章。

② C. Faraone, "The Agonistic Context of Early Greek Binding Spells", in *MAGICA HIERA: Ancient Greek Magic and Religion*, ed. C.A.Faraone and D.Obbink (New York: Oxford University Press, 1991) 3-32. 也可参见 Stephen Miller (1990) 38-39 的一项目录，在尼米亚，成功的运动员显然会将五项全能比赛中的装备当作还愿礼祭献给宙斯。

个方面)。[1] 柏拉图为此还作了个类比:

> 真正的赛跑运动员,获得冠军,戴上桂冠才算实现了他的终极目标,难道普通人不也是这样吗?他们做每件事、每次思考,甚至他们的生命本身都带有一个极强的目的,最后由自己的人类同胞为他颁奖。
>
> (《理想国》613C)

在著作《克里托芬》(*Cleitophon*)中,柏拉图写了一个人因为不断接近优秀这一终极目标(*telos*)而变得快乐的故事(《杰出成就》410e)。品达则详细描述了高尚运动员的形象:在男性的竞技比赛中,名誉是用辛苦的汗水和代价换来的,是经历风险考验得来的,是摒弃了过度暴力(*hybris*),同时展现 *aretē*,即"杰出成就"而获得的。当然,不同的哲学和文学作品对"优秀"和"幸福"的价值定位是不同的,但在这里不是我们关心的问题。竞技运动中的男男女女追求卓越,在这一问题的研究上,我们也可以得出一些规律,有些规律在前面几章中已经讨论过,这里再次提到是为了更加全面地阐释竞技运动在希腊社会中的作用。

对个人来说,男运动员模仿古代的英勇战士,他们希望获得杰出的成就,能为自己赢得荣誉。对社会来说,男运动员表现出的勇猛无畏,主要是为了强化城邦的传统秩序,提高整个群体的声誉。运动员在比赛中获得荣誉,能够提升他个人,乃至整个家族、城邦的声誉,甚至可以影响多年。[2] 在胜利者之间建立加强的社会地位,也就是一种"等级制度",胜利者的社会地位有着类似"等级"

---

① 参见 *LSJ*[2], s.v. tevlo"III.2 和 3。

② 与此最明显的例子便是罗兹岛著名的狄雅戈拉斯一家:参见 Poliakoff (1987) 119-20 中的论述;H.A.Harris(1964)123-24;S.Miller, *Aretē: Greek Sports from Ancient Sources*(Berkeley: University of California Press, 1991)109-10, 195-96。

的区别，这也普遍地反映了希腊社会中掌权男性的不同等级。虽然运动员可以通过在泛希腊赛场上的奋勇获胜而间接影响一个城邦的声望，但他们并不能直接获得什么政治权力。① 简言之，竞技比赛的价值观及其作用反映了竞技场之外"真实世界"的某些方面，并且通过传播和实践英雄式的意识形态和行为准则，对某些非竞技运动领域产生影响。②

总体说来，女运动员的社会作用是为了进一步强调女性作为妻子和母亲的传统身份，并确立和加强家庭生活（希腊语为 *oikos*）的秩序。女性运动员一般不会享有名气，她们在婚前参加比赛是为了公开展现自己从"野性"的少女向"温顺"的妻子母亲转变的过程。而且女孩们公开参加的比赛几乎一律都是赛跑比赛，这种"温和"的比赛，比起充斥着"暴力"的男性对抗性项目，更加适合女性。斯巴达的女性比赛是个例外，她们的比赛传奇般地还包含摔跤比赛，在身体和仪式两方面为将来生育后代打下基础。③ 283

诸神、英雄和创立传说

男女之间不同的"目的"以及他们竞技运动的不同社会功能还体现在许多运动会的祭仪传统和创立传说之中。在之前的章节中，我们讨论过竞赛精神就是以各种对守护神的祭仪为特征的。奥林匹亚、德尔菲、伊斯米亚和尼米亚等地泛希腊男性运动会的创

---

① Cylon 企图凭借其奥林匹克胜利者身份夺取政权的失败，或许最有力地证明了人民不愿看到运动实力转化为政治势力。Alcibiades 还声称他有权命令雅典军队远征西西里，部分原因在于他饲养了在奥运会中获胜的赛马（Thuc.6.16.1-2），但他实际拥有的权力基础远不止如此。关于雅典体育和政治权力的普遍讨论，参见 Kyle 的一项优秀调查（1987），第 155-168 页。

② H.W.Pleket，"Games，Prizes，Athletes and Ideology. Some Aspects of the History of Sport in the Greco-Roman World"，*Arena*（=*Stadion*）1（1975）49-89.

③ 参见本书第五章关于斯巴达少女竞技团的论述。

立传说中都融入了我们之前提到的“男性”竞技比赛价值观。在品达关于奥运会创立的传说中，最先是赫拉克勒斯的一系列英勇行为被称为“艰辛的拼搏”(povnwn，*Ol*.10.25)，但是他几次杀死了自己的对手，使得他超越了竞技运动英雄的范畴(*Ol*.10.26-42)。在奥林匹亚，宙斯神庙的浮雕上都刻画了赫拉克勒斯变换着不同姿势努力拼搏的过程，这不禁让人想起胜利雕像或瓶画上正在比赛的运动员形象。① 狄奥多罗斯·西库路斯(Diodorus Siculus)认为，赫拉克勒斯的搏斗是一场“为争得不朽而进行的比赛”，并且在以后的讨论中屡次使用了“比赛(*athlos*)”一词。② 而不朽也恰恰是终极奖励，大多数人在获得名誉时所共享的也只是其部分而已。

另一个创立传说虽然比赫拉克勒斯的传说出现得晚一些，但也说明了男性竞技运动价值观在奥运会中的作用：

> 古代埃利亚历史学家在谈论奥运会的起源时说，克罗诺斯(Cronus)是天界的第一位君王，当时有一群叫作“黄金一族”的人为他在奥利匹亚修建了一座神庙。宙斯出生的时候，(他的卫士，库越特族人)——赫拉克勒斯，派奥奈欧斯(Paionaios)，埃皮梅德斯(Epimedes)，埃阿西奥斯(Iasios)和伊达斯(Idas)来自克里特岛伊达山(Cretan Ida)。赫拉克特斯作为其中最年长的一位，为他的兄弟们组织了一场赛跑比赛，并给胜利者戴上了橄榄树枝做的桂冠。……有人说，宙斯就是在此地(奥利匹亚)与父亲克罗诺斯进行摔跤比赛争夺王位；其它人则说，宙斯在推翻克罗诺斯之后，还专门为他举行比赛，这

① W.J.Raschke，“Images of Victory：Some New Considerations of Athletic Monuments”，in Raschke(1988)43-44.

② Diod.4.9.5-4.59.6.

些人还说，阿波罗曾在赛跑比赛中赢了挑战者赫尔墨斯，
还在拳击比赛中打败过战神阿瑞斯。

（Paus.5.7.6，7，10）

在人们后来尝试将神祇和英雄与奥运会联系起来的过程中，他们不再仅仅是这个运动会的守护神，也成为了赛场上的选手。[1]运动会与库越特人联系起来，从而也就与宙斯的出生和童年时期关联在一起。其中一个名叫“赫拉克勒斯”的库越特人，本着娱乐的精神，聚齐了他的兄弟，即所有保护刚出生的宙斯的库越特人，举办一场竞技比赛进行庆祝，并在比赛中采用了授予橄榄枝桂冠的传统。在另一个版本中，这些比赛时用来模仿或纪念宙斯与他的父亲的旷世争夺。[2] 当然，比起品达的《奥林匹亚颂》，这些来自鲍桑尼亚的版本更加鲜为人知。更重要的是，希腊文学和神话传统证明了古人有这样的想法，希望把运动会或某项特殊的比赛与诸神之间或英雄之间的旷世争夺联系起来。 284

在众多把奥运会与权力争夺联系起来的故事中，最出名的当属珀罗普斯的故事。之前在第四章中，我们讨论过吕底亚人珀罗普斯与俄诺玛俄斯国王进行战车比赛，导致后者死亡，并最后赢得其女儿为新娘的故事。[3] 奥林匹亚宙斯神殿东外墙上最显眼的一处浮雕描述了这场比赛，位置正好对着竞技场和跑马场。[4] 将宙斯的形象放在两位运动员之间，不断提醒人们谁真正掌握着人类

① Weiler(1974)199-201.

② 同上，173-174，201。

③ 同上，第 209-217 页，Pelops-Oenomaus 竞赛的最早版本出自仿赫西俄德风格的 *Megalai Ehoiai* fr. 259a(Merkelbach)，最著名的是 Pind.，*Ol.*1. G.Howie 在“Pindar's Account of Pelops' Contest with Oenomaus”一文(*Nikephoros* 4，1991)第 55-120 页中指出，品达的解释以及奥林匹亚的山麓通常会使战车比赛更加严酷，反映出围绕战车比赛所弥漫的恐惧和迷信。

④ Raschke(1988)42.

活动的定夺大权。在其中一个版本中,珀罗普斯举办了一场答谢宙斯的比赛,来庆祝自己继承了王位。① 因此,在诗歌和视觉艺术中,珀罗普斯的这场传奇比赛就表现了竞技与追求非竞技领域高贵地位之间存在联系。

其它泛希腊运动会的创立传说关于神的主导地位的确立也有类似的观点。德尔菲举办的皮西安运动会的起源与阿波罗杀死巨蟒的传说相联系(*Homeric Hymn to Apollo*, 355-387),最早期的都是音乐比赛,反映的是阿波罗的人格两面性,他可以毁灭一切,也可以与周遭和谐相处(Paus.10.7.2)。② 德尔菲的礼教清理仪式重现了在巨蟒被杀死后,阿波罗净化自身的过程:他象征性地将一个小男孩逐出国,过了一段时间,小男孩带着月桂树枝回来,后者恰好是制作皮西安运动会胜利者桂冠的材料。③ 和奥运会一样,皮西安运动会的创立故事表明了竞技比赛既有破坏力,也能重塑一个新的社会生产秩序。

伊斯米安运动会的创立与海神波塞冬有关,它讲述了年轻的墨利克尔忒斯(Melicertes),死后被神化为海神帕莱蒙(Palaemon)的故事,这个运动会恰好也是为纪念他而设立。④ 他和他母亲的

① Paus. 5.8.2.

② J.Fontenrose, "The Cult of Apollo and the Games at Delphi", in Raschke(1988)121-40; E.N.Gardiner, *Greek Athletic Sports and Festivals*(London: Macmillan, 1910)208-14; J.H.Krause, *Die Pythien, Nemeen und Isthmien aus den Schrift-und Bildwerken des Altertums*, with an essay by J.Ebert(Leipzig, 1841; reprint, Hildesheim: Georg Olms, 1975)1-106. 同奥林匹亚一样,德尔菲也保存了第一次诸神赛事晚期的、合理化的版本:阿波罗主持,卡斯托尔在斯塔德赛跑中获胜,波吕杜克斯参加拳击比赛,卡拉斯(Kalaïs)参加长跑比赛,泽忒斯参加格斗比赛,珀琉斯参加掷铁饼比赛,忒拉蒙参加摔跤比赛,赫拉克勒斯参加搏击比赛(Hyginus, *Fabulae* 273; Schol. ad Pind., *Hypoth. Pyth.* p.297 Böckh)。

③ J.Fontenrose, *Python: A Study of Delphic Myth and Its Origins* (Berkeley: University of California Press, 1959; reprint, 1980)453-56.

④ Schol. in Pind., *Hypoth. Isth.* Drachmann, vol.3, p.193; Ovid, *Metamorphoses* 4.512-42.; Paus.1.44.11, 2.2.1; Krause(1975)171; Gardiner(1910)214-23.

死都要归罪于他的父亲，阿塔玛斯国王。在其中一个故事版本中，阿塔玛斯（不公正地）怀疑他们要阴谋算计他而发怒。[①] 后来还有一个更为理性的版本解释说，最早的伊斯米安运动会是由波塞冬和赫利俄斯联合举办的，他们两个曾经为争夺谁是城市的守护神而相互竞争。同样的，首届运动会有不少神祇和英雄都被列为了胜利者，名单涵盖田径比赛、马术比赛、音乐比赛，甚至划船比赛的获胜者。[②] 同其它节日创立传说类似，伊斯米安运动会也是为了建立新的社会秩序而进行争夺，结果以某一方的死亡告终，与此同时也创立了新的运动会。

尼米亚运动会的创立也遵循类似的模式，故事也有不同的版本。其中一个故事说，著名的七勇士远征讨伐忒拜的俄斐尔忒斯国王的过程中，途经了尼米亚。俄斐尔忒斯是当地国王兼宙斯祭司吕枯耳戈斯的儿子，当他还是婴儿时就意外地被蛇勒住脖子致死。七勇士为这个夭折的孩子举办了葬礼，他们称这个孩子为"阿耳刻摩罗斯（Archemoros）"，意为厄运的开始，因为这个孩子的死给他们的讨伐之旅蒙上了阴影。[③] 七勇士每个人都曾是某个项目的比赛冠军。另一个稍晚一点的传说就将尼米亚运动会的创立同赫拉克勒斯曾与尼米亚狮的一场搏斗联系在了一起。传说在这 285 场搏斗之后，赫拉克勒斯要么创立了这个比赛，要么重新组织了比赛，将其献给宙斯。[④] 这个传说涉及人类与自然力量的搏斗，将尼米亚运动会的起源与奥运会的起源联系在了一起，前面提到的阿耳刻摩罗斯的传说与权力斗争和重塑秩序虽然并不直接相关，但

---

① Paus.1.44.11.

② Dio Chrysostom, *Oratio* 20.11-15.

③ Apollodorus, Bibliotheca 3.64-66; Schol. in Pind., *Hypoth.Nem.*a-e, Drachmann, vol.3, pp.1-5; E. Simon, "Archemoros", AA(1979) 31-45; W.Pülhorn, "Archemoros", in *LIMC* II.1(1984), 472-75; Stella Miller in Raschke(1988) 142-43.

④ Schol. in Pind., *Hypoth. Nem.* a, d, e, Drachmann, vol.3; Stephen Miller (1990) 24-30.

其与七勇士的军事远征来重塑忒拜的领导体系有间接联系。由于这个孩子象征着后来权力争夺中死亡事件(*moros*)的开端(*arche*)或前兆,所以这个故事也就顺理成章地把他的夭折与政治、军事冲突带来的不幸联系到了一起。①

以上讨论了4个著名的泛希腊运动会,目的是为了根据它们的创立传说以及它们一直秉承的节日庆典精神来细数它们的特点。许多地方性节日也都有着自己的祭仪和创立传说,并且都明确地展示了各自的创立精神,庇护神、比赛方式以及他们的城邦所扮演的积极角色。对整个国家,特别是希腊来说,庇护神是比赛最强有力的支持者。与比赛相关的本土英雄不仅成为了人类与神祇之间的纽带,还代表了国家秩序与权力。雅典的泛雅典娜女神节最先是由英雄厄里克托尼俄斯(Erichthonius)举办的,目的是为了纪念雅典娜参与了反抗巨人的战争,但是在一个"政治版本"中,这个节日由提修斯创立,以此庆祝民族新团结的出现。② 甚至有些在历史时期创立的比赛也都体现了民间力量,而且往往还有神祇庇护。在塞萨利的拉里萨城(Larisa)举办的伊露塞瑞亚(Eleutheria)运动会创立于公元前196年,创立目的是为了纪念弗拉米尼乌斯的英雄事迹,他从马其顿国王菲利普六世的暴政下救出了许多希腊人。这个运动会的庇护神则是自由之神宙斯。③

女性运动会及其崇拜背景

之前第四、五、六章详细讨论过女性运动会的创立传说和崇拜

---

① 在Scholia的叙事中,七勇士的传说将尼米亚赛会的创始与他们的到来是"婴儿的死因"联系起来。(Schol. in Pind., *Hypoth. Nem.* d, e Drachmann vol.3, pp.4-5).

② Kyle(1987)24; J.A.Davison, "Notes on the Panathenaea", *JHS* 78 (1958)24-25.

③ K.J.Gallis, "The Games in Ancient Larisa", in Raschke(1988)218; I.C.*Ringwood, Agonistic Features of Local Greek Festivals Chiefly from Inscriptional Evidence* (Ph.D. diss., Columbia University, 1927)15-16.

背景,与男性运动会相比,女性运动会不够出名,而且证明其存在的证据也不多。证据的缺乏当然与传统上女性参加比赛的"目的"(*telos*)相关,她们通过让自己更好地适应将来妻子和母亲的身份,最后达到增强家庭生活秩序的目的。因此女性的角色无论是在特征和目标上都是局限于家庭生活中。① 虽然庆祝女性地位的活动都十分正式,但比起男性的来说影响还是小了很多——因为女性参加比赛和对比赛的报道在当时都受限制。 286

尽管具体的数字和地点不详,但女性确实曾在一些男性的运动会上现身过。② 要是连男性运动会的比赛项目都不固定的话,女性竞技比赛的观众构成就更加无从知晓了。我们还知道,只有未婚女性参加了所有比赛,而且似乎在庆祝女性社会地位的节日中,所有自由女性,不分年龄均可出席。③ 但很难说是否有男性出席过女性竞技运动会。如果奥林匹亚的赫拉亚运动会是一个泛希腊运动会且面向更为广大的观众群体的话,那它可能就有各个年龄阶段的男女参加。然而,为什么在所有古代文献中,只有鲍桑尼亚的文字记载了这项活动?相比之下,斯巴达的女性竞技比赛显然就对男性观众,包括来寻找结婚对象的适龄男子开放。④ 斯巴达女孩公开露面已是臭名昭著,无论是从字面义还是其引申义而言,这一点都广为流传,在早期的历史证据中也有所体现。整个斯巴达女子比赛代表了一种社会运动,一个游离于规则之外的特例。

---

① F.Zeitlin, "Cultic Models of the Female: Rites of Dionysus and Demeter", *Arethusa* 15 (1982) 143-44.

② 参见本书第八章,第 371 页注释①。

③ 较之于塞斯摩弗洛斯节,允许成年人和年轻女性(儿童除外)参加并严格排除男性参加: W.Burkert, *Greek Religion*, trans.J.Raffan (Cambridge, Mass.: Harvard University Press, 1985) 242-46, from the original *Grieschische Religion der archaïschen und klassichen Epoche* [Stuttgart: W.Kohlhammer, 1977] 365-70。雅典其他传统的女性节日,如在斯基拉和阿多尼亚,尽管特点各不相同,但也同样排除男性:同上, 176-77, 230 (= [1977] 274-75, 350)。

④ Plut., *Lyc*.15.1.

在所有斯巴达女子比赛中,目前唯一已知的纪念神祇或英雄的比赛是“狄俄尼塞迪斯”(the Dionysiades)赛跑比赛。与奥林匹亚的赫拉亚运动会不同,斯巴达的赛跑比赛以及阿提卡的阿卡提亚运动会的赛跑比赛影响范围仅限当地,因此观众就只是各个年龄阶段的女性。特别是阿卡提亚节,根据一些史料来看,它本身是一项“神秘”的祭仪活动,①所以观众很可能全部都是女性。理想中的女性角色仅限于家庭生活这一点也可能在某些知名的地方女子比赛中有所体现。

理想中的女性角色是不在公共场合露面,这就意味着可能还有更多的地区性女子比赛不为人所知,而古代的男性作家和艺术家也很少在他们的作品中涉及。② 例如,有一段有趣的文字描述了位于佩特雷(Patras)的一根石柱上的碑文,前者是文艺复兴时期鲍桑尼亚手稿的旁批:“尼克菲洛斯(Nikophilos)为她最亲近的,同时也是女子赛跑比赛冠军的姐姐尼克格拉斯(Nikegoras)树立了一尊雕像。”③如果非要探究她赢得的是什么比赛的话,可以推测应该是赫拉亚运动会的赛跑比赛。这个偶然保留下来的证据更可能指向的是另一项地方性比赛:在佩特雷举办的阿尔忒弥斯·拉芙瑞亚(Artemis Laphria)运动会或阿尔忒弥斯·翠克拉瑞亚

---

① A.Brelich, *Paides e Parthenoi*, vol.1, Incunabula Graeca vol.36(Rome: Ateneo, 1969) 261-62.

② 除了之前在第四—六章更长篇幅的讲解,关于希腊化时期以及罗马时代希腊的女孩竞技比赛的其他大量的可能实例,参见本书概述部分,第42页注释①和②;马术项目作为特例(参见本书概述部分,第37页注释①-第39页注释②)被排除在外,这些证据要么站不住脚(Aegina, Patras[参见本页注释③和下页注释①], Chios, Lesbos, Kyme[参见本书概述部分,第40页注释④]),要么就是这些项目后来作为罗马人侵并入到了之前探讨过的更古老的项目中(Pythia, Isthmia, Nemea, Sicyon, Epidauros)。

③ 此项注释可能出自15世纪的作家 Michael Souliardos 或9-10世纪的一个名叫 Areta di Cesarea 的帕特雷当地居民:F.Spiro,“Ein Leser des Pausanias”, *Festschrift Johannes Vahlen zum 70. Geburtstag*(Berlin, 1900)135-38; Arrigoni(1985)109-110, 197-198 注释 220-221。

(Artemis Triklaria)运动会。[①]

以上讨论的女性运动会的崇拜背景和创立传说有一些共同点：比赛仅限未婚女子参加，也就是说，比赛是一种婚前启蒙行为；比赛形式为赛跑(阿卡提亚的追逐赛也算赛跑的一种)；比赛是为了纪念那些与年轻女子向成熟阶过渡的过程紧密相关的神祇或英雄。首先我们考察女子赛跑比赛与狄俄尼索斯崇拜之间的联系。狄俄尼索斯有众多特质，即便是在山区的野地之间，他也善于在表达性欲、醉酒和狂喜等情感，使得他成为了宣泄之神。他还是"女 287 性的宙斯"，阿里阿德涅(Ariadne)的神话伴侣，雅典阿帕图里亚节(Anthesteria)圣婚仪式中"巴斯利娜(Basilinna)"的丈夫。[②] 作为女性的宣泄与自由之神，他代表的是一种狂欢的精神，这一点也反映在纪念他的雅典戏剧节上。男性狄俄尼索斯狂欢节与布劳隆的阿卡提亚节同时举办，在这个狂欢节上，男性们通常酩酊大醉，还与妓女翻云覆雨。在斯巴达的狄俄尼塞迪斯赛跑比赛中，与狄俄尼索斯一同被供奉的还有一位无名"英雄"，正是他把供奉狄俄尼索斯的传统带到了斯巴达。如我们在第四章中讨论过的，伊利斯的赫拉亚运动会赛跑比赛的组织者"十六女子"组织也供奉狄俄尼索斯，这个运动会与斯巴达的传统惊人的相似，人们在供奉狄俄尼索斯的同时，还供奉他传说中的伴侣塞斯科亚(Physcoa)，以及他们的后代纳尔卡乌斯(Narcaeus)，因为正是这两个人把供奉狄俄尼索斯的传统带到了伊利斯。令人感到神奇的是，伊利斯的狄俄尼索斯常被人们称为"英雄"，一方面可能因为他有一个人类母亲，另一方面因为他经历过"重生"。这个"英雄"狄俄尼索斯是否与斯巴达当地节日庆典上与引进对其崇拜的无名英雄一起供奉的狄俄尼索斯是同一个人？或者斯巴达那位无名英雄是否就是"英

① 参见 Arrigoni(1985)109,197-98 注释 220-221；Harris(1964)181,217 注释 3。

② Burkert(1985)164(=[1977]255)；E.Simon, *Die Götter der Griechen*, 2nd ed. (Munich: Hirmer, 1980)279-80.

雄”狄俄尼索斯？再或者伊利斯的狄俄尼索斯是两个人的结合体，既代表这位神灵，又代表他的后代，将供奉狄俄尼索斯的传统带到伊利斯的当地英雄（后来被称为纳尔卡乌斯）？我们注意到两个城市之间关于狄俄尼索斯的传说惊人的相似，它们都供奉这位并非它们本土的神灵，而且将他与女子们的婚前仪式联系到了一起，这至少说明了这位神在两座城市发挥的作用是类似的。

伊利斯的狄俄尼索斯被召唤他的人们说成是“骑着公牛狂奔而来！”，这点让人联想到公牛与竞技比赛的关系。阿卡提亚的女子赛跑比赛——狄俄尼塞迪斯赛跑比赛，以及赫拉运动会的比赛都直接或间接与对狄俄尼索斯的崇拜相关。这个神祇的出现一方面并不令人吃惊，相反还相当一致：狄俄尼索斯在女性中有广泛的影响，而且可能在某些地方运动会出现过。从这层意义上说，至少有3项比赛明显与这位神相关，狄俄尼索斯与女子赛跑比赛直接或间接相关联表明狄俄尼索斯对希腊女性的重要性更多地表现在帮助女孩子们向成年生活过渡上。

这些女性节日和其崇拜背景遵循一种定式，即以某些神祇来庇护女孩子平稳地向成年生活过渡。祭仪通过介绍节日创立神话、开展比赛、展示女孩子们自然与社会身份变化造成的矛盾冲突和紧张气氛等形式来体现这些神灵的特点。在阿卡提亚节上，这种紧张冲突传达出的是女孩子们在少女与女人、野蛮与文明、不受约束与驯化等双重身份间的挣扎。阿卡提亚赛跑比赛的雏形便是一名女孩逃离恶熊之口，而熊就象征着野蛮与驯化的同时存在。阿尔忒弥斯的女孩们在结婚前也要进行这样的比赛，来保护她们的处女身份，帮助她们过渡到婚姻生活。除此之外，布劳隆的狄俄尼索斯戏剧节提醒公众女孩子最终会被男性“俘虏”的事实，恰好完善了阿卡提亚的社会功能。[①]

288

---

① Brelich(1969)276-79.

奥林匹亚的赫拉亚运动会赛跑比赛是为了庆祝珀罗普斯和希波达弥亚的结合，希波达弥亚因为一场战车比赛而被赢娶。通过这件事，她传达出的是父亲与求婚者/丈夫，失败而死与胜利而荣之间存在着矛盾冲突。后来她出于感激，创办了一项赛跑来纪念那场比赛。同时赫拉亚运动会的赛跑运动员们的着装也颇有争议，这些比赛服改自轻便的工作服，并且为运动员们量身定制，在运动时暴露出部分女性身体。与阿卡提亚上表现出的野蛮和驯化的鲜明对比一样，赫拉运动会的整个仪式也是着眼于参赛者将来的婚姻生活。另外，由女子赛跑监赛方组织的供奉狄俄尼索斯、他的"新娘"塞斯科亚和他们的儿子纳尔卡乌斯的女性公共庆典活动也存在对立性。从某种意义上说，他们三者一同被供奉与赫拉亚运动会上的三神（赫拉、希波达弥亚、珀罗普斯）同时被供奉在功能上是互补的。虽然赫拉与赫拉亚运动会显然和宙斯与奥运会相对应，但赫拉—狄俄尼索斯这一组合在仪式象征意义上涵盖了女性生活的主要方面。

斯巴达的狄俄尼塞迪斯赛跑是为了纪念狄俄尼索斯帮助少女过渡到成年时期的仪式，但是很奇怪，它并没有与某位女神有明显联系。在斯巴达，对阿尔忒弥斯·奥西亚（Artemis Orthia）和海伦的崇拜无处不在，是斯巴达少女生活中的重要部分。① 在这些崇拜和可能是对那些与斯巴达女性体能教育相关的女神表达敬意中，存在一种类似发现于奥利匹亚和阿提卡的崇拜互补现象（狄俄尼索斯—阿尔忒弥斯—海伦?）。普鲁塔克提到，女孩参加的"公共竞技比赛"有男孩子作为观众，这表明狄俄尼塞迪斯赛跑比赛并不是当时唯一的此类型的比赛，其它的有纪念海伦的海伦亚运动会（Helenia）以及纪念阿尔忒弥斯的埃苏瑞亚运动会（Issoria）

① M.P. Nilsson, *Grieschische Feste von religiöser Bedeutung mit Ausschluß der attischen* (Leipzig: B. G. Teubner, 1906; reprint, Darmstadt: Wissenschaftliche Buchgesellschaft, 1957) 190-96 (Artemis Orthia), 426-27 (Helen).

中的赛跑比赛,而且它们举行的地点很可能在“跑道”(*dromos*)上或其附近的某个地方。① 位于斯巴达和麦西尼亚(Messenia)交界处的铭文提到了阿尔忒弥斯·利姆拉提斯(Artemis Limnatis)运动会的几位组织者(*agonothetai*)。② 很明显,阿尔忒弥斯·利姆拉提斯在此处代表的是生殖之神,相当于斯巴达定期举行的女子节日中纪念的狄俄尼索斯·利姆拉伊欧斯(Dionysus Limnaios)。③ 相关文字记录表明,公元前8世纪下半叶就有只有女性出席的运动会,男性即使出席也只是象征性地陪同。还有一些(罗马时期的)铭文也表明存在有供奉阿尔忒弥斯·利姆拉提斯的竞技比赛,这些比赛(赛跑比赛?)肯能只有女子可以参加,并在她们的婚前教育中起到了重要作用。节日里通常有婚前狂欢舞蹈,这是对阿尔忒弥斯崇拜的典型活动。④ 如果这个节日确有赛跑比赛,那么就与布劳隆的阿卡提亚节十分相似了:比赛地点在野外,通常是在国289 土的边界上,并且有女性选手遭受强暴的事件发生。

以上各个运动会中狄俄尼索斯元素的体现略有不同,但总体上都传达了释放、生殖和力量等品质,这些品质常与成年女性对神祇的崇拜传统相关,对这一点的描述最出名的当属欧里庇得斯的作品《酒神巴克斯之女伴》。⑤ 还有其它一些象征女孩向成年过渡过程中矛盾性的女神或女英雄,也会在这些节日中出现,与狄俄尼索斯元素进行互补。女性竞技比赛的特点,必须像分析男性赛事一样放在膜拜背景中进行分析,重点放在比赛形式具体的象征意义。要彻底地理解女性运动会的传统,必须有一个开阔的眼光,不

---

① Paus. 3.14.2, 3.14.6, 3.15.3; Nilsson(1957)213-14, 427. 在第214页, Nilsson指出埃苏瑞亚运动会与皮塔涅城的竞技比赛之间的关系尚不清楚。

② IG 5.1 1375, line 2; 1376 A面, lines 1 and 2, B面, line 4(可能是一个女运动员, Elixw;); 1377, line 1。铭文皆源自罗马时期(Nilsson[1957]211)。

③ Paus. 4.4.2-3; Strabo 8.4.9.

④ Nilsson(1957)211-12.

⑤ Zeitlin(1982)129-38.

能局限于竞技场和比赛本身，要联想到创立传说中那些神祇和英雄之间的复杂关系，以及相关组织和参加赛跑比赛的女性。

狄俄尼索斯与竞技运动

广义上说，狄俄尼索斯精神的不同侧面都与男性竞技运动和竞技运动会有联系。和奥运会拥有众多男子比赛相比，纪念狄俄尼索斯的运动会上的男子比赛数量很少。雅典的阿帕图里亚节至少有一项火炬接力赛，但是儿童用的酒壶瓶上有大量图案描述了其它比赛，这些都是用来劝诫男孩子们要追求竞技理想，而不是像泛雅典娜节上仅仅作为最终的奖品。① 这个节日的名称与“兴旺”这个词的本意相关，很明显，该节日可以帮助儿童过渡到青年和成人时期，这表明狄俄尼索斯在这里还有着监管城市社会和经济繁荣的作用。② 雅典的奥斯科弗里亚节运动会赛跑比赛起点位于狄俄尼索斯神殿，比赛时需要带着葡萄藤，这标志着比赛同时也是一个象征生殖和繁荣的仪式。③ 举办于爱奥尼亚的提欧斯（Teos）的阿帕图里亚节的比赛项目门类较为齐全，同时还举办饮酒节。在赫尔迈厄尼（Hermione），为狄俄尼索斯·美拉爱吉斯（Melanaigis，狄俄尼索斯的绰号之一，意为黑色山羊皮）举办的节日还有水上项目，这是因为这位神祇在他的神话故事中有许多航海历险故事。④ 以上这些节日，其中的男性竞技比赛都是

---

① Kyle（1987）45–46；L.Deubner，*Attische Feste*（Berlin：Heinrich Keller，1932；reprint，Darmstadt：Wissenschaftliche Buchgesellschaft，1956）116；R.Hamilton，*Choes and Anthesteria: Athenian Iconography and Ritual*（Ann Arbor，Mich.：University of Michigan Press，1992）.

② 参见 Deubner（1956）114–15；Nilsson（1957）267，注释 5。

③ 参见本书第三章，第 160 页注释①。

④ 关于提奥斯的安塞斯特里昂节的论述，参见 Nilsson（1957）267–68；L Moretti，*Iscrizioni agonistiche greche*（Rome：Angelo Signorelli，1953）156–58，no.60，其中铭文指的是将 Tean 节作为“酒神节”。赫尔迈厄尼的年度节日包括音乐竞（转下页）

为了庆祝和促进社会繁荣，特别是与自然界强大的生殖能力有关的方面。

再考虑考古学证据，我们发现许多古典时期的花瓶上画有狄俄尼索斯出现在竞技比赛现场，例如有一只杯子的内壁上画有一个小男孩手持刮身板，站在一个折返柱旁边，外壁上画有女祭司与好色之徒和狄俄尼索斯在狂欢作乐。① 雅典的国家博物馆中的两个储酒瓶，一面画有运动员，另一面画有狄俄尼索斯的女祭司和好色之徒的狂欢场景。② 朱利亚别墅博物馆的两只储酒瓶上，一面 290 有狄俄尼索斯在户外和一群狂欢者在一起，另一面有一位裸体的运动员，旁边站着一位穿披肩外衣的女子，充满了钦佩之情。③ 盖提博物馆的一只基里克斯陶杯的外壁上画有运动员在用刮身板清洗自己，在外壁中央则塑造了一张好色之徒的脸庞（图 9-1）。④ 许多将竞技运动和狄俄尼索斯联系起来的花瓶都在不同的场景中描绘运动员比赛或训练结束后使用刮身板清洗身体，或女祭司和好色之徒们在一起狂欢。目前并没有发现有运动员和狂欢者在同

（上接注④）赛、划船赛以及游泳（或者潜水）比赛，参见 Paus.2.35.1；cf. D.H.J.Larmour，"Boat-Races and Swimming Contests at Hermione"，Aethlon 7（1990）128-38。

① *ARV*[2] 874，4，红绘式杯子，Laon（France）37.1056，from Vulci，by the Ancona Painter；画的是位于内场的一个年轻运动员，旁边是一位较年长的男性送给他一只野兔向他求爱。

② 阿提卡红绘式贮酒罐，雅典，Nat.Mus.，inv.nos.12255，1399。

③ 法利西红绘式贮酒罐，公元前 4 世纪，罗马，Villa Giulia 26017 = *CVA* Italy，Villa Giulia vol.1，IV B. fig.1，1-2；*CVA* 的评注表明，裸体青年有可能展现的是手持叉玲的好色之徒的形象，但是他所持的圆形物体更有可能是献给胜利者的花冠：参见 H.Lee，"Athletics and the Bikini Girls from Piazza Armerina，" *Stadion* 10（1984）59 with pls. 6 and 10；在公元 1 世纪庞培壁画中，获胜的运动员头上就戴着类似的花冠；Naples，Mus.Naz. = catalogue no.II.97，图 15 in Ministerio della Pubblica Istruzione Direzione Gen. Antichita' e Belle Arti，eds.，*Lo Sport nella Storia e nell' Arte*（Rome：Tipografia Artistica，1960）（catalogue for an exhibit held in conjunction with the 17th Olympic games，Rome）。关于贮酒罐，Villa Giulia 43794 = *CVA* Italy，Villa Giulia，vol.1，IV B.图 1，3-5，参见本书第七章，第 322 页注释⑤。

④ 阿提卡红绘式面具康塔罗斯酒杯，J.Paul Getty Museum，85.AE.263。

一个场景的情况,这点并不奇怪,因为运动员存在于现实生活中,狂欢者一般都在神话中出现,唯一的例外可能就是色情戏剧中的竞技运动,这些戏剧将现实生活场景与传说中臭名昭著的好色之徒的行为融合到了一起。①

这种将狂欢和竞技运动场景并列的情况可能只是偶然的,但也提出了一个更大的问题:为什么艺术家或资助者会把这些场景放在一个花瓶上?我们无法充分讨论这背后复杂的社会审美动机,但似乎可以假定集中在一个物体上的多个场景似乎在主题或精神内涵上达到了互补或和谐统一。如果这个假设是正确的,那么从辛苦搏斗中解脱和庆祝社会繁荣景象就将狄俄尼索斯和竞技运动的两个主题联系起来了。花瓶上的运动员都是男性,这一点也表明对狄俄尼索斯的膜拜与男性竞技运动的关系不同于它与女性仪式比赛的关系,后者前面已经有过讨论。凡是与狄俄尼索斯相关的公共和戏剧节日,其特点都是"狂喜",这种狂喜除去了个人的独立性,并与酒神相结合,因而在某些方面与运动会的特点相似。② 但是将酒神与真实的男性竞技运动会联系起来的情况既不普遍也不显著,两者艺术上的联系也并不直接,比较隐晦,因此可以说两者的联系或许并不紧密。最能充分说明两者联系的要数努斯(Nonnus,在公元前 5 世纪?)的奇幻史诗《狄俄尼西卡》(*Dionysiaca*),故事中狄俄尼索斯沉迷于竞技比赛当中。③ 许多希腊戏剧,不论起源何处,在敬畏酒神及其在城邦中代表的权力等方面与竞技运动有很多重合的地方。

291

① D.F.Sutton, "Athletics in the Greek Satyr Play", *RSC* 23(1975)203-9.

② Burkert(1985)161-62(=[1977]251-52).

③ 参见本书第八章,第 450 页注释①。

图 9-1　阿提卡红绘式康塔罗斯酒杯(约公元前 480 年),现藏于美国洛杉矶的保罗·盖蒂博物馆。编号 85,AE.263。其铸造者可能是欧弗洛尼奥斯。

希腊竞技运动中的欲望

目前,我们发现竞技比赛在很多层面都传达或揭示了社会价值观,神话和膜拜背景决定了男女竞技运动的社会功能,比赛在强化男女社会角色方面也十分类似。从某个层面来说,希腊的竞技运动比赛是人为展示男女价值和观念的平台,而且通常是在一个节日的神话和仪式背景中确立最基本观念。

现在,我们转向竞技运动的另外两个跨越了性别界限的主题——欲望与死亡(eros and thanatos)。两者都通过竞技运动得以表达,并以一种细致且复杂的方式补充说明了男女独特的价值观。虽然以下的讨论中绝大部分的例子都是男性竞技运动,但只能说明这些史料侧重于男性比赛,不能说他们只会出现在男性比赛中。前面相关章节(第八章)在讨论性欲与希腊竞技运动的联系是已经提及“欲望”，这里谈到的“欲望”是更加广义的，不仅仅局限于性欲，还包括“对地位和权力的追求”，以及“为了一个共同目标而竞争。”因此我们将之前关于性欲与对厄洛斯的膜拜竞技比赛的联系在此处看作是广义的欲望的一部分。普通观众、竞技比赛热衷者或者专程为了某一名运动员而来看比赛的其他运动员等等这些人的性欲，表现为对所爱之人的美貌、个人品质、社会地位或结合这三者的某种综合情结的高度重视。换句话说，这种性吸引是对意中人的渴望，希望分享或感受拥有成功或美貌的运动员的高尚自尊，因此也可以说是人们对个人地位提高的追求。在希腊性结构中，所爱之人的年龄往往比求爱者小，并在社会地位上从属于后者，所以对成功运动员的性渴望，暗示了情欲上的胜利凌驾于运动场上的胜利之上。竞技场上的“成功”也象征着生活中非竞技领域的成功，因此追求者在某种程度上获得的是真实生活中的成功，他的意中人却只是象征性的成功。 292

欲望的一般性概念与人类的死亡现象又联系到了一起，就其最广泛的意义而言，包括了竞技比赛中运动员们常常要面临的风险以及濒临死亡的威胁，他们“享受”风险，害怕死亡，这都是他们对待死亡和荣誉的态度。就如同上面提到的竞技场上追求“成功”象征着生活中追求非竞技领域的成功一样，竞技场上的死亡及其相关概念也与竞技场之外的现实生活的对应概念类似。死亡与欲望是以类似于“对唱的形式”出现的，因为这两者彼此之间是以运动员、观众和社会的对话或互动形式相互应和，这些对话或互动往往是对竞技表演的思考。很明显，死亡与欲望是紧张情绪的两种极端，更准确地说，两者是互补的，而且常常在竞技活动中发挥作用。对运动员和观众来说，死亡与欲望在竞技场上同时出现，增加了竞技表演的“戏剧”丰富性和内涵。两者具体的相互作用方式会在下文进行讨论。

首先，我们讨论竞技场上的欲望。在此处，我们并不想像柏拉图、弗洛伊德、傅科等人一样,对广义上的“欲望”如何在希腊社会发挥作用进行学说式的分析,而仅仅阐述欲望是如何在希腊竞技运动中发挥作用的,并就这些问题在帮助我们理解“竞技”和社会时有何种意义,提出一些建议。在对竞技欲望的目标进行大致探讨之后,我们接下来考察集体欲望,即观众和教练的欲望以及运动员以自我为中心的欲望。

竞技比赛(*agon*)从定义上就给比赛者分了不同等级,比赛中运动员都努力要赢过对手,“希望胜过对手,高对手一等”(荷马,《伊里亚特》6.208,11.784)。① 这就是希腊竞技比赛的终极目的(*telos*),运动员都希望在自己所选择的竞技领域和运动会上取得aretē,“崇高与优异”。正如荷马史诗中在奥德修斯受邀参加费阿刻斯运动会这一段所表达的那样:

> 对任何一个活着的人来说,凭借自己的双手和双脚
> 努力得来成就,没有什么比这更加伟大。
>
> (《奥德赛》8.147-48)

“优秀”与“名望”的概念对希腊男人和女人来说当然有所不同,但背后的基本原则是相同的,即是在自己的竞技比赛领域,不断提高自己的美德,从而赢得名望。因此,第一位赢得奥运会战车比赛的女性——西尼斯卡(Cynisca)的故事是一个非同寻常的例子,它反映了 aretē 的界限有时并非那么清楚:一位女性在一项男性运动中占据了主导地位。② 希腊的竞技运动场并不像每位运动员渴望的那样,是不断超越自己的梦想之地。

想要获胜、想要高人一等、想要主宰竞技场、想要赢得声望,这

① I.Weiler, “AEIN ARISTEUEIN: Ideologiekritische Bemerkungen zu einem vielzitierten Homerwort”, *Stadion* 1(1976)199-227.

② 参见本书概述部分,第 39 页注释②。

些欲望从本质上说，都是由两个目的驱动的，一个是实现自给自足，另一个是强化与他人的联系。自给自足与友爱，在希腊语中分别是"*autarkeia*"和"*philia*"两个词，这两者看来似乎相互矛盾，亚里士多德和其它的哲学家则尝试将两者调和，或以不同方式解释两者之间的平衡关系。① 很明显，在竞技运动领域，家庭、朋友和自我都可以从运动员的成功中获益，因为运动员的胜利为家族、为他所在城市的居民和他自己带来了很高的名望。竞技比赛都是个人比赛，它给了普通市民迅速成名、并且通过获胜奖励而实现自给自足的机会，同时荣誉和财富也会对胜利者所在社区产生影响，使社区独立性增强。在荷马史诗中，竞技比赛胜利者会被给予可观的物质奖励，并得到极大的荣誉。至少从公元前6世纪开始，在久负盛名的王冠比赛上胜利者所在的城市也会给予英雄现金奖励。② 运动员对这些物质和精神奖励的欲望十分强烈，这一现象十分普遍，有大量描述运动员行为的轶事都证明了当时运动员们都着极强的欲望，这种欲望的力量大到足以树立或摧毁一个人的名望。许多著名（和众多不出名）的运动员的事例都体现了自给自足与友爱这两个主题：出卖自己的运动才能，为他国效力［克里特的阿斯提罗斯（Astylos）］；超越个人身体极限，参加多项比赛［萨索斯岛（Thasos）的西欧吉尼斯（Theogenes）］；在家乡城市有胜利纪念雕塑，并给当地带来积极影响（西欧吉尼斯）；与威胁社区的鬼魂拳击搏斗［洛克里（Locri）的恩斯姆斯（Enthymusaa）］；凭一己之力撑住（或推到）坍塌的房顶，以救出（或杀死）同城市民［克里特的米罗（Milo），斯科特萨（Scotoussa）的波吕达玛斯（Poly-

---

① Arist., Politics 1253a 25-29; 1261b 11-15; 1291a10. 参见 G.W.Most, "Self-disclosure and Self-sufficiency in Greek Culture", *JHS* 109(1989)114-33; A.J.Festugière, "Autarky and Community in Ancient Greece", in *Freedom and Civilization among the Greeks*, trans. P.T.Brannan(Allison Park, Pa.: Pickwick, 1987; orig., *Liberté et civilisation chez les Grecs*(Paris: Revue des jeunes, 1947) 68-70。

② Young(1984)111-33.

damas),以及阿斯泰巴利亚(Astypalaea)的克莱门德(Cleomedes)]。①

像西欧吉尼斯这样现实生活中的英雄曾赢得过大约1400场比赛胜利,这对普通的运动员来说几乎是不可能达到的高度,但是他们渴望成为西欧吉尼斯的愿望却丝毫没有减少。有一系列类似于"首创记录"或"唯一记录"的记载也宣传了许多在同一天两三项比赛中获得胜利的运动员。数个世纪中,运动员们的竞技热情丝毫不减,他们越来越想通过赢得特殊的比赛而变得出类拔萃。②对古人来讲,竞技比赛记录中使用诸如"地球上跑得最快的人"、"跳得最远"这样的绝对值完全不是问题,部分原因可能是测量技术不够,但还可能是因为人们更加关心运动员们获得的比赛成就大小或是独特程度:"[据说,参加伊斯米安运动会的西欧吉尼斯是]地球上第一位在同一天内同时赢得拳击和搏击赛的人"。③ 所有运动员们在训练时,都会给自己设定目标来超越自我和他人。对希腊人来说,除非成绩提高能够带来胜利,否则无论提高多少都不值一提。即使获得了胜利,前面还有更多的胜利和更多的个人记录需要去取得。取得一个阶段的成就之后,就会出现新的目标,294 成功不会浇灭人的欲望,反而会愈发激发运动员的斗志,向新的目标、新的竞争、新的看似不可能的杰出成就而奋进。对希腊人(以及当代的运动员)来说,除非运动员一直保持或提高竞技水平,或者有永久载体(对希腊人来说即是赞美诗、雕像或碑记等)记录下

① 关于 Astylus 的论述,参见同上,第141-145页。关于其他竞技英雄的论述,参见 Poliakoff(1987)117-24;Harris(1964)110-19;Fontenrose(1968)。关于 Polydamas 的论述,参见 Paus. 6.5.4-7。

② M.N.Tod,"Greek Record-Keeping and Record-Breaking",*CQ* 43(1949)106-12;D.C.Young,"First with the Most:Greek Athletic Records and 'Specialization'",*Nikephoros* 9(1996)175-97;参见本书概述部分,第11页注释②。

③ J.Ebert,*Griechische Epigramme auf Sieger an gymnischen und hippischen Agōnen*(Berlin:Akademie,1972)118,#37;参见 Young(1984)96,注释95。

来，否则在竞技场上获得的荣誉就会面临消亡的命运。

针对竞技比赛中惯有的欲望，勒内·吉拉尔（René Girard）有一套“欲望相生”理论，适用于所有社会竞争，在此处也适用于我们讨论竞技比赛中的竞争与欲望。因此，有必要详细引用吉拉尔的一段文字才能解释其理论：

> 竞争不是由于两股追求相同客体的欲望偶然汇合而产生的，而是由于主体因对方渴望得到客体，于是变得同样渴望得到客体，换句话说，在渴望获得客体的过程中，是竞争对手促使主体对客体产生了欲望。……（主体）希望获得自己缺少但他人似乎拥有的品质，因此，主体会十分留心拥有那样东西的人，并让那个人告诉他，为了最终得到这种品质，他应该有什么欲望。如果这个模范（拥有那样品质的人）已经拥有更加高贵的品质，那么他渴望的客体就应该在现有基础上给他带来进一步的提升。……因此，欲望都是模仿某位模范人物所希望获得的客体。……成年人都喜欢宣称自己已经独立，将自己标榜为他人的模范，因此就自然而然地落入了这种“模仿我”的程式中，实际上，他们这样做是为了掩盖自己是在模仿他人的事实。交汇在同一客体上的两股欲望一定会发生碰撞，因此伴随着欲望的模仿行为也会导致冲突产生。①

吉拉尔认为竞争者往往以暴力对抗作为获取至高目标的捷径，这样暴力与欲望就在一个主体的大脑中联系到了一起：“激烈

① 参见 René Girard, *Violence and the Sacred*, trans.P.Gregory（Baltimore：Johns Hopkins University Press, 1977）145–46（带有原始侧重点）。

对抗表现了人的终极欲望,希望获得神性上的自给自足,获得一种‘完美统一’,这种统一最美之处在于其不可接近,不可渗透。”①

虽然吉拉尔的观点没有提到是针对竞技活动还是古代社会,但他的评价方式值得借鉴,辅以一定的条件便可对希腊竞技比赛欲望的现象进行评价。竞技比赛的欲望不是绝对的社会建构,而是一种主体间的社会建构,其根基是竞技比赛中象征性客体与行为的价值观。在竞技运动中,吉拉尔的“模范”个体当然指的就是比赛的胜利者,或者说传奇的竞技英雄,亦或是受运动员模仿的神祇。向运动员一样,有些成年人也希望获得自给自足的、像神一样的独立性,但是与自给自足(*autarkeia*)的欲望相平衡的,或用列维·施特劳斯(Levi-Strauss)的结构学术语,与其“彼此调和”的是人们渴望获得友爱,希望家庭以及所有分享成功喜悦的同城市民生活得幸福美满。因此,竞争对抗在自我本位和利他主义目标之间架起了一座桥梁。而且在竞技比赛中,我们可以把吉拉尔的 295 “暴力对抗”用更柔和的语言表示为“考验人的身体能力的比赛”。暴力与受伤的风险都是希腊竞技运动的一部分,特别是在“对抗性的比赛”中,但事实上所有的运动都需要付出努力和代价,这一点在后来谈到竞技运动中死亡的时候会详细讨论。

竞技运动现象是对抗者的一系列复杂交互行为,他们都在追求一个共同的目标,这一目标的价值是由参赛者本身、赛事组织者以及观众给予的。胜利者的出现,对他个人来说其欲望得到了暂时的满足,同时也将他变身成为了“模范”,供他人效仿,这些人要在未来的比赛中捍卫他们的荣誉,一人主导,其他人就只能跟随。处于主导地位的人往往加入之前获胜者的行列或与节日英雄或神祇一样,有着与他们相同的特征。无论是男是女,无论他们各自都

---

① 参见 René Girard, *Violence and the Sacred*, trans.P.Gregory(Baltimore: Johns Hopkins University Press, 1977),第 148 页。

有何种目标,在获得主导地位后,他们都象征性地到达了自己的终极目标(*telos*),其价值高低由比赛的构成所决定。随后,当某位获胜者失去了领导位置,或不可避免地被后来的优胜者代替,那么“主导者”与“被主导”的角色就会转换。虽然获胜者的身份在不断改变,但是他们获得的头衔——如 *Olympionikēs*(奥运会冠军)和 *Periodonikēs*(周期性运动会冠军)——的价值还是不变的。碑记的各种关于比赛胜利的记录不仅十分注重写明获胜者的姓和名,还会依据比赛的重要程度,排定这些运动员的比赛获胜次数与频率。通常的比赛重要程度排序依次是奥运会、皮西安运动会、伊斯米安运动会、尼米亚运动会,再接下去就是无固定排列次序的地方比赛。[①] 地方节日往往更注重胜利者的出生地,[②]有时候政治因素也会影响排定次序。但是从古典时期一直到罗马统治时期,人们一直都有展示重要比赛中获胜者出色成绩的需求。

欲望一直驱动着比赛选手不断向着胜利努力,就像是一部连续剧,不变的是“主角”,其“演员”却如走马灯般更替。不同于戏剧演员的是,运动员在塑造自身个性、展现自己行为方面更加自由。[③] 还有一点不同的是,运动员不到最后都不确定自己的“角色”(是“赢家”或“输家”,是“第一还是……”等等)。事实上,正是这种行为与角色的不确定性,激发了运动员们获得成功的渴望。

竞技比赛现象也会引发观众的欲望,他们在支持自己喜欢的选手的同时,能够以不同方式表达自己的情感。如之前提到,品达

---

① E.J.Morrissey, *Studies in Inscriptions Listing the Agonistic Festivals* (Ph.D. diss., Harvard University, 1973).

② 参见 Moretti(1953)126-127, 注释 49, 51;参见 Morrissey(1973)中的论述。

③ 某些运动员在比赛中采用特色化战略, 因此以其适当的昵称而广为人知(广泛发生于各种文化的竞技运动中): 一名拳击手, Apollonius *Rhantes*, “the Sprinkler”(Paus.5.21.12); Polycles, 一名战车冠军, 名为 *Polychalcus*, “Rich in Bronze”(Paus.6.1.7); Sostratus, 一名古希腊搏击手, 姓 *Acrocheristes*, “the Finger-Breaker”(Paus.6.4.2); Hermogenes, 一名跑步选手, 名为 *Hippos*, “the Horse”(Paus.6.13.3);以及西利西亚一个名为“the Dumb-bell”的运动员(Philostr., Heroicus 53-54)。

描述雅典娜运动会的获胜者特勒西克拉特(Telesicrates)的崇拜者时提到,这些女孩子或女人们都希望这位英雄是她们的丈夫或儿子。很明显,她们的欲望就是能够以某种方式占有这位年轻男子,或者和他有相同才能的男子。观众中的男性也希望拥有这样一个296 儿子,或者希望自己的儿子能够学习这位比赛冠军。竞赛冠军在比赛中展现出的优异品质都会引发观众们各种各样的欲望:从性幻想到对其精神力量的崇拜,再到渴望拥有这名冠军或与之相似者成为家庭成员等等。人们渴望的对象仅仅只是运动员经历艰辛的奋斗之后,力量和地位尚未减退之前,享受成功那一瞬间的形象。卢西恩在其报告的引言部分指出,通过观看比赛,观众们会被带入一种"过度渴求优异与努力"的状态(《阿那卡尔西斯》36),同时他们也受到激励,要在社会的竞争体系中不断超越他人。冠军们和他们完美化的形象不但没有缓和冲突,以他们特有的性感和精神力量鼓舞市民,反而更有可能催生了社会等级的进一步分化,在不同层级之间产生了嫉妒之心。①

冠军雕像刻画的是运动员在运动巅峰的形象——塑造成古典体格的躯体雕像,而且现存的大部分雕像都是男性裸体像。当然,裸体比赛是历史时期男性竞技比赛的传统,近些年的研究表明,这一传统在公元6世纪早期的比赛中比较广泛。② 荷马描绘的运动员则穿着缠腰布(*perizoma*),但是目前没有运动员雕像展示这一传统了。无论这一传统是怎么发展的,它在同时期也引发了为男性神灵树立裸体雕像的传统。这一点也至少引导了一位学者认为竞技运动的裸体现象,无论是艺术刻画,还是社会中实实在在的做

① Telesicrates: Pind., P. 9.97-100, 在本书第八章,第371页注释①中引用。D. Steiner, "Moving Images: Fifth-Century Victory Monuments and the Athlete's Allure", *Classical Antiquity* 17(1998)有效区分了男性观众对于诗歌或视觉艺术中胜利者的迷恋和模仿(或对胜利者的窥阴癖和自恋反应),但就我看来,这过分强调了"情色诱惑和精神力量"之间的联系(146)。

② 参见本书第八章,第346页注释①。

法,都是为了唤起神祇的美、纯洁与自我完善,把它们带到人间。① 但同时不可避免的这些裸体雕像也引发了对完美男性躯体的性反应与性吸引。正如肯尼思·克拉克(Kenneth Clark)所说的那样:"无论是多么抽象的裸体形象,即使是最模糊的影像,都能在观众中唤起性欲,如果无法做到这一点,那么这个艺术品及其精神内涵就是失败的。"②除了会引发性欲望,这些雕像还激励了人们向优秀者学习。有关传奇摔跤手米罗(Milo)的故事很可能就是来自于他的崇拜者,站在他的雕像前,不断重复完善着前人的故事:米罗站在涂满油脂的铁饼上,系在头上的头带爆裂开,紧紧抓着一颗石榴,但没有捏碎。这些轶事可能与之前有人误读了这尊普通的胜利雕像有关:铁饼、头带和石榴实际上是圆形基座、桂冠和一枚作为奖品的水果。此外,鲍桑尼亚听了当地导游的口述,在自己的作品中还披露了更多描述位于奥林匹亚的米罗雕像的细节(6.14.5-9)。这些冠军雕像仿佛都有了生命,让前来观赏的人们惊叹不已,欲望高涨,甚至其他与被纪念的冠军及其胜利没有什么联系的强烈情感也一并被激发出来。

虽然运动员的教练们(希腊语中称为 *gymnastes*,*paidotribes* 或 *aleiptes*)与观众们有同样的欲望,希望鼓励运动员为胜利拼搏,而且成功后希望能够以某种方式占有运动员,但他们有着不同的表达方式。③运动员的崇拜者坐在观众席中,被比赛进程和结果的强

---

① L.Bonfante, "Nudity as a Costume in Classical Art", *AJA* 93(1989)556.

② K.Clark, *The Nude*(New York: Pantheon, 1956)8, cited by A.Guttmann, "Eros and Sport", in *Essays on Sport History and Sport Mythology*, ed. D.G.Kyle and G.D.Stark (College Station, Texas: Texas A & M Press, 1990)146. 参见有关提庇留大帝的轶事。据说,他非常迷恋利西波斯雕刻的 Apoxyomenos(手持刮板的青年),以至于他将雕像搬到了自己的卧室内(Pliny, *Naturalis Historia* 34, 第 61-62 页)。

③ Gebauer(1986)177-78. 关于希腊训练师的论述, 参见 Harris (1964)170-78; Poliakoff(1987)11-18; Gardiner(1910)503-5; J.Jüthner, *Die athletischen Leibesü bungen der Griechen*, ed. F.Brein, vol.1, SB Vienna 249 (Graz: Hermann Böhlaus, 1965) 161-97。

烈热情及期待彻底折服,但是只能拼命呐喊,对比赛结果没有任何297明显或直接的影响。教练员则更能激发运动员内心的欲望,我们可以从菲罗斯特拉托斯(Philostratus)列出的一系列例子中得到印证(《竞技篇》18-24)。许多轶事都表明,教练如能深谙运动员的个性,则在比赛中更能激发其潜力及其力量的超常发挥。著名拳击手格劳克斯(Glaucus)曾经一拳捶直过一把弯曲的犁,有一次在比赛时,他的教练提醒使用这股力量(20)。还有一个教练的例子能很好说明性欲与竞技欲望两者彼此交织,即搏击赛运动员普罗马科斯(Promachus)的教练,他发觉自己的运动员爱上一名小女孩后,假装从女孩那里给普罗马科斯带信说:"如果你能获得奥运会冠军,她是不会拒绝你的"(22)。后来普罗马科斯不仅获胜了,而且他击败的对手还是当时最强大最凶悍的波吕达玛斯(Polydamas)(Paus. 6.5.4-7)。还有其它3个教练的轶事都说明了他们鼓励运动员冒着生命危险去获取胜利。搏击赛选手阿瑞奇翁(Arrhichion)的教练在奥运会比赛时,曾鼓励他说:"'他从未在奥林匹亚向对手屈服',这将会是多么棒的墓志铭!"(21)即使最后失败了,我们也看到了对名望的追求激励运动员为胜利而努力。年轻的搏击赛选手曼德罗吉尼斯(Mandrogenes)的教练给这名运动员的母亲写信时说:"如果您听到您的儿子在比赛中死去的消息,请您相信这条消息;如果您听到的是他被打败了的消息,请您不要相信!"(23)后来曼德罗吉尼斯把教练的预言变成了现实,避免了教练对他母亲说的话是谎言。因此,是与教练和家人的强烈情感促使曼德罗吉尼斯获得了最后的成功。赛跑选手欧皮阿图斯(Opiatos)的教练曾用自己的性命下赌注,押宝欧皮阿图斯一定会赢得普拉蒂亚赛跑比赛(24)。这里可以看出,教练与运动员之间的师徒关系已经超越了生死。

教练的角色很好地说明了运动员的欲望是如何调和、调动起来并受情感因素支配的,特别是当运动员希望为家族、自己所爱的人和后代赢得荣誉的时候。当一场华丽丽的胜利到来之时，欲望也得到了暂时性的满足：

> 此刻，时间静止，记录写进了永恒，运动员不断超越人类的极限，书写世界记录，塑造新的人格，他的名字最终被写入奥利匹亚‘永恒胜利者’的名单之中，他本人俨然已经化身为神。①

当然，这种化身只是暂时的，真正的“不朽”是难以做到的。赫拉克勒斯与西欧吉尼斯的不朽声望是难以企及的，更不用说他们自身已经成为了不朽的神灵，因此成为不朽的欲望注定得不到满足，但我们依然能够感受到人们受到强烈竞技欲望的驱动，虽然他们同时还面临着许多人间的诱惑。运动员在世时，会受到死亡的限制，因此，在教练或其他人的鼓动下，他们作出冒着生命危险、经历各种身体折磨的决定不是一件容易的事，所以他们会追求名望与优异的欲望，这与追求平稳普通的生活之间的矛盾永远存在。 298

希腊竞技比赛中的死亡事件

大部分社会中，运动员在“体育比赛”过程中的死亡既不正常，也不是大家想看到的结果。② 部分学者认为这一现象在古希

---

① Gebauer(1986)184：“[D]ie Zeit bleibt stehen; die Marke des Records schreibt sich in die Ewigkeit ein; der Athlet verwandelt sich beim Überschreiten der gültigen menschlichen Grenzen, beim Weltrekord, in eine neue Natur und bei der Eintragung in die ‘ewige Siegerliste’ Olympias in einen Unsterblichen”.

② 体育社会结构的根本性差异是显而易见的，尤其在暴力系数甚至是否允许危及生命的行为等方面。在罗马体制中，死亡不仅可以被接受，甚至作为一种被广泛认同的结果，参见 K.Hopkins, *Death and Renewal*(Cambridge: Cambridge University Press, 1983); R.Auguet, *Cruelty and Civilization: The Roman Games* （转下页）

腊起源于英雄葬礼上举行的决斗比赛，比赛中会有运动员死亡，其寓意是要揭穿和惩罚对英雄的死负责的人。然而，这并不能解释许多其它的死亡事件，譬如无激烈身体对抗的比赛和葬礼仪式之外发生的死亡事件。① 葬礼决斗比赛意义重大，一方面，它以一种英雄式的方式向死者致敬，另一方面，它将生者与死者的成就形成对照，凸显后者的伟大。而在葬礼比赛上决斗对抗，牺牲个人生命的做法作为希腊竞技竞技的起源的可能性微乎其微。

在历史背景下探寻死亡与竞技运动的关系，再参考当代关于这一问题的看法，似乎能得出更多结论。此时，考虑死亡事件涉及一个更广泛层面的问题，正如之前提到的，它包括许多内容，如在竞技活动中如何面对接近实际死亡的危险或伤病的威胁，如何享受冒险带来的快感，如何避免死亡带来的恐惧，如何看待死亡和名誉等问题。在前面我提到过，死亡与运动的欲望应该是"相互促进"，而非"相互对立"的关系，因为两者能相互补充，不像生存与

（上接注②）（London：Allen & Unwin，1972）；J.-C.Golvin and C.Landes，*Amphitheatres & Gladiateurs*（Paris：CNRS，1990）；P.Plass，*The Game of Death in Ancient Rome: Arena Sport and Political Suicide*（Madison：University of Wisconsin Press，1995）；A. Futrell，*Blood in the Arena*（Austin：University of Texas Press，1997）；C.A.Barton，*The Sorrows of the Ancient Romans*：*The Gladiator and the Monster*（Princeton：Princeton University Press，1993）；D.Kyle，*Spectacles of Death in Ancient Rome*（London：Routledge，1998）。同样，神秘的伊特鲁里亚假面比赛（Phersu）类似于后来罗马的狩猎：J.-P.Thuillier，*Les jeux athlétiques dans la civilisation Étrusque*，Bibliothè que des Écoles Françaises d'Athène et de Rome，fasc.256（Rome：École Française de Rome，1985）586-93。也可以就中美洲蹴球做一项有意义的跨文化比较，在中美洲蹴球中，观众期待甚至渴望一些参赛者死去。参见 V.L.Scarborough and D.R.Wilcox，eds.，*The Mesoamerican Ballgame*（Tucson：University of Arizona Press，1991）。

① 参见以下论文，K.*Meuli, Der griechische Agōn: Kampf und Kampfspiel im Totenbrauch, Totentanz, Totenklage, und Totenlob*（Cologne：Historisches Seminar der Deutsche Sporthochschule Köln，1968，publ. of University of Basel，Habilitationsschrift，1926）和同上，"Der Ursprung der Olympischen Spielen"，*Die Antike* 17（1941）189-208，以及 Poliakoff（1987）149－57（"Appendix：Combat Sport，Funeral Cult，and Human Sacrifice"）中对此的精彩评论。

死亡、欲望和憎恨一样完全对立。竞技场上的爱欲(*eros*)与死亡(*thanatos*)恰好是竞技比赛的两个极端,使得比赛有了更多意义。一名出色的运动员,要有强烈的获取好的比赛成绩和名誉的愿望,不惧怕可能带来的风险,真正的运动员以自己的欲望为动力,并以此克服对病痛和受伤的恐惧。

虽然死亡不是竞技运动中的正常现象,但它常会以其它间接形式表现出来,如重伤,或是一些将死亡和比赛相关联的神话。死亡也是区分竞技比赛与非竞技冲突的准绳。为了说明这点,常被用来作为事例的是荷马描述阿喀琉斯绕着特洛伊城墙追逐赫克托耳的故事:

> 他们一个在前面逃,一个在后面追。
> 跑在前面的是个好人,在后面大步追赶的人品行更胜于他,他们俩并不是为了某件祭品或牛皮——这些赛跑比赛奖品互相追赶,
> 而是为了驯马人赫克托耳的生命安全奔跑。
> 就像是为了奖品进行的比赛,两匹赛马也会以最快的速度绕过折返杆。奖品早就为骑手备齐:
> 如果这个比赛是为某人举行的葬礼比赛,则奖品是一座三足鼎或一名女子。
> 于是两个人用轻快地脚步,足足绕了普里阿摩城三圈。
> (*Il*.22.156-66)

299

赛跑和赛马比赛,常作为两种比喻,以一种讽刺手法来描述竞技运动与战争之间的巨大差别。前面提到了将赫克托耳的生命(*psuche*)作为比赛奖品(*aethlion*)的故事,其中隐喻性的描述显而易见。同样显而易见的还有以葬礼上的战车赛和“比赛”后死亡事件所作的比喻。荷马在其诗歌的高潮部分,选择竞技作

为最有力的喻体,因为后者强调了追逐过程中对人类的严酷考验。①

后期的希腊思想仍然延续着将竞赛中的生与战争中的死相比较的传统。公元前3或前2世纪的一尊为拳击手和搏击赛选手,忒拜的安斯安科斯(Athanichos)铭刻的碑记上,将这位勇士的获奖感言和碑文合为一体:

> 我曾经多次赢得搏击赛,一次在尼米亚,三次在巴斯雷亚(Basileia)
> [在勒巴得亚(Lebadeia)]
> 既参加了男孩组,也参加了成年组的比赛。
> 第三次我在拳击比赛中称霸!
> 我死去的时候,正带领着枪兵奔赴战斗前线,
> 我就是有名的安斯安科斯,
> 就连莽撞的战神阿瑞斯也被我征服!
>
> (*IG*.7.4247)②

这里有一丝讽刺的意味,这点在赫克托耳和阿喀琉斯的著名场景中也有体现,主要是将致人于死地的战争和虽然激烈但更加安全的竞技比赛放在了一起。但不同于荷马史诗,安斯安科斯的碑记极力赞颂了胜利,因为它让这位英雄出了名,这样他就不会在两场最残酷的竞争中被轻易打败。这些碑记上的语言与荷马史诗以及提尔泰奥斯(Tyrtaeus)的军歌等相互呼应,并且都提到了萨耳珀冬(Sarpedon)的死,这位英雄,就是荷马史诗中那位"把战神击

---

① 关于死亡的荷马式表征及其与英雄名望的关系的论述,参见J.Griffin,*Homer on Life and Death*(Oxford: Oxford University Press, 1980)95-102。

② Ebert(1972)209-11, no.70.

败”的人。[①] 提到了提尔泰奥斯的故事，就不得不提这一系列的第12首诗，它赞颂了一直“奋战在前线”的人，[②]浑身拥有勇士的力量。他们的“奖品”是德性（*aretē*），与竞技无关。之后的许多历史故事也反映或沿袭了早期神话中的类比和对比手法。

在神话里的比赛中，生命都是不堪一击的，因为死亡是对失败者的惩罚手段。也就是说，竞技比赛与戏剧有了相似性，它们都是“生与死之间的挣扎”。比赛中常常包含生死的直接交锋，常以两人决斗的形式体现，例如阿贾克斯（Ajax）和奥德修斯之间，厄忒俄克勒斯（Eteocles）和波吕尼刻斯（Polynices）之间，俄瑞斯忒斯（Orestes）和埃癸斯托斯（Aegisthus）之间，赫拉克勒斯（Heracles）和阿谢洛奥斯（Acheloos）之间的决斗，甚至包括赫拉克勒斯与桑纳托斯（死神）为争夺阿尔刻提斯（Alcestis）而进行摔跤决斗等等。[③]许多文化中的神话故事通常的设定是，英雄总在最后才出现，之前有不少挑战者尝试失败，并被大反派杀死，英雄的出现结束了这一切。古希腊文化中许多故事都以竞技场为背景，每个故事都有自己特定的叙事方式且故事主题多样，比较出名的有招亲比赛，已进入文明的希腊人对阵野蛮人的比赛。[④] 但所有比赛中最重要的一点就是失败者都会付出生命代价。我们在前面已经讨论过阿塔兰忒在一次赛跑比赛中失败之后，将她的一位求婚者杀死的故事，也讲过俄诺玛俄斯（Oenomaus）在一场战车比赛中击败希波达弥亚的求婚者后，将他们杀死的故事。各种招亲比赛是以奥德修斯的射斧孔比赛为基础衍生出来的变体，当时向佩内洛普

300

① 并非由 Ebert（1972）no.70 提出，但他确实提到了在 Homer，Il.5.507 和 24.498 以及 Tyrtaeus9.43 Diehl 中发现了类似“冲动的阿瑞斯（战神）”的表达。

② l.16 of Tyrtaeus 以及铭文 l.3。

③ 参见 Weiler（1974）30-31，此处引用了索福克勒斯和欧里庇得斯使用的 *agōn*（竞赛）的 例子。

④ 同上，129-243。

(Penelope)求婚的人没有尽到宾客之仪,直到奥德修斯出现以精准的箭术击败了他们,并成功复仇。赫拉克勒斯与安泰俄斯(Antaeus)进行摔跤比赛并杀死了他,因为安泰俄斯曾残忍杀死了许多路过利比亚的无辜路人。无独有偶,提修斯与刻耳库翁(Crecyon)的摔跤比赛以及波吕杜克斯(Polydeuce)与阿密科斯(Amycus)拳击比赛都是失败的一方被杀死。① 这些比赛中,失败者都难逃一死(除了前面提到的阿塔兰忒的事例)。神话故事常常是通过大肆渲染社会中暴力的极端残酷性与制衡性,而扭曲了社会正常的秩序。死亡通常在比赛中只以象征意义出现。

某些神话将死亡直接作为比赛核心,集中表现生命的脆弱。前面我们提到了赫拉克勒斯与桑纳托斯(死神)为争夺阿尔刻提斯(Alcestis)而进行的摔跤决斗。在另一场极具传奇色彩的比赛中,赫拉克勒斯以他不朽的名声作为赌注,与俄依克斯(Eryx)进行摔跤比赛,打败并杀死了他,因为后者曾不满赫拉克勒斯占有了他的牛向这位英雄挑战。在与冥界的牧羊人墨诺厄提斯(Menoetes)比赛时,赫拉克勒斯最后由于珀尔塞福涅(Persephone)的出现而收手。② 在这些神话中,大多都是摔跤比赛,而生存、死亡以及不朽的名誉都是赌注。我们对生命终有一死的认识在这些竞技领域被放大了。现实生活中,把这些神话故事记在心里的运动员会假想自己亲身参与了,甚至正在和神话中的英雄们比赛。

现在,让我们把讨论的重点从神话转移到荷马史诗中的传说和历史史实上。尽管葬礼比赛是为了纪念已经死去的英雄,③竞

① Weiler(1974)129-39, 153-56, 174-81; Poliakoff(1987)136-37.

② Weiler(1974)145-49; Poliakoff(1987)138-39.

③ 关于传说中和历史上葬礼比赛的传统,参见 L.Roller,"Funeral Games in Greek Art", *AJA* 85(1981a), 第 107-119 页;同上,"Funeral Games for Historical Persons", *Stadion* 7(1981b), 第 1-18 页。关于葬礼比赛中的死亡,让人 (转下页)

技比赛中偶尔也会发生运动员死亡的事件,但死亡与希腊竞技并没有直接或明显的联系。激烈紧张的比赛有时也会导致运动员意外死亡,但是真正出色的运动员,既能自制,也能展示自己的能力。正如前面所讨论的,在竞技道德中,反对过分使用暴力或是表现得狂妄自大(*hybris*),鼓励自制与互助(*aidōs*)。例如,有这么一个拳击手,"径直走向野蛮暴力的对立面"(*Pind.*,*Ol.*7.90-91)。[①] 在普特洛克勒斯(Patroclus)的葬礼比赛上,荷马举出了一些差点就造成死亡或受伤的事例。在战车比赛中,墨涅拉俄斯(Menelaus)将自己的马勒住,避免了与鲁莽的安提罗科斯(Antilochus)相撞,比赛最后,尽管安提罗科斯先完成了比赛,但为了嘉奖墨涅拉俄斯的德性(*aretē*),奖品还是颁发给了他(Il.23.426-37)。在拳击比赛中,厄帕俄斯(Epeius)是胜利的一方,比赛结束时,他扶起了倒在地上的对手(694-97),阿喀琉斯也曾终止过摔跤比赛,以免两名选手"因受伤而耗尽体力"(735)。 301

荷马提倡"带着盔甲战斗"的理念,希腊语为 *hoplomachia*。这一观点无疑是具有开创性的,[②]它明确指出决斗双方需要带着矛和盾进行比赛,胜利者的判定是"最先用武器刺穿对方皮肤,并刺入内部见血",他可以获得一把色雷斯宝剑,而负者,如果还活着的话,也会获得一份价值不菲的奖品。但是史诗中又从观众的角度展现了他们反对暴力的态度,当狄俄墨得斯(Diomedes)威胁阿贾克斯,准备向他颈部砍上去时,观众们都大

(上接注③)联想起阿喀琉斯用特洛伊青年们的生命为死去的普特洛克勒斯陪葬(Il.23.20-23,第175-177页);史诗中的特定景象更好地说明了这种特殊的传统,并且在希腊葬礼竞技中没有任何历史相似性。

① 参见本书概述部分,第33页注释③和第34页注释①。

② Athenaeus(4.41)指出在准军事决斗中戴着盔甲战斗(*hoplomachia*),是由曼提尼亚人发明,被昔兰尼人沿用的传统,但似乎更适合于军事训练,而不是竞技运动。普鲁塔克(*Moralia* 675c-d)将其在酩酊大醉时讲述的一件关于决斗比赛的有争议的轶事,与"以前"可能发生在皮萨(奥林匹亚附近)的死亡事件联系起来。

呼要比赛停止(Il.23.822-23)。这种带着护具比赛的传统可能来自于迈锡尼的葬礼比赛,最近出土的一个公元前13世纪的塔纳格拉(Tanagra)红色黏土无釉陶棺(石棺),上面画有一场葬礼有带着护具的比赛和抚牛腾跃的活动。① 一只公元前8世纪晚期的康塔罗斯酒杯(kantharos)也画有葬礼比赛,决斗双方都全副武装(图9-2)。② 这是目前最有说服力、最重要的,能够证明穿上护具比赛是葬礼比赛最原始特征的证据。杯身上描绘了*hoplomachia*的两种形式:一面(B面)是矛和盾,与荷马史诗中的描述相同,在另一面(A面),只有剑,没有任何护具。而且这种形式的决斗还在其它庆典活动中出现,长矛决斗比赛常常会伴有拳击、跳远或者舞蹈等,而剑术决斗会有七弦琴演奏者(或者是歌手)在一旁伴奏。在A面是独特的一幕,一位手持长矛的人正要被两只巨大的、像狼一般的猛兽撕碎。同样是在剑术决斗旁边,可能描绘了狩猎或是某种未知的古希腊人用自己的方式表达的罗马人狩猎(*venatio*)的场景。无论如何,画中有男女观众在场(参赛者都是男性),而且与雅典凯拉米克斯(Kerameikos)遗址公墓出土的器皿形状类似,表明这只康塔罗斯酒杯上画的是葬礼比赛。画中的葬礼比赛究竟真的存在还是仅存在于神话中,画中展现的是公元前8世纪的传统,或者仅仅是再现某些史诗中的场景,这些都无法确定。有一尊公元前6世纪的克拉左美奈(Clazomenae)石棺,里面的花瓶上也画有手持武器的两个人在决斗,旁边有吹笛者,花瓶侧面还画有战车赛选手以及

---

① W.Decker, "Die mykenische Herkunft des griechischen Totenagons", *Stadion* 8-9 (1982-83) 1-24.

② Geometric kantharos, late eighth c. *B.C.*, Copenhagen, National Museum of Denmark, 727; T.B.L.Webster, *From Mycenae to Homer: A Study in Early Greek Literature and Art* (London: Methuen, 1964) 174 and pls. 24a-b; V.Olivová, *Sports and Games in the Ancient World* (New York: St. Martin's Press, 1984) 86 with pl. and figs.

图 9-2　a(上方,A 面),b(下方,B 面)。几何型康塔罗斯酒杯,公元前 8 世纪晚期。哥本哈根丹麦国家博物馆藏品,编号 727。

比赛奖品等。① 这个花瓶与塔纳格拉出土的花瓶以及康塔罗斯酒杯一样,刻画的也是某位英雄的葬礼比赛的场景。荷马提到的带着装备的决斗的传统可能源于青铜时代,后来这一传统后来在黑暗时代消失。② 关于迈锡尼时期的类似传统,其证据少之又少,因此保险起见,认为迈锡尼的带护具的决斗比赛是受荷马的影响。302 荷马十分赞同早期的传统做法,它能避免造成血腥的场面给观众带来恐惧和担心。荷马的这批观众一定会感到惊讶,500 年后比赛中故意受伤的事件频繁发生。

正如希腊文化里大多数人的观点那样,荷马将竞技精神定义为一种充满着自制力却又有无尽活力的精神,运动员们虽然面临伤病甚至死亡的风险,但最终却能得以避免。卢西恩的作品如果确是反映公元前 6 世纪的史实的话,那么作品中的人物梭伦并不认同外来人关于让士兵们通过在平时的练兵中真刀真枪的格斗是一种胜过竞技的军事训练方法:"用这种方式锻炼士兵,眼睁睁看着他们被利器所伤——荒谬至极!这视士兵如禽兽,错误至极!还没上战场就通过内耗把自己的精兵强将杀死了!"(*Anach*.37)

后来到了公元前 4 世纪,*hoplomachia* 变换了形式,相关的文字和碑文证明其在雅典人中非常流行。目前无法得知这种比赛是怎样进行的,但所有的证据都表明这种比赛并不暴力,不过却是十

---

① 参见 Gardiner(1910)21 及图 2;Rudolph Malten, "Lichenspiel und Totenkult", *MDAI* (R)38-39(1923-24)313-14。不止一组战士被提醒,这块碑文不是为了描绘荷马时代的比赛,而是对于其他葬礼比赛传统的回忆。Poliakoff (1987) 155 认为,克拉左美奈石棺上描绘的竞技可能代表一个战斗场景,因为长笛也用于军事场合。但据我所知,所有这些长笛的使用是为了行军中伴奏,而不是为了战斗。另可参见 W.Raschke, "Aulos and Athlete: The Function of the Flute Player in Greek Athletics", *Aretē* 2(1985)177-200; Thuillier(1985)231-54; Larmour(1999)67-74。

② 塔纳格拉石棺上的证据最终促使我将荷马时代的决斗看作是对一场实际上更早比赛的回忆,而不是一个实际的比赛早些时候的回忆,不是 *pace* Poliakoff,即对两个英雄在希腊营地之间的冲突故事的改造。

分艰苦的军事预科活动。根据柏拉图《法律篇》(833d-834a)中的记载,它类似当今的击剑比赛,能避免运动员受伤,将胜利判给表现最出色的一方。柏拉图还提议,这些比赛应该同时开设男女项目,而且主要在重竞技项目中,如拳击、摔跤等格斗型比赛。柏拉图推崇 *hoplomachia*,相比于竞技运动,这种方式对训练士兵们更加有效。① 直到300年之后,伽林评价了 *hoplomachia* 这种比赛的价值所在。② 后来根据一些刻有冠军名单的碑记记载,最晚于公元前2世纪中期,这种比赛正式成为了雅典提修斯(Theseus)运动会格斗项目的一个部分。③ 铭文列出了两种比赛形式,一种是拿着小盾牌和长矛(模拟重装步兵和荷马时代的战士),另一种是拿着大盾牌和长剑(模拟携带轻武器的士兵)。这份名单一共分为了4个年龄段,3个是少年男子组,一个是18-20岁青年组,即 *ephebes*;似乎没有成年男子组。还有另外一种形式的军事决斗,这种形式仅在柏拉图的《法律篇》(830e)中提到过,叫作 *sphairomachia*,字面意思是"带球决斗",这种形式类似于现代花剑比赛中使用的钝头剑,在矛尖或剑顶端铸上了小球。④ 因此比赛火药味就没有荷马描述的那么浓,而且向参赛者和观赛者都指出竞技运动的暴力性只会达到一定程度,而非竞技运动中发生冲突时,使用武力的双方往往是以杀死对方为目的。

希腊人所称的"重竞技"——拳击、摔跤和搏击赛(后者是结

---

① Plato, *Leg*. 813e and *Euthydemus* 299c.

② Galen, *De sanitate tuenda* 6.6.153-54 和 157-58.

③ *IG* II^2. 957, col. 2, 47-61; 958, col. 2, 67-73; 960, col. 2, 32-35; 962, fr. b, 1-7. 这4个铭文日期可追溯至大约公元前158-前140年。参见 Gardiner (1910) 248; A.Wilhelm, "Siegerlist aus Athen", *MDAI*(A)30(1905)213-19。

④ 参见 Poliakoff(1987)91-95 关于这段深奥文字的具有说服力的分析。关于带圆头端的标枪的实例,参见 E.K. Borthwick 的论述。"The Gymnasium of Bromius. A Note on Dionysius Chalcus, fr.3", *JHS* 84(1964)53, note 25, and H.Frère, *Mélanges Ernout*(Paris: C.Klincksieck, 1940)151。

合前面两者技巧的比赛)是比赛中最暴力的比赛,因此死亡常常发生在这三项比赛中也就不足为奇了。目前有记载的死亡事件共8项,其中拳击4项,摔跤2项,搏击赛2项。① 在面临生死抉择的304 时候,运动员应该采取怎样的态度?亚历山大的拳击手阿格忒斯·岱蒙(Agathos Daimon)是最好的一个典范,他有个昵称"骆驼",35岁时在奥林匹亚去世。以下是一段关于他的铭文:

> 在这座竞技场里,我倒在了拳击台上,
> 向宙斯祈祷,授我花环,或赐我死亡……②

这种精神是之前讨论的竞技道德的升华,特别是对品达的观点的升华,他认为要获得优秀就必须承担一定风险。

> 辛勤的工作和代价常常与卓越的成就相伴。为某项事业一路风险,一路奋斗。
>
> (*Ol*. 5.16)③

一位古代的注释者评价这段文字时说:"(品达)认为'一路风险'不仅因为想在奥运会获胜要付出的代价不确定,而且许多参

① 参见以下文献中的论述:M.Poliakoff,"Deaths in the Panhellenic Games: Addenda et Corrigenda",*AJP* 107(1986)400-403;同上(1987)175,注释12;R. And M. Brophy,"Death in the Panhellenic Games II: All Combative Sports",*AJP* 106(1985)171-98;同上,"Deaths in the Panhellenic Games. Arrachion and Creugas",*AJP* 99(1978)363-90;Thuillier(1985)639-46;C.A.Forbes,"Accidents and Fatalities in Greek Athletics",in *Classical Studies in Honor of W.A.Oldfather*,由其以前的学生和同事共同呈现(Urbana, Ill.: University of Illinois Press, 1943),50-59。

② Olympic Museum inv. no. 848; G.J.M.J. te Riele,"Inscriptions conservées au Musée d'Olympie",*BCH* 88(1964)186-87; Ebert(1972)143; J. and L.Robert,"Bulletin épigraphique",*REG* 78(1965)182; Poliakoff(1987)90.

③ 参见本书概述部分,第31页注释②。

赛者就死在了竞技场”(Sch. ad Pind., *Ol.* 5.34a Drachmann)。因为死亡事件常与争夺胜利相关,所以注释者们都推测出有不少运动员是因为失利而被杀死。① 其中有一位叫波勒马尔克斯(Polemarchos)的运动员,他的墓碑上写着“倒霉”,“为了获得搏击赛的胜利让我付出了生命的代价”。② 但是碑文至少给这位英雄追加了一项荣誉——它是为了追求光荣的胜利,而在“战斗”中死去的。这里我们又不禁回想到前面提到的两名搏击赛教练,他们在比赛的时候不停地激励他们的弟子阿瑞奇翁(Arrhichion)和曼德罗吉尼斯(Mandrogenes),高喊着“让墓碑刻上‘他从来不在奥运会的比赛中投降!’这是多么高的评价!”或者他们给男孩子的母亲写信:“如果你听到你的爱子(在赛场上)死去的消息,不要怀疑其真实性。如果你听到你的爱子输掉比赛的消息,请不要相信!”③

根据记载,来自费加里亚的阿瑞奇翁之前的教练“不停向弟子灌输死亡的观念”(*Gymn.* 21)。④ 阿瑞奇翁本人真的把这些鼓励听进心里去了,在奥林匹亚某场比赛中死去的时候,尽管很痛苦,但是没有投降,直到对手在最后一刻示意投降,人们便在死后给他追加了荣誉(Paus. 8.40.1-2)。有文字记录了当时观众们的反应:

> 他不仅征服了对手,也征服了观众。他们从座位上

---

① Moretti(1953)73 引用,例如,一个国际体育组织的报告显示,从 1945 年到 1952 年,超过 100 个拳击手在比赛中或由于致命伤而死亡。

② *IK Ephesos* 7.1, 3445 = W. Peek, *Griechische Versinschriften I*(Berlin: Akademie, 1955) 680; Poliakoff(1986)400.

③ Philostr., *Gymn.* 21, 23.

④ J. Jüthner, *Philostratus über Gymnastik*(Leipzig: B. G. Teubner, 1909; reprint, Stuttgart, 1969)233 *ad* loc. 指出,“渴望死亡”这个词出现在 Philostratus 的其他作品中(但不包括 *Imagines*);另可参见 W. Schmid, *Der Atticismus* (Stuttgart: B. G. Teubner, 1897; reprint, Hildesheim: Georg Olms, 1964) vol.4, 186-87 附参考文献。事实上,作者可能对这一主题有哲学兴趣,并不影响对阿瑞奇翁观察的合理性。

> 跳起,大声欢呼,有的人在挥手,有的人拍着衣服,有的人不停地蹦跶,还有的和旁边的人扭抱在一起,看到如此精彩的比赛,观众们都已不能自已,任何有感情的人都会为这位运动员流泪。相比他之前连胜两场的伟大成就,这一场胜利更加辉煌,因为这是付出生命的胜利。在倒下之时,他的灵魂就已被送到幸福快乐之地,所以不要把这当成意外事故,很明显,他赛前肯定考虑过这个问题。
>
> (菲斯托拉特斯,《想象力》2.6)

305

阿瑞奇翁的赴死可能是他事先就想好而故意为之的,这一点似乎与其教练一直赞颂的死于奥林匹亚之可贵相矛盾。但如果理解为教练的鼓励更加坚定了阿瑞奇翁死的决心的话,两者就统一了。不论这件事真实与否,作者都向读者展示了一场极其逼真的场景,反应了人们当时的理想。作者还提到,比赛的获胜者(阿瑞奇翁)在胜利中迎接死亡,甚至是主动寻死以得到永存于世的好名誉。观众们的反应也值得关注,因为他们也从这场比赛中获得了收获。他们受到了英雄的激励,内心狂喜,希望能够有朝一日模仿英雄的做法。对伴随死亡而来的胜利,阿瑞奇翁充满了渴望并精心准备(根据菲罗斯特拉托斯的记载),这点燃了观众们内心的勇气和热情,并将它们带入自己的生活。

波勒马尔克斯(Polemarchos)、曼德罗吉尼斯(Mandrogenes)和阿瑞奇翁这三个故事反映的精神主题是一致的,都是任何为了胜利所付出的努力,做到极致就是不惧怕,甚至是渴望死亡。另外两则故事提出一个观点,这种行为也需要一定的克制。来自爱皮丹努斯(Epidamnus)的克里乌卡斯(Creugas)是一名拳击手,他被残忍地刺杀,而且内脏都被掏空了,他死后被追加了胜利者的头衔(Paus.8.40.3-5)。另外一名拳击手,克里特的迪奥内图斯(Diognetus)公元前488年在奥林匹亚的比赛中杀死了他的对手,最后却没有被判为获胜方,但他的本国人都将他视为英雄。① 来自埃斯泰帕拉娥(Astypalaea)的克莱门德在公元前 484 年的奥林匹亚拳击比赛中杀死了对手,也没有被判为获胜方,使他十分恼火(Paus.6.9.6-8)。和迪奥内图斯一样,克莱门德最后也被自己国家的人民视为英雄,这遵循了一条皮西安的神谕,尽管后来他从奥林匹亚回到自己国家时,杀害了 60 名学童。因过度使用暴力或狂妄自大而造成死亡是规则所不允许的,而杀死对手则不会受到谴责。有时候,杀死对手反而给予了获胜者英雄般的形象。所以后来在关于西欧吉尼斯(Theogenes)的故事中又加入了一个他在奥林匹亚比赛中杀死对手的传说。② 但为什么一位如此英勇伟大的运动员,还比不上其它的运动员呢?

德尔菲的达奥库斯纪念碑(Daochus monument)有段铭文,大约是公元前 338-前 332 年间所作,上面记载了来自法尔萨鲁斯(Pharsalus)的忒勒马科斯(Telemachus)在一场摔跤比赛中战胜当地最强壮的人,后者则死在了赛场之上。碑记的记载并不完整,所以还存在一些争议:两人是否都自愿参加这场生死决斗?获胜者是否宣称对手的死亡只是意外事件(似乎是这样)?这场比赛是在一个定期举行的希腊节日中举办的吗?还是仅仅是两个强壮男人之间特意进行的一场表演赛?③ 在这个事例中,尽管另一名选手死亡,忒勒马科斯的胜利还是充满了自豪,而公众不会谴责他,这一点也毋庸置疑。同时胜利和死亡还被记录在这块著名的纪念碑上。他聪明地使了一点伎俩,使得人们将他与其它伟大的运动员相提并论。

306

---

① Photius 190.151 a; Hönle(1972)100; L.Moretti, *Olympionikai, I Vincitori negli Antichi Agōni Olimpici, MemLincei ser*. 8.8.2(Rome: Accademia Nazionale dei Lincei, 1957)84 no.181; Poliakoff(1987)175, 注释 12。

② Athenagoras, Supplicatio pro Christianis 14.62(Otto); Poliakoff (1987)175, 注释 12。

③ Thuillier(1985)639-46.

雅典的律法将竞技比赛中失手杀死一名运动员视作战场上死了一名士兵一样。两者都很暴力,但都非自我意识主导的。为了说明这两则例子中死亡是“合法的”,在阿波罗·德尔菲琉斯神殿进行了一场审判,“杀手”可以根据德尔菲的法律,获得灵魂净化。① 所以只要竞技场上的死亡是偶然的,杀人的一方都不会受到惩罚。

“人们不会欣赏不冒一定风险,轻而易举获得的成功,他们记住的往往是经历一定磨难而获得的成功”(Pind, *Ol.* 6.9)。品达的文字里暗示了暴力风险是竞技和战争中的英雄精神所留下的财富,通过冒险才能得到更大的机会从而获得成功。在赞颂一名搏击赛选手时,品达指出胜利的喜悦可以冲淡一切之前的痛苦和艰辛:

> 他获得了一场光荣的胜利,
> 在这片广袤的尼米亚平原上,
> 他已经精疲力竭,
> 而这场胜利会为他带去慰藉。
>
> (N.3.17-19)

后来一位注释者评价道:他认为胜利是各种打击伤痛的良药。即使满身伤痕累累,在享受胜利喜悦的那一刻,伤痛已无关紧要。(Schol. ad Pind., *Nem*.3.29 Drachmann)。运动员此刻沉浸在喜悦和某种欲望之中,在其最紧张强烈的程度下这种欲望甚至瞄准了死亡。

以上所有的例子全部来源于像拳击、摔跤和搏击赛等重竞

---

① Dem. 23.53; Arist., *Athenaion Politeia* 57.3; Pl., Leg.865a.参见 Poliakoff(1987)175,注释 12 和 402; D.M.MacDowell, *The Law in Classical Athens* (Ithaca: Cornell University Press, 1978)117。

技项目。神话中其它的比赛中也会出现死亡事件，例如阿喀琉斯追逐赫克托耳就是一场生与死的较量，而普通的竞技赛跑只是为了赢得奖品而进行的争夺。珀罗普斯的赛马比赛以及阿塔兰忒的赛跑比赛也都是生与死的较量。但竞技比赛本身比起故事中生与死的争夺，就显得小巫见大巫了。神话故事往往夸大 307 比赛的风险和激烈程度，但它们还是列明了所有竞技比赛必须遵守的一系列规定。竞技比赛留下的是不朽的欢呼，随之消失的是可耻的沉默。所以，竞技比赛就代表着竞技场之外人生路上的各种挣扎与奋斗。

卢西恩在他的《安纳查西斯》这本书中并未特意指出竞技运动能激励观众们，给他们带来勇气，他认为这种激励作用是很普遍的。在对比了一场斗鸡比赛中某位观众的表现之后，他提到所有观看比赛的人“都有以一点渴望面对危险，这样会显得他们与那些战斗的公鸡一样英勇，不会因为受伤、害怕或其它因素而放弃(《安纳查西斯》37)。虽然斗鸡比赛是很暴力残酷的，但卢西恩这里暗含的意思是连残酷性弱一些的斗鸡比赛都可以激励人们去冒险，那任何形式的竞技比赛都可以给人们带来勇气。

现在，我们要提一些运动场上其它的死亡事件来拓宽这一主题，这些事件发生在非对抗性项目中，神话故事记载了几个由于掷铁饼而导致的死亡事件。最出名的一件倒霉事发生在雅辛托斯(Hyacinthus)身上，他被阿波罗扔出的铁饼砸死了。[1] 但是也有其它一些被铁饼砸死的事件，有一些是偶然的，有一些是蓄意的：如赫尔墨斯砸死科库斯(Crocus)，奥克叙洛斯(Oxylus)砸死瑟缪斯(Thermius)[或阿尔西多科斯(Alcidocus)]，帕尔修斯(Persus)砸死阿克里休斯(Acrisius)以及珀琉斯砸死福科斯(Phocus)

---

① Apollodorus 1.3.3, 3.10.3; Ovid, *Metamorphoses* 10.174ff. 参见 M. Lavrencic et al., *Diskos, Quellendokumentation zur Gymnastik und Agonistik im Altertum* 1 (Vienna: Böhlau, 1991) 142 更多附加来源。

等例子。① 普鲁塔克还提到过伯里克里斯(Percicles)时期有人曾意外地被飞来的标枪射中而死(《伯利克里斯》36);安提丰(Antiphon)四部曲中的第二部也虚构了一个男孩被飞来的标枪射中的情景(Antiph,2.2.7)。

甚至连赛跑比赛也会直接或间接与危险、死亡这些字眼沾边。希波墨涅斯(Hippomenes)与阿塔兰忒就是为了终极赌注而赛跑的最佳例证,这与阿喀琉斯与赫克托耳的追逐如出一辙。当时还有一项 *hoplitodromos*,即"带甲赛跑"的习俗,每 4 年在普拉蒂亚(Plataea)举办一次,规定"一位比赛获胜者,如果再次进行比赛,必须拿性命当赌注,如果输掉了,就会被处死"(菲罗斯特拉托斯,《竞技学》8)。对于赛场上的失败者而言,这种极端且前所未有的处罚也许是由于在伊露塞瑞亚(Eleutheria)或"自由节"上,一个"胜利者"被打败是凶兆的象征,因为这个节日是为了庆祝希腊人公元前 479 年在普拉蒂亚大败波斯人。② 因而,在普拉蒂亚赛跑比赛中,胜利者会被认为是希腊人中的"最强者",而且被授予"非常丰厚的奖品"。换句话说,比赛的目的就是为了突出一个人能代表所有希腊民众,他的名誉必须得到保护,甚至付出他自己的生命也在所不惜。这点与古代希腊人用活人祭祀的传统很相近。比

---

① Galen, *De compositione medicamentorum secundum locos libri x* 9 (Hermes-Crocus); Paus.5.3.7 (Oxylus-Thermius/Alcidocus); Paus.2.16.2 and Apollonius Rhodius 4.1091 (Perseus-Acrisius); Paus. 2.29.7 (Peleus-Phocus). 更多文献参见: Lavrencic (1991) 142; Forbes (1943); Weiler (1974) 227–28; J.Jüthner, *Die athletischen Leibesübungen der Griechen*, ed. F.Brein, vol.2, SB Vienna 249 (Graz: Hermann Böhlaus, 1968) 251, 注释 75。

② Jüthner (1909) 201 *ad Gymn.*8, 第 128 页的文本, 第 24 行;同上, F. Brein, 第 2 卷 (1968),第 114 页,第 250 条。关于此项严厉规则的唯一其他参考参见 Philostr., *Gymn.*24。但是, 竞技选手自己并不承担死刑的风险, 而是其教练将自己的生命作为保证, 并鼓励运动员再赢得第二次胜利。任何人都可以把自己而非参赛者的生命作为担保, 证明任何有意愿的个人都可以作为公共的替罪羊, 只要有人牺牲并获得赔偿金。

赛对于集体而言具有重要的象征意义，这高出了个人利益，同时也指出了其它比赛也需要有象征意义和公共性，但不需要这么极端。

在赛跑比赛另一个截然不同的方面，缠着腰布进行比赛是件十分冒险的事，它与竞技比赛中引入裸体的传统有关。美伽拉人（Megara）奥西普斯（Orsippus）是公元前720年奥运会单程赛跑冠军，"根据某些记载，后来他在比赛中被缠腰布绊倒摔死了，他的对手就这么轻易地击败了他。也是从此时开始，运动员被规定必须裸体参加比赛"。① 裸体比赛的传统源头还有另一个说法是，雅典的执政官希波墨涅斯规定，一名运动员因缠腰布摔倒之后，其它参赛的运动员必须裸体比赛。② 正如传说中战胜了阿塔兰忒的那位他的同名者一样，这位也叫希波墨涅斯的执政官终结了可以致命的赛跑比赛。运动员摔倒致死的现象非常少见，前面奥西普斯的例子在早期及更可靠的史料中并没有提及，可能是和"某些病症有关，很难解释。"③但是缠腰布只是一块像纸尿裤一样的布，松垮地挂在腰上，没有别针、束带或其他东西固定。④ 简而言之，它十分容易掉落，然后裹住运动员的双脚。但这也不能说明缠腰布就是比赛中的危险因子。事实上，跌倒的危险在阿贾克斯、奥西普斯和希波墨涅斯的故事中起着重要作用只是为了表明看似最安全的比赛也有危险因素存在。从我个人来说，第一次知道古希腊场地赛跑比赛很危险是在数年前，我在奥林匹亚与同事们来了一场即兴赛跑，结果我半路滑到了，膝盖因此受了重伤——这是段痛苦

308

① Eustath.4.316（Stallbaum），*ad Hom.*，Il.23.683；*Etymologicum Magnum s.v. gumnavsia*；Moretti（1957）61–62，no.16.

② Isidor.，*Origines* 18.17.2；Schol. Venetus A *ad Il.*23.638；Moretti（1957）62.

③ N.Crowther，"Athletic Dress and Nudity in Greek Athletics"，*Eranos* 80（1982）168；cf. the other sources on Orsippus，Paus.1.44.1；IG 7.52＝CIG1.1050＝G.Kaibel，*Epigrammata Graeca ex lapidibus conlecta*（Berlin：Reimer，1878；repr. Hildesheim：Olms，1965）843.

④ A.Kossatz-Diessmann，"Zur Herkunft des Perizoma im Satyrspiel"，*JDAI*97（1982）75.

的记忆,我也在奥林匹亚"死了一回"。

赛跑比赛中的逃跑与追逐,并不总是像女孩子成人礼上那样象征着"情欲追求",且比赛中追逐者与被追逐者的角色也一目了然。有时赛跑比赛也会造成"致命"后果,输者可能丢了性命或者好的名誉。在神话故事中,这样的例子屡见不鲜,通常发生在神与人之间,像厄洛斯与提托诺斯(Tithonus),哈德斯与珀尔塞福涅以及珀琉斯(Peleus)和西提斯(Thetis)。[①]他们彼此之间的吸引并非以赛跑比赛的形式,但是常常含有逃跑和追逐,因此情欲与宿命色彩兼有。赛跑与追逐都非常简单,甚至是非常原始的比赛竞技方式,其中隐含的寓意适用于生活中的任何领域——如生存和爱情。有了赛跑比赛作比较,就不难理解一个人在这些事业上的成功和他经历的过程了。

在非直接身体对抗的项目中,赛马和战车赛是最危险的两个项目,马术比赛和养马都只有富人才承担得起的,他们有时为了寻找刺激也会去参加战车比赛。费迪皮迪兹(Pheidippides),一位家财万贯的、年轻的雅典人,在梦里梦到参加战车比赛之后,高喊出了阿里斯托芬《云》的开场词:"菲洛!你在作弊!在你自己的赛道跑!"(Cl.25)[②]索福克勒斯所作的《伊拉克特拉》中猜想俄瑞斯忒斯(Orestes)在德尔菲的一场战车赛碰撞中身亡,这也反映了希腊战车比赛中常有的事故:

309

> 埃涅亚人的马匹开始变得狂暴。从这个弯道开始,
> 跑完第六圈,继续第七圈,
> 他们直接撞向巴尔卡的马队。两者都把对方撞翻了。
> 整个克里撒(Crisa)平原都为这场碰撞事故而震惊。
>
> (索福克勒斯,《伊拉克特拉》724-30)

---

① D.Williams, "The Brygos Tomb Reassembled", *AJA* 96(1992)634.

② Young (1984)111, 注释6;Kyle(1987)131, 注释31。

赛道的结构没有明显的分隔线，这一问题也增加了正面碰撞的机率。[①] 公元前 462 年德尔菲的一场四马战车赛，只有昔兰尼的阿瑟斯拉斯（Arcesilas）的战车完好地通过了终点（Pind.，*P*.5.49-51）。品达所称的“风险中的行为”以及他对“轻而易举获得的成功”的不屑，都体现在他为战车比赛所写的颂歌中。

在荷马史诗和奥林匹克战车赛的传统中，这种比赛的重要性是最明显的。正如前面提到的，荷马笔下描述的普特洛克勒斯的葬礼战车赛中，墨涅拉俄斯（Menelaus）在一处较窄的地方避免了与对手的冲撞。比赛中最危险的地方在折返柱（希腊语为 *terma* 或 *nussa*），战车在那里需要转 180 度的弯，第一圈的时候尤其惊险，因为那时赛场上的车还挤作一团。另一个故事中，内斯托尔（Nestor）在战车赛前，向安提罗科斯建议，在进入弯道时放慢速度并靠近折返柱以此争取有利位置（Il.23.322-45）。更有意思的是，内斯托尔是这样描述比赛中的折返柱的：

> 我告诉你，赛道上那个明显的标识，不可以漏掉。
> 一根风干的柱子，高 6 英尺，要么是橡木，要么是松木。
> 它还没有被雨水侵蚀，
> 两边各靠有一块白色的石头，
> 伫立在路线的交叉处，周围地面比较平整。
> 它要么被作为早已死去的某人的墓碑，
> 要么早在许久之前就被人们建成折返柱。
> 脚步轻盈、头脑灵活的阿喀琉斯则将它定为目的地。
>
> （Il. 23.326-33）　310

---

① H.A.Harris, *Sport in Greece and Rome*（Ithaca：Cornell University Press, 1976）162.

很明显,这个边界作为一个*sema*,一个"标记"或"符号"象征着别的东西,即取胜策略中最关键的地方。在希腊语中,这个标记(*sign*)既可以是"*sema*(墓碑标记)",或者是"*nussa*(折返柱)",或者两者都有。因此就诞生了下面这个公式:*sema*—"标记"=*sema*—"古老的坟墓",或者*nussa*—以前的"目标"=*terma*—现在的"目标"。这个物体被描述为一根"风化的柱子",大约和一个成年人差不多高,不会受到风雨的腐蚀。表现出一种矛盾的物理特性(已经死亡,却仍然引人注目和坚固)。① 这种物理特性因此也回应了这个标记的作用同样是模糊不清的(既可以是死者墓地标记,也可以生者比赛的目的地)。这个含糊不清的问题从来没有得到解决,而且后来的叙述中只提到了一次"*terma*"这个词:观众伊多梅纽斯(Idomeneus)对欧墨洛斯(Eumelus)和他的战车作出的推测,认为他会出事故(*eblaben*,461):

> 我看到马群第一次通过折返柱(*terma*)的情景……
> 要么是御者松了手上的缰绳,
> 要么他无法控制马匹很好地转弯,轮子恰好也卡住了。
> 就在这里,我猜测他肯定掉了下来,战车随之也撞毁了。
> 马匹在却途中精神亢奋,跑离了比赛赛道。
>
> (Il.23.463,465-68)

欧墨洛斯最后一个完成比赛,但阿喀琉斯可能认为他在比赛中出了事故,最后出于同情,给了他第二名(532-46)。折返柱再

---

① 我将ξύλον αὖον译为"风化的柱子",尽管传统上其英语翻译为"干树桩":参见以下版本翻译:R.Fagles, M.Hammond, R.Lattimore, S.Miller, E.Rees, E.V.Rieu, and W.Sweet. Only LSJ2 s.v. II takes ξύλον, a *hapax legomenon* in Homer, as "piece of wood, log, beam, post"; cf. "dry pole" in ibid., s.v. αὖον 1。干的木材自然是经过风化且更为强大,两块侧面夹住木头的石块大概能使其直立在杆坑中。

次成为焦点，因为观众们都认为在这个地方，连马术界最负盛名的人也会受伤(289,536,546)。在这里，马通常会突然兴奋起来，我们无法得知欧墨洛斯是不是在这里撞上别的战车了，我们只看到他从第一名的位置掉到了最后，但是他的战车和他本人都完好无损，也许是沟壑而并非折返柱处才是真正危险的地方，在这里，安提罗科斯的战车差点撞上墨涅拉俄斯的战车。

那么，人们为什么如此关注折返柱呢？当然，荷马曾提到过这些标识也有其值得肯定的地方。首先这体现出赛事组织者的用心，他们在参赛的年轻人忽视的地方设立标识，提醒他们注意，而且标识的设立也说明阿喀琉斯颁发同情奖也是有依据的。但是这个标识本身固有的模糊不清的问题依然存在，包括标识周围的地理形态，以及选手通过这些标记时他们的运气好坏(第一名变成最后一名)。这些都让人关注折返柱的重要象征意义。正如我们看到那样，赛场上所有的英雄们都冒着死亡或受伤的风险参加比赛，他们甚至会死在比赛中途。但无论他们是不是最后的冠军，他们都获得了光荣和尊敬。在荷马史诗中，折返柱在赛场中央，象征着这是比赛的“十字路口”：从这里，一个人可能会转运，也可能会倒霉，当然，结果如何还是取决于比赛者处理意外情况的能力。(cf.66)如果一个人能够诚心地向神灵祈求帮助，这个坎儿可以更轻松地过去(公元前547-前546年)。简而言之，竞技比赛中的这样一个地点的设立，象征了每个普通人在生活中都会遇到的严峻时刻。 311

后来提到战车比赛传统的资料进一步描述了折返柱位置可能存在的坟墓以及马匹会在这里变得狂躁不安。鲍桑尼亚告诉我们，在古希腊跑马场转向柱对面的观众席上，伫立着：

> ……马匹的梦魇——塔拉克斯普斯(Taraxippus)的雕像。那是个圆形的祭坛，马匹一到那里就被一阵突如

> 其来的强烈恐惧感而吓到,进而造成一片混乱。一般情况下,战车会撞毁,御者会受伤,因此御者比赛之前都会供奉塔拉克斯普斯,祈求它带来好运。
>
> (Paus.6.20.15)

鲍桑尼亚还撰写了数篇关于拉克斯普斯起源的文章,它的名字字面意思就是“干扰马的人”(6.20.16-18)。圣坛位置的墓碑是为谁建的众说纷纭:也许是著名的埃利亚战车手奥勒纽斯(Olenius)的墓碑,或者是与赫拉克勒斯并肩战斗打败奥革阿斯(Augeas)的达米奥(Dameon)和他的马埋葬的地方,或者是珀罗普斯的战车手米瑞卢斯(Myrilus)的纪念碑(他的灵魂在奥林匹亚赛场上震慑住了拉车的赛马,之前他也震慑了俄诺玛俄斯的战马),还可能是曾害死了希波达弥亚的追求者的俄诺玛俄斯本人的灵魂,在这里继续危害御者,或其中一位求婚未果的追求者阿尔卡修斯(Alcathus)那充满敌意的灵魂,再或者是珀罗普斯从忒拜的安菲翁(Amphion)那里拿来的一些具有魔力的器物。另外一份史料甚至说塔拉克斯普斯是珀罗普斯的另外一个名字(Hesychius, s. v.《塔拉克斯普斯》)。鲍桑尼亚还记录了伊斯米安竞技场也树立着一尊塔拉克斯普斯神像,据说这一神像起源于西西弗(Sisyphus)的儿子格劳克斯(Glaucus)的灵魂,他在父亲的葬礼赛马比赛中发生了意外(Paus.6.20.19)。以上所有的史料都将动物的狂躁行为归咎于某个人没有安息的灵魂,也解释了在荷马时代的赛场,折返柱是英雄的埋葬地点。虽然鲍桑尼亚的书中不同的解释之间有矛盾之处,但也没有说某一观点就比另一观点更加有说服力,只要看着有道理,作者就会列在书中。所有这些观点都表明了英雄的埋葬之处即是转向成功或失败的关键地点。

312

鲍桑尼亚同时还提到了伊斯米安赛场上没有这种心存恶意的英雄灵魂干扰比赛的情况,尽管伊斯米安赛道转弯处附近一块火

红的石头的反光也会惊吓到马匹(6.20.19)。他还提到了德尔菲的赛场上也没有这种英雄灵魂:

> 自从某些邪恶的神出现,让每件事都好坏对半之后,阿波罗竞技场也出现了赛马比赛运动员遇到麻烦的情况。但是这种麻烦并不是马匹突然变得狂躁,而具体的解释既不是由于某位英雄灵魂的原因,也没有其它缘由。
>
> (10.37.4)

许多当代学者可能都同意鲍桑尼亚对战车比赛事故原因的解释,这些传说提供了一种令人信服的叙述方式。折返柱附近的墓碑也反应了大众信仰中根深蒂固的一部分。

鲍桑尼亚针对塔拉克斯普斯造成灾难的原因给出了一个最终解释,也是他认为的最令人信服的解释,迪奥·克瑞索托也同意他的观点:塔拉克斯普斯是海神海神波塞冬——"马神"的绰号(*Hippios* 6.20.18)。[①] 曼提尼亚(Mantinea)(Paus.8.10.2)的跑马场和竞技场旁也有一座"马神波塞冬"的神殿,斯巴达的竞技场附近也有一座"撼地之神波塞冬"的神殿(Xen.,Hell.6.5.30)。在科林斯的市集,靠近赛马跑道,有一尊赫洛提斯(Helotis)的雕像,这位英雄与马神波塞冬和马神雅典娜(译注:原文为 Athena Hippia。Hippia 与 Hippios 一样都是司马之神的意思。)都有一定联系。[②] 罗马谷神康苏斯(Consus)也与这有着紧密的联系,他的地位和海

---

① Dio Chr., *Orationes* 15.76(Arnim)也同意鲍桑尼亚谴责将此次事故归因于一个恶魔。另可参见 J.G.Frazer, *Pausanias's Description of Greece*, 第 4 卷(London Macmillan, 1913), 第 84-85 页, 6.20.15, 引用 Lycophron, *Cassandra* 42-43 和 *Tzetzes, Schol. ad Lyc.*Cass., ad loc.,此书还提供了塔拉克斯普斯的另一种身份, 即采用某个"earth-born Ischenus", 他的坟墓位于克罗诺斯山脚下, 可能是一个同意服从神谕、用死亡来结束饥荒的一个当地贵族。

② O.Broneer, "Hero Cults in the Corinthian Agora", *Hesperia* 11(1942)128-61.

神波塞冬一样重要，其神像被人们树立在马克西穆斯竞技场（Circus Maximus）的折返柱旁。罗马还有在折返柱旁树立3个锥形物体的传统，这一做法可能是受到一些伊特鲁里亚的葬礼纪念碑的形状影响，或者它的蛋形锥尖是受到对卡斯托尔（Castor）和波吕杜克斯（Polydeukes）的崇拜的影响，传说狄俄斯库里兄弟（the Dioscuri）是从一个蛋里面孵出来的，他们与马和死亡再复活的祭仪相关。①

无论是在荷马时代，还是其后的历史时期，折返柱与死亡联系起来的原因在于这个地点确实发生了很多战车事故，因为在此处，战车车轮必须急速转向，在马匹后以近乎"漂移"的方式将车头尽可能快的调转。"马的梦魇"则指的是到达这一位置时，它们被曾经死在这里的某个未能安息的灵魂，也就是"塔拉克斯普斯"所惊吓。没有人能够准确说出究竟是谁的灵魂在奥林匹亚运动会上起313 作用，或者说是海神波塞冬自己在发挥他的神力？在希腊其它地方甚至罗马都有类似的传说和祭仪，与奥林匹亚的传统相同，或者是出于类似的需要而归咎于某一个死去的灵魂（或像尼米亚运动会那样归咎于一块石头），赛手们则可通过大赛前给他们献祭来避免比赛时遇到危险。前面关于"塔拉克斯普斯"的源头讨论并没有否认对折返柱的崇拜或者坟墓在当时的存在，这也经常赋予许多实物以象征意义。

虽然激烈对抗性的比赛是所有竞技比赛中最危险的，但赛

---

① J.H. Humphrey, *Roman Circuses: Arenas for Chariot Racing* (Berkeley: University of California Press, 1986) 11, 255-59. 荷马的改装车和马克西穆斯大竞技场的折返柱都反映了狄俄斯库里的大门（*dokana*），然而，这依赖于一个错误的类比：W.K. Quinn-Schofield, "The Metae of the Circus Maximus as a Homeric Landmark; Iliad 23. 327-333", *Latomus* 27(1968)142-46; *contra*, Humphrey(1986)256 and notes 155-56. E.P.McGowan, "Tomb Marker and Turning Post: Funerary Columns in the Archaic Period", *AJA* 99 1995)615-32，研究位于赛马场附近或其中的实际的古代丧葬柱形纪念碑，显然是为了通过与荷马时代英雄之间的联系来成名。

马、战车赛以及赛跑比赛这些没有身体对抗的比赛更加像一个人的人生轨迹，在赛道上的时间就是人的一生。在折返柱处发生不幸的人，不得不以一种不体面的方式提前结束了他们的生命。另一方面，能够成功完成比赛的人就能过上幸福、受人尊敬的生活，甚至受到英雄般的待遇。希腊和罗马的文学作品中常将这拿来作比喻，“要成功转过生命的最后一个弯”。① 公元前3世纪的诗人海罗达思(Herodas)在诗中将赛跑比赛与太阳神联系了起来：

> 日出日落即为循环，第60个弯道就在眼前。
> 啊！格鲁鲁斯(Grullus)，你却倒下化为灰烬。
> 生命的弯道后一片漆黑，因为阳光已经昏暗下来。
>
> (*Mime* 10)

在诗中，人的一生被比喻成太阳一年一次的轨迹，这可能是由于罗马神话中的太阳神索尔(Sol)和希腊神话中的波塞冬一样，与战车赛联系紧密。

罗马石棺和一个骨灰盒上描述战车赛的画面再次表明战车赛和死亡有联系。②有趣的是，罗马人在石棺上常用厄洛斯(丘比特，埃莫)来充当比赛的御者，而且全部都在儿童石棺上。比如梅兹

---

① Soph. *Oedipus Coloneus* 91; Euripides, *Hippolytus* 87; id., *Electra* 956; id., *Helen* 1666. Cf. the Latin expression *meta vitae*: Vergil Aeneid 10.472; Ov., Tristia 1.9.1; Valerius Flaccus 6.310; Silius Italicus 5.406; Apuleius, *Metamorphoses* 4.20.“折返柱”和“生命课程”的比喻当然也同样适用于赛跑比赛中，同样的希腊和拉丁术语适用于马术和赛跑比赛。

② Humphrey(1986) 196-207; M. Turcan-Deléani, “Contribution à l'étude des amours dans l'art funéraire romaine: les sarcophages à courses de chars”, *MEFR* 76(1964)43-49; N.Blanc and F.Gury, in *LIMC* III.1(1986), 952-1001, nos. 380(cinerary urn) and 381-84 (sarcophagi).

出土的石棺画(图 9-5)。①关于这一点有多种理解,因为许多场景中都有车辆残骸出现,有人就认为厄洛斯这个形象象征着夭折的孩子,但是谁来象征这些场景中的获胜者呢?这些死去的人在某种意义上是胜利者吗?可以把这些画看作是一个婴儿的短暂一314 生,或任何人的一生,因为成人石棺上还画有成年御者。② 罗马的石棺画恰好是早期希腊文学比喻手法的补充,它加入了爱神厄洛斯来代替人类御者。罗马人将厄洛斯与儿童联系在一起可能是由于这个神有孩子般的爱玩天性,这一点与早期的希腊古典文学塑造的形象一致。罗马人的这种传统也早已得到公认。因此,公元5世纪晚期的一个花瓶上画有一辆鹿拉的车,御者是一个年轻的厄洛斯,另一位厄洛斯在一旁协助(图 9-4);希腊文学中将年幼的厄洛斯塑造成一个调皮的孩子,而后又塑造成一个婴儿。③ 古典时期的艺术作品中,年幼的厄洛斯则与各种比赛联系在一起,像掷骰子,保龄球以及投球等等。另一只花瓶画有一位年轻人手拿一个球,站在哈德斯宫殿外,象征着欲望、死亡和游戏。④ 还有一只花瓶画有厄洛斯朝下拿着一支火炬,通产被认为象征了死亡与这位神有某种联系。我们在第八章中提到的厄洛斯与雅典火炬传

---

① Sarcophagus, Mainz Römisch-Germanisches Zentralmuseum= Humphrey(1986)199 pl. 100.

② 参见 Humphrey(1986)196-197, 655 注释 49。从公元 2 世纪中叶到大约公元 300 年的 37 块石棺, 描述的都是孩子们和爱神厄洛斯一起;只有 6 块石棺是成人与真实的战车御者, 时间从约公元 200 年到第 4 世纪。另可参见 *LIMC* III.1, s.v. "Eros/Amor, Cupido", 1000-1001, nos.380-386 中七处关于厄洛斯/丘比特比赛的描写;其中有四处, nos.381-384 是孩子的石棺。

③ 微型酒壶(形态 3), Athens Nat. Mus. 1736; ARV^2 1258。两个爱神厄洛斯, 一辆行进战车, 第二个手持小鹿, 带黄褐色酵头: Deubner(1956)245 and pl. 32.2。关于厄洛斯/丘比特的变化形态, 参见 Blanc 和 Gury *LIMC* III.1(1986)1043-1044。在阿波罗尼奥斯的《阿耳戈英雄纪》3.114-66 中孩童造型的厄洛斯玩游戏可能有助于普及这次变革。

④ K. Schauenburg, "Erotenspiele, 2. Teil", *Antike Welt* 7.7(1976b)30-31, citing the krater, Leningrad 424.

图 9-3　石棺。约公元前 300 年左右的作品。德国梅兹罗马—日耳曼中央博物馆考古研究所收藏。

图 9-4 微型酒杯(第三款)。约公元前 420 年左右。画家:霍巴特。雅典国家博物馆藏品。编号 1736;Beazley, ARV2 1258。

递相关,似乎让我们觉得他与死亡相关这个观点更加吸引人,但是据最近的一项研究来看,倒拿着的火炬的象征意义仍是模棱两可地的。① 将死亡与战车赛特别是折返柱相关联也源于早期希腊神话,正如我们所看到的,折返柱常见于石棺上,通常是在两端,画面中还经常有残骸和惨遭踩踏的运动员。

316

笔者认为,厄洛斯出现在埋葬品上的战车赛中是数种希腊—罗马式的传统的综合,画上未成年的厄洛斯参加多种日常

① A.Hermary, H.Cassimatis, and R.Vollkommer, in *LIMC* III.1(1986)939.

活动，一方面反映了这位爱神在罗马时代的知名度，另一方面也体现了比赛中无惧甚至夸耀死亡的娱乐精神。最晚在公元前5世纪，前面讨论过的厄洛斯参加摔跤、拳击及其它比赛的形象既已成形。[①]将厄洛斯、人的欲望隐喻为比赛中的紧张、努力以及竞争精神，与罗马石棺上死亡、冒险和恐惧等主题契合。这些主题恰恰是人们实现其欲望过程中所经历的。有一组刻画战车赛的玻璃杯，其中最有名的一只叫作科尔切斯特杯（the Colchester cup），上面的画更直观地表现了当时人们对参赛运动员的态度：所有失败运动员的旁边都刻有VA[LE]，即“再见”的字样，而胜利者旁边则是AV[E]，即“祝贺”的字样。[②] 大部分的参赛者都十分不体面地“去”了，剩下的则取得胜利。事实上，厄洛斯作为欲望、死亡和比赛统一成一体的代名词，最后体现在儿童的石棺上，这一点是合乎情理的，因为它体现出（也许只是理想中）儿童们在死亡来临时的状况和品质：充满欲望和潜力，充满竞争精神，但是最终不得不屈服于命运。虽然将这一观点传播开来的是罗马人，但它的最初思想来源于希腊人关于竞技运动死亡和欲望的概念，或至少是与之一致的。

在希腊赛马场折返柱处死去的运动员都不能算是伟大的英雄，大多数鲍桑尼亚定义为有可能是塔拉克斯普斯的灵魂在神话里生前都不是什么重要人物或干脆就是失败者。真正的英雄是能像珀罗普斯那样可以完成比赛，获得胜利的人。根据希腊人的价值观，“胜利”不在于生命的长度，也不在于有多少财产和权力，而是在于生活得“幸福”，希腊语为 *eudaimon*，即是身体健康，家庭美

---

① 参见本书第八章以及 A.Hermary，H.Cassimatis，and R.Vollkommer，in *LIMC* III.1（1986）882-83，nos.388-95 and 911-12，nos.712-22；K.Schauenburg，“Erotenspiele，1. Teil”，*Antike Welt* 7.3（1976a）39-52；Schauenburg（1976b）28-35。

② Humphrey（1986）188-93.

满,与其他人和谐相处。①

奥林匹克竞技场以及圣坛的设置鼓励运动员们对抗死亡,所以与塔拉克斯普斯雕像相对的还有“一座希波达弥亚的青铜雕像,手持一条绸带,准备系在珀罗普斯的身上,祝贺他胜利”(Paus. 6.20.19)。希波达弥亚的名字字面意思是“马的克星”,于是她就在建筑和比赛精神层面成为了塔拉克斯普斯的对手。她的神像树立在奥林匹克赛马场和自己的神殿里,大致位于跑道的西侧,象征着赛场上和人生道路上的成功的奖励(Paus.6.20.7)。珀罗普斯的神殿位于更加靠西的位置,它的作用也是提醒各位比赛者成为冠军后能获得的各种荣耀和幸福,在本章开头阶段提到的给予珀罗普斯的神秘祭品,提醒各位死后也要追逐良好的名誉(Paus. 5.13)。赛马场上的神坛也告诉了我们,人们认为神祇的力量是可以影响比赛的:

317

> 在赛马比赛出发点附近,有一个神坛,上面写着宙斯的绰号“命运使者”(Moirageta),因为无论每人的命运如何,无论每人得到了或失去了什么,人类的活动他都了如指掌。在这个神坛附近还有椭圆形的命运女神神坛,之后依次是赫尔墨斯的神坛和两座宙斯的神坛,而且宙斯的两座神坛最高。在马匹出发的大门中间有马神波塞冬与马神赫拉的神坛。柱子附近则是狄俄斯库里兄弟的神坛。(Paus.5.15.5)

这一组神包含了所有与马匹有关,以及能影响“命运”之神

---

① 特别参见 Herodotus 1.30–33 中梭伦与 Croesus 的讨论,以及关于一般性处理可参见 A. W. H. Adkins, *Moral Values and Political Behaviour in Ancient Greece* (London: Chatto and Windus, 1972) 和 K. J. Dover, *Greek Popular Morality in the Time of Plato and Aristotle* (Berkeley: University of California Press, 1974)。

(*Moirai*)的神秘力量,他们是所有赛马比赛参赛者和观众最关心的问题。赫尔墨斯是通道和转向之神,因此也就是掌管赛马场入口的神,①他还是"灵魂的引导人",所以也与好运和死亡有关。以上提到的所有神祇都象征着比赛即是"人生的历程",后者正是前面诸神的辖区。波塞冬常与马匹联系在一起,这点,毋庸置疑,而赫拉与马匹的联系还需要进一步解释。② 在这里,她是早期的生育之神,是"猛兽的情人",统治着人类和动物界。克列欧毕斯(Cleobis)和比顿(Biton)的故事就体现了这一点,这两人都是阿尔戈斯(Argive)的英雄,都在拉着战车送母亲去阿尔戈斯赫拉神庙的途中死去了(Herodotus 1.31)。赫拉·忒勒亚的出现也是正合适的,因为她是成就之神,象征"完成"(*telos*)比赛。③

奥林匹亚也有阿瑞斯(Ares Hippios)和雅典娜(Athena Hippia)的神坛,都是由于其与马匹有相关联系,还有潘神、阿佛洛狄特和宁芙的圣坛,这些神都与旺盛的生育能力有关(Paus.5.15.6)。此处出现的不是厄洛斯,而是与自然联系更加紧密的潘和宁芙,是由于阿佛洛狄特的职能包括掌管人类和动物(不管是文明的,还是野蛮的)的生殖活动。无论如何,只要有这些神出现,就意味着比赛的风险很大,不仅仅是某一次比赛的简单胜利而已,因而比赛本身也就具有了象征生命的重要含义。 318

---

① Humphrey(1986)135-36.

② Burkert(1985)64-65(=[1977]113-14); Simon(1980)79-84 (Poseidon Hippios); 43-44, 49-50(Hera Hippia).

③ Joan V. O'Brien, *The Transformation of Hera: A Study of Ritual, Hero, and the Goddess in the Iliad*(Lanham, Md.: Rowman and Littlefield, 1993)192-201. 无论是对于分配赫拉在比赛中的主要象征权力,还是将阿喀琉斯这样的英雄的早逝和运动员在折返柱处(即比赛结束之前)的死亡进行类比,可能我无法像 O'Brien 研究得如此透彻。一个人成功与否并不取决于其生命的长度,成功在此处隐喻比赛中的"胜利"。关于赫拉女神,参见 Burkert(1985)133, 135(=[1977]210-11, 214)。

结 语

死亡与渴求在希腊竞技运动中轮流行使其职责。在所有的竞争中，避免死亡对人类或是动物来说，是延续种族、建立等级的基本原则。① 对这种共同目标的渴求使得运动员、观众以及教练为了成功可以不惜付出任何代价，尤其是那些可以被别人看到的代价。因为正是这种代价让胜利更加荣耀。一旦比赛中出现死亡事件，比赛本身也就跨越了竞技运动的范畴，必须终止，由裁判、观众和其它运动员来判断比赛是否失去了其象征意义，而单纯地成为了一件再普通不过的活动——选手的死亡是否是偶然发生，而不是受到外力冲击而造成的？阿瑞奇翁的故事有意思的一点是，虽然他是为了获得荣誉而精心策划了自己的死亡，但他还是获得了赞誉。这一点符合比赛规范是因为每一位选手，包括阿瑞奇翁，最终的对手都是自己，并在公平的原则下去迎接而不是畏惧死亡。

阿瑞奇翁在搏击赛进行到高潮时死亡，所有观众都为这样一个戏剧性的结局欢呼雀跃。阿瑞奇翁的死亡让人们想到了早先及之后的那些用自我牺牲赢得至高荣誉的英雄们。克里特出土的一名运动员遗骸的嘴里有一枚公元前 1 世纪的硬币，头上戴有一个金色的冠军皇冠，旁边有一个青铜短颈单柄球形瓶（图 9-5）。② 我们无法知道他是否是在比赛中死去的，但是可以推断这位死者极为重视这些象征胜利的装饰品，还希望将自己胜利的荣誉带到死后。还有一个形象能让人回想起阿瑞奇翁故事，也就是在克里特文明的圣亚达角状环（Minoan Hagia Triada rhyton）上有一名斗

319

① Girard(1977)145.

② 一个戴着金色皇冠的竞技冠军头骨，以及一个公元 1 世纪波利尔希尼亚的银币，Hagios Nikolaos Museum 7355-56；青铜短颈单柄球形瓶（出自同一墓穴），3709。

牛士被一只猛冲的公牛的犄角所刺伤的情景(图9-6)。①我们也无法得知这个青铜时期手工作品上的形象是否就是比赛的胜利者,但他为却是一个戏剧化的转折点,并且体现了当时的观众也像后人那样对赛场上的暴力和死亡着迷。类似的情况也发生在现代,斗牛士荷西库贝勒(José Cubero)被公牛最后垂死的一击所杀,虽然后者已经被斗牛士重伤了。后来观众们举办了一场盛大的仪式,安葬了这名斗牛士。关于这件事,一名当代评论家说道:

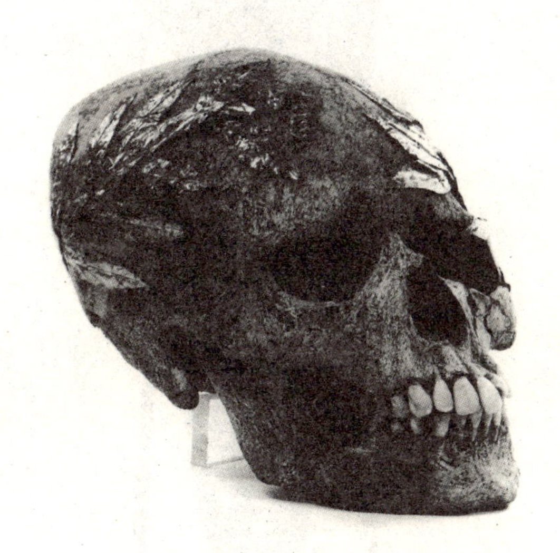

图9-5　加冕金冠者的头盖骨。同时出土的还有公元1世纪的波利尔希尼亚(Polyrrhenia)银币。尼可波利斯考古博物馆(Hagios Nikolaos Museum)藏品。编号7355-56。

① Hagia Triada "Boxer Rhyton",包括"牛背跳"运动员死于牛的犄角。位于克里特的依拉克里奥考古博物馆,参见T.Scanlon,"Women, Bull Sports, Cults, and Initiation in Minoan Crete", *Nikephoros* 12(1999)33-70。

的场面。克里特赫拉克雷恩(Herakleion)考古博物馆藏品。

图 9-6 圣亚达(Hagia Triada)"拳击手角状环"。画有斗牛士被牛角刺死的场面。克里特赫拉克雷恩(Herakleion)考古博物馆藏品。

> (斗牛比赛)创造出一个临界点,只能通过流血牺牲才能避免。……与权力和统治相关的决定在此刻都只是象征性地存在了。……斗牛士和牛的死是有必要的,甚至有一丝调和的意义。这已经成为一种仪式。①

到达转折点,冒着受到暴力伤害的危险,以及通过设立等级来完成比赛,这三个要素当然是希腊竞技的一个部分,但是死亡与胜利同时发生的情况是否与献祭仪式产生共鸣,这一点则并未在希腊文化中有所提及。打动希腊人的则是个体愿意为名誉而冒险这种传统的英雄主义精神,以及高危比赛的戏剧化特质。

古希腊运动中的死亡事件是值得关注的重点,原因在于正常比赛中是不会出现死亡事件的。青铜时代之后,在希腊已经几乎没有公开的人与野兽的对战了。狩猎活动也停止了,但是人与人之间日常生活中的其它竞争,特别是通过战争的形式,是与竞技比赛最为相似的活动。竞技比赛(*agōn*)最主要的象征意义并非需要有人付出生命或者耗尽体力,它是对抗者之间的表演,两人拥有同样的目标,其中特殊的角色会在复杂的社会背景中被赋予一定的深意。我们尚不清楚,也无法证实,是不是一些潜意识里的或原始的冲动,不管它是我们狩猎祖先的杀戮欲或其它欲望,促成了希腊人之间的竞技比赛(或者依我看,也促成了其它文化中的"竞技文化")。此外,通过研究社会条件下的价值观与比赛行为的关系,还会有更多的发现。

一种竞技活动与当地神话故事、神祇、之前英雄及勇敢的运动员的故事、特定节日习俗的社会功能、运动员的社会地位与性别等许多因素相关,这些因素有一些在本书中已进行了探讨,还有一些则未有涉及。竞技活动的特质在比赛术语中得以体现:*agōn* 意味　320

---

① Gebauer(1986)272.

“争夺优势的比赛进行的地点”，*aethlos* 则指“艰苦的竞技比赛”。许多战争英雄的道德准则都是通过军事训练中的竞技活动，以及文学作品中的战争——竞技的形象而表达。竞技与战争能直接联系起来，因为两者在彼此对抗竞争的精神层面十分接近，主要的区别在于是否会出现死亡。正如伯里克里斯葬礼比赛中体现的那样，竞技的社会作用在于激励公民在战场上和其他服务于城邦的活动中不断追求胜利的荣誉。322

第十章　结语：竞技运动、宗教、性别以及厄洛斯之间的关系

以上各章节分别讨论了古希腊竞技运动与宗教和祭仪的联系、竞技运动与即将成年的少年男女人格塑造的联系以及竞技运动与同性和异性恋现象的联系。本书结语部分将首先对这些现象按年代顺序进行综述，并阐述它们时间上的内在联系。然后会谈到一些普遍的观点，主要是关于我们与古希腊人在竞技运动、宗教、派代亚以及性爱等方面的异同点，从而帮助我们更好地审视自己的文化。

年代综述

因为荷马史诗中的英雄们也是运动员，所以我们也能从这部史诗中窥见一位公元前 8 世纪的诗人如何在理想化的历史环境中塑造这些运动员形象。荷马描述的运动员和他们的竞赛，无论是临时发起的，还是为重要人物的葬礼而组织的，都包含一种竞技运动文化。比起后来有组织、定期举办的运动节文化，这种文化显得十分不正式。荷马之后的各种传奇故事，将最早的定期举办的运动节——奥林匹克运动会的源头向前延伸到青铜时代，因为荷马

曾提到过涅斯托耳(Nestor)时期的伊利斯城(Elis)的奥林匹亚山附近举办的运动会。但奥林匹亚的考古学发现表明:公元前8世纪以前,没有任何规模的运动节在此地举办过。① 根据荷马对英勇的运动员的描述,似乎有一段时期,所有竞技运动比赛既不是常规的祭仪庆典,也不是对未成年人的成年礼仪式。恰恰相反,他描述的大部分运动员都是成年英雄,当时也没有专门设立男孩或青少年比赛。当然,荷马描述的运动会也反映出了一个普遍的观念,323 那就是神祇通过帮助或伤害参与运动会的人类取得他们想要的利益。如果这个观念早在荷马诗歌之前就大致形成了,那么史诗中的叙述无疑塑造了神作为运动员守护者的形象,同时为他们后来成为竞技运动比赛的守护神起到了铺垫作用。

公元前8、前7世纪,人们对荷马史诗的热衷也使得他们对正规化的奥运会兴趣愈发浓厚,奥运会也极大地提高了荷马史诗的知名度,两者相辅相成,推广了全希腊人共有的文化遗产。无论如何,公元前8世纪古奥林匹克运动会的举行标志着宗教与竞技运动竞赛之间存在最原始的且意义重大的制度联系。为英雄或国王们的去世举办的葬礼比赛,其源头可以追溯到青铜时代,这些比赛同样与宗教有关。我们暂不讨论关于其它希腊运动节源头的传说,因为那些节日普遍缺少早期的遗迹和考古学证据,可能有些与奥林匹克运动会一样古老。我们所做的与奥林匹亚相关的考古调查发现,早在青铜时代的奥利匹亚就有祭仪存在,因为那个时代的建筑中有一座为珀罗普斯建造的祭坛。然而,直到公元前10世纪都没有发现祭仪习俗的延续。还有证据显示,在伊利斯城附近或奥林匹亚不定期举办的竞技运动比赛,可能是在黑暗时代(公元

① 关于伊利斯比赛的论述,参见 Il.11.698-702。关于公元前8世纪以前奥林匹亚的赛会,参见 H.Lee,"The 'First' Olympic Games of 776 b.c.", in *The Archaeology of the Olympics: The Olympics and Other Festivals in Antiquity*, ed. W.Raschke (Madison: University of Wisconsin Press, 1988) 110-18。

前 11-前 8 世纪)，也就是公元前 8 世纪古奥林匹克运动会重组之前举办的。但是很明显，在这次重组之前，没有任何定期举办的节日既含有竞技运动比赛，又是某位神祇的纪念节。如果在黑暗时代，奥林匹亚确有举办比赛，那么与重组后的奥林匹克比赛相比，这些比赛不定期，不够正式，规模更小，可能仅仅是供宙斯、诸神或其它英雄的精英信徒们娱乐消遣的民间比赛。希腊诗人赫西俄德(《神谱》435-43；公元前 700 左右)认为赫卡特是一位庇护运动员的女神，尽管她只是一个用魔法给人带来幸运的女神，而且这一角色后来被赫尔墨斯取代。她并非某个运动节的守护女神，否则，她也不会不为人所熟知。公元前 7 世纪早期，荷马风格的《阿波罗颂歌》(*Homeric Hymn to Apollo*, 146-50)是最早的一部描述了为神举办庆典比赛的诗歌。从这以后，像奥运会这样把宗教节日和运动比赛结合起来的形式逐渐流行起来。

我们还对古罗马时期(公元前 146 年—公元 4 世纪)的奥运会进行了研究，结果显示，在基督教统治者到来之前的这 5 个世纪里，竞技运动节的组织机构表现出极强的适应力。简言之，这一时期，政治、经济和文化环境都发生了巨大变化，但宙斯纪念节和竞技运动比赛依然盛行，组织更加灵活。也是从这时开始，比赛的精英理念逐渐被各个社会阶层的人所接受，讽刺的是，最开始在荷马史诗中被称为贵族的比赛，现在演变成了一场所有参赛者和观众们共同享用的“欢乐盛宴”。参赛者和观众的地域来源逐渐扩展到小亚细亚、埃及和当时由罗马帝国统治的意大利，比赛本身、比赛理念和宗教根基，以及美体至上的竞技运动文化，和古典时期相比没有什么变化。在这段时期，参赛国数量增加，反映了当时一个更大的文化现象，这种文化现象涉及大部分本地的和泛希腊竞技运动节，我们的研究尚不能涉及如此之广。除了奥运会这种表现形式，这种现象还有另一种表现形式值得注意，那就是偶尔有女性参与男性运动会，在除奥林匹克之外的其它运动会中，她们要么是

324 参赛者，要么是赛事的主办者（*agonothetai*，见引言部分）。总之，作为希腊文化一个普遍代表，奥运会抓住了这一契机，吸引了地中海沿岸各国的参赛者，同时在另一个精英部落——罗马人不断企图将运动会举办地转移到意大利的情况下，奥运会依然保留了，甚至创造了许多与奥林匹亚诸神相关的祭仪。

考虑到这种形式的奥林匹克运动会的延续性，并且弄清楚传统古希腊运动会的根基和核心是宗教节日后，我们接下来介绍在数千年的古奥林匹克运动会中，不同城市，不同年代，竞技比赛与宗教，性别和爱欲等的关系。证据显示，娈童和竞技运动启蒙教育（派代亚）的源头并非是在史前或印欧时期，而是从公元前 8 世纪开始逐渐产生的。早期的比赛不分年龄组，一律面向成年男性。荷马的诗歌和早期的奥林匹克比赛都说明，最早的竞技运动与希腊启蒙教育的传统没有联系。在公元前 7 或前 6 世纪，克里特和斯巴达两地都将教育体系制度化，更准确地说是重组了这一体系，以此指导年轻男性进行竞技运动训练和正式的同性性交。除了这两点，两地的教育体系还融入了宗教的成分，这三点因素共同推动了男孩们向成年过渡。普遍认为，两地的人们首次将裸体的传统带入了运动会，并且使娈童的做法日臻成熟。从公元前 7 世纪开始，这两个传统逐渐传入其它希腊城邦，尽管它们不像克里特和斯巴达那样，拥有成熟的教育体系，规定必须有这些教育项目。在锡拉岛一处竞技运动场遗迹附近有一些关于娈童的碑刻，其历史可追溯到公元前 6 世纪，这些碑刻与斯巴达的多利安风格很像，但是我们还未在这座岛上找到关于斯巴达式教育方式的遗迹证据。雅典的教育体系虽不及斯巴达和克里特那般有条理，但也有证据显示，从公元前 6 世纪，也就是梭伦改革（公元前 594-前 593 年）开始，娈童和竞技运动文化兴盛起来。到公元前 527 年，庇西特拉图在阿卡德摩学园内的泛雅典那女神节火炬传递的起点处，树立了一尊爱神厄洛斯的雕像，进一步将雅典运动员的性行为制度化。

在希腊中部的忒拜城，有座公元前728年奥林匹克运动会胜利者的陵墓，因为一位传奇的忒拜立法者深爱他，陵墓后来成了男性接吻比赛的场地，这一点也许可以证明早在公元前8世纪晚期或公元前7世纪早期，同性性爱就成为了竞技运动文化的一部分。在 325 公元前4世纪，忒拜城的“神圣军团”由同性情侣组成，这一点印证了当时全城高度重视同性情欲文化。

公元前7世纪，健身文化经历了一场实质性的革命。表现在公元前650－前600年，越来越多地方采用裸体比赛的方式，而且越来越多城邦接受了娈童文化。我们知道，这两种现象是互补的，都是渐变的过程，彼此促进，这一点可以在公元前7世纪末，前6世纪初找到很多证据。克里特、斯巴达和多利安人的国度锡拉岛先后作为潮流的引领者，拥有正规的包含了娈童教育、竞技运动训练和裸体文化教育的男性教育体系。公元前6世纪的前30年里，希腊人在德尔菲，伊斯米亚和尼米亚设立了一系列面向全希腊的“皇冠级”竞技运动循环比赛，都反映出人们对竞技运动节热情高涨，无疑也促进了包括娈童文化在内的竞技运动文化的传播。每个城市的竞技运动场就几乎成为了男子教育体系的中心，这一模式延续了数个世纪。

在古风时期和古典时期，很少有希腊妇女加入到竞技运动中，但就是通过仅有的几个历史故事和神话传说，我们就可以知道竞技运动在当时男女有别。已证实的影响力较大的女子运动赛事有奥林匹亚的赫拉亚运动会，斯巴达的女子教育体系，以及在比赛项目上仅次于男子运动会的阿提卡举办的阿卡提亚运动会。所有的女子比赛一律只准未婚女子参加，因为这些比赛能帮助她们过渡到成年阶段。在奥林匹亚，每4年举办一次女子赛跑比赛，分3个年龄组，比赛的目的是纪念妻子的庇护女神赫拉和一位极具传奇色彩的女性——希波达弥亚。她的丈夫是男子奥运会创立者之一的珀罗普斯。赫拉亚节可能是在公元前580年左右创建或重办的,它的原型或许不包含竞技运动比赛,其历史可以追溯到公元前8世纪,与同在此地的男子奥林匹克运动会的创立时间相同。如果赫拉亚节在公元前6世纪早期就第一次引入了赛跑比赛,那可能是受斯巴达地区用竞技运动训练女孩的传统的影响,但我们只能推测有特定的影响。斯巴达女子竞技运动训练的传统可能始于公元前7世纪下半叶,参赛者们像斯巴达的男孩子们一样,被分成不同组进行赛跑、摔跤、掷铁饼和其它竞技运动项目。更重要的是,我们发现女性和男性一样,同性性教育也是其成长教育的一部分。我们研究的其它女子比赛不存在有女子同性恋现象,这点说明女同现象通常出现在性别隔离的教育环境中。和男性娈童恋一样,成年女性与女同的关系同时建立在教育功能和性爱需求之上。女子运动会比赛中有一项特殊的赛跑比赛。该项比赛是为了纪念狄俄尼索斯以及那位将其引入斯巴达的英雄。虽然现在不确定其326 具体创立的时间,但它是一种象征大众团结的仪式。阿卡提亚节的赛跑比赛,在阿提卡的布劳隆城和穆尼奇恩城举办,它也是一项每4年一次的女子运动节,目的是为了纪念阿尔忒弥斯,其历史源头至少可以追溯到公元前5世纪上半叶,但真正开始可能是在公元前6世纪晚期。阿卡提亚节有一项追逐赛,比赛中女孩们模仿的是一个女孩被熊追赶,继而跑向圣坛的传说,因此这项比赛也是一种婚前成年教育。

除了这几个古典时期的女子竞技比赛,还有罗马时期糅杂在男子运动节中的女子竞技运动比赛,而且在希腊罗马时代,还有女性赞助战车(虽然不是她们驾驶)参加比赛。① 这些后来的比赛和赞助行为只表明其受到了精英阶层女儿们的影响,与女性在竞技运动比赛中的地位无关。另一方面,虽然赫拉亚节、阿卡提亚节和斯巴达女孩们的比赛都是采用了常规的男子竞技运动比赛的形

---

① 参见本书概述部分,第42页注释①和②。

式，但目的却截然不同，具体来说就是，在女孩们认识到自己成年角色之前，让她们接触本来不属于她们性别的事物。虽然只能推测，但极有可能阿卡提亚节运动会的观众只有女性。在斯巴达和奥林匹亚，女孩们的比赛有男性观众，他们的目的可能是来挑选未来的妻子，因此这些比赛有了唤醒情欲以及社交的功能。无论如何，女子赛跑传统（包括在斯巴达更加系统化的竞技运动训练）并没有任何像男子比赛中公开的、制度化的同性恋现象。当然，不排除在女孩的身体锻炼和文化教育中有女同关系的存在，至少在斯巴达和女诗人萨福的家乡莱斯博斯岛（Lesbos）上有这种情况（普鲁塔克，《来库古传》18.4）。

阿塔兰忒的传说只是进一步强化了我们从历史中获得的关于女性与竞技运动运动的关系的看法。赫西俄德给她取了外号“飞毛腿”，表明在公元前 700 年左右，她是位了不起的运动员。提奥格尼斯（Theognis）的诗歌也证实了她逃婚的故事早在公元前 6 世纪就广为流传。公元前 550-前 500 年的花瓶上的图画显示阿塔兰忒是一名摔跤手，公元前 500 年的一只花瓶上则画着她参加赛跑比赛的情景。因此，有些故事不鼓励女孩子参加看似不淑女的竞技运动，而是应该平时培养温婉的气质，并体现在婚姻生活中。这种观点的根基就在公元前 8 世纪，到公元前 6 世纪已广为流行。从公元前 8 到前 6 世纪，女性与竞技运动的联系越来越少，伴随的却是男子运动节数量的增加。这种性别差异使得斯巴达的女子比赛体系，与其它希腊城邦的相比，更加弥足珍贵，但如古典时期的文字所写的那样，这也导致了雅典和其它城邦的人对肌肉发达的斯巴达女性嗤之以鼻。这样我们也许就能理解为什么赫拉亚节运动会的比赛只有赛跑：女孩子们不需要像参加摔跤比赛的阿塔兰忒那样拥有强壮的上体肌肉，只要能够像参加赛跑比赛的阿塔兰忒那样在跑道上竞争，希望可以赢回一个丈夫。

327

作为爱神和性欲的双重象征，厄洛斯在阿塔兰忒的故事中扮演了重要角色；有些花瓶上的图画就表现了神围绕在这位女英雄的附近（图 7-1，7-3）。进而也说明厄洛斯的确在女子竞技运动比赛中发挥作用，这些比赛则标志着女孩子们向成年过渡。在斯巴达，年青男性往往会被比赛或训练中的裸体女孩吸引。如果赫拉亚运动会有男性观众，那些半裸的女赛跑者势必会引发一场轰动。即使像阿提卡的阿卡提亚节运动会这样，所有观众都是女性，参赛者依然是在庆祝她们向婚姻和婚后性生活的过渡。虽然不同的地方，男性派代亚的正式程度也不一样，但是到公元前 6 世纪，许多希腊城邦都有同性性教育。因此男性派代亚直接包含竞技运动以及与之相伴的性行为。男孩的竞技性兴奋现象（译注：指从观看运动员的比赛中得到满足和快感），和女孩们的一样，受到庇护神的监督，尤其是每一个男子运动节都有守护神，从公元前 6 世纪晚期起，厄洛斯的神像或神坛在各大竞技运动场无处不在。根据相关资料，公元前 650-前 600 年间流行起来的裸体比赛的做法催生了竞技运动领域的娈童恋，而且公共比赛中的裸体男性会同时引起男性和女性观众的性欲。

然而，这种引发情欲的过程是渐进且复杂的，时间跨度从公元前 8 世纪一直到公元前 6 世纪，而后才形成前面章节所讨论的形式，并作为一项固定活动延续了数个世纪。性活动，和宗教及青少年成年礼一样，在公元前 8 世纪并没有与竞技运动挂钩。荷马和赫西俄德的作品都没有明确提到娈童恋，因此同性恋与竞技运动在公元前 8 世纪并没有直接联系。当然也不排除确有同性关系发生，像第三章中提及的公元前 728 年的奥林匹克冠军狄俄克勒斯（Diocles）和忒拜的一名立法者菲洛劳斯（Philolaus）之间的恋情。但经证实这件事的发生时间不早于公元前 4 世纪，而且直到公元前 6 世纪，文学和艺术作品中才开始公开歌颂竞技比赛中的同性恋和异性恋行为。公元前 600 年左右，人们采用裸体比赛的形式以及各地公共或私人竞技运动场馆的兴建，都创造了这种性欲的氛围。根据大批的轶事传说和一些希腊瓶画(图 8-8)，到公元前 5 世纪，男女卖淫现象非常普遍，运动员们都十分享受这类特殊服务。这些反映同性或异性性交场面，以及有厄洛斯在运动员身旁的瓶画，以公元前 6、前 5、前 4 这三个世纪数量最多，它们都让观看者不得不赞叹其美感。后来瓶画摒弃了这一主题仅仅是因为艺术家们为了寻找新的主题，并非竞技运动中的性欲热情在减退。

对这种性欲文化，有些运动员沉迷其中，有些则过着禁欲生活，这种分化出现于公元前 5 世纪。我不能肯定地说那些早期禁欲的人是出于个人意愿，或是某位教练的鼓动，还是受严厉的哲学家布道的影响，但无疑三种情况都存在。从柏拉图开始，哲学家们都赞扬这些保持贞洁的运动员们能战胜形体渴望欢愉的欲望，隐含的意思就是禁欲只是个别情况。到了罗马希腊时期，运动员的性欲越来越强烈，简直就是希腊讽刺诗人们的文章中描述的“传奇般的贪婪”。 328

厄洛斯的雕像，常有赫尔墨斯与赫拉克勒斯和它建在一起，最早出现在公元前 6 世纪晚期，在公元前 4 世纪后的数个世纪内，它便成为了竞技运动馆必不可少的建筑。与此同时，反映他在运动场景中的瓶画消失了。厄洛斯最引人注目的形象是他作为摔跤手，与“相爱之神”安忒洛斯进行比赛，它可能于公元前 5 世纪在伊利斯城的竞技运动场里创作的，因为在那里运动员们会进行奥林匹克运动会前的训练。更不起眼但同样重要的厄洛斯雕像树立在雅典学园的进门处，卫城脚下的安忒洛斯雕像则与之相呼应。这两尊雕像的位置恰好就是泛希腊运动会火炬传递的起点和终点。个人内心与厄洛斯反复斗争的紧张情景，最为生动的体现在厄洛斯—安忒洛斯的形象塑造上，同时也可以看作是希腊比赛系统的象征。战胜欲望就是一种抗争，无论其目标是所爱的一个人还是更高的社会地位(如奥林匹克皇冠)。

在皮奥夏的塞斯比阿(Thespiae)举行的厄洛迪亚运动节(Erotidaea)是为数不多的几个纪念厄洛斯的运动节,它的创立时间不晚于公元前2世纪。这个节日展现了当时人们对神祇以及它与竞技运动的联系很感兴趣。塞斯比阿的教派非常古老,在运动节加入竞技比赛之前早就存在。厄洛提底亚运动节(Erotidaea)在鲍桑尼亚时代(约在公元前150年)十分兴盛。还有一个更加古老的厄洛斯竞技运动节——萨摩斯的埃留忒里亚运动节(Eleutheria),这个节日在公元前6世纪到公元前4世纪之间创立的,可能是为了庆祝公元前522年波利克拉底(Polycrates)的降生。我们重新回到了宗教与运动会的联系这个主题上,而这时运动会已经与性行为也有了直接联系。为数不多的厄洛斯运动节帮助我们定位了性行为与运动比赛的联系;厄洛提底亚运动节,和许多同时期的其它节日一样,都是将竞技比赛嫁接到一个古老的节日之上,而埃留忒里亚运动节则把厄洛斯当成社会和政治凝聚力(或是盟友)的推动者,人们借此来对抗暴政(参见第八章)。两个节日与制度化的娈童行为以及派代亚都无直接联系,尽管神在这些现象形成的过程中起了重要作用。虽然厄洛斯代表的力量核心是对男女的系统教育,但他自身并不是一个有关成人礼的神。

竞技运动、性爱、性别角色形成以及宗教都与希腊竞技体系有关。有些联系是从荷马开始的;到公元前600年,竞技运动比赛有了一个成熟的系统,而且会根据运动员表现出的男子汉德性(*aretē*)评定其社会地位和荣誉头衔。如希腊人所说的,神给予了个人荣誉至高无上的权威。因为竞赛最初展现的是身体的阳刚美和构造美,在竞技比赛和情欲上双双成功是一个人在一种文明里的地位标签。因此,到公元前6世纪的时候,许多城市的竞技比赛和性行为直接相关也就不足为奇,两者借宗教祭仪和节日之名,在青少年培养方面得以制度化。然而,流行广泛且紧张激烈的比赛

由于"欢宴仪式"得以缓和。后者也就是一系列表现社区团结的 329
群体活动，以此缓和及平衡赛场上的紧张场面。这些仪式，在不同时间、不同城市，形式也不相同，但基本包含男女派代亚、宗教仪式、竞技运动场内以及运动会上的社交活动，而厄洛斯就是他们友情(*philia*)的代表。当然，这些有利于促进社会团结的力量彼此是相互矛盾的，因为派代亚、竞技运动、宗教和厄洛斯也是造成社会分化的工具。因此，庇西特拉图是和公元前6世纪的雅典城的精英阶层们一起举行娈童恋仪式，方式就是在雅典学园竞技运动场为厄洛斯设立第一座圣坛，但是后来他的儿子却是被哈尔摩狄奥斯(Harmodius)和阿里斯托革顿(Aristogeiton)这对同性恋情侣谋杀的。阿特纳奥斯(13.602d)还讲述了另一个公元前6世纪的暴君，萨摩斯的波利克拉特斯(Polycrates)摧毁了所有的竞技运动场，因为他认为这是对他权力的巨大威胁，同性恋之间的感情则会被他定义为一个恐怖的阴谋。但是随着"欢宴仪式"这一理念在公元前5世纪从贵族传播到广大群众，以上的文化现象就不那么恐怖，而更加有利于形成文化凝聚力，或者，像萨摩斯的情况那样，更有利于获得自由。

"体育运动"，派代亚，性别和性行为，古代与现代

如果仔细研究社会环境就会发现希腊竞技运动在形式和物质基础上，与其之前和之后类似的文化有着本质的区别。因此，我们不称前者为"体育运动"。我们还努力尝试用几根主线来追踪这些现象的几种表现形式。各种复杂而独特的历史条件交织在一起，共同催生了希腊的运动竞赛，进而确保了后来的"体育运动"看似相同，实际又带有非希腊本土的价值观和理想主义。对照现代"体育运动"，我们可以引用一位非常敏锐的实事评论家的话。后者一直试图解释为什么美式橄榄球，这项最暴力的观赏性运动

会广泛流行。

> 所有运动都是一种释放情绪的方式,但美式橄榄球的主节奏就是暴力对抗,并且糅合了现代生活中的规律和紊乱。棒球速度太慢,依赖性太强,就像某种拖泥带水、慢吞吞的方言。篮球节奏让人紧张,冰球容易使人暴怒,拳击太混乱俗气,只有橄榄球给人最好的精神发泄。①

330

考虑到暴力已经渗透到美国生活的许多方面,这些观点正好指出了美国当今文化中可怕的、根深蒂固的暴力倾向。这里不能讨论其所有的影响,但是我们可以得出一个结论:体育运动是一种"释放情绪的方式"。这种"释放"并不仅仅指把积蓄的感情倾泻出来,而是像戏剧一样,间接表达个人看待社会和自身的态度。和希腊的竞技运动比赛一样,其结果往往是对流行的价值观持保守而非修正的态度。竞赛是社会规范制度的产物,比赛背后的理想主义只会强化这些社会规范。

无论是以学校参与度、上座率还是电视观众人数衡量,集体项目都是美国乃至当今世界最流行的竞技门类。② 是不是集体项目就重视团体合作而个人项目侧重个人能力?我们又如何解释美国人一方面重视个人独立,另一方面又钟爱集体体育项目?一位评论员将其原因归于现代人对自由的定义——个人努力和多人为共同的目标合作的结合。③ 虽然希腊运动节几乎都是个人项目,但是经多项指标衡量,许多城邦与现代城市相比,个人自由较少,却

---

① W.Phillips, "A Season in the Stands", *Commentary* 48(1969)66, quoted in A. Guttmann, *From Ritual to Record: The Nature of Modern Sports*(New York: Columbia University Press, 1978)118.

② Guttmann(1978)139-152 认为相对于个人运动,美国年轻人更喜欢团队运动,而欧洲和日本年轻人恰好相反(151)。

③ Guttmann(1978)157-61.

更多注重整个国家的稳定安康。希腊人也曾经遇到过个人自由与国家自由这两种观点的激烈对抗，这点在竞技运动比赛中表现为依靠自己还是依靠盟友，为此希腊语还有专门的两个词：*autarkeia* 和 *philia*。①

简言之，无论是集体还是个人的比赛形式，既不是表明社会主流价值的充分条件，也不是其必要条件。表面相似或甚至完全相同的两种文化现象，往往有深刻意义，并且经常被融入其中的成员研究。换句话说，这些现象是通过文化构建的，这种构建并不是无限的，但是一定涵盖一个社会的固有习俗和传统以及人类生理学的某些因素。希腊人凭借起源神话、史诗和艺术描述、宗教以及其它正式或非正式的文化标记，给竞技运动赋予了某些价值观，但是这些活动、相关的价值观以及社会环境并不是一成不变的。就像运动会某些主题是在长期相对保守的环境中形成的，有些年代过于久远已无法考证。当然，如前面讨论罗马时期的“大众的奥林匹克运动会”（参见第二章）中所说，不同人、地区和历史时期，情况也不同。现代社会的类似现象为艺术作品中的体育英雄和体育象征符号提供了某些解释，但两者与古代“同类”现象相比，还是区别大于相同。 331

性爱融入希腊社会的过程是渐进的，但很普遍的，时间从古典时代晚期到中世纪早期。当然，它的流行是由于基督教的传入。“在基督教领域”，皮特·布朗（Peter Brown）告诉我们，“人们通过不断强调内在的性欲，逐渐摒弃了旧时世间关于人体与其它各物都有联系的这一观点。”这些联系有将性欲与社区团结联系起来。布朗继续说：“一丝不挂并非被禁止成为一种民间的穿衣风格。像安提俄克（Antioch）的女性们在浴室脱下衣服那样自然……这

① 参见本书概述部分，第16页注释②，第20页注释④；第九章，第489页注释①。

一点必须禁止。进而运动会也应禁止公共场合裸体。"①人类的性欲在地中海基督世界的运动会中体现得越来越隐晦,比如,中世纪贵族和他们的夫人观看的充满骑士侠义的赛马比赛,再有文艺复兴时期人们参与的击剑和民间足球比赛都是体现男性特质。虽然情欲竞技比赛在17和18世纪大都消失了,但依然可以从一些民间比赛和拳击比赛中找到情欲这个主题,这些比赛的重要性都与阶层和性别联系。到了19和20世纪早期,有些阶层的空闲时间增多,使得他们有很多机会来定期组织我们今天熟知的体育运动,包括足球、美式橄榄球、棒球、篮球等现代奥运会的几乎所有项目。女性最早在20世纪20年代才开始加入这些运动的行列。所以现代体育运动也带有很强的男性特质,而且这一特质在职业竞技运动领域一直存在。②

二战后的10年,发达国家在性别角色和性行为习俗上的重视程度发生了改变,这些改变尚不能简短概括。其原因也是错综复杂的,包括控制生育率的新方法得到广泛普及,越来越多女性开始工作,在性和性别问题上审视宗教,特别是基督教的作用被重新界定,以及当代媒体和流行文化中更加理想化的"身体文化"出现。新兴的"身体文化"表现在更加频繁的公开展现男女的健康体格,更注重日常生活中运动的重要性。在这一点上,相比其它古代文明,我们与古希腊人达成的共识最多。③

---

① Peter Brown, "Bodies and Minds: Sexuality and Renunciation in Early Chris- tianity", in *Before Sexuality: The Construction of Erotic Experience in the Ancient Greek World*, ed. D.Halperin, J.J.Winkler, and F.I.Zeitlin(Princeton: Princeton University Press, 1990) 488.

② A.Guttmann, *The Erotic in Sports*(New York: Columbia University Press, 1996)37-72; A.Guttmann, *Women's Sports: A History*(New York: Columbia University Press, 1991).

③ H.Marrou, *A History of Education in Antiquity*, trans. G. Lamb(London: Sheed and Ward, 1956)330-50.

然而，考虑到两者之间的区别对此次研究有提纲挈领的作用，古代与现代的相似点，与其说众多，不如说更加成文。当今重视竞技运动的风气与宗教无关，也就是没有得到宗教权威的承认。后者则是古希腊思想中的核心部分。我们现代对性行为的界定区别于“双性恋的”古希腊人的标准——最明显的体现是他们有制度化的娈童恋。值得注意的是，希腊娈童恋与竞技运动以及古代竞赛系统紧密联系，现代没有什么可以与这相提并论。于是，我们来讨论最后一个实质性区别，即关于青少年的培养问题。我们已经质疑过娈童恋和竞技运动比赛是来源于成年礼的理论。我们假定 332 派代亚的制度化源头在克里特和斯巴达，也可能诞生于雅典或其它地方的竞技运动场里，传播性爱和文化价值观的媒介就是竞技运动。雅典学园和其它的竞技运动场是民间教育年轻人的地方，它也可以视作是现代学院和学校的精神始祖（“学校”一词来源于希腊语“*schole*”，意为休闲）。然而，历史告诉我们，西方古代和现代教育并没有直接联系，因为现代学校更多地是从文艺复兴时期的神学院进化而来。竞技运动加入到现代教育课程中是 19 世纪的事情了，而今的公共学校当然与性行业划清了界限（除去性教育中的某些实践课程）。简言之，现代文化中青少年培养、体育运动、宗教和性行为之间没有像古希腊文化有公开并且制度化的联系，尽管当今的学者还在这几者中间不断发现一些并不明显，也不成文的联系。①

---

① 关于现代体育（不与古代体育对比）性征与性别的近期研究，参见 Aaron Baker and Todd Boyd, eds., *Out of Bounds: Sports, Media, and the Politics of Identity* (Bloomington: Indiana University Press, 1997)；参见第八章："Zero-Sum Contests", in Ray Raphael, *The Men from the Boys: Rites of Passage in Male America* (Lincoln: University of Nebraska Press, 1988) 129-43; J.A.Mangan and Roberta J.Park, eds., *From 'Fair Sex' to Feminism: Sport and the Socialization of Women in the Industrial and Post-industrial Eras* (London: F.Cass, 1987); Helen Lenskyj, *Out of Bounds: Women, Sport and Sexuality* (Toronto: Women's Press, 1986); Pamela J. Creedon, ed., *Women, Media and Sport: Challenging Gender Values* (Thousand Oaks, Calif.: Sage, （转下页）

从古代竞技运动中，我们可以了解这些现象在古代文化中的作用及其价值观，还可以通过比较，了解我们当今的文化有哪些主要区别。最近几十年，学者们开始关注自己和其它文化是如何定义性别和性行为。当代的社会科学已经研究了男女对于女性运动员的看法。① 女权主义和男同性恋研究也从当代文化运动中应运而生，它们研究了女性和性行为的发展历史。对人类性行为的更深刻的了解引发了学者研究历史中性行为的发生地点。而且新兴的"身体文化"的表现形式多种多样，也引发了这样的讨论：像竞技运动这样的文化现象是怎样与性行为联系起来的？因为从希腊罗马时期开始，西方文化中就没有这种联系。

另外，希腊的竞技运动加深了希腊人对过去的理解，增强了他们现在的民族精神，并且拓宽了他们将来的眼光。古代运动员的传说和历史故事在今天看来依然错综复杂，还留给我们思考、修正或润色的空间。它们可以激发创作者的灵感、提高名气以及确立规范的价值观。古代的运动员渴望获得和过去一样甚至更大的成就，不知不觉他们就在这个领域赢得了自己的一席之地，反过来他

(上接注①)1994)；Mariah Burton Nelson, *The Stronger Women Get, the More Men Love Football: Sexism and the American Culture of Sports*(New York：Harcourt Brace, 1994)；Eric Dunning, "Sport as a Male Preserve：Notes on the Social Sources of Masculine Identity and Its Transformations", in *Quest for Excitement: Sport and Leisure in the Civilizing Process*, ed. Norbert Elias and Eric Dunning(Oxford：Oxford University Press, 1986)。

① Steven Houseworth, Kenneth Peplow, and Joel Thirer, "Influence of Sport Participation upon Sex Role Orientation of Caucasian Males and their Attitudes toward Women", *Sex Roles* 20.5/6(1989)317-25；Janice E.Butcher, "Adolescent Girls' Sex Role Development：Relationship with Sports Participation, Self-Esteem, and Age at Menarche", *Sex Roles* 20.9/10(1989)575-93；M.Messner, "The Meaning of Success：The Athletic Experience and the Development of Male Identity", in *The Making of Masculinities: The New Men's Studies*, ed. Harry Brod(Boston：Allen & Unwin, 1987)193-209. 这些研究表明，运动员的形象更偏向男性气质，但随着对女性运动项目的广泛兴趣和支持，我们可以设想女运动员矛盾的形象特质很可能会逐渐消失。

们自身也成了后代的力量源泉。那时的运动员和观众们都像两面神，一面朝着过去的表演，一面向着将来，每个人都带着一种复杂的情绪——既想看到新生，又害怕死亡。他们对抗死亡的理想方式就是借助运动员拼搏时强烈的求胜欲望，这也能为希腊人更加复杂的生活“赛场”注入力量和谋略。 333

缩 略

注释及参考文献中所用缩略皆沿用自古典学标准文献工具。本书中的期刊缩略与 *L'Année Philologique* 一致；古代作者及其著作则与 Lidell 和 Scott 主编的《希英词典》(*Greek-English Lexicon*, 1968)以及《牛津拉丁词典》(*The Oxford Latin Dictionary*, 1985)一致。对于古代姓名的拼写与音译则是采用《牛津古典词典》(*The Oxford Classical Dictionary*, 1996)中的惯例。以下是常用文献中的缩略词列表。

ARV² = J. D. Beazley, *Attic Red-figure Vase-painters* (Oxford: Clarendon, 1963²)阿提卡红绘式陶瓶画师。

CVA =*Corpus Vasorum Antiquorum*(不同出版社及日期)。

IG = *Inscriptiones Graecae* 上世纪不同出版社的多个分卷与分册。

I.Ol. = W.Dittenberger and K. Purgold, *Die Inschriften von Olympia*, E. Curtius and F. Adler, eds., *Olympia*, vol. V (Amsterdam: Hakkert, 1966 reprint of Berlin: A.Asher & co., 1896).

FGH = F. Jacoby, ed. *Die Fragmente der griechischen Historiker* (Berlin: Weidmann, 1923-58)

LIMC = L.Kahil, ed. *Lexicon Iconographicum Mythologiae Classi-*

cae, 8 vols. each in 2 pts. Zurich: Artemis, 1981-; vols.本书所引内容参见: vol. II. Zurich: Artemis, 1984. vol. III. 1. Zurich: Artemis, 1986. vol. IV.1. Zurich: Artemis, 1988。

LSJ2 = H. G. Lidell, R. Scott, and H. S. Jones, eds. *Liddell and Scott Greek English Lexicon with a Supplement* (Oxford: Clarendon, 1968)

Paralipomena = J. D. Beazley, *Paralipomena. Additions to Attic Black-figure Vase-painters and Attic Red-figure Vase painters* (Oxford: Clarendon, 1971)

RE = A.F.von Pauly. *Paulys Real-Encyclopädie der classischen Altertumswissenschaft*. Georg Wissowa, Wilhelm Kroll and Karl Mittelhaus et al. Ed. Konrat Ziegler et al. 34 vols. (Stuttgart: J.B. Metzler, 1856-1980).

附　录

附录 2.1：奥运冠军来源地表，公元前 776 年—公元 277 年[a]

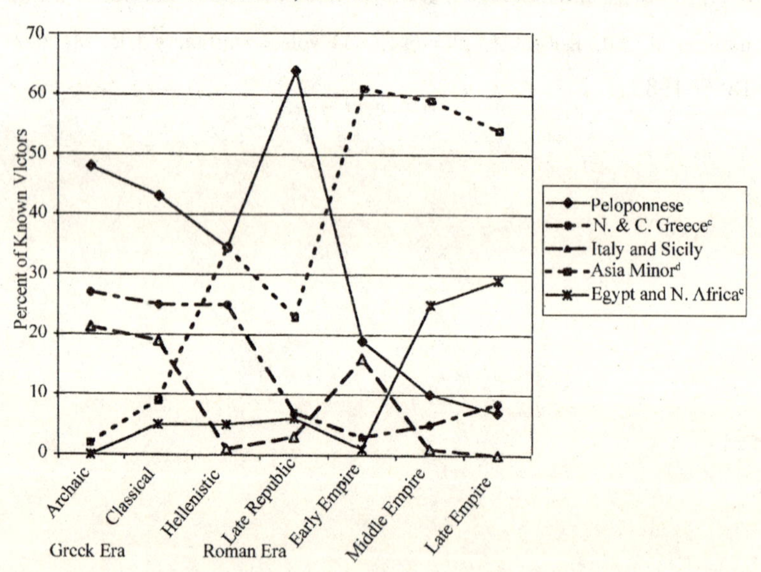

Period：[b]	Archaic	Classical	Hellenistic	Late Republic	Early Empire	Middle Empire	Late Empire
#known victors	187	236	160	74	71	78 (incl. 1 from Crete)	60

a. 所有冠军的数量、地区的测定或冠军的故乡，以及对战果日期的估算都是基于 Moretti（1957，及上文提及的 note 28，1987）和 Ebert（上文提及的 note 59，1994）作出的推测。

b. 以下对 Moretti 的日期数据的索引与图表的汇编相一致：
Moretti(1957),nos.1-195=776-484B.C.(古希腊,古风时期);Moretti nos.196-461=480-336B.C.(古希腊,古典时期);Moretti nos.462-639=332-148B.C.(古希腊,希腊化时期);Moretti nos.640-718=144-40B.C.(罗马共和国晚期);Moretti nos.719-795=36B.C.-A.D.67(罗马帝国早期);Moretti nos.796-882=A.D.69-177(罗马帝国中期);Moretti nos.883-942=A.D.181-277(罗马帝国晚期)。

c. "希腊北部和中部",包括 Macedonia, Epiros,以及 Corinth 北边 Achaea 诸市,即 Antikyra, Aigina, Athens, Delphi, Elataia, 以及 Megara。

d. "Asia Minor"包括罗马帝国行省 Asia, ithynia, Gallatia, Kappadokia, Kilikia, Cyprus, Lydia, Lykia, Mesopotamia, Pamphylia, Pontos,以及 Syria。

e. "埃及和北非",包括 Aigyptos 和 Cyrene。Crete 在罗马时代隶属于 Cyrene 省,由于只有少量的奥林匹克冠军,也很难将它划分到任何在此处界定的地理区域,因此它不包含在附录或表 2.1、表 2.4 的数据中。无论如何,我们都应记住,在古风时期,Crete 出过两位著名的奥林匹克冠军(Moretti [1957], Nos.158 and 181),古典时期有 5 位(Moretti, Nos.274,296,367b,390,398),克劳狄时代有一位(Moretti No.752),帝国后期有一位(Moretti, No.906)。在希腊化时期,其声誉为海盗提供了避风港,也在某种程度上导致其后来缺少著名的冠军。

附录 5.1：裸体女性青铜雕像

以下是青铜雕像名录，雕像展示的是裸体或仅穿长裤的年轻女孩，大部分都用作镜柄或镜架。几乎所有的雕像都是为了镜子而设计的。根据 Häfner，1965（=H），Praschniker，1912（=P），Lanzlotz，1927（=L），Jantzen，1937（=J），Richter，1915，1938 和 1942（=R），Schröder，1927（=S），以及 Charbonneaux，1958（=C），博物馆馆藏、清单号和出处后都附有大约的日期以示其起源，数字代表参考文献的页码。

1. Athens NM (no number or provenance given) (with *diazoma*). Sixth c. Spartan: P. 226–27.
2. Athens NM 6631 from the Acropolis. c. 525–500 uncertain origin: H. 12, 90–91.
3. Athens NM 7548 from Amyclaeon. c. 530–320 Spartan: H. 117–18, J. 9–10, P. 229, L. 87.
4. Athens NM 7703 from Aegina (with *diazōma*). Sixth c. Aeginetan: P. 239–40, L. 99.
5. Athens NM 13975 from Argos. c. 525–500, Magna Graecia (?): H. 90–91.
6. Athens NM 15897 from Sparta (statuette). Late sixth c. Spartan: H. 34–35 and 123, J. 67.
7. Athens NM 15900 from Sparta c. 520 Spartan: H. 123–24.
8. Berlin Charlottenberg 10820 from Anaktorion, Akarnania. sixth c. Spartan: L. 86: N.W. Greece (?): H. 132–33, Chensonese: J. 66.
9. Berlin Charlottenberg 31084 (provenance unknown). Sixth c. Northeast Peloponnese: H. 133, J. 116–17.
10. Dresden Skulpturensammlung H[4] 44/16 from Cerveteri. c. 500, East Ionic: H. 137–38, J. 9–10, P. 227.
11. Hamburg, Museum für Kunst und Gewerbe inv. no. 1917. 362 (with *diazoma*), from Egypt (?): Roman, of Spartan type (here, fig. 5–4b). Uncertain origin. S. 196, pl. 110b.
12. Leningrad, Hermitage (no number). From Odessa. Aeginetan P. 240–42, L. 99; c. 500–475 Ionian (?). H. 144.
13. Collection Löser (unknown provenance) (statuette). C. 490–480 Spartan (?): H. 158–59, P. 236.
14. Munich, Museum antiker Kleinkunst 3482 from Hermione (Southeast Peloponnese). c. 510 Spartan: H. 147–48, J. 9–10, P. 236.
15. Met. Mus. 74.51.5680 from Curium, Cyprus. c. 530 (here, fig. 5–1) Spar-

tan: J. 9–10, L. 87, P. 222: Ionian (?): H. 148.

16. Met. Mus. 06.11. 04 (unknown provenance). Sixth c. Spartan: R (1915) 11–2, L. 87: South Italian/Etruscan (?): H. 149.
17. Met. Mus. 38. 11 3 (unknown provenance). C. 550 (here, fig. 5–2) Corinthian: R (1938) 344: S. Italian/Etruscan: H. 149.
18. Met. Mus. 41. 11. 5 (unknown provenance) (with *diazoma*). C. 550 (here, fig. 5–3): R (1942) 324.
19. Paris Louvre (no number) (unknown provenance ex Coll. Gréau). Early sixth c. Spartan: H. 157, C. 69, P. 240 no. 40.
20. Paris Louvre 138 from Amyclae, mid-sixth c. Spartan: H.157, P. 251, C. 69 and 141, L. 87 and 94.
21. Sparta Mus. 27 from Sparta. Early fifth c. Spartan: H. 173.
22. Sparta Mus. 28 from Sparta. Fifth c. Spartan: H. 173, P. 238.
23. Trent, Muzeo Provinciale d'Arte inv. no. 3061 (Magna Graecia) (with *diazōma*). Sixth c. (here, fig. 5–4a): S. 196 and pl. 110a: P. 240 no. 41: J. 9 no.1
24. Versailles Coll. Morgenroth (with *diazōma*) (unknown provenance): c. 525–500: H. 12, 90–91: J. 66.
25. Vienna Kunsthist. Mus. VI 2925 from Nemea (?). C. 500 North Peloponnese: H. 176–77, P. 219; Spartan: J. 9–10, L. 86.
26. Vienna Kunsthist. Mus. VI 4979 from Sparta (?) statuette. C. 500 Spartan: H. 177, L. 86, P. 235.

附录 5.2: 史料中的斯巴达妇女体育运动

按时间顺序排列:

Source	Date	R	E	W	Di	J	Da	O
1. Eur., *Andr.* 595-602	430-424 B.C	X		X				
2. Critias DK 2.88 fr. 32	425-403 B.C	X		X				
3. Aristoph., *Lys.* 78-84, 1308-13	413B.C						X	X(bibasis)
4. Xen., *Const. Lac.* 1.3-4	396-383 B.C.	X	X					X (strength)
5a. PL.. *Rep.* 458D	ca. 375 B.C.		X					
5b. Pl., *Leg.* 7. 805E-806A	ca. 355-347 B.C.		X					X (music)
6. Theocr. 18	300-260 B.C.	X						X (music, weaving)
7. Cic., *Tusc.* 2.15.36	45 B.C.		X					
8. Prop. 3.14	ca. 23 B.C.				X	X		X (ball, hoop, pancratium, boxing, huntin, equitation, military, drills)
9. *Ov.*, *Her.* 16.149-52	A.D. 2-18		X					
10. Schol. Juv. 4.53	A.D. 54-68			X				
11. Mart. 4.55.6-7	A.D. 88		X					
12. Plut., *Lyc.* 14.1-15.1	A.D. 100-120	X		X	X	X	X	
13. Pollux. *Onom.* 4.102. 1. 231(13)	third quart second c. A.D.							X (bibasis)
14. Philostr, *Gymn.* 27	A.D. 230	X	X					

R=running; E= "exercise"(unspecified); W= wrestling; Di= discus-throwing; J= javelin-throwing; Da= dance; O= "other" (specified).

附录 6.1：花瓶的证据

以下所列是对 34 个双耳喷口杯或其碎片的详细名录及简要介绍，包含了据我所知的目前已出版文集中的所有花瓶或碎片，其上均有女孩奔跑或其他显然是祭祀动作的图案。以下所列均是作为第六章开篇讨论的基础。如有关于布劳隆陶器的详实文献发表，自是相当可取的。我曾在布劳隆博物馆研究过文物展柜里编号 1,2,3,5,6,8,10 和 11 的展品；也曾在比雷埃夫斯博物馆储物间仔细研究过编号 25,26,28,30,31,32,33 和 34 的展品。

1. 布劳隆博物馆 542，双耳喷口杯 no.4，出自布劳隆。公元前 5 世纪上半叶（=Kahil[1965]pl.7.2,4,6；Hamilton[1989.1]no.4）。右侧前方，一个身着短希顿古装、手持花环的女孩跑向棕榈树；另一侧，一个相似的女孩跑向火焰燃烧的圣坛。运动场后有两个花环，分别位于两个运动的两侧。两个女孩张开双臂置于胸前，眺望前方。关于其他祭坛附近的奔跑场景，参见附录 6.1，编号 4,6,16,17 和 28（图 6-2、6-5）。Hamilton 错误地断言两个女孩都是“站着”，并且后面背景“悬着”一个花环。
2. 布劳隆博物馆 548，双耳喷口杯 no.2，出自布劳隆，古典房舍附近（=Kahil[1965]pl.7.3；Hamilton[1989]no.9）。公元前 5 世纪上半叶。两边各有 3 个裸体女孩（花瓶上共有 6 人；Hamilton 只记录了 3 人）跑向右边；手中空无一物。燃着火焰的祭坛位于一个杯柄一侧，女孩们正是跑向这个祭坛，另外 3 人跑离祭坛。保存下来的 4 个女孩头部面向前方。
3. 布劳隆博物馆 no.546，布劳隆双耳喷口杯 no.3（A26），出自布劳隆，古典屋舍附近（=Kahil[1965]pl.7.5；id.[1983]？ g.15.7；Hamilton[1989]no.3）。公元前 5 世纪上半叶。两边各有一个裸体女孩（花瓶上共有两人；Hamilton 只记录了一人）手持燃烧的火炬，跑向右边。关于手持火炬的跑步者，参见附录 6.1，编号 7,14 和 29，以及图 6-3。女孩附近后方背景处悬着一条束发带。
4. 布劳隆博物馆，双耳喷口杯碎片 no.5，出自布劳隆，小“伊菲琴尼亚英雄祠”附近（=Kahil[1965]pl.8.1；Hamilton[1989]no.5）。公元前 5 世纪上半叶。一个女孩身着希顿短袍，朝燃着火焰的祭坛方向全速跑向右边。女孩的手伸向前方。关于其他在祭坛附近跑步的场景，参见附录 6.1，编号 1,16,17 和 28（图 6-5）。
5. [图 6-1]布劳隆博物馆 568，双耳喷口杯碎片 no.6，出自布劳隆，小“伊菲琴尼亚英雄祠”附近（=Kahil[1965]pl.8.2；Hamilton[1989]no.6）。公元前 5 世纪上半叶。一个年轻女孩身着希顿短袍（无袖马甲），头戴红色饰片，全速奔向右侧。通体白色的无袖马甲带有亮丽、垂直的黑线，勾勒出其清晰的轮廓(在她的裙装上没有"白色的锯齿形装饰",如同 Hamilton 那样。)

6. [图 6-2]布劳隆博物馆 567,双耳喷口杯碎片 no.7,出自布劳隆,小"伊菲琴尼亚英雄祠"附近(=Kahil[1965]pl.8.3;同上,[1983]pl.15.10(还有其他修复的碎片);Hamilton[1989]no.1 和 7(!),误作两个不同的碎片。公元前 5 世纪上半叶。一个女孩身着希顿短袍,朝着棕榈树方向跑向右边;她的左边是一个带有棕榈树的祭坛;祭坛的左边有另一个相似的女孩迈步短跑,看向她的后方。
7. [图 6-3]布劳隆博物馆 915,双耳喷口杯碎片 no.8,出自布劳隆,小"伊菲琴尼亚英雄祠"附近(=Kahil[1965]pl.8.4;Hamilton[1989]no.8)。公元前 5 世纪上半叶。一个女孩身着条纹希顿短袍,左手持一把燃烧的火炬,跑(或舞)向右侧,看向后方。其腿部的极低位置像是展现了一种舞蹈的慢动作,但也可能是在参加跑步比赛。相较其他双耳喷口杯图案而言,这种风格是匆忙且粗略的。参见附录 6.1,编号 9,12,14,30,31 和 33 中的相似风格。关于手持火炬的跑步者,参见附录 6.1,编号 3,14 和 29。
8. [图 6-4]布劳隆博物馆 no.572,布劳隆双耳喷口杯碎片 no.9,出自布劳隆(=Kahil[1965]pl.8.5;Hamilton[1989]no.2)。公元前 5 世纪上半叶。3 个身着希顿短袍的女孩,中长头发,朝着顶端有火炬的祭坛向左前进,祭坛左边有一个身着希顿长袍的人物(女祭司?)。女孩们似乎步调一致在散步或者跳舞,右掌伸直,左手置于身侧。依稀可见的是她们可能正拿着束发带。关于祭坛前身着希顿短袍女孩的相似场景,参见附录 6.1,编号 16 A 面。
9. 布劳隆博物馆,双耳喷口杯碎片 no.10,出自布劳隆(=Kahil[1965]pl.8.6;Hamilton[1989]no.10)。公元前 5 世纪上半叶。两个部分保存的女孩,身着无袖希顿袍(并非裸体,根据 Hamilton 的记录),其中一个左手拿花环,并向外伸出;另一个向后望着前者,右胳膊弯曲(手放于臀部,或者简单来说,胳膊弯向自己的方向)。两个女孩可能都以类似于附录 6.1,编号 1,7,11 或 25(也是拿着花环)的花瓶图案所描绘的姿势跑步。关于其他女孩以这种姿势手拿花环,参见附录 6.1,编号 1,12,15,18(裸体),25(裸体)和 31,以及图 6-6、6-8。关于类似的身着无袖希顿袍的女孩,参见附录 6.1,编号 1,5,6,7 和 17。
10. 布劳隆博物馆 570,双耳喷口杯碎片 no.11,出自布劳隆(=Kahil[1965]pl.8.7;Hamilton[1989]no.11)。公元前 5 世纪上半叶。部分保存下来的两名女性或女孩的人像,完全裸体,以一致的舞步跳向右侧,左侧的人向前举起左臂,右臂则搭在后面,右侧的人则向右举起其右臂。两个人物似乎都在通过手臂的姿势模仿奔跑或慢跑，但由于步幅太小，她们当然无法快速奔跑。她们可能在表演一段简单的舞蹈，也许是模仿在其他部分出现过的奔跑少女。左侧女孩臀部上方依稀可见碎片，大约是第三个女孩的手部。如果图案描绘的是一段舞蹈，那么手臂的动作并不对称。

11. 布劳隆博物馆，双耳喷口杯碎片 no.A56，出自布劳隆（=Kahil［1965］pl. 8.8；Kahil［1963］25–26 and pl.14.3）。公元前5世纪上半叶。圣坛左边依稀可见一个坐着的人物（一个男性？），圣坛右后方有一件衣服（属于祈祷者？还是女祭司？），旁边是一个双耳喷口杯，圣坛前方有一枝常春藤或橄榄枝。在双耳喷口杯图像上描绘了3个人像的轮廓：在锥形杆茎一侧的人像是一个向右奔跑的裸体女性，花瓶一侧的，是两个跑或舞向左边的裸体女性。左边的人物似乎在回头看，跑离圣坛，右侧的人物则向前看、跑向圣坛。Kahil（1965）24 通过此场景合理地推断出双耳喷口杯是仪式所用花瓶。Simon（1983）83 则认为小树枝是用来沾洒花瓶中的水；Kahil（1979）80 也认为这些树枝是用来洒水的。
12. 雅典，安哥拉，双耳喷口杯碎片 inv.no.933，出自阿尔忒弥斯雅力士托波尔神殿，安哥拉附近。公元前5世纪中期（=Kahil［1965］pl.9.6；Hamilton［1989］no.26）。两个妇女或女孩身着希顿长袍（或者其实是短袍，但是画得匆忙？）跑向或舞向右边，拿着花环放在左手前面。关于其他女孩以此姿势手持花环，参见附录6.1，编号1，9，15，18（裸体），25（裸体）和31，以及图6-6、6-8。
13. 雅典，安哥拉 P128，双耳喷口杯碎片，出自宙斯廊柱附近。公元前5世纪上半叶（=Kahil［1965］pl.9.7；id.［1981］pl.62.7［mislabeled P14550］；Hamilton［1989］no.29［也被误标作 P14550］）。女孩身着希顿短袍跑向右边的部分图案。手臂未保存下来。
14. 雅典，安哥拉，双耳喷口杯碎片 inv.no.934，出自阿尔忒弥斯雅力士托波尔神殿，安哥拉附近。公元前5世纪中期（=Kahil［1965］pl.9.10；同上［1981］pl.62.8；Hamilton［1989］no.27）。部分保存下来的，一个女孩身着希顿袍，跑（？）向右边，头扭向后面，左手臂伸直，拿着一个燃烧的火炬。关于手持火炬的跑步者，参见附录6.1，编号3，7和29，以及图6-3。
15. 雅典，安哥拉 P14550，双耳喷口杯碎片，出自宙斯廊柱附近。公元前5世纪上半叶（=Kahil［1965］pl.9.11；同上［1981］pl.62.8［误标作 P128］；Hamilton［1989］no.28［也误标作 P128］）。一位身着希顿长袍的妇女或女孩的部分图像显示，她们正向右侧迈步（在舞蹈中？），左手伸向背后，手持花环。对比：附录6.1，编号12，也是身着希顿古装，手持花环。关于以此姿势手拿花环的其他女孩，参见附录6.1，编号9，12，18（裸体），25

(裸体)和 31,以及图 6-6、6-8。

16. 雅典,国家博物馆 548(C884) = J.Beazley,Paralipomena,第 2 版(Oxford:Clarendon,1971)292;黑彩阿提卡细颈有柄长油瓶,被认为是雅典画家 Bedlam 所为,但是出自萨拉米斯(=Kahil[1965]pl.10.6-7)。3 个女孩身着希顿短袍跑向右边,跑离祭坛。难以置信地与奥林匹亚赫拉亚跑步塞联系在一起,参见 J.W.Kyle,"The Maiden's Race on an Attic Vase",*American Journal of Archaeology*,6(1902),53。关于祭坛附近跑步的其他场景,参见附录 6.1,编号 1,4,17 和 28(图 6-5)。这些希顿短袍的袖子与附录 6.1,编号 26 的花瓶图案中的希顿长袍袖子非常相似。

17. [图 6-5]部分保存的,红彩阿提卡双耳喷口杯(I),Basel,Collection of Herbert A.Cahn,inv.no.HC 501,起源未知,来自一个雅典的作坊,布劳隆风格,日期大约是公元前 430—前 420 年(=Kahil[1977]pl.18;Hamilton[1989]no.31;Reeder[1995]322-325,cat.no.98)。A 面[图 6-5,右上和右下的碎片]显示了 4 个年轻女孩,身着短希短袍,依次交替站在 3 位年长女孩或年轻女性之间,她们都身穿希顿古装和宽松长衫。年轻女孩与布劳隆花瓶上的奔跑少女很相似,但此处最左边的女孩似乎正准备起跑,另外 3 个实际上已经开跑。较年长的女性似乎正在帮她们做准备,(从左至右)一个在整理女孩的希顿袍,或者正主持仪式,一个手持(月桂?)树枝,另一个拿着篮子,显然这也是仪式的一部分。最右边的女孩和两位女性站在圣坛后面,这也表明是在一个仪式的背景之下。B 面(图 6-5,左下方的碎片)描绘的是 4 个女孩,可能就是 A 面描绘的那 4 个女孩,因此遵循叙事序列,也都身着希顿短袍,大步奔向右边。她们的左侧是一棵棕榈树。最右边女孩的图像只保留下了一部分;另外 3 个女孩,一只或两只手向前伸展。某些细节显示,这两面显示了一个叙事序列的两个阶段:每一面上,左侧的第二个女孩都是双臂伸展、脸上带有愠怒、愁苦的神情。A 面左侧第三个女孩的回看表明她正在逃避她背后那个面带愠怒的女孩。我认为,那个愠怒的女孩应该在这场追逐中"扮演熊",而另外几个女孩则扮演驱赶野蛮动物的仪式角色。Kahil(1979)80-81 认为 A 面和 B 面各自代表了"les preparatifs de la course sacrée des petits filles"和"la course elle-même",但是并未对这些场景中可能的熊的意象作出评论。关于祭坛附近跑步的其他场景,参见附录 6.1,编号 1,4,16 和 28。

18. [图 6-6]部分保存的,红彩双耳喷口杯(II),Basel,Collection of Herbert A.Cahn,inv.no.HC502,起源未知,来自一个雅典的作坊,布劳隆风格,日期大约是公元前 430—前 420 年(=Kahil[1977]pl.19;Hamilton[1989]no.

32;Reeder[1995]324-329,cat.no.99)。A 面[图 6-6,左上角拼接的碎片]描绘了 5 个女孩,全部裸体,手持棕榈树枝,在一座岩山上向左奔跑。领先的 4 个女孩比跟在身后的那个女孩看上去更成熟、更年长;两个女孩手持花环(另外 3 个女孩的手部则未保存下来)。B 面[图 6-6,右上角拼接的碎片]描绘了 4 个女孩,同样也全部裸体,并且全力大步奔跑,不同的是她们跑向右侧。碎片经过 Kahil 合理地重组后,最左边是一棵棕榈树[图 6-6,左下角的碎片],树下是仅保留了一部分的动物——从外形和耳朵判断出是一只熊。A 面女孩的手是伸展的,至少有两个女孩手持花环。关于其他以此姿势手持花环的女孩,参见附录 6.1,编号 9,12,15,25(裸体)和 31,以及图 6-8。A 面和 B 面的下方区域描绘的是打猎场景——4 只狗追赶一头小鹿,暗示了逃跑与追逐的主题。狩猎是瓶身所绘场景的一个镜像:"驯服的"猎犬、追逐"野蛮"动物就如同一只"狂野的"熊追逐"顺从的"女孩,但这两个场景关于驯服和野蛮的主题仍存在固有的歧义性。"顺从的"女孩呈自然状态的裸露,正如布劳隆神话中的熊被"驯服"一样,熊本身就带有一些人类特性。被"驯服"的狗遵从其天性攻击小鹿,尽管野蛮,但却唤醒人们对小鹿命运的同情。在 *Hypothesis to Demosthenes* 25 中提到阿卡提亚被召唤至 hieron kunegesion,意为"神圣的狩猎"。这幅插图整体描绘了阿卡提亚仪式化传说中的场景,以及日常生活中自然和人类世界之间自然、平衡的状态。

19. [图 6-7]部分保存的,红彩双耳喷口杯(III),Basel,Collection of Herbert A.Cahn,inv.no.HC503,来自一个雅典的作坊,布劳隆风格,大约公元前 420 年(=Kahil[1977]pl.20;Reeder[1995]325-328,cat.no.100)。A 面[图 6-7,上部分的碎片]从左至右依次描绘的是,戴面纱的勒托(?),身着希顿短袍、躬身向前的阿尔忒弥斯(月亮女神),以及裸体的阿波罗(太阳神),手持神棒和腰带,面向阿尔忒弥斯的左后方。B 面[图 6-7,下方两块拼接的碎片]从左至右描绘的是,一棵树(奇怪的是,并非棕榈树),一个戴着熊头或熊面具的裸体男性,旁边是一个手臂半举、五指张开的女性,身穿希顿袍,也戴着熊头或熊面具,最后是一头向右腾空跳跃的母鹿或小鹿。A 面的神话场景可能是 B 面戴熊头人物形象的模拟,或者两者在叙事上有关联。作为相似物,两者可能展示的是阿尔忒弥斯"神圣狩猎"的一个神灵和一个人类的形态(仪式主祭戴熊面具)。狩猎插图补充了附录 6.1,编号 18(图 6-6)的图像。Cole(1984)241,Arrigoni(1985)103 和 Kahil(1977)93 都认为熊脸是阿尔忒弥斯牧师和女祭司的面具。然而,Simon(1983)87-88 及其后的 Hamilton(1989)462-463 和 Reeder(1995)328 则非常肯定地认为,熊头人物形象代表卡利斯托和她的儿子阿卡斯,并且 A 面的阿尔忒弥斯并非射向 B 面腾空跃起的动物,而是射向已经变形的卡利斯托。此外,正如 Simon 及其他学者推断的那样,Ovid 版本的神话,将卡利斯托的变形归咎于赫拉对宙斯出轨的嫉妒,并且暗示阿尔忒弥斯背后的蒙面人是赫拉,而非勒托;新娘面纱也是赫拉的一个惯有特性(比较 Simon[1983]54 和图 43,44 和 45)。通过年轻、较小的男性主体以及卡利斯托脸上错愕的表情判断,将此场景解释成卡利斯托遭受杀戮是很有说服力的。卡利斯托场景补充了阿卡提亚仪式,因为在这两个场景中,熊的形象与从少女时代到成年时代的过渡有关。关于另一个出自布劳隆的花瓶碎片上阿尔忒弥斯手持箭袋,参见 Lily G.-Kahil, "Quelques vases du sanctuaire d' Artemis à Brauron", Antike Kunst, suppl.1 (1963)图 10.3(= interior of a white ground kylix, Brauron A38, ca.460–450 b.c.)和第 9 页。

20. 雅典,卫城 621 a,一个双耳喷口杯顶部碎片,出自雅典卫城。大约公元前 510—前 500 年(=Kahil[1981]pl.62.1)。一个小鹿跳向右边(参见附录 6.1,编号 19,B 面)前方是一个面朝右边吹奏长笛的女性,她的前方是另一个女子,该女子仅有部分希顿袍和右手保留。后面一个女子的姿势显示她正在跳舞(参见附录 6.1,编号 26 的花瓶图案中舞者的相似手部姿势)。
21. 雅典,卫城 621c(face B of Acr.621a?),一个双耳喷口杯顶部碎片,出自雅典卫城。大约公元前 510—前 500 年(=Kahil[1981]pl.62.2)。左边,一个塞壬(半人半鸟的女海妖)张开翅膀,跟在右侧一个正在弹阿夫洛斯管的女性身后;阿夫洛斯管乐手前坐着的一位女性(跳舞或奔跑)。根据 Kahil 推断,正如 Acropolis 621a 花瓶上的小鹿一样,那个塞壬可能位于双柄上,体现了两个碎片的平行结构。
22. 雅典,卫城 621d,一个双耳喷口杯杯底部分碎片,出自雅典卫城。大约公元前 510—前 500 年(=Kahil[1981]pl.62.3)。身着宽松长衫的女性图案的下部,舞或走向右侧,左边跟着第二个人物图形。
23. 雅典,卫城 621b,一个双耳喷口杯碎片,出自雅典卫城。大约公元前 510—前 500 年(=Kahil[1981]pl.62.4)。圣坛带螺旋形壳、顶部是燃烧的木柴;左边一个女性身着宽松长衫,从大酒壶中倒酒,右边相对称的女性穿着希顿袍。地上依稀可见一把卡农琴或祭品篮的一部分。
24. 雅典,安哥拉 P.27342,一个双耳喷口杯碎片,出自东南柱廊区域。大约公元前 5 世纪末(=Kahil[1981]pl.62.9;R.R.Holloway,"Explorations of the Southeast Stoa in the Athenian Agora", *Hesperia* 35(1966)pl.27;Hamilton[1989]no.30)。从左至右,碎片描绘的是一头母鹿的前脚,两个身穿及

膝、无袖希顿古装的跳舞女孩，她们手拉手，一边向右跳，头同时向后转向左侧。

25. ［图 6-8］比埃雷夫斯博物馆 Kk55，一个双耳喷口杯杯口和杯身的碎片，出自穆尼基隆。公元前 5 世纪上半叶（=Palaiokrassa［1983］207-208 and pl.52a；=Sourvinou-Inwood［1988］pl.5；Hamilton［1989］no.23）。碎片中间保存完好的是一个女孩形象，与另一个在右边、仅保留一只手臂、一条腿的女孩大步向右跑去。两人都手持花环，保存完好的女孩左手持花环放于身前，而另一个女孩则将花环拿在背后。从侧面看，中间的女孩露出了一个乳房，头发向后绑成了一个发髻（参见附录 6.1，编号 4，17 和 18［后两个与图 6-5、6-6 相同］，另可参见布劳隆花瓶图案中的其他发型案例）。关于其他女孩以此姿势手持花环，参见附录 6.1，编号 9，12，15，18（裸体）和 31，以及图 6-6。
26. 比埃雷夫斯博物馆 Kk3，一个双耳喷口杯杯口和杯身的碎片，出自穆尼基隆。公元前 5 世纪上半叶（=Palaiokrassa［1983］187-188 and pl.44g；Hamilton［1989］no.12）。一个身着希顿长袍的女性向右跳舞，回头看她身后的女性——只保留了她伸展的左臂。在中间舞者的前方是第三个女性，也只保留了手的部分。比较附录 6.1，编号 16 的花瓶图案所描绘的关于希顿短袍的类似衣袖。
27. 比埃雷夫斯博物馆 Kk8，一个双耳喷口杯杯身的碎片，出自穆尼基隆。公元前 5 世纪上半叶（=Palaiokrassa［1983］189 and pl.45b；Hamilton［1989］no.13）。只保留了一部分的圣坛，一个女性向右站立，面向圣坛（她的脚和希顿长袍的下半部分保存了下来）。再往右边，一个女性（几乎完全保留）身穿希顿长袍，以类似舞步的步法靠近圣坛，手臂姿势类似于附录 6.1，编号 10 和 26 的花瓶图案中描绘的人物形象。碎片的左右边缘，只保留了另两个舞者的脚。因此，图案看上去像是：两边的舞者靠近圣坛，而静止的女祭司则在圣坛上主持献祭，类似于附录 6.1，编号 23 的花瓶图案描绘的场景。
28. 比埃雷夫斯博物馆 Kk9，一个双耳喷口杯杯身的碎片，出自穆尼基隆。公元前 5 世纪上半叶（=Palaiokrassa［1983］189-190 and pl.46a；Hamilton［1989］no.14）。一个身着带有及膝褶边希顿短袍的女孩（参见附录 6.1，编号 4，5 和 6［=图 6-1、6-2］）跑或舞向右侧，远离祭坛和棕榈树（或者是一个柱子？）。祭坛附近的跑步场景类似附录 6.1，编号 1，4，16 和 17（图 6-5）的花瓶图案场景。
29. 比埃雷夫斯博物馆 Kk21，一个双耳喷口杯杯口和杯身的碎片，出自穆尼基隆。公元前 5 世纪上半叶（=Palaiokrassa［1983］195 and pl.46b［误标作 46g];Hamilton[1989]no.18)。一个女孩手持火炬或者响板,头部图案部分保存了下来,跑向右侧。后面背景悬着一个花环。关于手持火炬的跑步者,参见附录 6.1,编号 3,7 和 14,以及图 6-3。

30. 比埃雷夫斯博物馆 Kk18,一个双耳喷口杯杯口和杯身的碎片,出自穆尼基隆。公元前 5 世纪上半叶(=Palaiokrassa[1983]193-194 and pl.46d;Hamilton[1989]no.17)。部分保留了一个女孩的头部和肩部,前面显示其身穿希顿古装,头戴饰片,饰片有两个顶髻或"圆髻"(可能为了模仿熊的耳朵?),参见附录 6.1,编号 32 的花瓶图案所描绘的类似发型。
31. 比埃雷夫斯博物馆 Kk24,一个双耳喷口杯杯口和杯身的碎片,出自穆尼基隆。公元前 5 世纪上半叶(=Palaiokrassa[1983]196 and pl.47a;Hamilton[1989]no.19)。前面展示了一个女孩的躯干、头部和右臂,她身穿带交叉线的希顿古装,伸展的手臂上带有一个花环。关于以此姿势手持花环的其他女孩,参见附录 6.1,编号 1,9,12,15,18(裸体)和 25(裸体),以及图 6-6、6-8。
32. 比埃雷夫斯博物馆 Kk17,4 个双耳喷口杯杯口和杯身的碎片,出自穆尼基隆。公元前 5 世纪上半叶(=Palaiokrassa[1983]193 and pl.47g;Hamilton[1989]no.16)。保留了一部分(左边)的圣坛上,一个女性身穿希顿长袍(在右边),一边大步跑(也可能是舞)向右侧,一边回看圣坛。在其他奔跑场景中未见到希顿长袍,但在附录 6.1,编号 20,22 和 26(一个 Munichian 花瓶)的舞蹈场景上则可见,表明这里描绘的活动很可能就是舞蹈。关于比较,参见附录 6.1,编号 1,4,16,17 和 28 中祭坛附近的跑步场景(图 6-5)。Hamilton(1989)454 提出这场景是跳舞,但是高踢腿和向后看也出现于跑步人物图形中(踢腿:附录 6.1,编号 18;向后看:附录 6.1,编号 6 和 18)。
33. 比埃雷夫斯博物馆 Kk53,一个双耳喷口杯杯身的碎片,出自穆尼基隆。公元前 5 世纪上半叶(=Palaiokrassa[1983]pp.206-207 and pl.51b;Hamilton[1989]no.2)。前面显示了一个身着希顿古装的女孩的躯干、手臂和头部,她的手臂向左右伸展。由于手和脚的部分没有保存下来,无法判断她是在奔跑,还是在跳舞,抑或是静止的,也不能判断她的手上是否持有什么物件,但通过对比相似站姿和轮廓风格的人物图形来看,她很可能是在奔跑,而且还可能手持火炬或花环:参照附录 6.1,编号 7,9,12 和 16(图 6-2)。或者,她可能是在跳舞,并且与其他女孩手拉手,正如附录 6.1,编号 24 的花瓶图案所示。
34. 比埃雷夫斯博物馆 Kk54,一个双耳喷口杯杯身的碎片,出自穆尼基隆。公元前 5 世纪上半叶(=Palaiokrassa[1983]207 and pl.51g;Hamilton

[1989] no.22)。希顿长袍的部分,以及一个跳舞(?)女子的底部:参见附录6.1,编号22和26花瓶图案中身着希顿长袍跳舞的女子,相似的腿部姿势。

索　引

（索引中页码均为原书页码）

图书在版编目(CIP)数据

爱欲与古希腊竞技/(美)斯坎伦(Thomas F. Scanlon)著;肖洒译.
--上海:华东师范大学出版社,2016.1
ISBN 978-7-5675-4271-6
I. ①爱… II. ①斯…②肖… III. ①竞技体育-体育运动史-研究-古希腊
IV. ①G815.459
中国版本图书馆 CIP 数据核字(2015)第 261322 号

华东师范大学出版社六点分社

企划人 倪为国

爱欲与古希腊竞技

著　　者　(美)斯坎伦(Thomas F. Scanlon)
译　　者　肖　洒
责任编辑　徐海晴
封面设计　卢晓红　崔　楚

出版发行　华东师范大学出版社
社　　址　上海市中山北路 3663 号　邮编　200062
网　　址　www.ecnupress.com.cn
电　　话　021-60821666　行政传真　021-62572105
客服电话　021-62865537　门市(邮购)电话　021-62869887
地　　址　上海市中山北路 3663 号华东师范大学校内先锋路口
网　　店　http://hdsdcbs.tmall.com

印 刷 者　上海景条印刷有限公司
开　　本　890×1240　1/32
印　　张　19.25
字　　数　400 千字
版　　次　2016 年 1 月第 1 版
印　　次　2016 年 1 月第 1 次
书　　号　ISBN 978-7-5675-4271-6/K · 458
定　　价　78.00 元

出 版 人　王　焰

(如发现本版图书有印订质量问题,请寄回本社客服中心调换或电话 021-62865537 联系)